Tableaux de l'économie française

AF853102

Édition 2013

EXCLU DU FONDS

Insee

BIBLIOTHEQUE UNIVERSITAIRE CREIL
[redacted]
330.944 INS

Coordination Marie-Annick Bras, Gisèle Lahi, Jean-Philippe de Plazaola

Directeur de la publication Jean-Luc Tavernier

Directeur de la collection Stéphane Tagnani

Rédaction Françoise Martial, Irène Naudy-Fesquet, Patricia Roosz, Joëlle Tronyo

Composition Info Color (Gap)

Couverture **Coordination :** Sophie Planson
Conception et réalisation : Ineiaki Global Design

Éditeur Institut national de la statistique et des études économiques
18, boulevard Adolphe Pinard, 75675 PARIS CEDEX 14
www.insee.fr

© Insee 2013 « Reproduction partielle autorisée sous réserve de la mention de la source et de l'auteur »

Avertissement

Sauf mention contraire, les données nationales se réfèrent à la France métropolitaine et aux quatre départements d'outre-mer (Mayotte n'est pas encore incluse dans les données de la France). Le terme République française concerne la France et les collectivités d'outre-mer.

Les comparaisons internationales s'appuient en général sur les sources d'organismes internationaux (Eurostat, Onu...), qui peuvent diverger des sources Insee pour les données françaises.

Les données chiffrées sont parfois arrondies (selon les règles mathématiques). Le résultat arrondi d'une combinaison de données chiffrées (qui fait intervenir leurs valeurs réelles) peut se trouver légèrement différent de celui que donnerait la combinaison de leurs valeurs arrondies.

Signes conventionnels utilisés

///	Absence de résultat due à la nature des choses
...	Donnée non disponible
e	Donnée estimée
n.s.	Donnée non significative
p	Donnée provisoire
r	Donnée révisée par rapport à l'édition précédente
€	Euro
k	Millier
M	Million
Md	Milliard

Les clés des *Tableaux de l'économie française*

Numéro du thème et de la double page

11.4 Prix à la consommation

Titre de la double-page

Les mots en gras et en couleur sont définis plus bas ou dans la rubrique « Définitions » en annexes

Une présentation synthétique sur chaque double-page

Entre fin 2010 et fin 2011, l'**inflation** a augmenté, franchissant la barre des 2,0 %. Elle atteint un taux de + 2,5 % fin 2011. L'inflation s'était déjà accrue en 2010 pour aboutir, en fin d'année, à un taux de + 1,8 %. Toujours portée par l'évolution des prix des services, la hausse de l'inflation de 2011 est liée à celle des prix de l'énergie et de l'alimentation. Dans le même temps, l'**inflation sous-jacente** a nettement progressé, retrouvant en 2011 un niveau équivalent à celui de la fin 2009 (+ 1,8 %, contre + 0,6 % en 2010).

En 2011, dans le sillage de la hausse des cours du pétrole brut, les prix des produits énergétiques ont continué d'augmenter (+ 9,3 % en 2011). C'est surtout le cas pour les prix des combustibles liquides (+ 17,4 %) et pour ceux des carburants (+ 10,4 %). L'année 2011 a également enregistré une hausse des prix de l'électricité (+ 6,1 %) et du gaz (+ 6,0 %). Dans l'alimentation, les prix croissent aussi : + 3,3 % en 2011. Cet accroissement résulte notamment de l'augmentation des cours des matières premières alimentaires qui se traduit par une hausse du prix des cafés (+ 16,1 %), des huiles et margarines (+ 11,3 %) et de la volaille (+ 7,3 %). Les prix des produits frais sont, pour leur part, en baisse (– 1,7 %), en raison de la baisse des prix des légumes frais (– 8,9 %), dans un contexte de concurrence accrue. Les prix des fruits frais sont, quant à eux, en hausse (+ 4,0 %).

Une partie de l'augmentation des prix des produits manufacturés, enregistrée fin 2011 (+ 1,0 %), est également liée à la hausse des cours des matières premières : les prix de l'horlogerie, de la bijouterie et de joaillerie continuent leur progression (+ 12,9 %). Dans le même temps, les prix de nombreux biens à forte composante technologique continuent de décroître. C'est le cas des prix des équipements photo et de cinéma, audio-visuels, de téléphone et de télécopie ou encore des matériels de traitement de l'information. En revanche, la baisse des prix des appareils ménagers est plus limitée cette année (– 1,6 % après – 2,7 % en 2010).

Enfin, les prix des services augmentent globalement de 1,8 % en 2011. Une des plus fortes hausses de prix concerne les services d'hébergement de vacances (+ 8,7 %). En revanche, la baisse des prix des services de télécommunications se confirme (– 2,8 %). Comme en 2010, l'année 2011 a également enregistré une forte augmentation du prix du tabac (+ 5,6 %).

En France, l'inflation mesurée à partir de l'**indice des prix à la consommation harmonisé (IPCH)** s'établit à + 2,7 % en 2011 (+ 2,0 % en 2010). Pour l'ensemble des pays membres de l'Union européenne, la hausse est de 3,0 % en 2011 (+ 2,7 % en 2010). ■

Des définitions pour comprendre les concepts clés de la double page

Toutes les définitions sont regroupées dans la rubrique « Définitions » en annexes

Définitions

Indice des prix à la consommation (IPC) : instrument de mesure de l'inflation. Il permet d'estimer, entre deux périodes données, la variation moyenne des prix des produits consommés par les ménages. C'est une mesure synthétique de l'évolution de prix des produits, à qualité constante. Il est publié chaque mois au *Journal Officiel*. L'indice des prix hors tabac sert à indexer de nombreux contrats privés, des pensions alimentaires, des rentes viagères et aussi à revaloriser le Smic. L'indice retenu pour le Smic est celui des « ménages urbains dont le chef est ouvrier ou employé, hors tabac ». L'indice des prix à la consommation n'est pas un indice du coût de la vie.

Indice des prix à la consommation harmonisé (IPCH), inflation, inflation sous-jacente : voir rubrique « définitions » en annexes.

Pour en savoir plus

- « L'inflation telle qu'elle est perçue par les ménages », *Insee Analyses* n° 5, Insee, juillet 2012.
- « Le taux d'inflation annuel de la zone euro stable à 2,4 % – l'UE en hausse à 2,6 % », *communiqué de presse* n° 107, Eurostat, juillet 2012.
- « Indice des prix à la consommation – moyennes annuelles 2010 et 2011 », *Informations rapides* n° 18, Insee, janvier 2012.
- « Harmonised indices of consumer prices – December 2011 », *Data in focus* n° 1 Economy and finance, Eurostat, janvier 2012.
- Indices et séries statistiques (www.insee.fr).

Des publications téléchargeables gratuitement pour approfondir le sujet

Adresses des sites Internet à retrouver dans la rubrique « Adresses utiles » en annexes

Retrouvez le TEF sur www.insee.fr, rubrique Publications et services\Collections nationales\Insee Références

116 *TEF, édition 2013*

Une orientation vers le site www.insee.fr sur lequel vous trouverez l'ouvrage en ligne ainsi que les données mises à jour au fur et à mesure de leur disponibilité en attendant la prochaine édition papier

Titre de la double-page

Indice des prix à la consommation par fonction de consommation en 2011 — en indice base 100 en 1998

Fonction de consommation	Pondération 2011[1]	Évolution 2011/10 Moyenne annuelle en %[2]	Évolution 2011/10 Glissement déc. à déc. en %[3]
Ensemble (y compris tabac)	**10 000**	**2,1**	**2,5**
Ensemble (hors tabac)	**9 807**	**2,1**	**2,4**
Alimentation, boissons non alcoolisées	1 450	2,0	3,4
Produits alimentaires	1 322	1,7	3,0
Boissons non alcoolisées	128	4,5	7,5
Boissons alcoolisées et tabac	356	3,7	4,1
Boissons alcoolisées	163	1,1	2,3
Tabac	193	5,9	5,6
Habillement et chaussures	474	0,1	3,0
Habillement	373	– 0,2	3,2
Chaussures y compris réparation	101	1,1	2,2
Logement, chauffage, éclairage	1 406	4,4	3,9
Loyers d'habitation	631	1,3	1,3
Entretien et réparation courante du log.	149	2,3	3,2
Distribution d'eau et autres services	184	3,4	3,1
Chauffage, éclairage	442	10,3	8,2
Meubles, équip. ménager, entretien maison	566	1,1	2,5
Meubles, tapis, revêtements de sol	157	1,0	1,7
Articles de ménage en textile	42	2,4	7,1
Appareils ménagers	88	– 2,0	– 1,6
Verrerie, vaisselle, ustensiles de ménage	69	1,0	1,6
Outillage pour la maison et le jardin	51	1,0	1,6
Entretien courant de l'habitation	159	2,8	5,1
Santé	1 004	– 0,1	0,0
Médicaments et produits pharmaceutiques	475	– 1,4	– 1,2
Médecine non hospitalière	529	1,1	1,0
Transport	1 596	4,7	4,1
Achats de véhicules	414	1,4	1,8
Utilisation de véhicules personnels	927	7,1	5,7
Services de transport	255	1,3	1,8
Communications	295	– 2,6	– 2,9
Loisirs et culture	915	– 1,1	– 0,5
Équipements audio-visuels, photo et informatiques	225	– 9,4	– 8,6
Autres biens durables (loisirs)	21	1,8	0,1
Autres articles et équip. de loisirs	219	0,4	1,3
Services récréatifs et culturels	263	2,6	3,1
Presse, livres et papeterie	159	1,3	1,9
Voyages touristiques tout compris	28	1,6	1,6
Éducation	24	1,6	1,9
Hôtellerie, cafés, restaurants	716	2,0	2,4
Restauration et cafés	585	1,7	2,1
Services d'hébergement	131	3,4	4,2
Autres biens et services	1 198	2,5	2,5
Soins personnels	282	1,2	1,9
Effets personnels (non définis ailleurs)	122	8,4	8,3
Protection sociale	381	2,4	2,1
Assurances	234	1,6	1,2
Services financiers	66	1,4	1,0
Autres services	113	2,4	2,7

1. Les pondérations de l'indice sont calculées chaque année à partir de la consommation des ménages au sens de la comptabilité nationale.
2. Évolution de l'indice moyen annuel (moyenne des douze indices mensuels).
3. Évolution de l'indice de décembre 2011 par rapport à l'indice de décembre 2010.
Champ : ensemble des ménages.
Source : Insee, indice des prix à la consommation.

Champ, source, notes de lecture, précisions sur les données en bas de chaque tableau ou graphique

Quelques hausses et baisses de prix entre décembre 2010 et décembre 2011 — en % — Unité

Hausses	2011/10	Baisses	2011/10
Combustibles liquides	+ 17,4	Équipements photo et cinéma, instruments d'optique	– 16,0
Cafés	+ 16,1	Équipement de téléphone et de télécopie	– 13,2
Horlogerie, bijouterie, joaillerie	+ 12,9	Équipements audio-visuels	– 11,8
Huiles et margarines	+ 11,3	Légumes frais	– 8,9
Carburants	+ 10,4	Matériels de traitement de l'information	– 7,7
Hébergements de vacances	+ 8,7	Pneumatiques	– 6,7
Volaille	+ 7,3	Services de télécommunications	– 2,8
Fruits sugelés, appertisés ou secs	+ 6,3	Supports d'enregistrement du son et de l'image	– 2,4
Produits à base de sucre	+ 6,2	Appareils de lavage	– 2,2
Électricité	+ 6,1	Appareils de cuisson	– 2,1

Source : Insee, indice des prix à la consommation.

Des tableaux concernant la France y compris les DOM sauf indication contraire

Variation annuelle de l'indice des prix à la consommation de 1950 à 2011

en % de l'indice moyen annuel

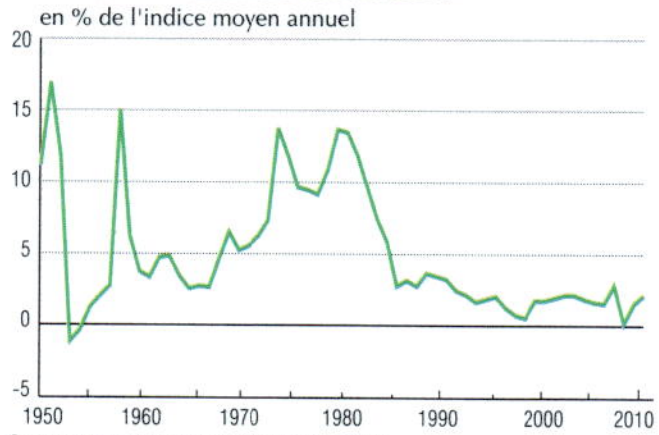

Source : Insee, indice des prix à la consommation.

Des graphiques d'illustration

Évolution des indices des prix à la consommation harmonisés au sein de la zone euro et de l'UE — en %

taux de variation annuel en décembre 2011			
Allemagne	2,3	Italie	3,7
Autriche	3,4	Luxembourg	3,4
Belgique	3,2	Malte	1,3
Chypre	4,2	Pays-Bas	2,5
Espagne	2,4	Portugal	3,5
Estonie	4,1	Slovaquie	4,6
Finlande	2,6	Slovénie	2,1
France	**2,7**	**Zone euro à 17 pays**	**2,7**
Grèce	2,2	**UE à 27 pays**	**3,0**
Irlande	1,4		

Source : Eurostat.

Des données de cadrage européennes ou mondiales

Titre du thème

Édition 2013

Tableaux de l'économie française

Territoire - Population

Emploi - Revenus

Conditions de vie - Société

Économie - Finances

Système productif

Annexes

Territoire Population

Territoire
Développement durable
Population

1.1 Pays du monde

La population mondiale croît rapidement, d'environ 80 millions d'habitants chaque année, l'équivalent d'un pays comme l'Allemagne. Le seuil des 7 milliards d'habitants aurait été dépassé courant 2011 ; celui des 8 milliards le serait vers 2025. La population mondiale a été multipliée par sept au cours des deux derniers siècles.

La croissance démographique a atteint un maximum de + 2 % par an il y a cinquante ans pour décélérer ensuite, tout en demeurant à un niveau élevé : + 1,1 % entre 2010 et 2011. Cette décélération devrait se poursuivre jusqu'à la quasi-stabilisation de la population mondiale dans un siècle autour de 10 milliards d'habitants. La fécondité mondiale, mesurée par l'**indice conjoncturel de fécondité**, n'est plus que de 2,5 enfants en moyenne par femme, soit deux fois moins qu'en 1950 (5 enfants). Cette baisse de la fécondité, observée de manière universelle dans les pays, recouvre cependant une grande diversité de situations. La fécondité est la plus basse à Taïwan (0,9 enfant par femme) et la plus élevée au Niger (7 enfants). Dans la plupart des régions du monde incluant bon nombre de régions du Sud et rassemblant au total plus de la moitié de l'humanité, la fécondité se situe en dessous du **seuil de renouvellement des générations** (2,1 enfants par femme). Parmi les régions à (encore) forte fécondité, supérieure à quatre enfants par femme, on trouve presque toute l'Afrique subsaharienne et les régions se situant dans une bande allant de l'Afghanistan jusqu'au Nord de l'Inde en passant par le Pakistan.

Les **projections démographiques** prévoient une baisse progressive de l'indicateur de fécondité dans les pays en développement à deux enfants ou moins. L'un des grands changements démographiques à venir est le formidable accroissement de la population de l'Afrique qui, Afrique du Nord comprise, pourrait plus que quadrupler en un siècle, passant de 800 millions d'habitants en 2000 à 3,6 milliards en 2100 d'après le scénario moyen des Nations unies. En 2011, l'indicateur de fécondité s'établit en Afrique à 4,4 enfants en moyenne par femme contre 1,6 seulement en Europe. La part des jeunes y est donc importante : les moins de 15 ans représentent 40 % de la population africaine, contre 27 % dans l'ensemble de la population mondiale. Au Niger, un habitant sur deux a moins de 15 ans et les personnes âgées (60 ans et plus) ne représentent que 4 % de la population. À l'opposé, la Tunisie, avec 23 % de moins de 15 ans, présente la proportion de personnes âgées la plus élevée du continent, 10 %. Toutefois, les progrès en matière de survie et la forte baisse de la fécondité entraîneront un vieillissement démographique sans comparaison avec celui, beaucoup plus lent, observé dans les pays développés aux 19ème et 20ème siècles. Dans les 40 prochaines années, la population de 60 et plus devrait doubler dans de nombreux pays africains. ■

Définitions

Seuil de renouvellement des générations : le renouvellement des générations est assuré à la naissance si le nombre de filles dans la génération des enfants est égal au nombre de femmes dans la génération des parents. En l'absence de mortalité, 2,05 enfants par femme seraient suffisants pour assurer le remplacement d'une génération (2,05 et non 2 car il naît 105 garçons pour 100 filles).

Indicateur conjoncturel de fécondité, Organisation des Nations Unies (ONU), population mondiale (estimations et projections), taux de fécondité : voir rubrique « définitions » en annexes.

Pour en savoir plus

- « Demographic Yearbook 2011 », ONU, 2012.
- « Comparaison des tendances démographiques économiques et sociales des membres du G20 », *communiqué de presse* n°166, Eurostat, novembre 2012.
- « L'Afrique, un continent jeune face au défi du vieillissement », *Population & sociétés*, n° 491, Ined, juillet-août 2012.
- « Les maternités précoces en recul dans le monde », *Population & sociétés*, n° 490, Ined, juin 2012.
- « Faut-il une politique de population ? », *Population & sociétés*, n° 489, Ined, mai 2012.
- « Sept milliards d'êtres humains aujourd'hui, combien demain ? », *Population & sociétés*, n° 482, Ined, octobre 2011.

Retrouvez le TEF sur www.insee.fr, rubrique Publications et services\Collections nationales\Insee Références

Population, superficie et densité des principaux pays du monde en 2011

Pays	Population en millions[1]	Superficie[2] en milliers de km²	Densité moyenne en hab./km²
Europe	**739,3**	**23 049**	**32**
dont : Allemagne	*81,8*	*357*	*229*
Autriche	*8,4*	*84*	*100*
Belgique	*11,0*	*31*	*360*
Biélorussie	*9,5*	*208*	*46*
Bulgarie	*7,3*	*111*	*66*
Croatie	*4,4*	*57*	*78*
Danemark	*5,6*	*43*	*129*
Espagne	*46,1*	*506*	*91*
Estonie	*1,3*	*45*	*30*
Finlande	*5,4*	*337*	*16*
France métropolitaine	**63,3**	**552**	**115**
Grèce	*11,3*	*132*	*86*
Hongrie	*10,0*	*93*	*107*
Irlande	*4,5*	*70*	*64*
Italie	*60,7*	*301*	*202*
Lettonie	*2,1*	*65*	*32*
Lituanie	*3,2*	*65*	*49*
Luxembourg	*0,5*	*3*	*198*
Malte	*0,4*	*n.s.*	*1 322*
Moldavie	*3,6*	*34*	*105*
Norvège	*5,0*	324	*15*
Pays-Bas	*16,7*	37	*447*
Pologne	*38,2*	*312*	*122*
Portugal[3]	*10,7*	*92*	*116*
République tchèque	*10,5*	*79*	*133*
Roumanie	*21,4*	*238*	*90*
Royaume-Uni	*62,4*	*242*	*257*
Russie	*143,0*	*17 098*	*8*
Serbie	*7,3*	88	*82*
Slovaquie	*5,4*	*49*	*110*
Slovénie	*2,1*	*20*	*101*
Suède	*9,4*	*450*	*21*
Suisse	*7,9*	*41*	*192*
Ukraine	*45,8*	*604*	*76*
Afrique	**1 045,9**	**30 312**	**35**
dont : Afrique du Sud	*50,6*	*1 221*	*41*
Algérie	*36,7*	*2 382*	*15*
Burkina Faso[3]	*16,5*	*274*	60
Côte-d'Ivoire	*19,7*	*322*	61
Égypte	*80,4*	*1 002*	*80*
Éthiopie	*82,9*	*1 104*	75
Ghana	*24,4*	*239*	102
Kenya	*41,7*	*581*	*72*
Madagascar	*20,7*	*587*	*35*
Maroc	*32,2*	*447*	*72*
Mozambique[3]	*23,4*	*802*	29
Niger	*15,7*	*1 267*	*12*
Nigéria[3]	*158,4*	*924*	171
Ouganda	*32,9*	*242*	*136*
Rép. dém. du Congo[3]	*66,0*	*2 345*	*28*
Sénégal	*12,8*	197	*65*
Tanzanie[3]	*44,8*	*945*	*47*
Tunisie	*10,7*	*164*	*65*
Zimbabwe[3]	*12,6*	*391*	*32*
Amérique du Nord	**347,6**	**21 776**	**16**
dont : Canada	*34,5*	*9 985*	*3*
États-Unis	*311,6*	*9 629*	*32*
Amérique latine, Caraïbes	**596,6**	**20 546**	**29**
dont : Argentine	*40,9*	*2 780*	*15*
Brésil	*192,4*	*8 515*	*23*
Chili	*17,2*	*756*	*23*
Colombie	*46,0*	*1 142*	*40*
Cuba	*11,2*	*110*	*102*
Équateur	*15,2*	*256*	*59*
Guatemala[3]	*14,4*	*109*	*132*
Mexique[3]	*113,4*	*1 964*	*58*
Pérou	*29,8*	*1 285*	*23*
Venezuela	*29,3*	*912*	*32*
Asie	**4 207,4**	**31 880**	**132**
dont : Afghanistan[3]	*31,4*	*652*	*48*
Arabie Saoudite	*28,4*	*2 005*	*14*
Bangladesh[3]	*148,7*	*144*	*1 033*
Chine[4]	*1 344,1*	*9 597*	*140*
Corée du Nord[3]	*24,3*	*121*	*202*
Corée du Sud	*50,1*	*100*	*501*
Inde	*1 192,5*	*3 287*	*363*
Indonésie	*237,0*	*1 911*	*124*
Irak	*33,4*	*435*	*77*
Iran	*75,6*	*1 629*	*46*
Japon	*127,8*	*378*	*338*
Malaisie	*28,6*	*331*	*86*
Birmanie (Myanmar)	*60,4*	*677*	*89*
Népal	*28,6*	*147*	*194*
Ouzbékistan	*29,1*	*447*	*65*
Pakistan[3]	*173,6*	*796*	*218*
Philippines[3]	*93,3*	*300*	*311*
Sri Lanka[3]	*20,9*	*66*	*318*
Syrie	*21,1*	*185*	*114*
Thaïlande	*67,6*	*513*	*132*
Turquie	*74,2*	*784*	*95*
Viet Nam	*87,8*	*331*	*265*
Yémen	*23,8*	*528*	*45*
Océanie	**37,2**	**8 564**	**4**
dont Australie	*22,6*	*7 692*	*3*
Monde	**6 974,0**	**136 127**	**51**

1. Estimations de population en milieu d'année. 2. Superficie des terres, soit la superficie totale moins les principaux cours d'eau et les lacs.
3. Données en 2010. 4. Les données de la Chine ne comprennent pas Hong Kong (7,1 millions d'habitants et 6 405 habitants par km² en 2011) et Macao (0,6 million d'habitants et 18 603 habitants par km² en 2011).
Source : Onu (Demographic Yearbook 2011).

Projections de population en 2030 et 2050

en millions d'habitants

Rang	Pays	2030	2050
1	Inde	1 515	1 664
2	Chine	1 383	1 268
3	États-Unis	361	402
4	Indonésie	274	281
5	Nigéria	258	390
6	Pakistan	233	271
7	Brésil	220	222
8	Bangladesh	183	197
9	Mexique	136	145
10	Fédération de Russie	134	121
11	Philippines	126	152
12	Japon	120	110
13	Éthiopie	118	145
14	Égypte	107	125
15	Rép. dém. du Congo	106	149
16	Viet Nam	102	104
17	Turquie	88	94
18	Rép.islamique d'Iran	85	86
19	Rép. Unie de Tanzanie	82	138
20	Allemagne	80	76
21	Thaïlande	73	70
22	Royaume-Uni	69	73
23	**France**	**69**	**73**
	Monde	**8 517**	**9 709**

Note : ces projections de population, issues de la 2ème révision de la « 2010 Revision World Population Prospects », tiennent compte de la fécondité mais aussi de l'espérance de vie à la naissance pour tous les pays qui n'ont pas une haute prévalence d'infections HIV/ADS.
Source : Onu.

1.2 Union européenne

Au 1er janvier 2012, la population de l'**Union européenne** à 27 est estimée à 504 millions d'habitants, soit 1,3 millions de plus qu'un an auparavant. En dix ans, la population des 27 États membres de l'UE s'est accrue au total de 19 millions d'habitants, essentiellement nourrie par les migrations. Sur cette période, la population se contracte dans les pays baltes, en Roumanie, en Bulgarie, en Hongrie et en Allemagne, tandis que l'Espagne, la France, l'Italie et le Royaume-Uni totalisent ensemble une hausse de près de 17 millions d'habitants. Dans les décennies à venir, la transition marquée vers une population plus âgée constituera un changement majeur pour les pays de l'Union européenne. La proportion de personnes en âge de travailler diminuera tandis que le poids des personnes retraitées augmentera.

En 2011, le **taux d'emploi** pour les personnes âgées de 20 à 64 ans s'établit à 68,6 %, stable par rapport à 2010. Il varie fortement en fonction du niveau d'études. Pour les personnes sortant de l'enseignement supérieur de premier et deuxième cycles, le taux d'emploi atteint ainsi 82,1 %, niveau bien supérieur à celui des personnes ayant terminé leur scolarité en primaire ou au premier cycle de l'enseignement secondaire (53 %). Pour les travailleurs âgés de 55 à 64 ans, le taux d'emploi, tous niveaux d'étude confondus, atteint 47,4 % en 2011, soit plus de 10 points de plus qu'en 2000 (36,9 %).

Selon les estimations d'Eurostat, 24,3 millions d'hommes et de femmes sont au **chômage** en janvier 2012 dans l'UE27. Comparé à janvier 2011, le nombre de chômeurs au sens du BIT s'est accru de 1,5 million. Le **taux de chômage** est de 10,1 % en janvier 2012 contre 9,5 % en janvier 2011. Ce taux est le plus faible en Autriche, aux Pays-Bas et au Luxembourg. Il est le plus élevé en Espagne, en Grèce, en Irlande et au Portugal. Sur un an, les baisses les plus importantes sont enregistrées en Lettonie, en Lituanie et en Estonie. Les hausses les plus fortes en Grèce, à Chypre et en Espagne. Le taux de chômage des hommes a augmenté un peu plus fortement que celui des femmes (respectivement 0,7 et 0,5 points). Le taux de chômage des jeunes de moins de 25 ans augmente de 1,3 point. Il est le plus bas en Allemagne, en Autriche et aux Pays-Bas. Il est le plus élevé en Espagne, en Grèce et en Slovaquie.

En 2011, le **produit intérieur brut (PIB)** par habitant, en **standards de pouvoir d'achat**, varie de 45 % à 274 % parmi les États membres de l'Union européenne, par rapport à la moyenne de l'UE27. Le niveau le plus élevé est observé au Luxembourg et le niveau le plus faible en Bulgarie. L'Allemagne et la Belgique se situent entre 15 % et 20 % au dessus de la moyenne des pays de l'UE27, alors que la France et le Royaume-Uni se situent entre 5 % et 10 % au-dessus. ■

Définitions

Traité de Maastricht : traité constitutif de l'Union européenne qui affirme les objectifs de l'Union. Il a été signé par les douze États membres de la Communauté économique européenne à Maastricht (Pays-Bas) le 7 février 1992. Il impose aux États membres de satisfaire simultanément à cinq critères de convergence pour participer à la monnaie unique : stabilité des prix, maîtrise des déficits publics, stabilité des changes et caractère durable de la convergence mesuré par le niveau du taux d'intérêt nominal à long terme.

Chômage, indice des prix à la consommation harmonisé (IPCH), G20 (groupe des 20), produit intérieur brut (PIB), standard de pouvoir d'achat (SPA), taux d'emploi, taux de chômage, Union européenne (UE) : voir rubrique « définitions » en annexes.

Pour en savoir plus

- « Risque de pauvreté ou d'exclusion sociale dans l'UE27 – En 2011, 24 % de la population était menacée de pauvreté ou d'exclusion sociale – Soit environ 120 millions de personnes », *communiqué de presse* n° 171, Eurostat, décembre 2012.
- « Le PIB par habitant a varié dans les États membres de 45 % à 274 % de la moyenne de l 'UE27 en 2011 », *communiqué de presse* n° 97, Eurostat, juin 2012.
- « L'Union européenne et les pays BRIC – Un ensemble de statistiques pour comparer l 'UE avec le Brésil, la Russie, l'Inde et la Chine », *communiqué de presse* n° 110, Eurostat, juillet 2011.

Retrouvez le TEF sur www.insee.fr, rubrique Publications et services\Collections nationales\Insee Références

Pays membres de l'Union européenne en 2011

	Année d'entrée dans l'Union européenne	Population au 1er janvier 2012 (p) en millions	Part de la population ayant moins de 15 ans en 2011 en %	Part de la population ayant plus de 65 ans en 2011 en %	Taux d'emploi des 15 à 64 ans en %	Taux de chômage en moyenne annuelle en %	PIB par habitant en SPA[1]	Variation annuelle des prix à la consommation[2] en %
Allemagne (DE)[3]	1958	81,8	13,4	20,6	72,5	5,9	30 300	2,5
Autriche (AT)	1995	8,4	14,7	17,6	72,1	4,2	32 400	3,6
Belgique (BE)	1958	11,0	17,0	17,1	61,9	7,2	29 900	3,5
Bulgarie (BG)	2007	7,3	13,2	18,5	58,5	11,3	11 600	3,4
Chypre (CY)	2004	0,9	16,8	12,7	68,1	7,9	23 700	3,5
Danemark (DK)	1973	5,6	17,9	16,8	73,1	7,6	31 500	2,7
Espagne (ES)	1986	46,2	15,1	17,1	57,7	21,7	24 700	3,1
Estonie (EE)	2004	1,3	15,3	17,0	65,1	12,5	16 900	5,1
Finlande (FI)	1995	5,4	16,5	17,5	69,0	7,8	28 800	3,3
France (FR)	**1958**	**65,4**	**18,5**	**16,7**	**63,9**	**9,6**	**27 200**	**2,3**
Grèce (GR)	1981	11,3	14,4	19,3	55,6	17,7	(p) 20 100	3,1
Hongrie (HU)	2004	10,0	14,6	16,7	55,8	10,9	16 500	3,9
Irlande (IE)	1973	4,6	21,3	11,5	59,2	14,7	32 500	1,2
Italie (IT)	1958	60,8	14,0	20,3	56,9	8,4	25 100	2,9
Lettonie (LV)[4]	2004	2,0	14,2	18,4	61,8	16,2	14 700	4,2
Lituanie (LT)[4]	2004	3,0	14,9	17,9	60,7	15,3	16 600	4,1
Luxembourg (LU)	1958	0,5	17,6	13,9	64,6	4,8	68 100	3,7
Malte (MT)	2004	0,4	15,3	15,5	57,6	6,5	21 500	2,5
Pays-Bas (NL)	1958	16,7	17,5	15,6	74,9	4,4	32 900	2,5
Pologne (PL)	2004	38,5	15,2	13,5	59,7	9,6	16 200	3,9
Portugal (PT)[4]	1986	10,5	14,9	19,1	64,2	12,9	(p) 19 500	3,6
République tchèque (CZ)	2004	10,5	14,5	15,6	65,7	6,7	20 200	2,1
Roumanie (RO)	2007	21,4	15,1	14,9	58,5	7,4	...	5,8
Royaume-Uni (UK)	1973	63,0	17,5	16,7	69,5	8,0	27 400	4,5
Slovaquie (SK)	2004	5,4	15,4	12,6	59,5	13,6	18 400	4,1
Slovénie (SI)	2004	2,1	14,2	16,5	64,4	8,2	21 000	2,1
Suède (SE)	1995	9,5	16,6	18,5	74,1	7,5	31 900	1,4
Union européenne à 27	**///**	**503,7**	**15,6**	**17,5**	**64,3**	**9,7**	**25 200**	**3,1**

1. SPA : Standard de Pouvoir d'Achat.
2. Taux de variation 2011 / 2010 de la moyenne annuelle de l'indice des prix à la consommation harmonisé (IPCH) global.
3. Entrée en 1990 pour l'ex-RDA.
4. Rupture de série pour le taux d'emploi.
Source : Eurostat.

Situation de l'Union européenne à 27 dans le monde et parmi les autres pays du G20 en 2011

	Population[1] en millions	Part de la population mondiale en %	PIB en milliards de dollars	Part du PIB mondial en %
Afrique du Sud	50,6	0,7	408,2	0,6
Arabie saoudite	28,4	0,4	597,1	0,9
Argentine	40,9	0,6	448,2	0,6
Australie	22,6	0,3	1 515,5	2,2
Brésil	192,4	2,8	2 476,7	3,6
Canada	34,5	0,5	1 736,9	2,5
Chine	1 344,1	19,3	7 203,8	10,3
Corée du Sud	50,1	0,7	1 116,2	1,6
États-Unis	311,6	4,5	14 991,3	21,5
Inde	1 192,5	17,1	1 897,6	2,7
Indonésie	237,0	3,4	846,8	1,2
Japon	127,8	1,8	5 870,4	8,4
Mexique	113,4	1,6	1 155,2	1,7
Russie	142,8	2,0	1 857,8	2,7
Turquie	74,2	1,1	775,0	1,1
UE à 27[2]	**502,2**	**7,2**	**17 383,6**	**24,9**
Monde	**6 974,0**	**100,0**	**69 735,5**	**100,0**

1. Population à la mi– 2011.
2. Source Ined pour la population de l'UE27.
Source : ONU.

Superficie des pays de l'Union européenne à 27 en 2011

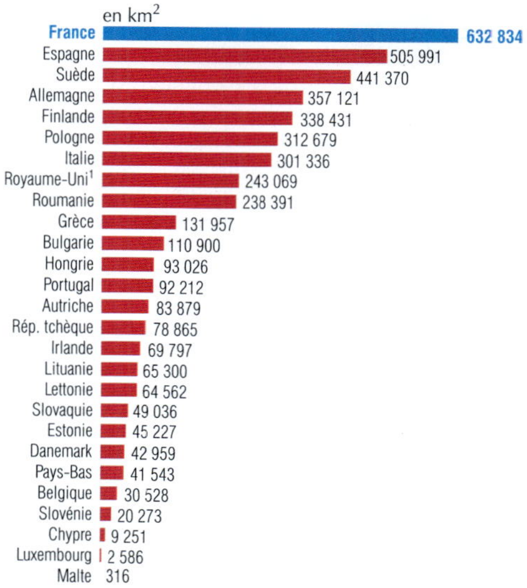

Note : superficie totale, y compris eaux intérieures.
1. Données 2004.
Source : Eurostat.

1.3 Régions - Départements

La population n'évolue pas au même rythme dans toutes les **régions**. Le littoral atlantique et en particulier la Bretagne, les Pays de Loire et l'Aquitaine ont vu ces dernières années leur population augmenter fortement. C'est également le cas des régions Midi-Pyrénées, Languedoc-Roussillon et Rhône-Alpes. En revanche, la dynamique est moins forte dans les régions du nord et de l'est de la France : Nord-Pas-de-Calais, Champagne-Ardenne, Lorraine, Bourgogne et Auvergne. Outre-mer, la Guyane et la Réunion restent démographiquement dynamiques. La Guadeloupe se situe désormais en deçà du rythme national moyen. La population de la Martinique diminue légèrement.

En 2008, 365 000 personnes nées dans un **département** d'outre-mer vivent en France métropolitaine. C'est un Antillais sur quatre et un Réunionnais sur sept ; les Antillais vivent plutôt dans l'agglomération parisienne, les Réunionnais dans le sud de la France. Leur taux d'emploi et leur niveau de formation sont comparables à ceux des autres métropolitains. Les Domiennes travaillent essentiellement dans la fonction publique, territoriale ou hospitalière, les Domiens dans les secteurs des transports, de la logistique ou du bâtiment.

En France métropolitaine, les disparités régionales de fécondité se sont sensiblement réduites depuis la fin du *baby-boom*. Le traditionnel croissant de haute fécondité, qui a prévalu jusque dans les années 1960, a aujourd'hui disparu. Il s'étendait de l'ouest à l'est en passant par le nord. En 2009, la fécondité est la plus élevée dans le quart nord-ouest de la France, ainsi qu'en Franche-Comté, Rhône-Alpes et Provence-Alpes-Côte d'Azur. La Corse est la région la moins féconde, suivie par l'Alsace et la Lorraine où la fécondité équivaut à celle du sud-ouest et du centre de la France.

En dix ans, le nombre de ménages a augmenté de plus de 3 millions sous l'effet du nombre croissant de petits ménages d'une ou deux personnes. Le Limousin, l'Auvergne et l'Île-de-France comptent la plus forte proportion de ménages d'une personne. À l'opposé, la Guyane, la Réunion et la Picardie ont les plus faibles proportions. En métropole, la part de ménages d'une personne est plutôt plus élevée au sud qu'au nord. L'évolution des modes de cohabitation, le vieillissement de la population et la hausse de l'espérance de vie expliquent l'augmentation des ménages d'une personne. Le Limousin est à la fois la région où la population est la plus âgée et celle dont les ménages sont en moyenne les plus petits. En métropole, le Nord-Pas-de-Calais, la Picardie et l'Alsace se retrouvent à la fois parmi les régions les plus jeunes et celles comptant proportionnellement le moins de personnes seules. ■

Définitions

Département : création de la Révolution (loi du 22 décembre 1789), le département devient collectivité locale autonome, avec un organe délibérant et un exécutif élus, par la loi du 10 août 1871. Il est géré par un conseil général élu pour 6 ans au suffrage universel, qui élit à son tour un président, exécutif du département qui prépare et exécute les délibérations du conseil général, gère le budget et dirige le personnel. Le département a de larges compétences : action sociale, construction et entretien des collèges, remembrement rural, organisation des transports scolaires,...
Un département appartient à une région et une seule. Chaque région d'outre-mer n'est formée que d'un seul département.

Solde naturel : différence entre le nombre de naissances et le nombre de décès enregistrés au cours d'une période. Les mots « excédent » ou « accroissement » sont justifiés par le fait qu'en général le nombre de naissances est supérieur à celui des décès. Mais l'inverse peut se produire, et le solde naturel est alors négatif.

Région, solde apparent des entrées et des sorties : voir la rubrique « définitions » en annexes.

Pour en savoir plus

- « La fécondité dans les régions depuis les années 1960 », *Insee Première* n° 1430, janvier 2013.
- « Dix ans de recensement de la population – De plus en plus de petits ménages dans les régions », *Insee Première* n° 1410, août 2012.
- « 365 000 Domiens vivent en métropole », *Insee Première* n° 1389, février 2012.

Retrouvez le TEF sur www.insee.fr, rubrique Publications et services\Collections nationales\Insee Références

Évolution de la population par région de 2006 à 2012

Région	Estimation de population au 1er janvier 2012 (p) en milliers	Variation relative annuelle 2006–2012 en %		
		Totale	Dûe au solde naturel	Dûe au solde apparent des entrées et des sorties[1]
Alsace	1 857,5	0,4	0,4	0,0
Aquitaine	3 286,6	0,9	0,1	0,8
Auvergne	1 352,6	0,2	0,0	0,2
Basse-Normandie	1 480,2	0,3	0,2	0,1
Bourgogne	1 646,6	0,2	0,0	0,2
Bretagne	3 249,8	0,8	0,2	0,6
Centre	2 562,2	0,3	0,2	0,1
Champagne-Ardenne	1 333,2	– 0,1	0,3	– 0,4
Corse	316,6	1,2	0,0	1,2
Franche-Comté	1 179,4	0,4	0,4	0,0
Haute-Normandie	1 850,7	0,4	0,4	0,0
Île-de-France	11 914,8	0,5	0,9	– 0,4
Languedoc-Roussillon	2 686,1	1,0	0,2	0,8
Limousin	746,2	0,3	– 0,2	0,5
Lorraine	2 356,6	0,1	0,3	– 0,2
Midi-Pyrénées	2 929,3	0,9	0,2	0,7
Nord-Pas-de-Calais	4 049,7	0,1	0,5	– 0,4
Pays de la Loire	3 630,1	0,8	0,5	0,3
Picardie	1 924,6	0,3	0,4	– 0,1
Poitou-Charentes	1 789,7	0,6	0,0	0,6
Provence-Alpes-Côte d'Azur	4 924,4	0,4	0,3	0,1
Rhône-Alpes	6 342,3	0,9	0,6	0,3
France métropolitaine	**63 409,2**	**0,5**	**0,4**	**0,1**
Guadeloupe	404,0	0,1	0,7	– 0,6
Guyane	239,5	2,5	2,5	0,0
Martinique	390,4	– 0,3	0,6	– 0,9
La Réunion	837,9	1,2	1,3	– 0,1
France	**65 280,9**	**0,5**	**0,4**	**0,1**

1. Le solde apparent des entrées et des sorties est calculé comme la différence entre la variation de population et le solde naturel.
Source : Insee, estimations de population.

Évolution de la population par département de 2006 à 2012

Département	Estimation de population au 1er janvier 2012[1] en milliers	Variation relative annuelle 2006-2012 en %
01 Ain	608,0	1,2
02 Aisne	543,3	0,2
03 Allier	344,2	0,0
04 Alpes-de-Hte-Pce	161,0	0,7
05 Hautes-Alpes	137,7	0,9
06 Alpes-Maritimes	1 084,3	0,2
07 Ardèche	320,7	0,8
08 Ardennes	282,7	– 0,2
09 Ariège	154,5	0,9
10 Aube	302,7	0,2
11 Aude	363,2	1,1
12 Aveyron	281,4	0,5
13 Bouches-du-Rhône	1 982,2	0,4
14 Calvados	686,2	0,4
15 Cantal	148,7	– 0,1
16 Charente	355,4	0,4
17 Charente-Maritime	629,1	0,8
18 Cher	313,0	– 0,1
19 Corrèze	244,7	0,3
2A Corse-du-Sud	146,8	1,3
2B Haute-Corse	169,8	1,2
21 Côte-d'Or	525,8	0,3
22 Côtes-d'Armor	601,0	0,9
23 Creuse	123,6	0,0
24 Dordogne	421,1	0,7
25 Doubs	531,2	0,5
26 Drôme	493,4	0,9
27 Eure	590,9	0,7
28 Eure-et-Loir	431,3	0,4
29 Finistère	911,9	0,5
30 Gard	723,1	1,0
31 Haute-Garonne	1 264,2	1,1
32 Gers	191,3	0,9
33 Gironde	1 473,6	0,9
34 Hérault	1 064,3	1,0
35 Ille-et-Vilaine	1 003,8	1,0
36 Indre	232,5	0,0
37 Indre-et-Loire	593,8	0,4
38 Isère	1 228,0	0,8
39 Jura	263,2	0,4
40 Landes	390,8	1,2
41 Loir-et-Cher	331,9	0,3
42 Loire	762,4	0,5
43 Haute-Loire	224,9	0,4
44 Loire-Atlantique	1 303,1	0,9
45 Loiret	659,8	0,4
46 Lot	177,5	0,8
47 Lot-et-Garonne	336,7	0,7
48 Lozère	78,5	0,4
49 Maine-et-Loire	797,7	0,7
50 Manche	501,0	0,3
51 Marne	564,1	– 0,1
52 Haute-Marne	183,7	– 0,4
53 Mayenne	311,4	0,7
54 Meurthe-et-Moselle	734,0	0,2
55 Meuse	194,4	0,1
56 Morbihan	733,1	0,9
57 Moselle	1 047,6	0,2
58 Nièvre	220,2	– 0,2
59 Nord	2 584,1	0,1
60 Oise	807,7	0,3
61 Orne	293,0	0,0
62 Pas-de-Calais	1 465,6	0,1
63 Puy-de-Dôme	634,8	0,3
64 Pyrénées-Atlantiques	664,5	0,7
65 Hautes-Pyrénées	233,2	0,4
66 Pyrénées-Orientales	457,0	0,9
67 Bas-Rhin	1 102,9	0,4
68 Haut-Rhin	754,6	0,4
69 Rhône	1 756,1	0,8
70 Haute-Saône	241,1	0,4
71 Saône-et-Loire	557,2	0,2
72 Sarthe	572,8	0,6
73 Savoie	422,4	0,8
74 Haute-Savoie	751,3	1,3
75 Paris	2 268,3	0,7
76 Seine-Maritime	1 259,8	0,2
77 Seine-et-Marne	1 339,3	0,8
78 Yvelines	1 424,1	0,3
79 Deux-Sèvres	373,3	0,6
80 Somme	573,7	0,3
81 Tarn	381,6	0,7
82 Tarn-et-Garonne	245,7	1,3
83 Var	1 013,4	0,5
84 Vaucluse	545,9	0,4
85 Vendée	645,2	1,3
86 Vienne	431,9	0,5
87 Haute-Vienne	377,9	0,5
88 Vosges	380,6	0,0
89 Yonne	343,4	0,2
90 Territoire de Belfort	143,8	0,3
91 Essonne	1 228,6	0,4
92 Hauts-de-Seine	1 589,6	0,6
93 Seine-Saint-Denis	1 538,7	0,5
94 Val-de-Marne	1 342,2	0,6
95 Val-d'Oise	1 183,9	0,4
France métropolitaine	**63 409,2**	**0,5**
971 Guadeloupe	404,0	0,1
972 Martinique	390,4	– 0,3
973 Guyane	239,5	2,5
974 La Réunion	837,9	1,2
France	**65 280,9**	**0,5**

1. Résultats provisoires arrêtés fin 2012.
Source : Insee, estimations de population.

1.4 Villes de France

La superficie de l'espace urbain en métropole a progressé de 20 % environ en dix ans, passant de 100 000 à 119 000 km^2. En 2010, les villes occupent 22 % du territoire et abritent 47,9 millions d'habitants, soit 77,5 % de la population.

L'absorption dans l'espace urbain d'anciennes communes rurales est la principale raison de sa croissance démographique. Entre 1999 et 2010, 1 368 communes sont passées de l'espace rural à l'espace urbain, le plus souvent par intégration à une agglomération. De plus, 231 communes rurales atteignent le seuil des 2 000 habitants et deviennent donc urbaines. Que ce soit par l'agrandissement d'agglomérations existantes ou par l'apparition de nouvelles villes isolées, c'est la superficie des petites **unités urbaines** qui a le plus augmenté. À elles seules, elles expliquent plus de la moitié de la croissance de l'espace urbain, alors que seulement 16 % de la population urbaine y vit. La croissance du territoire urbain s'observe donc surtout dans la partie la moins dense de l'espace urbain, et plus particulièrement sous la forme d'unités urbaines multicommunales.

L'agglomération parisienne, avec 10,3 millions de personnes réparties sur 412 communes, reste de loin la plus importante des unités urbaines de France. 30 nouvelles communes ont agrandi son périmètre, expliquant les 14 % d'accroissement de sa population en dix ans. Très loin derrière Paris viennent Marseille – Aix-en-Provence et Lyon avec chacune plus de 1,5 million d'habitants. La France métropolitaine compte aujourd'hui 28 unités urbaines de 200 000 à moins d'un million d'habitants. Les très grandes agglomérations croissent plus par extension de leur périmètre que par densification de leur population.

L'influence des villes ne s'arrête pas aux frontières des agglomérations. Les villes constituent des centres d'activité économique attirant quotidiennement nombre de travailleurs qui résident en périphérie. Ces flux domicile-travail, leur distance et leur intensité rendent compte d'une organisation fonctionnelle de l'espace : le zonage en **aires urbaines** propose une description de cette organisation spatiale.

En 2010, 95 % de la population française vit ainsi sous l'influence de la ville. Pour l'essentiel, il s'agit de personnes résidant dans des aires, zones d'échanges intensifs entre les lieux de domicile et de travail. Les aires sont composées d'un **pôle**, ville concentrant au moins 1 500 emplois, et le plus souvent d'une **couronne**. Elles structurent le territoire français et englobent la moitié des communes : 85 % de la population y réside. Au sein des pôles des grandes aires urbaines réside 60 % de la population. Il constituent le cœur de l'urbain, avec plus de 800 habitants par km^2, soit huit fois plus que la moyenne nationale. Hors influence des villes, on trouve 5 % de la population dans 7 400 **communes rurales**. ■

Définitions

Unité urbaine : la notion d'unité urbaine repose sur la continuité de l'habitat : est considérée comme telle un ensemble d'une ou plusieurs communes présentant une continuité du tissu bâti (pas de coupure de plus de 200 mètres entre deux constructions) et comptant au moins 2 000 habitants. La condition est que chaque commune de l'unité urbaine possède plus de la moitié de sa population dans cette zone bâtie.
Les unités urbaines sont redéfinies à l'occasion de chaque recensement de la population. Elles peuvent s'étendre sur plusieurs départements. Si la zone bâtie se situe sur une seule commune, on parlera de ville isolée. Dans le cas contraire, on a une agglomération multicommunale.
Aire urbaine, commune rurale, commune urbaine, couronne, pôle urbain, population municipale, populations légales : voir rubrique « définitions » en annexes.

Pour en savoir plus

- « L'attractivité économique des territoires – Attirer des emplois, mais pas seulement », *Insee Première* n° 1416, octobre 2012.
- « Le nouveau zonage en aires urbaines de 2010 – 95 % de la population vit sous l 'influence des villes », *Insee Première* n° 1374, octobre 2011.
- « Le nouveau zonage en aires urbaines de 2010 – Poursuite de la périurbanisation et croissance de grandes aires urbaines », *Insee Première* n° 1375, octobre 2011.

Retrouvez le TEF sur www.insee.fr, rubrique Publications et services\Collections nationales\Insee Références

Taille des communes les plus peuplées

Rang	Commune	Population municipale 2010	Rang	Commune	Population municipale 2010	Rang	Commune	Population municipale 2010
1	Paris	2 243 833	21	Le Mans	142 626	41	Montreuil	102 770
2	Marseille	850 726	22	Nîmes	142 205	42	Roubaix	94 713
3	Lyon	484 344	23	Aix-en-Provence	141 438	43	Dunkerque	92 005
4	Toulouse	441 802	24	Brest	141 303	44	Tourcoing	91 923
5	Nice	343 304	25	Clermont-Ferrand	139 860	45	Créteil	89 985
6	Nantes	284 970	26	Limoges	139 150	46	Avignon	89 683
7	Strasbourg	271 782	27	Tours	134 817	47	Nanterre	89 185
8	Montpellier	257 351	28	Amiens	133 448	48	Poitiers	87 697
9	Bordeaux	239 157	29	Metz	120 738	49	Courbevoie	87 469
10	Lille	227 560	30	Perpignan	117 419	50	Fort-de-France	87 216
11	Rennes	207 178	31	Besançon	116 914	51	Versailles	86 110
12	Reims	179 992	32	Boulogne-Billancourt	114 205	52	Vitry-sur-Seine	85 413
13	Le Havre	175 497	33	Orléans	114 167	53	Colombes	85 398
14	Saint-Étienne	171 260	34	Rouen	110 933	54	Asnières-sur-Seine	82 327
15	Toulon	164 532	35	Mulhouse	109 588	55	Aulnay-sous-Bois	82 120
16	Grenoble	155 637	36	Caen	108 954	56	Pau	81 166
17	Dijon	151 212	37	Saint-Denis	106 785	57	Rueil-Malmaison	79 426
18	Angers	147 571	38	Nancy	105 421	58	Saint-Pierre (La Réunion)	79 228
19	Villeurbanne	145 150	39	Saint-Paul (La Réunion)	103 346	59	Aubervilliers	76 087
20	Saint-Denis (La Réunion)	145 022	40	Argenteuil	103 125	60	Champigny-sur-Marne	75 510

Source : Insee, recensements de la population.

Caractéristiques des principales communes de France

en milliers

	Superficie en km²	Population en 1999	Population en 2009	Population de 15 à 64 ans en 2009	Logements en 2009	Résidences principales en 2009	Rés. secondaires et logts occasionnels en 2009	Emplois au lieu de travail en 2009
Aix-en-Provence	186,08	134,3	141,9	98,4	77,9	68,9	3,1	85,6
Amiens	49,46	135,4	134,0	93,3	68,1	62,5	0,7	81,4
Angers	42,70	151,3	147,3	102,0	81,2	74,8	1,2	82,2
Besancon	65,05	117,7	117,4	82,4	66,2	60,6	1,2	71,6
Bordeaux	49,36	215,4	236,7	172,2	144,2	130,2	3,4	165,2
Boulogne-Billancourt	6,17	106,3	113,1	75,6	61,6	55,2	2,3	78,2
Brest	49,51	149,6	141,3	97,1	79,8	72,0	1,5	82,7
Caen	25,70	114,0	109,3	77,4	61,7	57,9	0,7	73,4
Clermont-Ferrand	42,67	137,2	138,6	99,2	83,2	73,8	1,7	100,1
Dijon	40,41	150,1	152,1	108,3	87,7	79,1	1,6	91,0
Grenoble	18,13	153,4	155,6	109,5	88,8	79,7	1,7	92,8
Le Havre	46,95	190,9	177,3	114,5	88,6	81,5	1,0	76,0
Le Mans	52,81	146,1	142,3	92,2	78,7	70,4	1,4	86,8
Lille	34,83	212,6	226,8	168,4	125,4	115,5	1,3	154,4
Limoges	78,03	133,9	139,2	94,3	80,3	73,7	1,4	87,2
Lyon	47,87	445,3	479,8	338,4	271,1	240,6	7,0	294,9
Marseille	240,62	797,5	850,6	547,4	413,8	376,9	7,2	340,8
Metz	41,94	123,7	121,8	86,1	63,9	57,2	0,5	82,1
Montpellier	56,88	225,5	255,1	181,3	146,6	128,2	5,3	142,0
Mulhouse	22,18	110,1	111,2	72,0	55,7	48,0	0,5	59,4
Nantes	65,19	270,3	282,0	199,7	157,8	144,4	3,9	166,9
Nice	71,92	343,1	340,7	212,1	219,9	163,9	28,6	145,2
Nîmes	161,85	133,4	140,7	89,9	75,7	65,5	1,8	75,8
Orléans	27,48	113,1	113,2	78,5	61,2	54,7	1,1	70,1
Paris	105,40	2 125,9	2 234,1	1 595,7	1 353,0	1 160,0	87,4	1 805,5
Perpignan	68,07	105,1	117,9	73,2	67,5	57,0	1,9	65,4
Reims	46,90	187,2	180,8	126,1	95,9	88,2	1,1	94,3
Rennes	50,39	206,2	206,6	150,8	115,5	105,9	2,3	131,9
Rouen	21,38	106,6	110,7	79,7	67,6	60,3	1,2	82,9
Saint-Denis	142,79	131,6	145,2	98,7	62,2	56,1	1,0	61,6
Saint-Étienne	79,97	180,4	172,0	110,2	95,3	83,1	2,4	85,1
Strasbourg	78,26	263,9	271,7	190,1	140,5	128,0	2,6	160,7
Toulon	42,84	160,7	165,5	103,1	89,8	79,0	2,6	76,9
Toulouse	118,30	390,3	440,2	321,9	255,5	232,8	4,5	290,3
Tours	34,67	132,7	135,2	93,5	79,6	72,5	1,4	81,0
Villeurbanne	14,52	124,2	144,8	100,7	75,4	69,5	0,9	57,6

Source : Insee, recensements de la population

2.1 Environnement

En 2010, la **dépense** liée aux activités de **protection de l'environnement** atteint près de 46 milliards d'euros. Elle augmente de + 3,1 % en un an, malgré un repli des dépenses d'investissement (– 1,5 %). Elle représente 2,36 % du PIB en 2010, soit près de 0,4 point de plus qu'en 2000. Le rythme de progression de cette dépense, qui avait ralenti en 2009, reprend mais reste cependant moins soutenu qu'entre les années 2000 et 2008, où la progression annuelle dépassait 5,3 %. À l'instar des années antérieures, les dépenses de gestion des eaux usées et des déchets constituent la majeure partie de la dépense de protection de l'environnement (61 %). Cette part tend toutefois à se réduire au profit des dépenses de recherche et développement, de protection de l'air ou d'administration générale. Les entreprises et les administrations en financent respectivement 36 % et les ménages 17 %. Le reste est financé par l'extérieur, en particulier par les institutions européennes.

Les **dépenses de gestion** et d'utilisation **des ressources naturelles** qui font l'objet d'un suivi (récupération/recyclage, prélèvement et distribution d'eau), croissent fortement en 2010 (+ 10,9 % en un an) du fait d'une augmentation forte des prix dans le secteur de la récupération.

Après le repli constaté en 2009 consécutivement à la crise économique, les **éco-activités** retrouvent en 2010 leur dynamisme antérieur. Leur production avoisine 70 milliards d'euros (+ 8,5 % par rapport à 2009). Elles mobilisent 452 600 emplois en équivalents-temps plein, en hausse de 4,5 % sur un an.

Les **surfaces artificialisées** occupent 8,9 % du territoire en 2010, soit 4,9 millions d'hectares. Près de la moitié de ces surfaces correspondent à des sols revêtus ou stabilisés (routes, parkings), 17 % à des sols bâtis (maisons, immeubles) et 36 % à d'autres espaces artificialisés (jardins, chantiers). Les espaces artificialisés se sont accrus d'environ 397 000 hectares entre 2006 et 2010, principalement aux dépens de terres agricoles mais aussi de milieux semi-naturels. Le territoire français continue néanmoins à garder son caractère rural : plus de la moitié reste tournée vers l'agriculture et 30 % vers la production forestière. Le Gouvernement français s'est engagé, au terme de la large concertation nationale issue du Grenelle de l'Environnement, à définir une stratégie de création d'aires protégées. L'objectif est d'atteindre une superficie de 2 % de l'espace terrestre métropolitain avec les seules aires considérées comme fortement protégées. L'ensemble de nos aires protégées couvre d'ores et déjà plus de 20 % du territoire métropolitain.

Dans l'Union européenne à 27, sur les 502 kg de déchets municipaux générés par personne en 2010, 486 kg ont été traités selon différentes méthodes : 38 % ont été mis en décharge, 22 % incinérés, 25 % recyclés et 15 % compostés. Chypre présente la quantité la plus élevée de déchets municipaux générés en 2010 avec 760 kg par habitant. La France occupe dans l'UE27 une situation intermédiaire, proche de la moyenne. ■

Définitions

Convention de Ramsar : la Convention sur les zones humides, signée à Ramsar, en Iran, en 1971, est un traité intergouvernemental qui sert de cadre à l'action nationale et à la coopération internationale pour la conservation et l'utilisation rationnelle des zones humides et de leurs ressources.

Dépense de gestion des ressources naturelles : effort financier que consacrent les différents agents à l'adduction en eau potable et en récupération-recyclage.

Biodiversité, dépenses de protection de l'environnement, dépenses en énergies renouvelables, éco-activités, parc national, parc naturel régional, réseau Natura 2000, réserve naturelle, surface artificialisée : voir rubrique « définitions » en annexes.

Pour en savoir plus

- « L'économie de l'environnement en 2010 », SOeS, édition 2012.
- « Chiffres clés de l'environnement – édition 2012 », *Repères,* SoeS, septembre 2012.
- « L'utilisation du territoire en 2010 : les paysages agricoles dominent toujours le territoire français », *Agreste primeur* n° 260, avril 2011.
- « Les espaces protégés français : une diversité d'outils au service de la protection et de la biodiversité », Comité français de l'UICN, 2008.

Retrouvez le TEF sur www.insee.fr, rubrique Publications et services\Collections nationales\Insee Références

Occupation physique du territoire

en milliers d'hectares

	1990	2000	2010
Sols bâtis	858	825	849
Sols revêtus ou stabilisés	1 440	1 684	2 320
Autres sols artificialisés	1 077	1 577	1 733
Sols cultivés	22 866	19 268	18 783
Sols boisés	15 554	16 833	17 000
Landes, friches, maquis, garrigues	2 603	2 320	2 853
Surfaces toujours en herbe	8 552	10 462	9 462
Sols nus naturels	895	849	967
Zones sous les eaux	934	976	901
Zones interdites	140	125	51
Total	**54 919**	**54 919**	**54 919**
dont surfaces artificialisées (en %)	***6,1***	***7,4***	***8,9***

Note : les évolutions sont à étudier avec précaution car les enquêtes successives présentent des ruptures de série.
Champ : France métropolitaine.
Source : SSP, enquêtes Teruti et Teruti-Lucas.

Dépenses liées à l'environnement

en millions d'euros courants

	2000 (r)	2005 (r)	2010 (p)
Air	1 512	1 908	3 297
Eaux usées	9 643	11 596	12 717
Déchets	9 501	12 438	15 009
Sol, eaux souterraines et de surface	707	1 174	1 603
Bruit	1 487	1 918	2 053
Biodiversité et paysages	1 165	1 423	1 921
Déchets radioactifs	570	693	729
Recherche et développement	2 274	3 073	4 581
Administration générale	1 617	2 543	3 765
Protection de l'environnement (1)	**28 477**	**36 768**	**45 673**
Adduction en eau potable	9 790	11 874	13 080
Récupération	3 406	4 620	5 636
Dépense de gestion des ressources (2)	**13 195**	**16 494**	**18 717**
Dépense liée à l'environnement (1)+(2)	41 673	53 261	64 390
Espaces verts urbains	**2 131**	**2 904**	**3 386**
Énergies renouvelables	nd	nd	**20 976**

Source : SOeS.

Espaces protégés et gérés en 2011

Types d'espace	France métropolitaine		DOM		France	
	Nombre	Surface totale en km²	Nombre	Surface totale en km²	Nombre	Surface totale en km²
Arrêtés préfectoraux de protection de biotope	709	1 449	31	324	740	1 773
Zones humides au titre de la Convention de Ramsar	29	7 637	5	2 743	34	10 381
Réserves de biosphère (zone centrale, zone tampon et aires de coopération)	8	11 233	1	2 470	9	13 703
Sites Natura 2000	1 753	110 433	///	///	1 753	110 433
dont : ZPS au titre de la directive « Oiseaux »[1]	*384*	*78 644*	*/// *	*/// *	*384*	*78 644*
propositions de SIC au titre de la directive « Habitats »[2]	*1 369*	*74 287*	*/// *	*/// *	*1 369*	*74 287*
Parcs nationaux	6	13 103	3	38 126	9	51 229
dont cœurs de parc	*6*	*3 550*	*3*	*21 465*	*9*	*25 015*
Réserves naturelles nationales	146	1 707	12	3 040	158	4 746
Réserves naturelles de Corse	6	838	///	///	6	838
Réserves nationales de chasse et de faune sauvage	9	360	0	0	9	360
Réserves biologiques domaniales ou forestières	225	398	10	1 274	235	1 672
Parcs naturels régionaux (PNR)	44	73 300	2	2 859	46	76 159
Parc naturel marin	1	3 428	1	68 313	2	71 741

1. ZPS : Zones de protection spéciale.
2. SIC : Sites d'intérêt communautaire.
Source : SOeS.

Déchets générés et utilisation d'engrais dans l'Union européenne

	Déchets municipaux générés en kg par habitant			Engrais consommés par l'agriculture[1] en milliers de tonnes	
	2000	2005	2010	2009 (r)	2010
Allemagne	642	565	583	2 570	2 920
Autriche	580	618	591	165	185
Belgique[2]	475	479	466	312	357
Bulgarie	517	475	410	285	280
Chypre	677	730	760	12	13
Danemark	664	736	673	320	310
Espagne	658	592	535	1 782	2 036
Estonie	462	436	311	64	62
Finlande	502	478	470	261	267
France	**514**	**530**	**532**	**3 414**	**4 121**
Grèce	407	437	457	392	382
Hongrie	446	461	413	299	326
Irlande	599	731	636	604	605
Italie	509	540	531	1 235	1 151
Lettonie	271	311	304	87	89
Lituanie	365	377	381	260	277
Luxembourg[2]	654	672	678	…	…
Malte	546	623	591	…	…
Pays-Bas	613	624	595	333	334
Pologne	318	319	315	2 389	2 476
Portugal	471	450	514	151	164
Rép. tchèque	334	289	317	339	388
Roumanie	355	378	365	478	536
Royaume-Uni	577	583	521	1 745	1 831
Slovaquie	254	289	333	115	124
Slovénie	513	422	422	65	67
Suède	428	481	465	250	256
UE à 27	**523**	**516**	**502**	**17 925**	**19 555**

1. Azote, phosphore, phosphate, potassium et potasse.
2. Les données sur la consommation d'engrais en Belgique et au Luxembourg ne sont pas disponibles séparément.
Note : données estimées.
Source : Eurostat.

2.2 Utilisation des ressources

L'**extraction intérieure** utilisée (ou apparente) correspond aux matières extraites et produites sur le territoire français et utilisées par l'économie. On distingue trois grands groupes de matières : la biomasse, les matières minérales (minerais métalliques et minéraux) et les combustibles fossiles. Après la forte progression des années 1970, la quantité de matières extraites du territoire a peu varié depuis 1990. En 2009, elle s'établit à 1 159 millions de tonnes (Mt) si l'on prend en compte les matières inutilisées soit 18 tonnes par habitant.

L'extraction de minéraux (industriels ou utilisés principalement dans la construction) constitue le premier flux entrant dans l'économie, qui atteint 388 Mt en 2009, soit environ 6 tonnes par habitant. Les minéraux extraits sont principalement utilisés dans la construction et composés en grande partie des graviers et sables. Ces minéraux de construction représentent environ 60 % de l'extraction intérieure.

Les matières provenant de l'agriculture et de la pêche, destinées à une utilisation humaine ou animale, constituent le deuxième flux de matières extraites du territoire (3,8 tonnes par habitant extraits en 2009). La production de **biomasse** est fortement influencée par les conditions climatiques et météorologiques. Dans le domaine de la pêche, le tiers des prises est rejeté à la mer, sans certitude sur leurs chances de survie. Ce flux, pêché par la flotte française, estimé à environ 140 kilo tonnes en 2009, constitue un double enjeu environnemental et alimentaire, face au déclin des ressources halieutiques.

La production de **combustibles fossiles** déjà faible au début des années 70 est aujourd'hui quasi nulle du fait de l'arrêt de l'extraction du charbon, pour des raisons de coût, et de la fin d'exploitation des gisements de gaz (Lacq, prévue en 2013). Les besoins relatifs en matières énergétiques sont comblés par des importations très importantes (pétrole, gaz). Toutes catégories de ressources confondues, les importations permettent d'assurer 31 % du besoin apparent en matières de l'économie en 2009, contre 28 % en 1990. L'énergie représente plus de la moitié de ces importations « apparentes » de matière. Les pressions environnementales liées à ces importations sont ainsi exercées à l'étranger.

La **consommation intérieure de matières** par habitant, stable autour de 14 tonnes par an de 1990 à 2008, est passée à 12,5 tonnes en 2009, principalement en raison de la baisse de la consommation de matériaux de construction liée au recul de l'activité économique.

Les énergies renouvelables présentent l'avantage de ne pas utiliser le stock de ressources épuisables. Leur part dans la consommation finale d'énergie a augmenté de 3,4 points entre 2005 et 2011 pour atteindre 13,1 %. La loi Grenelle 1 fixe un objectif de 23 % pour 2020.

Le principe de responsabilité élargie des producteurs est à l'origine de la mise en place de nouvelles filières de **recyclage**. La **récupération** correspond à la transformation d'un **déchet** en matière première secondaire. En France, le taux de recyclage des déchets d'emballage en papier-carton (industriels et ménagers) s'élève à 85 % en 2009, celui des emballages en verre (ménagers et non ménagers) s'élève à 68 %. ■

Définitions

Consommation intérieure de matières : correspond à l'ensemble des matières physiquement consommées par la population présente sur le territoire.

Déchet : la définition juridique du déchet admise dans le cadre européen est très large. Il est défini comme « tout résidu d'un processus de production, de transformation ou d'utilisation, toute substance, matériau, produit abandonné ou que son détenteur destine à l'abandon ».

Biomasse, combustible fossile, consommation finale d'énergie, consommation intérieure brute d'énergie, extraction intérieure de matières, flux de matières apparents, flux de matières totaux estimés, intensité énergétique de l'économie, récupération, recyclage, ressources matérielles : voir rubrique « définitions » en annexes.

Pour en savoir plus

- « 10 indicateurs clés de l'environnement », *Repères*, SOeS, édition 2012.
- « Le Recyclage en France», *Repères, Ademe, édition 2012.*
- « L'économie de l'environnement en 2010 », *Références*, SOeS, juillet 2012.

Retrouvez le TEF sur www.insee.fr, rubrique Publications et services\Collections nationales\Insee Références

Matières mobilisées par l'économie française

en millions de tonnes

	2000				2009			
	Extraction	Importations	Exportations	Consommation intérieure	Extraction	Importations	Exportations	Consommation intérieure
Flux de matières apparents	**730,1**	**341,5**	**194,7**	**876,9**	**659,0**	**295,5**	**157,2**	**797,2**
Flux apparents (par habitant en tonnes)	12,0	5,6	3,2	14,4	10,2	4,6	2,4	12,4
Biomasse, bois et produits dérivés	276,2	51,7	83,4	244,6	269,6	48,1	65,2	252,5
Minerais métalliques	0,2	62,2	39,1	23,3	0,1	38,0	31,6	6,5
Combustibles fossiles	6,7	171,2	31,9	146,0	1,6	163,8	34,1	131,3
Minéraux de constr., industriels et autres	446,9	56,4	40,3	463,0	387,6	45,7	26,4	407,0
Flux de matières totaux estimés[1]	**1 222,0**	**1 597,2**	**1 157,8**	**1 661,4**	**1 159,0**	**1 247,6**	**911,8**	**1 494,7**
Flux totaux (par habitant en tonnes)	19,2	26,3	19,1	27,3	18,0	21,0	15,4	23,2
Biomasse, bois et produits dérivés[2]	471,9	348,9	496,6	324,1	461,6	355,1	432,1	384,6
Minerais métalliques	0,4	726,1	476,6	249,9	0,2	431,5	340,6	91,1
Combustibles fossiles	9,7	335,1	69,9	274,8	1,7	308,2	61,6	248,4
Minéraux de constr., industriels et autres	513,3	187,2	114,6	585,9	451,0	152,7	77,6	526,1
Excavation	226,7	///	///	226,7	244,5	///	///	244,5

1. Somme des flux apparents et cachés. 2. L'extraction inclut l'érosion des sols.
Source : SOeS.

Production d'énergie primaire par filière renouvelable

en milliers de tep

	2009 (r)	2010 (r)	2011 (p)
Bois-énergie	8 997	10 229	8 873
Hydraulique	4 940	5 406	3 924
Biocarburants	2 317	2 256	2 055
Déchets urbains renouvelables	1 169	1 222	1 252
Pompes à chaleur	1 091	1 427	1 298
Éolien	681	858	1 052
Résidus agricoles et IAA	375	343	350
Biogaz	291	334	350
Géothermie	84	92	94
Solaire thermique	50	57	64
Solaire photovoltaïque	15	53	173
Total	**20 010**	**22 277**	**19 487**

Champ : France métropolitaine.
Source : SOeS.

Production de déchets en France en 2010

en millions de tonnes

	Déchets minéraux	Déchets dangereux	Autres déchets	Total
Agriculture et pêche	///	0,7	0,9	1,6
Industrie	2,5	2,8	17,2	22,5
Construction	243,4	2,5	14,3	260,2
Tertiaire	1,1	2,1	22,4	25,6
Traitement des déchets	1,1	3,2	11,5	15,8
Ménages	2,7	0,2	26,4	29,3
Total	**250,8**	**11,5**	**92,7**	**355,0**
en tonnes par habitant	3,9	0,2	1,4	5,5

Source : SOeS.

Devenir des déchets ménagers et assimilés par mode de traitement

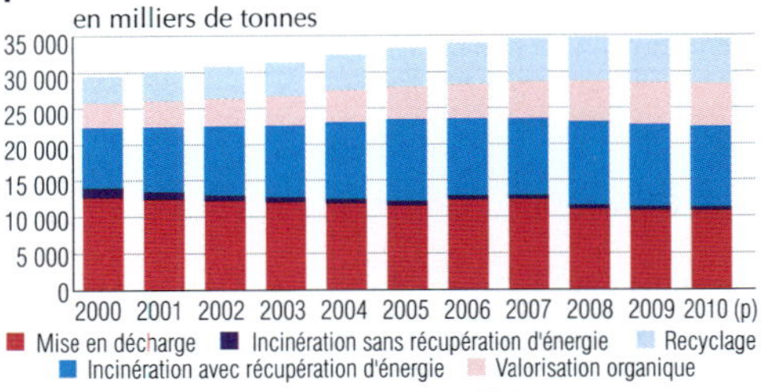

Champ : hors déblais et gravats. *Sources : Ademe ; SOeS.*

Évolution des prélèvements d'eau par usage

en millions de m³

	2000	2005	2010 (p)
Eau potable	5 872	5 915	5 490
Industrie	3 633	3 202	2 662
Irrigation	4 872	4 695	3 033
Énergie	18 339	20 059	21 924

Champ : France métropolitaine.
Sources : Agences de l'Eau ; SOeS.

Utilisation des ressources énergétiques dans l'UE à 27

	Part des énergies renouvelables dans la consommation finale brute d'énergie en %		Intensité énergétique de l'économie[1] en kg équiv. pétrole pour 1 000 euros	
	2005	2010	2005	2010
Allemagne	5,9	11,0	155,5	141,9
Autriche	25,0	30,1	140,3	131,8
Belgique	2,3	5,1	194,4	190,8
Bulgarie	9,5	13,8	863,3	671,1
Chypre	2,4	4,8	185,2	177,6
Danemark	16,2	22,2	95,3	93,7
Espagne	8,3	13,8	158,7	137,0
Estonie	17,5	24,3	497,4	545,9
Finlande	28,7	32,2	222,7	225,3
France	**9,5**	**12,9**	**161,0**	**151,6**
Grèce	7,0	9,2	162,6	147,5
Hongrie	4,5	8,7	312,1	295,5
Irlande	2,7	5,5	93,2	92,8
Italie	5,3	10,1	131,2	123,6
Lettonie	32,3	32,6	346,9	363,3
Lituanie	16,9	19,7	419,2	311,1
Luxembourg	1,4	2,8	158,8	140,3
Malte	0,1	0,4	201,4	169,2
Pays-Bas	2,3	3,8	160,7	157,8
Pologne	7,0	9,4	380,8	330,5
Portugal	19,6	24,6	177,6	154,5
Rép. tchèque	6,1	9,2	432,7	374,6
Roumanie	17,6	23,4	493,0	395,5
Royaume-Uni	1,3	3,2	126,4	111,9
Slovaquie	6,2	9,8	496,1	371,3
Slovénie	16,0	19,8	254,1	231,4
Suède	40,6	47,9	173,4	159,4
UE à 27	**8,5**	**12,5**	**164,8**	**152,1**

1. Consommation intérieure brute d'énergie primaire divisée par le PIB.
Source : Eurostat.

2.3 Changement climatique et effet de serre

L'année 2011 est l'année la plus chaude que la France métropolitaine ait connue depuis 1900. Au niveau mondial, seize des dix-sept années les plus chaudes depuis 1900 sont situées sur les dix-sept dernières années (1995-2011). Sur la période 1901-2009, le niveau des mers s'est élevé d'environ 1,7 mm par an ; depuis 1993, il s'élève de près de 3,2 mm chaque année. Ce phénomène est essentiellement dû à la dilatation thermique et la fonte de réservoirs terrestres de glaces (glaciers, calottes polaires, etc.).

Le réchauffement observé ces 50 dernières années provient essentiellement de l'augmentation des **gaz à effet de serre (GES)** générés par les activités humaines. Entre 1990 et 2010, les émissions de GES de la France, en baisse de 6,6 %, ont dépassé l'objectif de stabilisation qui avait été fixé dans le cadre du **protocole de Kyoto**. Cependant, après la forte baisse des émissions en 2009 liée à la récession économique, l'année 2010, marquée par la reprise de l'activité, a enregistré une hausse des émissions de GES (+ 1,5 %), principalement due à l'augmentation des émissions de CO_2 (+ 2,1 %). L'objectif à l'horizon 2020 pour l'Union européenne comme pour la France est une réduction de 20 % des émissions de GES. Pour la France, la **loi Grenelle 2** fixe comme objectif en 2050, une division par quatre des émissions de GES par rapport au niveau de 2010. Au niveau de l'Union européenne, le secteur le plus émetteur de GES est celui de la production d'électricité et de chaleur (26 % des émissions), devant celui des transports (20 %). En France, c'est le secteur des transports qui figure au 1er rang (25 %), alors que celui de la production d'électricité et de chaleur est relativement peu émetteur (9 %), en raison de l'importance de la production nucléaire.

La combustion d'énergie constitue la source principale d'émission de GES : elle présente 80 % des émissions de GES en Europe et 71 % en France. En 2010, les émissions mondiales de CO_2 dues à la combustion d'énergie augmentent nettement, effaçant la baisse de 2009, et culminent à 30,3 milliards de tonnes de CO_2 (Gt CO_2). Dans l'UE à 27, les évolutions observées en 2010 sont très contrastées selon les pays en fonction de leur conjoncture économique. Ainsi, les émissions de GES chutent au Portugal (– 9 %), en Grèce (– 7 %), elles bondissent en Estonie (+ 26 %). Elles augmentent aussi fortement en Chine (+ 6,6 %). Avec un niveau d'émission de 7,3 Gt CO_2, ce pays est le premier émetteur mondial devant les États-Unis. En 2010, ces deux pays émettent 42 % du CO_2 dû à la combustion d'énergie.

Le calcul de l'**empreinte carbone** permet d'élargir le suivi des émissions de gaz à effet de serre au-delà du seul périmètre territorial du pays pour tenir compte des échanges extérieurs et d'apprécier la pression globale exercée par la consommation de la population du pays concerné sur le climat. À environ 12 tonnes équivalent CO_2 par habitant en 2007, l'empreinte carbone de la demande finale des français a augmenté de 5 % depuis 1990. L'accroissement de l'empreinte carbone résulte de la hausse de la demande finale intérieure (39 %) et de la progression des émissions associées aux importations (64 %) qui représentent la moitié de l'empreinte carbone. ■

Définitions

Gaz à effet de serre : les principaux gaz responsables de l'effet de serre (GES), dont les émissions sont encadrées par le protocole de Kyoto, sont le dioxyde de carbone (CO_2), le méthane (CH_4), l'oxyde nitreux (N_2O) et les gaz fluorés (HFC, PFC et SF_6). Les émissions de ces six gaz sont pondérées par leurs potentiels de réchauffement global (PRG) et exprimées en équivalents CO_2 pour donner un total d'émissions en équivalents CO_2.

Empreinte carbone, énergie primaire, énergie renouvelable, Grenelle Environnement, pouvoir de réchauffement global d'un gaz (PRG), protocole de Kyoto : voir rubrique « définitions » en annexes.

Pour en savoir plus

- « Chiffres clés du climat – France et Monde », *Repères*, SoeS, édition 2013.
- « Chiffres clés de l'environnement – édition 2012 », *Repères*, SoeS, septembre 2012.
- « Le contenu carbone du panier de consommation courante », *Le point sur* n° 121, SoeS, avril 2012.

Retrouvez le TEF sur www.insee.fr, rubrique Publications et services\Collections nationales\Insee Références

Évolution des émissions de gaz à effet de serre au titre du protocole de Kyoto

Note : l'évolution calculée est celle de la variation du pouvoir de réchauffement global (PRG).
Champ : France y compris Saint-Martin et Saint-Barthélemy.
Source : Citepa.

Écart à la moyenne des températures de la période 1971-2000

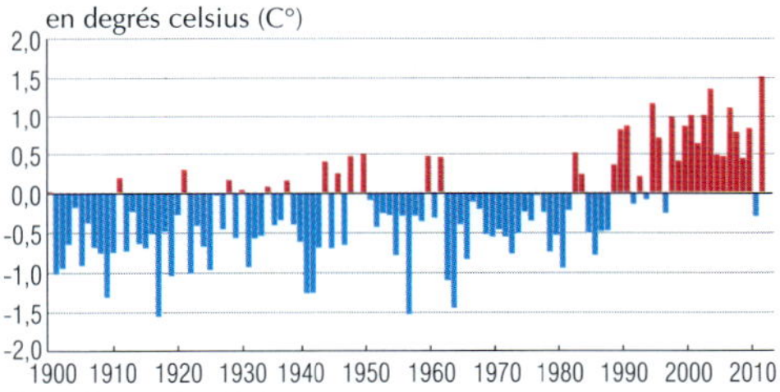

Champ : France métropolitaine.
Source : Météo-France.

Émissions de CO_2 dues à l'énergie dans le monde

	en millions de t CO_2		en t CO_2 par habitant	
	2010	10/90 en %	2010	10/90 en %
Amérique du Nord	6 322	13,6	14,0	– 9,9
dont : Canada	*537*	*24,0*	*15,7*	*0,6*
États-Unis	*5 369*	*10,3*	*17,3*	*– 11,0*
Amérique latine	1 135	86,3	2,4	40,0
dont Brésil	*388*	*99,6*	*2,0*	*53,2*
Europe et ex-URSS	6 466	– 18,6	7,3	– 22,9
dont UE à 27	***3 660***	***– 9,6***	***7,3***	***– 14,8***
dont France	***358***	***1,6***	***5,5***	***– 8,9***
dont Russie	*1 581*	*– 27,4*	*11,2*	*– 24,1*
Afrique	930	70,8	0,9	5,9
Moyen-Orient	1 614	173,3	7,6	69,7
Extrême-Orient	12 295	155,3	3,3	99,0
dont : Chine	*7 259*	*223,5*	*5,4*	*174,3*
Corée du Sud	*563*	*145,6*	*11,5*	*115,4*
Inde	*1 626*	*179,2*	*1,4*	*102,5*
Japon	*1 143*	*7,4*	*9,0*	*4,2*
Océanie	414	46,2	15,4	11,5
Soutes internationales maritimes et aériennes	1 099	77,9	///	///
Émissions mondiales de CO_2 dues à l'énergie	**30 276**	**44,4**	**4,4**	**11,4**
Émissions mondiales de CO_2 (toutes sources)	**37 602**	**33,1**	**5,5**	**2,7**
Émissions mondiales de gaz à effet de serre	**49 503**	**30,3**	**7,3**	**0,6**

Champ : émissions issues de la combustion d'énergie fossile pour un usage final (transport, chauffage, etc.) ou pour, par exemple, produire de l'électricité ou raffiner du pétrole.
Source : Agence internationale de l'énergie.

Émissions de gaz à effet de serre au titre du protocole de Kyoto

en millions de tonnes d'équivalent CO_2

	1990 (r)	2000 (r)	2010
CO_2	395	411	383
CH_4	63	65	62
N_2O	91	77	60
HFC	4	7	17
PFC	4	3	0
SF_6	2	2	1
Pouvoir de réchauffement global (PRG)	**559**	**565**	**522**

Champ : France y compris Saint-Martin et Saint-Barthélemy.
Source : Citepa.

Émissions de CO_2 des transports en France

en Mt de CO_2

	1990 (r)	2000 (r)	2010	10/90 en %
Aérien[1]	4,2	6,2	4,5	7
Routier	112,8	129,4	123,8	10
Ferroviaire	1,1	0,8	0,5	– 55
Maritime[1]	1,1	1,2	1,2	17
Autre transport	0,2	0,5	0,5	152
Total	**119,4**	**138,0**	**130,6**	**9**

1. Comprend uniquement le transport domestique (y c. transport France/DOM), à l'exclusion des émissions de CO_2 liées aux transports internationaux.
Source : Agence européenne de l'environnement.

Émissions de gaz à effet de serre dans l'UE à 27

en millions de tonnes d'équivalent CO_2

	1990 (r)	2000 (r)	2010			
			Total	*dont énergie*	*dont agriculture*	*dont process. industriels*
Allemagne	1 246	1 039	937	*782*	*67*	*73*
Autriche	78	80	85	*64*	*7*	*11*
Belgique	143	146	132	*108*	*10*	*13*
Bulgarie	114	63	61	*46*	*6*	*4*
Chypre	6	10	11	*8*	*1*	*1*
Danemark	69	68	61	*49*	*10*	*2*
Espagne	283	381	356	*270*	*40*	*28*
Estonie	41	17	21	*18*	*1*	*0*
Finlande	70	69	75	*61*	*6*	*6*
France	**559**	**565**	**522**	***370***	***94***	***38***
Grèce	105	127	118	*93*	*9*	*11*
Hongrie	97	77	68	*49*	*8*	*6*
Irlande	55	68	61	*41*	*18*	*2*
Italie	519	552	501	*416*	*34*	*32*
Lettonie	27	10	12	*8*	*2*	*1*
Lituanie	49	19	21	*13*	*4*	*2*
Luxembourg	13	10	12	*11*	*1*	*1*
Malte	2	3	3	*3*	*0*	*0*
Pays-Bas	212	213	210	*178*	*17*	*10*
Pologne	457	385	401	*327*	*35*	*30*
Portugal	60	82	71	*50*	*8*	*6*
Rép. tchèque	196	146	139	*115*	*8*	*12*
Roumanie	253	141	121	*86*	*17*	*13*
Royaume-Uni	764	670	590	*501*	*46*	*27*
Slovaquie	72	49	46	*32*	*3*	*9*
Slovénie	18	19	20	*16*	*2*	*1*
Suède	73	69	66	*49*	*8*	*7*
UE à 27	**5 583**	**5 078**	**4 721**	***3 763***	***462***	***343***

Source : Agence européenne de l'environnement.

3.1 Évolution de la population

Au 1er janvier 2013, 65,8 millions d'habitants résident en France : 63,7 millions de personnes vivent en métropole et 1,9 million dans les départements d'outre-mer hors Mayotte. Par ailleurs, Mayotte compte 0,2 million d'habitants. En 2012, la population française augmente plus faiblement que les années précédentes. La France (hors Mayotte) compte ainsi 300 000 personnes de plus depuis le 1er janvier 2012, soit une augmentation de 0,47 % de la population, la plus faible depuis une dizaine d'années.

Si le nombre de naissances se stabilise en 2012, le nombre de décès est beaucoup plus élevé qu'en 2011, du fait d'une mortalité plus forte, notamment en début d'année. Le **solde naturel**, estimé à 251 000 personnes, est le plus faible enregistré depuis 2003. Par ailleurs, le **solde migratoire**, estimé à + 54 000 personnes en 2012, est relativement faible. Jusqu'en 2007, les soldes naturels importants conjugués à des soldes migratoires atteignant 100 000 personnes permettaient une croissance un peu plus importante de la population.

Au 1er janvier 2012, la population de l'Union européenne à 27 compte 504 millions d'habitants. Elle s'est accrue en un an de 1,3 million de personnes, soit un taux annuel d'environ 3 pour 1 000 habitants. Avec 13 % de la population européenne, la France est le deuxième pays le plus peuplé derrière l'Allemagne (16 %). Le Royaume-Uni et l'Italie restent les troisième et quatrième pays les plus peuplés de l'Union européenne.

La croissance démographique de l'Union européenne s'est ralentie depuis trois ans, en lien avec des soldes migratoires moins importants. À l'opposé, depuis 2008, les soldes naturels sont en moyenne légèrement plus élevés qu'au début des années 2000. Néanmoins, leur contribution à la croissance démographique reste très inférieure à celle des soldes migratoires. En dehors des pays d'Europe centrale et orientale, seule la Grèce et le Portugal enregistrent une baisse de leur population en 2011. Avant 2010, le solde migratoire de ces deux pays était proportionnellement plus élevé qu'en France ; ce sont désormais des pays d'émigration. La plupart des pays d'Europe de l'Est, en dehors de la République tchèque, de la Slovaquie et de la Slovénie, perdent de la population en cumulant des accroissements naturels et migratoires négatifs. En revanche, la population de l'Allemagne s'accroît en 2011, le solde migratoire ayant compensé le déficit du solde naturel.

La population mondiale aurait dépassé le seuil de 7 milliards d'habitants courant 2011. Depuis 1950, elle a été multipliée par 2,8. L'Asie, qui représente près des deux tiers de la population mondiale, a triplé sa population depuis 1950, tandis que l'Afrique l'a plus que quadruplée pour atteindre 1 046 millions d'habitants en 2011. L'Europe, qui représente un dixième de la population mondiale en 2011, a quant à elle augmenté sa population d'un tiers seulement sur la même période. ■

Définitions

Solde naturel : différence entre le nombre de naissances et le nombre de décès enregistrés au cours d'une période. Les mots « excédent » ou « accroissement » sont justifiés par le fait qu'en général le nombre de naissances est supérieur à celui des décès. Mais l'inverse peut se produire, et le solde naturel est alors négatif.

Taux d'accroissement naturel (ou taux d'excédent naturel) : taux de croissance démographique imputable au mouvement naturel de la population, c'est-à-dire, celui qui ne résulte que des naissances et des décès. Il se calcule comme le rapport du solde naturel pendant une période à la population moyenne de cette période. Il est aussi égal à la différence entre le taux de natalité et le taux de mortalité.

Solde apparent, solde migratoire, taux de mortalité, taux de natalité : voir rubrique « définitions » en annexes.

Pour en savoir plus

- « Bilan démographique 2012 : la population croît, mais plus modérément », *Insee Première* n° 1429, janvier 2013.
- « France, portrait social », *Insee Références*, édition 2012.
- « Les citoyens de l'UE vivant dans un autre État membre constituaient 2,5 % de la population de l'UE en 2011 », *communiqué de presse* n° 105, Eurostat, juillet 2012.

Retrouvez le TEF sur www.insee.fr, rubrique Publications et services\Collections nationales\Insee Références

Composantes de l'évolution démographique

en milliers

	Population au 1er janvier[1]	Naissances vivantes[2]	Décès[2]	Solde naturel[2]	Solde migratoire évalué[3]	Ajustement
1985	56 444,7	796,1	560,4	235,7	39,4	0,0
1990	57 996,4	793,1	534,4	258,7	77,4	– 52,3
1995	59 280,6	759,1	540,3	218,7	42,2	– 54,1
2000	60 508,2	807,4	540,6	266,8	72,0	94,5
2005	62 730,5	806,8	538,1	268,7	92,2	94,6
2006	63 186,1	829,4	526,9	302,4	112,1	0,0
2007	63 600,7	818,7	531,2	287,5	73,6	0,0
2008	63 961,9	828,4	542,6	285,8	56,8	0,0
2009	64 304,5	824,6	548,5	276,1	32,3	0,0
2010	64 612,9	832,8	551,2	281,6	54,0	0,0
2011	64 948,5	823,4	545,1	278,3	54,0	0,0
2012	65 280,9	822,0	571,0	251,0	54,0	...
2013	65 585,9	...	...	...	...	...

1. Résultats provisoires pour 2011, 2012 et 2013. 2. Résultats provisoires pour 2012. 3. Résultats provisoires arrêtés à fin 2012 pour 2010, 2011 et 2012.
Champ : France hors Mayotte.
Source : Insee, estimations de population et statistiques de l'état civil.

Évolution des taux de natalité et de mortalité

pour 1 000 habitants

	Taux de natalité	Taux de mortalité	Taux de variation naturelle
1985	14,1	9,9	4,2
1990	13,6	9,2	4,4
1995	12,8	9,1	3,7
2000	13,3	8,9	4,4
2005	12,8	8,5	4,3
2006	13,1	8,3	4,8
2007	12,8	8,3	4,5
2008	12,9	8,5	4,4
2009	12,8	8,5	4,3
2010 (p)	12,9	8,5	4,4
2011 (p)	12,6	8,4	4,2
2012 (p)	12,6	8,7	3,9

Champ : France hors Mayotte.
Source : Insee, estimations de population et statistiques de l'état civil.

Taux d'accroissement annuel de la population dans l'Union européenne

pour 1 000 habitants

	Solde naturel		Solde migratoire		Accroissement total	
	2000	2011 (p)	2000	2011 (p)	2000	2011 (p)
Allemagne	– 0,9	– 2,3	2,0	3,4	1,2	1,1
Autriche	0,2	0,2	2,2	4,4	2,3	4,6
Belgique[2]	1,1	2,3	1,3	1,4	2,4	3,7
Bulgarie[2]	– 5,1	– 5,1	0,0	– 0,7	– 5,1	– 5,7
Chypre[1]	4,5	4,8	5,7	21,3	10,2	26,2
Danemark	1,7	1,2	1,9	2,4	3,6	3,6
Espagne	0,9	1,9	9,7	– 0,9	10,6	0,9
Estonie	– 3,9	– 0,4	0,2	0,0	– 3,7	– 0,4
Finlande	1,4	1,7	0,5	3,1	1,9	4,8
France[3 4]	**4,4**	**4,2**	**2,7**	**0,8**	**7,1**	**5,1**
Grèce	– 0,2	– 0,4	2,7	– 1,3	2,5	– 1,8
Hongrie	– 3,7	– 4,1	1,6	1,3	– 2,1	– 2,8
Irlande[2]	6,1	10,0	8,4	– 7,2	14,5	2,8
Italie	– 0,2	– 0,8	0,9	4,0	0,7	3,2
Lettonie[2]	– 5,0	– 4,7	– 2,3	– 11,2	– 7,4	– 16,0
Lituanie[2]	– 1,4	– 2,2	– 5,8	– 12,6	– 7,2	– 14,8
Luxembourg	4,5	3,5	7,9	21,2	12,4	24,7
Malte[2]	3,8	2,4	2,3	– 0,3	6,1	2,2
Pays-Bas	4,2	2,7	3,6	1,8	7,7	4,5
Pologne[2]	0,3	0,3	– 10,7	– 0,1	– 10,4	0,2
Portugal[2]	1,4	– 0,6	4,6	– 2,3	6,0	– 2,9
Rép. tchèque[2]	– 1,8	0,2	0,6	1,6	– 1,1	1,8
Roumanie	– 0,9	– 2,6	– 0,2	– 0,1	– 1,1	– 2,7
Royaume-Uni	1,2	4,1	2,4	3,8	3,6	7,8
Slovaquie[2]	0,5	1,7	– 4,1	0,5	– 3,7	2,2
Slovénie	– 0,2	1,6	1,4	1,0	1,2	2,6
Suède	– 0,3	2,3	2,7	4,8	2,4	7,1
UE à 27[12]	**0,6**	**0,8**	**1,5**	**1,7**	**2,1**	**2,5**

1. Rupture de série en 2010.
2. Rupture de série en 2011.
3. Source Insee pour les données relatives à la France.
4. Pour 2000 : solde apparent au lieu de solde migratoire.
Source : Eurostat.

Évolution de la population dans le monde

en millions

	1950	1960	1970	1980	1990	2000	2010	2011	Évolution 2011/1950 en moyenne annuelle en %
Afrique	**229,9**	**286,7**	**368,1**	**482,8**	**635,3**	**811,1**	**1 022,2**	**1 045,9**	**2,5**
Afrique orientale	64,8	81,9	107,6	143,6	192,8	251,6	324,0	332,5	2,7
Afrique centrale	26,1	32,0	40,7	53,4	71,7	96,2	126,7	130,0	2,7
Afrique septentrionale	53,0	67,5	86,9	113,1	146,2	176,2	209,5	213,0	2,3
Afrique méridionale	15,6	19,7	25,5	33,0	42,1	51,4	57,8	58,2	2,2
Afrique occidentale	70,5	85,6	107,4	139,8	182,5	235,7	304,3	312,2	2,5
Amérique latine et Caraïbes	**167,4**	**220,1**	**286,4**	**362,3**	**443,0**	**521,4**	**590,1**	**596,6**	**2,1**
Caraïbes	17,1	20,7	25,3	29,7	34,2	38,4	41,6	41,9	1,5
Amérique centrale	37,9	51,7	69,6	91,8	113,2	135,6	155,9	158,0	2,4
Amérique méridionale	112,4	147,7	191,5	240,9	295,6	347,4	392,6	396,7	2,1
Amérique septentrionale[1]	**171,6**	**204,3**	**231,3**	**254,5**	**281,2**	**313,3**	**344,5**	**347,6**	**1,2**
Asie[2]	**1 403,4**	**1 707,7**	**2 135,0**	**2 637,6**	**3 199,5**	**3 719,0**	**4 164,3**	**4 207,4**	**1,8**
Asie orientale	672,4	801,5	984,1	1 178,6	1 359,1	1 495,3	1 574,0	1 580,6	1,4
Asie centrale méridionale	507,1	620,0	778,8	986,0	1 246,4	1 515,6	1 764,9	1 789,9	2,1
Asie méridionale orientale	172,9	219,3	285,2	359,0	445,4	523,8	593,4	600,0	2,1
Asie occidentale	51,0	66,8	86,9	114,0	148,6	184,4	232,0	236,9	2,6
Europe	**547,3**	**603,9**	**655,9**	**692,9**	**720,5**	**726,8**	**738,2**	**739,3**	**0,5**
Europe orientale	220,1	252,8	276,2	294,9	310,5	304,2	294,8	294,3	0,5
Europe septentrionale	78,0	81,9	87,4	89,9	92,1	94,3	99,2	99,8	0,4
Europe méridionale	108,3	117,4	126,8	137,7	142,4	145,1	155,2	155,8	0,6
Europe occidentale	140,8	151,8	165,5	170,4	175,4	183,1	189,1	189,4	0,5
Océanie	**12,7**	**15,8**	**19,5**	**23,0**	**27,0**	**31,1**	**36,6**	**37,2**	**1,8**
Monde	**2 532,2**	**3 038,4**	**3 696,2**	**4 453,0**	**5 306,4**	**6 122,8**	**6 895,9**	**6 974,0**	**1,7**

1. Hawaii est compris en Amérique septentrionale plutôt qu'en Océanie. 2. La partie européenne de la Turquie est comprise en Asie occidentale plutôt qu'en Europe.
Source : Onu.

3.2 Population par âge

Au 1er janvier 2013, la France compte 65,8 millions d'habitants. La population française continue de vieillir sous l'effet de l'allongement de la durée de la vie et de l'avancée en âge des **générations** du *baby-boom*. Les habitants âgés d'au moins 65 ans représentent 17,5 % de la population, soit 1,4 point de plus qu'en 2003. Près d'un habitant sur dix a au moins 75 ans. Le nombre de personnes de 60 ans ou plus a crû de 23,4 % en dix ans et leur part dans l'ensemble de la population française (23,8 %) est presque équivalente à celle des jeunes de moins de 20 ans (24,7 %). Bien que la part des moins de 20 ans ait enregistré une baisse de 0,7 point en dix ans, leur nombre a progressé de 3,0 % sur la même période. Par rapport à 2003, le nombre de personnes de 20 à 59 ans a, quant à lui, augmenté de 1 % et cette tranche d'âge représente plus de la moitié de la population. L'**âge** moyen des Français atteint 40,6 ans au 1er janvier 2013.

Selon les dernières **projections de population** de l'Insee, si les tendances démographiques récentes se maintiennent, l'âge moyen de la population résidant en France métropolitaine (74 millions d'habitants en 2060) passerait à 43 ans en 2035, puis 45 ans en 2060. Jusqu'en 2035, le nombre de personnes âgées de 60 ans ou plus augmenterait fortement, avec l'arrivée à ces âges des générations issues du *baby-boom*. Entre 2035 et 2060, la part des 60 ans ou plus devrait continuer de progresser mais plus modérément. En 2060, une personne sur trois aurait ainsi plus de 60 ans. Dans une cinquantaine d'années, la France pourrait également compter treize fois plus de centenaires, soit 200 000 personnes. Le nombre des moins de 20 ans augmenterait légèrement d'ici 2060, mais leur part dans la population métropolitaine baisserait à 22 %. Le nombre de personnes âgées de 20 à 59 ans oscillerait autour de 33,1 millions : à la baisse jusqu'en 2035, puis à la hausse pour se fixer à 33,7 millions en 2060. Les personnes de 20 à 59 ans représenteraient 46 % de la population en 2060 et pour celles de 20 à 64 ans cette proportion serait de 51 %. La pyramide des âges de la France métropolitaine de 2060 renvoie l'image d'une répartition de la population par âge très équilibrée. L'empreinte des grands chocs démographiques passés (seconde guerre mondiale et *baby-boom*) aura en effet disparu.

D'après les hypothèses de projection démographiques établies par Eurostat, la population de l'Union européenne à 27 devrait compter 517 millions d'habitants en 2060 et connaître un important vieillissement. La population âgée de 65 ans et plus devrait quasiment doubler (151 millions d'habitants), et celle âgée de 80 ans presque tripler (61 millions d'habitants), représentant respectivement plus de 30 % et 12 % de la population européenne. Parallèlement, le nombre d'enfants de moins de 15 ans diminuerait graduellement à partir de 2020, sa proportion restant à peu près constante sur la période de projection (environ 15 %). La population de 15 à 64 ans devrait également diminuer régulièrement pour passer à près de 55 %. ■

Définitions

Âge : l'âge est la durée écoulée depuis la naissance. Il peut être calculé selon deux définitions, soit l'âge par génération ou âge atteint dans l'année, soit l'âge en années révolues. L'âge généralement utilisé est l'âge atteint dans l'année. Il correspond à la différence entre l'année de l'événement et l'année de naissance de l'individu. L'âge en années révolues est l'âge au dernier anniversaire. Aussi, à la date de l'événement, dans une même génération, l'âge en années révolues n'est pas le même pour toutes les personnes.

Génération, projections de population, pyramide des âges : voir rubrique « définitions » en annexes.

Pour en savoir plus

- « Bilan démographique 2012 : la population croît, mais plus modérément », *Insee Première* n° 1429, janvier 2013.
- « The greying of the baby boomers », c*ommuniqué de presse* n° 23/2011, Eurostat, juin 2011.
- « Projections de population à l'horizon 2060 – Un tiers de la population âgé de plus de 60 ans », *Insee Première* n° 1320, octobre 2010.
- « 15 000 centenaires en 2010 en France, 200 000 en 2060 ? », *Insee Première* n° 1319, octobre 2010.

Retrouvez le TEF sur www.insee.fr, rubrique Publications et services\Collections nationales\Insee Références

Pyramide des âges au 1er janvier 2013

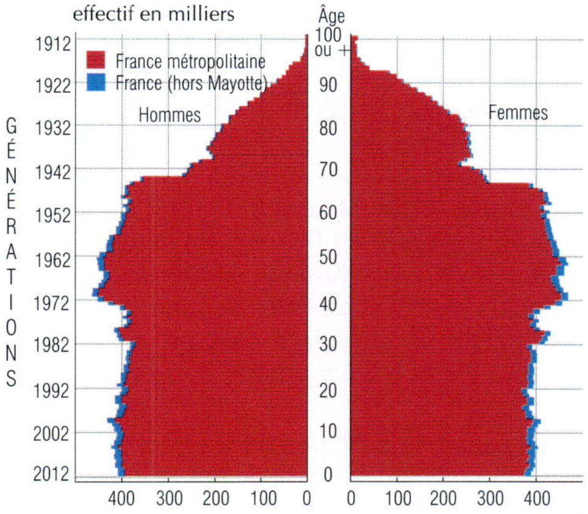

Source : Insee, estimations de population (résultats provisoires arrêtés fin 2012).

Pyramide des âges en 2060

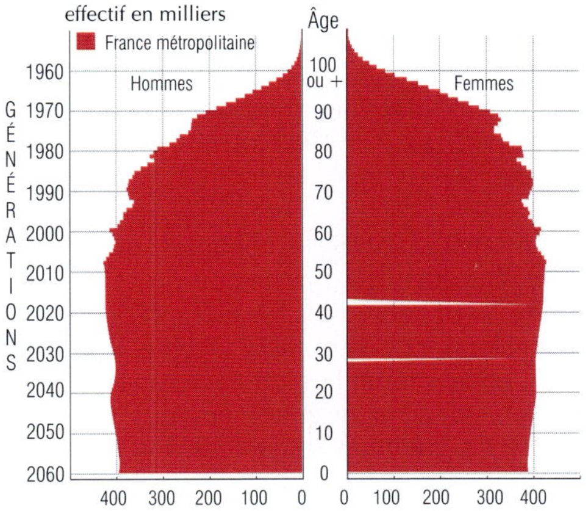

Source : Insee, projections de population 2007-2060.

Population par groupe d'âges au 1er janvier

en %

	Moins de 20 ans	20 ans à 59 ans	60 ans ou plus	*dont 75 ans ou plus*	Ensemble en milliers
France métropolitaine					
1901[1]	34,3	53,0	12,7	*2,5*	38 485,9
1910[1]	33,6	53,7	12,7	*2,5*	39 089,0
1920	31,3	54,9	13,8	*2,8*	38 383,0
1930	30,1	55,7	14,2	*2,9*	40 912,1
1946	29,5	54,4	16,1	*3,4*	40 125,2
1950	30,1	53,6	16,3	*3,8*	41 647,3
1960	32,3	51,0	16,7	*4,3*	45 464,8
1970	33,1	48,9	18,0	*4,7*	50 528,2
1980	30,6	52,4	17,0	*5,7*	53 731,4
1990	27,8	53,2	19,0	*6,8*	56 577,0
2000	25,6	53,8	20,6	*7,2*	58 358,2
2010 (r)	24,5	52,7	22,8	*8,9*	62 765,2
2011 (p)	24,5	52,2	23,3	*9,0*	63 089,0
2012 (p)	24,5	51,8	23,7	*9,1*	63 409,2
2013 (p)	24,5	51,5	24,0	*9,1*	63 703,2
France (hors Mayotte)					
1991	27,7	53,2	19,1	*6,6*	58 280,1
2000	25,8	53,8	20,4	*7,1*	60 508,2
2010 (r)	24,8	52,6	22,6	*8,8*	64 612,9
2011 (p)	24,7	52,3	23,0	*8,9*	64 948,5
2012 (p)	24,7	51,9	23,4	*9,0*	65 280,9
2013 (p)	24,7	51,5	23,8	*9,0*	65 585,9

1. France métropolitaine hors Bas-Rhin, Haut-Rhin et Moselle.
Source : Insee, estimations de population.

Projection de population par grand groupe d'âges en 2060

en %

	Population au 1er janvier en millions	Moins de 20 ans	20 ans à 59 ans	60 ans à 74 ans	75 ans ou plus
2015	64,5	24,2	51,0	15,5	9,3
2020	66,0	23,9	49,6	17,0	9,4
2025	67,3	23,5	48,4	17,2	10,9
2030	68,5	23,0	47,5	17,1	12,3
2035	69,7	22,6	46,7	17,1	13,6
2040	70,7	22,4	46,6	16,3	14,7
2050	72,3	22,3	45,9	15,9	16,0
2060	73,6	22,1	45,8	15,9	16,2

Champ : France métropolitaine.
Source : Insee, scénario central des projections de population 2007–2050.

Population et structure par âge dans le monde en 2011

en %

	Moins de 15 ans	15 à 64 ans	65 ans ou plus	Effectif total en millions
Afrique	**40,1**	**56,3**	**3,5**	**1 046**
Afrique orientale	43,0	53,8	3,1	333
Afrique centrale	44,6	52,6	2,9	130
Afrique septentrionale	31,3	63,8	4,9	213
Afrique méridionale	30,6	64,7	4,6	58
Afrique occidentale	42,9	53,9	3,2	312
Amérique latine, Caraïbes	**27,5**	**65,5**	**7,0**	**597**
Caraïbes	26,2	65,2	8,6	42
Amérique centrale	30,4	63,5	6,1	158
Amérique méridionale	26,4	66,3	7,2	397
Amérique septentrionale	**19,7**	**66,9**	**13,4**	**348**
Asie	**25,6**	**67,6**	**6,8**	**4 207**
Asie orientale	18,5	71,8	9,7	1 581
Asie centrale méridionale	30,7	64,5	4,9	1 790
Asie méridionale orientale	26,9	67,4	5,7	600
Asie occidentale[1]	31,2	64,0	4,7	237
Europe	**15,5**	**68,2**	**16,3**	**739**
Europe orientale	15,0	71,2	13,8	294
Europe septentrionale	17,3	66,0	16,7	100
Europe méridionale	15,0	66,9	18,2	156
Europe occidentale	15,7	65,7	18,5	189
Océanie	**23,9**	**65,2**	**10,9**	**37**
Australie et Nouvelle Zélande	19,2	67,2	13,6	27
Melanésie	37,4	59,4	3,2	9
Micronésie	30,2	64,7	5,1	1
Polynésie	31,3	62,7	6,0	1
Monde	**26,6**	**65,7**	**7,7**	**6 974**

1. Y compris la partie européenne de la Turquie.
Source : Onu.

3.3 Vie en couple

Le nombre de mariages célébrés en France en 2012 est estimé à 241 000. Il s'agit de la première année de hausse significative après une baisse constante depuis une décennie. Au tournant du millénaire, 305 000 mariages avaient été célébrés. Les mariages sont de plus en plus tardifs. L'âge moyen au premier mariage a progressé en 2012, aussi bien pour les époux que pour les épouses. En dix ans, il a progressé de 1,5 an pour les hommes et de 1,8 an pour les femmes, pour s'élever respectivement à 31,9 ans et 30,1 ans en 2012.

En 2011, le nombre de **divorces** s'est stabilisé autour de 133 000, après avoir atteint 155 300 en 2005. Auparavant, plus de deux mariages étaient conclus pour un divorce. Le rapport était même de 2,6 pour l'année 2000. Depuis cette date, le nombre de mariages conclus pour un divorce est en diminution, 2011 atteignant même le niveau le plus faible : 1,8 mariage pour un divorce.

La part des mariages célébrés en France où au moins un des deux époux est de nationalité étrangère est en diminution depuis 2003, année pour laquelle elle avait atteint son niveau le plus haut, soit 19,9 %. En 2011, cette part se stabilise autour de 16 %. Cette évolution sur une dizaine d'années est liée à celle des mariages mixtes, célébrés entre un conjoint français et un conjoint étranger, et plus particulièrement à celle des mariages entre un conjoint français et un conjoint ressortissant de l'un des 27 pays de l'Union européenne. L'évolution des mariages entre deux étrangers reste stable depuis 2003, autour de 3 % des mariages.

En 2010, près des trois quarts des mariages sont célébrés entre mai et septembre. Dans les communes rurales, plus de la moitié des mariages (59 %) ont lieu entre juin et août. En revanche, dans l'agglomération de Paris et les communes d'au moins 100 000 habitants, ces trois mois ne totalisent que 43 % des mariages de l'année. Cette saisonnalité moins marquée pour les grandes villes est en partie liée à la moindre importance des mariages entre Français qu'on y célèbre : les mariages avec une personne étrangère sont en effet moins saisonniers que les mariages entre Français.

La proportion de personnes résidant seules a augmenté régulièrement depuis cinquante ans, passant de 6 % en 1962 à 14 % en 2007. Les femmes sont plus nombreuses à résider seules que les hommes. Elles quittent le domicile parental plus jeunes. Entre 20 et 24 ans, les femmes, souvent unies à des hommes plus âgés, sont plus fréquemment en **couple** que les hommes du même âge. Depuis 1982, les comportements de mise en couple évoluent de manière identique pour les deux sexes : la vie à deux baisse de 1982 à 1999, et se stabilise ensuite.

En 2010, parmi les couples qui vivent ensemble depuis au moins un an et dont au moins un des conjoints est actif, près des deux tiers déclarent mettre leurs revenus intégralement en commun. Les autres se répartissent à peu près également entre ceux qui déclarent mettre en commun seulement une partie de leurs revenus et ceux qui déclarent les séparer totalement. ■

Définitions

État civil : depuis la Révolution, un cadre législatif régit l'enregistrement des naissances, mariages, décès, de même que les autres faits relatifs à l'état des personnes (divorces, reconnaissances, légitimations, adoptions). C'est sur cette base que s'est élaboré le recueil de données pour l'établissement des statistiques de l'état civil.

Taux de nuptialité : rapport du nombre de mariages de l'année à la population totale moyenne de l'année.

Couple, divorce, état matrimonial, pacte civil de solidarité (Pacs), taux de divorce : voir rubrique « définitions » en annexes.

Pour en savoir plus

- « Bilan démographique 2012 : la population croît, mais plus modérément », *Insee Première* n° 1429, janvier 2013.
- « Vivre seul ou en couple : quelle influence sur la satisfaction de la vie des hommes et des femmes âgés en Europe ? », *Population* n° 1, Ined, 2012.
- « La mise en commun des revenus dans les couples », *Insee Première* n° 1409, juillet 2012.
- « Statistiques d'état civil sur les mariages en 2010 », *Insee Résultats* n° 129 Société, avril 2012.
- « Combien de personnes résident seules en France ? », *Population & sociétés* n° 484, Ined, décembre 2011.

Retrouvez le TEF sur www.insee.fr, rubrique Publications et services\Collections nationales\Insee Références

Mariages et nuptialité

	Mariages	Taux de nuptialité	État matrimonial antérieur des époux en %		Âge moyen au premier mariage en années	
	en milliers	pour 1 000 hab.	Homme célibataire	Femme célibataire	Hommes	Femmes
France métropolitaine						
1960	319,9	7,0	89,9	90,5	25,7	23,1
1970	393,7	7,8	92,1	92,5	24,7	22,6
1980	334,4	6,2	87,5	88,5	25,1	23,0
1990	287,1	5,1	83,2	84,1	27,6	25,6
2000	297,9	5,0	81,5	82,4	30,2	28,0
2010	245,3	(p) 3,9	79,4	80,7	(p) 31,8	(p) 30,0
2011	231,1	(p) 3,7	79,3	80,5	(p) 31,9	(p) 30,1
2012 (p)	235,0	3,7	...	...	...	...
France[1]						
2000	305,2	5,0	81,4	82,5	30,2	28,1
2010	251,7	(p) 3,9	79,4	80,8	(p) 31,8	(p) 30,0
2011	236,8	(p) 3,6	79,4	80,6	(p) 31,9	(p) 30,1
2012 (p)	241,0	3,7	...	...	...	...

1. France hors Mayotte.
Lecture : en 2011, 80,6 % des épouses se mariaient pour la première fois ; 19,4 % étaient veuves ou divorcées.
Source : Insee, estimations de population et statistiques de l'état civil.

Femmes déjà mariées à divers âges par génération

en %

Génération	Âge atteint à la fin de l'année du mariage								
	20 ans	22 ans	24 ans	26 ans	28 ans	30 ans	35 ans	40 ans	50 ans
1942	30,1	58,5	73,6	81,1	85,1	87,5	90,2	91,2	91,9
1952	32,1	56,0	69,3	76,7	80,8	83,2	86,2	87,7	89,1
1962	19,6	35,1	46,6	55,4	61,9	66,2	72,5	76,0	79,2
1972	4,0	9,9	19,4	31,0	41,2	48,4	58,1	62,9	///
1982	2,0	5,7	12,0	20,6	28,5	34,9	///	///	///
1992	1,0	///	///	///	///	///	///	///	///

Note : 2,0 % des femmes nées en 1982 étaient mariées à 20 ans.
Champ : France métropolitaine.
Source : Insee, estimations de population et statistiques de l'état civil.

Divorces et divortialité

Année du jugement	Divorces prononcés en milliers	Divorces pour 1 000 couples mariés
1995	121,9	...
2000	116,7	...
2005	155,3	...
2008	132,6	10,7
2009	130,6	10,6
2010	133,9	(p) 10,9
2011	133,0	(p) 10,9

Champ : France hors Mayotte.
Sources : SDSE ; Insee.

Proportion de mariages déjà rompus suivant la durée et l'année du mariage

en divorces pour 100 000 mariages

Année du mariage	Durée du mariage						
	0 an	5 ans	10 ans	15 ans	20 ans	25 ans	30 ans
1970	17	3 638	9 661	15 224	20 011	23 679	26 145
1980	15	6 487	14 337	20 727	25 976	30 233	33 066
1990	21	8 229	17 825	25 462	31 558	///	///
2000	9	9 967	20 763	///	///	///	///
2009	64	///	///	///	///	///	///
2010	47	///	///	///	///	///	///
2011	68	///	///	///	///	///	///

Champ : France métropolitaine.
Sources : Insee ; SDSE.

Mariages et Pacs conclus selon le sexe des partenaires

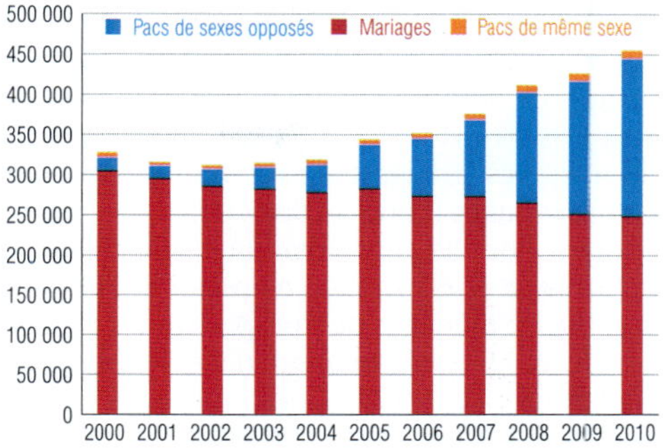

Sources : Insee, statistiques de l'état civil ; SDSE.

État matrimonial légal des personnes de 15 ans ou plus

en %

	2008	2009	2010 (r)	2011 (p)	2012 (p)
Célibataire	37,2	37,6	37,9	38,3	38,8
Marié	47,8	47,4	47,0	46,4	45,8
Veuf	7,7	7,6	7,6	7,6	7,5
Divorcé	7,2	7,3	7,5	7,7	7,9

Note : âge en années révolues.
Champ : population de France hors Mayotte, au 1er janvier.
Source : Insee, estimations de population.

Nuptialité et divortialité dans l'Union européenne à 27

pour 1 000 habitants

	Taux de nuptialité		Taux de divorce	
	1980	2011 (p)	1980	2011 (p)
Allemagne	6,3	4,6	1,8	2,3
Autriche	6,2	4,3	1,8	2,1
Belgique	6,7	4,1	1,5	2,9
Bulgarie	7,9	2,9	1,5	1,4
Chypre[1 2]	7,7	7,9	0,3	2,2
Danemark	5,2	4,9	2,7	2,6
Espagne	5,9	3,4	///	2,2
Estonie	8,8	4,1	4,1	2,3
Finlande	6,2	5,3	2,0	2,5
France métropolitaine[3]	**6,2**	**3,7**	**1,5**	**2,1**
Grèce[4]	6,5	4,9	0,7	1,2
Hongrie	7,5	3,6	2,6	2,3
Irlande[5]	6,4	4,6	///	0,7
Italie[5 6]	5,7	3,6	0,2	0,9
Lettonie	9,8	5,2	5,0	4,0
Lituanie	9,2	6,3	3,2	3,4
Luxembourg[6]	5,9	3,3	1,6	2,1
Malte	8,8	6,2	///	0,1
Pays-Bas	6,4	4,3	1,8	2,0
Pologne	8,6	5,4	1,1	1,7
Portugal	7,4	3,4	0,6	2,5
République tchèque	7,6	4,3	2,6	2,7
Roumanie	8,2	4,9	1,5	1,7
Royaume-Uni[1 2]	7,4	4,3	2,6	2,0
Slovaquie	8,0	4,7	1,3	2,1
Slovénie	6,5	3,2	1,2	1,1
Suède	4,5	5,0	2,4	2,5
UE à 27[1 4]	**6,8**	**4,5**	**1,5**	**2,0**

1. Données nuptialité 2009. 2. Données divortialité 2009. 3. Source Insee. 4. Données divortialité 2008. 5. Données nuptialité 2010. 6. Données divortialité 2010.
Note : le divorce est autorisé en Espagne depuis 1981, en Irlande depuis 1995 et à Malte depuis 2011.
Source : Eurostat.

3.4 Ménages - Familles

En 2009, la France compte 27,5 millions de **ménages** et 17,7 millions de **familles**. Un tiers des ménages est composé d'une seule personne, un tiers de deux personnes et le dernier tiers de trois personnes ou plus. Depuis 1999, le nombre de ménages a augmenté de 3,2 millions. Les petits ménages d'une ou deux personnes sont à l'origine de cette augmentation (respectivement 1,7 million et 1,5 million en plus), alors que le nombre de ménages de trois personnes ou plus est stable. Ce mouvement date de plusieurs décennies : en 1975, les ménages d'une personne ne représentaient qu'un cinquième des ménages. En 2009, 34 % des ménages sont constitués uniquement d'une personne.

L'augmentation des ménages d'une personne s'explique par l'évolution des modes de cohabitation et le vieillissement de la population. Ce dernier contribue pour un tiers à cette progression. À mode de cohabitation inchangé, 600 000 des 1,7 million de ménages d'une personne supplémentaires résultent de la croissance de la population des 60 ans ou plus. Au-delà de 60 ans, en effet, peu de personnes vivent dans un ménage de trois personnes ou plus : les enfants ont quitté le foyer et la cohabitation des parents âgés avec leurs enfants est devenue peu fréquente.

La moitié de l'évolution du nombre de ménages d'une seule personne (900 000 des 1,7 million de ménages d'une personne supplémentaires) résulte du changement des modes de cohabitation. Ce phénomène joue essentiellement avant 60 ans, en lien avec la plus grande fragilité des unions. Ainsi, entre 30 et 59 ans, on vit moins souvent en **couple** en 2009 qu'en 1999 (– 4 points) et plus souvent seul dans son logement (+ 3 points). Les **familles monoparentales** sont un peu plus nombreuses : leur part dans l'ensemble des familles avec enfants mineurs augmente (21 %, soit + 4 points en 10 ans). Dans 85 % des cas, le parent avec lequel réside (ou réside principalement) l'enfant est la mère.

Après 60 ans, la proportion de personnes en couple augmente à chaque âge avec l'allongement de l'espérance de vie : 63 % des 60 ans ou plus vivent en couple en 2009, soit 1 points de plus qu'en 1999. Bien que les personnes âgées soient plus souvent en couple, la part de personnes de 60 ans ou plus résidant seules progresse, en lien avec le recul de la cohabitation entre générations.

Parallèlement, la part des grands ménages (cinq personnes ou plus) ne cesse de se réduire. En 2009, un ménage sur quinze est composé de cinq personnes ou plus. La grande majorité de ces ménages sont des familles nombreuses (au moins trois enfants). Les autres sont des **ménages** à structure plus **complexe** (plusieurs générations par exemple). ■

Définitions

Famille : partie d'un ménage comprenant au moins deux personnes et constituée soit d'un couple, marié ou non, avec ou sans enfant(s), soit d'un adulte avec un ou plusieurs enfants. Les seuls enfants pris en compte dans les familles sont les personnes célibataires n'ayant elles-mêmes pas d'enfant et vivant avec au moins un de leurs parents, sans limite d'âge.

Ménage : ensemble des occupants d'un même logement sans que ces personnes soient nécessairement unies par des liens de parenté. Un ménage peut ne comprendre qu'une seule personne. Au sens du recensement de la population, les personnes vivant dans des habitations mobiles, les mariniers, les sans-abri, et les personnes vivant en communauté (foyers de travailleurs, maisons de retraite, résidences universitaires, maisons de détention...) sont considérées comme vivant hors ménage. Il y a égalité entre le nombre de ménages et le nombre de résidences principales.

Couple, famille monoparentale, ménage complexe, recensement de la population : voir rubrique « définitions » en annexes.

Pour en savoir plus

- « France, portrait social », *Insee Références*, novembre 2012.
- « Dix ans de recensement de la population. De plus en plus de petits ménages dans les régions », *Insee Première* n° 1410, août 2012.
- « La demande potentielle de logements à l'horizon 2030 : une estimation par la croissance attendue du nombre des ménages », *le point sur* n° 135, août 2012.
- « Qui vit seul dans son logement ? Qui vit en couple ? », *Insee Première* n° 1392, février 2012.

Retrouvez le TEF sur www.insee.fr, rubrique Publications et services\Collections nationales\Insee Références

Ménages selon la structure familiale

en milliers

	1990		1999		2009	
		en %		en %		en %
Ménage composé uniquement						
d'un homme seul	2 210,9	10,1	3 022,8	12,4	3 852,1	14,0
d'une femme seule	3 705,6	16,9	4 468,9	18,4	5 385,9	19,6
d'un couple sans enfant	5 139,8	23,4	5 965,7	24,5	7 126,9	25,9
d'un couple avec enfant(s)	7 991,4	36,4	7 688,9	31,6	7 467,9	27,1
dont avec enfant(s) de moins de 18 ans	*6 374,2*	*29,1*	*6 075,7*	*25,0*	*6 066,1*	*22,0*
d'une famille monoparentale	1 490,2	6,8	1 840,3	7,6	2 263,1	8,2
dont avec enfant(s) de moins de 18 ans	*821,9*	*3,7*	*1 102,6*	*4,5*	*1 465,9*	*5,3*
Ménages complexes	1 404,1	6,4	1 345,7	5,5	1 437,8	5,2
dont avec enfant(s) de moins de 18 ans	*431,9*	*2,0*	*422,5*	*1,7*	*366,8*	*1,3*
Ensemble	**21 942,1**	**100,0**	**24 332,3**	**100,0**	**27 533,5**	**100,0**

Champ : population des ménages.
Note : les « enfants » sont comptabilisés sans limite d'âge, les « enfants de moins de 18 ans » le sont en âge révolu.
Source : Insee, RP1990 sondage au 1/4 - RP1999 et RP2009 exploitations complémentaires.

Composition des familles avec enfants de moins de 18 ans

en milliers

	1999		2009	
		en %		en %
Couples avec enfant(s)	6 338,6	83,1	6 261,7	79,1
Familles monoparentales	1 288,9	16,9	1 657,2	20,9
Femmes seules avec enfant(s)	1 130,3	14,8	1 416,9	17,9
Hommes seuls avec enfant(s)	158,6	2,1	240,3	3,0
Total	**7 627,5**	**100,0**	**7 918,9**	**100,0**

Champ : population des ménages, familles avec au moins un enfant de 0 à 17 ans (en âge révolu).
Source : Insee, RP1999 et RP2009 exploitations complémentaires.

Familles selon le nombre d'enfants âgés de moins de 18 ans

en milliers

	1999		2009	
		en %		en %
1 enfant	3 418,3	44,8	3 580,6	45,2
2 enfants	2 841,1	37,2	3 025,8	38,2
3 enfants	1 033,5	13,6	1 017,9	12,9
4 enfants ou plus	334,5	4,4	294,6	3,7
Total	**7 627,5**	**100,0**	**7 918,9**	**100,0**

Champ : population des ménages, familles avec au moins un enfant de 0 à 17 ans (en âge révolu).
Source : Insee, RP1999 et RP2009 exploitations complémentaires.

Personnes vivant seules dans leur logement selon l'âge

en %

	1999			2009		
	Ensemble	Homme	Femme	Ensemble	Homme	Femme
15 à 19 ans	3,6	3,1	4,1	4,5	3,9	5,1
20 à 24 ans	16,7	15,8	17,6	18,3	17,9	18,7
25 à 39 ans	12,8	15,4	10,3	14,6	17,9	11,5
40 à 54 ans	10,6	11,8	9,5	13,1	15,5	10,8
55 à 64 ans	15,7	12,4	18,7	18,7	15,4	21,9
65 à 79 ans	27,9	15,1	37,6	27,5	16,3	36,4
80 ans ou plus	50,7	27,2	62,4	49,3	25,4	62,4
Ensemble des 15 ans ou plus	**15,8**	**13,3**	**18,1**	**18,1**	**15,8**	**20,2**

Champ : population des ménages, personnes de 15 ans ou plus.
Source : Insee, RP1999 et RP2009 exploitations principales.

Évolution de la taille des ménages

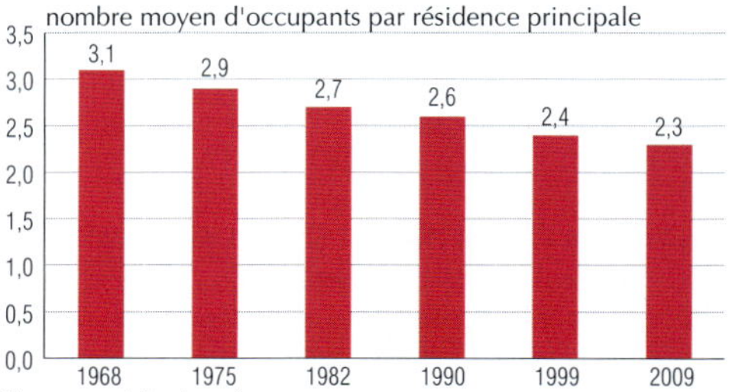

Champ : population des ménages.
Source : Insee, RP1968 à 1990 dénombrements - RP1999 et RP2009 exploitations principales.

Taille des ménages dans l'Union européenne en 2010

	Nombre moyen d'occupants	% de ménages composés	
		d'une personne	de cinq personnes ou plus
Allemagne	2,0	39,8	3,4
Autriche	2,3	36,0	6,9
Belgique	2,3	34,5	7,6
Bulgarie	2,9	19,5	13,0
Chypre	2,8	20,7	13,8
Danemark	2,0	46,2	4,0
Espagne	2,7	18,8	4,8
Estonie	2,3	34,5	5,3
Finlande	2,1	39,6	5,1
France	**2,2**	**35,3**	**6,2**
Grèce	2,7	20,3	3,2
Hongrie	2,6	23,9	9,1
Irlande	2,7	22,0	10,0
Italie	2,4	31,1	4,9
Lettonie	2,6	27,4	9,3
Lituanie	2,5	31,5	7,0
Luxembourg	2,5	28,9	7,1
Malte	2,9	18,8	11,1
Pays-Bas	2,2	36,1	6,1
Pologne	2,8	24,6	14,5
Portugal	2,7	17,7	7,6
Rép. tchèque	2,5	23,5	5,0
Roumanie	2,9	21,3	13,7
Royaume-Uni	2,3	30,9	6,6
Slovaquie	2,8	23,1	11,2
Slovénie	2,6	27,0	7,2
Suède	2,1	39,5	4,6
UE à 27	**2,4**	**30,5**	**6,7**

Source : Eurostat, SILC.

3.5 Natalité - Fécondité

En 2012, 822 000 bébés sont nés en France (hors Mayotte), dont 792 000 en métropole. C'est un petit peu moins que les quatre années précédentes, mais le niveau des **naissances** reste plus élevé qu'au début des années 2000. La natalité a été plus faible en 2012 qu'en 2011 sur les neuf premiers mois de l'année, mais plus forte en octobre.

En 2012, le léger recul du nombre de naissances par rapport aux années précédentes résulte d'un double effet : le nombre de femmes en âge de procréer diminue et leur fécondité est stable. L'**indicateur conjoncturel de fécondité (ICF)** s'établit à 2,01 enfants par femme. Il se maintient à plus de 2 depuis 2008, après avoir largement progressé depuis 2002.

Depuis les années 1960, les comportements de fécondité ont beaucoup évolué en France métropolitaine, en lien avec l'accroissement du niveau d'étude et la place croissante des femmes sur le marché du travail. La fin du *baby-boom* s'accompagne ainsi d'une raréfaction des familles nombreuses, à partir de quatre enfants surtout. Le calendrier des maternités est aussi en constante évolution : les femmes ont d'abord eu leurs enfants de plus en plus tôt, puis de plus en plus tard. L'âge moyen des femmes à l'accouchement est ainsi passé de 29,4 ans au début du XXème siècle à 26,5 ans en 1977. Il remonte fortement depuis, du fait de l'âge moyen plus élevé au premier enfant.

En 2012, l'âge moyen des mères à l'accouchement (quel que soit le rang de naissance de l'enfant) atteint 30,1 ans, soit une hausse de 0,7 année en dix ans. L'âge au premier enfant est plus faible d'environ deux ans. La fécondité des femmes les plus âgées augmente : 6,6 enfants pour 100 femmes de 35 à 39 ans contre 5,2 enfants en 2002. Avec 4,8 % des naissances, la contribution des femmes de 40 ans ou plus à la natalité reste modérée. Par ailleurs, leur fécondité augmente, mais reste très faible : 0,8 enfant pour 100 femmes de cet âge (contre 0,6 en 2002). Dans les départements d'outre-mer, la fécondité est généralement plus élevée et plus précoce qu'en métropole, en particulier en Guyane. Ceci s'explique par une fécondité nettement supérieure aux âges jeunes, et un peu plus forte après 35 ans.

En 2011, 5,2 millions d'enfants sont nés dans l'Union européenne à 27. Seule l'Irlande a un **taux de fécondité** plus élevé que celui de la France avec 2,05 enfants par femme. La moyenne de l'UE 27 se maintient en 2011 à 1,59 enfant par femme, comme en 2009. L'ICF est très faible dans les pays du Sud et du centre de l'Europe tels l'Espagne, l'Italie, l'Allemagne ou la Pologne. Il est nettement plus élevé dans les pays nordiques et en Grande-Bretagne. Comme en France, l'âge moyen à l'accouchement a atteint 30 ans dans l'UE en 2011. ■

Définitions

Taux de fécondité : le taux de fécondité à un âge donné (ou pour une tranche d'âges) est le nombre d'enfants nés vivants des femmes de cet âge au cours de l'année, rapporté à la population moyenne de l'année des femmes de même âge. Par extension, le taux de fécondité est le rapport du nombre de naissances vivantes de l'année à l'ensemble de la population féminine en âge de procréer (nombre moyen des femmes de 15 à 50 ans sur l'année). À la différence de l'indicateur conjoncturel de fécondité, l'évolution du taux de fécondité dépend en partie de l'évolution de la structure par âge des femmes âgées de 15 à 50 ans.

Taux de natalité : rapport du nombre de naissances vivantes de l'année à la population totale moyenne de l'année.

Génération, indicateur conjoncturel de fécondité (ICF), naissance : voir rubrique « définitions » en annexes.

Pour en savoir plus

- « Bilan démographique 2012 : la population croît, mais plus modérément », *Insee Première* n° 1429, janvier 2013.
- « La fécondité dans les régions depuis les années 1960 », *Insee Première* n° 1430, janvier 2013.
- « En France comme en Grande-Bretagne, l'allongement des études retarde les maternités », *Population & sociétés* n° 495, Ined, décembre 2012.
- « Statistiques d'état civil sur les naissances en 2011 », *Insee Résultats* n° 134 Société, octobre 2012.
- « Un premier enfant à 28 ans », *Insee Première* n° 1419, octobre 2012.

Retrouvez le TEF sur www.insee.fr, rubrique Publications et services\Collections nationales\Insee Références

Évolution de la natalité et de la fécondité

	Naissances vivantes en milliers	Taux de natalité en ‰	Indicateur conjoncturel de fécondité pour 100 femmes
France métropolitaine			
1950	862,3	20,6	294,7
1980	800,4	14,9	194,5
1990	762,4	13,4	177,8
2000	774,8	13,1	187,4
2011	793,0	(p) 12,5	(p) 199,7
2012 (p)	792,0	12,5	199,9
France[1]			
2000	807,4	13,3	189,3
2011	823,4	(p) 12,6	(p) 201,0
2012 (p)	822,0	12,6	201,2

1. Hors Mayotte.
Source : Insee, estimations de population et statistiques de l'état civil.

Taux de fécondité selon l'âge de la mère

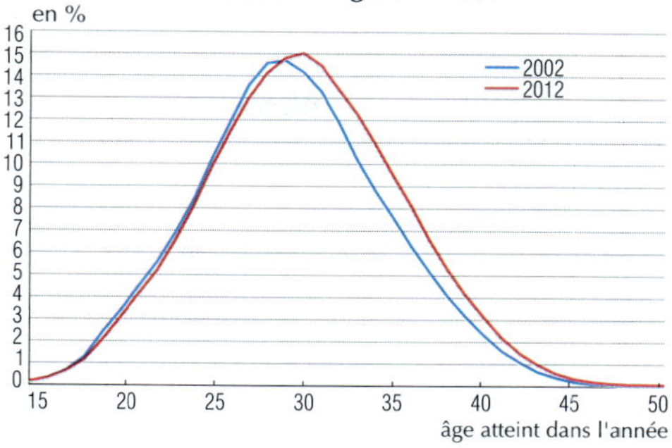

Lecture : 15,0 % des femmes de 30 ans ont mis au monde un enfant en 2012 ; dix ans plus tôt, cette proportion atteignait 14,1 %.
Source : Insee, estimations de population et statistiques de l'état-civil.

Naissances de 1900 à 2012

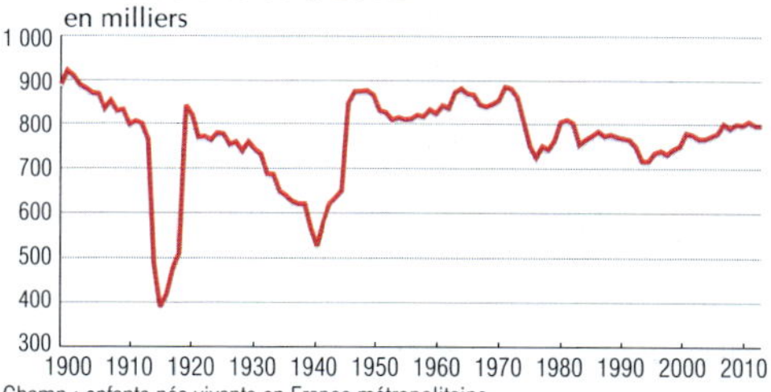

Champ : enfants nés vivants en France métropolitaine.
Source : Insee, statistiques de l'état civil.

Naissances selon l'âge de la mère

	Nombre de naissances pour 100 femmes					Âge moyen des mères
	15-24 ans	25-29 ans	30-34 ans	35-39 ans	40 ans ou plus	
1995	3,3	13,2	10,0	4,0	0,4	23,9
2000	3,3	13,4	11,7	5,0	0,5	29,3
2005	3,2	12,8	12,3	5,6	0,6	29,6
2011 (p)	3,1	12,7	13,1	6,4	0,8	30,0
2012 (p)	3,1	12,6	13,2	6,6	0,8	30,1

Champ : France hors Mayotte.
Source : Insee, estimations de population et statistiques de l'état civil.

Nombre moyen d'enfants à divers âges par génération

pour 100 femmes

Génération	Âge atteint à la fin de l'année								
	20 ans	22 ans	24 ans	26 ans	28 ans	30 ans	35 ans	40 ans	50 ans
1942	23,1	58,2	99,0	135,3	165,5	189,4	219,1	228,6	230,5
1952	25,2	53,9	82,8	112,4	139,9	162,7	195,6	209,4	212,3
1962	15,4	34,3	60,1	89,5	118,2	143,2	185,1	204,1	208,2
1972	7,8	17,6	32,8	55,1	83,5	112,3	167,9	193,5	///
1982	7,2	16,8	31,8	53,4	81,0	110,8	///	///	///
1984	7,2	16,8	31,6	53,3	80,5	///	///	///	///
1986	7,0	16,7	31,5	52,8	///	///	///	///	///
1988	6,7	16,0	30,4	///	///	///	///	///	///
1990	6,5	15,3	///	///	///	///	///	///	///
1992	6,3	///	///	///	///	///	///	///	///

Lecture : 100 femmes nées en 1942 avaient déjà donné naissance à 23,1 enfants à la fin de l'année 1962.
Champ : France métropolitaine.
Source : Insee, estimations de population et statistiques de l'état civil.

Naissances selon la nationalité des parents

en %

	2000	2005	2011
Les deux parents français	84,8	81,2	80,1
Un parent français, un parent étranger	8,7	11,7	12,8
dont : père étranger, mère française	*5,0*	*6,4*	*6,4*
père français, mère étrangère	*3,7*	*5,3*	*6,4*
Les deux parents étrangers	6,5	7,1	7,0
Total des naissances (en milliers)	**807,4**	**806,8**	**823,4**

Note : à la suite de l'évolution de la méthode de traitement des données, les séries présentent une légère rupture en 2011.
Source : Insee, statistiques de l'état civil.

Natalité et fécondité au sein de l'UE en 2011

	Naissances vivantes en milliers	Taux de natalité en ‰	Indicateur conjoncturel de fécondité	Âge moyen à la maternité en années
Allemagne	662,7	8,1	1,4	30,5
Autriche	78,1	9,3	1,4	30,0
Belgique[1]	131,0	11,9	1,8	29,6
Bulgarie	70,8	9,6	1,5	27,1
Chypre	9,6	11,3	1,4	30,5
Danemark	59,0	10,6	1,8	30,7
Espagne	469,2	10,2	1,4	31,4
Estonie	14,7	11,0	1,5	29,5
Finlande	60,0	11,1	1,8	30,3
France[2]	**822,0**	**12,6**	**2,0**	**30,1**
Grèce	106,4	9,4	1,4	30,4
Hongrie	88,0	8,8	1,2	29,4
Irlande	74,7	16,3	2,1	31,5
Italie[3]	546,6	9,0	1,4	31,3
Lettonie	18,8	9,1	1,3	28,7
Lituanie	34,4	11,3	1,8	28,9
Luxembourg	5,6	10,9	1,5	30,8
Malte[3]	4,3	10,3	1,4	29,4
Pays-Bas	180,1	10,8	1,8	30,9
Pologne	388,4	10,1	1,3	28,9
Portugal	96,9	9,2	1,4	30,1
Rép. tchèque	108,7	10,4	1,4	29,7
Roumanie	196,2	9,2	1,3	27,1
Royaume-Uni[3]	807,8	12,9	2,0	29,6
Slovaquie	60,8	11,3	1,5	28,9
Slovénie	21,9	10,7	1,6	30,1
Suède	111,8	11,8	1,9	30,8
UE à 27[1]	**5 234,4**	**10,4**	**1,6**	**29,8**

1. Indicateur conjoncturel de fécondité et âge moyen à la maternité en 2009.
2. Données 2012 pour la France ; hors Mayotte ; source Insee.
3. Indicateur conjoncturel de fécondité et âge moyen à la maternité en 2010.
Source : Eurostat.

3.6 Espérance de vie - Mortalité

En France, entre 1981 et 2011, l'**espérance de vie à la naissance** a augmenté de 8 ans pour les hommes et de 6,5 ans pour les femmes. Cette hausse est surtout liée aux progrès réalisés, notamment en matière de lutte contre les maladies cardio-vasculaires au-delà de l'âge de 65 ans, mais également à une diminution de la mortalité des hommes à l'âge adulte. En 2012, l'espérance de vie n'augmente pas, du fait du grand nombre de décès survenus dans l'année. Elle stagne pour les hommes (78,4 ans) et diminue même de 0,2 point pour les femmes (84,8 ans). Bien que les hommes aient légèrement réduit leur retard en matière d'espérance de vie, les femmes vivent toujours presque sept ans de plus qu'eux. C'est au début des années 1990 que la progression de l'espérance de vie des femmes a ralenti et que celle des hommes a commencé à augmenter plus vite que celle des femmes. Ainsi, depuis 1994, l'écart d'espérance de vie entre les hommes et les femmes est passé de 8,2 à 6,4 années. Depuis le début des années 2000, la progression de l'espérance de vie a été de 3 ans pour les hommes contre 1,9 an pour les femmes. En 2012, une femme âgée de 60 ans peut espérer vivre encore plus de 27 ans et un homme du même âge 22 ans et demi. Depuis 1990, l'**espérance de vie à 60 ans** a progressé de 2,9 années pour les hommes et de 2,8 années pour les femmes.

L'espérance de vie à la naissance des hommes comme celle des femmes a augmenté dans tous les pays de l'Union européenne entre 2001 et 2011. La réduction des écarts entre hommes et femmes s'observe dans presque tous les États membres. Par exemple, l'espérance de vie a augmenté respectivement de 6,4 et 4,5 ans pour les hommes en Estonie et Slovénie et de 4,9 et 2,9 ans pour les femmes. À l'inverse, en Pologne et en Bulgarie, l'espérance de vie a progressé moins vite pour les hommes que pour les femmes. En France, en 2012, l'espérance de vie à la naissance des hommes est comparable à celle de la moyenne de l'UE. En revanche, l'espérance de vie des femmes vivant en France est la plus élevée de l'Union européenne.

En 2012, le nombre de décès en France est le plus élevé de ces vingt dernières années. On enregistre 571 000 décès contre 562 000 en 2003, année marquée par la canicule. L'évolution démographique de la population, dont les nombreuses générations d'après-guerre arrivent à des âges où les **taux de mortalité** sont plus élevés, ne suffit pas à expliquer l'augmentation des décès de 2012 : une vague de froid exceptionnelle en début d'année ainsi que des épidémies (respiratoires, de grippe, etc.) ont eu un effet direct sur la mortalité. Après avoir stagné entre 2005 et 2009, la **mortalité infantile** a diminué en 2010 et se situe depuis sur un nouveau plancher, autour de 3,5 enfants de moins d'un an décédés pour 1 000 naissances vivantes. ■

Définitions

Espérance de vie à la naissance : l'espérance de vie à la naissance ou espérance de vie, représente la durée de vie moyenne – autrement dit l'âge moyen au décès – d'une génération fictive soumise aux conditions de mortalité de l'année. Elle caractérise la mortalité indépendamment de la structure par âge.

Espérance de vie à l'âge x : représente, pour une année donnée, l'âge moyen au décès des individus d'une génération fictive d'âge x qui auraient, à chaque âge, la probabilité de décéder observée cette année-là au même âge. Autrement dit, elle est le nombre moyen d'années restant à vivre au-delà de cet âge x (ou durée de survie moyenne à l'âge x), dans les conditions de mortalité par âge de l'année considérée.

Taux de mortalité : rapport du nombre de décès de l'année à la population totale moyenne de l'année.

Taux de mortalité infantile : rapport entre le nombre d'enfants décédés à moins d'un an et l'ensemble des enfants nés vivants.

État civil : voir rubrique « définitions » en annexes.

Pour en savoir plus

- « Bilan démographique 2012 : la population croît, mais plus modérément », *Insee Première* n° 1429, janvier 2013.
- « Femmes et hommes – Regards sur la parité », *Insee Références*, mars 2012.
- « Demography report 2010 – Older, more numerous and diverse Europeans », *Rapport annuel*, Eurostat, février 2012.

Retrouvez le TEF sur www.insee.fr, rubrique Publications et services\Collections nationales\Insee Références

Évolution des décès et de la mortalité

	Décès en milliers	Taux de mortalité en ‰	Taux de mortalité infantile en ‰
1985	560,4	9,9	...
1990	534,4	9,2	...
1995	540,3	9,1	5,0
2000	540,6	8,9	4,5
2005	538,1	8,5	3,8
2010	551,2	8,5	3,6
2011 (r)	545,1	8,4	3,5
2012 (p)	571,0	8,7	3,5

Champ : France hors Mayotte.
Source : Insee, estimations de population et statistiques de l'état civil.

Décès annuels en France métropolitaine de 1901 à 2012

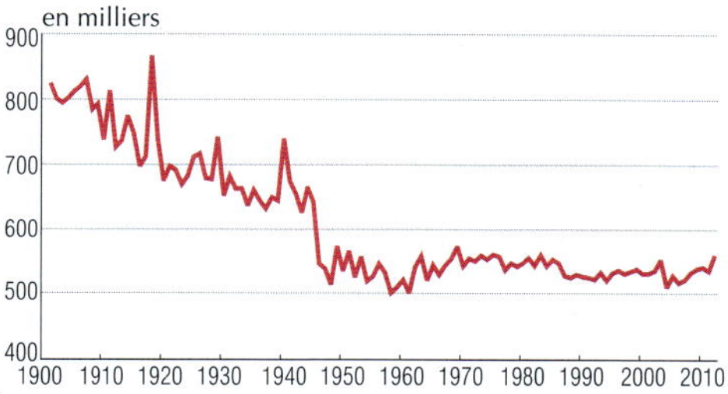

Note : les nombres de décès pendant la Première Guerre mondiale ne comprennent pas les pertes militaires, soit approximativement 1 350 000 personnes entre 1914 et 1918. Les nombres de décès pour la période 1939-1945 ne comprennent pas non plus les décédés par faits de guerre, soit approximativement 600 000 personnes.
Source : Insee, estimations de population et statistiques de l'état civil.

Espérance de vie à la naissance et taux de mortalité infantile de 1950 à 2012

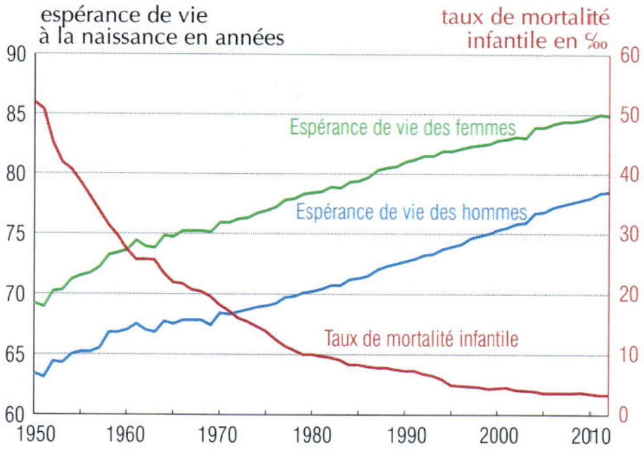

Champ : France métropolitaine.
Source : Insee, estimations de population et statistiques de l'état civil.

Évolution de l'espérance de vie selon l'âge

en années

	Hommes			Femmes		
	2000	2005	2012 (p)	2000	2005	2012 (p)
0 an	75,2	76,7	78,4	82,8	83,8	84,8
1 an	74,6	76,0	77,8	82,1	83,1	84,1
20 ans	56,0	57,4	59,0	63,4	64,3	65,3
40 ans	37,2	38,4	39,9	43,9	44,8	45,7
60 ans	20,4	21,4	22,6	25,6	26,4	27,2

Champ : France hors Mayotte.
Source : Insee, estimations de population et statistiques de l'état civil.

Espérance de vie, taux de mortalité et taux de mortalité infantile dans le monde en moyenne de 2010 à 2015

	Espérance de vie à la naissance		Taux de mortalité	Taux de mortalité infantile
	Hommes en années	Femmes en années	en ‰	en ‰
Europe				
Allemagne	78,2	83,0	10,9	3
Autriche	78,4	83,6	9,4	4
Belgique	77,2	82,8	10,3	4
Bulgarie	70,3	77,1	15,2	9
Danemark	76,7	81,4	10,1	4
Espagne	78,8	84,8	8,7	4
Estonie	69,8	80,0	12,7	4
Finlande	77,2	83,3	9,8	3
France	**78,5**	**84,9**	**8,9**	**3**
Grèce	77,6	82,6	10,5	4
Hongrie	70,8	78,5	13,2	5
Irlande	78,4	83,2	6,4	4
Italie	79,2	84,6	10,2	3
Lettonie	68,8	78,5	13,8	7
Lituanie	67,2	78,3	13,5	6
Norvège	79,1	83,5	8,4	3
Pays-Bas	78,9	82,8	8,6	4
Pologne	72,2	80,6	10,5	6
Portugal	76,8	82,8	10,1	4
Rép. tchèque	74,7	81,0	10,3	3
Roumanie	70,6	78,0	12,1	12
Royaume-Uni	78,3	82,4	9,4	5
Russie	63,3	75,0	14,0	11
Slovaquie	71,9	79,5	9,9	6
Suède	79,7	83,7	9,6	3
Suisse	80,2	84,7	8,3	4
Afrique				
Afrique du Sud	53,1	54,1	14,3	46
Congo (Rép. dém. du)	47,3	50,6	15,7	109
Égypte	71,6	75,5	5,1	22
Kenya	56,7	59,2	9,9	58
Nigeria	51,7	53,4	13,7	88
Soudan	60,2	63,8	8,6	57
Tanzanie	58,2	60,3	9,6	54
Amérique				
Argentine	72,4	79,9	7,7	12
Brésil	70,7	77,4	6,4	19
Canada	78,9	83,5	7,7	5
Colombie	70,4	77,7	5,5	17
États-Unis	76,2	81,3	8,3	6
Mexique	74,8	79,6	4,8	14
Asie				
Bangladesh	68,5	70,2	6,0	42
Chine	72,1	75,6	7,5	20
Inde	64,4	67,6	7,9	48
Indonésie	68,3	71,8	6,8	25
Japon	80,1	87,1	9,6	3
Pakistan	64,9	66,9	7,3	66
Philippines	66,0	72,6	5,7	21
Océanie				
Australie	79,9	84,3	6,8	4
Nouvelle-Zélande	78,9	82,8	7,1	5
Papouasie-Nlle-Guinée	61,2	65,5	7,3	44

Note : les données de ce tableau sont issues de projections pour la période de 2010 à 2015.
Source : ONU (World Population Prospects: The 2010 Revision).

3.7 Étrangers - Immigrés

La France devient terre d'immigration dans la première moitié du XIXème siècle ; les **immigrés** sont alors originaires des pays voisins. Jusque vers les années 1970, l'immigration est surtout économique, plutôt masculine et reste principalement limitée à cinq origines : Algérie, Espagne, Italie, Maroc et Portugal. L'immigration se diversifie ensuite : de plus en plus de femmes et une migration familiale qui inclut l'installation définitive en France. L'origine de l'immigration s'est élargie : en 1975, 70 % des origines des immigrés se concentraient sur cinq pays ; cette part n'est plus que de 47 % en 2009. La migration en provenance des pays d'Afrique hors Maghreb, de Turquie ou de Chine a fortement augmenté en même temps que s'est diversifiée l'immigration d'origine européenne. En 2009, les deux tiers des immigrés vivant en France sont natifs de pays hors Union européenne à 27.

La féminisation des populations d'immigrés s'observe quelle que soit l'origine. Les femmes sont plus nombreuses dans la population immigrée de 19 à 54 ans, ainsi qu'aux âges les plus avancés. Hommes et femmes immigrés n'ont pas connu la même histoire migratoire. Les femmes ont plus souvent formé une famille avant ou l'année de leur arrivée en France et une raison courante de la migration est donc de rejoindre leur conjoint. Les hommes attendent généralement d'être installés pour fonder une famille, avec une personne immigrée ou non.

Les immigrés sont de plus en plus souvent diplômés du supérieur, même s'ils restent particulièrement nombreux à n'avoir aucun diplôme. Le niveau d'instruction s'élève quelle que soit l'origine. La part des immigrés dans la population active est supérieure à la moyenne nationale en Île-de-France, dans les régions du Sud-Est et en Alsace. Les immigrés sont particulièrement présents dans des secteurs d'activité comme la construction et certaines activités de service.

En 2009, 3,8 millions d'**étrangers** résident en France, soit 5,9 % de la population totale. En 2011, 115 000 personnes ont acquis la **nationalité** française, ce qui est très inférieur au niveau moyen des dix années précédentes. La majeure partie de ces acquisitions sont réalisées essentiellement dans le cadre de la **naturalisation**. Les acquérants de la nationalité française viennent en grande majorité d'Afrique, puis d'Asie et d'Europe. Les quatre principaux pays sont l'Algérie, le Maroc, la Tunisie et la Turquie avec la moitié des acquisitions.

En 2011, 33,3 millions de ressortissants étrangers vivent dans les États membres de l'Union européenne à 27, soit 6,6 % de la population totale de ces États. En 2011, les États membres ont accordé la protection à 84 100 demandeurs d'asile. Plus des trois-quarts de ces décisions ont été prises au Royaume-Uni, en Allemagne, en France, aux Pays-Bas et en Italie. Les groupes les plus importants sont de nationalité afghane, iraquienne et somalienne. ■

Définitions

Immigré : selon la définition adoptée par le Haut Conseil à l'Intégration, un immigré est une personne née étrangère à l'étranger et résidant en France. Les personnes nées françaises à l'étranger et vivant en France ne sont donc pas comptabilisées. À l'inverse, certains immigrés ont pu devenir français, les autres restant étrangers. Les populations étrangère et immigrée ne se confondent pas totalement : un immigré n'est pas nécessairement étranger et réciproquement, certains étrangers sont nés en France (essentiellement des mineurs). La qualité d'immigré est permanente : un individu continue à appartenir à la population immigrée même s'il devient français par acquisition. C'est le pays de naissance, et non la nationalité à la naissance, qui définit l'origine géographique d'un immigré.

Étranger, nationalité, naturalisation : voir rubrique « définitions » en annexes.

Pour en savoir plus

- « Immigrés et descendants d'immigrés en France », *Insee Références*, édition 2012.
- « Métiers des pères et des descendants d'immigrés – une mobilité sociale davantage liée à l'origine sociale qu'à l'origine géographique », *Dares Analyses* n° 058, septembre 2012.
- « Les États membres de l'UE ont accordé la protection à 84 100 demandeurs d'asile en 2011 », *communiqué de presse* n° 96, Eurostat, juin 2012.

Retrouvez le TEF sur www.insee.fr, rubrique Publications et services\Collections nationales\Insee Références

Acquisitions de la nationalité française

	2000	2010	2011	
				en %
Acquisitions par décret	77 478	94 573	66 273	57,8
par naturalisation	68 750	88 509	62 382	54,4
par réintégration	8 728	6 064	3 891	3,4
Acquisitions par déclaration anticipée	35 883	23 086	23 342	20,4
Acquisitions par mariage	26 056	21 923	21 664	18,9
Autres déclarations d'acquisition et de réintégration	2 038	1 238	1 183	1,0
Acquisitions sans formalités	8 570	2 455	2 122	1,9
Total des acquisitions	**150 025**	**143 275**	**114 584**	**100,0**

Source : SDSE.

Étrangers actifs selon la catégorie socioprofessionnelle

	2010 (r)	2011	
	Effectifs en milliers	Effectifs en milliers	Part d'étrangers dans la CSP en %
Agriculteurs exploitants	n.s.	n.s.	n.s.
Artisans, commerçants et chefs d'entreprise (10 salariés ou +)	148,2	139,2	7,9
Cadres et professions intellectuelles supérieures	181,7	190,0	4,0
Professions intermédiaires	193,3	192,4	2,9
Employés	468,9	497,5	6,1
Ouvriers	604,6	625,3	10,0
Chômeurs n'ayant jamais travaillé	47,0	50,4	11,8
Total[1]	**1 651,5**	**1 700,4**	**6,0**
dont salariés	*1 192,6*	*1 224,2*	*5,4*

1. Hors catégorie socioprofessionnelle non déclarée.
Champ : France métropolitaine, population des ménages, personnes de 15 ans ou plus (âge courant).
Source : Insee, enquête Emploi.

Immigrés selon le pays de naissance

	2009	
	en %	Effectifs
Europe	**37,7**	**2 049 985**
Union européenne à 27	**33,5**	**1 817 905**
Espagne	4,6	252 259
Italie	5,7	311 229
Portugal	10,8	584 714
Royaume-Uni	2,8	151 405
Autres pays de l'UE 27	9,5	518 298
Autres pays d'Europe	4,3	232 079
Afrique	**42,7**	**2 317 341**
Algérie	13,3	721 796
Maroc	12,2	663 985
Tunisie	4,4	236 480
Autres pays d' Afrique	12,8	695 081
Asie	**14,2**	**773 302**
Turquie	4,5	242 258
Cambodge, Laos, Vietnam	3,0	162 061
Autres pays d'Asie	6,8	368 983
Amérique, Océanie	**5,4**	**292 213**
Total	**100,0**	**5 432 841**

Source : Insee, RP 2009 exploitation principale.

Structure par âge et sexe de la population étrangère ou immigrée en 2009

en %

	Étrangers	Immigrés
Part des hommes	51	49
Part de la population ayant :		
moins de 15 ans	17	5
15 à 24 ans	10	9
25 à 54 ans	49	55
55 ans ou plus	25	32
Nombre (en milliers)	**3 771**	**5 433**
Poids dans la population totale	**5,9**	**8,4**

Source : Insee, RP 2009 exploitation principale.

Taux de chômage selon la nationalité en 2011

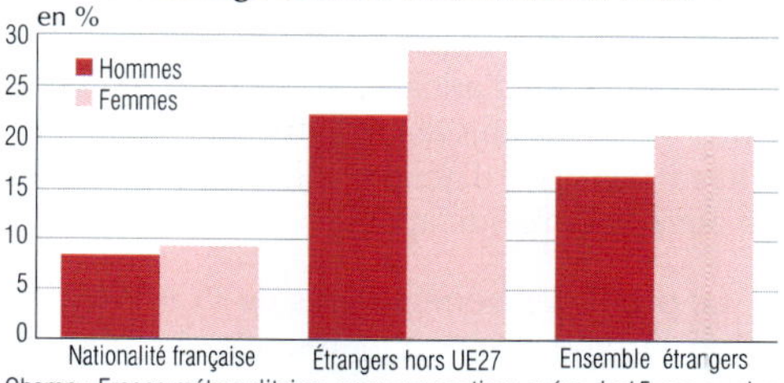

Champ : France métropolitaine, personnes actives agées de 15 ans ou plus (âge courant).
Source : Insee, enquête Emploi.

Population étrangère au sein de l'Union européenne en 2011

	Population totale		Population active	
	Étrangers[1] en milliers	Part en %	Étrangers1 en milliers	Part en %
Allemagne	7 199	8,8	4 009	9,5
Autriche	907	10,7	504	11,7
Belgique	1 163	10,5	479	9,9
Bulgarie	39	0,5	...	...
Chypre	168	19,5	90	22,1
Danemark	346	6,2	190	6,5
Espagne	5 655	12,2	3 549	15,4
Estonie	208	15,5	113	16,3
Finlande	167	3,1	63	2,3
France	**3 825**	**5,8**	**1 689**	**5,9**
Grèce	956	8,5	448	9,0
Hongrie	209	2,1	34	0,8
Irlande	362	8,0	263	12,4
Italie	4 570	7,5	2 562	10,2
Lettonie	(p) 380	18,6	178	15,5
Lituanie	34	1,0	9	0,6
Luxembourg	221	42,1	117	49,6
Malte	20	4,9	5	2,8
Pays-Bas	673	4,0	321	3,7
Pologne	(p) 47	0,1	29	0,2
Portugal	448	4,3	199	3,6
Rép. tchèque	417	4,0	78	1,5
Roumanie	...	...	...	...
Royaume-Uni	(p) 4 487	7,1	2 826	8,9
Slovaquie	68	1,3	4	0,2
Slovénie	83	4,0	21	2,1
Suède	622	6,6	275	5,5
UE à 27	**(e) 33 306**	**6,6**	**18 062**	**7,5**

1. Personnes non citoyennes du pays dans lequel elles résident, apatrides inclus.
Source : Eurostat.

3.8 Population handicapée

En 2010, 337 000 travailleurs handicapés (+ 10 %) ont été employés dans les 97 200 établissements assujettis à l'**obligation d'emploi de travailleurs handicapés (OETH)**. Dans les établissements non couverts par un accord spécifique à l'emploi de travailleurs handicapés, le nombre de ces bénéficiaires s'élève à 260 900. La proportion des établissements employant directement au moins un bénéficiaire de l'OETH s'accroît par rapport à 2009 pour atteindre 69 %. Cette proportion avait déjà augmenté sensiblement en 2009, suite aux incitations législatives introduites par la loi du 11 février 2005 et au nouveau mode de décompte des bénéficiaires instauré par la loi du 1er décembre 2008. En **emplois équivalent-temps plein** sur l'année, ces salariés représentent 3 % des effectifs des établissements assujettis n'ayant pas signé d'accord spécifique à l'emploi de personnes handicapées.

Le profil des bénéficiaires de l'OETH varie selon le type de reconnaissance. La population des pensionnés d'invalidité est plus féminine, plus âgée et présente une ancienneté plus élevée dans l'établissement. À l'inverse, les bénéficiaires détenant une reconnaissance AT-MP (accident du travail et maladie professionnelle) sont principalement des hommes travaillant fréquemment dans l'industrie ou la construction, le plus souvent ouvriers. Ceux titulaires d'une carte d'invalidité, peu nombreux, sont plus jeunes que la moyenne des bénéficiaires, avec une proportion plus importante de femmes.

De décembre 2006 à juin 2012, le nombre de bénéficiaires d'une prestation ou d'une allocation de compensation du handicap est passé de 139 000 à 223 000 personnes (+ 9 % par an). Cette augmentation résulte de la mise en place, en janvier 2006, de la **prestation de compensation du handicap (PCH)**. La PCH coexiste depuis sa création avec l'**allocation compensatrice pour tierce personne (ACTP)** qui doit à terme la remplacer. Le montant moyen de la PCH s'établit à 775 euros en juin 2012.

Les prestations liées à l'invalidité et aux accidents du travail ont augmenté à un rythme soutenu depuis la loi du 11 février 2005. L'ensemble des prestations relatives à ces deux risques augmente ainsi de 3 % en moyenne annuelle entre 2006 et 2010. L'**allocation adulte handicapé (AAH)**, le médico-social, la PCH et l'ACTP sont les principaux contributeurs à la croissance de ces dépenses.

À la rentrée 2011, 290 000 enfants ou adolescents handicapés sont scolarisés. Les trois quarts sont scolarisés en milieu ordinaire et le quart restant en établissements spécialisés ; les modes de scolarisation dépendent des déficiences. Les élèves porteurs de troubles intellectuels et cognitifs constituent près de la moitié des élèves handicapés dans le premier degré. ■

Définitions

Allocation compensatrice pour tierce personne (ACTP) : prestation versée par le conseil général et destinée aux personnes handicapées dont le taux d'incapacité, reconnu par la commission des droits et de l'autonomie des personnes handicapées (CDAPH), est au moins de 80 % et qui ont besoin de l'aide d'une autre personne pour les actes essentiels de la vie (par exemple : se laver, marcher, s'habiller).

Allocation adulte handicapé (AAH), emploi en équivalent-temps plein, fédérations françaises handisport et du sport adapté, licence sportive, obligation d'emploi des personnes handicapées (OETH), population handicapée, prestation de compensation du handicap (PCH), reconnaissance de la qualité de travailleur handicapé (RQTH), scolarisation des jeunes en situation de handicap : voir rubrique « définitions » en annexes.

Pour en savoir plus

- « Évolution des prestations compensatrices du handicap de 2006 à 2012 », *études et résultats* n° 829, Drees, janvier 2013.
- « L'emploi des travailleurs handicapés dans les établissements de 20 salariés ou plus du secteur privé : bilan de l'année 2010 » *Dares Analyses* n° 79, novembre 2012.
- « Emploi et chômage des personnes handicapées », *Synthèse.Stat'* n° 1, Dares, novembre 2012.
- « Les bénéficiaires en emploi de l'allocation aux adultes handicapés », *l'essentiel* n° 125, Caisse nationale des allocations familiales, août 2012.

Retrouvez le TEF sur www.insee.fr, rubrique Publications et services\Collections nationales\Insee Références

Caractéristiques des bénéficiaires de l'OETH en 2010, selon le type de reconnaissance

en %

	Sexe		Âge				Catégories socioprofessionnelles			
	Hommes	Femmes	15-24 ans	25-39 ans	40-49 ans	50 ans ou plus	Chefs ent. cadres et prof.int.sup.	Professions intermédiaires	Employés	Ouvriers
RQTH	61	39	3	25	35	37	4	11	32	52
AT-MP	81	19	0	11	30	59	7	17	12	63
Pensionnés d'invalidité	42	58	0	7	25	68	6	17	17	39	38
Titulaires carte invalidité (IPP > 80 %)	60	40	7	31	32	30	3	9	40	47
Allocataires AAH	69	31	5	27	29	39	10	13	34	41
Mutilés de guerre et assimilés	88	12	1	12	33	53	22	22	19	36
Ensemble	**64**	**36**	**2**	**21**	**33**	**44**	**5**	**13**	**29**	**53**

Champ : établissements de 20 salariés ou plus du secteur privé et public à caractère industriel et commercial n'ayant pas d'accord spécifique à l'emploi de personnes handicapées.
Source : Dares, DOETH.

Part des salariés handicapés dans l'emploi total en équivalent-temps plein

en %

	2006	2007	2008	2009[1]	2010[1]
Agriculture	1,6	2,7	2,9	3,2	3,1
Industrie	3,0	3,0	3,2	3,5	3,5
Construction	2,2	2,2	2,3	2,7	2,9
Tertiaire (hors transport)	2,1	2,2	2,3	2,2	2,4
Transport	1,9	2,1	2,2	2,5	2,7
Ensemble des établissements	**2,4**	**2,5**	**2,6**	**2,6**	**2,8**

1. Les données 2009 et 2010 ne sont pas strictement comparables aux données des années antérieures. La loi du 1er décembre 2008 a modifié le mode de décompte des bénéficiaires.
Champ : établissements de 20 salariés ou plus du secteur privé et public à caractère industriel et commercial n'ayant pas d'accord spécifique à l'emploi de personnes handicapées.
Source : Dares, DOETH.

Mode de scolarisation des enfants et adolescents en situation de handicap en 2011-2012

Niv. d'enseignement[1]	Scol. en milieu ordinaire		Établissements spécialisés[2]	
	Individuelle	Collective	Étab. hospitaliers	Étab. méd. & sociaux
Premier degré	**86 089**	**44 428**	**5 389**	**62 700**
Préélémentaire	27 391	7 111	2 053	18 844
Élémentaire	58 698	37 317	3 336	43 856
Second degré	**56 719**	**23 159**	**2 442**	**6 449**
Premier cycle	44 602	8 574	1 640	4 641
Second cycle	11 555	1 638	802	1 808
Autre niveau[3]	562	12 947	///	///
Niveau indéterminé[4]	///	///	322	2 476
Total	**142 808**	**67 587**	**8 153**	**71 625**

1. Niveau d'enseignement estimé pour la scolarisation collective et la scolarisation en établissements hospitaliers et médico-sociaux.
2. Hors jeunes accueillis et scolarisés pour de courtes périodes.
3. Il s'agit pour l'essentiel d'élèves fréquentant un établissement du second degré sans en avoir nécessairement le niveau.
4. Élèves scolarisés dans un établissement spécialisé dont le niveau est difficile à déterminer.
Source : Depp.

Répartition par âge en fonction du type d'allocataires

en %

	ACTP	PCH entrants	PCH anciens ACTP
20 à 29 ans	11,0	15,0	13,5
30 à 39 ans	24,0	13,0	21,5
40 à 49 ans	28,0	25,0	31,0
50 à 59 ans	37,0	47,0	34,0
Total	**100,0**	**100,0**	**100,0**

Champ : allocataires de la PCH ou de l'ACTP de 20 à 59 ans vivant à domicile et ayant une limitation fonctionnelle physique.
Sources : Drees, enquête auprès des allocataires de l'ACTP et de la PCH 2009-2010.

Montants des prestations liées au handicap

en millions d'euros

	2009	2010 (p)	10/09 en %
Accidents du travail	**11 346**	**11 447**	**0,9**
Rentes et pensions d'accidents du travail	5 735	5 688	– 0,8
Indemnités d'accidents du travail	3 107	3 230	4,0
Allocations du Fcaata[1]	903	879	– 2,7
Soins de santé	1 578	1 631	3,4
Autres accidents du travail	23	19	– 17,4
Invalidité	**29 470**	**30 865**	**4,7**
Rentes et pensions d'invalidité	8 795	8 918	1,4
AJPP, APP, AES, AEEH[2]	790	803	1,6
Allocation aux adultes handicapés (AAH)	5 965	6 460	8,3
PCH et ACTP[3]	1 123	1 319	17,5
GRTH[4]	1 174	1 158	– 1,4
Allocation supplémentaire d'invalidité	256	241	– 5,9
Prestations médico-sociales personnes handicapées en établissement	7 076	7 518	6,2
Accueil sans hébergement des personnes handicapées	3 830	3 990	4,2
Autres invalidités	461	457	– 0,9
Total	**40 816**	**42 312**	**3,7**

1. Allocations du Fond de cessation anticipée d'activité des travailleurs de l'amiante.
2. Allocation journalière de présence parentale, allocation de présence parentale, allocation d'éducation spéciale, allocation d'éducation de l'enfant handicapé.
3. Prestation de compensation handicap, allocation compensatrice pour tierce personne.
4. Garantie de ressources aux travailleurs handicapés.
Source : Drees, comptes de la protection sociale - base 2005.

Évolution du nombre d'allocataires de l'ACTP et de la PCH

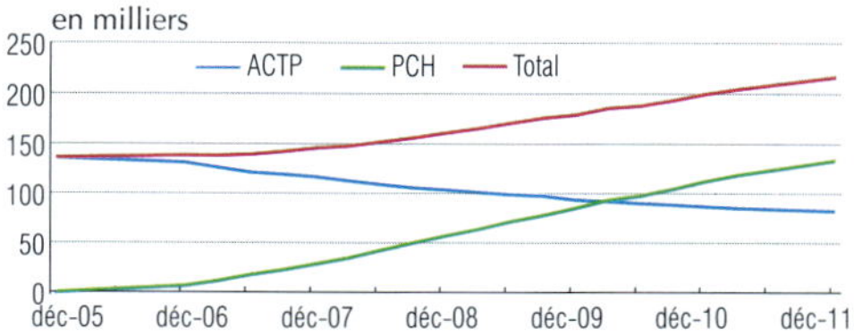

Champ : personnes payées, vivant à domicile ou en établissement, de tous âges.
Source : Drees, enquête trimestrielle sur la PCH auprès des conseils généraux.

Licences et clubs affiliés aux fédérations françaises handisport et du sport adapté en 2011

	Handisport	Sport adapté	Total
Licences masculines	16 839	23 705	40 544
Licences féminines	7 579	12 549	20 128
Autres titres de participation	2 116	6 750	8 866
Total	**26 534**	**43 004**	**69 538**
Clubs	1 165	845	2 010

Source : mission des Études, de l'Observation et des Statistiques.

3.9 Parité hommes-femmes

Les comportements féminins et masculins sur le marché du travail continuent de se rapprocher. Le **taux d'activité** féminin, étroitement lié au nombre d'enfants, augmente au fil des générations. Celui des hommes diminue jusqu'au début 1990 pour se stabiliser ensuite. Le taux d'activité des femmes progresse depuis 1975 quelle que soit la tranche d'âge pour se rapprocher de celui des hommes.

Le temps de travail est une caractéristique qui différencie nettement emplois féminins et masculins. En 2010, près d'une femme salariée sur trois (31 %) est à **temps partiel**. C'est beaucoup plus que les hommes, qui ne sont que 7 % à connaître ce régime de temps de travail. Le travail à temps partiel est très majoritairement féminin : 82 % des emplois à temps partiel sont occupés par des femmes en 2010. Les femmes sont également plus nombreuses que les hommes à connaître des situations de **sous-emploi** : 9 % des salariées déclarent vouloir travailler plus et être disponibles pour le faire. C'est trois fois plus que les hommes.

Les femmes travaillent plus fréquemment dans les services et les fonctions publiques hospitalières et territoriales. Secteur privé ou public, elles sont moins présentes dans les emplois d'encadrement et de direction. Ces écarts d'emplois se répercutent sur les **revenus salariaux**. Dans le privé, l'écart s'est fortement réduit jusque dans les années 1990 ; il n'évolue depuis que faiblement. Dans le public, la différence est moins marquée dans la fonction publique territoriale et plus importante dans la fonction publique hospitalière, en raison du nombre de postes de médecins et d'encadrement, occupés plus souvent par des hommes.

Après plus de 60 ans de droit de vote, les femmes sont encore peu présentes en tant qu'élues sur la scène politique. la proportion de femmes élues dans les instances politiques a nettement progressé depuis la loi du 6 juin 2000. C'est parmi les conseillers régionaux qu'il y a le plus de femmes : 48 % des élus en 2010. Les élections européennes sont également bien placées en matière de parité (44 % d'élues). Les élections cantonales ne sont pas soumises à la loi sur la parité. Ce sont parmi les conseillers généraux que les femmes sont les moins présentes : 14 % suite aux élections de 2011.

Dans tous les pays de l'Union européenne à 27, le taux d'activité des hommes est plus élevé que celui des femmes. En moyenne, l'écart de taux d'activité entre les hommes et les femmes est de 7 points dans l'UE à 27. Les deux taux sont les plus proches en Lituanie et en Finlande. En 2010, Le **taux de chômage** des femmes est très légèrement inférieur à celui des hommes en moyenne dans l'UE à 27. Le taux de chômage féminin n'est sensiblement supérieur à celui des hommes qu'en Grèce, au Luxembourg et en République tchèque. ■

Définitions

Sous-emploi : il comprend les personnes actives occupées au sens du BIT qui remplissent l'une des conditions suivantes : soit elles travaillent à temps partiel, souhaitent travailler davantage et recherchent un emploi et/ou sont disponibles pour travailler plus d'heures ; soit elles travaillent à temps partiel (et sont dans une situation autre que celle décrite ci-dessus) ou à temps complet, mais ont travaillé moins que d'habitude pendant une semaine de référence en raison de chômage partiel, ralentissement des affaires, réduction saisonnière d'activité ou mauvais temps.

Temps partiel : temps de travail inférieur à la durée légale du travail ou à la durée conventionnelle si celle-ci est inférieure. Il doit obligatoirement faire l'objet d'un contrat de travail écrit. Le travail à temps partiel peut être mis en place sur l'initiative de l'employeur ou du salarié.

Couple, déciles et rapports interdéciles, médiane, revenu salarial, taux d'activité, taux de chômage : voir rubrique « définitions » en annexes.

Pour en savoir plus

- « Une photographie du marché du travail en 2011 », *Insee Première* n° 1415, septembre 2012.
- « Regards sur la parité », *Insee Références*, édition 2012.
- « L'égalité entre les femmes et les hommes », *Chiffres-clés 2011*, Ministère des solidarités et de la cohésion sociale, mars 2012.
- « Emploi et salaires », *Insee Références*, édition 2012.

Retrouvez le TEF sur www.insee.fr, rubrique Publications et services\Collections nationales\Insee Références

Activité et emploi selon le sexe et la composition familiale en 2011

en %

	Taux d'activité		Temps complet		Temps partiel	
	Femmes	Hommes	Femmes	Hommes	Femmes	Hommes
Personnes seules	34,6	61,7	78,9	91,2	21,1	8,8
Familles monoparentales	61,0	56,3	71,3	88,8	28,7	11,2
Couples sans enfant	42,1	41,9	73,4	92,0	26,6	8,0
Couple avec enfant(s)	66,6	77,5	65,1	94,7	34,9	5,3
dont : avec un enfant	*70,8*	*78,1*	*72,1*	*94,3*	*27,9*	*5,7*
avec deux enfants	*70,5*	*80,3*	*62,6*	*95,5*	*37,4*	*4,5*
avec trois enfants ou plus	*52,9*	*72,1*	*55,8*	*93,9*	*44,2*	*6,1*
Autres ménages	44,9	56,2	72,2	89,4	27,8	10,6

Champ : France métropolitaine, population des ménages, personnes de 15 ans ou plus (âge courant).
Source : Insee, enquête Emploi.

Distribution du revenu salarial annuel en 2010

en euros courants

Décile	Hommes	Femmes	Ensemble
1er décile (D1)	2 837	1 967	2 358
2e décile (D2)	8 291	5 881	6 982
3e décile (D3)	13 916	9 949	11 839
4e décile (D4)	16 770	13 467	15 194
Médiane (D5)	**19 058**	**15 905**	**17 513**
6e décile (D6)	21 552	18 073	19 878
7e décile (D7)	24 727	20 664	22 777
8e décile (D8)	29 540	24 190	26 857
9e décile (D9)	39 110	30 071	34 598
Rapport interdécile (D9/D1)	**13,8**	**15,3**	**14,7**
D9 / Médiane	**2,1**	**1,9**	**2,0**
Médiane / D1	**6,7**	**8,1**	**7,4**

Champ : salariés hors agriculture et hors salariés des particuliers-employeurs.
Source : Insee, DADS définitif et fichiers de paie des agents de l'État, exploitation au 1/12.

Participation des femmes à la vie politique

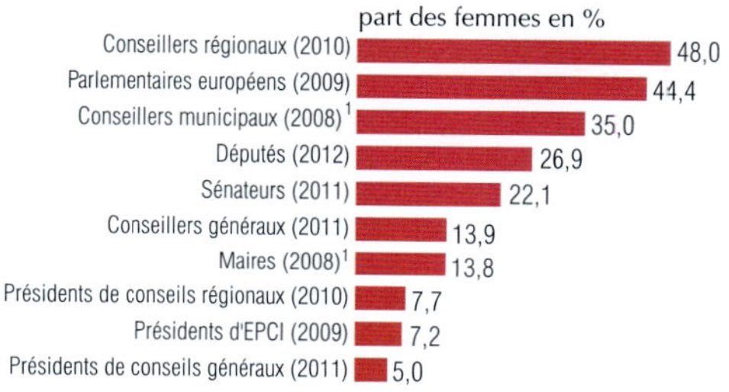

1. Ensemble des communes.
Source : Observatoire de la parité 2012.

Proportion de femmes élues au parlement dans quelques pays du monde

en % de sièges

	Chambre unique ou basse	2e Chambre ou Sénat
Algérie	31,6	5,1
Allemagne	32,9	27,5
Arabie saoudite	0,0	///
Australie	24,7	38,2
Bangladesh	19,7	///
Brésil	8,6	16,0
Canada	24,7	37,9
Chine	21,3	///
Espagne	36,0	33,5
États-Unis[1]	17,0	17,0
Éthiopie	27,8	16,3
France	**26,9**	**22,2**
Inde	11,0	10,6
Indonésie	18,2	///
Iran	3,1	///
Italie	21,6	19,0
Japon	10,8	18,6
Mexique	36,8	32,8
Nigeria	6,8	6,4
Pakistan	22,5	16,3
Royaume-Uni	22,3	21,9
Russie	13,6	4,7
Rwanda	56,3	38,5
Suède	44,7	///
Suisse	28,5	19,6
Turquie	14,2	///
Ukraine	8,0	///
Viêtnam	24,4	///

1. Membres de la Chambre qui ont le droit de vote.
Note : situation au 30 septembre 2012.
Source : Union interparlementaire.

Femmes dans la société et sur le marché du travail dans l'Union européenne

en %

	Femmes pour 100 hommes		Part des femmes dans l'enseignement supérieur		Part des femmes dans la population active	
	2000	2011	2000	2010	2000	2011
Allemagne	104,9	103,8	48,1	51,3	44,0	46,0
Autriche	106,9	105,2	51,0	53,1	44,0	46,3
Belgique	104,5	103,7	52,3	55,2	42,9	45,4
Bulgarie	105,2	106,8	57,3	55,5	46,6	47,2
Chypre	103,3	100,7	57,1	46,1	42,8	45,4
Danemark	102,3	101,7	56,9	58,1	46,6	47,4
Espagne	104,3	103,1	52,9	53,9	39,1	45,1
Estonie	116,9	116,9	58,5	60,9	48,6	50,2
Finlande	105,0	103,7	53,7	53,8	47,8	48,0
France	**106,1**	**(p) 106,6**	**54,2**	**55,0**	**45,9**	**47,8**
Grèce	101,9	102,0	50,0	49,8	39,7	42,2
Hongrie	110,1	110,5	53,9	56,5	44,7	46,0
Irlande	101,3	101,8	54,1	52,4	40,7	44,6
Italie	106,5	106,1	55,5	57,6	38,6	41,2
Lettonie	117,1	116,6	63,4	62,7	48,4	49,6
Lituanie	113,6	115,3	60,0	59,4	49,5	49,9
Luxembourg	103,0	101,0	...	51,9	39,6	44,0
Malte	101,6	101,2	53,3	56,3	30,6	34,8
Pays-Bas	102,2	102,0	50,0	51,8	43,3	46,2
Pologne	105,8	107,1	57,5	59,2	46,0	45,3
Portugal	107,3	106,7	56,5	53,3	45,3	47,0
Rép. tchèque	105,5	103,8	49,8	56,8	44,7	43,6
Roumanie	104,5	105,4	51,8	56,4	46,6	44,7
Royaume-Uni	105,3	(p) 103,2	53,9	56,6	45,5	46,1
Slovaquie	105,7	105,7	50,4	59,7	45,8	44,3
Slovénie	104,8	102,1	56,1	57,8	46,1	45,9
Suède	102,3	100,7	58,2	59,4	47,4	47,3
UE à 27	**105,4**	**104,8**	**53,5**	**55,4**	**43,9**	**45,5**

Source : Eurostat.

Emploi
Revenus

Travail - Emploi
Revenus - Salaires

4.1 Population active

La **population active** de la France métropolitaine est estimée en 2011 à 28,4 millions de personnes de 15 ans ou plus selon l'**enquête Emploi**, soit un **taux d'activité** de 56,5 %. Elle regroupe 25,8 millions d'actifs ayant un emploi et 2,6 millions de personnes au chômage. Le reste de la population âgée de 15 ans ou plus est dit inactif au sens du **Bureau international du travail (BIT)**. Cela signifie que ces personnes ne travaillent pas, et ne recherchent pas activement un emploi ou ne sont pas disponibles rapidement pour en occuper un.

Entre 2010 et 2011, la population active s'accroît encore de 56 000 personnes. Cette augmentation marque un net ralentissement dans la tendance de hausse observée depuis plusieurs décennies. La participation croissante des seniors au marché du travail contribue à la hausse de la population active : le taux d'activité des hommes âgés de 55 à 64 ans augmente ainsi de 1,9 point en 2011 et celui des femmes de 1,8 point. Cependant, la contraction de la population des moins de 55 ans, qui constitue la majorité des personnes en âge de travailler (64 %) et le moindre dynamisme de celle des plus de 55 ans compensent en grande partie en 2011 cette hausse des taux d'activité des seniors. La moindre hausse de la population des 55-64 ans constitue une rupture par rapport aux dix années passées qui s'explique par le fait que des générations plus nombreuses sont sorties cette année de la classe d'âge des 15-64 ans.

Les trois quarts des hommes et les deux tiers des femmes entre 15 et 64 ans sont en activité. L'écart entre les taux d'activité masculin et féminin, une fois neutralisé l'impact de la structure démographique, continue de se réduire mais reste toujours important : 9 points environ en 2011. Le taux d'activité des 15-24 ans baisse en 2011, plus nettement pour les hommes que pour les femmes, atteignant respectivement 41,6 % et 34,9 %. Le recul des taux d'activité des jeunes peut sembler paradoxal en regard de l'accroissement du nombre de jeunes en alternance, mais d'autres facteurs peuvent expliquer cette baisse, en particulier les fluctuations de la conjoncture.

En dix ans, la population active a augmenté de deux millions de personnes. Selon les dernières **projections de population active**, sous leurs hypothèses centrales, en France métropolitaine, le nombre d'actifs serait de 30,1 millions en 2030 et atteindrait 31,2 millions en 2060. Le taux d'activité des 15-69 ans resterait stable jusqu'en 2015, puis il augmenterait sur les dix années suivantes et serait de 69,7 % en 2060.

En 2011, le **taux d'emploi** des personnes âgées de 15 à 64 ans s'établit à 64,3 % dans l'Union européenne à 27. Selon l'un des objectifs de la stratégie européenne « Europe 2020 », le taux d'emploi de l'UE27, restreint à la population âgée de 20 à 64 ans devrait atteindre 75 %. Il s'établit encore en-deçà de cette cible, à 68,6 % en 2011. ■

Définitions

Bureau international du travail (BIT) : organisme rattaché à l'ONU et chargé des questions générales liées au travail dans le monde, il réside à Genève. Il harmonise les concepts et définitions relatives au travail et à l'emploi, en particulier celles relatives à la population active occupée et aux chômeurs.

Population active au sens du BIT : elle regroupe la population active occupée au sens du BIT (« personnes ayant un emploi ») et les chômeurs au sens du BIT.

Taux d'activité : rapport entre le nombre d'actifs (actifs occupés et chômeurs) et la population totale correspondante.

Enquête Emploi, population active occupée au sens du BIT, projections de population active, sous-emploi, taux d'emploi : voir rubrique « définitions » en annexes.

Pour en savoir plus

- « European Union Force Survey – Annual results 2011 », *Statistics in focus* n° 40/2012, Eurostat, octobre 2012.
- « Emploi, chômage, population active : bilan de l'année 2011 », *Dares Analyses* n° 043, Dares, juillet 2012.
- « Emploi et chômage des 55-64 ans en 2011 », *Dares Analyses* n° 049, Dares, juillet 2012.
- « Les disparités sur le marché du travail entre les femmes et les hommes », *Dares Analyses* n° 015, Dares, mars 2012.
- « Projections à l'horizon 2060 – Des actifs plus nombreux et plus âgés », *Insee Première* n° 1345, avril 2011.

Retrouvez le TEF sur www.insee.fr, rubrique Publications et services\Collections nationales\Insee Références

Taux d'activité selon le sexe et l'âge

en %

	1990	2000	2010 (r)	2011
Hommes de 15 ans ou plus	**65,6**	**63,2**	**62,1**	**61,8**
15 à 24 ans	47,4	40,4	42,7	41,6
25 à 49 ans	96,4	95,2	94,8	94,4
50 à 64 ans	57,3	59,4	61,2	62,2
dont 55 à 64 ans	*41,0*	*36,0*	*45,3*	*47,2*
65 ans ou plus	3,7	2,0	2,2	2,7
Femmes de 15 ans ou plus	**47,3**	**49,5**	**51,7**	**51,7**
15 à 24 ans	40,3	33,2	35,5	34,9
25 à 49 ans	75,5	80,6	84,2	83,9
50 à 64 ans	38,3	46,8	54,2	55,2
dont 55 à 64 ans	*27,6*	*28,2*	*40,0*	*41,8*
65 ans ou plus	1,4	0,8	1,0	1,4
Population de 15 ans ou plus	**56,1**	**56,1**	**56,7**	**56,5**

Champ : France métropolitaine, population des ménages, personnes de 15 ans ou plus (âge courant).
Source : Insee, enquêtes Emploi.

Projection de population active

	2010 (p)	2020	2040	2060
Nombre d'actifs (en millions)	28,3	29,6	30,4	31,2
Part des femmes (en %)	47,7	48,1	47,3	46,9
Part des 15-24 ans (en %)	10,3	9,9	10,1	10,1
Part des 25-54 ans (en %)	77,2	73,3	72,2	72,0
Part des 55 ans ou plus (en %)	12,5	16,8	17,7	17,9
Taux d'activité des 15-69 ans (en %)	66,6	67,7	69,4	69,7
Nombre d'actifs rapporté au nombre d'inactifs de 60 ans ou plus[1]	2,1	1,9	1,6	1,5

1. Ratio calculé sur la population totale qui intègre les personnes vivant dans des habitations mobiles ou résidant en collectivité.
Champ : population des ménages de 15 ans ou plus de France métropolitaine en âge courant, scénario central.
Source : Insee, enquêtes Emploi, projections de population active 2010-2060.

Personnes en emploi selon la catégorie socioprofessionnelle

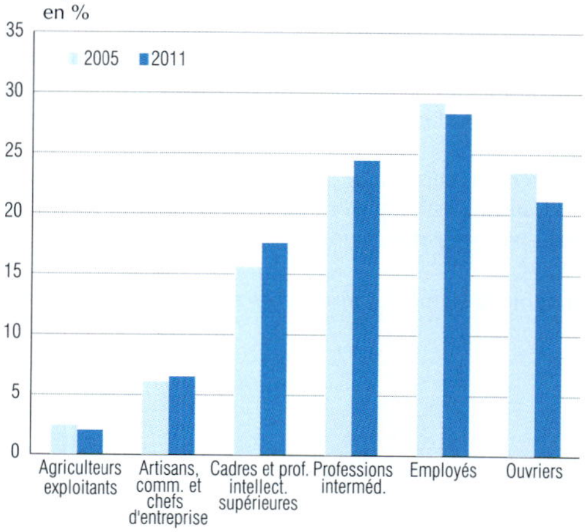

Champ : population des ménages en France métropolitaine, personnes en emploi de 15 ans ou plus (âge courant).
Source : Insee, enquêtes Emploi.

Population active par sexe et âge en 2011

en milliers

	Hommes	Femmes	Total
15 à 24 ans	1 555	1 290	2 846
25 à 49 ans	9 503	8 711	18 2[illegible]4
50 à 64 ans	3 662	3 469	7 132
dont 55 à 64 ans	*1 823*	*1 735*	*3 558*
65 ans ou plus	117	81	198
Population de 15 ans ou plus	**14 838**	**13 552**	**28 390**
dont 15 à 64 ans	*14 721*	*13 471*	*28 192*

Champ : France métropolitaine, population des ménages, personnes de 15 ans ou plus (âge courant).
Source : Insee, enquêtes Emploi.

Population active et population active occupée

	2009	2010	2011
Population active (en millions)	28,2	28,3	28,4
Population active occupée (en millions)	25,6	25,7	25,8
dont femmes (en %)	*47,5*	*47,5*	*47,5*
dont non salariés (en %)	*11,0*	*11,5*	*11,7*
Part des actifs occupés en sous-emploi (en %)	5,6	5,9	5,1
Part des employés en sous-emploi (en %)	10,1	10,6	9,7
Part des ouvriers en sous-emploi (en %)	5,6	5,7	4,5
Part des femmes en sous-emploi (en %)	8,4	8,8	7,9

Lecture : en moyenne en 2011, 4,5 % des ouvriers sont en situation de sous-emploi.
Champ : données en moyenne annuelle ; France métropolitaine, population des ménages, personnes de 15 ans ou plus (âge courant).
Source : Insee, enquêtes Emploi.

Taux d'activité et taux d'emploi dans l'Union européenne en 2011

	Population active	Taux d'activité	Taux d'emploi en %		
	en millions	en %	Hommes	Femmes	Ensemble
Allemagne	42,2	77,2	77,3	67,7	72,5
Autriche	4,3	75,3	77,8	66,5	72,1
Belgique	4,9	66,7	67,1	56,7	61,9
Bulgarie	3,3	66,0	60,9	56,2	58,5
Chypre	0,4	74,0	74,7	61,6	68,1
Danemark	2,9	79,3	75,9	70,4	73,1
Espagne	23,1	73,7	63,2	52,0	57,7
Estonie	0,7	74,7	67,7	62,8	65,1
Finlande	2,7	74,9	70,6	67,4	69,0
France	**28,6**	**70,4**	**68,1**	**59,7**	**63,8**
Grèce	5,0	67,7	65,9	45,1	55,6
Hongrie	4,3	62,7	61,2	50,6	55,8
Irlande	2,1	69,4	63,1	55,4	59,2
Italie	25,1	62,2	67,5	46,5	56,9
Lettonie	1,1	73,3	62,9	60,8	61,8
Lituanie	1,6	72,0	60,9	60,5	60,7
Luxembourg	0,2	67,9	72,1	56,9	64,6
Malte	0,2	61,6	73,6	41,0	57,6
Pays-Bas	8,8	78,4	79,8	69,9	74,9
Pologne	17,9	66,1	66,3	53,1	59,7
Portugal[1]	5,5	74,1	68,1	60,4	64,2
Rép. tchèque	5,3	70,5	74,0	57,2	65,7
Roumanie	9,9	63,3	65,0	52,0	58,5
Royaume-Uni	31,6	75,7	74,5	64,5	69,5
Slovaquie	2,7	68,9	66,3	52,7	59,5
Slovénie	1,0	70,3	67,7	60,9	64,4
Suède	5,0	80,2	76,3	71,8	74,1
UE à 27	**240,4**	**71,2**	**70,1**	**58,5**	**64,3**

1. Rupture de série.
Champ : données en moyenne annuelle, population des 15-64 ans.
Source : Eurostat.

4.2 Chômage

Selon l'**enquête Emploi**, en 2011, 2,6 millions de personnes sont au **chômage au sens du BIT** (Bureau international du travail) en France métropolitaine. Après avoir fortement augmenté entre mi-2008 et fin 2009, le **taux de chômage** a amorcé un lent recul jusqu'au second trimestre 2011, avant de repartir à la hausse. Il s'établit en 2011 à 9,2 % en moyenne annuelle, en baisse de 0,1 point par rapport à l'année 2010.

Avec le retournement du marché du travail au cours de la deuxième partie de l'année 2011, la remontée du chômage touche toutes les tranches d'âge, mais plus durement les jeunes de moins de 25 ans. Alors qu'ils avaient bénéficié de la reprise de l'emploi dans l'**intérim** dès la fin 2009, les jeunes ont été fortement touchés par les suppressions d'emplois intérimaires depuis la mi-2011. Leur taux de chômage reste toutefois en-deçà de celui de 2010. Il enregistre une baisse de 0,8 point pour s'établir à 22,0 % de la population active. Le niveau du taux de chômage des jeunes, beaucoup plus élevé que celui de leurs aînés, provient en partie de ce qu'un grand nombre d'entre eux poursuivent des études sans travailler à côté et sont, de ce fait, comptés comme inactifs. Ainsi, la part des chômeurs dans la population totale des 15 à 24 ans est de 8,4 %, bien inférieure au taux de chômage de cette tranche d'âge. Le taux de chômage des actifs âgés de 25 à 49 ans, tout comme celui des 50 à 64 ans, augmente de 0,1 point en 2011.

En moyenne sur l'année 2011, le taux de chômage des femmes demeure supérieur de 0,9 point à celui des hommes (9,7 % contre 8,8 %). Le taux de chômage des hommes a baissé de 0,2 point en 2011, bien qu'il soit reparti à la hausse au second semestre, lorsque la situation économique a commencé à se dégrader. Les ouvriers et employés sont deux catégories sociales particulièrement touchées par le chômage. Le taux de chômage des ouvriers est en effet trois fois plus élevé que celui des cadres et celui des employés est deux fois plus élevé. Quel que soit le contexte conjoncturel, le diplôme reste un moyen de protection face au chômage.

La part des **chômeurs de longue durée** continue d'augmenter en 2011, mais à un rythme moins rapide que l'année précédente : elle atteint 41,5 %, soit une augmentation de 1,1 point (contre + 5,0 points l'année précédente). La part des chômeurs de longue durée est beaucoup plus élevée pour les seniors de 50 ans ou plus que pour les autres tranches d'âge. En parallèle, l'ancienneté moyenne au chômage est de 14 mois, après 13,3 mois en 2010.

Le taux de chômage s'établit à 9,7 % en moyenne dans l'Union européenne. Il culmine à 21,8 % en Espagne, suivie de la Grèce (17,9 %). À l'opposé, l'Autriche, les Pays-Bas et le Luxembourg affichent des taux de chômage inférieurs à 5 %. La France se situe légèrement en-deçà de la moyenne européenne. ■

Définitions

Enquête Emploi : réalisée par l'Insee, depuis 1950, l'enquête Emploi est la source statistique qui permet de mesurer le chômage au sens du Bureau international du travail (BIT). Elle fournit aussi des données sur les professions, l'activité des femmes ou des jeunes, la durée du travail, les emplois précaires. Elle permet de mieux cerner la situation des chômeurs et les changements de situation vis-à-vis du travail.

Taux de chômage : pourcentage de chômeurs dans la population active (actifs occupés et chômeurs). On peut calculer un taux de chômage par âge en mettant en rapport les chômeurs d'une classe d'âge avec les actifs de cette classe d'âge. De la même manière se calculent des taux de chômage par sexe, par catégorie socioprofessionnelle, par région, par nationalité, par niveau de diplôme, etc.

Chômage au sens du BIT, chômeur de longue durée, intérim : voir rubrique « définitions » en annexes.

Pour en savoir plus

- « Emploi et chômage des 15-29 ans en 2011 », *Dares Analyses* n° 090, décembre 2012.
- « Emploi et chômage des 55-64 ans en 2011 », *Dares Analyses* n° 049, Dares, juillet 2012.
- « Emploi, chômage, population active : bilan de l'année 2011 », *Dares Analyses* n° 043, Dares, juillet 2012.
- « Insertion des jeunes sur le marché du travail : évolution récente du chômage selon le niveau de diplôme », *Note d'information* n° 12.09, Depp, mai 2012.

Retrouvez le TEF sur www.insee.fr, rubrique Publications et services\Collections nationales\Insee Références

Durée et circonstances du chômage

	Moyenne 2010 (r)	Moyenne 2011
Ancienneté moyenne de chômage (en mois)		
Ensemble	**13,3**	**14,0**
Hommes	13,7	14,2
Femmes	13,0	13,7
Personnes au chômage depuis un an ou plus[1] (en %)		
Ensemble	**40,4**	**41,5**
15 à 24 ans	30,1	28,4
25 à 49 ans	40,9	41,9
50 ans ou plus	53,8	57,8
Hommes	**42,0**	**42,4**
Femmes	**38,7**	**40,7**
Circonstance de la recherche d'emploi (en %)		
Fin d'emploi à durée limitée	42,5	43,2
Licenciement	21,7	19,7
Démission	8,5	8,1
Autres circonstances (dont non-réponse)	27,2	28,9

1. Proportion calculée sur l'ensemble des chômeurs pour lesquels on sait calculer l'ancienneté. On fait l'hypothèse que les chômeurs dont l'ancienneté est inconnue ont des anciennetés de chômage comparables aux autres.
Champ : France métropolitaine, population des ménages, personnes de 15 ans ou plus (âge courant).
Source : Insee, enquêtes Emploi.

Taux de chômage par sexe et âge

en %

	Moyenne 1990	Moyenne 2000	Moyenne 2010 (r)	Moyenne 2011
Hommes	**6,2**	**7,2**	**9,0**	**8,8**
15 à 24 ans	13,0	15,1	22,2	21,1
25 à 49 ans	5,1	6,4	7,9	7,8
50 à 64 ans	5,0	6,1	6,2	6,3
65 ans ou plus	0,9	0,0	2,5	1,1
Femmes	**10,2**	**10,1**	**9,7**	**9,7**
15 à 24 ans	18,2	17,8	23,6	23,1
25 à 49 ans	9,2	9,8	8,9	9,0
50 à 64 ans	7,3	7,1	6,5	6,7
65 ans ou plus	0,5	0,0	3,1	1,8
Total	**7,9**	**8,5**	**9,3**	**9,2**
15 à 24 ans	**15,4**	**16,3**	**22,8**	**22,0**
25 à 49 ans	**6,9**	**8,0**	**8,3**	**8,4**
50 à 64 ans	**6,0**	**6,5**	**6,4**	**6,5**
65 ans ou plus	**0,4**	**0,0**	**2,7**	**1,4**

Champ : population des ménages en France métropolitaine, personnes de 15 ans ou plus (âge courant).
Source : Insee, enquêtes Emploi.

Taux de chômage entre 1985 et 2011

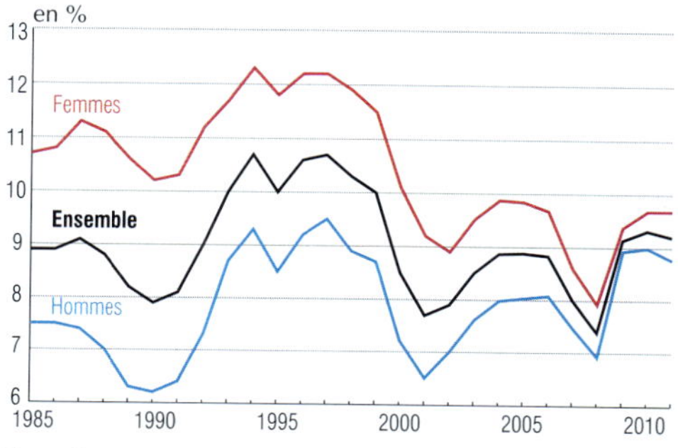

Champ : France métropolitaine, population des ménages, personnes de 15 ans ou plus (âge courant).
Source : Insee, enquêtes Emploi.

Nombre de chômeurs

en milliers

	Moyenne 1980	Moyenne 1990	Moyenne 2000	Moyenne 2010 (r)	Moyenne 2011
Hommes	524	862	1 023	1 332	1 300
Femmes	752	1 113	1 215	1 308	1 312
Total	**1 276**	**1 976**	**2 239**	**2 640**	**2 612**

Champ : France métropolitaine, population des ménages, personnes de 15 ans ou plus (âge courant).
Source : Insee, enquêtes Emploi.

Taux de chômage selon la catégorie socioprofessionnelle ou le diplôme

en %

	Moyenne 1990	Moyenne 2000	Moyenne 2010 (r)	Moyenne 2011
Catégorie socioprofessionnelle				
Cadres	3,3	4,1	3,9	3,8
Professions intermédiaires	3,8	4,9	4,9	5,0
Employés	9,0	9,5	9,5	9,8
Ouvriers	10,0	9,9	13,4	12,9
Diplôme				
Sans diplôme ou CEP	11,0	13,1	16,0	16,1
Brevet des collèges, CAP, BEP	7,5	8,2	9,9	9,9
Baccalauréat	5,6	7,2	8,8	8,7
Bac + 2	3,6	4,5	5,4	5,1
Diplôme supérieur	3,9	6,0	5,5	5,6
Ensemble	**7,9**	**8,5**	**9,3**	**9,2**

Champ : France métropolitaine, population des ménages, personnes de 15 ans ou plus (âge courant).
Source : Insee, enquêtes Emploi.

Chômage dans l'Union européenne en 2011

	Nombre total de chômeurs	Taux de chômage		
	en milliers	Hommes en %	Femmes en %	Ensemble en %
Allemagne	2 494,5	6,3	5,7	6,0
Autriche	178,7	4,1	4,4	4,2
Belgique[1]	346,4	7,2	7,2	7,2
Bulgarie	370,8	12,5	10,0	11,3
Chypre	31,4	8,1	7,8	7,9
Danemark	220,9	7,9	7,6	7,7
Espagne	4 995,9	21,3	22,3	21,8
Estonie	86,0	13,4	12,1	12,8
Finlande	208,4	8,6	7,2	7,9
France	**2 621,6**	**8,9**	**9,8**	**9,3**
Grèce	874,9	15,2	21,6	17,9
Hongrie	467,6	11,0	11,0	11,0
Irlande	303,3	17,9	10,7	14,7
Italie	2 103,6	7,7	9,7	8,5
Lettonie	175,9	17,9	13,3	15,6
Lituanie	248,5	18,0	13,2	15,6
Luxembourg	11,5	3,9	6,3	4,9
Malte	11,6	6,2	7,1	6,5
Pays-Bas	382,1	4,5	4,4	4,4
Pologne	1 719,4	9,1	10,5	9,8
Portugal[1]	703,2	13,2	13,5	13,4
Rép. tchèque	352,5	5,9	8,0	6,8
Roumanie	730,0	8,2	7,1	7,7
Royaume-Uni	2 513,7	8,8	7,4	8,2
Slovaquie	368,0	13,6	13,6	13,6
Slovénie	83,2	8,3	8,3	8,3
Suède	376,2	7,7	7,6	7,7
UE à 27	**22 980,0**	**9,7**	**9,8**	**9,7**

1. Rupture de série.
Champ : données en moyenne annuelle ; personnes de 15 à 64 ans.
Source : Eurostat.

4.3 Politiques d'emploi

Les dispositifs spécifiques de la politique de l'emploi prennent la forme d'aides à l'emploi, de stages de formation professionnelle ou de **mesures de retrait d'activité** anticipé. En 2011, le nombre total d'entrées dans ces dispositifs est en baisse, la hausse des entrées dans les **contrats en alternance** ne suffisant pas à compenser le repli de celles en contrats aidés hors alternance et dans les mesures de retrait d'activité.

Le **contrat unique d'insertion (CUI)**, contrat à durée déterminée ou indéterminée destiné à faciliter l'insertion professionnelle des personnes sans emploi rencontrant des difficultés particulières d'accès à l'emploi, est entré en vigueur en France métropolitaine le 1er janvier 2010. Ce contrat prend la forme du **contrat initiative emploi (CIE)** dans le secteur marchand et du **contrat d'accompagnement dans l'emploi (CAE)** dans le secteur non marchand. Les contrats spécifiques aux bénéficiaires de minima sociaux – le **contrat insertion-revenu minimum d'activité (CI-RMA)** et le **contrat d'avenir** – ont été abrogés. Après avoir fortement crû en 2009 et 2010, les entrées en **emplois aidés** non marchands se sont élevées à 356 000 en 2011 (– 21 000 en un an), malgré des moyens supplémentaires dégagés en cours d'année et l'implication des conseils généraux pour accroître le nombre de contrats conclus avec des bénéficiaires du RSA socle. En 2011, les entrées en CUI-CIE ont diminué de moitié par rapport à 2010 (53 000 après 113 000) en lien avec la réduction de l'enveloppe financière affectée à ces contrats. Les entrées en contrats en alternance ont en revanche augmenté de 7 %.

Au total, en 2011, plus de 1 957 000 personnes sont entrées dans les dispositifs spécifiques de la politique de l'emploi (– 5 % en un an). Le nombre de bénéficiaires présents fin 2011 est en baisse par rapport à fin 2010 et s'établit à 1 773 000.

En 2010, les **dépenses pour les politiques du marché du travail (PMT)** s'élèvent à 50,1 milliards d'euros après 45,7 milliards d'euros en 2009. Après la forte hausse observée en 2009 dans un contexte de crise économique majeure et de dégradation du marché du travail (+ 17 % en volume), elles augmentent encore en 2010 (+ 8 %). Les dépenses d'indemnisation du chômage en constituent la principale composante avec 28 milliards d'euros. Les moyens affectés au Service public de l'emploi s'élèvent à 5,9 milliards d'euros. La hausse globale des dépenses PMT provient principalement de celle des dépenses pour les mesures actives, qui atteignent 16,1 milliards d'euros en 2010.

En 2010, la France a consacré 2,6 % de son produit intérieur brut (PIB) aux interventions sur le marché du travail. Elle se situe au 7ème rang des pays de l'Union européenne, derrière l'Espagne, l'Irlande, la Belgique, le Danemark, les Pays-Bas et la Finlande. ■

Définitions

Contrat en alternance : contrat d'apprentissage qui permet à des 16-25 ans de travailler et de suivre un enseignement en alternance conduisant à l'obtention d'un diplôme ou d'un titre à finalité professionnelle ; contrat de professionnalisation qui vise à permettre l'acquisition, par les 16-25 ans et les demandeurs d'emploi de 26 ans ou plus, d'une qualification professionnelle en relation avec les besoins identifiés par les branches professionnelles.

Contrat aidé ou emploi aidé, contrat d'accompagnement dans l'emploi (CAE), contrat d'avenir (CAV), contrat initiative emploi (CIE), contrat insertion – revenu minimum d'activité (CI-RMA), contrat unique d'insertion (CUI), dépenses pour les politiques du marché du travail (PMT), mesures de retrait d'activité : voir rubrique « définitions » en annexes.

Pour en savoir plus

- « Les dépenses en faveur de l'emploi et du marché du travail en 2010 », *Dares Analyses*, Dares, janvier 2013.
- « Les contrats d'aide à l'emploi en 2011 : des entrées en baisse, mais des contrats plus ciblés sur les publics en difficulté », *Dares Analyses* n° 88, Dares, novembre 2012.
- « L'apprentissage en 2011 : hausse des entrées, surtout dans les entreprises d 'au moins 50 salariés », *Dares Analyses* n° 80, Dares, novembre 2012.
- « Labour market policy – expenditure and participants – Data 2010 », *Statistical books*, Eurostat, septembre 2012.

Retrouvez le TEF sur www.insee.fr, rubrique Publications et services\Collections nationales\Insee Références

Principaux dispositifs spécifiques de politique d'emploi

en milliers

	Entrées en dispositif [1]		Bénéficiaires en fin d'année [2]	
	2010 (r)	2011	2010 (r)	2011
Emploi marchand aidé	**801**	**751**	**1 005**	**1 002**
dont : exonérations et primes à l'embauche de jeunes	*0*	*0*	*1*	*0*
exonérations et primes à l'embauche de CLD[3]				
(dont CUI-CIE)	*113*	*53*	*63*	*44*
aide à la création d'entreprise	*215*	*193*	*223*	*210*
contrats en alternance	*428*	*459*	*572*	*608*
accomp. des restructurations	*5*	*4*	*8*	*7*
Emploi non marchand aidé	**377**	**356**	**254**	**204**
dont : Contrats d'Avenir	*0*	*0*	*5*	*0*
Contrats d'Accompagnement dans l'Emploi (dont CUI-CAE)	*377*	*356*	*249*	*204*
Formation des demandeurs d'emploi	**823**	**823**	**376**	**364**
Stages de formation	689	677	345	334
Prévention du chômage de longue durée	134	146	31	30
Retraits d'activité	**59**	**27**	**330**	**202**
Préretraites totales	1	1	7	5
Dispenses de recherche d'emploi	58	27	322	197
Total	**2 060**	**1 957**	**1 965**	**1 773**

1. Entrées initiales et reconductions.
2. Données corrigées des variations saisonnières.
3. Chômeurs de longue durée.
Champ : France métropolitaine.
Sources : ASP ; Dares ; DGEFP ; Insee ; Pôle Emploi.

Bénéficiaires des principaux dispositifs de politique d'emploi en 2010 selon le sexe et l'âge

en %

	Sexe		Âge		
	Hommes	Femmes	Moins de 26 ans	de 26 à 49 ans	50 ans ou plus
Emploi aidé dans le secteur marchand	**64,5**	**35,5**	**64,6**	**30,1**	**5,2**
Abaiss. de coûts salariaux	**64,2**	**35,8**	**36,4**	**51,4**	**12,2**
Contrat initiative emploi	58,3	41,7	46,4	40,3	13,3
Contrat d'insertion-revenu minimum d'activité	53,3	46,7	6,7	76,5	16,9
Contrat unique d'insertion-contrat initiative emploi	58,4	41,6	46,0	36,5	17,5
Formation en alternance	**62,8**	**37,2**	**96,2**	**3,4**	**0,5**
Contrat d'apprentissage	67,7	32,3	100,0	0,0	0,0
Contrat de professionnalisation	50,9	49,1	86,9	11,5	1,7
Aide à la création d'emploi et d'activités[1] (e)	**67,9**	**32,1**	**10,6**	**78,6**	**10,8**
Emploi aidé dans le secteur non marchand	**35,0**	**65,0**	**26,8**	**52,3**	**20,9**
Contrat d'accompagnement dans l'emploi	36,7	63,3	27,8	46,5	25,7
Contrat d'avenir	40,4	59,6	2,6	61,9	35,5
Contrat unique d'insertion-contrat d'accompagnement dans l'emploi	34,9	65,1	27,3	52,3	20,4
Ensemble	**58,6**	**41,4**	**57,1**	**34,5**	**8,4**

1. Ces mesures recouvrent l'aide aux chômeurs créateurs et repreneurs d'entreprises.
Champ : France métropolitaine.
Sources : ASP ; Dares ; DGEFP ; Insee ; Pôle Emploi.

Dépenses pour les politiques du marché du travail de 2000 à 2010

en millions d'euros

	2000	2005	2006	2007	2008	2009	2010
Services du marché du travail	**2 513**	**4 035**	**4 357**	**4 237**	**4 006**	**4 873**	**5 866**
Mesures actives	**14 539**	**11 371**	**12 274**	**13 397**	**12 369**	**13 766**	**16 086**
Formation professionnelle	5 335	4 981	5 194	5 685	5 491	6 855	7 310
Incitations à l'emploi	2 526	2 107	2 167	2 089	1 963	1 823	2 081
Emploi protégé	863	1 128	1 196	1 252	1 337	1 428	1 438
Création directe d'emploi	5 777	3 091	3 543	3 882	2 966	2 921	4 201
Aide à la création d'entreprise[1]	38	64	173	490	612	738	1 056
Soutiens	**19 855**	**27 342**	**24 985**	**23 461**	**22 790**	**27 085**	**28 184**
Maintien et soutien du revenu en cas de perte d'emploi	17 263	26 364	24 168	22 666	22 338	26 789	27 986
Préretraites	2 592	978	817	795	452	296	198
Total	**36 906**	**42 748**	**41 616**	**41 095**	**39 165**	**45 724**	**50 136**
Dépenses totales (en % du PIB)	2,6	2,5	2,3	2,2	2,0	2,4	**2,6**

1. Estimation : les montants des exonérations de cotisations sociales ne sont pas connus en totalité.
Source : Dares.

Dépenses pour les politiques du marché du travail dans l'Union européenne en 2010

en % du PIB

	Total	*dont mesures actives*	*dont soutiens*		Total	*dont mesures actives*	*dont soutiens*		Total	*dont mesures actives*	*dont soutiens*
Allemagne	2,3	*0,56*	*1,33*	**France**	**2,6**	***0,83***	***1,45***	Pays-Bas	2,9	*0,78*	*1,74*
Autriche	2,3	*0,66*	*1,41*	Grèce	0,9	*0,22*	*0,70*	Pologne	1,0	*0,60*	*0,34*
Belgique	3,8	*1,27*	*2,28*	Hongrie	1,3	*0,52*	*0,71*	Portugal	2,1	*0,58*	*1,39*
Bulgarie	0,6	*0,09*	*0,45*	Irlande	3,9	*0,75*	*3,03*	Rép. tchèque	0,7	*0,23*	*0,38*
Chypre (p)	0,9	*0,25*	*0,59*	Italie	1,8	*0,35*	*1,46*	Roumanie	0,6	*0,03*	*0,56*
Danemark	3,4	*1,41*	*1,58*	Lettonie	1,2	*0,51*	*0,69*	Royaume-Uni	…	…	*0,31*
Espagne	3,9	*0,67*	*3,11*	Lituanie	0,8	*0,23*	*0,48*	Slovaquie	0,9	*0,23*	*0,61*
Estonie	1,1	*0,14*	*0,86*	Luxembourg	1,2	*0,41*	*0,78*	Slovénie	1,2	*0,34*	*0,72*
Finlande	2,8	*0,86*	*1,78*	Malte	0,5	*0,04*	*0,35*	Suède	1,8	*0,81*	*0,54*

Sources : Eurostat ; Dares.

4.4 Durée et conditions de travail

Depuis 1950, la **durée du travail** a baissé dans tous les pays développés. Entre 1950 et 2011, elle a décru de 26 % en France. Plusieurs facteurs ont contribué à cette baisse : la salarisation des économies tout d'abord, la diminution de la **durée collective hebdomadaire du travail** et l'augmentation du nombre de jours de congés ensuite, le développement du travail à temps partiel enfin.

En 2011, le recours au **temps partiel** en France (18 %) est proche de la moyenne de l'UE 27. Il se situe cependant très en-deçà de celui observé dans plusieurs pays où il dépasse le quart des personnes en emploi. En France comme ailleurs en Europe, le travail à temps partiel est majoritairement féminin. Il concerne 30 % des femmes en 2011, contre 25 % il y a une vingtaine d'années, et 7 % des hommes. C'est dans le secteur tertiaire qu'il est le plus largement diffusé et concerne surtout des personnes peu qualifiées. Dans une forte proportion, ce temps partiel est subi et correspond à un **sous-emploi**. Certains salariés compensent la durée du travail de leur emploi principal qu'ils jugent insuffisante en occupant un ou plusieurs autres emplois. Les emplois à temps partiel sont plus répandus dans les **microentreprises** que dans les entreprises de dix salariés ou plus.

Par rapport à la norme sociale implicite, certaines personnes ont des horaires de travail atypiques, de façon régulière ou occasionnelle. Le travail du samedi concerne presque une personne en emploi sur deux. Les employés travaillent en forte proportion le samedi, en particulier dans le commerce de détail ou l'artisanat commercial. Les cadres déclarent plus souvent que la moyenne travailler le soir. Les ouvriers sont particulièrement concernés par le travail de nuit. En 2011, 16 % des salariés, soit 3,6 millions de personnes, travaillent la nuit habituellement ou occasionnellement. La proportion de salariés travaillant la nuit a augmenté de façon modérée mais continue de 1990 à 2003, puis s'est stabilisée depuis. Sur la même période, le nombre de femmes travaillant la nuit a doublé. Le travail de nuit est plus fréquent dans le secteur public et dans le secteur des services qui regroupent les trois quarts des salariés travaillant la nuit. Les hommes ont plus souvent que les femmes des horaires atypiques, notamment parce qu'ils sont plus nombreux parmi les ouvriers et les cadres.

En 2011, 6,5 millions de salariés travaillent le dimanche (dont 3 millions de manière habituelle), soit 29 % des personnes en emploi contre 20 % en 1990. Travailler le dimanche va souvent de pair avec le travail du samedi et des horaires tardifs ou variables. Plus des deux tiers des salariés qui travaillent habituellement le dimanche exercent une profession dans les domaines de la sécurité des personnes et des biens, de la continuité de la vie sociale et de la permanence des soins. Une grande partie de ces activités relève du secteur public. ■

Définitions

Durée collective hebdomadaire du travail : elle mesure l'horaire collectif de travail, commun à un groupe de salariés tel qu'il est affiché sur leur lieu de travail. Mesurée par enquête auprès des entreprises, elle ne s'applique qu'aux salariés à temps complet, la durée du travail des salariés à temps partiel étant fixée par le contrat de travail.

Temps partiel : temps de travail inférieur à la durée légale du travail ou à la durée conventionnelle si celle-ci est inférieure. Il doit obligatoirement faire l'objet d'un contrat de travail écrit. Le travail à temps partiel peut-être mis en place sur l'initiative de l'employeur ou du salarié.

Durée annuelle du travail des salariés, durée du travail, microentreprise, sous-emploi : voir rubrique « définitions » en annexes.

Pour en savoir plus

- « En 2011, 29 % des salariés ont travaillé le dimanche de manière habituelle ou occasionnelle », *Dares Analyses* n° 075, Dares, octobre 2012.
- « Dans l'UE27, 8,5 millions de travailleurs à temps partiel auraient souhaité travailler plus d 'heures », *Communiqué de presse* n° 61, Eurostat, avril 2012.
- « Activité et conditions d'emploi de la main d'œuvre au 4e trimestre 2011 », *Dares Analyses* n° 027, Dares, mars 2012.
- « Les heures supplémentaires au 4e trimestre 2011 », *Dares Analyses* n° 028, Dares, mars 2012.

Retrouvez le TEF sur www.insee.fr, rubrique Publications et services\Collections nationales\Insee Références

Horaires atypiques habituels et occasionnels des salariés en 2011

en %

	Travail occasionnel ou habituel					Horaires de travail irréguliers	
	au domicile	le soir[1]	la nuit[2]	le samedi	le dimanche	Alternés	Variables
Catégorie socioprofessionnelle							
Cadres et prof. intellect. sup	43	49	14	48	32	1	26
Professions intermédiaires	19	36	15	47	30	5	23
Employés	9	26	13	53	33	6	26
Ouvriers	2	29	20	43	19	15	17
Durée du travail							
Temps complet	16	36	17	49	29	8	22
Temps partiel	14	24	7	45	26	3	27
Ensemble	**16**	**33**	**16**	**48**	**29**	**7**	**23**

1. Entre 20 heures et minuit. 2. Entre minuit et 5 heures.
Note : ces données sur le travail de nuit, le samedi, etc, sont supérieures à celles usuellement publiées car la proportion de salariés concernés ici comprend ceux qui ont habituellement des horaires de travail atypiques plus ceux qui ont occasionnellement connu ces situations.
Champ : France métropolitaine, population des ménages, personnes en emploi de 15 ans ou plus (âge au 31 décembre).
Source : Insee, enquêtes Emploi.

Temps partiel selon le sexe en 2011

en %

	Hommes	Femmes	Ensemble
Actifs occupés (en milliers)	**13 538**	**12 240**	**25 778**
Actifs à temps complet	93,1	69,9	82,1
Actifs à temps partiel[1]	6,9	30,1	17,9
dont : moins de 15 heures	*1,1*	*4,4*	*2,6*
de 15 à 29 heures	*3,6*	*15,8*	*9,4*
30 heures ou plus	*1,6*	*8,9*	*5,1*
non renseigné	*0,6*	*1,0*	*0,8*

1. Y compris les personnes n'ayant pas déclaré d'horaires habituels.
Note : taux calculés par rapport à l'ensemble des actifs occupés.
Lecture : en moyenne en 2011, 15,8 % des femmes ayant un emploi travaillent à temps partiel entre 15 et 29 heures par semaine.
Champ : France métropolitaine, population des ménages, personnes en emploi de 15 ans ou plus (âge courant).
Source : Insee, enquêtes Emploi.

Le travail du dimanche en 2011

en %

	Salariés travaillant le dimanche		
	habituellement	occasionnellement	jamais
Hommes	11,7	17,9	70,5
Femmes	14,8	13,1	72,1
Diplôme			
Supérieur au bac	9,9	22,7	67,4
Baccalauréat ou équivalent	14,0	15,5	70,5
CAP, BEP	14,9	13,4	71,7
Brevet des collèges, aucun diplôme	13,0	11,7	75,2
Employeur			
État et collectivités locales	10,8	13,6	75,5
Autre	21,6	22,0	56,4
Effectif salariés (en milliers)	**3 012,0**	**3 528,0**	**16 236,0**

Champ : France métropolitaine, actifs occupés au sens du BIT.
Source : Insee, enquêtes Emploi ; calculs DARES.

Durée annuelle du travail des salariés par branche entre 1950 et 2011

en heures annuelles par salarié

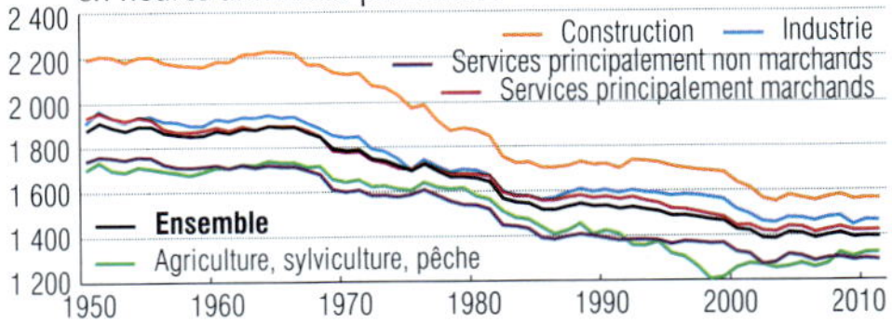

Note : le poste « Services principalement non marchands » correspond au regroupement des items « Administration publique », « Enseignement », « Santé humaine et action sociale ».
Source : Insee, comptes nationaux - base 2005.

Heures supplémentaires déclarées par salarié

en nombre moyen d'heures par trimestre

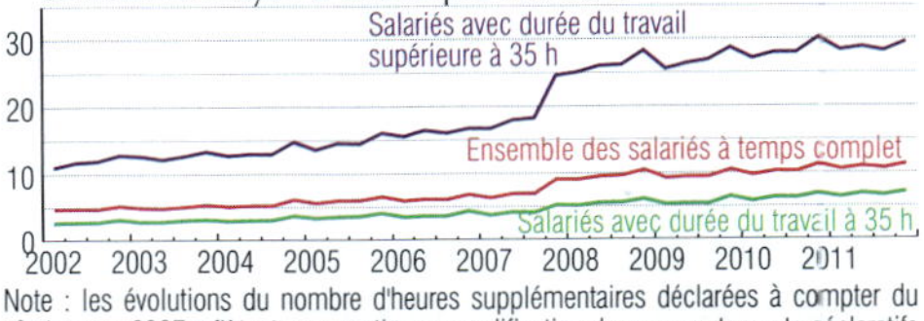

Note : les évolutions du nombre d'heures supplémentaires déclarées à compter du 4e trimestre 2007 reflètent pour partie une modification des comportements déclaratifs des entreprises à l'enquête, à la suite de l'entrée en vigueur des mesures incitatives de la loi en faveur du travail, de l'emploi et du pouvoir d'achat (Tepa) d'août 2007.
Champ : salariés à temps complet dans des entreprises de dix salariés ou plus des secteurs concurrentiels en France métropolitaine..
Source : Dares, enquêtes Acemo.

Durée du travail hebdomadaire et temps partiel dans l'Union européenne en 2011

	Durée hebdomadaire en heures[1]		Travailleurs à temps partiel en % de l'emploi total		
	Non salariés	Salariés	Hommes	Femmes	Ensemble
Allemagne	50,6	40,7	10,3	45,7	26,6
Autriche	54,9	41,8	8,9	44,0	25,2
Belgique	55,7	39,2	9,8	43,4	25,1
Bulgarie	44,5	40,9	2,2	2,6	2,4
Chypre	48,1	41,1	7,5	13,0	10,0
Danemark	48,9	37,7	15,3	37,6	25,9
Espagne	48,5	40,3	6,0	23,5	13,8
Estonie	43,1	40,6	5,6	15,4	10,6
Finlande	48,1	39,1	10,6	19,6	14,9
France	**52,7**	**39,5**	**6,9**	**30,1**	**17,9**
Grèce	49,6	40,4	4,5	10,2	6,8
Hongrie	42,5	40,4	4,7	9,2	6,8
Irlande	48,0	38,4	12,8	35,6	23,5
Italie	45,1	38,8	5,9	29,3	15,5
Lettonie	43,3	40,3	7,5	10,8	9,2
Lituanie	41,1	39,6	6,9	10,5	8,7
Luxembourg	49,6	39,8	4,8	36,1	18,4
Malte	46,3	40,7	6,7	25,7	13,2
Pays-Bas	49,6	39,0	25,4	76,7	49,1
Pologne	46,7	40,9	5,5	11,1	8,0
Portugal[2]	49,3	41,1	10,7	16,3	13,3
Rép. tchèque	47,9	41,0	2,5	9,4	5,5
Roumanie	40,2	41,0	9,6	11,5	10,5
Royaume-Uni	46,3	42,2	12,7	43,1	26,8
Slovaquie	45,5	40,8	2,8	5,9	4,1
Slovénie	46,3	41,0	7,9	13,3	10,4
Suède	48,5	39,9	13,7	39,6	26,0
UE à 27	**47,8**	**40,4**	**9,0**	**32,1**	**19,5**

1. Personnes travaillant à temps complet. 2. Rupture de série.
Champ : population de 15 ans ou plus.
Source : Eurostat, EU-LFS.

4.5 Emploi de la Fonction publique

En 2010, la **fonction publique** emploie un salarié sur cinq, soit 5,2 millions de personnes, hors emplois aidés. Toutes fonctions publiques confondues, les effectifs sont stables entre 2009 et 2010 (– 0,1 %) confirmant la stabilisation observée depuis la fin de 2007. Le nombre de bénéficiaires d'**emplois aidés** s'élève à 142 600, en progression de 12,7 %, après la forte augmentation de 30 % en 2009. Entre 2000 et 2010, la croissance de l'emploi public (+ 11,7 %) repose sur celle de la fonction publique territoriale (+ 36,3 %), alimentée en partie par les transferts de personnels entre la fonction publique de l'État et la territoriale, dans le cadre de la deuxième vague de décentralisation. En 2010, la fonction publique territoriale représente 35 % de l'emploi public, tandis que la fonction publique d'État emploie encore près de la moitié des agents publics malgré la baisse continue de ses effectifs (– 114 500 emplois entre 2000 et 2010). La fonction publique hospitalière recouvre 21 % des agents.

Dans la fonction publique territoriale, le ralentissement de l'emploi entamé en 2009 se confirme en 2010. En effet, la hausse des effectifs se limite à 0,2 %, après + 2,1 % en 2009. La fonction publique hospitalière croît de 1,3 % par rapport à l'année précédente. En revanche, la fonction publique de l'État poursuit la baisse amorcée en 2006 et enregistre une diminution de 1 % sur l'année. La forte hausse d'emploi de 79 000 agents dans les établissements publics à caractère administratif (ÉPA) ne compense pas la réduction des 103 000 agents dans les ministères. C'est au sein des ministères de l'Enseignement supérieur et de la Recherche et de l'Éducation nationale que la baisse des effectifs est la plus accentuée (– 73 600 agents) ainsi qu'au ministère du Travail, Relations sociales, Famille, Solidarité et Ville (– 8 100 agents). La baisse des effectifs dans ces deux ministères s'explique essentiellement par l'impact des transferts des personnels du budget des ministères vers celui des ÉPA, en raison du passage à l'autonomie des universités dans le premier cas et de la création des Agences régionales de santé dans le second. Le ministère de l'Intérieur, Outre-mer et Collectivités territoriales perd également 8 100 agents.

La grande majorité des agents de la fonction publique est **titulaire** (73 %). En dix ans, la part des **non-titulaires** est passée de 14,8 % à 17,2 %. La fonction publique territoriale affiche la plus forte proportion de non-titulaires : 19,4 % contre 15,8 % dans la fonction publique d'État et 16,5 % dans la fonction publique hospitalière.

En 2010, la qualification des emplois reste plus élevée dans la fonction publique d'État (50,3 % de cadres de catégorie A). Dans les deux autres fonctions publiques, les catégories B et C restent prépondérantes : trois quarts des agents territoriaux appartiennent à la catégorie C ; dans la fonction publique hospitalière, près de la moitié des agents relèvent de la catégorie C et un tiers de la catégorie B. ■

Définitions

Titulaires, non-titulaires : la fonction publique emploie des personnels titulaires et des personnels non-titulaires. Les titulaires sont fonctionnaires civils, militaires ou magistrats. Ils appartiennent à des corps regroupés en catégories d'après leur niveau de concours de recrutement. Les agents de catégorie A assurent des fonctions d'études générales, de conception et de direction, ceux de catégorie B sont chargés des fonctions d'application et les agents de catégorie C assurent des tâches d'exécution. Les non-titulaires sont essentiellement les personnels de l'enseignement sous contrat payés par l'État, les contractuels, auxiliaires, vacataires, collaborateurs extérieurs ou encore les emplois aidés.

Contrat ou emploi aidé, fonction publique : voir rubrique « définitions » en annexes.

Pour en savoir plus

- « Rapport annuel sur l'état de la fonction publique : faits et chiffres 2011-2012 », *La documentation française*, octobre 2012.
- « La croissance des effectifs dans la fonction publique territoriale ralentit depuis 2008 », *BIS* n° 89, DGCL, juillet 2012.
- « Fonction publique : chiffres-clés 2011 », DGAFP, juin 2012.
- « Emploi et salaires », *Insee Références*, édition 2012.

Retrouvez le TEF sur www.insee.fr, rubrique Publications et services\Collections nationales\Insee Références

Effectifs de la fonction publique d'État, territoriale et hospitalière

en milliers

	2000 (r)	2005 (r)	2008 (r)	2009 (r)	2010
Ministères[1]	2 238,6	2 274,7	2 067,8	1 990,8	1 887,7
Établissements publics administratifs nationaux à recrutement de droit public[2]	183,3	229,1	288,1	340,8	419,8
Ensemble de la fonction publique d'État	**2 422,0**	**2 503,8**	**2 355,9**	**2 331,6**	**2 307,5**
Collectivités territoriales	1 076,6	1 195,0	1 362,7	1 383,1	1 377,2
Établissements publics administratifs locaux à recrutement de droit public	252,2	368,8	407,2	423,5	433,9
Ensemble de la fonction publique territoriale	**1 328,7**	**1 563,8**	**1 769,9**	**1 806,6**	**1 811,1**
Fonction publique hospitalière[3]	**930,7**	**1 052,3**	**1 084,8**	**1 095,8**	**1 110,5**
Total	**4 681,4**	**5 119,8**	**5 210,6**	**5 234,0**	**5 229,0**

1. Les volontaires militaires sont comptabilisés dans les effectifs de l'État à partir de 2004.
2. Depuis 2005, les élèves de l'École polytechnique sont comptabilisés dans les ÉPA de la fonction publique d'État.
3. Y compris les non-titulaires sur crédit de remplacement.
Champ : effectifs au 31 décembre, emplois principaux tous statuts hors emplois aidés.
Sources : DGAFP ; Drees ; Insee.

Effectifs de la fonction publique d'État

en milliers

	2009 (r)	2010
Titulaires	1 497,2	1 417,3
Non-titulaires	127,2	111,1
Ouvriers d'État	41,2	38,4
Militaires	325,2	320,8
Ministères	**1 990,8**	**1 887,7**
Titulaires	105,4	164,6
Non-titulaires	232,2	252,3
Ouvriers d'État	1,3	1,3
Militaires	1,8	1,5
Établissements publics administratifs nationaux à recrutement de droit public[1]	**340,8**	**419,8**
Total de la fonction publique d'État	**2 331,6**	**2 307,5**

1. Hors agents payés par l'État, notamment dans les établissements supérieurs d'enseignement.
Champ : effectifs au 31 décembre, emplois principaux hors emplois aidés.
Sources : DGAFP ; Insee.

Effectifs de la fonction publique par catégorie statutaire au 31 décembre 2010

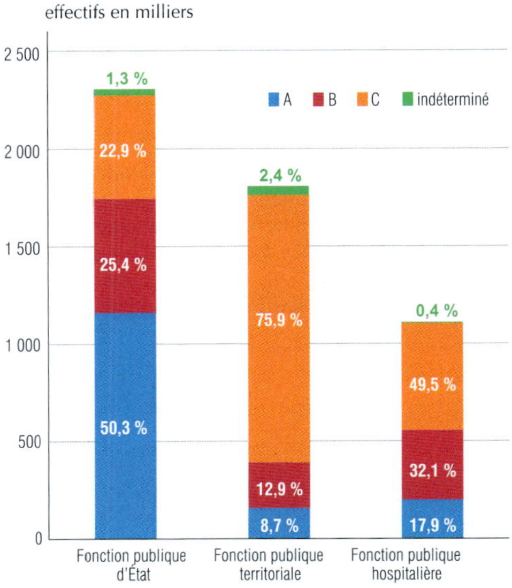

Champ : emplois principaux, hors bénéficiaires d'emplois aidés.
Sources : DGAFP ; Insee.

Effectifs de la fonction publique hospitalière en 2010

	en milliers	*dont femmes en %*	*dont titulaires en %*
Médecins[1]	104,2	*49,2*	*///*
Personnel non médical	900,4	*80,2*	*83,5*
Hôpitaux	**1 004,6**	***76,9***	***74,8***
Établissements d'hébergement pour personnes âgées	73,0	*86,9*	*69,7*
Autres établissements médico-sociaux	32,9	*66,5*	*58,3*
Total	**1 110,5**	***77,3***	***74,0***

1. Y compris internes et résidents, hors praticiens hospitalo-universitaires recensés avec les effectifs de la fonction publique de l'État.
Champ : effectifs au 31 décembre, hors emplois aidés.
Sources : DGAFP ; Insee.

Effectifs de la fonction publique territoriale en 2010

	Effectifs au 31 décembre en milliers	Évolution 2010/09 en %
Communes	1 006,8	– 0,8
Titulaires	801,5	– 0,2
Non-titulaires	193,7	– 3,1
Assistantes maternelles (e)	11,6	– 1,7
Départements	290,6	0,5
Titulaires	224,0	1,0
Non-titulaires	34,0	– 2,7
Assistantes maternelles (e)	32,6	0,6
Régions	79,7	1,3
Titulaires	68,6	1,8
Non-titulaires	11,1	– 1,5
Collectivités territoriales	**1 377,2**	**– 0,4**
Établissements communaux	127,6	1,0
Titulaires	82,4	1,3
Non-titulaires	42,3	0,8
Assistantes maternelles (e)	2,9	– 5,3
Établissements intercommunaux	234,0	3,6
Titulaires	176,1	4,2
Non-titulaires	56,8	1,6
Assistantes maternelles (e)	1,2	0,5
Établissements départementaux	65,6	0,6
Titulaires	57,1	0,5
Non-titulaires	8,5	1,4
Autres ÉPA locaux	6,6	11,9
Titulaires	2,5	4,1
Non-titulaires	4,1	17,2
Étab. publics à caractère administratif (ÉPA)	**433,9**	**2,5**
Total fonction publique territoriale	**1 811,1**	**0,2**

Champ : emplois principaux, hors bénéficiaires d'emplois aidés.
Sources : DGAFP ; Insee.

4.6 Emploi par âge

Avec le ralentissement de l'activité économique, la situation du marché du travail s'est dégradée au cours de l'année 2011. En phase d'entrée sur le marché du travail ou ayant une courte expérience professionnelle, les jeunes actifs sont plus sensibles aux fluctuations conjoncturelles que les plus anciens plus expérimentés. Ils sont notamment fortement concernés par les suppressions d'emplois survenues dans l'**intérim** depuis la mi-2011. Ils avaient auparavant bénéficié de la reprise de l'emploi dans l'intérim dès la fin de 2009, leur **taux de chômage** baissant plus fortement que pour les autres classes d'âge jusqu'à la mi-2011. Le taux de chômage des 15-24 ans s'établit à 22,0 % en 2011, après 22,8 % l'année précédente.

Les jeunes de moins de 26 ans bénéficient très majoritairement des **contrats en alternance** qui totalisent plus de six entrées sur dix en **emploi aidé** du secteur marchand en 2011. Ces jeunes représentent 87 % de l'ensemble des embauches en contrat aidé du secteur marchand tandis que seulement 4 % des embauches concernent des personnes âgées de 50 ans ou plus. Après avoir augmenté en 2009, la part des seniors dans les entrées en contrats aidés du secteur marchand poursuit sa baisse au profit de celle des jeunes en 2011. Cette évolution est liée à l'augmentation du poids de l'alternance entre 2010 et 2011. Hors alternance, les jeunes sont beaucoup moins nombreux en 2011 qu'en 2010 dans les entrées en contrats aidés marchands, en lien avec le recentrage du **contrat unique d'insertion** marchand (CUI-CIE) en 2011 sur les bénéficiaires du RSA socle et sur les chômeurs de longue durée.

L'activité des seniors augmente en 2011. Le **taux d'emploi sous-jacent** des 55-64 ans, indicateur qui corrige les effets de structure démographique, progresse chaque année depuis 2001. Néanmoins, les **taux d'activité** commencent à baisser nettement après 54 ans. De 54 à 59 ans, les taux d'activité masculins et féminins perdent ainsi en moyenne environ 5 points par année d'âge. La baisse s'accélère entre 59 et 60 ans avec les départs à la retraite (environ – 20 points en une seule année). À 60 ans, approximativement un tiers des hommes et des femmes sont encore présents sur le marché du travail. À partir de 65 ans, les taux d'activité deviennent inférieurs à 10 %. Les seniors sont moins souvent en situation de **sous-emploi** que les plus jeunes : en 2011, 1,7 % des 55-64 ans sont ainsi en sous-emploi contre 4 % environ des 15-29 ans.

Comme les travailleurs indépendants prolongent assez traditionnellement leur activité à des âges plus avancés que les salariés, leur proportion parmi les actifs occupés est plus élevée pour les seniors que pour les autres tranches d'âge. Ainsi, 18 % des seniors occupant un emploi en 2011 sont indépendants. Les salariés seniors travaillent aussi un peu plus souvent dans la fonction publique que les plus jeunes : 22 % des salariés de 55 à 64 ans contre 20 % pour l'ensemble des salariés. ■

Définitions

Taux d'emploi : rapport entre le nombre d'individus de la classe ayant un emploi et le nombre total d'individus dans la classe. Il peut être calculé sur l'ensemble de la population d'un pays, mais on se limite le plus souvent à la population en âge de travailler (généralement définie, en comparaison internationale, comme les personnes âgées de 15 à 64 ans), ou à une sous-catégorie de la population en âge de travailler (femmes de 25 à 29 ans par exemple).

Contrat ou emploi aidé, contrat en alternance, contrat unique d'insertion (CUI), enquête Emploi, intérim, sous-emploi, taux d'activité, taux de chômage, taux d'emploi sous-jacent (ou standardisé) : voir rubrique « définitions » en annexes.

Pour en savoir plus

- « Emploi, chômage, population active : bilan de l'année 2011 », *Dares Analyses* n° 043, Dares, juillet 2012.
- « Emploi et chômage des 55-64 ans en 2011 », *Dares Analyses* n° 049, Dares, juillet 2012.
- « L'emploi des jeunes, grande cause nationale », *Rapport au Président de la République française*, janvier 2012.
- « Le taux d'emploi des personnes âgées de 60 à 64 ans est passé de 23 % en 2000 à 31 % en 2010 », *Communiqué de presse* n° 8, Eurostat, janvier 2012.

Retrouvez le TEF sur www.insee.fr, rubrique Publications et services\Collections nationales\Insee Références

Statut des emplois par âge en 2011

en %

	15-24 ans	25-49 ans	50 ans ou plus	Ensemble des 15 ans ou plus
Non salariés	**2,7**	**10,7**	**16,9**	**11,6**
Salariés	**97,3**	**89,3**	**83,1**	**88,3**
Intérimaires	7,1	2,0	0,7	2,1
Apprentis	15,7	0,1	0,0	1,4
Contrats à durée déterminée[1]	27,0	7,6	4,5	8,4
Contrats à durée indéterminée[2]	47,5	79,6	77,9	76,4
Total	**100,0**	**100,0**	**100,0**	**100,0**
Emploi total (en milliers)	**2 219**	**16 693**	**6 866**	**25 778**

1. Y compris les emplois aidés.
2. Y compris les emplois aidés, les salariés sans contrat, ainsi que les fonctionnaires stagiaires et les titulaires du secteur public.
Champ : France métropolitaine, population des ménages, personnes en emploi de 15 ans ou plus (âge courant).
Source : Insee, enquêtes Emploi.

Jeunes de moins de 26 ans dans les différents dispositifs de politique de l'emploi

effectifs en milliers

	2000	2010 (r)	2011 (p)
Alternance	**579**	**569**	**599**
Apprentissage	359	419	435
Contrats de qualification, d'orientation et d'adaptation	220	0	0
Contrats de professionnalisation	0	150	164
Emploi marchand hors alternance	**77**	**29**	**15**
CIE et contrats uniques d'insertion - CIE	36	28	15
Soutien à l'emploi des jeunes en entrep. (SEJE)	0	1	0
Autres mesures	41	0	0
Emploi non marchand	**163**	**68**	**51**
Contrats emploi-solidarité (et assimilés)	36	0	0
Emplois jeunes	118	0	0
Contrats emploi-consolidé	10	0	0
CAE et contrats uniques d'insertion - CAE	0	68	51
Contrats d'avenir	0	0	0
Total	**820**	**666**	**665**
Part des emplois aidés parmi les emplois occupés par les jeunes (en %)	30,0	24,6	25,3

Champ : situation au 31 décembre en France métropolitaine ; hors abattement temps partiel, aide à la création et à la reprise d'une entreprise (Accre) et insertion par l'activité économique.
Source : Dares.

Taux d'emploi par âge entre 1975 et 2011

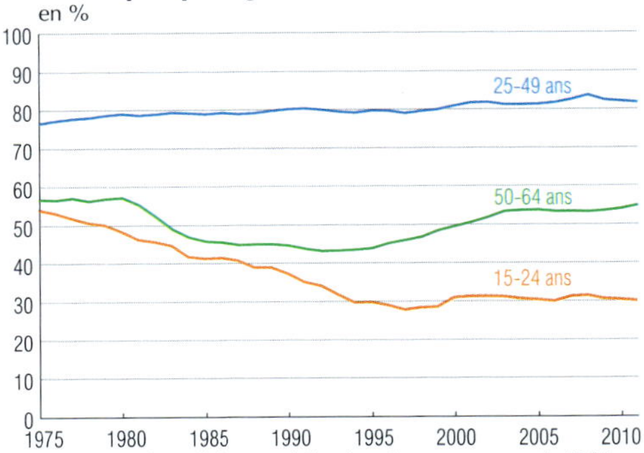

Champ : France métropolitaine, population des ménages, personnes de 15-64 ans (âge courant).
Source : Insee, enquêtes Emploi.

Taux de chômage selon le diplôme de 1 à 4 ans après la fin des études

en %

	2007	2008	2009	2010	2011
Diplômés du Brevet ou non diplômés	37,0	37,9	49,4	44,3	45,7
Diplômés du 2e cycle du secondaire[1]	17,6	16,7	23,2	22,5	22,1
Diplômés du supérieur	9,0	6,3	9,6	10,7	9,4
Ensemble	**16,2**	**14,5**	**20,3**	**20,1**	**19,1**

1. Comprend les diplômés de BEP, CAP, baccalauréat et équivalents.
Champ : France métropolitaine, population des ménages, personnes de 15 ans ou plus (âge courant).
Source : Insee, enquêtes Emploi.

Taux d'emploi des seniors entre 1975 et 2011

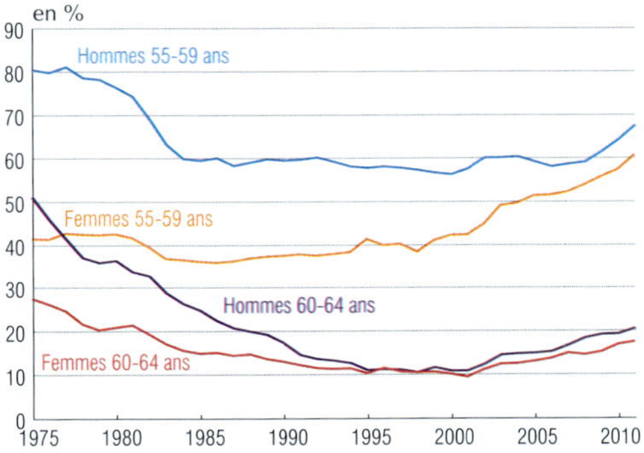

Champ : France métropolitaine, population des ménages (âge courant).
Source : Insee, enquêtes Emploi.

Taux d'emploi par âge dans l'UE en 2011

en %

	15 à 24 ans	25 à 54 ans	55 à 64 ans	Ensemble
Allemagne	47,9	82,8	59,9	72,5
Autriche	54,9	84,9	41,5	72,1
Belgique	26,0	79,3	38,7	61,9
Bulgarie	20,1	74,0	43,9	58,5
Chypre	29,3	81,6	55,2	68,1
Danemark	57,5	82,3	59,5	73,1
Espagne	21,9	68,7	44,5	57,7
Estonie	31,5	78,1	57,2	65,1
Finlande	40,4	82,3	57,0	69,0
France	**29,9**	**81,3**	**41,4**	**63,8**
Grèce	16,3	69,0	39,4	55,6
Hongrie	18,3	73,1	35,8	55,8
Irlande	28,2	69,4	50,0	59,2
Italie	19,4	71,1	37,9	56,9
Lettonie	27,2	75,8	51,1	61,8
Lituanie	19,7	77,3	50,5	60,7
Luxembourg	20,7	82,0	39,3	64,6
Malte	44,7	70,6	31,7	57,6
Pays-Bas	63,5	84,2	56,1	74,9
Pologne	24,9	77,2	36,9	59,7
Portugal[1]	27,2	77,8	47,9	64,2
Rép. tchèque	24,7	82,8	47,6	65,7
Roumanie	23,8	74,1	40,0	58,5
Royaume-Uni	46,4	80,1	56,7	69,5
Slovaquie	20,2	76,5	41,4	59,5
Slovénie	31,5	83,1	31,2	64,4
Suède	40,5	86,0	72,3	74,1
UE à 27	**33,6**	**77,6**	**47,4**	**64,3**

1. Rupture de série.
Champ : données en moyenne annuelle, population des 15-64 ans.
Source : Eurostat, EU-LFS.

4.7 Emploi par activité

En moyenne en 2011, 25,7 millions de personnes ont un **emploi au sens du Bureau international du travail (BIT)** en France métropolitaine selon l'enquête Emploi. Au cours des dernières décennies, c'est l'expansion du **secteur tertiaire** qui a largement compensé le recul de l'emploi industriel. Ce **secteur d'activité** rassemble aujourd'hui plus des trois quarts des personnes occupées. Près d'une personne occupée sur trois travaille notamment dans le secteur de l'administration publique, de l'enseignement, de la santé humaine et de l'action sociale. Une personne occupée sur sept travaille dans l'industrie, contre plus d'une sur quatre il y a presque quarante ans. Les secteurs de la construction et de l'agriculture concentrent respectivement 7 % et 3 % des emplois.

Après avoir reculé en 2009 puis renoué avec les créations en 2010, l'emploi progresse modérément en 2011, principalement en début d'année avant de décroître à nouveau durant le deuxième semestre tiré à la baisse par les destructions d'emplois dans l'**intérim**. Comme pour l'ensemble des secteurs, l'emploi salarié dans les services marchands ralentit en 2011 progressant à un rythme deux fois moindre qu'en 2010, en glissement annuel en fin d'année. Au sein des services marchands, le volume de travail temporaire mesuré en moyenne annuelle progresse de 9 % en 2011 après 18 % en 2010. En 2011, en glissement annuel en fin d'année, l'emploi salarié industriel recule (– 0,1 point par rapport à 2010), mais cette baisse est la plus faible enregistrée depuis 2001.

L'emploi féminin a augmenté d'un quart ces vingt dernières années. En moyenne en 2011, 12,2 millions de femmes ont un emploi et représentent presque 48 % des personnes en emploi. Les clivages du marché du travail par grand secteur d'activité se sont renforcés : un emploi tertiaire de plus en plus féminin où les femmes occupent 55 % des emplois en 2011 et un emploi industriel de plus en plus masculin où la part des femmes n'est que de 29 %. Dans la construction, secteur traditionnellement très masculin, elles occupent seulement 11 % des emplois.

En moyenne en 2011, 10,9 % des emplois sont occupés par des personnes qui travaillent dans leur entreprise depuis moins d'un an. Cette proportion a augmenté de 0,3 point par rapport à l'année précédente. En revanche, dans l'industrie et dans l'agriculture, la majorité des personnes a au moins dix ans d'ancienneté (respectivement 53 % et 63 % des personnes).

Dans l'Union européenne à 27 en 2011, plus de deux emplois sur trois sont concentrés dans le secteur tertiaire tandis que l'industrie et la construction regroupent ensemble un emploi sur quatre. Le poids du secteur tertiaire dépasse 80 % au Luxembourg et aux Pays-Bas. Dans les anciens pays de l'Est (à l'exception de la Lettonie et la Lituanie), les secteurs industriels et de la construction représentent plus d'un emploi sur trois. Alors que le secteur agricole représente 5 % des emplois européens, la Roumanie offre encore un emploi sur trois dans l'agriculture. ■

Définitions

Emploi au sens du BIT : les personnes employées au sens du BIT sont celles ayant travaillé, ne serait-ce qu'une heure, au cours d'une semaine dite de référence. Cette notion diffère de celle issue du recensement de la population qui concerne les personnes déclarant avoir un emploi. L'un des objectifs de l'enquête Emploi est précisément d'effectuer la mesure de l'emploi au sens du BIT, à partir de questions précises. Pour l'analyse conjoncturelle et la comptabilité nationale, la mesure de l'emploi est effectuée à l'aide des estimations d'emploi. Elles reposent sur l'exploitation de données administratives des personnes en emploi durant la dernière semaine du trimestre ou de l'année prise comme semaine de référence. Cette mesure vise à s'approcher le plus possible du concept BIT à partir de données administratives exhaustives sur l'emploi.

Enquête Emploi, intérim, secteur d'activité, secteur tertiaire : voir rubrique « définitions » en annexes.

Pour en savoir plus

- « Une photographie du marché du travail en 2011 », *Insee Première* n° 1415, septembre 2012.
- « Emploi, chômage, population active : bilan de l'année 2011 », *Dares Analyses* n° 2012-043, Dares, juillet 2012.

Retrouvez le TEF sur www.insee.fr, rubrique Publications et services\Collections nationales\Insee Références

Population en emploi selon le sexe et le secteur d'activité

en %

	2010 (r)			2011		
	Femmes	Hommes	Total	Femmes	Hommes	Total
Agriculture, sylviculture et pêche	**1,8**	**3,9**	**2,9**	**1,9**	**3,8**	**2,9**
Industrie	**8,1**	**19,3**	**14,0**	**8,4**	**18,9**	**13,9**
Ind. extractives, énergie, eau, gestion des déchets et dépollution	0,7	2,5	1,6	0,7	2,3	1,5
Fabr. de denrées alim., de boissons et de prod. à base de tabac	1,9	2,7	2,3	2,1	2,8	2,4
Cokéfaction et raffinage	0,0	0,1	0,0	0,0	0,1	0,1
Fabr. d'équip. élec., électroniques, inform. ; fabr. de machines	1,1	2,5	1,8	1,1	2,6	1,9
Fabrication de matériels de transport	0,6	2,4	1,6	0,6	2,4	1,6
Fabrication d'autres produits industriels	3,8	9,1	6,6	3,9	8,8	6,5
Construction	**1,5**	**12,2**	**7,1**	**1,5**	**11,9**	**7,0**
Tertiaire	**88,1**	**64,2**	**75,6**	**87,8**	**65,0**	**75,8**
Commerce ; réparation d'automobiles et de motocycles	12,7	13,1	12,9	11,9	12,8	12,4
Transports et entreposage	3,0	7,0	5,1	2,8	7,0	5,0
Hébergement et restauration	3,8	3,7	3,7	3,9	3,6	3,8
Information et communication	1,9	3,7	2,9	2,0	3,7	2,9
Activités financières et d'assurance	3,9	2,8	3,3	4,0	2,7	3,3
Activités immobilières	1,4	1,0	1,2	1,4	1,0	1,2
Activités scientifiques et techniques ; services adm. et de soutien	9,4	10,7	10,1	10,1	11,5	10,8
Adm. publique, enseignement, santé humaine et action sociale	42,4	18,6	29,9	41,7	18,7	29,6
Autres activités de services	9,5	3,7	6,5	9,8	3,9	6,7
Activité indéterminée	**0,5**	**0,4**	**0,5**	**0,3**	**0,4**	**0,4**
Total	**100,0**	**100,0**	**100,0**	**100,0**	**100,0**	**100,0**
Effectif (en milliers)	**12 199**	**13 495**	**25 694**	**12 240**	**13 538**	**25 778**

Lecture : en moyenne en 2011, 1,9 % des femmes ayant un emploi travaille dans le secteur de l'agriculture, de la sylviculture et de la pêche.
Champ : France métropolitaine, personnes des ménages, personnes en emploi de 15 ans ou plus (âge courant).
Source : Insee, enquêtes Emploi.

Ancienneté par secteur d'activité en 2011

en %

	Moins d'un an d'ancienneté	10 ans ou plus d'ancienneté	Ensemble en milliers
Agriculture	7,2	62,8	750
Industrie	7,8	53,3	3 593
Construction	13,9	32,8	1 796
Tertiaire	11,3	42,7	19 547
Total	**10,9**	**44,1**	**25 778**

Note : le total inclut les personnes (92 100 en 2011) dont le secteur d'activité est inconnu. L'ancienneté dans l'entreprise est inconnue pour 0,36 % des actifs occupés en 2011.
Champ : France métropolitaine, personnes des ménages, personnes en emploi de 15 ans ou plus (âge courant).
Source : Insee, enquêtes Emploi.

Volume de travail intérimaire

en milliers

	2010	2011
Agriculture	2,5	2,5
Industrie	229,1	261,0
Construction	107,8	117,6
Tertiaire	187,8	195,0
Volume total de travail[1]	**527,1**	**576,1**

1. Moyenne de l'année en équivalents-emplois à temps plein.
Source : Dares.

Part des femmes dans l'emploi en 2011

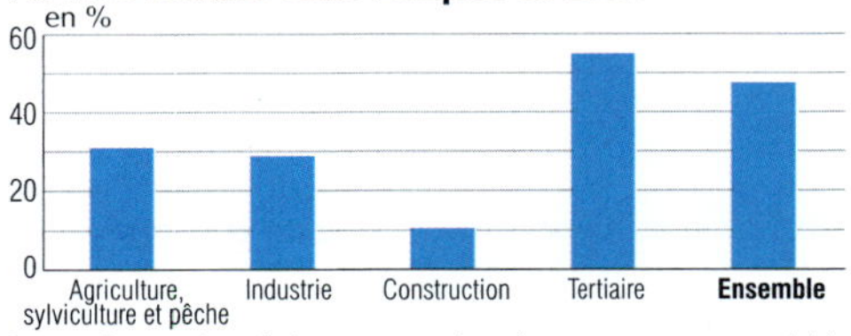

Champ : France métropolitaine, personnes des ménages, personnes en emploi de 15 ans ou plus (âge courant).
Source : Insee, enquêtes Emploi.

Emploi total par grand secteur dans l'Union européenne en 2011

	Répartition par grand secteur en %			Emploi total en milliers
	Agriculture	Industrie construction	Tertiaire[1]	
Allemagne	1,6	28,3	70,1	39 738
Autriche	5,3	26,0	68,7	4 144
Belgique	1,3	23,2	75,5	4 509
Bulgarie	6,8	31,8	61,4	2 950
Chypre	3,9	21,4	74,7	376
Danemark	2,4	19,9	77,6	2 703
Espagne	4,2	21,8	74,0	18 105
Estonie	4,4	31,9	62,9	609
Finlande	4,2	22,9	72,9	2 474
France	**2,9**	**22,1**	**75,0**	**25 764**
Grèce	12,4	17,8	69,7	4 091
Hongrie	4,8	30,7	64,3	3 812
Irlande	4,6	18,9	76,5	1 809
Italie	3,7	28,5	67,8	22 967
Lettonie	9,5	23,3	66,7	971
Lituanie	8,5	24,4	66,7	1 371
Luxembourg	1,2	12,7	85,8	225
Malte	1,1	24,4	73,2	169
Pays-Bas	2,5	15,3	82,2	3 369
Pologne	12,7	30,6	56,7	15 131
Portugal	9,9	27,3	62,7	4 837
Rép. tchèque	3,0	38,4	58,6	4 904
Roumanie	28,6	28,8	42,6	9 138
Royaume-Uni	1,2	19,1	79,7	29 078
Slovaquie	3,0	37,4	59,5	2 351
Slovénie	8,6	31,5	59,9	936
Suède	2,0	19,9	78,1	4 642
UE à 27	**5,0**	**25,1**	**70,0**	**217 169**

1. Y compris les activités des ménages en tant qu'employeurs, les activités extra-territoriales et les sans réponse.
Source : Eurostat.

5.1 Salaires dans les entreprises

En 2010, le **salaire moyen en équivalent-temps plein (EQTP)** d'une personne travaillant dans le privé ou une entreprise publique est en moyenne de 2 082 euros nets de tous prélèvements à la source. Compte tenu de la reprise de l'inflation (+ 1,5 % en 2010), le **salaire net** moyen en euros constants progresse moins vite en 2010 qu'en 2009 (+ 0,5 % contre + 1,2 %). La revalorisation du **Smic** horaire brut, intervenue au 1er janvier 2010, a été limitée à 0,5 % du fait de la très faible inflation en 2009 (après une hausse de 1,3 % au 1er juillet 2009).

Après deux années de crise durant lesquelles leur rémunération moyenne a baissé (– 0,5 % en 2008 puis – 1,6 % en 2009), la situation des cadres s'améliore en 2010 : leur salaire moyen augmente de 1,1 % en euros constants. C'est dans le secteur des activités financières, qui emploie beaucoup de cadres (38 %) et où la part de primes est particulièrement forte, que les salaires des cadres augmentent le plus (+ 2,9 %) après deux années de forte baisse (– 5,1 % en 2009 et – 4,1 % en 2008). En revanche, l'amélioration de la conjoncture de l'emploi ne profite pas aux salaires des ouvriers. En effet, leur salaire net moyen, tous secteurs d'activité confondus, diminue de 0,1 % en euros constants en 2010. Quant aux salaires nets moyens des employés et des professions intermédiaires, ils augmentent chacun de 0,3 %.

Les salaires nets moyens, en euros courants, croissent plus rapidement en 2010 qu'en 2009 dans la plupart des secteurs. C'est le cas dans l'industrie, à l'exception de l'industrie pharmaceutique et du secteur de la cokéfaction et du raffinage. Dans le tertiaire la progression des salaires est également plus forte en 2010 que l'année précédente, particulièrement dans le secteur des activités financières et d'assurance (+ 3,0 %) et dans celui de l'information et de la communication (+ 3,2 %). En revanche, les activités des services administratifs et de soutien connaissent un net ralentissement (+ 0,7 %). Le secteur de la construction, qui fait toujours partie des secteurs offrant les rémunérations les plus faibles, croît de 1,8 % en euros courants en 2010.

Le salaire net **médian** en équivalent-temps plein (EQTP) s'élève à 1 673 euros par mois. En 2010, les 10 % de salariés les moins bien payés ont un salaire net mensuel en EQTP inférieur à 1 142 euros. En haut de l'échelle, les 10 % de salariés les mieux payés disposent de plus de 3 313 euros. Le **rapport entre le premier et le neuvième décile** est stable à 2,9 depuis 2004. Entre 2009 et 2010, le salaire moyen des femmes progresse plus que celui des hommes : + 0,9 % en euros constants contre + 0,4 %. L'écart salarial moyen entre hommes et femmes poursuit la légère baisse entamée en 2008 mais demeure toujours significatif. En 2010, une salariée gagne en moyenne en EQTP 19,7 % de moins que son homologue masculin. ■

Définitions

Salaire moyen en équivalent-temps plein (EQTP) : le salaire moyen en équivalent-temps plein est calculé en prenant en compte tous les postes de travail des salariés (y compris les postes à temps partiel). Chaque poste de travail est pris en compte au prorata de son volume horaire de travail rapporté à celui d'un poste à temps complet. Par exemple, un poste à mi-temps durant 12 mois pour un salaire total de 10 000 euros compte pour 0,5 « année– travail » rémunérée 5 000 euros. Le même poste d'une durée de 6 mois aura un poids de 0,25 rémunéré 2 500 euros.

Déciles et rapports interdéciles, déclaration annuelle de données sociales (DADS), décomposition de l'évolution du salaire moyen, effet de structure, médiane, salaire brut ou net, salaire minimum interprofessionnel de croissance (Smic) : voir rubrique « définitions » en annexes.

Pour en savoir plus

- « Les salaires par secteur et par branche professionnelle en 2010 : une accélération dans la plupart des secteurs, contrebalancée par un regain d'inflation », *Dares Analyses* n° 074, Dares, octobre 2012.
- « Secteur privé et entreprises publiques – Les salaires dans les entreprises – En 2010, les salaires ralentissent en euros constants », *Insee Première* n° 1403, juin 2012.

Retrouvez le TEF sur www.insee.fr, rubrique Publications et services\Collections nationales\Insee Références

Salaires mensuels moyens nets de tous prélèvements selon le sexe et la catégorie socioprofessionnelle en 2010

	Montants mensuels nets en euros courants				Évolution 2010/09 en euros constants en %		
	Hommes	Femmes	Ensemble	F/H en %	Hommes	Femmes	Ensemble
Cadres[1]	4 277	3 312	3 963	– 22,6	0,6	2,0	1,1
Professions intermédiaires	2 267	1 982	2 144	– 12,6	– 0,3	1,3	0,3
Employés	1 595	1 472	1 508	– 7,7	– 0,5	0,6	0,3
Ouvriers	1 612	1 343	1 569	– 16,6	– 0,2	0,8	– 0,1
Ensemble	**2 264**	**1 819**	**2 082**	**– 19,7**	**0,4**	**0,9**	**0,5**

1. Y compris les chefs d'entreprise salariés.
Champ : salariés en équivalent-temps plein du secteur privé et des entreprises publiques.
Source : Insee, DADS (fichiers définitifs, exploitation au 1/12e).

Évolutions annuelles des salaires moyens en euros constants
en %

	2008	2009	2010
Salaire moyen net de prélèvements	**0,4**	**1,2**	**0,5**
Salaire moyen net de prél. à structure constante	1,4	1,2	0,1
Incidence des effets de structure sur le salaire net	– 1,0	0,0	0,4
Pour mémoire : indice des prix à la consommation	*2,8*	*0,1*	*1,5*

Champ : salariés en équivalent-temps plein du secteur privé et et des entreprises publiques.
Source : Insee, DADS (fichiers définitifs, exploitation au 1/12e).

Écart de salaires mensuels nets entre les hommes et les femmes
en euros courants

	2000	2005	2009 (r)	2010
Hommes	1 825	2 037	2 223	2 264
Femmes	1 459	1 652	1 777	1 819
Ensemble	**1 700**	**1 904**	**2 041**	**2 082**
Différentiel F/H en %	– 20,0	– 18,9	– 20,1	– 19,7

Champ : salariés à temps complet du secteur privé et des entreprises publiques pour les années 2000 et 2005, puis en équivalent-temps plein à partir de 2008.
Source : Insee, DADS (fichiers définitifs, exploitation au 1/12e).

Salaires horaires nets par sexe et par catégorie socioprofessionnelle
en euros courants

	2009 (r)	2010	10/09[1] en %
Salariés à temps complet	**13,61**	**13,86**	**0,3**
Hommes	14,46	14,70	0,1
Femmes	12,05	12,35	0,9
Cadres[2]	25,02	25,68	1,1
Professions intermédiaires	13,80	14,00	– 0,1
Employés	9,94	10,12	0,3
Ouvriers	10,21	10,32	– 0,4
SMIC (151,67 heures)	**6,88**	**6,96**	**– 0,3**
Salariés à temps non complet	**11,28**	**11,51**	**0,6**
Hommes	13,06	13,35	0,7
Femmes	10,54	10,71	0,1
Cadres[2]	22,15	22,80	1,4
Professions intermédiaires	13,00	13,18	– 0,1
Employés	8,90	9,02	– 0,1
Ouvriers	9,15	9,26	– 0,3

1. En euros constants.
2. Y compris chefs d'entreprise salariés.
Champ : salariés du secteur privé et et des entreprises publiques.
Source : Insee, DADS (fichiers définitifs, exploitation au 1/12e).

Salaires mensuels moyens nets selon le secteur d'activité en 2010

Secteur d'activité en NAF rév. 2	2010 en euros	10/09[1] en %
Ind. extractives, énergie, eau, gestion des déchets et dépollution	2 549	1,7
Fabr. de denrées alimentaires, de boissons et de produits à base de tabac	1 809	2,4
Cokéfaction et raffinage	3 209	– 0,8
Fabr. d'équip. élect., électroniques, informatiques et fabrication de machines	2 458	2,9
Fabrication de matériels de transport	2 561	2,6
Fabrication d'autres produits industriels	2 128	2,7
Construction	1 915	1,8
Commerce et réparation	1 896	2,8
Transports et entreposage	2 069	2,3
Hébergement et restauration	1 549	2,0
Information et communication	2 984	3,2
Activités financières et d'assurance	3 111	3,0
Activités immobilières	2 169	2,2
Activités scientifiques et techniques, services adm. et de soutien	2 084	0,7
Adm. publique, enseignement, santé humaine et action sociale	1 755	1,2
Autres activités de services	1 853	2,6
Ensemble	**2 082**	**2,0**

1. En euros courants.
Champ : salariés en équivalent-temps plein du secteur privé et et des entreprises publiques.
Source : Insee, DADS (fichiers définitifs, exploitation au 1/12e).

Distribution des salaires mensuels nets de tous prélèvements en 2010
en euros courants

Déciles	Hommes	Femmes	Ensemble	F/H en %
D1	1 197	1 096	1 142	– 8,5
D2	1 347	1 203	1 275	– 10,7
D3	1 481	1 300	1 395	– 12,2
D4	1 620	1 403	1 524	– 13,4
Médiane (D5)	**1 780**	**1 527**	**1 673**	**– 14,2**
D6	1 981	1 685	1 860	– 14,9
D7	2 261	1 903	2 108	– 15,8
D8	2 730	2 210	2 504	– 19,0
D9	3 658	2 816	3 313	– 23,0
D9/D1	**3,1**	**2,6**	**2,9**	///

Lecture : en 2010, 10 % des salariés en équivalent-temps plein du secteur privé et des entreprises publiques gagnent un salaire mensuel net inférieur à 1 142 euros.
Champ : salariés en équivalent-temps plein du secteur privé et et des entreprises publiques.
Source : Insee, DADS (fichiers définitifs, exploitation au 1/12e).

Salaires annuels bruts moyens dans l'UE en 2009
en euros

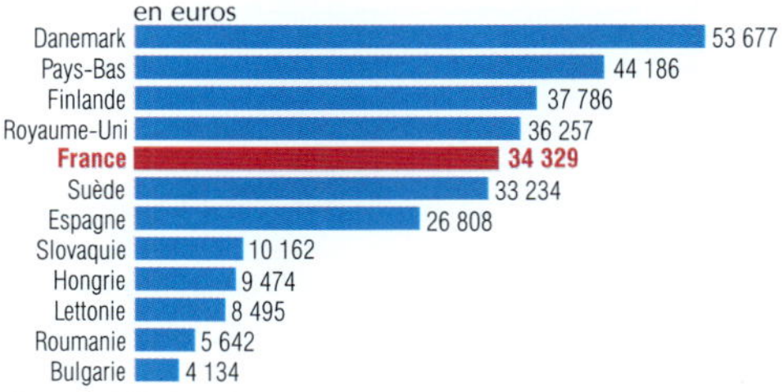

Champ : salariés à temps plein.
Source : Eurostat.

5.2 Salaires dans la Fonction publique

En France, en 2010, un agent de la **fonction publique** de l'État perçoit un **salaire brut** en équivalent-temps plein de 2 934 euros par mois en moyenne. Déduction faite des prélèvements sociaux, le **salaire net** moyen s'établit à 2 459 euros par mois : il augmente de 0,8 % en **euros constants** en 2010 (après + 2,0 % l'année précédente), compte tenu d'une hausse des prix de 1,5 % en moyenne annuelle en 2010. Dans un contexte d'évolution modérée de la valeur du point d'indice de la fonction publique, cette hausse repose sur une croissance encore soutenue des primes et indemnités (+ 6,4 % après + 7,5 % en 2009). Le salaire net moyen des personnes présentes en 2009 et 2010 progresse de 1,7 % en euros constants. Le dispositif de garantie individuelle du pouvoir d'achat (GIPA) versé en 2010 au titre de la période 2005-2009 bénéficie à environ 55 000 agents dans les ministères.

En 2010, le salaire mensuel net en équivalent-temps plein d'un agent travaillant dans la fonction publique territoriale est en moyenne de 1 800 euros, soit une baisse de 0,2 % en euros constants par rapport à 2009. Le salaire net moyen des titulaires atteint 1 964 euros par mois contre 1 537 euros pour les non titulaires. Pour les premiers, le salaire net est en hausse de 0,4 % en euros constants par rapport à 2009, alors que pour les seconds il baisse de 1,9 % en euros constants. Le salaire net moyen varie de 1 599 euros pour les agents des centres communaux d'action sociale (CCAS) et des caisses des écoles, dont un tiers des agents sont non titulaires, à 2 471 euros pour les salariés des services départementaux incendie, très majoritairement composés d'agents titulaires (98 %). Le salaire net moyen des personnes présentes en 2009 et 2010 chez le même employeur territorial progresse de 1 % en euros constants.

Dans les établissements publics de santé, en 2010, un agent perçoit en moyenne un salaire net en équivalent-temps plein de 2 205 euros par mois (– 0,6 % en euros constants par rapport à 2009). La baisse du salaire net moyen en euros constants concerne toutes les catégories socioprofessionnelles, mais elle est plus marquée chez les cadres de direction et chez les agents de service. La rémunération moyenne nette des personnes en place chez le même employeur public hospitalier entre 2009 et 2010 progresse de 0,8 % en euros constants.

Aux facteurs collectifs d'évolution des traitements bruts dans les trois fonctions publiques s'ajoutent les effets des mesures en faveur du pouvoir d'achat (indemnisation d'heures supplémentaires et rachat de jours épargnés dans le cadre du compte épargne temps). Enfin, les facteurs individuels d'évolution des salaires liés à la promotion interne, aux changements de **catégorie** hiérarchique et aux changements de quotités de travail ont un impact très sensible sur les salaires.

En 2010, les écarts salariaux entre hommes et femmes subsistent dans les trois fonctions publiques. Ainsi, un homme gagne 16 % de plus qu'une femme dans la fonction publique de l'État, 12 % de plus dans la fonction publique territoriale et 27 % de plus dans le secteur public hospitalier. ■

Définitions

Catégories d'emploi de la fonction publique : catégories statutaires qui recouvrent en partie les catégories socioprofessionnelles. La catégorie A – fonctions d'études générales, de conception et de direction – est comparable aux cadres. La catégorie B – fonctions d'application – est comparable aux professions intermédiaires et la catégorie C – fonctions d'exécution – est comparable aux ouvriers et employés.

Décomposition de l'évolution du salaire moyen, fonction publique, prix courants et prix constants, salaire brut ou net, traitement indiciaire brut : voir rubrique « définitions » en annexes.

Pour en savoir plus

- « Fonction publique territoriale – En 2010, les salaires baissent de 0,2 % en euros constants », *Insee Première* n° 1427, décembre 2012.
- « La parité dans la fonction publique territoriale en 2009 », *Synthèse* n° 49, décembre 2012.
- « Rapport annuel sur l'état de la fonction publique : faits et chiffres 2011-2012 », *La documentation française*, octobre 2012.
- « Emploi et salaires », *Insee Références*, édition 2012.

Retrouvez le TEF sur www.insee.fr, rubrique Publications et services\Collections nationales\Insee Références

Éléments du salaire mensuel moyen net dans la fonction publique de l'État

	Niveau moyen en euros		2010/09 en euros constants en %
	2009 (r)	2010	
Salaire brut	**2 869**	**2 934**	**0,8**
– Cotisations sociales, CSG et CRDS	465	475	0,7
= Salaire net de prélèvements	**2 404**	**2 459**	**0,8**

Champ : agents civils des ministères de l'État en équivalent-temps plein (EQTP) (hors militaires et établissements nationaux ; y compris emplois aidés).
Source : Insee, SIASP.

Décomposition de l'évolution du salaire moyen dans la fonction publique de l'État en 2010

	Évolution 2010/09 en %	
	en euros courants	en euros constants
Salaire moyen		
Salaire brut	2,3	0,8
Salaire net de prélèvements	2,3	0,8
dont effet de structure	*0,2*	*///*
Salaire à structure constante		
Salaire brut	2,1	0,6
Salaire net de prélèvements	2,1	0,6
Salaire des personnes en place		
Salaire brut	3,2	1,7
Salaire net de prélèvements	3,2	1,7
Indice des prix à la consom.	**1,5**	*///*

Champ : agents civils des ministères de l'État en équivalent-temps plein (EQTP) (hors militaires et établissements nationaux ; y compris emplois aidés).
Source : Insee, SIASP.

Salaires nets mensuels moyens dans la fonction publique territoriale

	2010		10/09 en %
	Effectifs en %	Salaires en euros	en euros constants
Ensemble	**100,0**	**1 800**	**– 0,2**
Catégorie d'emploi			
Cadres	7,8	3 174	– 0,3
Professions intermédiaires	15,3	2 181	– 0,3
Employés et ouvriers	76,9	1 588	– 0,3
Type de collectivité			
Communes	56,5	1 713	– 0,5
EPCI[1] à fiscalité propre	9,6	1 880	– 0,9
CCAS[2] et caisses des écoles	6,7	1 599	– 0,5
Autres structures intercommunales	3,5	1 753	– 0,6
Départements	15,0	2 017	0,4
Incendie - Secours	3,1	2 471	1,6
Régions	4,6	1 828	1,8
Autres collectivités locales	1,1	1 975	2,5

1. Établissements publics de coopération intercommunale.
2. Caisses communales d'action sociale.
Note : du fait du changement de la nomenclature, la répartition par CSP change alors que les intitulés restent les mêmes.
Champ : salariés en équivalent-temps plein (EQTP) des collectivités territoriales (y compris emplois aidés, hors assistantes maternelles).
Source : Insee, SIASP.

Distribution des salaires mensuels nets dans la fonction publique de l'État en 2010

en euros

	Salaire médian	D9/D1	Salaire moyen
Hommes	**2 431**	**2,3**	**2 680**
Cadres	2 921	2,4	3 252
Professions intermédiaires	2 360	1,9	2 446
Employés ou ouvriers	2 116	1,8	2 184
Femmes	**2 153**	**2,0**	**2 307**
Cadres	2 541	2,1	2 759
Professions intermédiaires	2 117	1,7	2 174
Employées ou ouvrières	1 798	1,7	1 845
Ensemble	**2 254**	**2,1**	**2 459**
Cadres	2 683	2,2	2 977
Professions intermédiaires	2 179	1,8	2 257
Employés ou ouvriers	1 942	1,9	2 021

Note : du fait du changement de la nomenclature, la répartition par CSP change alors que les intitulés restent les mêmes.
Champ : agents civils des ministères de l'État en équivalent-temps plein (EQTP) (hors militaires et établissements nationaux ; y compris emplois aidés).
Source : Insee, SIASP.

Salaires mensuels moyens nets dans la fonction publique de l'État selon la CSP et le statut

	Effectifs en %		Salaires nets de prélèvements en euros courants		Évolution 2010/2009 en % en euros constants		
	2010	2010/09	2009 (r)	2010	Salaires moyens	À structure constante	Personnes en place[1]
Ensemble	**100,0**	**– 5,5**	**2 404**	**2 459**	**0,8**	**0,6**	**1,7**
dont total enseignants	*53,3*	*– 4,5*	*2 426*	*2 440*	*– 0,9*	*– 0,1*	*1,4*
Cadres	**36,2**	**– 7,5**	**2 924**	**2 977**	**0,3**	**0,4**	**1,6**
Professions intermédiaires	**39,9**	**– 2,9**	**2 206**	**2 257**	**0,8**	**0,3**	**1,6**
Employés et ouvriers	**24,0**	**– 6,7**	**1 940**	**2 021**	**2,7**	**1,4**	**1,9**
Titulaires	**83,8**	**– 5,2**	**2 475**	**2 526**	**0,5**	**0,2**	**1,6**
Catégorie A	53,5	– 4,8	2 722	2 758	– 0,2	– 0,1	1,6
Catégorie B	16,5	– 3,3	2 262	2 334	1,7	0,5	2,2
Catégorie C	13,8	– 8,2	1 800	1 869	2,3	0,8	1,3
Non-titulaires	**16,2**	**– 7,0**	**2 048**	**2 113**	**1,6**	**3,0**	**1,8**

1. Salariés présents sur l'ensemble des deux années chez le même employeur et ayant la même quotité de temps de travail les deux années.
Note : du fait du changement de la nomenclature, la répartition par CSP change alors que les intitulés restent les mêmes.
Champ : agents civils des ministères de l'État en équivalent-temps plein (EQTP) (hors militaires et établissements nationaux ; y compris emplois aidés).
Source : Insee, SIASP.

5.3 Salaire minimum - Coût du travail

Au 1er juillet 2012, le montant mensuel brut du **salaire minimum interprofessionnel de croissance (Smic)** est de 1 425,7 euros pour 151,67 heures de travail. Le taux horaire du Smic est ainsi revalorisé de 2 % sur 6 mois : 1,4 % au titre de l'inflation intervenue depuis la précédente revalorisation de janvier 2012 et 0,6 % au titre d'un « coup de pouce » supplémentaire. En dix ans, le Smic horaire brut a augmenté de 38 %, passant de 6,83 euros en 2002 à 9,40 euros en 2012. Le **minimum mensuel garanti de la fonction publique** s'élève à 1 426 euros bruts au 1er juillet 2012.

Au 1er décembre 2011, 1,7 million de salariés (hors apprentis et intérimaires) des entreprises du secteur concurrentiel bénéficient de la revalorisation du Smic, soit 11,1 % des salariés de ces entreprises. La proportion de salariés ayant bénéficié de la revalorisation du Smic au 1er décembre 2011 est supérieure de 0,5 point à celle du 1er janvier 2011 (et supérieure de 1,3 point à celle du 1er janvier 2010). Cette légère progression succède à une diminution régulière de la proportion des bénéficiaires de la revalorisation du Smic entre 2005 et 2010 (– 6,5 points, soit 1 million de bénéficiaires en moins).

L'augmentation de la proportion de bénéficiaires de la revalorisation du Smic s'observe dans une majorité de branches professionnelles et de secteurs d'activité. Elle est particulièrement importante dans le secteur de la santé humaine et l'action sociale, le transport et l'entreposage, et l'information et communication. Toutefois, comme en janvier 2011, la proportion de salariés ayant bénéficié de la revalorisation du Smic au 1er décembre 2011 est la plus importante dans l'hébergement-restauration où presque quatre salariés sur dix sont concernés par la revalorisation du Smic, puis dans les secteurs des autres activités de services (23 %), de la santé humaine et l'action sociale (21 %) et du commerce (16 %). À l'inverse, cette proportion est en moyenne nettement plus faible dans l'industrie, les transports, l'information et la communication ou encore les activités financières et d'assurance.

La part des bénéficiaires de la revalorisation du Smic est plus élevée pour les salariés à temps partiel (26 %) que pour ceux à temps complet (près de 8 %). Cette différence s'explique en partie par le fait que le temps partiel est plus répandu dans les entreprises de petite taille et dans certains secteurs d'activité. Les bénéficiaires de la revalorisation du Smic sont, en effet, particulièrement présents dans les entreprises de moins de dix salariés où ils représentent presque un quart des salariés. Ces très petites entreprises (TPE) exercent davantage leur activité dans le commerce et les services que dans l'industrie. Inversement, le taux de bénéficiaires de la revalorisation du Smic n'est que de 5 % dans les entreprises employant plus de cinq cents salariés. ■

Définitions

Minimum mensuel garanti dans la fonction publique : il correspond au traitement afférent à l'indice majoré 308 depuis le 1er juillet 2012. Le minimum de rémunération mensuelle joue, dans la fonction publique, un rôle analogue à celui du Smic dans le secteur privé.

Salaire horaire de base ouvrier : il s'agit du salaire horaire brut de base, avant déduction des cotisations sociales et avant versement de prestations sociales dont les salariés pourraient bénéficier, pour la seule population des ouvriers. Le salaire horaire de base ouvrier (SHBO) ne comprend donc ni les primes (sauf, le cas échéant, la prime liée à la réduction du temps de travail), ni les heures supplémentaires.

Coût de la main d'œuvre, salaire minimum dans l'Union européenne, salaire minimum interprofessionnel de croissance (Smic) : voir rubrique « définitions » en annexes.

Pour en savoir plus

- « Les bénéficiaires de la revalorisation du Smic au 1er décembre 2011 », *Dares Analyses* n° 065, Dares, septembre 2012.
- « Les coûts horaires de la main d'œuvre compris entre 3,5 € à 39,3 € selon les États membres de l'UE27 », *communiqué de presse* n° 63, Eurostat, avril 2012.
- « Les déterminants du coût du travail en France », *Insee Première* n° 1393, février 2012.
- « Emploi et salaires », *Insee Références*, édition 2012.

Retrouvez le TEF sur www.insee.fr, rubrique Publications et services\Collections nationales\Insee Références

Pouvoir d'achat du Smic et du salaire horaire de base ouvrier

	1990	1995	2000	2005	2008	2009	2010	2011
Smic horaire brut en moyenne annuelle (en euros)	4,70	5,53	6,31	7,82	8,61	8,77	8,86	9,02
Évolution en moyenne annuelle du pouvoir d'achat (en %) :								
- du Smic horaire brut	0,8	1,4	0,5	3,8	0,2	1,8	– 0,5	– 0,3
- du Smic horaire net[1]	0,9	1,1	0,5	3,9	0,2	1,6	– 0,3	– 0,4
- du salaire horaire de base des ouvriers[2]	1,5	0,7	3,4	1,2	0,3	2,3	0,4	– 0,1
Indice des prix à la consommation[3]	3,4	1,7	1,7	1,8	2,8	0,1	1,5	2,1

1. CSG et CRDS non déduites. 2. L'indice de salaire horaire de base des ouvriers remplace depuis décembre 1998 le taux de salaire horaire des ouvriers. 3. Y compris tabac.
Sources : Dares ; Insee.

Montant brut du Smic

en euros

	Smic horaire	Smic mensuel pour 151,67 heures de travail	Hausse en %
2008 (au 1er mai)	8,63	1 308,9	2,3
2008 (au 1er juillet)	8,71	1 321,0	0,9
2009 (au 1er juillet)	8,82	1 337,7	1,3
2010 (au 1er janvier)	8,86	1 343,8	0,5
2011 (au 1er janvier)	9,00	1 365,0	1,6
2011 (au 1er décembre)	9,19	1 393,8	2,1
2012 (au 1er janvier)	9,22	1 398,4	0,3
2012 (au 1er juillet)	9,40	1 425,7	2,0

Source : ministère du Travail, de l'Emploi, de la Formation professionnelle et du Dialogue social.

Salariés ayant bénéficié de la revalorisation du Smic de 2011

en % au 1er décembre

Secteur d'activité en NAF rév. 2	Ensemble des salariés	Salariés à temps partiel
Industries extractives	2,2	n.s.
Industrie manufacturière	6,5	18,5
Production et distribution d'énergie[1]	0,5	0,5
Production et distrib. d'eau ; assainiss.[2]	3,2	9,8
Construction	8,1	16,1
Commerce ; réparation d'auto. et de moto.	15,8	32,9
Transports et entreposage	2,8	7,1
Hébergement et restauration	37,3	61,0
Information et communication	2,4	7,6
Activités financières et d'assurance	2,5	6,8
Activités immobilières	12,8	23,4
Act. spécialisées, scient. et techniques	6,8	23,4
Activités de services adm. et de soutien	13,1	14,2
Enseignement (hors enseig. public)	5,7	8,4
Santé humaine et action sociale	20,6	29,2
Arts, spectacles et act. récréatives	13,2	17,5
Autres activités de services	22,8	32,0
Ensemble	**11,1**	**25,8**

1 Électricité, gaz, vapeur et air conditionné.
2. Y compris gestion des déchets et dépollution.
Champ : salariés en France métropolitaine sauf apprentis, stagiaires, intérimaires ; hors agriculture, administration, syndicats de copropriété, fonction publique hospitalière, associations de loi 1901 de l'action sociale, activités des ménages, activités extraterritoriales.
Source : Dares, enquêtes Acemo.

Coût du travail salarié selon l'activité en 2011

en euros

	Coût horaire du travail	Coût annuel total par salarié[1]
Industrie manufacturière	35,5	55 948
Construction	30,2	48 472
Commerce	28,7	46 254
Hôtels et restaurants	23,1	37 550

1. Salarié en équivalents-temps plein.
Champ : établissements des entreprises de 10 salariés ou plus.
Source : Insee.

Évolution du salaire moyen et du salaire minimum

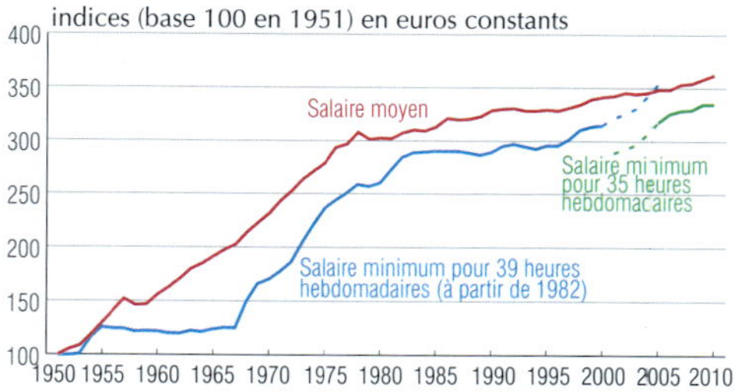

Note : la courbe du salaire minimum retrace les durées de travail successives depuis 1951. De 2000 à 2005, le salaire minimum est représenté à la fois pour 39 heures et pour 35 heures. À partir de 2006, seul le salaire minimum pour 35 heures demeure représenté.
Champ : salariés à temps complet du secteur privé et des entreprises publiques, y compris les apprentis et les stagiaires ; salaires nets de prélèvements (cotisations sociales, CSG et CRDS).
Source : Insee.

Salaire mensuel minimum et coût horaire de la main d'œuvre au sein de l'Union européenne

	Salaire minimum brut en euros par mois		Coût de la main d'œuvre en 2010
	janvier 2011	janvier 2012	en euros par heure[1]
Allemagne	///	///	(r) 29,10
Autriche	///	///	(p) 28,23
Belgique	1 415	1 444	37,70
Bulgarie	123	138	3,10
Chypre	///	///	...
Danemark	///	///	38,44
Espagne	748	748	20,25
Estonie	278	290	...
Finlande	///	///	28,97
France	**1 365**	**1 398**	**33,15**
Grèce[2]	863	877	17,70
Hongrie	281	296	7,22
Irlande	1 462	1 462	27,76
Italie	///	///	...
Lettonie	282	286	5,74
Lituanie	232	232	5,45
Luxembourg	1 758	1 801	(r) 32,46
Malte[2]	665	680	8,27
Pays-Bas	1 424	1 447	...
Pologne	349	336	7,46
Portugal	566	566	12,17
Rép. tchèque	319	310	9,68
Roumanie	157	162	4,20
Royaume-Uni	(r) 1 136	1 202	19,20
Slovaquie	317	327	8,25
Slovénie	748	763	(p) 14,00
Suède	///	///	35,99

1. Coût horaire par salarié en équivalent-temps plein (hors apprentis) dans les entreprises de l'industrie et des services marchands de dix salariés ou plus.
2. Données 2009 pour le coût horaire de la main d'oeuvre.
Source : Eurostat.

5.4 Revenus des ménages

En 2011, le **revenu disponible brut des ménages (RDB)** accélère à + 2,6 % en valeur après + 2,0 % l'année précédente. Simultanément, la hausse du prix de la dépense de consommation finale atteint + 2,1 % contre + 1,1 % en 2010, notamment en raison de la hausse des prix de l'énergie. De ce fait, le **pouvoir d'achat** du revenu disponible brut ralentit (+ 0,5 % après + 0,9 % en 2010). Compte tenu de la croissance de la population, le pouvoir d'achat ramené au niveau individuel, c'est-à-dire par **unité de consommation**, est en légère baisse en 2011 (– 0,1 %) alors qu'il progressait de 0,3 % en 2010. L'accélération du revenu disponible brut de + 0,6 point en valeur s'explique par le redressement des revenus du patrimoine et par la croissance des revenus d'activité. Inversement, les impôts sur le revenu et le patrimoine en atténuent la hausse (l'effet est de – 0,5 point). Enfin, les **prestations sociales**, qui restent sur la même dynamique qu'en 2010, ne contribuent pas à l'accélération du revenu disponible.

La rémunération des placements des ménages en produits liquides (comptes courants et livrets) se redresse en 2011 soutenue par la remontée des taux d'intérêt. Les dividendes reçus par les ménages se redressent également, après s'être repliés en 2010 du fait de la baisse des résultats des entreprises durant la récession. À l'inverse, les revenus de la propriété attribués aux assurés reculent (– 2,4 %) : les contrats d'assurance-vie perdent de leur attractivité face aux autres produits de placements dont les taux de rendement augmentent. La masse salariale nette reçue par les ménages accélère également à + 2,9 % après + 2,4 % en 2010 : elle est soutenue par la reprise de l'emploi, dans un contexte de stabilité du salaire moyen net par tête. Le revenu mixte des entrepreneurs individuels augmente de 2,4 %, soit un rythme plus soutenu qu'en 2010 (+ 1,9 %).

En 2011, les impôts sur le revenu et le patrimoine payés par les ménages progressent de 6,6 % après une hausse de 2,8 % l'année précédente. Cette accélération est due au relèvement de certains impôts (hausse du prélèvement social sur les revenus du patrimoine et les produits de placement notamment) et au dynamisme des revenus d'activité qui génèrent un surplus d'impôt sur le revenu, de contribution sociale généralisée (CSG) et de contribution au remboursement de la dette sociale (CRDS).

Les prestations sociales reçues par les ménages restent dynamiques (+ 3,2 % en 2011 comme en 2010). Les indemnités de chômage reculent (– 0,3 % après + 7,6 % l'année dernière) en lien avec l'amélioration du marché du travail au premier semestre ; inversement, les prestations vieillesse accélèrent légèrement tandis que les prestations familiales et de logement évoluent de façon plus soutenue. ■

Définitions

Pouvoir d'achat : le pouvoir d'achat du revenu est la quantité de biens et de services que l'on peut acheter avec le revenu disponible brut (RDB). Son évolution est liée à celles des prix et des revenus. Ainsi, si les prix augmentent quand les revenus sont constants, le pouvoir d'achat diminue, alors que si la hausse des revenus est supérieure à celle des prix, le pouvoir d'achat peut augmenter.

Unité de consommation : système de pondération attribuant un coefficient à chaque membre du ménage et permettant de comparer les niveaux de vie de ménages de tailles ou de compositions différentes. Avec cette pondération, le nombre de personnes est ramené à un nombre d'unités de consommation (UC). L'échelle actuellement la plus utilisée (dite de l'OCDE) retient la pondération suivante : 1 UC pour le premier adulte du ménage, 0,5 UC pour les autres personnes de 14 ans ou plus et 0,3 UC pour les enfants de moins de 14 ans.

Déflateur, prestations sociales, revenu disponible des ménages, revenu primaire : voir rubrique « définitions » en annexes.

Pour en savoir plus

- « L'économie française », *Insee Références*, édition 2012.
- « Les revenus et le patrimoine des ménages », *Insee Références*, édition 2012.
- « Revenus d'activité des indépendants en 2009 – Des disparités beaucoup plus fortes chez les non-salariés que chez les salariés », *Insee Première* n° 1394, mars 2012.

Retrouvez le TEF sur www.insee.fr, rubrique Publications et services\Collections nationales\Insee Références

Du revenu primaire au revenu disponible brut des ménages

en % du revenu primaire

	1960	1970	1980	1990	2000	2010 (r)	2011
Revenu primaire brut (en milliards d'euros)	**34,3**	**92,9**	**340,6**	**753,9**	**1 058,3**	**1 436,5**	**1 484,6**
Revenu primaire brut	**100,0**	**100,0**	**100,0**	**100,0**	**100,0**	**100,0**	**100,0**
Excédent brut d'exploitation et revenu mixte	33,7	27,6	20,9	20,3	19,8	18,9	18,8
Rémunération des salariés	61,2	67,1	73,3	71,2	71,5	72,5	72,6
Revenus du patrimoine	5,1	5,3	5,8	8,5	8,8	8,6	8,6
– Transferts nets de redistribution	**– 5,0**	**– 8,3**	**– 11,7**	**– 12,0**	**– 13,7**	**– 10,2**	**– 10,8**
Prestations sociales reçues	15,4	18,3	22,2	25,1	26,0	28,9	28,9
Cotisations sociales versées	– 16,7	– 21,3	– 27,5	– 30,5	– 27,5	– 28,4	– 28,6
Impôts sur le revenu et le patrimoine	– 4,4	– 5,5	– 6,9	– 7,6	– 12,6	– 11,4	– 11,8
Autres transferts courants	0,7	0,2	0,5	0,9	0,4	0,7	0,6
= Revenu disponible brut	**95,0**	**91,7**	**88,3**	**88,0**	**86,3**	**89,8**	**89,2**
Revenu disponible brut (en milliards d'euros)	**32,6**	**85,2**	**300,6**	**663,2**	**913,3**	**1 289,9**	**1 323,5**

Champ : y compris entreprises individuelles.
Source : Insee, comptes nationaux - base 2005.

Revenu disponible brut des ménages et évolution du pouvoir d'achat

en %

	1960	1970	1980	1990	2000	2010 (r)	2011
Revenu disponible brut (RDB) en milliards d'euros	**32,6**	**85,2**	**300,6**	**663,2**	**913,3**	**1 289,9**	**1 323,5**
Évolution du revenu disponible brut	11,5	12,5	13,5	6,2	5,5	2,0	2,6
Évolution du prix de la dépense de cons. finale des mén.	3,3	5,1	12,8	2,8	2,4	1,1	2,1
Évolution du pouvoir d'achat du RDB[1]	8,0	7,1	0,6	3,3	3,0	0,9	0,5
Évolution du pouvoir d'achat par personne	7,0	6,1	0,1	2,8	2,3	0,3	0,0
Évolution du pouvoir d'achat par ménage	6,9	5,1	– 0,8	2,1	1,6	– 0,2	– 0,5
Évolution du pouvoir d'achat par unité de consommation	7,1	5,8	– 0,3	2,6	2,2	0,3	– 0,1

1. Évolution déflatée à l'aide de l'indice du prix de la dépense de consommation finale des ménages.
Champ : y compris entreprises individuelles.
Source : Insee, comptes nationaux - base 2005.

Part des prestations sociales dans le revenu disponible brut des ménages de 1950 à 2011

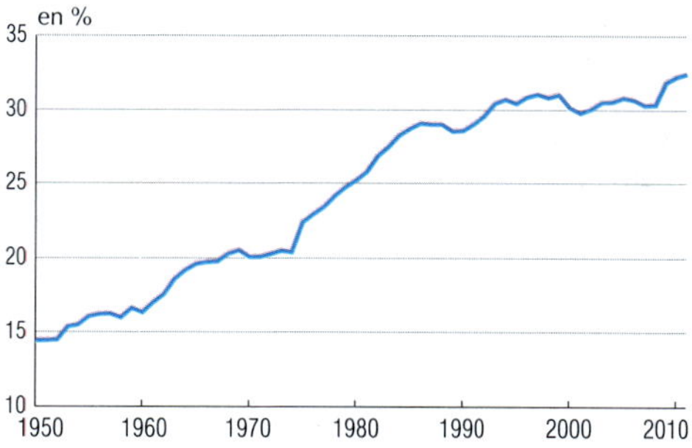

Source : Insee, comptes nationaux - base 2005.

Contributions à l'évolution du pouvoir d'achat des ménages

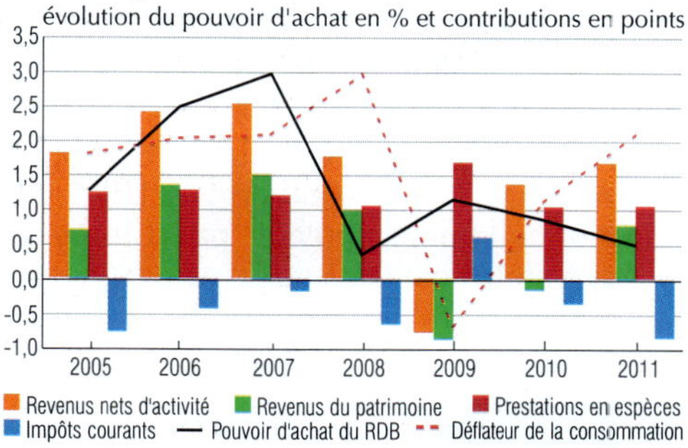

Source : Insee, comptes nationaux - base 2005.

Revenu disponible des ménages par habitant dans l'Union européenne en 2010

	Revenu médian en euros	Revenu médian en SPA[1]		Revenu médian en euros	Revenu médian en SPA[1]		Revenu médian en euros	Revenu médian en SPA[1]
Allemagne	18 797	17 724	**France**	**20 046**	**17 841**	Pays-Bas	20 292	18 822
Autriche	20 618	19 084	Grèce	11 963	12 598	Pologne	4 405	7 566
Belgique	19 464	17 329	Hongrie	4 241	6 686	Portugal	8 678	9 731
Bulgarie	3 016	5 879	Irlande	19 882	16 178	Rép. tchèque	7 058	9 655
Chypre	16 981	18 847	Italie	15 937	15 199	Roumanie	2 037	3 536
Danemark	25 668	17 855	Lettonie	4 537	5 966	Royaume-Uni	17 106	17 068
Espagne	13 030	13 324	Lituanie	4 059	6 026	Slovaquie	6 117	8 306
Estonie	5 727	7 483	Luxembourg	32 333	26 747	Slovénie	11 736	13 712
Finlande	21 349	17 126	Malte	10 458	13 345	Suède	19 709	18 162

1. Standard de pouvoir d'achat : monnaie commune artificielle garantissant une comparabilité de pouvoir d'achat des différentes monnaies nationales.
Source : Eurostat.

5.5 Niveaux de vie

En 2010, le **niveau de vie** annuel moyen des individus s'établit à 22 590 euros. La moitié des individus a un niveau de vie inférieur à 1 606 euros par mois. Les revenus sont inégalement répartis : les 20 % des individus dont les niveaux de vie sont les plus faibles détiennent 8,7 % de la masse des revenus par équivalent adulte, contre 39,0 % pour les 20 % des individus les plus aisés.

Entre 2009 et 2010, le niveau de vie médian en euros constants a diminué de 0,5 %. Cette baisse, qui pour la première fois depuis 2004, touche aussi les déciles au-dessus de la médiane, est toutefois plus forte pour les personnes dont le niveau de vie est le plus modeste (entre – 1,3 % et – 1,6 % pour les trois premiers **déciles**) que pour les plus aisés (– 0,3 % pour le 9e décile et une quasi-stabilité pour les trois précédents). Le **rapport interdécile** (D9/D1), qui constitue une mesure de l'intensité des inégalités, progresse toutefois peu, passant de 3,4 à 3,5.

Avec un revenu annuel par **unité de consommation** de 22 950 euros en 2010, les personnes retraitées possèdent un niveau de vie moyen inférieur de 4,6 % à celui des actifs au sens du BIT qui s'élève, lui, à 24 060 euros. Ce niveau de vie est toutefois nettement supérieur, de plus de 45 %, à celui des chômeurs au sens du BIT.

Le **seuil de pauvreté** est calculé par rapport à la **médiane** des niveaux de vie. Les seuils traditionnellement retenus par l'Insee et l'Observatoire national de la pauvreté et de l'exclusion sociale (Onpes) sont fixés à 60 % ou à 50 % du niveau de vie médian. Le seuil à 60 % est celui privilégié en France et en Europe. Le **taux de pauvreté** au seuil de 60 % de la médiane des niveaux de vie s'établit à 14,1 % en 2010. Il s'est accru de 0,6 point entre 2009 et 2010. Ainsi, 8,6 millions de personnes vivent avec moins de 964 euros par mois.

En 2010, 2,7 millions d'enfants vivent dans des **ménages** dont le niveau de vie est inférieur au seuil de pauvreté à 60 % de la médiane des niveaux de vie, soit un taux de pauvreté de 19,6 %, en hausse de 1,9 point en un an. Les enfants pauvres vivent plus fréquemment dans des familles monoparentales. Le taux de pauvreté des enfants dépend également de la situation de leurs parents vis-à-vis du marché de l'emploi. C'est dans les ménages exposés au chômage ou à l'inactivité que la pauvreté des enfants est la plus fréquente. Au contraire, vivre avec deux parents actifs occupés préserve les enfants de la pauvreté.

Au sein de l'Union européenne à 27, en 2010, les taux de pauvreté sont les plus faibles en République tchèque (9,8 %) et aux Pays-Bas (11 %), puis en Autriche, en Slovaquie et au Danemark (environ 13 %). À l'opposé, des taux de pauvreté particulièrement élevés, supérieurs à 20 %, sont observés en Bulgarie, en Roumanie, en Espagne et en Grèce. La Belgique (15,3 %) et Malte (15,4 %) occupent une position intermédiaire. La France se situe en deçà de la médiane des pays de l'Union européenne. ■

Définitions

Niveau de vie : le niveau de vie est égal au revenu disponible du ménage divisé par le nombre d'unités de consommation (UC), qui permettent de tenir compte de la taille du ménage et des économies d'échelle réalisées en son sein. Le niveau de vie est le même pour tous les individus d'un même ménage. Les unités de consommation sont généralement calculées selon l'échelle d'équivalence dite de l'OCDE modifiée qui attribue 1 UC au premier adulte du ménage, 0,5 UC aux autres personnes de 14 ans ou plus et 0,3 UC aux enfants de moins de 14 ans.

Déciles et rapports interdéciles, enquête revenus fiscaux et sociaux (ERFS), indice de Gini, médiane, ménage, pauvreté monétaire et seuil de pauvreté, revenu disponible des ménages, unité de consommation, taux de pauvreté : voir rubrique « définitions » en annexes.

Pour en savoir plus

- « Combien de personnes en situation de pauvreté ? », *La lettre de l'ONPES* n° 5, octobre 2012.
- « Les niveaux de vie en 2010 », *Insee Première* n° 1412, septembre 2012.
- « Les revenus et le patrimoine des ménages », *Insee Références*, édition 2012.

Retrouvez le TEF sur www.insee.fr, rubrique Publications et services\Collections nationales\Insee Références

Taux de pauvreté selon l'âge et le sexe en 2010

en %

Âge au 31 décembre	Seuil à 50 %		Seuil à 60 %	
	Femmes	Hommes	Femmes	Hommes
Moins de 18 ans	11,3	10,9	20,0	19,2
18 à 29 ans	11,8	9,8	19,5	16,1
30 à 49 ans	7,7	6,2	13,7	11,2
50 à 59 ans	7,0	7,1	12,0	11,5
60 à 74 ans	4,1	4,0	9,1	8,5
75 ans ou plus	5,2	3,2	14,1	8,9
Ensemble	**8,1**	**7,4**	**15,0**	**13,3**
Pers. pauvres (en milliers)	**2 558**	**2 197**	**4 697**	**3 921**

Champ : personnes vivant en France métropolitaine dans un ménage dont le revenu déclaré au fisc est positif ou nul et dont la personne de référence n'est pas étudiante.
Sources : Insee ; DGFiP ; Cnaf ; Cnav ; CCMSA ; enquête ERFS.

Niveau de vie annuel moyen des individus selon le type de ménage en 2010

Type de ménage	Nombre total d'individus en milliers	Niveau de vie en euros
Ménages dont la personne de référence a moins de 65 ans	**49 659**	**22 500**
Personnes seules	5 428	20 340
dont : hommes actifs	*2 352*	*21 770*
femmes actives	*1 794*	*20 860*
Familles monoparentales	5 310	15 480
dont : mères inactives	*1 015*	*11 880*
mères actives	*3 507*	*15 830*
Couples	37 195	24 020
dont : homme actif - femme inactive sans enfant	*1 185*	*30 750*
homme actif - femme inactive avec trois enfants ou plus	*2 280*	*16 370*
couples d'actifs sans enfant	*4 882*	*29 590*
couples d'actifs avec trois enfants ou plus	*4 811*	*22 650*
Ménages complexes	1 726	18 230
Ménages dont la personne de référence a 65 ans ou plus	**11 248**	**22 960**
Total des individus	**60 907**	**22 590**

Note : sont considérés comme enfants, les enfants célibataires de la personne de référence ou de son conjoint sans limite d'âge.
Champ : personnes vivant en France métropolitaine dans un ménage dont le revenu déclaré au fisc est positif ou nul et dont la personne de référence n'est pas étudiante.
Sources : Insee ; DGFiP ; Cnaf ; Cnav ; CCMSA ; enquête ERFS.

Pauvreté des enfants selon l'activité des parents en 2010

en %

	Structure de la population	
	des enfants pauvres	des enfants non pauvres
Un couple	**59,6**	**85,3**
Deux actifs occupés	13,0	61,7
Un actif occupé, un chômeur	6,8	5,9
Un actif occupé, un inactif	24,2	16,0
Deux chômeurs	2,8	0,3
Un chômeur, un inactif	7,7	0,8
Deux inactifs	5,2	0,7
Une personne seule	**35,3**	**12,4**
Un actif occupé	11,8	10,9
Un chômeur	8,7	0,6
Un inactif	14,7	0,9
Autres[1]	**5,1**	**2,3**
Total	**100,0**	**100,0**

1. Enfants ne vivant pas dans un ménage de type parent(s) et enfant(s).
Champ : personnes vivant en France métropolitaine dans un ménage dont le revenu déclaré au fisc est positif ou nul et dont la personne de référence n'est pas étudiante ; pauvreté au seuil de 60 % des personnes de moins de 18 ans.
Sources : Insee ; DGFiP ; Cnaf ; Cnav ; CCMSA ; enquête ERFS.

Niveau de vie et indicateurs d'inégalité

	2008	2009	2010
Niveau de vie annuel en euros			
1er décile (D1)	10 690	10 570	10 430
Médiane (D5)	19 290	19 360	19 270
9e décile (D9)	36 120	36 380	36 270
Indicateurs d'inégalité			
D9/D1	3,38	3,44	3,48
D9/D5	1,87	1,88	1,88
D5/D1	1,80	1,83	1,85
S20 (en %)	9,0	8,9	8,7
S50 (en %)	30,9	30,7	30,2
S80 (en %)	61,6	61,8	61,0
Indice de Gini	0,289	0,290	0,299

Note : les niveaux de vie sont calculés en euros constants 2010.
Champ : personnes vivant en France métropolitaine dans un ménage dont le revenu déclaré au fisc est positif ou nul et dont la personne de référence n'est pas étudiante ; y compris les transferts sociaux réels (prestations familiales, prestations logement et minima sociaux), les revenus du patrimoine et couvre les impôts directs (impôts sur le revenu, taxe d'habitation, CSG, CRDS) et la prime pour l'emploi.
Sources : Insee ; DGFiP ; Cnaf ; Cnav ; CCMSA ; enquêtes ERFS 2007 à 2010.

Taux de pauvreté selon le seuil

	Seuil à 50 %		Seuil à 60 %	
	Nombre en milliers	Taux en %	Nombre en milliers	Taux en %
1970	5 785	12,0	8 649	17,9
1990	3 751	6,6	7 848	13,8
2000	4 165	7,2	7 838	13,6
2005	4 270	7,2	7 766	13,1
2006	4 188	7,0	7 828	13,1
2007	4 281	7,2	8 035	13,4
2008	4 272	7,1	7 836	13,0
2009	4 507	7,5	8 173	13,5
2010	4 755	7,8	8 617	14,1

Champ : personnes vivant en France métropolitaine dans un ménage dont le revenu déclaré au fisc est positif ou nul et dont la personne de référence n'est pas étudiante.
Sources : Insee ; DGFiP ; Cnaf ; Cnav ; CCMSA ; enquêtes RF et ERFS.

Taux de pauvreté après transferts sociaux dans l'Union européenne en 2010

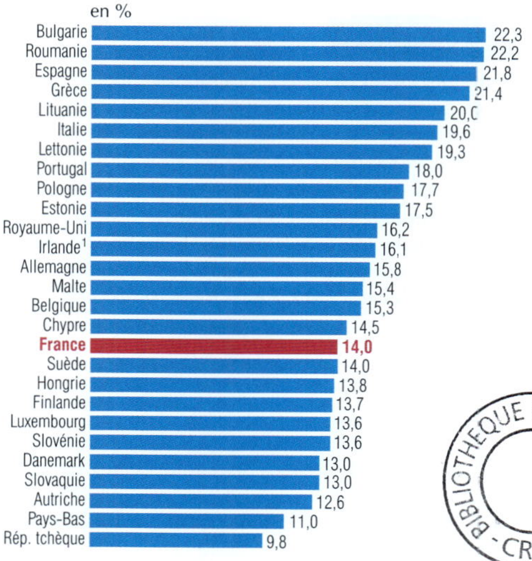

1. Données 2009.
Note : taux de pauvreté fixé à 60 % du revenu disponible équivalent médian national.
Source : Eurostat.

BIBLIOTHÈQUE UNIVERSITAIRE - CREIL -

5.6 Retraites

En fin d'année 2010, 15,1 millions de personnes, vivant en France ou à l'étranger, sont retraitées de droit direct d'au moins un régime français. Cet effectif est en hausse de 2,3 % par rapport à la fin 2009 (+ 340 000 personnes), marquant un léger ralentissement par rapport aux trois années précédentes. Depuis 2004, cet effectif avait fortement progressé, du fait notamment de l'arrivée à l'âge de 60 ans des premières générations du *baby-boom*, mais aussi avec l'ouverture du dispositif de retraite anticipée pour longue carrière. Le régime général des salariés du privé géré par la **caisse nationale d'assurance vieillesse (Cnav)** est le régime le plus important en termes d'effectifs avec 12 millions de bénéficiaires d'un droit direct.

Le montant moyen de la **pension** de droit direct, tous régimes confondus, s'établit à 1 216 euros mensuels en décembre 2010. Il croît entre 2005 et 2010 au rythme annuel moyen d'environ 1,2 point de pourcentage en plus de l'inflation. La croissance du montant moyen des pensions de retraite résulte d'une part de l'évolution des pensions des personnes déjà retraitées, et d'autre part de « l'effet de noria », c'est-à-dire du remplacement des retraités les plus âgés, décédés en cours d'année, par de nouveaux retraités disposant généralement de carrières plus favorables et de pensions en moyenne plus élevées. Cet effet est particulièrement marqué pour les femmes dont le montant moyen de pension reste néanmoins nettement plus faible que celui des hommes (899 euros mensuels contre 1 522 euros).

Au 31 décembre 2010, 600 000 personnes bénéficient d'une allocation du **minimum vieillesse, allocation supplémentaire du minimum vieillesse (ASV)** ou **allocation de solidarité aux personnes âgées (ASPA)**, leur permettant d'atteindre un niveau minimal de ressources. Pour 70 000 personnes, ces allocations constituent la seule source de revenu. Après avoir augmenté en 2009, le nombre de bénéficiaires diminue légèrement en 2010 (– 1,2 %), malgré une revalorisation exceptionnelle du minimum vieillesse qui s'élève à 709 euros mensuels au 1er avril 2010, pour les personnes seules. Cette revalorisation a permis un gain de pouvoir d'achat de 3,7 % en moyenne sur l'année pour les personnes seules bénéficiaires du dispositif. Les dépenses liées au dispositif augmentent de 2,2 % en euros constants en 2010.

En complément des régimes obligatoires par répartition, une retraite supplémentaire facultative permet à certains retraités de compléter leurs revenus. En 2010, les produits d'épargne retraite individuels souscrits hors du cadre professionnel représentent 860 000 bénéficiaires d'une rente et trois millions d'adhérents dont plus de deux millions pour le seul **plan d'épargne retraite populaire (PERP)**. Au total, les dispositifs de retraite supplémentaire représentent 158 milliards d'euros d'**encours**. ■

Définitions

Minimum vieillesse : le « minimum vieillesse » recouvre un ensemble d'allocations qui permettent aux personnes âgées de 65 ans au moins (60 ans en cas d'inaptitude au travail ou d'invalidité) disposant de faibles revenus d'atteindre un seuil minimal de ressources. Depuis 2007, pour les nouveaux bénéficiaires, le système d'allocations à deux étages est remplacé par une allocation unique : l'allocation de solidarité aux personnes âgées (ASPA).

Allocation de solidarité aux personnes âgées (ASPA), allocation supplémentaire du minimum vieillesse (ASV), caisse nationale d'assurance vieillesse (Cnav), contrats relevant des articles 39, 82 et 83 du Code général des impôts, encours (ou provisions mathématiques), fonds de pension des élus locaux (FONPEL), pension de retraite, plan d'épargne pour la retraite collective (PERCO), plan d'épargne retraite d'entreprise (PERE), plan d'épargne retraite populaire (PERP), PREFON : voir rubrique « définitions » en annexes.

Pour en savoir plus

- « Montant des pensions de retraite et taux de remplacement », *Dossiers solidarité et santé* n° 33, Drees, novembre 2012.
- « Disparités de montant de pension et redistribution dans le système de retraite français », *Document de travail* n° G2012/06, Insee, juin 2012.
- « Les retraités et les retraites en 2010 », *Collection études et statistiques*, Drees, mars 2012.

Retrouvez le TEF sur www.insee.fr, rubrique Publications et services\Collections nationales\Insee Références

Cotisants, retraités et rapport démographique du régime général de 1975 à 2011

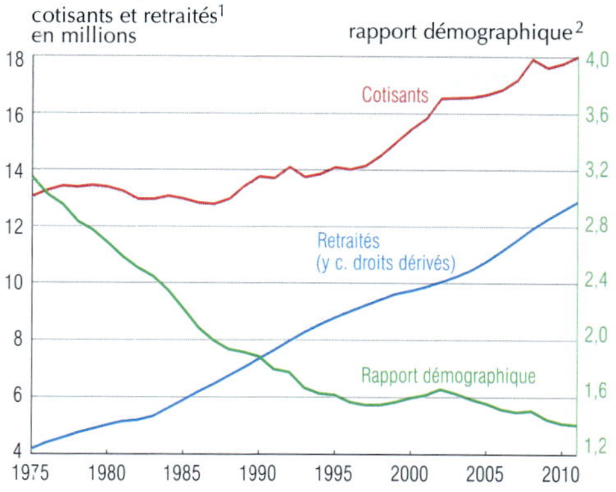

1. Effectifs au 31 décembre jusqu'en 1981, au 1er juillet à partir de 1982.
2. Nombre de cotisants rapporté au nombre de retraités.
Note : rupture de série en 2000 pour les retraités suite au dénombrement des comptes anticipés.
Champ : France métropolitaine.
Source : CNAV.

Retraités et bénéficiaires du minimum vieillesse

effectifs en milliers au 31 décembre

	2005	2009	2010
Retraités ayants-droit (e)	13 260	14 740	15 080
Bénéficiaires du minimum vieillesse	609	583	576

Champ : bénéficiaires d'un avantage principal de droit direct, nés en France ou à l'étranger, résidents en France ou à l'étranger, vivants au 31 décembre de l'année.
Source : Drees.

Montants des encours des dispositifs de retraite supplémentaire facultative fin 2010

en millions d'euros

	Montant	en %
Dispositifs de retraite supplémentaire souscrits dans un cadre personnel ou assimilé	**34 400**	**22**
PERP[1]	6 548	4
Produits destinés aux fonct. ou aux élus locaux (PRÉFON, COREM, CRH, FONPEL, CAREL-MUDEL)[2]	20 481	13
RMC (retraite mutualiste du combattant)[2]	7 095	4
Autres contrats souscrits individuellement[3]	277	0
Dispositifs de retraite supplémentaire souscrits dans un cadre professionnel	**123 691**	**78**
Professions indépendantes (à titre individuel)	25 507	16
Contrats Madelin[1]	22 120	14
Contrats « Exploitants agricoles »[1]	3 387	2
Salariés (à titre collectif)	98 184	62
PERCO	4 000	3
Contrats de type art. 39 du CGI[1]	36 720	23
Contrats de type art. 82 du CGI[1]	2 228	1
Contrats de type art. 83 du CGI (dont branche 26)[1]	48 860	31
PERE[1]	418	0
REPMA, ancien PER « Balladur »	2 268	1
Autres contrats souscrits collectivement[3]	**3 690**	**2**
Ensemble des dispositifs	**158 090**	**100**

1. Estimations obtenues après recalage des données collectées des organismes d'assurances sur les sources FFSA et CTIP.
2. La série a été redressée à partir de données estimées.
3. Champ non constant au sein de la catégorie « autres ».
Champ : ensemble des contrats en cours de constitution et de liquidation.
Source : Drees.

Recettes et dépenses du régime général en droits constatés

en millions d'euros

	2010	2011	11/10 en %
Cotisations sociales	62 798	65 291	4,0
Cotisations prises en charge par l'État	1 188	1 156	– 2,7
Impôts et taxes affectés	9 781	10 243	4,7
Transferts entre organismes	4 964	5 057	1,9
Fonds de solidarité vieillesse	15 157	19 109	26,1
Produits divers	737	900	22,1
Total des recettes	**94 624**	**101 755**	**7,5**
Prestations légales	93 433	97 864	4,7
Prestations extra-légales	268	348	29,7
Prestations IEG[1]	1 531	1 558	1,8
Transferts	5 554	5 257	– 5,4
Diverses charges techniques	589	598	1,4
Dotations aux provisions	646	685	6,0
Charges diverses	1 535	1 464	– 4,6
Total des dépenses	**103 556**	**107 773**	**4,1**
Solde	**– 8 932**	**– 6 017**	**///**

1. Industries électriques et gazières.
Source : CNAV.

Montant des pensions moyennes brutes

en %

	2005	2009	2010
Montant mensuel moyen par retraité, tous régimes confondus (en euros courants)	1 062	1 194	1 216
Évolution du montant mensuel brut	3,2	1,7	1,9
Évolution du montant mensuel corrigé de l'inflation annuelle[1]	1,6	0,9	0,2

1. Corrigé de l'évolution de l'indice des prix hors tabac pour la France en glissement annuel au 31 décembre de l'année.
Champ : bénéficiaires d'un avantage principal de droit direct, nés en France ou à l'étranger, résidents en France ou à l'étranger, vivants au 31 décembre de l année.
Source : Drees.

Dépenses de pensions dans les pays de l'Union européenne en 2010

en % du PIB

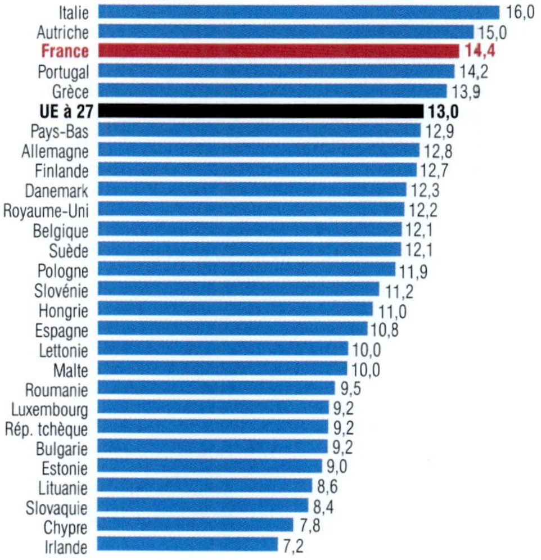

Source : Eurostat.

5.7 Protection et aide sociale

En France, les ressources de la **protection sociale** (hors transferts) s'établissent à 633,1 milliards d'euros en 2010. Elles se composent de **cotisations sociales** (64 %), d'impôts et taxes affectés (24 %), de contributions publiques (10 %) et d'autres ressources. Après la très faible augmentation de 2009 (+ 0,5 %), l'ensemble de ces ressources augmente de 1,8 % en 2010, sans toutefois renouer avec le rythme de croissance d'avant crise. En 2010, les dépenses de protection sociale s'élèvent à 654,2 milliards d'euros (+ 3,2 % après + 4,8 %). Le **besoin de financement de la protection sociale** s'élève ainsi à 21,1 milliards d'euros en 2010 (1 % du PIB). Ce besoin de financement est particulièrement fort depuis deux ans.

Les dépenses de **prestations sociales** (620,8 milliards d'euros) constituent la majeure partie des dépenses de protection sociale. Les prestations du risque pauvreté-exclusion augmentent de 5,6 % en 2010, traduisant la dégradation du climat économique et la montée en charge du **revenu de solidarité active (RSA)**. Les prestations du risque emploi progressent encore rapidement (+ 5 % après + 13 % en 2009) en lien avec la montée du chômage. Si la crise économique tire les prestations des risques emploi et pauvreté-exclusion à la hausse, la progression des prestations du risque maladie (28 % des prestations de protection sociale), est très modérée depuis le milieu des années 2000. Après une très forte augmentation au début des années 2000, la croissance des dépenses du risque vieillesse-survie a également ralenti, en raison de départs en retraite moins nombreux, en particulier au titre du dispositif sur les carrières longues dont les conditions d'accès ont été durcies. Les prestations de vieillesse-survie représentent la part la plus importante des prestations sociales (45 %).

Au 31 décembre 2011, 3,5 millions de prestations d'**aide sociale départementale (ASD)** sont versées par les départements de France métropolitaine au titre de l'insertion, de l'aide aux personnes âgées, aux personnes handicapées ou à l'enfance. Les bénéficiaires des mesures de l'**aide sociale à l'enfance (ASE)** sont au nombre de 297 000 en 2011. Fin 2011, 3,7 millions de personnes sont allocataires de l'un des **minima sociaux**. Le nombre d'allocataires de l'**allocation aux adultes handicapés (AAH)** progresse de 4,6 % par rapport à 2010, en raison du plan de revalorisation de la prestation engagé sur cinq ans qui comprend un relèvement du plafond des ressources.

Au cours des dernières années, les dépenses de protection sociale dans l'Union européenne ont augmenté, passant de 26,1 % du PIB en 2007 à 29,4 % en 2010, en lien avec la crise économique. Alors que le PIB demeure pratiquement stable entre 2007 et 2010, les dépenses totales de protection sociale dans l'UE27 progressent d'environ 10 % en termes nominaux. ■

Définitions

Aide sociale : destinée aux personnes dont les ressources sont trop faibles pour faire face aux besoins liés au handicap, à la maladie, à la vieillesse ou à des difficultés sociales ou économiques, elle dispense des prestations et des services répartis en trois secteurs principaux : l'aide aux personnes âgées, l'aide aux personnes handicapées et l'aide sociale à l'enfance. Depuis le 1er janvier 1984, la quasi-totalité de l'aide sociale a été transférée aux départements. La gestion de l'allocation du Revenu minimum d'insertion (RMI) puis du Revenu de solidarité active (RSA) socle l'a été au 1er janvier 2004.

Aide au logement, aide sociale à l'enfance (ASE), aide sociale départementale, allocation aux adultes handicapés (AAH), capacité et besoin de financement de la protection sociale, cotisations sociales, minima sociaux, prestations sociales, protection sociale, revenu de solidarité active (RSA) : voir rubrique « définitions » en annexes.

Pour en savoir plus

- « La protection sociale en France et en Europe en 2010 », *Études et statistiques*, Drees, octobre 2012.
- « Les bénéficiaires de l'aide sociale départementale en 2011 », *études et résultats* n° 820, Drees, novembre 2012.
- « L'UE27 a consacré 29,4 % du PIB à la protection sociale en 2010 », *communiqué de presse* n° 165, Eurostat, novembre 2012.
- « Les allocataires de minima sociaux en 2010 », *études et résultats* n° 801, Drees, mars 2012.

Retrouvez le TEF sur www.insee.fr, rubrique Publications et services\Collections nationales\Insee Références

Familles bénéficiaires des principales prestations familiales

en milliers au 31 décembre

	2010 (r)	2011	11/10 en %
Allocations familiales (AF)	4 918	4 952	0,7
Complément familial (CF)	863	859	– 0,5
Allocation de rentrée scolaire (ARS)	3 022	2 997	– 0,8
Allocation de parent isolé (API) et RSA[1] socle majoré	221	220	– 0,3
Allocation de soutien familial (ASF)	745	740	– 0,8
Prime à la naissance ou à l'adoption[2]	54	54	– 0,7
Allocation de base (AB)	1 944	1 931	– 0,7
Complément de libre choix d'activité[3] (CLCA)	558	542	– 3,0
CMG assistante maternelle[4] et AFEAMA[5]	744	769	3,3
CMG garde d'enfants à domicile[4] et AGED[6]	67	67	– 0,4
Prestation d'accueil du jeune enfant (PAJE)	2 367	2 367	0,0

1. RSA : revenu de solidarité active.
2. Effectifs en décembre.
3. Y compris COLCA : complément optionnel de libre choix d'activité.
4. CMG : complément de libre choix du mode de garde.
5. AFEAMA : aide à la famille pour l'emploi d'une assistante maternelle agréée.
6. AGED : allocation de garde d'enfant à domicile.
Champ : France (y compris Mayotte depuis 2011), tous régimes.
Sources : Drees ; CNAF.

Bénéficiaires de l'aide sociale départementale

effectifs au 31 décembre

	2010	2011 (p)	11/10 en %
Aide aux personnes âgées	1 330 893	1 362 486	2
Aide aux personnes handicapées	331 913	355 590	7
Aide sociale à l'enfance	290 703	297 254	2
Aide sociale au titre de l'insertion	1 435 839	1 474 513	3

Champ : France métropolitaine.
Sources : Drees, enquêtes Aide sociale ; CNAF ; CCMSA ; Dares.

Ratios macro-économiques de la protection sociale

en %

	2006	2007	2008	2009	2010
Prestations de protection sociale / PIB	29,6	29,3	29,7	31,9	32,0
Prestations de protection sociale / RDBa[1]	36,3	36,0	36,1	37,5	37,8
Ressources de la protection sociale / PIB	31,7	31,5	32,0	33,0	32,7
Part des PO finançant la protection sociale[2]	64,7	65,4	66,5	70,5	69,4

1. Revenu disponible brut ajusté des ménages.
2. PO : prélèvements obligatoires. Il s'agit des impôts et cotisations sociales effectives reçues par les administrations publiques et les institutions européennes.
Sources : Drees ; Insee.

Capacité (+) ou besoin (–) de financement des administrations de sécurité sociale de 1950 à 2011

Note : dans le cadre du passage à la base 2005, la Caisse d'amortissement de la dette sociale (Cades) et le Fonds de réserve pour les retraites (FRR) sont reclassés des ODAC vers celui des administrations de sécurité sociale dès leurs dates de création (1996 et 2001).
Source : Insee, comptes nationaux - base 2005.

Barèmes des minima sociaux en 2012

valeurs mensuelles en euros courants

	Montants maximaux	Plafonds de ressources
Revenu de solidarité active (RSA)	474,93	474,93
Allocation de solidarité spécifique (ASS)	475,41	1 094,10
Allocation équivalent retraite (AER)[1]	1 026,26	1 619,52
Allocation temporaire d'attente (ATA)[2]	334,89	RSA
Allocation aux adultes handicapés (AAH)	743,62	743,62
Allocation de solidarité aux personnes âgées	742,27	742,27
Allocation supplémentaire d'invalidité	388,05	674,69
Allocation veuvage (AV)	582,18	727,72

1. Allocation supprimée à compter du 1er janvier 2011 excepté pour les personnes qui en bénéficient déjà à cette date.
2. Le plafond de l'ATA correspond au montant forfaitaire du RSA selon la composition familiale.
Note : barèmes pour une personne seule (personne isolée sans enfant pour le RSA) ; montant maximal pour un taux normal pour l'ASS, pour les deux premières années pour l'AV.
Source : Drees.

Allocataires de minima sociaux en 2011

	2011 (p) en milliers	11/10 en %
Alloc. aux adultes handicapés (AAH)	956,6	4,6
Alloc. supplémentaire vieillesse (ASV) et alloc. de solid. aux pers. âgées (ASPA)[1]	573,1	– 0,6
Allocation de solidarité spécifique (ASS)	375,8	5,7
Alloc. supplémentaire d'invalidité (ASI)	84,2	– 4,0
Alloc. équiv. retraite de rempl. (AER-R)	38,2	– 22,7
Allocation temporaire d'attente (ATA)	49,0	14,0
Allocation veuvage (AV)	6,7	6,3
Revenu de solidarité (RSO)	12,1	– 7,6
Revenu de solid. active (RSA) « socle » France entière	1 589,3	///
Ensemble des minima sociaux	**3 685,0**	**2,6**

1. L'ASPA est entrée en vigueur le 13 janvier 2007. Elle se substitue, pour les nouveaux bénéficiaires, aux anciennes allocations du minimum vieillesse, notamment à l'ASV.
Note : le RSA remplace le RMI et l'API dans les DOM à partir du 1er janvier 2011. Seule une partie du RSA (le « RSA socle ») est considérée comme un minimum social.
Champ : données au 31 décembre.
Source : Drees.

Prestations de protection sociale en 2010

en millions d'euros

	2010	10/09 en %
Maladie	170 749	2,9
dont régimes assurantiels	*145 540*	*2,8*
Invalidité et accidents du travail	42 312	3,7
dont régimes assurantiels	*17 881*	*1,5*
Vieillesse-survie	278 543	3,5
dont régimes assurantiels	*262 275*	*3,6*
Famille-maternité	55 545	1,1
dont régimes assurantiels	*38 324*	*1,9*
Emploi	42 550	5,0
dont régimes assurantiels	*30 759*	*7,5*
Logement	16 248	1,1
dont régimes d'intervention publique	*11 790*	*1,2*
Pauvreté-exclusion sociale	14 830	5,6
dont régimes d'intervention publique	*12 141*	*5,4*
Total des prestations sociales	**620 777**	**3,2**

Source : Drees, comptes de la protection sociale.

Conditions de vie
Société

Consommation
Logement
Justice
Santé
Enseignement - Éducation

6.1 Consommation des ménages

En 2011, la **dépense de consommation des ménages** ralentit significativement : + 0,3 % en volume, après + 1,4 % en 2010, dans le contexte d'une accélération des prix. Elle contribue donc peu à la croissance économique. La **consommation effective des ménages**, qui inclut les dépenses directement financées par la collectivité, ralentit un peu moins fortement. Elle est soutenue par la **dépense de consommation individualisable des administrations publiques** et par celle des institutions sans but lucratif au service des ménages (ISBLSM). Ainsi, la consommation effective des ménages contribue pour 0,4 point à la croissance du produit intérieur brut, alors que leur dépense de consommation n'y contribue que pour 0,1 point. Le **revenu disponible brut des ménages** accélère en valeur, mais son pouvoir d'achat ralentit. La désaffection des ménages pour l'assurance-vie se poursuit. Les épargnants s'orientent vers de l'épargne plus liquide, notamment le livret A dont la rémunération s'améliore.

Le recul de la consommation de chauffage et d'éclairage est dû en grande partie à la douceur exceptionnelle du climat en début et fin de l'année 2011, les ménages réduisant ainsi leurs dépenses. Ces baisses contribuent pour moitié au ralentissement d'ensemble de la consommation des ménages. Néanmoins, en valeur, ces dépenses diminuent peu et sont même en hausse pour le fioul domestique. En effet, les prix des produits énergétiques augmentent nettement en 2011. La croissance de la consommation alimentaire se maintient malgré l'accélération des prix, tandis que les dépenses en habillement et chaussures reculent avec un repli des achats de vêtements.

La consommation en automobiles neuves diminue pour la deuxième année consécutive mais à un rythme plus modéré qu'en 2010. Les achats de voitures d'occasion redémarrent après avoir été pénalisés durant la période d'application de la prime à la casse. Globalement, le volume des dépenses de transport se redresse sous l'effet de l'accélération de la consommation des transports collectifs, notamment aériens et ferroviaires.

Le rythme de la consommation d'autres biens et services, en particulier de télécommunications, s'infléchit également, en grande partie à cause de la baisse de consommation de services de télécommunications. Cette baisse est liée à la hausse de la TVA sur les offres ***triple play*** des fournisseurs d'accès à internet. Toutefois, les produits technologiques restent plébiscités : l'économie de l'information reste tirée par les achats d'ordinateurs et de téléphones mobiles, qui accélèrent avec l'essor des *smartphones*.

Le ralentissement des dépenses de santé remboursées par la collectivité, conséquence des mesures de déremboursement, entraîne une accélération du côté de la consommation des ménages. ■

Définitions

Consommation effective des ménages : elle inclut tous les biens et les services acquis par les ménages résidents pour la satisfaction de leurs besoins, que ces acquisitions aient fait, ou non, l'objet d'une dépense de leur part. La consommation effective des ménages comprend donc, en plus des biens et des services acquis par leurs propres dépenses de consommation finale, les biens et les services qui, ayant fait l'objet de dépenses de consommation individuelle des administrations publiques ou des ISBLSM, donnent lieu à des transferts sociaux en nature de leur part vers les ménages.

Dépenses de consommation des ménages en logement : incluent les loyers versés par les locataires (aides au logement déduites) mais également les loyers imputés, que les propriétaires auraient à payer s'ils étaient locataires du logement qu'ils habitent.

Dépense de consommation des ménages, dépenses de consommation individualisables des administrations publiques, dépenses « pré-engagées », revenu arbitrable, revenu disponible des ménages, *triple play* : voir rubrique « définitions » en annexes.

Pour en savoir plus

- « En 2011, la consommation des ménages marque le pas », *Insee Première* n° 1402, juin 2012.
- « Les comptes de la nation en 2011 – La croissance du PIB se maintient à 1,7 % », *Insee Première* n° 1401, mai 2012.
- « L'économie française », *Insee Références*, édition 2012.

Retrouvez le TEF sur www.insee.fr, rubrique Publications et services\Collections nationales\Insee Références

Consommation des ménages par fonction en 2011

	Consommation en milliards d'euros	Variation annuelle en volume en %			Poids dans la valeur de la consommation effective en %	
	2011	2009	2010	2011	2001	2011
Alimentation et boissons non alcoolisées	**150,8**	**0,2**	**1,1**	**1,0**	**11,1**	**10,2**
Produits alimentaires	137,6	0,0	1,0	0,9	10,2	9,3
dont : pains et céréales	*21,9*	*0,9*	*1,9*	*3,6*	*1,5*	*1,5*
viandes	*38,7*	*– 2,0*	*0,8*	*– 0,4*	*3,1*	*2,6*
poissons et crustacés	*9,8*	*0,3*	*0,0*	*– 2,3*	*0,8*	*0,7*
lait, fromages et oeufs	*21,8*	*1,5*	*2,4*	*1,8*	*1,5*	*1,5*
fruits et légumes	*24,4*	*1,2*	*– 0,7*	*0,1*	*1,9*	*1,7*
Boissons non alcoolisées	13,2	2,3	3,3	2,3	0,8	0,9
Boissons alcoolisées et tabac	**35,8**	**0,8**	**– 0,2**	**0,0**	**2,8**	**2,4**
Boissons alcoolisées	16,7	– 0,3	– 0,4	0,7	1,4	1,1
Tabac	19,1	1,9	0,1	– 0,6	1,4	1,3
Articles d'habillement et chaussures	**47,7**	**– 3,4**	**0,8**	**– 1,2**	**4,0**	**3,2**
Logement, chauffage, éclairage	**281,2**	**0,4**	**1,4**	**– 1,0**	**18,0**	**19,1**
dont : location de logement	*204,5*	*1,0*	*1,1*	*1,1*	*13,1*	*13,9*
chauffage, éclairage	*43,4*	*– 0,3*	*4,9*	*– 11,2*	*2,9*	*2,9*
Équipement du logement	**64,8**	**– 3,0**	**2,4**	**1,1**	**4,6**	**4,4**
Santé	**43,3**	**3,0**	**2,1**	**3,9**	**2,6**	**2,9**
Transport	**160,6**	**– 1,0**	**– 0,3**	**0,7**	**11,3**	**10,9**
Achats de véhicules	40,3	6,5	– 2,7	0,2	3,5	2,7
Carburants, lubrifiants	42,1	– 1,6	– 1,1	– 0,7	2,8	2,9
Services de transports	25,4	– 1,6	2,3	4,9	1,5	1,7
Communications	**29,1**	**0,5**	**1,9**	**0,3**	**1,9**	**2,0**
Loisirs et culture	**93,6**	**0,8**	**2,8**	**2,4**	**6,8**	**6,4**
Éducation	**9,2**	**– 5,5**	**– 0,9**	**– 1,4**	**0,5**	**0,6**
Hôtels, cafés et restaurants	**79,0**	**– 3,4**	**1,5**	**1,0**	**5,5**	**5,4**
Autres biens et services	**123,9**	**2,9**	**1,2**	**0,6**	**9,0**	**8,4**
dont : soins personnels	*24,8*	*– 1,4*	*3,4*	*3,5*	*1,7*	*1,7*
assurances	*38,7*	*12,9*	*– 0,1*	*– 0,9*	*2,2*	*2,6*
Correction territoriale	**– 8,8**	**– 22,1**	**– 25,3**	**41,3**	**– 1,0**	**– 0,6**
Dépense de consommation des ménages	**1 110,1**	**0,1**	**1,4**	**0,3**	**77,1**	**75,4**
Dépense de consommation des ISBLSM[1]	41,2	4,4	3,8	1,9	2,7	2,8
Dépense de consommation des APU[2]	320,7	2,2	1,7	1,5	20,2	21,8
dont : santé	*141,6*	*3,4*	*2,8*	*1,7*	*8,9*	*9,6*
éducation	*95,5*	*– 0,2*	*0,3*	*0,5*	*6,7*	*6,5*
Consommation effective des ménages	**1 471,9**	**0,7**	**1,5**	**0,6**	**100,0**	**100,0**

1. Institutions sans but lucratif au service des ménages.
2. Dépenses de consommation des administrations publiques en biens et services individualisables.
Source : Insee, comptes nationaux - base 2005.

Évolution de la dépense et du pouvoir d'achat des ménages

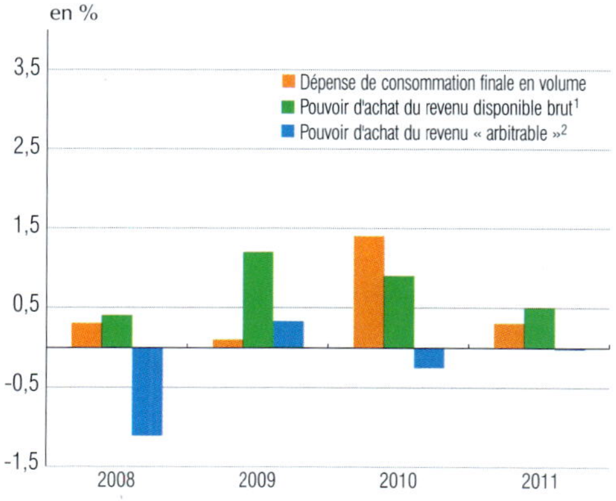

1. Évolution déflatée à l'aide de l'indice du prix des dépenses de consommation finale des ménages.
2. L'évolution calculée est déflatée à l'aide de l'indice du prix des dépenses de consommation non « pré-engagées » des ménages.
Source : Insee, comptes nationaux - base 2005.

Dépense de consommation des ménages par fonction de consommation dans quelques pays de l'UE27 en 2010

en %

	Allemagne	Espagne	France	Italie	Royaume-Uni
Produits alimentaires et boissons non alcoolisées	11,0	14,1	**13,5**	14,4	9,1
Boissons alcoolisées, tabac et narcotiques	3,1	3,0	**3,1**	2,7	3,6
Articles d'habillement et articles chaussants	5,1	5,2	**4,4**	7,7	5,8
Logement, eau, électricité, gaz et autres combustibles	24,6	20,2	**25,4**	22,2	23,4
Ameubl., équip. ménager et entretien courant de la maison	6,2	4,8	**5,8**	7,1	5,2
Santé	5,1	3,5	**3,8**	3,0	1,8
Transports	13,4	11,6	**13,9**	12,9	14,5
Communications	2,7	2,8	**2,7**	2,4	2,1
Loisirs et culture	9,2	8,2	**8,5**	7,2	11,0
Enseignement	1,0	1,4	**0,8**	1,0	1,5
Hôtels, cafés et restaurants	5,8	16,9	**7,0**	9,8	9,9
Autres biens et services	12,8	8,1	**11,0**	9,6	12,1
Total	**100,0**	**100,0**	**100,0**	**100,0**	**100,0**

Source : Eurostat.

6.2 Équipement des ménages

En 2011, comme en 2010, les **ménages** français consacrent 8,8 % de leurs **dépenses de consommation** à l'achat de **biens durables**. Les achats de téléviseurs poursuivent la nette décélération amorcée en 2010, mais participent toujours fortement au dynamisme du secteur des produits technologiques. Ce secteur reste porté par les achats d'ordinateurs et de périphériques et par un marché des téléphones mobiles toujours aussi dynamique.

La quasi-totalité des ménages français est équipée d'un réfrigérateur, d'un téléviseur couleur et d'un lave-linge. Près de neuf ménages sur dix disposent d'un téléphone fixe en 2010. Ce taux d'équipement, en baisse durant les années 1997-2004, concurrencé par le téléphone mobile, s'est trouvé relancé par la diffusion des abonnements multiservices. Ces derniers permettent à la fois de téléphoner, de regarder la télévision et de se connecter à **internet**. Le téléphone mobile continue sa progression amorcée en 2004. Près de 85 % des ménages en sont équipés en 2010, soit 5 points de plus qu'en 2009. Depuis 2004, l'évolution de cet équipement des ménages se fait au rythme de deux points par an. Une convergence vers un équilibre où la plupart des ménages disposeront à la fois d'une ligne fixe et d'une ligne mobile est probable. Cette année, 74 % des ménages français correspondent déjà à cette configuration. Par rapport à la moyenne européenne, les Français sont plutôt en avance dans l'accès à internet à domicile. Avec 65 % des foyers équipés, la France se place ainsi au 7e rang des pays où les ménages sont les mieux équipés, derrière les Pays-Bas, la Suède et le Danemark, mais devant la Grande-Bretagne et l'Allemagne.

L'âge moyen des véhicules du parc automobile des ménages avait progressé au cours de la décennie 1990. Stabilisé entre 2000 et 2002, il est reparti à la hausse à partir de 2003 pour atteindre 8,2 années en 2007. En 2011, il s'établit encore à 8,1 années. La tendance à la hausse s'est infléchie dans les années récentes avec les systèmes de bonus-malus et de prime à la casse qui ont permis de renouveler une partie du parc. Dans le même temps, les ménages multi motorisés représentent 35 % de l'ensemble des ménages contre 26 % en 1990 et 16 % en 1980. Le **taux de motorisation** est largement lié au revenu, à l'âge de la personne de référence du ménage, à la catégorie socioprofessionnelle, aux zones d'habitation et au nombre de personnes composant le ménage. Si les 20 % des ménages les plus aisés ont un taux de motorisation supérieur à 90 % en 2011, les 20 % les plus modestes sont équipés d'au moins une voiture à plus de 60 %. Les ménages ruraux, les familles nombreuses et les ouvriers constituent des catégories pour lesquelles la multi motorisation est fréquente. Les catégories des employés et des inactifs sont relativement moins équipées mais depuis 2000, leur taux de motorisation augmente. ■

Définitions

Dépenses de consommation finale des ménages : elles comprennent les dépenses effectivement réalisées par les ménages résidents pour acquérir des biens et des services destinés à la satisfaction de leurs besoins. Les produits correspondants ne sont pas stockés, mais considérés comme consommés au moment de leur achat, même s'ils sont durables (voitures, électroménagers, meubles, etc). Les dépenses de consommation finale des ménages incluent la part des dépenses de santé, d'éducation, de logement, restant à leur charge, après remboursements éventuels. Elles incluent également les loyers imputés qui sont les services de logement produits par les propriétaires qui occupent leur propre logement et qu'ils se versent fictivement à eux-mêmes.

Bien durable, internet, ménage, taux de motorisation : voir rubrique « définitions » en annexes.

Pour en savoir plus

- « L'industrie automobile française », *Analyse et statistiques 2012*, CCFA, septembre 2012.
- « En 2011, la consommation des ménages marque le pas », *Insee Première* n° 1402, juin 2012.
- « L'économie française », *Insee Références*, édition 2012.
- « La diffusion des technologies de l'information et de la communication dans la société française (2011) », *collection des rapports* n° 278, CRÉDOC, décembre 2011.

Retrouvez le TEF sur www.insee.fr, rubrique Publications et services\Collections nationales\Insee Références

Équipement des ménages en biens durables selon l'âge de la personne de référence en 2010

en %

Type d'équipement	16-24 ans	25-39 ans	40-59 ans	60 ans ou plus	Ensemble
Congélateur	73,0	88,4	92,7	90,7	90,1
Four à micro-ondes	90,7	91,7	90,2	79,3	86,6
Lave-linge	79,9	94,2	96,7	95,6	95,0
Lave-vaisselle	15,4	50,5	58,7	49,1	51,5
Téléviseur couleur	96,6	96,5	97,6	99,0	97,8
Magnétoscope ou lecteur DVD	76,4	89,1	89,3	70,9	82,1
Téléphone fixe	56,9	84,6	90,1	95,3	89,3
Téléphone portable	99,8	98,0	93,1	65,5	84,5
Micro-ordinateur (y compris portable)	89,8	92,0	82,5	40,2	69,7
Connexion à Internet	77,2	85,8	77,3	36,8	64,6
Voiture	73,9	86,6	88,1	73,1	81,7
2 voitures ou plus	22,7	40,1	44,2	22,6	34,5

Champ : ensemble des ménages dont la personne de référence a 16 ans ou plus en France métropolitaine.
Source : Insee, SRCV-SILC 2010.

Évolution de la consommation de biens durables

en %

	Évolution en volume		Poids dans la valeur de la consommation en 2011
	2010 (r)	2011	
Automobiles	– 2,7	0,0	3,4
dont automobiles neuves	*– 3,0*	*– 1,4*	*2,5*
Téléviseurs	18,5	6,1	0,4
Réfrigérateurs, congélateurs	3,5	3,4	0,2
Lave-linge	6,1	2,3	0,1
Meubles	2,3	1,2	1,4
Autres biens durables[1]	4,0	5,6	3,4
Ensemble des biens durables	**1,9**	**2,7**	**8,8**

1. Matériel téléphonique, lecteurs de DVD, lave-vaisselle, appareils de cuisson, caravanes, cycles et motocycles, etc.
Source : Insee, comptes nationaux - base 2005.

Taux d'équipement des ménages en biens durables en 2010

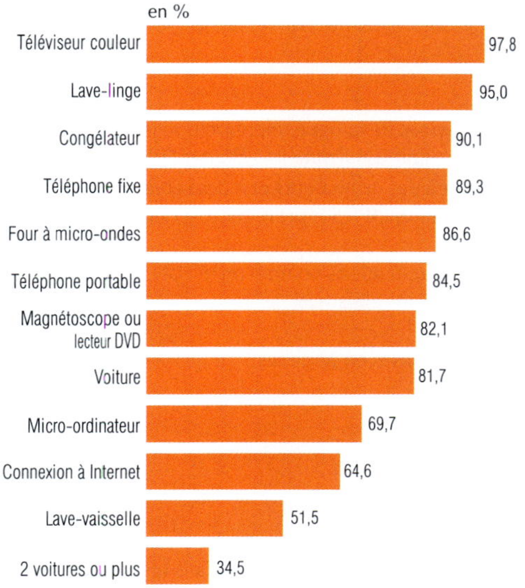

Champ : ensemble des ménages dont la personne de référence a 16 ans ou plus en France métropolitaine.
Source : Insee, SRCV-SILC 2010.

Équipement automobile des ménages

en %

	1980	1990	2000	2011 (p)
Ménages motorisés	70,8	76,8	80,3	83,5
Monomotorisés	54,3	50,5	50,7	48,2
Bimotorisés	14,8	23,0	25,4	30,5
Trimotorisés ou plus	1,7	3,3	4,2	4,8
Ménages non motorisés	29,2	23,2	19,7	16,5
Âge moyen du véhicule (en années)	...	5,9	7,3	8,1
Durée moyenne de détention (en années)	...	3,7	4,4	5,1
Voitures particulières d'occasion	...	50,0	56,1	57,8

Sources : CCFA ; TNS-Sofres ; Ademe ; Insee ; SOeS.

Manque d'équipement des ménages en biens durables au sein de l'UE en 2010

en % de la population

	Ménages n'ayant pas les moyens de posséder		
	une voiture	un ordinateur	une machine à laver
Allemagne	5,0	2,7	0,6
Autriche	5,9	3,7	0,4
Belgique	6,6	4,5	2,2
Bulgarie	23,9	22,2	11,7
Chypre	1,3	4,8	0,5
Danemark	7,6	1,2	0,6
Espagne	4,7	6,3	0,1
Estonie	17,4	6,4	2,1
Finlande	8,5	2,9	0,8
France	**3,6**	**4,0**	**0,7**
Grèce	8,4	9,1	1,0
Hongrie	20,0	11,3	0,8
Irlande	8,7	5,8	0,4
Italie	2,3	4,3	0,5
Lettonie	29,5	15,6	5,6
Lituanie	14,2	10,3	4,0
Luxembourg	1,9	1,1	0,0
Malte	2,4	1,8	0,3
Pays-Bas	5,3	1,0	0,2
Pologne	11,9	9,2	0,6
Portugal	10,2	9,1	1,7
République tchèque	10,2	6,3	0,3
Roumanie	43,7	27,1	15,5
Royaume-Uni	6,1	3,4	0,4
Slovaquie	18,1	8,5	0,8
Slovénie	3,2	4,6	0,3
Suède	3,1	1,0	0,0
UE à 27	**8,1**	**6,0**	**1,4**

Lecture : en 2010, 8,1 % de la population de l'UE à 27 vit dans un ménage ne possédant pas de voiture pour cause de ressources insuffisantes.
Source : Eurostat.

6.3 Multimédias

La proportion de ménages français disposant d'un accès **internet** à leur domicile continue de progresser : 75 % des Français disposent aujourd'hui d'une connexion à Internet. L'essentiel des connexions se font par **ADSL** (92 %). La progression suit un rythme très soutenu depuis 1998, indépendamment des cycles de l'activité économique et quel que soit le rythme de croissance du pouvoir d'achat des ménages. L'ordinateur, l'internet haut débit et le téléphone mobile se sont largement diffusés dans la population. La différence aujourd'hui se fait moins sur le fait d'être équipé ou pas, mais davantage sur la nature et les qualités techniques des équipements détenus. Posséder chez soi plusieurs ordinateurs, disposer d'un ordinateur portable, d'une tablette tactile ou être équipé d'un *smartphone* sont autant de nouvelles sources de disparités.

Dans l'histoire des biens de consommation, les **technologies de l'information et de la communication (TIC)** occupent une place privilégiée. Leur adoption par la société française s'est faite extrêmement rapidement. Cependant, l'évolution la plus spectaculaire concerne les utilisations du téléphone mobile en tant que terminal d'accès à internet : près du quart des possesseurs de téléphone mobile s'en servent pour naviguer sur internet et près d'un sur cinq consultent leurs courriels ou téléchargent des applications payantes. Ce type d'accès à internet se diffuse désormais auprès d'une large part de la population, alors que jusqu'à maintenant, il était surtout emprunté par les jeunes, les plus aisés et les catégories de la population les plus familiarisées aux nouvelles technologies.

En 2011, dans l'UE27, près d'un quart des personnes de 16 à 74 ans n'ont jamais utilisé internet. Cependant, en cinq ans, cette part a diminué de 18 points. Au cours de la même période, le pourcentage des ménages disposant d'une connexion internet à haut débit a plus que doublé. L'accès à internet des ménages varie de 45 % en Bulgarie à 94 % aux Pays-Bas. La part des personnes n'ayant jamais utilisé internet varie de 5 % en Suède à 54 % en Roumanie. Les **internautes** britanniques, danois, allemands et suédois sont les plus nombreux à commander des biens ou des services sur internet.

En 2011, les pays du monde entier ont continué à encourager la concurrence sur les marchés des télécommunications et des TIC. Le secteur des TIC poursuit sa croissance rapide. Globalement, la prestation de services mobiles cellulaires et mobiles **large bande** demeure très concurrentielle. Les abonnements large bande fixe ont plus que doublé en cinq ans et le nombre d'utilisateurs large bande mobile a augmenté encore plus vite atteignant plus d'un milliard d'abonnements dans plus de 160 pays. ■

Définitions

ADSL : technologie d'accès à Internet qui tire parti des hautes fréquences de la ligne téléphonique pour transmettre des données numériques à très haute vitesse. Le sigle anglais *ADSL* signifie *Asymmetric Digital Subscriber Line.*

Internet : ensemble de réseaux mondiaux interconnectés qui permet à des ordinateurs et à des serveurs de communiquer efficacement au moyen d'un protocole de communication commun (IP). Ses principaux services sont le Web, le FTP, la messagerie et les groupes de discussion.

Internet mobile : accès à internet « sans fil » *via* des moyens de communications comme un téléphone portable, un ordinateur de poche ou un ordinateur portable grâce à une clé 3G ou un relais *wifi.*

Haut débit ou large bande, internaute, taux de pénétration du téléphone mobile ou d'internet, technologies de l'information et de la communication (TIC) : voir rubrique « définitions » en annexes.

Pour en savoir plus

- « Rapport public d'activité de l'Arcep 2011 », Arcep, juin 2012.
- « Les chiffres clé des communications électroniques en France », Arcep, juin 2012.
- « Tendances des réformes dans les télécommunications – Une réglementation intelligente dans un monde placé sous le signe du large bande », ITU 2012.
- « Étude sur le très haut débit : nouveaux services, nouveaux usagers et leur effet sur la chaîne de la valeur » *Les actes de l'Arcep*, février 2012.

Retrouvez le TEF sur www.insee.fr, rubrique Publications et services\Collections nationales\Insee Références

Équipement des ménages en multimédia selon la catégorie socioprofessionnelle en 2010

en %

	Téléviseur couleur	Magnétoscope ou lecteur DVD	Téléphone fixe	Téléphone portable	Micro-ordinateur	Connexion à internet
Agriculteurs exploitants	100,0	87,0	89,1	90,2	74,5	64,3
Artisans, commerçants, chefs d'entreprise	96,5	86,1	86,1	94,3	88,3	80,7
Cadres et professions intellectuelles supérieures	94,9	91,3	96,7	97,1	98,8	95,7
Professions intermédiaires	97,0	91,5	90,8	97,7	93,9	87,9
Employés	98,4	90,2	85,3	95,2	81,9	75,2
Ouvriers (y c. ouvriers agricoles)	98,5	89,9	83,4	92,5	77,5	71,2
Retraités	99,3	73,0	94,9	66,6	40,6	37,2
Autres inactifs	97,2	68,6	83,3	73,5	49,7	44,2
Ensemble	**97,8**	**82,1**	**89,3**	**84,5**	**69,7**	**64,6**

Champ : ensemble des ménages dont la personne de référence a 16 ans ou plus en France métropolitaine.
Source : Insee, SRCV-SILC 2010.

Abonnements et volumes de communications électroniques

	2010 (r)	2011 (p)	11/10 en %
Abonnements (en millions)			
Lignes sur réseaux fixes	35,3	35,3	– 0,1
dont haut et très haut débit	*21,3*	*22,8*	*6,6*
dont voix sur large bande	*18,9*	*20,6*	*8,8*
dont télévision sur ADSL	*10,7*	*12,3*	*14,7*
Clients des réseaux mobiles	65,1	68,6	5,4
dont : abonnés 3G actifs	*22,9*	*27,8*	*21,2*
clés 3G	*2,7*	*3,2*	*15,4*
Volumes (en milliards de minutes)			
Au départ des réseaux fixes	113,4	113,5	0,1
Voix sur large bande	64,2	72,7	13,2
Réseau téléphonique commuté	49,2	40,8	– 17,0
Au départ des réseaux mobiles	103,2	106,1	2,8
SMS/MMS émis (en Mds d'unités)	103,4	147,0	42,1

Source : Arcep.

Consommation des produits de l'économie de l'information de 1990 à 2011

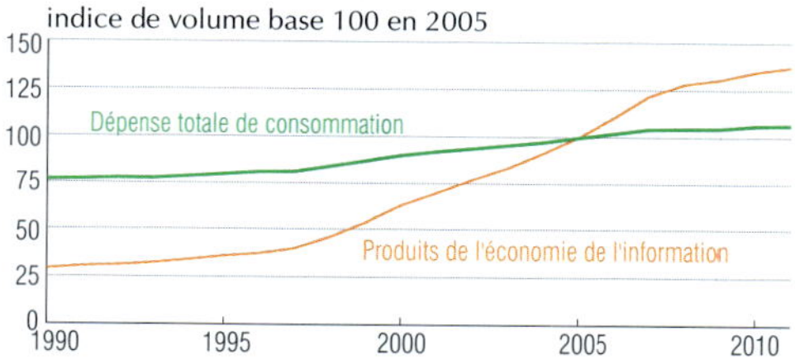

Source : Insee, comptes nationaux - base 2005.

Internet et téléphonie mobile dans quelques pays du monde en 2011

	Utilisateurs d'internet	Abonnés à la téléphonie mobile	
	Taux de pénétration[1]	En millions	Taux de pénétration[1]
Allemagne	83,0	109	132,3
Australie	79,0	24	108,3
Brésil	45,0	242	123,2
Canada	83,0	26	75,3
Chine	38,3	986	73,2
Espagne	67,6	53	114,2
États-Unis	77,9	332	105,9
France	**79,6**	**66**	**105,0**
Inde	10,1	894	72,0
Italie	56,8	92	151,8
Japon	79,5	130	102,7
Pays-Bas	92,3	20	…
Pologne	64,9	49	128,5
Roumanie	44,0	23	109,2
Royaume-Uni	82,0	82	130,8
Russie	49,0	256	179,3

1. Pour 100 habitants. Le taux de pénétration peut être supérieur à 100 % puisqu'un individu donné peut posséder plusieurs abonnements.
Source : International Telecommunication Union (ITU).

Accès et utilisation d'internet dans l'UE en 2011

en %

	Ménages ayant accès à internet	Particuliers utilisant quotidiennement internet	
		Ensemble des 16-74 ans	*dont 16-24 ans*
Allemagne	83	63	*87*
Autriche	75	59	*82*
Belgique	77	65	*85*
Bulgarie	45	37	*72*
Chypre	57	45	*79*
Danemark	90	78	*92*
Espagne	64	48	*79*
Estonie	71	59	*89*
Finlande	84	76	*92*
France	**76**	**62**	***77***
Grèce	50	37	*71*
Hongrie	65	56	*81*
Irlande	78	55	*78*
Italie	62	49	*80*
Lettonie	64	53	*89*
Lituanie	62	48	*86*
Luxembourg	91	76	*88*
Malte	75	55	*83*
Pays-Bas	94	79	*93*
Pologne	67	45	*86*
Portugal	58	42	*75*
Rép. tchèque	67	41	*77*
Roumanie	47	24	*50*
Royaume-Uni	83	70	*85*
Slovaquie	71	56	*88*
Slovénie	73	54	*90*
Suède	91	80	*94*
UE à 27	**73**	**56**	***81***

Champ : ménages comptant au moins une personne âgée de 16 à 74 ans et particuliers âgés de 16 à 74 ans.
Source : Eurostat.

6.4 Vacances - Loisirs - Sports

En 2011, les dépenses culturelles et de loisirs représentent 8,4 % de la dépense de consommation des ménages français. Après avoir augmenté de près d'un point entre 1990 et 2004, la proportion de ces dépenses dans leur budget ne cesse de diminuer (– 0,7 point entre 2004 et 2011).

Depuis 2005, les services culturels représentent le premier poste de dépenses culturelles et de loisirs. Ils regroupent notamment la contribution à l'audiovisuel public, les dépenses de cinéma, concerts, théâtre et autres spectacles vivants, musées, et les abonnements audiovisuels. L'ensemble de ces services culturels représente 17,4 % des dépenses de culture et loisirs en 2011. Viennent ensuite les achats d'articles de jardinage ou pour les animaux de compagnie (14,4 %) et les dépenses de presse, livres et papeterie (13,8 %).

Certaines pratiques culturelles sont fortement liées à l'âge. Les jeunes fréquentent plus souvent les salles de cinéma que les plus âgés. À l'inverse, d'autres activités de loisirs sont pratiquées à tout âge. C'est notamment le cas de la pratique sportive : 55 % des jeunes de 16 à 24 ans pratiquent au moins une activité sportive dans l'année et 43 % des personnes de 55 à 64 ans.

Un peu plus de 17,5 millions de **licences sportives** et autres titres de participation (ATP) ont été délivrés en 2011 par 115 fédérations sportives agréées par le ministère des Sports, soit une hausse de 0,5 % par rapport à 2010. La légère baisse du nombre des licences a été compensée par une augmentation de la pratique occasionnelle. Ainsi, le nombre des autres titres de participation progresse de manière importante en 2011 (+ 5,8 %), principalement dans les fédérations unisports. Les femmes représentent 36,9 % des détenteurs de licences, proportion en légère diminution depuis 2010. Les licences féminines délivrées restent majoritaires dans les fédérations multisports. Elles comptent pour environ 30 % dans les fédérations unisports, qu'elles soient olympiques ou non olympiques.

En 2011, le **taux de départ** des français pour motif personnel (75,9 %) a été quasiment stable par rapport à 2010 (+ 0,1 point). Malgré cela, le nombre de **voyages** a progressé de 3,1 %, pour s'établir à 204 millions. La progression a été plus importante pour les voyages à l'étranger que pour les voyages en métropole (+ 7,0 % contre + 2,6 %). L'essentiel de la hausse est portée par les voyages en France, qui restent prépondérants (88,6 %). Les touristes résidents allongent à nouveau leurs **séjours**, de sorte que le nombre de **nuitées** augmente en 2011 davantage que les voyages. Le poids de l'hébergement marchand s'accroît à nouveau, tant pour les destinations intérieures qu'à l'étranger. Sous les effets conjugués de la hausse des nuitées en hébergement marchand et de la hausse des prix, les dépenses des touristes français (en France et à l'étranger), progressent en 2011 à un rythme élevé (+ 11 % par rapport à 2010). Elles atteignent ainsi 67,4 milliards d'euros en 2011. ■

Définitions

Séjour : les voyages se décomposent en séjours définis par le fait d'avoir passé au moins une nuit en lieu fixe. La durée des séjours est comptabilisée en nuitées.

Vacances : selon l'Organisation mondiale du tourisme (OMT), on appelle vacances, depuis 1995, l'ensemble des déplacements d'agrément comportant au moins quatre nuits consécutives hors du domicile. Sont exclus des vacances, les déplacements professionnels, les voyages d'études, les séjours motivés par la maladie ou le décès d'un proche, les séjours de santé dans des établissements spécialisés et les courts séjours d'agrément (deux ou trois nuitées) et les week-ends réguliers.

Licence sportive, nuitées, taux de départ, voyage : voir rubrique « définitions » en annexes.

Pour en savoir plus

- « France, portrait social », *Insee Références*, édition 2012.
- « Les licences et les clubs des fédérations sportives agréées en 2011 », *Stat-Info n° 12-03*, Mission des Études, de l'Observation et des Statistiques, septembre 2012.
- « Le tourisme en France – Bilan 2011 », DGCIS, juillet 2012.
- « Le nombre de voyages touristiques des résidents de l'UE27 est resté stable entre 2008 et 2011 », *communiqué de presse* n° 99, Eurostat, juin 2012.

Retrouvez le TEF sur www.insee.fr, rubrique Publications et services\Collections nationales\Insee Références

Voyages personnels selon la destination et le mode d'hébergement en 2011

	Nuitées en millions	dont en France en %	dont à l'étranger en %
Hôtel	162	*6,1*	*47,2*
Camping	96	*9,0*	*4,4*
Location, gîte ou chambre d'hôte	185	*16,3*	*12,7*
Autre	43	*2,8*	*7,0*
Hébergement marchand	**486**	***34,2***	***71,2***
Résidence secondaire	161	*16,3*	*1,8*
Famille	414	*38,7*	*18,2*
Amis	92	*8,2*	*5,8*
Autre	32	*2,7*	*3,0*
Hébergement non marchand	**700**	***65,8***	***28,8***
Total	**1 186**	***100,0***	***100,0***

Champ : résidents métropolitains de 15 ans ou plus.
Sources : DGCIS ; Insee, enquête SDT.

Structure des dépenses culturelles et de loisirs en 2011

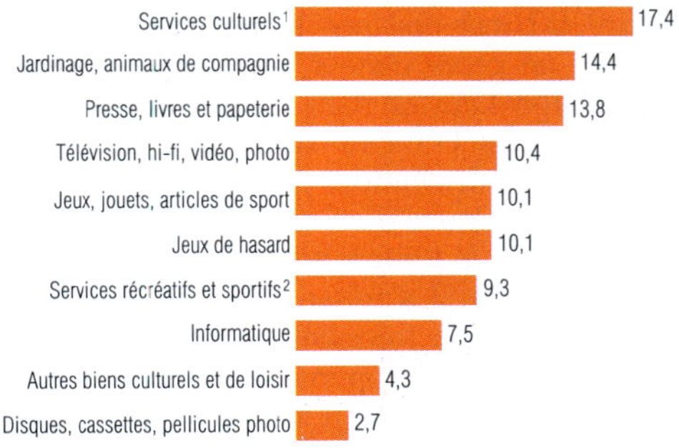

1. Cinéma, spectacles vivants, musées, abonnements audiovisuels (y compris redevance TV), dév. de tirage de photos, etc.
2. Sport, location de matériel sportif, fêtes foraines, parcs d'attractions, voyages à forfait, week-ends, etc.
Source : Insee, comptes nationaux - base 2005.

Palmarès des activités du temps libre

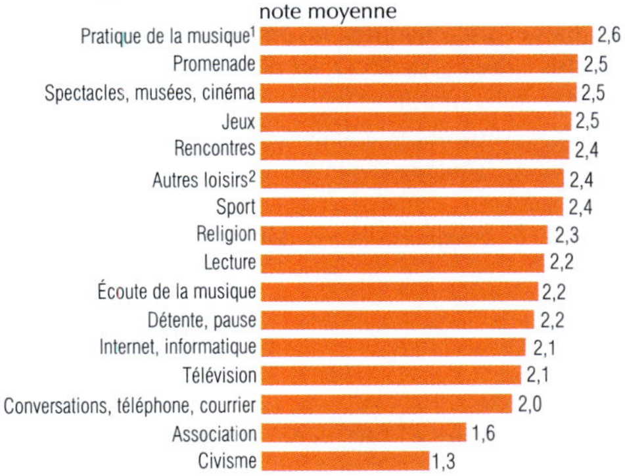

1. Y compris pratique de la danse.
2. Photographie, création artistique, etc.
Note : appréciation de chaque activité notée de – 3 (très désagréable) à + 3 (très agréable), la note moyenne associée à la pratique du sport est de 2,4.
Source : Insee, enquête Emploi du temps 2010.

Licences sportives par fédération agréée

en milliers

	2010	2011	10/11 en %
Fédération française de football	2 107,9	1 988,5	– 5,7
F. f. de tennis	1 134,6	1 102,9	– 2,8
F. f. d'équitation	687,3	705,8	2,7
F. f. de judo-jujitsu et disc. associées	580,3	592,3	2,1
F. f. de basketball	456,0	461,1	1,1
F. f. de handball	411,3	441,4	7,3
F. f. de rugby	390,2	432,8	10,9
F. f. de golf	418,9	418,3	– 0,1
F. f. de canoë-kayak	372,6	346,6	– 7,0
F. f. de pétanque et jeu provençal	312,0	306,8	– 1,7
F. f. d'études et sports sous-marins	260,7	298,3	14,4
F. f. de voile	291,8	295,8	1,3
F. f. de natation	288,3	284,5	– 1,3
F. f. de gymnastique	263,7	269,3	2,1
F. f. d'athlétisme	213,7	224,6	5,1
F. f. de karaté et disc. associées	211,6	223,3	5,5
F. f. de randonnée pédestre	214,7	216,9	1,1
F. f. de tennis de table	191,8	188,4	– 1,8
F. f. de badminton	145,1	156,6	7,9
F. f. de ski	137,8	138,6	0,6
Autres fédérations unisport	2 278,4	2 359,8	3,6
Fédérations unisports	**11 368,7**	**11 452,5**	**0,7**
Fédérations multisports	**6 053,3**	**6 048,9**	**– 0,1**
Total	**17 422,0**	**17 501,4**	**0,5**

Champ : licences et autres titres de participation délivrés en France, Nouvelle-Calédonie, Monaco et divers (étrangers).
Source : Mission des Études, de l'Observation et des Statistiques.

Nuitées passées dans les hôtels de l'UE en 2011

en millions

	Résidents nationaux	Non-résidents	Total	11/10 en %
Allemagne	189,4	51,4	240,8	5,5
Autriche	23,2	59,1	82,3	1,2
Belgique	6,5	11,4	18,0	5,5
Bulgarie	5,2	12,3	17,5	16,3
Chypre	1,2	12,9	14,1	3,6
Danemark	6,5	5,4	11,9	8,5
Espagne	111,5	175,2	286,7	7,3
Estonie	1,1	3,5	4,6	14,1
Finlande	11,7	4,7	16,4	4,0
France	**135,1**	**67,2**	**202,3**	**3,3**
Grèce	...	...	...	...
Hongrie	7,4	8,8	16,2	3,7
Irlande	7,9	...	...	...
Italie	139,9	120,0	259,9	3,5
Lettonie	0,8	2,1	2,8	14,9
Lituanie	1,0	1,8	2,8	20,0
Luxembourg	...	...	...	...
Malte	0,3	7,2	7,5	0,7
Pays-Bas	17,9	16,7	34,6	2,6
Pologne	20,8	8,4	29,2	7,5
Portugal	13,4	26,0	39,4	5,5
République tchèque	9,9	18,0	27,9	5,8
Roumanie	14,4	3,0	17,4	12,6
Royaume-Uni	85,0	65,9	150,9	– 2,8
Slovaquie	3,7	3,3	7,0	5,8
Slovénie	2,2	4,0	6,2	5,7
Suède	21,5	6,5	28,0	2,4
UE à 27	**852,6**	**766,4**	**1 618,9**	**4,2**

Champ : hôtels et établissements assimilés (hôtels-appartements, motels, relais pour routiers, hôtels balnéaires,...).
Source : Eurostat.

6.5 Culture

En 2011, les Français ont dépensé 93,6 milliards d'euros pour les loisirs et la culture, soit 8,4 % de leurs dépenses de consommation. Les ménages consacrent notamment 33,3 milliards d'euros pour les **services culturels et récréatifs**.

Les dépenses des ménages allouées aux programmes audiovisuels progressent de 1,8 % à 8,2 milliards d'euros en 2011. Cette évolution, inférieure à la croissance des dépenses totales de consommation des ménages, s'explique par la hausse des dépenses d'abonnements à des services de télévision, de cinéma et de **vidéo à la demande (VàD)**. Les dépenses de vidéo physique sont au contraire en retrait. En 2011, chaque foyer français dépense en moyenne plus de 300 euros en programmes audiovisuels, montant en hausse de 1,2 % par rapport à 2010.

Les dépenses des ménages dans les salles de cinéma progressent en 2011 pour la quatrième année consécutive (+ 4,7 %), dépassant celles consacrées à la vidéo physique, ce qui n'était plus arrivé depuis 1987. Le prix moyen de la place de cinéma étant stable en 2011, ce résultat est dû uniquement à la croissance de la fréquentation des salles, qui atteint un nouveau record (+ 4,7 % d'entrées par rapport à 2010). Les dépenses de cinéma correspondent en moyenne à 7,9 entrées par foyer en 2011.

L'embellie de la fréquentation des salles semble plus contrastée au niveau de l'Union européenne : le nombre des entrées progresse en Allemagne (+ 2,4 %) et de manière plus modérée au Royaume-Uni (+ 1,4 %). Il diminue en Italie (– 7,9 %) et en Espagne (– 5,9 %).

En 2011, plus de neuf millions de personnes ont visité les quelques cent monuments nationaux propriétés de l'État. La fréquentation de ces monuments est en hausse de 5,5 % par rapport à 2010. Comme pour l'ensemble des monuments nationaux, les touristes représentent 80 % des visiteurs de l'Arc de Triomphe, premier monument du réseau en termes de fréquentation, avec 1,5 million d'entrées.

Les visiteurs de **musées** et d'expositions sont, dans l'ensemble, proportionnellement moins nombreux que ceux des monuments et autres lieux patrimoniaux : 35 % de la population indique avoir visité un musée ou une exposition au cours des douze derniers mois (57 % pour les monuments).

Avec plus de 16 millions de lecteurs en France, la bande dessinée, longtemps considérée comme un genre mineur, bénéficie désormais d'une large diffusion dans la société française : plus de trois Français sur quatre déclarent avoir déjà lu des bandes dessinées, dont 30 % au cours des douze derniers mois. Cette activité est corrélée à l'intensité d'autres pratiques culturelles, qu'il s'agisse du domaine de la lecture ou de la fréquentation des cinémas, musées et autres équipements culturels. Ainsi, ce genre de lecture se retrouve plus fréquemment au sein de la fraction jeune et diplômée de la population, dont les taux de participation à la vie culturelle sont en général supérieurs à la moyenne. ■

Définitions

Dépenses de services culturels et récréatifs : comprennent les dépenses de spectacles (cinéma, télévision, théâtre, music-hall, manèges forains, cirque, corrida, parcs d'attractions, bals et discothèques), les entrées dans les musées et monuments, les services de bibliothèques et de location de cassettes vidéos et de DVD, les dépenses liées aux sports (entrées dans les piscines, les terrains de golf..., abonnements à des clubs sportifs et leçons assurées par des professeurs indépendants) et les jeux de hasard et d'argent (y compris les casinos). Les achats de livres, de journaux, de DVD et de cassettes vidéo préenregistrées ne sont pas pris en compte. Ce sont des dépenses de biens culturels et non de services culturels.

Musée national, temps passé devant la télévision, vidéo à la demande (VàD) : voir rubrique « définitions » en annexes.

Pour en savoir plus

- « En 2011, la consommation des ménages marque le pas », *Insee Première* n° 1402, juin 2012.
- « Bilan 2011 », Centre national du cinéma et de l'image animée, mai 2012.
- « La lecture de bandes dessinées », *Culture études* n° 2, Deps, mars 2012.
- « Chiffres clés 2012, statistiques de la culture », Deps, mars 2012.

Retrouvez le TEF sur www.insee.fr, rubrique Publications et services\Collections nationales\Insee Références

Fréquentation des principaux établissements culturels nationaux

en milliers d'entrées

	2000	2005	2011
Bibliothèque nationale de France	975	1 022	940
Centre Georges-Pompidou			
Bibliothèque publique d'information	1 915	1 771	1 509
Musée d'art moderne	2 371	2 327	3 616
Château de Chambord	743	651	779
Château de Fontainebleau	353	317	437
Cité de l'architecture et du patrimoine	///	///	245
Cité de la musique	...	119	846
Musée Guimet	11	313	234
Musée de la céramique	33	31	///
Musée du Louvre	6 095	7 511	8 841
Musée d'Orsay	2 344	2 929	3 144
Musée du Quai Branly	///	///	1 481
Musée Rodin	608	603	735
Musée et domaine nat. de Versailles	2 863	4 480	6 746
Parc et grande halle de la Villette	434	632	325
Universcience			
Cité des sciences et de l'industrie	3 080	3 186	2 655
Palais de la Découverte	637	630	511

Source : direction générale des Patrimoines et établissements publics.

Archives en 2010

	Centres concernés	Fonds en km linéaires	Lecteurs en milliers
Archives départementales	101	2 239	122
Archives communales[1]	398	536	52
Archives régionales[2]	17	75	1
Archives nationales[3]	3	366	11
Total	**519**	**3 216**	**186**

1. Nombre de services d'archives communales ayant répondu à l'enquête sur les 760 services existants.
2. Nombre de services d'archives régionales ayant répondu à l'enquête sur les 26 services existants.
3. AN (Fontainebleau-Paris-Pierrefitte), AN du monde du travail (Roubaix), AN d'outre-mer (Aix-en-Provence).

Source : Deps.

Dépenses des ménages en programmes audiovisuels de 1980 à 2011

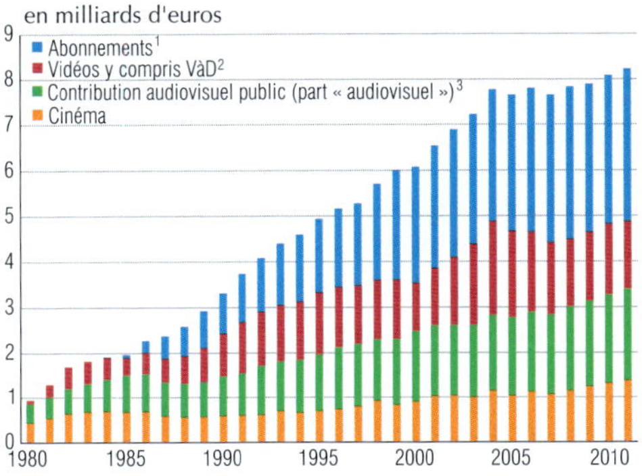

1. Canal+, câble et satellite.
2. Achats et locations de vidéogrammes pré-enregistrés (hors ventes en kiosque). Les ventes par Internet depuis 2004 et la vidéo à la demande depuis 2006 sont prises en compte.
3. Ex-redevance audiovisuelle, part télévisuelle.

Source : Centre national du cinéma et de l'image animée.

Durée d'écoute de la télévision et de la radio

	Durée d'écoute moyenne par jour	
	2010	2011
Télévision		
par individu de 4 ans ou plus	**3 h 32**	**3 h 47**
dont : de 4 à 14 ans	*2 h 12*	*2 h 18*
de 15 à 49 ans	*3 h 05*	*3 h 15*
de 50 ans ou plus	*4 h 34*	*4 h 59*
par foyer	**5 h 47**	**...**
Radio par individu de 13 ans ou plus	**2 h 55**	**2 h 50**

Champ : France métropolitaine.
Sources : CSA ; Médiamétrie.

Production de livres

en milliers

	1990	2000	2010
Nouveautés	20,3	25,8	39,8
Réimpressions[1]	18,8	26,0	39,3
Total des titres édités	**39,1**	**51,8**	**79,1**
Nouveautés	212 300	243 000	382 400
Réimpressions[1]	173 900	179 900	245 500
Total des exemplaires produits	**386 200**	**422 900**	**627 900**

1. Retirage à l'identique d'un titre non publié dans l'année civile.
Champ : non compris les encyclopédies en fiches et fascicules.
Sources : SNE ; Deps.

Fréquentation du cinéma dans le monde

	2000	2005	2010 (r)	2011 (p)
Nombre d'entrées (en millions de spectateurs)				
Allemagne	152,5	127,3	126,6	129,6
Espagne	135,3	127,6	101,6	95,6
France métropolitaine	**165,8**	**175,5**	**207,0**	**216,6**
Italie	104,2	105,6	120,6	111,1
Royaume-Uni	142,5	164,7	169,2	171,6
Union européenne[1] à 27	**844,0**	**899,0**	**964,0**	**960,0**
États-Unis	1 385,0	1 380,0	1 340,0	1 280,0
Japon	135,4	160,5	174,4	144,7
Australie	82,2	82,2	92,0	85,0
Nombre d'entrées moyen par habitant				
Allemagne	1,9	1,5	1,6	1,6
Espagne	3,4	2,9	2,2	2,1
France métropolitaine	**2,8**	**2,9**	**3,3**	**3,4**
Italie	1,8	1,9	2,0	1,8
Royaume-Uni	2,4	2,7	2,8	2,8
Union européenne[1] à 27	**2,3**	**1,8**	**1,9**	**1,9**
États-Unis	4,7	4,4	4,1	3,9
Japon	1,1	1,3	1,4	1,1
Australie	4,5	4,0	4,2	3,8

1. Union européenne à 15 en 2000 et à 25 en 2005.
Source : Centre national du cinéma et de l'image animée.

7.1 Habitat

En 2012, le parc de logements s'élève en France métropolitaine à 33,2 millions de logements, en progression de 1 % sur un an. Les **résidences principales** représentent 83,4 % du parc, les **résidences secondaires** 9,5 % et les **logements vacants** 7,1 %. Les logements individuels forment la majorité des logements.

Au 1er janvier 2012, le **parc locatif social** au sens du Répertoire du parc locatif social compte 4 652 300 logements (France entière), en progression de 1,7 % sur un an. En 2011, 87 200 logements sociaux ont été mis en service.

En 2010, la surface moyenne par personne est de 41 m². Elle a nettement moins progressé ces dernières années que sur la période 1984-2005. L'augmentation de la surface moyenne par personne s'explique à la fois par un accroissement de la taille moyenne des résidences principales et par une diminution du nombre moyen de personne par ménage. Les personnes seules ont en moyenne deux fois plus d'espace que celles qui cohabitent (73 m² contre 36 m²). Quels que soient l'âge et le type de logement, les propriétaires occupent des logements en moyenne plus grands que les locataires. Conjointement, le confort a progressé : 16 % des logements ne possédaient pas les équipements sanitaires de base en 1984 (absence d'au moins un élément parmi : eau chaude courante, baignoire ou douche, wc intérieur), contre 1,4 % des logements en 2010. En 2006, 9 % des ménages français sont confrontés à une situation de surpeuplement vis-à-vis du logement, contre 17 % en 1984.

En incluant loyers, charges, taxes, remboursements d'emprunts, dépenses d'eau et d'énergie, un ménage sur deux consacre en 2010 plus de 18,5 % de ses revenus à son habitation principale. Le coût du logement pèse plus lourdement pour les ménages à faibles ressources, les locataires du parc privé et les accédants à la propriété. Un locataire du parc privé sur cinq dépense plus de 40 % de ses revenus pour se loger. Depuis 15 ans, le **taux d'effort** global augmente peu, mais la hausse est plus sensible pour les ménages modestes et les locataires du parc privé. Malgré l'envolée des prix immobiliers, le taux d'effort des accédants s'accroît faiblement, en lien avec l'allongement des durées d'emprunt et l'évolution du profil des accédants. En revanche, l'accès à la propriété devient plus difficile pour les ménages modestes.

En 2010, les **dépenses courantes** dans les **logements ordinaires** s'établissent à 292,6 milliards d'euros. En plus des dépenses évoquées précédemment, les dépenses courantes incluent une estimation des loyers que les propriétaires auraient à acquitter s'ils étaient locataires de leur logement. Elles accélèrent fortement (+ 3,3 %) après un rythme de croissance historiquement bas en 2009 (+ 1,3 %). Cette accélération intervient dans un contexte de ralentissement continu des dépenses de loyers depuis 5 ans ; elle reflète essentiellement le rebond des dépenses d'énergie, tirées par une forte hausse des prix et par des conditions météorologiques très rigoureuses. ■

Définitions

Résidence secondaire : logement utilisé pour les week-ends, les loisirs ou les vacances. Les logements meublés loués (ou à louer) pour des séjours touristiques sont également classés en résidences secondaires. La distinction entre logements occasionnels et résidences secondaires est parfois difficile à établir, c'est pourquoi les deux catégories sont souvent regroupées.

Dépenses courantes de logement, enquête Logement, logement ordinaire, logement vacant, ménage, parc locatif social, propriétaire accédant, répertoire du parc locatif des bailleurs sociaux (RPLS), résidence principale, surpeuplement, taux d'effort : voir rubrique « définitions » en annexes.

Pour en savoir plus

- « Le parc locatif des bailleurs sociaux au 1er janvier 2012 », *Chiffres & statistiques* n° 364, SOeS, novembre 2012.
- « Conditions de logement de 2005 à 2010 : légère amélioration, moins marquée pour les ménages modestes », *Insee Première* n° 1396, mars 2012.
- « La part du logement dans le budget des ménages en 2010 : alourdissement pour les locataires du parc privé », *Insee Première* n° 1395, mars 2012.
- « Les comptes du logement, édition 2012 », SOeS, janvier 2012.

Retrouvez le TEF sur www.insee.fr, rubrique Publications et services\Collections nationales\Insee Références

Parc de logements

en milliers de logements au 1er janvier

	2002	2006	2008	2009	2010	2011	2012
Résidences principales	**24 760**	**26 047**	**26 616**	**26 866**	**27 155**	**27 414**	**27 680**
Individuel	13 896	14 685	15 057	15 215	15 394	15 557	15 725
Collectif	10 864	11 361	11 559	11 652	11 761	11 857	11 955
Logements vacants	**1 954**	**1 949**	**2 104**	**2 208**	**2 263**	**2 309**	**2 359**
Individuel	883	917	995	1 044	1 067	1 087	1 109
Collectif	1 071	1 032	1 109	1 164	1 196	1 222	1 249
Résidences secondaires	**2 946**	**3 064**	**3 099**	**3 099**	**3 121**	**3 138**	**3 153**
Individuel	1 805	1 887	1 875	1 853	1 845	1 833	1 819
Collectif	1 141	1 177	1 224	1 246	1 277	1 306	1 334
Total	**29 660**	**31 060**	**31 819**	**32 174**	**32 539**	**32 862**	**33 192**
Individuel	16 584	17 490	17 927	18 112	18 305	18 477	18 653
Collectif	13 077	13 570	13 892	14 062	14 234	14 385	14 539

Champ : France métropolitaine. *Sources : Insee et SOeS, estimation annuelle du parc de logements.*

Taille des logements selon la catégorie et le statut d'occupation en 2009

en milliers de logements au 1er janvier

	1 pièce	2 pièces	3 pièces	4 pièces	5 pièces	6 pièces ou plus	Total
Résidences principales							
Propriétaire	145,7	807,0	2 377,1	4 406,2	4 239,0	3 890,7	15 865,7
Locataire d'un logement vide non HLM[1]	837,6	1 639,5	1 733,9	1 215,2	571,0	289,3	6 286,4
Locataire d'un logement vide HLM[1]	213,3	704,7	1 427,3	1 180,6	397,5	89,4	4 012,8
Autres statuts[2]	389,8	256,3	253,8	244,6	138,4	85,9	1 368,9
Logements occasionnels	61,0	54,0	40,8	25,7	11,4	8,7	201,7
Résidences secondaires	315,1	633,6	743,9	595,5	330,7	307,4	2 926,1
Logements vacants	312,5	475,8	587,3	478,5	247,7	188,2	2 290,0
Total	**2 275,0**	**4 570,8**	**7 164,0**	**8 146,4**	**5 935,8**	**4 859,6**	**32 951,6**

1. La catégorie locataires HLM, estimée ici à partir du recensement, est issue de la déclaration des locataires, tandis que dans les données du compte du logement, les locataires du parc social sont estimés à partir de leur organisme propriétaire. 2. Locataires de logements loués meublés et ménages logés gratuitement.
Source : Insee, RP2009 exploitation principale.

Parc locatif des bailleurs sociaux

en milliers au 1er janvier

	2011	2012
Parc de logements sociaux	**4 576**	**4 652**
Nouvelles mises en service	97,5	87,2
dont logements neufs	*76,9*	*79,4*
Taux de vacance (en %)	3,2	3,2

Note : les bailleurs sociaux interrogés pour RPLS sont définis par l'article L.411-10 du code de la construction et de l'habitation. Champ : France hors Mayotte.
Source : SOeS, RPLS.

Ménages en situation de surpeuplement selon le type d'habitat et l'âge de la personne de référence

en %

	1984	1996	2006
Type d'habitat			
Individuel	11,4	5,9	3,6
Collectif	23,4	19,4	15,8
Âge de la personne de référence			
18 à 29 ans	24,4	22,8	21,0
30 à 39 ans	22,4	17,5	14,8
40 à 49 ans	24,5	14,8	12,1
50 à 64 ans	11,9	8,0	4,9
65 ans ou plus	6,6	3,3	2,2
Ensemble	**16,8**	**11,8**	**9,0**

Lecture : 3,6 % des ménages vivant dans une habitation individuelle sont en situation de surpeuplement en 2006. Champ : France métropolitaine, résidences principales.
Source : Insee, enquêtes Logement.

Dépenses courantes dans les logements ordinaires

en milliards d'euros au 1er juillet

	1990	1995	2000	2005 (r)	2010	10/09 en %
Loyers	87,1	119,5	143,4	180,0	214,2	2,5
Énergie	25,1	31,2	34,9	41,8	50,4	8,1
Charges	12,8	16,3	18,9	23,9	28,1	1,4
Total	**125,0**	**167,0**	**197,1**	**245,7**	**292,6**	**3,3**

Source : SOeS, compte du logement.

Maisons dans l'Union Européenne en 2010

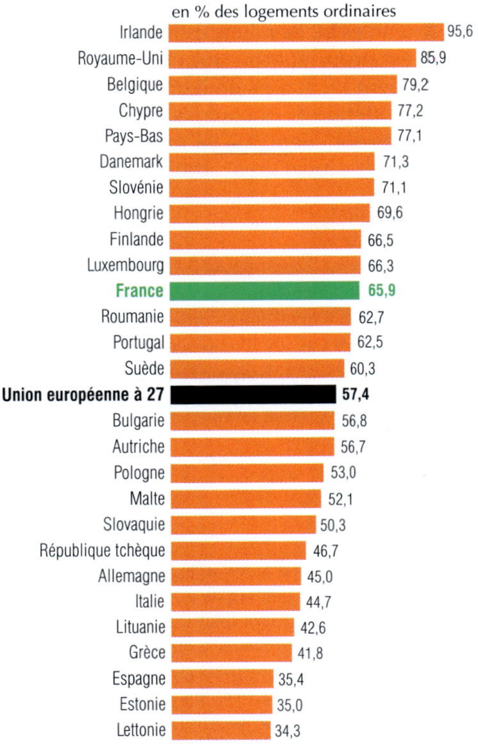

Lecture : 95,6 % de la population irlandaise vit dans une maison.
Source : Eurostat, EU-SILC.

7.2 Propriétaires - Locataires

En 2012, 58,2 % des ménages sont propriétaires, soit 0,1 point de plus qu'en 2011. Près de sept **propriétaires** sur dix ont terminé de rembourser le crédit contracté pour l'achat de leur logement principal. Les deux tiers des propriétaires occupent un logement individuel. Le nombre de ménages accédants à la propriété est supérieur à celui de 2002 de 2,4 millions.

En 10 ans, les parts du **parc locatif social** et du parc locatif privé sont restées relativement stables. Elles atteignent respectivement 17,1 % et 22,0 % des résidences principales en 2012.

En 2010, en incluant loyers, charges, taxes, remboursements d'emprunts, dépenses d'eau et d'énergie, un ménage sur deux consacre plus de 18,5 % de ses revenus à sa **résidence principale**. Le coût du logement pèse plus lourdement pour les ménages à faibles ressources, les **locataires** du parc privé et les accédants à la propriété. Un locataire du parc privé sur cinq dépense plus de 40 % de ses revenus pour se loger.

Par ailleurs, les **dépenses courantes** financées par les ménages évoluent plus vite (+ 3,2 %) que les revenus (+ 2,0 %). En plus des dépenses évoquées précédemment, les dépenses courantes incluent une estimation des loyers que les propriétaires auraient à acquitter s'ils étaient locataires de leur logement. Pour les propriétaires occupants, ces dépenses courantes s'élèvent à 184 milliards d'euros. Celles des locataires atteignent près de 88 milliards d'euros, soit un tiers de l'ensemble des dépenses courantes.

En 2010, la dépense moyenne pour se loger s'élève à 9 700 euros par logement et par an. Elle augmente à un rythme soutenu, après avoir ralenti en 2009 : + 2,3 % après + 0,2 %. Cette accélération s'explique par la forte hausse des dépenses d'énergie. L'énergie et les charges représentent en moyenne le tiers des dépenses de logement pour un locataire du parc social, contre un quart pour un locataire du parc privé. La dépense courante moyenne d'un propriétaire (11 300 euros) est supérieure de 37 % à celle d'un locataire du secteur libre et de 81 % à celle d'un locataire du parc HLM.

Les aides personnelles au logement, destinées à prendre en charge une partie des dépenses supportées par les occupants, s'élèvent à 15,9 milliards d'euros. En 2010 leur croissance est nettement inférieure à celle des dépenses courantes. Elles couvrent 5,2 % des dépenses courantes des ménages et les locataires en sont les principaux bénéficiaires : 87 % du montant leur est alloué.

En 2010, l'activité immobilière augmente fortement (+ 15,7 %). Le montant total des acquisitions et travaux des ménages s'élève à 242,2 milliards d'euros. Les travaux d'entretien-amélioration continuent de se replier légèrement (– 0,6 % en 2010 après – 1,1 % en 2009). L'éco-prêt à taux zéro a permis de financer 1,6 milliard d'euros de travaux. ■

Définitions

Dépenses courantes de logement : dépenses que les ménages consacrent à l'usage courant de leur logement. Il s'agit, en premier lieu, des loyers que doivent acquitter les locataires et des loyers que les propriétaires occupants auraient à acquitter s'ils étaient locataires de leur logement. Elles prennent en compte également les dépenses d'énergie, les charges locatives, les travaux d'entretien courant, les impôts et taxes.

Résidence principale : logement occupé de façon habituelle et à titre principal par une ou plusieurs personnes qui constituent un ménage. Depuis 2005, une résidence principale peut comporter plusieurs ménages si ceux-ci ont des budgets séparés.

Enquête logement, loyer, ménage locataire, parc locatif social, propriétaires accédants : voir rubrique « définitions » en annexes.

Pour en savoir plus

- « Deux décennies d'aides au logement », *le point sur* n° 129, SOeS, juin 2012.
- « Conditions de logement de 2005 à 2010 : légère amélioration, moins marquée pour les ménages modestes », *Insee Première* n° 1396, mars 2012.
- « La part du logement dans le budget des ménages en 2010 : alourdissement pour les locataires du parc privé » *Insee première* n° *1395*, mars 2012.
- « Les dépenses en logement en 2011 : l'investissement renoue avec la croissance et les dépenses courantes ralentissent », *le point sur* n° 110, SOeS, février 2012.
- « Le compte du logement, édition 2012 », SOeS, janvier 2012.

Retrouvez le TEF sur www.insee.fr, rubrique Publications et services\Collections nationales\Insee Références

Répartition par statut d'occupation du parc des résidences principales

en % au 1er janvier

	2002	2004	2006	2008	2010	2011	2012
Propriétaires	**56,1**	**56,6**	**57,1**	**57,6**	**57,9**	**58,1**	**58,2**
non accédants	35,0	36,2	37,4	38,4	39,2	39,5	39,9
accédants	21,1	20,4	19,8	19,2	18,7	18,5	18,3
Locataires	**39,6**	**39,4**	**39,2**	**39,1**	**39,1**	**39,1**	**39,1**
secteur social	17,7	17,6	17,5	17,3	17,2	17,2	17,1
secteur privé	21,9	21,8	21,8	21,8	21,9	21,9	22,0
Autres statuts	**4,2**	**3,9**	**3,6**	**3,3**	**3,0**	**2,8**	**2,7**
Total des résidences principales (en milliers)	**24 760**	**25 420**	**26 047**	**26 616**	**27 155**	**27 414**	**27 680**

Champ : France métropolitaine.
Sources : Insee et Soes, estimation annuelle du parc de logements.

Résidences principales selon la taille des ménages en 2009

en milliers de logements au 1er janvier

	1 pers.	2 pers.	3 pers.	4 pers.	5 pers.	6 pers. ou plus	Total
Propriétaire	4 096	5 982	2 444	2 310	796	238	15 866
Locataire d'un logement vide non HLM	2 874	1 762	824	527	205	93	6 286
Locataire d'un logement vide HLM	1 490	1 007	639	473	252	152	4 013
Locataire d'un logement loué meublé	448	108	36	20	9	5	627
Logé gratuitement	330	191	105	82	25	9	742
Total	**9 239**	**9 051**	**4 047**	**3 412**	**1 287**	**498**	**27 534**

Source : Insee, RP2009 exploitation principale.

Acquisition de logements et travaux

en milliards d'euros au 1er juillet

	2007 (r)	2008 (r)	2009 (r)	2010
Investissement en logements neufs	69,7	69,6	57,0	49,0
Acquisition de logements anciens	167,5	151,7	112,4	153,5
Travaux	38,5	40,4	39,9	39,7
Total	**275,7**	**261,6**	**209,3**	**242,2**

Note : le passage des comptes nationaux en base 2005 et les nombreuses opérations qualité menées par le SOeS sur la base des permis de construire ont particulièrement impacté l'évaluation de la dépense en logement.
Source : SOeS, compte du logement.

Dépenses en logement des locataires en 2006

	Individuel	Collectif	Ensemble
Ménages locataires[1] (en milliers)	2 368	7 488	9 856
Charges[2] (en euros par mois)	142	142	142
Surface habitable (en m^2)	86,6	62,0	67,9
Charges[2] (en euros/m^2 par mois)	1,64	2,29	2,09

1. France métropolitaine, ménages locataires d'un local loué vide, non compris les ménages locataires d'un meublé et les sous-locataires.
2. Y compris charges locatives, dépenses en eau et énergie.
Source : Insee, enquête Logement.

Dépenses courantes en moyenne par logement selon la filière en 2010

en euros par logement et par an

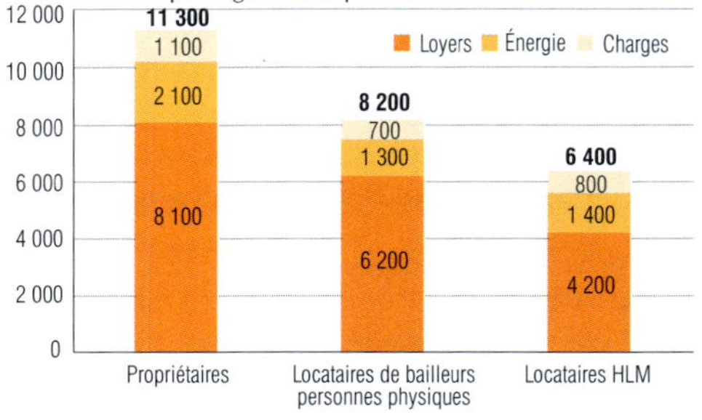

Source : SOeS, Ceren et Compte du logement.

Propriétaires et locataires dans l'Union européenne en 2010

en %

	Propriétaires[1]	Locataires
Allemagne	53,2	46,8
Autriche	57,4	42,6
Belgique	71,6	28,4
Bulgarie	86,9	13,1
Chypre	74,7	25,3
Danemark	66,6	33,4
Espagne	83,0	17,0
Estonie	85,5	14,5
Finlande	74,3	25,7
France	**62,0**	**38,0**
Grèce	77,2	22,8
Hongrie	89,7	10,3
Irlande	73,4	26,6
Italie	71,9	28,1
Lettonie	84,1	15,9
Lituanie	93,1	6,9
Luxembourg	68,1	31,9
Malte	80,1	19,9
Pays-Bas	67,2	32,8
Pologne	81,3	18,7
Portugal	74,9	25,1
République tchèque	78,7	21,3
Roumanie	97,5	2,5
Royaume-Uni	70,0	30,0
Slovaquie	90,0	10,0
Slovénie	78,1	21,9
Suède	70,8	29,2
Union européenne à 27	**70,7**	**29,3**

1. Y compris les usufruitiers et les logés gratuits.
Source : Eurostat, EU-SILC.

8.1 Criminalité - Délinquance

Entre 2010 et 2011, le nombre de **faits constatés** d'atteintes aux biens, enregistré en France métropolitaine, s'inscrit en baisse pour la cinquième année consécutive (– 1,7 %). Environ 2 150 000 atteintes aux biens (vols et destructions ou dégradations) sont ainsi enregistrées en 2011, soit 34 faits constatés d'atteintes aux biens pour 1 000 habitants. Ce ratio est en baisse de 14 points par rapport à 2003. Alors que le nombre de faits constatés de vols est stable, le nombre de faits constatés de vols pour 1 000 habitants diminue de 0,5 point entre 2008 et 2011 pour s'établir à 26,8 ‰, sous l'effet de l'accroissement de la population. Le nombre de vols constatés pour 1 000 habitants est ainsi en 2011 le plus faible observé ces cinq dernières années.

Après deux années d'augmentation, le nombre de faits constatés d'atteintes volontaires à l'intégrité physique est stable en 2011. Il s'établit à 468 000 faits. Le rapport pour 1 000 habitants est égal à celui de l'année 2010 (7,4 ‰). Pour la quatrième année consécutive, le nombre de faits constatés de **violences physiques non crapuleuses** pour 1 000 habitants n'augmente pas (3,8 ‰). Cela est notamment dû aux faibles variations annuelles observées en 2010 et 2011, qui contrastent fortement avec les augmentations intervenues auparavant. Les faits d'homicides et de tentatives d'homicide ainsi que les faits de violences sexuelles augmentent. En revanche, les faits de menaces et chantages diminuent entre 2010 et 2011 (– 0,8 %).

En 2011, les falsifications et usages de chèques volés baissent tandis que les **infractions** économiques et financières atteignent leur niveau le plus élevé en cinq ans. L'année 2011, avec une augmentation de 6,4 %, met un terme à deux années de diminution du nombre de faits constatés d'infractions révélées par l'action des services. Plus de la moitié de cette hausse est due aux faits constatés d'usage de stupéfiants. En revanche, les faits constatés d'usage-revente de stupéfiants baissent par rapport à 2010 et ceux de trafic et revente sans usage de stupéfiants varient peu. Les faits constatés pour les ports et détentions d'armes prohibées poursuivent leur progression amorcée cinq ans plus tôt.

En 2011, 1 172 500 **personnes** ont été **mises en cause** pour **crimes** et **délits** non routiers. Environ 69 % sont des hommes majeurs et 15 % des hommes mineurs. Les femmes majeures représentent un peu plus de 13 % des personnes mises en cause et les femmes mineures 3,1 %. Par rapport à 2006, la part des hommes mineurs au sein des mis en causes est en baisse. Selon le type d'infractions, cette baisse peut provenir de causes différentes : baisse en volume du nombre de mis en cause, baisse de la proportion d'hommes mineurs au sein des mis en cause ou combinaison de ces deux facteurs.

D'après les résultats de l'**enquête Cadre de vie et sécurité**, 264 000 personnes de 14 ans et plus ont déclaré avoir été **victimes** de vols ou tentatives de vols personnels avec violences ou menaces en 2011, soit 0,5 % de cette population. La part de ces personnes se déclarant victimes est stable depuis quatre ans. ■

Définitions

Personne mise en cause : personne ayant été entendue par procès verbal et à l'encontre de laquelle sont réunis dans la procédure transmise au parquet des indices ou éléments graves attestant qu'elle a commis ou tenté de commettre une ou plusieurs infractions qui entrent dans le champ de la statistique de la criminalité, c'est-à-dire un délit ou un crime.

Crime, délit, enquête Cadre de vie et sécurité, état 4001, fait constaté, infraction, victime, violences physiques crapuleuses ou non crapuleuses : voir rubrique « définitions » en annexes.

Pour en savoir plus

- « La criminalité en France », Rapport de l'Observatoire national de la délinquance et des réponses pénales, novembre 2012.
- « Le profil des personnes de 18 à 75 ans s'étant déclarées victimes de violences physiques ou sexuelles par conjoint ou ex-conjoint sur 2 ans lors des enquêtes « Cadre de vie et sécurité » INSEE-ONDRP de 2008 à 2012 », *Repères* n° 18, INHESJ, octobre 2012.
- « Nombres et profils des mis en cause pour crimes et délits non routiers en 2011 », *Grand angle* n° 30, INHESJ, juillet 2012.

Retrouvez le TEF sur www.insee.fr, rubrique Publications et services\Collections nationales\Insee Références

Personnes mises en cause en 2011

	Mis en cause en 2011 en milliers				Évolution en %	
	Femmes	Hommes	Total	*dont mineurs*	2006/2011	2010/2011
Crimes et délits non routiers	**190,0**	**982,6**	**1 172,5**	***207,3***	**6,6**	**2,3**
dont : atteintes aux biens	*55,7*	*250,0*	*305,7*	*98,3*	*– 4,1*	*– 2,8*
atteintes volontaires à l'intégrité physique	*34,7*	*205,8*	*240,5*	*45,0*	*12,4*	*0,2*
escroqueries et infractions économiques et financières	*25,9*	*62,9*	*88,8*	*4,0*	*13,3*	*6,2*
infractions révélées par l'action des services	*33,8*	*348,3*	*382,0*	*46,1*	*13,1*	*5,9*

Champ : France métropolitaine.
Sources : ONDRP ; DCPJ, état 4001 annuel.

Faits constatés en France métropolitaine

en milliers

	2011	11/10 en %
Vols	1 804,6	+ 0,0
Vols sans violence	1 683,6	+ 0,0
Vols avec violence	121,0	– 0,1
Destructions et dégradations	341,9	– 10,1
Atteintes aux biens	**2 146,5**	**– 1,7**
Violences crapuleuses	121,1	– 0,1
Violences non crapuleuses	241,7	0,2
Violences sexuelles	23,9	+ 4,0
Menaces ou chantages	81,3	– 0,8
Att. volontaires à l'intégrité physique	**468,0**	**+ 0,1**
Escroq. et infractions écon. et financ.	**350,0**	**– 1,3**
Infr. révélées par l'action des services	**382,4**	**+ 6,4**
dont : infr. à la législation des stupéfiants	*184,4*	*+ 7,0*
infractions à la police des étrangers	*93,1*	*+ 8,4*

Champ : France métropolitaine.
Sources : ONDRP ; DCPJ, état 4001 annuel.

Évolution du nombre de faits constatés

pour 1 000 habitants

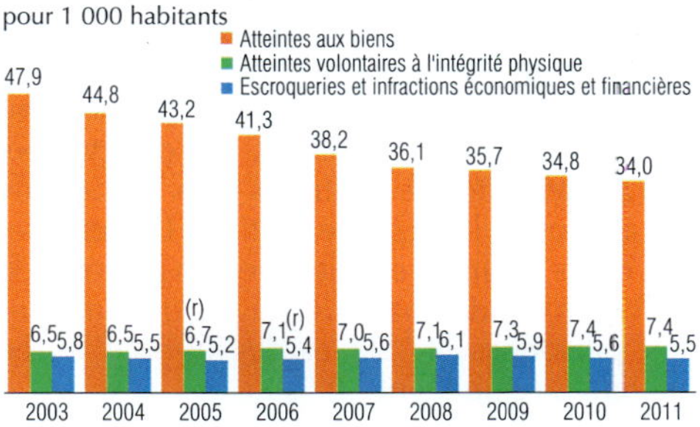

Champ : France métropolitaine.
Sources : ONDRP ; DCPJ, état 4001 annuel.

Atteintes volontaires à l'intégrité physique

en faits constatés

	2010	2011
Violences physiques non crapuleuses	**241 201**	**241 674**
Taux pour 1 000 habitants	3,8	3,8
Violences physiques crapuleuses	**121 192**	**121 119**
Taux pour 1 000 habitants	1,9	1,9
Menaces et chantages	**81 992**	**81 348**
Taux pour 1 000 habitants	1,3	1,3
Violences sexuelles	**22 963**	**23 871**
Taux pour 10 000 habitants	3,7	3,8
dont viols	*10 108*	*10 406*
Taux pour 10 000 habitants	*1,6*	*1,6*

Champ : France métropolitaine.
Sources : ONDRP ; DCPJ, état 4001 annuel ; Insee, estimations de population au 1er janvier.

Ménages victimes d'actes de vandalisme contre la voiture ou la résidence principale

en milliers

	2010	2011
Ménages s'étant déclarés victimes	2 198	1 991
Part des ménages victimes (en %)	8,0	7,2
Nombre d'actes de vandalisme déclarés	3 373	3 149
Nombre d'actes pour 100 ménages	12,2	11,3

Champ : France métropolitaine.
Sources : Insee ; ONDRP, enquêtes Cadre de vie et sécurité.

Infractions enregistrées par la police au sein de l'Union européenne en 2009

	Crimes et délits violents		Homicides	
	Nombre en milliers	Indice base 100 en 2006	Nombre	Taux moyen[1] 2007-09
Allemagne	208,4	97	706	0,89
Autriche	134,1	99	43	0,54
Belgique	115,0	107	185	1,87
Bulgarie	9,2	105	150	2,14
Chypre	0,5	142	16	1,52
Danemark	26,3	134	79	1,42
Espagne	112,9	99	412	0,96
Estonie	7,4	...	70	5,74
Finlande	39,6	104	116	2,36
France	**341,9**	**105**	**699**	**1,27**
Grèce	12,2	117	144	1,22
Hongrie	32,0	108	139	1,40
Irlande	18,6	...	92	2,02
Italie	131,6	91	626	1,10
Lettonie	1,9	68	109	...
Lituanie	4,2	76	252	8,31
Luxembourg	3,3	132	5	1,31
Malte	0,4	96	4	1,14
Pays-Bas	126,8	96	179	1,05
Pologne	51,1	83	493	1,29
Portugal	24,4	101	130	1,38
Rép. tchèque	17,4	89	105	1,00
Roumanie	6,8	94	421	2,06
Royaume-Uni[2]	1 001,3	83	615	1,25
Slovaquie	8,3	77	84	1,65
Slovénie	2,8	91	13	0,79
Suède	111,7	114	92	1,05

1. Taux moyen pour 100 000 habitants.
2. Données pour l'Angleterre et le Pays de Galles. Dans le Royaume-Uni, il existe trois juridictions distinctes : l'Angleterre et le Pays de Galles, l'Écosse (21 632 crimes et délits violents, 85 homicides soit un taux moyen de 1,89) et l'Irlande du Nord (33 100 crimes et délits violents, 22 homicides soit un taux moyen de 1,47).
Source : Eurostat.

8.2 Justice

En 2011, 604 000 **condamnations** ont été enregistrées, en baisse pour la quatrième année consécutive. Cette diminution s'explique par l'émergence depuis 2004, d'une nouvelle procédure, la composition pénale, qui permet de sanctionner les contraventions et les délits de faible gravité et notamment ceux liés à la circulation routière et aux transports. En 2011, 70 000 compositions pénales ont été inscrites au casier judiciaire. Près d'une sur deux concerne la conduite en état alcoolique et plus d'une sur cinq, la conduite sans permis ou malgré suspension. Sans tenir compte des compositions pénales, le contentieux routier représente 44 % de l'ensemble des condamnations. L'importance de ce contentieux est directement liée à l'intensité des contrôles dans le cadre de la lutte contre l'insécurité routière. Les atteintes aux biens viennent ensuite avec un peu plus de 20 % des condamnations, suivies des atteintes aux personnes (17 %) et des **infractions** en matière de stupéfiants (8 %).

En général, le nombre d'infractions sanctionnées est supérieur au nombre de condamnations car plusieurs infractions peuvent être visées par une seule condamnation. Les condamnations à qualifications multiples se rencontrent davantage sur certains types d'infractions. Ainsi, en matière criminelle, les auteurs de viol ou de vol aggravé sont plus fréquemment condamnés pour plusieurs infractions que les auteurs d'homicide volontaire. En matière délictuelle, les infractions multiples sont fréquentes dans la délinquance économique et financière, de stupéfiants, d'infractions à la législation sur les étrangers ou de faux en écriture. Le contentieux routier se caractérise par une forte proportion de condamnations à infraction unique.

En 2012, le parc pénitentiaire comptabilise 57 200 places opérationnelles dans 191 **établissements pénitentiaires**. Les ouvertures de nouveaux établissements entre 2009 et 2012 représentent une hausse de 10 % de la capacité opérationnelle. En 2012, 64 800 personnes sont détenues, en hausse de 7 % par rapport à 2011. Parmi elles, environ 700 sont des mineurs. Au 1er janvier 2012, 10 693 personnes bénéficient d'un aménagement de peine sous écrou, soit 20 % de l'ensemble des personnes écrouées condamnées. Ces aménagements de peine (placements sous surveillance électronique, placements en semi-liberté, placements à l'extérieur) ont progressé de 28,7 % en un an et de 47,7 % en deux ans. ■

Définitions

Condamnation : décision rendue à l'encontre d'une personne physique par une juridiction. Cette décision ou condamnation, peut comporter plusieurs peines et sanctionner plusieurs infractions. Dans ce cas, on détermine une infraction dite principale, qui correspond à l'infraction unique ou à celle citée en premier dans la catégorie la plus grave en cas de pluralité d'infractions, et une peine dite principale, qui est la peine la plus grave prononcée pour les infractions de la catégorie la plus grave. Les autres peines sont considérées comme associées. Cette unité de compte « condamnation » ne permet que partiellement de mesurer l'activité des juridictions répressives, puisque les condamnations n'y sont inscrites que lorsqu'elles ont acquis un caractère définitif. Les condamnations frappées d'appel, les relaxes et les acquittements n'y figurent donc pas. Les compositions pénales ne sont pas des condamnations mais des mesures alternatives. Elles comportent une peine et sont inscrites au casier judiciaire.

Amende forfaitaire, emprisonnement correctionnel, établissement pénitentiaire, infraction, juridiction, Loi de finances initiale, milieu fermé, milieu ouvert, réclusion : voir rubrique « définitions » en annexes.

Pour en savoir plus

- « Trajectoires judiciaires des mineurs et désistance », *Infostat Justice* n° 119, ministère de la Justice, novembre 2012.
- « Budget 2013 », ministère de la Justice, 2012.
- « Les chiffres clés de la Justice 2012 », ministère de la Justice, novembre 2012.
- « Annuaire statistique de la justice 2011-2012 », ministère de la Justice, 2012.

Retrouvez le TEF sur www.insee.fr, rubrique Publications et services\Collections nationales\Insee Références

Activité judiciaire

en milliers de décisions rendues (affaires terminées et réglées)

	2000	2011	11/10 en %
En matière administrative	**144,1**	**225,6**	**0,4**
Conseil d'État	12,2	9,8	– 1,4
Cours administratives d'appel	12,9	29,3	5,5
Tribunaux administratifs	119,0	186,5	– 0,3
En matière civile et commerciale	**2 358,3**	**2 654,2**	**– 0,7**
Cour de cassation	21,4	21,5	8,1
Cours d'appel	221,5	233,1	– 0,2
Tribunaux de grande instance (hors commerce)	683,9	933,2	0,2
Tribunaux d'instance	550,3	657,2	– 0,5
Juges des enfants[1]	265,3	330,7	1,0
Juridictions commerciales	297,4	193,0	– 5,6
dont tribunaux de grande instance (activité commerciale)[2]	*23,1*	*8,4*	*– 16,2*
Tribunaux des affaires de Sécurité Sociale	110,3	80,2	– 11,9
Conseils de prud'hommes	208,2	205,3	– 0,1
En matière pénale	**1 361,2**	**1 180,6**	**0,6**
Cours de cassation	8,7	7,9	– 1,9
Cours d'appel	86,9	104,2	0,5
Cours d'assises	2,5	2,3	– 6,9
Tribunaux correctionnels	444,7	592,1	2,4
Tribunaux de police	757,7	60,6	– 8,9
Juridictions de proximité	///	340,3	– 1,0
Juges et tribunaux pour enfants	60,7	73,1	3,3
Amendes forfaitaires majorées	**10 153,9**	**9 100,6**	**– 3,3**

1. Mesures individuelles nouvelles ou renouvelées.
2. La réforme de la carte judiciaire a conduit à la suppression des TGI à compétence commerciale à l'exception de ceux de la cour d'appel de Colmar et de Metz.
Source : SDSE.

Condamnations selon la nature de la peine principale

	2000	2010 (r)	2011 (p)
Réclusion criminelle	1 179	1 145	956
Peine d'emprisonnement	283 003	300 441	287 196
Emprisonnement ferme	76 786	88 420	86 333
Emprison. avec sursis partiel	22 007	33 684	32 924
Emprison. avec sursis total	184 210	178 337	167 939
Peine d'amende	205 207	212 524	220 839
Peine de substitution	63 751	61 481	62 580
dont susp. du permis de conduire	*33 319*	*12 326*	*14 746*
Mesure et sanction éducative	20 547	27 257	25 643
Dispense de peine	9 236	7 144	6 780
Total	**582 923**	**609 992**	**603 994**

Source : SDSE

Condamnations prononcées de 1990 à 2011

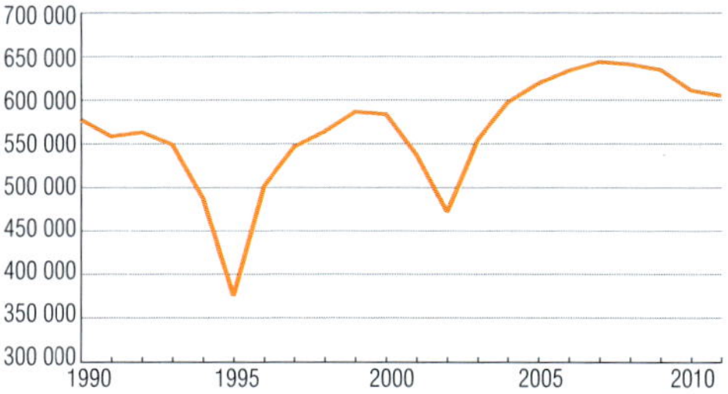

Lecture : les baisses de 1995 et 2002 correspondent aux années d'amnisties. Une baisse sensible s'enregistre également l'année qui précède et l'année qui suit la loi.
Champ : condamnations y compris compositions pénales.
Source : SDSE.

Condamnations selon la nature de l'infraction

	2000	2010 (r)	2011 (p)
Atteinte aux personnes	103 013	106 527	101 801
dont : homicides volontaires	*461*	*457*	*398*
viols	*1 623*	*1 361*	*1 252*
coups et violences volontaires	*53 755*	*69 282*	*66 337*
homicides et bless. involontaires	*22 634*	*9 226*	*8 850*
dont par conducteur	*20 553*	*7 991*	*7 699*
Atteinte aux biens	153 460	133 540	125 653
dont vols, recels, destruct. et dégrad.	*134 037*	*117 351*	*110 672*
Matière économique et financière	25 959	15 919	13 979
dont : chèques	*3 360*	*2 553*	*2 125*
travail illégal	*6 288*	*4 616*	*3 905*
Circulation routière et transports	227 268	257 090	266 397
dont : défaut d'assurance	*35 214*	*29 457*	*30 126*
conduite en état alcoolique	*108 461*	*117 755*	*123 013*
conduite sans permis ou malgré suspension	*17 770*	*57 158*	*57 180*
grand excès de vitesse	*32 983*	*12 368*	*14 208*
Autres infractions	73 223	96 916	96 164
dont stupéfiants[1]	*22 831*	*49 049*	*50 092*
Total des condamnations	**582 923**	**609 992**	**603 994**

1. Trafic, détention, transport, cession et usage.
Source : SDSE.

Budget, frais et effectifs de la Justice

en millions d'euros

	2011	2012	12/11 en %
Budget[1]			
Crédits de paiement	7 138,1	7 420,6	4,0
dont dépenses de personnel	*4 374,8*	*4 501,6*	*2,9*
Budget de la Mission Justice (en %)	2,5	2,5	2,0
Frais de justice, aide juridictionnelle[2]			
Frais de justice	460,0	415,0	– 9,8
Aide juridictionnelle	351,1	380,0	8,2
Effectifs réels[3]			
Ensemble de la mission justice	76 025	76 865	1,1
dont : justice judiciaire	*31 018*	*31 137*	*0,4*
administration pénitentiaire	*35 057*	*35 511*	*1,3*
protection judiciaire de la jeunesse	*8 501*	*8 395*	*– 1,2*

1. Loi de finances initiale (LFI).
2. Constituent une partie des dépenses ordinaires.
3. En équivalents-temps plein travaillés.
Source : SDSE.

Administration pénitentiaire

	2000	2005	2012
Milieu fermé			
Établissements pénitentiaires	186	188	191
Places	49 657	51 312	57 236
Personnes écrouées	51 441	59 951	73 780
Personnes détenues	51 441	59 197	64 787
Condamnés	33 341	39 041	57 501
Prévenus	18 100	20 910	16 279
Milieu ouvert			
Personnes prises en charge	**135 020**	**125 437**	**173 063**
Sursis avec mise à l'épreuve	113 499	108 528	144 060
Travail d'intérêt général	24 962	16 885	32 250
Libérations conditionnelles	4 852	6 480	6 752
Autres mesures	6 275	6 962	11 510
Total des mesures en cours	**149 588**	**138 855**	**194 572**

Sources : SDSE ; direction de l'Administration pénitentiaire.

9.1 Maladies - Accidents

Comparativement aux pays de même niveau de vie, l'état de santé en France apparaît plutôt bon. Les situations sont cependant très différenciées entre les hommes et les femmes. L'**espérance de vie à la naissance** est particulièrement élevée pour les femmes ; elle se situe dans la moyenne européenne pour les hommes. Paradoxalement, si l'espérance de vie des hommes est moins élevée que celle des femmes, à âge égal, les hommes se sentent en meilleure santé, déclarent moins de maladies, moins de limitations fonctionnelles et moins de recours aux soins que les femmes.

Les inégalités sociales de mortalité sont importantes. L'écart d'**espérance de vie à 35 ans** entre cadres et ouvriers est de 6 ans pour les hommes et de 3 ans pour les femmes. À âge égal et pour les personnes de même sexe, l'existence et l'importance des problèmes de santé sont corrélées à la position sociale et au niveau d'études. Ces disparités sont liées à un ensemble de facteurs combinés, qui tiennent à des différences tant en matière d'exposition aux risques, que d'environnement ou de comportements socioculturels. Plus d'un tiers des causes de **mortalité prématurée** chez les hommes sont des causes liées aux comportements à risque : cancers des voies aérodigestives supérieures, de l'œsophage, du poumon, psychoses alcooliques, cirrhoses, accidents de la circulation, chutes accidentelles, suicides et VIH.

Les maladies cardiovasculaires, les tumeurs malignes et le diabète représentent, avec les maladies psychiques, plus des trois quarts des personnes en **affection de longue durée**. L'excès de poids, qui touche en France deux hommes sur cinq et un quart des femmes, est associé à un risque important de maladies chroniques. Entre 18 et 74 ans, la **prévalence** de l'hypertension est estimée à environ 30 %. Les tumeurs représentent la première cause de décès pour l'ensemble de la population, avec 4 décès prématurés sur 10. Les maladies psychiques constituent la première cause de reconnaissance d'invalidité professionnelle et ont une répercussion économique considérable. Environ 10 % des femmes et 6 % des hommes ont souffert d'un épisode dépressif au court des 12 derniers mois.

Le nombre **d'accidents du travail** avec arrêt s'établit à 670 000 en 2011, en hausse de 1,7 % sur un an. Sur la même période, les accidents mortels (550 décès) progressent de 4 %. Les affections périarticulaires représentent 80 % des 55 100 maladies professionnelles indemnisées (+ 8 %).

Entre 2010 et 2011, le nombre d'**accidents corporels de la circulation** recule de 3 %. La mortalité routière, avec 3 960 tués, ne recule que de 0,7 %. Cette évolution est à rapprocher de la baisse de la mortalité pour les voitures de tourisme (– 3 %). Pour les motocyclettes, le début d'année très doux qui a allongé la saison a alourdi le bilan de la mortalité routière. La mortalité des piétons enregistre une hausse inquiétante (+ 7 %). Depuis 2010, le nombre de morts sur la route s'établit en-deçà du seuil historique des 4 000 tués de 1948, alors que le trafic motorisé a depuis été multiplié par près de 28.

Avec 5,8 milliards d'euros en 2011, les **dépenses de prévention** s'élèvent à 88 euros par habitant ; elles sont stables par rapport à 2010. Les dépenses de prévention représentent 2,4 % de la **dépense courante de santé**. ■

Définitions

Accident du travail : accident survenu par le fait ou à l'occasion du travail à toute personne salariée ou travaillant, à quelque titre ou en quelque lieu que ce soit, pour un ou plusieurs employeurs ou chefs d'entreprise.

Accident corporel de la circulation, affection de longue durée, cause de décès, dépenses courantes de santé, dépenses de prévention, espérance de vie à la naissance, espérance de vie à l'âge x, Inserm, mortalité prématurée, prévalence, vaccins : voir rubrique « définitions » en annexes.

Pour en savoir plus

- « Les Comptes nationaux de la santé en 2011 », *document de travail série statistiques* n° 172, Drees, septembre 2012.
- « La mortalité routière en France 2011 », *Chiffres clés*, ONISR, juillet 2012.
- « L'état de santé de la population en France », *études et résultats* n° 805, Drees, juin 2012.
- « L'état de santé de la population en France – Rapport 2011 », Drees, novembre 2011.

Retrouvez le TEF sur www.insee.fr, rubrique Publications et services\Collections nationales\Insee Références

Causes médicales de décès par sexe

	1990			2000			2010		
	Hommes	Femmes	Total	Hommes	Femmes	Total	Hommes	Femmes	Total
Maladies infectieuses et parasitaires	5 729	3 869	9 598	5 388	5 149	10 537	5 288	5 430	10 718
Tumeurs	85 851	55 445	141 296	89 624	59 779	149 403	92 482	66 366	158 848
Maladies endocriniennes, nutritionnelles et métaboliques	5 001	8 252	13 253	7 853	11 104	18 957	8 277	10 987	19 264
Troubles mentaux et du comportement	5 475	7 421	12 896	6 996	10 309	17 305	7 841	10 088	17 929
Maladies du système nerveux et des organes des sens	5 407	5 865	11 272	8 741	11 306	20 047	12 635	19 575	32 210
Maladie de l'appareil circulatoire	78 818	94 911	173 729	74 775	86 555	161 330	66 223	76 233	142 456
dont : cardiopathies	*26 470*	*22 491*	*48 961*	*25 147*	*19 921*	*45 068*	*20 291*	*15 033*	*35 324*
maladies cérébrovasculaires	*19 653*	*28 754*	*48 407*	*15 888*	*22 420*	*38 308*	*13 192*	*18 447*	*31 639*
Maladies de l'appareil respiratoire	19 751	18 249	38 000	18 283	17 330	35 613	17 133	14 794	31 927
Maladies de l'appareil digestif	14 430	12 568	26 998	12 549	11 102	23 651	12 604	10 774	23 378
Maladies de l'appareil génito-urinaire	3 592	3 558	7 150	3 644	3 606	7 250	4 721	5 037	9 758
Autres maladies	18 294	23 443	41 737	18 469	25 285	43 754	25 004	30 176	55 180
Causes externes	28 607	19 033	47 640	24 390	16 526	40 916	22 392	15 023	37 415
dont suicides	*8 145*	*3 209*	*11 354*	*7 947*	*2 859*	*10 806*	*7 606*	*2 728*	*10 334*
Total	**270 955**	**252 614**	**523 569**	**270 712**	**258 051**	**528 763**	**274 600**	**264 483**	**539 083**

Champ : décés domiciliés, France métropolitaine.
Source : Inserm, CépiDC.

Dépenses de prévention

en millions d'euros

	2005	2010 (r)	2011
Vaccins	97	108	109
PMI - Planning familial[1]	619	688	682
Médecine du travail	1 334	1 513	1 537
Médecine scolaire	362	482	470
Prévention individuelle primaire	**2 412**	**2 791**	**2 798**
Prévention individuelle secondaire	**502**	**601**	**619**
dont : dépistage des tumeurs	*143*	*173*	*193*
dépistage et lutte contre les maladies infectieuses	*149*	*176*	*174*
examens de santé	*173*	*181*	*180*
Prévention à visée comportementale	444	517	492
dont information, promotion, éducation à la santé	*346*	*379*	*365*
Prévention à visée environnementale	1 697	1 869	1 867
dont : hygiène du millieu	*471*	*532*	*535*
prévention des risques professionnels	*377*	*425*	*439*
prévention et lutte contre la pollution	*202*	*225*	*198*
observation, veille, recherche, règlements[2]	*129*	*134*	*123*
urgences et crises	*10*	*– 28*	*26*
sécurité sanitaire de l'alimentation	*508*	*582*	*546*
Total prévention collective	**2 141**	**2 386**	**2 358**
Total des dépenses de prévention	**5 055**	**5 778**	**5 775**

1. PMI : protection maternelle et infantile.
2. Rédaction et mise en application des règlements concernant la veille et la sécurité sanitaire, recherche en prévention sanitaire.
Source : Drees.

Répartition des accidents de travail par Comités techniques nationaux

	2007		2011	
	Accidents du travail en 1er règlement	en %	Accidents du travail en 1er règlement	en %
Métallurgie	78 213	10,9	61 889	9,2
BTP	131 253	18,2	115 626	17,3
Transports, EGE, etc.	95 986	13,3	94 499	14,1
Alimentation	120 999	16,8	116 131	17,3
Chimie, caoutchouc, plasturgie	15 421	2,1	12 727	1,9
Bois, ameublement, etc.	32 103	4,5	25 017	3,7
Commerce non alimentaire	58 456	8,1	54 814	8,2
Activités de services	187 719	26,1	189 211	28,2
Ensemble	**720 150**	**100,0**	**669 914**	**100,0**

Champ : non compris bureaux, sièges sociaux et autres catégories professionnelles particulières.
Source : CNAMTS - DRP, statistiques nationales AT/MP.

Insécurité routière

	1990	2000	2010	2011
Accidents corporels	162 573	121 223	67 288	65 024
Tués	10 289	7 643	3 992	3 963
Blessés	225 860	162 117	84 461	81 251
dont hospitalisés	...	...	*30 393*	*29 679*

Champ : France métropolitaine. Depuis 2004, sont comptabilisés les décès survenus dans les 30 jours (normes européennes) contre 6 jours auparavant.
Source : direction de la Sécurité et de la Circulation routières.

Victimes d'accidents de la route dans l'Union européenne en 2010

en nombre de décès par million d'habitants

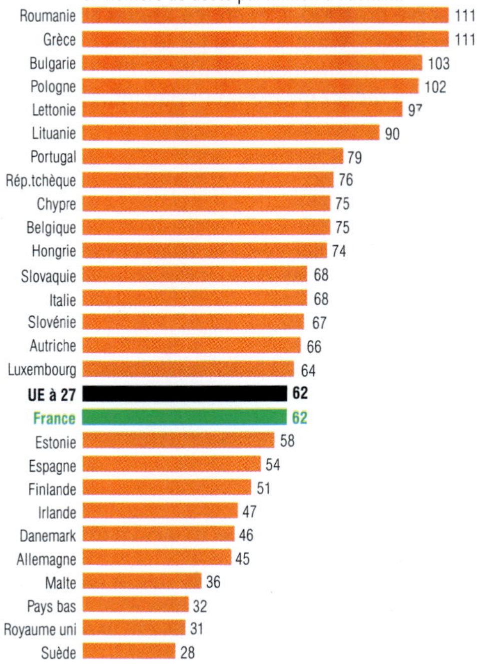

Source : Eurostat.

9.2 Personnels et équipements de santé

Le nombre de médecins en activité en France est d'environ 217 000 au 1er janvier 2012. Plus âgée, mais aussi plus féminisée, la population des médecins présente un profil démographique en constante évolution depuis vingt ans. L'âge médian est en effet passé de 40 à 52 ans entre 1990 et 2012 en France métropolitaine. Le taux d'activité des médecins de 65 ans semble avoir fortement progressé depuis 10 ans, sous l'effet notamment des réformes du système de retraite. Ce taux s'élève à 60 % début 2012 pour les médecins inscrits au RPPS (répertoire partagé des professionnels de santé), contre 34 % des médecins inscrits en 2003. Parallèlement, les femmes sont de plus en plus nombreuses dans la profession : elles représentent désormais 41 % de l'ensemble des médecins, contre 30 % en 1990.

La répartition des médecins par mode d'exercice a peu évolué au cours du temps. En 2012, six médecins sur dix exercent en libéral, une proportion stable depuis 2000. Parmi eux, 8 % de l'ensemble des médecins, déclarent également une activité salariée. Cette pratique d'une activité « **mixte** », salariat et exercice libéral, est en léger déclin ; en 2000 elle concernait 12 % des médecins. Enfin, 5 % des médecins exercent dans le secteur libéral en tant que remplaçant, un taux identique à celui observé en 2000. L'exercice libéral augmente avec l'âge. Avant 35 ans, les jeunes médecins sont majoritairement salariés à l'hôpital. Les femmes médecins exercent davantage en tant que salariées que leurs homologues masculins, notamment à l'hôpital.

Près de la moitié de la profession est diplômée de médecine générale. Les spécialités chirurgicales ne concernent quant à elles que 10 % des médecins. Certaines spécialités se distinguent par une féminisation nettement plus marquée, comme la médecine du travail, la gynécologie médicale, la dermatologie, la pédiatrie ou la santé publique. À l'inverse, les femmes ne représentent qu'un anesthésiste sur trois ou qu'un chirurgien sur cinq. La médecine générale, comme l'ensemble des spécialités médicales, se caractérise par une proportion de femmes très proche de la moyenne. Outre les médecins titulaires d'un diplôme français, 18 000 médecins actifs à diplôme étranger, soit 8,6 %, exercent en France.

Les revenus d'activité des médecins libéraux varient du simple au double selon les spécialités. Ces écarts s'expliquent tant par des différences dans les tarifs de base et les quantités des actes pratiqués, que par le poids des dépassements d'honoraires dans certaines spécialités. En haut de l'échelle des revenus, les dépassements sont relativement forts chez les **médecins de secteur 2**. Les plus hauts revenus se caractérisent ainsi par une activité très intense, combinée à une pratique particulièrement importante d'actes techniques, en général plus rémunérateurs que les actes cliniques, et par des dépassements élevés. ■

Définitions

Capacité d'accueil des établissements de santé : il s'agit du nombre de lits (dont les berceaux et couveuses agréés) pour l'hospitalisation complète et du nombre de places pour l'hospitalisation partielle. Le nombre de places est égal au nombre de patients pouvant être accueillis en même temps.

Médecin conventionné de secteur 2 : médecin autorisé à pratiquer des dépassements d'honoraires avec tact et mesure. Le montant du dépassement n'est pas remboursé par l'Assurance maladie.

Médecin mixte : médecin ayant une activité libérale et une activité salariée en parallèle (hospitalière ou non).

Établissements de santé, omnipraticien : voir rubrique « définitions » en annexes.

Pour en savoir plus

- « Offre de soins de premier recours : proximité ne rime pas toujours avec accessibilité », *Insee Première* n° 1418, octobre 2012.
- « Les disparités territoriales des consommations de soins de spécialistes et de dentistes : le poids des dépassements », *études et résultats* n° 812, Drees, septembre 2012.
- « Les revenus d'activité des médecins libéraux : le poids des dépassements », *études et résultats* n° 811, Drees, septembre 2012.
- « L'hébergement offert en établissements pour personnes âgées », *dossiers solidarité et santé* n° 29, Drees, 2012.

Retrouvez le TEF sur www.insee.fr, rubrique Publications et services\Collections nationales\Insee Références

Médecins suivant le statut et la spécialité

Au 1er janvier 2012	Nombre de médecins	Densité[1]	Part des femmes en %	Médecins libéraux et mixtes en %
Omnipraticiens	**101 896**	**157**	**40,9**	**68,2**
Spécialistes	**114 866**	**177**	**41,6**	**52,5**
Spécialités médicales	65 257	101	43,5	53,4
dont : anesthésiologie réanimation	*10 704*	*17*	*34,9*	*39,1*
pédiatrie	*7 450*	*62*	*64,4*	*41,1*
radiodiag. et imag. médicale	*8 300*	*13*	*31,8*	73,3
Spécialités chirurgicales	24 991	39	24,5	70,2
dont : gynécologie obstétrique	*4 113*	*15*	*39,6*	*58,6*
ophtalmologie	*5 808*	*9*	*43,9*	*86,9*
Biologie médicale	2 836	4	50,6	42,3
Psychiatrie	14 401	22	47,5	45,7
Santé publ. et médecine du travail	7 381	11	68,0	1,6
Total des médecins	**216 762**	**334**	**41,2**	**59,8**

1. Nombre de médecins pour 100 000 habitants, sauf pour la gynécologie obstétrique (femmes de 15 ans ou plus) et pour la pédiatrie (enfants de moins de 15 ans).
Champ : France (y.c Mayotte).
Source : Drees.

Établissements de santé au 31 décembre 2010

	Nombre d'étab.	Nombre de lits	Nombre de places
Centres hosp. régionaux (CHR/CHU)	33	75 903	8 663
Centres hosp. (CH) dont anciens hôpitaux locaux	810	154 182	14 319
Centres hosp. spécialisés en psychiatrie	90	26 849	14 350
Autres établissements publics	23	3 708	429
Secteur public (entités juridiques)	**956**	**260 642**	**37 761**
Centres de lutte contre le cancer	19	2 918	737
Autres étab. privés à but non lucratif	688	55 518	10 622
Étab. privés à but non lucratif	**707**	**58 436**	**11 359**
Étab. de soins de suite et de réadaptation	321	24 774	1 819
Étab. de soins de courte durée[1]	561	60 111	11 249
Étab. de lutte contre les maladies mentales	140	11 333	860
Étab. de soins de longue durée	12	508	...
Autres établissements privés	13	906	67
Secteur privé (établissements)	**1 047**	**97 632**	**13 995**
Total	**2 710**	**416 710**	**63 115**

1. Y compris établissements pluridisciplinaires.
Champ : France. Y compris service de santé des armées.
Source : Drees.

Revenu libéral moyen des professions de santé

	Revenu annuel par tête en milliers d'euros courants		Évolution (en euros courants) 2010/09 (p)	Poids des dépassements en 2010
	2009 (p)	2010 (p)	en %	en %
Omnipraticiens	73	71	– 1,7	4,3
Spécialistes				
Radiologues	217	218	0,4	4,0
Chirurgiens[1]	130	132	1,9	31,9
Ophtalmologues	139	146	4,6	25,3
Cardiologues	118	121	2,3	4,0
Gynécologues	86	88	2,2	29,5
Pédiatres	71	71	– 0,2	16,7
Ensemble des médecins	**94**	**94**	**0,5**	**11,7**
Chirurgiens-dentistes	87	89	3,0	...
Infirmiers	44	46	3,6	...
Masseurs - kinésithérapeutes	39	39	0,3	...

1. Y compris chirurgiens orthopédistes.
Champ : France métropolitaine ; ensemble des médecins ayant perçu au moins un euro d'honoraires au cours de l'année.
Sources : CNAMTS, DGFip-insee, Drees.

Professions de santé en France métropolitaine

Effectifs au 1er janvier	2000	2011	2012	Densité[1] en 2012
Infirmiers	382 926	534 378	567 564	875
Médecins[2]	194 000	208 727	216 762	334
Pharmaciens	58 407	71 797	72 811	112
Masseurs-kinésithérapeutes	52 056	70 780	75 164	116
Chirurgiens-dentistes	40 539	40 941	40 599	63
Manipulateurs ERM	21 589	28 753	30 201	47
Opticiens-lunetiers	10 012	23 307	25 010	39
Sages-femmes	14 353	18 070	19 535	132
Orthophonistes	13 483	19 963	21 220	33
Pédicures-podologues	8 789	11 579	12 085	19
Psychomotriciens	4 588	7 819	8 385	13
Ergothérapeutes	3 888	7 535	8 079	12
Orthoptistes	2 137	3 396	3 655	6
Audio-prothésistes	...	2 437	2 625	4

1. Nombre de professionnels en activité pour 100 000 habitants, sauf pour les sages-femmes (nombre pour 100 000 femmes de 15 à 49 ans).
2. Rupture de série à partir de 2010.
Champ : France (y.c Mayotte) à partir de 2012 ; France métropolitaine pour 2000 et 2011.
Source : Drees.

Lits installés en hospitalisation complète

	1998	2003	2010
Secteur public	313 315	305 297	258 307
Secteur privé	175 395	160 405	156 068
Total	**488 710**	**465 702**	**414 375**

Champ : données au 31 décembre.
Source : Drees.

Pharmacies et laboratoires d'analyses médicales

	2000	2005	2010	2011
Pharmacies	22 698	22 610	22 186	22 080
Laboratoires	4 084	3 876	3 833	3 853

Champ : France métropolitaine ; données au 31 décembre.
Sources : ordre national des pharmaciens ; CNAMTS.

Médecins praticiens et équipement hospitalier dans quelques pays de l'UE à 27

	Médecins praticiens au 31 décembre			Lits d'hôpital pour 100 000 habitants		
	2000 (r)	2009 (r)	2010	2000 (r)	2009 (r)	2010
Allemagne	326	364	373	912	824	325
Autriche	385	468	478	795	766	763
Belgique	283	293	292	777	651	644
Bulgarie	337	369	371	743	662	nd
Espagne	330	354	378	368	319	316
Finlande	250	...	...	754	625	585
France[1]	**326**	**327**	**327**	**797**	**666**	**642**
Grèce[1]	433	612	613	472	485	...
Hongrie	268	302	287	825	714	718
Irlande[2]	222	407	421	613	327	314
Italie[1]	416	410	392	471	363	353
Lettonie	287	300	291	874	640	532
Lituanie	363	365	372	883	680	675
Pays-Bas[2]	303	375	...	483	466	...
Pologne	221	217	218	...	665	659
Portugal[2]	310	370	382	373	335	335
Rép. tchèque	337	356	358	779	711	701
Roumanie	193	226	237	769	662	629
Royaume-Uni	196	267	271	410	329	296
Slovaquie[1]	335	329	334	786	651	642

1. Médecins professionnellement actifs., 2. Médecins habilités à exercer.
Champ : médecins praticiens hors stomatologues.
Source : Eurostat.

9.3 Dépenses de santé

Le montant des **dépenses courantes de santé** s'élève à 240 milliards d'euros en 2011, soit 12 % du produit intérieur brut (PIB). La **consommation de soins et de biens médicaux (CSBM)**, qui en représente les trois quarts, atteint 180 milliards d'euros. Sa part dans le PIB est de 9 % après 9,1 % en 2010. Sa croissance, nettement inférieure à celle observée au début de la décennie, se situe comme en 2010 en dessous de 3 %, confirmant le ralentissement amorcé en 2008. L'évolution des prix des soins et biens médicaux est extrêmement faible depuis quatre ans. Ils sont en recul depuis 2009 du fait de la baisse des prix des médicaments et des soins hospitaliers. Ces diminutions compensent la hausse du prix des **soins de ville** liée à la revalorisation du tarif de la consultation des médecins généralistes intervenue en 2011.

Le ralentissement en valeur de la CSBM concerne la quasi-totalité des postes de dépenses. Le rythme de croissance des soins hospitaliers qui représentent 46 % de la CSBM, se stabilise. Dans le secteur public hospitalier, la progression en valeur de la consommation reste stable alors qu'elle diminue dans le secteur privé pour lequel il s'agit de la plus faible progression depuis 2002. La consommation de médicaments en 2011 s'élève à 532 euros par habitant et place la dépense française au 5ème rang mondial derrière les États-Unis, le Canada, l'Irlande et l'Allemagne. Le ralentissement de la consommation de médicaments amorcé en 2008 est très marqué en 2011 : il résulte d'une nouvelle diminution des prix et d'une augmentation très faible des volumes. La consommation de transports sanitaires n'évolue que faiblement, en lien avec les efforts de maîtrise engagés depuis 2007.

En 2011, la part de la sécurité sociale dans le financement de la CSBM recule très légèrement. Le relèvement du seuil d'application du forfait sur les actes lourds effectués en ville ou à l'hôpital et le déremboursement ou la moindre prise en charge de certains médicaments et biens médicaux en sont la cause. La prise en charge par les **organismes d'assurance maladie complémentaires** est tendanciellement orientée à la hausse. Le reste à charge des ménages est stable. Cependant, il demeure élevé pour certaines dépenses comme l'optique, les soins dentaires ou les médicaments. Il est très faible pour les transports de malades et les soins hospitaliers.

Sur le plan international, la France figure parmi les pays développés où la prise en charge des dépenses de santé par les fonds publics est la plus importante et où le reste à charge des ménages est le plus limité. Seuls le Luxembourg, les Pays-Bas, la République tchèque, les pays scandinaves et le Japon ont une prise en charge publique plus développée que celle de la France. Toutefois, à l'exception des Pays-Bas, la part du reste à charge des ménages y est plus élevée qu'en France. ■

Définitions

Comptes nationaux de la santé : retracent la production, la consommation et le financement de la fonction santé, entendue selon la Comptabilité nationale comme l'ensemble des actions qui concourent à la prévention et au traitement d'une perturbation provisoire de l'état de santé.

Organismes d'assurance maladie complémentaires : mutuelles, sociétés d'assurances et institutions de prévoyance.

Soins de ville : effectués en cabinet de ville ou en centre de santé, ils sont composés des soins dispensés au titre de l'activité libérale par les médecins, les chirurgiens-dentistes et les auxiliaires médicaux (infirmiers, kinésithérapeutes, orthophonistes, orthoptistes), des actes d'analyse effectués en laboratoire et des soins de cures thermales reconnus par la Sécurité sociale (soins de médecins et d'auxiliaires médicaux et forfaits cures hors hébergement).

Consommation de soins et de biens médicaux (CSBM), dépenses courantes de santé : voir rubrique « définitions » en annexes.

Pour en savoir plus

- « Les comptes nationaux de la santé en 2011 », *Document de travail, Série statistiques,* n° 172, Drees, septembre 2012.
- « Les prix des médicaments de 2000 à 2010 », *Insee Première* n° 1408, juillet 2012.

Retrouvez le TEF sur www.insee.fr, rubrique Publications et services\Collections nationales\Insee Références

Consommation de soins et de biens médicaux

en milliards d'euros courants

	2010 (r)	2011	11/10 en %
Soins hospitaliers[1]	81,4	83,6	2,6
Secteur public	62,1	63,8	2,7
Secteur privé	19,3	19,8	2,5
Soins de ville	44,1	45,7	3,7
Médecins	18,5	19,2	3,9
Auxiliaires médicaux	11,0	11,5	4,8
Dentistes	10,0	10,3	2,6
Analyses de laboratoires	4,3	4,4	2,6
Cures thermales	0,3	0,3	1,4
Médicaments	34,5	34,7	0,5
Autres biens médicaux	11,6	12,2	5,0
Optique	5,1	5,3	3,9
Prothèses, orthèses, VHP[2]	2,1	2,2	5,9
Petits matériels et pansements	4,3	4,6	6,0
Transports de malades	3,8	3,9	3,0
Consommation de soins et de biens médicaux	**175,4**	**180,0**	**2,7**

1. Court et moyen séjour, psychiatrie.
2. Véhicules pour handicapés physiques.
Source : Drees, comptes nationaux de la santé 2011 - base 2005.

Poids de la consommation médicale et de la dépense courante de santé

en % du PIB

	2005	2008	2010 (r)	2011 (p)
Consom. de soins et de biens médicaux	8,6	8,6	9,1	9,0
Dépense courante de santé	11,4	11,4	12,1	12,0

Sources : Drees, comptes nationaux de la santé 2011 - base 2005 ; Insee.

Structure du financement de la consommation de soins et de biens médicaux

en %

	2005	2008	2010 (r)	2011 (p)
Sécurité sociale de base	76,8	75,7	75,7	75,5
État et CMU-C org. de base	1,2	1,2	1,2	1,3
Organismes complémentaires[1]	13,0	13,3	13,5	13,7
dont : mutuelles	*7,6*	*7,6*	*7,5*	*7,5*
sociétés d'assurance	*3,0*	*3,3*	*3,6*	*3,7*
institutions de prévoyance	*2,3*	*2,4*	*2,4*	*2,5*
Ménages	9,0	9,7	9,6	9,6
Total	**100,0**	**100,0**	**100,0**	**100,0**

1. Y compris prestations CMU-C versées par ces organismes.
Source : Drees, comptes nationaux de la santé 2011 - base 2005.

Taux de croissance de la consommation de soins et biens médicaux

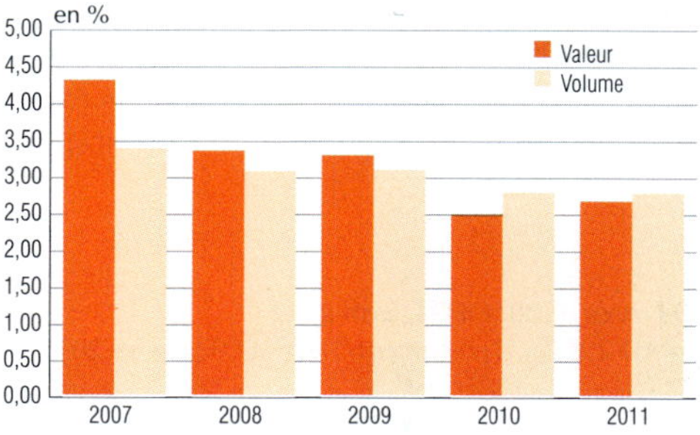

Source : Drees, comptes nationaux de la santé 2011 - base 2005.

Dépense de recherche médicale et pharmaceutique

en millions d'euros courants

	2005	2010 (r)	2011 (p)	11/10 en %
Financements budgétaires	3 096	3 492	3 520	0,8
Budget civil de R&D	1 993	1 948	1 945	– 0,2
Universités et hôpitaux	1 103	1 543	1 576	2,1
Autres financements	3 524	3 935	3 964	0,7
Industries pharmaceutiques	3 398	3 827	3 854	0,7
Secteur associatif	126	108	110	2,1
Dépenses totales	**6 621**	**7 427**	**7 484**	**0,8**

Sources : Drees ; ministère de l'Enseignement supérieur et de la Recherche.

Dépense courante de santé

en milliards d'euros courants

	2005 (r)	2011 (p)	11/10 en %
Cons. de soins et de biens médicaux	148,1	180,0	2,7
Soins de longue durée[1]	12,2	17,9	3,7
Indemnités journalières	10,4	13,0	2,4
Prévention	5,1	5,8	0,0
Subvention au système de soins	2,3	2,6	7,5
Recherche	6,6	7,5	0,8
Formation	1,1	1,8	0,2
Coût de gestion du système de santé	13,4	15,6	1,4
Double compte (recherche pharm.)	– 3,5	– 3,9	0,7
Dépense courante de santé	**195,7**	**240,3**	**2,6**

1. Soins aux personnes âgées ou handicapées en établissements et services de soins infirmiers à domicile.
Source : Drees, comptes nationaux de la santé 2011 - base 2005.

Dépenses de santé dans quelques pays du monde en 2009

	en millions d'euros	en euros par habitant	en % du PIB
Allemagne	278 345	3 399	11,6
Australie[1]	62 901	2 895	8,7
Autriche[1]	29 328	3 518	10,4
Belgique	36 885	3 416	10,9
Bulgarie[2]	1 999	261	6,9
Canada[1]	106 522	3 205	10,4
Chypre[1]	1 006	1 269	5,8
Rép. de Corée	41 578	838	6,9
Danemark	25 649	4 644	11,5
Espagne	100 231	2 183	9,5
Estonie	971	725	7,0
États-Unis[3]	1 750 050	5 685	17,5
Finlande	15 674	2 936	9,[illegible]
France	**224 699**	**3 481**	**11,9**
Hongrie	6 924	691	7,5
Islande	836	2 624	9,7
Japon[1]	281 632	2 207	8,5
Lituanie[3]	2 008	601	7,6
Luxembourg[1]	2 658	5 438	6,8
Nouvelle-Zélande	8 737	2 012	10,3
Pays-Bas	68 413	4 139	12,0
Pologne	22 871	599	7,4
Rép. Tchèque	11 307	1 078	8,2
Roumanie	6 667	310	5,7
Slovénie[3]	3 279	1 608	9,3
Suède	29 138	3 134	10,0
Suisse[3]	40 389	5 216	11,4

1. Données 2008.
2. Données 2007.
3. Données provisoires.
Source : Eurostat.

9.4 Addictions

Les **addictions** se divisent en deux grands groupes : les addictions sur produit licites ou illicites et les addictions sans produit, parfois qualifiées de comportementales et comprenant notamment le jeu pathologique. La majorité des addictions concerne un public jeune et plutôt masculin. Les addictions les plus répandues concernent l'**alcool** et le **tabac**. Elles peuvent survenir à tout moment de l'existence, mais la période de 15 à 25 ans est la plus propice à l'émergence des expérimentations de substances licites et illicites. Cette tranche d'âge est une période charnière et marque souvent l'entrée dans la dépendance.

Malgré les mesures de lutte contre la consommation de tabac en France, la proportion de fumeurs quotidiens augmente par rapport à 2005, particulièrement chez les femmes. Cette hausse s'explique en partie par une histoire du tabagisme féminin décalée d'une vingtaine d'années avec le tabagisme masculin : la génération née entre 1945 et 1965 est celle de l'émancipation féminine qui s'est accompagnée d'une entrée dans le tabagisme.

En 2011, en France métropolitaine, les substances les plus expérimentées à 17 ans demeurent, dans l'ordre, l'alcool, le tabac et le **cannabis**. La part des adolescents n'ayant expérimenté aucun de ces trois produits augmente de 5,1 % en 2008 à 6,6 % en 2011. Ces baisses concernent les garçons et les filles dans des proportions comparables, sauf pour le tabac où la diminution est plus franche chez les garçons. En revanche, les niveaux d'usage les plus fréquents sont en hausse entre 2008 et 2010. Ces hausses sont toutefois modérées et ne compensent pas les baisses constatées entre 2005 et 2008.

La proportion de fumeurs quotidiens dans la population adulte des pays de l'OCDE varie considérablement d'un pays à l'autre. C'est au Mexique, en Suède, aux États-Unis, au Canada et en Australie que la part est la plus faible. À l'opposé, la Grèce et l'Irlande enregistrent les proportions les plus fortes. La consommation d'alcool est élevée au Luxembourg, en Autriche, en France et en Irlande. Elle est plus faible au Mexique, en Italie, en Suède et au Japon.

En 2010, près d'une personne sur deux âgée de 18 à 75 ans déclare avoir joué de l'argent au cours de l'année. Une grande majorité sont des joueurs occasionnels qui investissent de petites sommes d'argent. En effet, seul un peu plus d'un joueur sur cinq joue régulièrement dans l'année et un peu moins d'un sur dix déclare dépenser plus de 500 euros. Les jeux de tirage et de grattage ne nécessitant pas ou peu d'apprentissage sont les plus pratiqués. La hiérarchie des jeux sur internet apparaît nettement différente de celle hors internet. Trois types de jeux se détachent : les jeux de pronostics, le poker et les jeux de tirage. Les joueurs en ligne sont essentiellement des hommes et de jeunes adultes (45 % ont moins de 35 ans). Il est à noter cependant, que les résultats présentés ci-dessus sont antérieurs à l'application de la loi du 12 mai 2010 qui ouvre et encadre les jeux d'argent et de hasard en ligne. ■

Définitions

Addiction : relation de dépendance plus ou moins aliénante pour l'individu, et plus ou moins acceptée et parfois totalement rejetée par l'environnement social de ce dernier, à l'égard d'un produit (drogue, tabac, alcool, médicaments...), ou d'une pratique (jeu, achat, sexe, internet...).

Traitements pour l'arrêt du tabac : les ventes brutes des médicaments pour l'arrêt du tabac sont traduites en nombre de mois de traitement. La durée moyenne de traitement est estimée à un mois (compte tenu des échecs précoces), soit 60 comprimés pour les traitements pharmacologiques, 30 timbres transdermiques ou 300 substituts sous forme orale.

Alcool, cannabis, cocaïne, héroïne, tabac : voir rubrique « définitions » en annexes.

Pour en savoir plus

- « Alcool, tabac et cannabis durant les *années collège* », *Tendances* n° 80, OFDT, avril 2012.
- « Les drogues à 17 ans : premiers résultats de l'enquête ESCAPAD 2011 », *Tendances* n° 79, OFDT, février 2012.
- « Rapport mondial sur les drogues », Nations Unies 2012.
- « Les niveaux et pratiques des jeux de hasard et d'argent en 2010 », *Tendances* n° 77, OFDT, septembre 2011.

Retrouvez le TEF sur www.insee.fr, rubrique Publications et services\Collections nationales\Insee Références

Ventes d'alcool par habitant

en litres d'alcool pur

	2000	2005	2009	2010	2011
Vins	8,5	7,4	7,1	6,9	7,1
Bières	2,3	2,3	2,2	2,2	2,6
Spiritueux	2,7	2,6	2,7	2,7	2,7
Autres	0,5	0,3	0,3	0,3	0,2
Total	**14,0**	**12,7**	**12,3**	**12,0**	**12,6**

Champ : population résidente de 15 ans ou plus.
Note : ces données prennent en compte la consommation d'alcool sur le territoire français, l'autoconsommation des producteurs de vins et les achats d'alcool des non résidents. Les achats d'alcool par les Français à l'étranger ne sont pas comptabilisés.
Source : OFDT.

Usage quotidien de tabac parmi les femmes

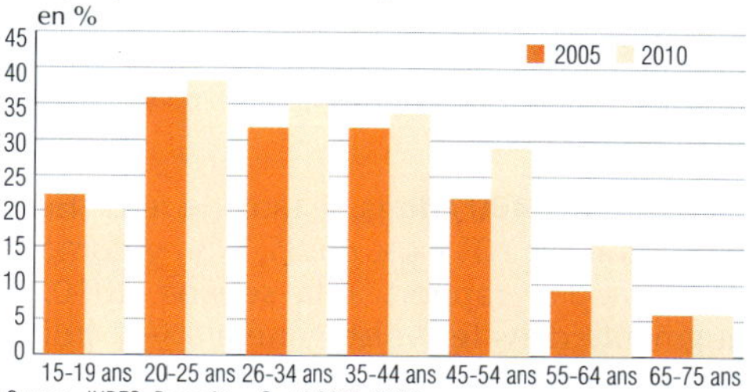

Source : INPES, Baromètres Santé 2005, 2010.

Consommation d'alcool et de tabac en France en 2010 et dans quelques pays du monde

	Alcool[1]	Tabac[2]
Allemagne[3 4]	11,7	21,9
Australie[3]	10,3	15,1
Autriche[34]	12,2	23,2
Canada	8,2	16,3
États-Unis[3]	8,7	15,1
France	**12,0**	**23,3**
Grèce[3 4]	8,2	31,9
Irlande[4]	11,9	29,0
Italie[3]	6,9	23,1
Japon[3]	7,3	19,5
Luxembourg[3]	15,3	18,0
Mexique[3 4]	5,9	13,3
Royaume-Uni[4]	10,2	21,5
Suède[3]	7,3	14,0
Suisse[4]	10,0	20,4

1. Litre par personne de 15 ans et plus.
2. Proportion de fumeurs quotidiens dans la population de 15 ans et plus.
3. Données antérieures à 2010 pour l'alcool.
4. Données antérieures à 2010 pour le tabac.
Source : OCDE.

Ventes de traitements pour l'arrêt du tabac

en équivalent nombre de patients traités

	2009	2010 (r)	2011
Timbres transdermiques	682 459	775 335	976 199
Substituts sous forme orale	926 004	983 676	1 094 343
Traitements pharmacologiques	295 094	302 616	133 835

Source : GERS.

Niveaux d'usage du tabac, des boissons alcoolisées et du cannabis à 17 ans

en %

	Expérimentation[1]			Mois[1]			Régulier[1]		
	2000	2005	2011	2000	2005	2011	2000	2005	2011
Tabac[2]	77,6	72,2	68,4	50,2	41,1	42,0	41,1	33,0	31,5
Alcool[3]	94,6	92,3	91,0	79,2	78,7	77,0	10,9	12,0	10,5
Cannabis	45,6	49,4	41,5	28,5	27,9	22,4	10,0	10,8	6,5

1. Expérimentation : une fois dans la vie ; mois : une fois dans le mois ; régulier : dix fois par mois.
2. Pour le tabac niveaux d'usage quotidien à la place de régulier.
3. En 2002 pour l'expérimentation.
Champ : France métropolitaine.
Source : OFDT.

Substances principalement en cause dans les décès par surdoses

	2007		2008		2009	
		en %		en %		en %
Héroïne	69	35,9	79	36,4	103	39,6
Cocaïne	39	20,3	30	13,8	32	12,3
Autres substances illicites	2	1,0	4	1,8	2	0,8
Méthadone	61	31,8	63	29,0	58	22,3
Buprénorphine	11	5,7	21	9,7	31	11,9
Autres médicaments opiacés	10	5,2	19	8,8	34	13,1
Autres	0	0,0	1	0,5	0	0,0
Total	**192**	**100,0**	**217**	**100,0**	**260**	**100,0**

Note : chaque substance est seule ou associée à d'autres produits. Seuls les décès provoqués par un usage de drogues sont mentionnés.
Source : Afssaps, données DRAMES.

Fréquence des jeux de hasard et d'argent chez les 18-75 ans

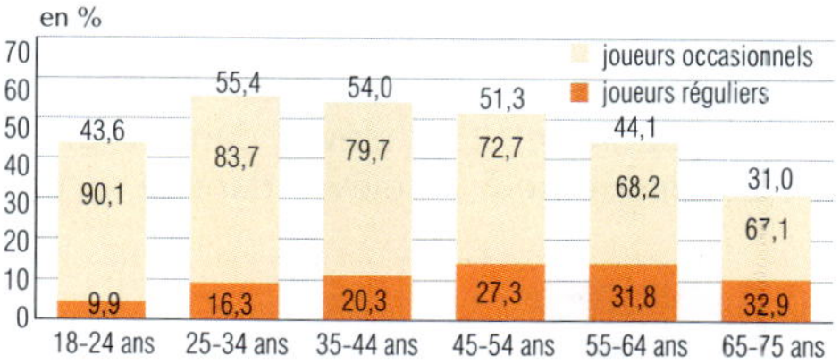

Lecture : parmi l'ensemble des 18-24 ans, 43,6 % ont déclaré avoir joué au moins une fois dans l'année à un jeu d'argent. Parmi ces derniers, 9,9 % ont une pratique hebdomadaire et 90,1 % jouent moins d'une fois par semaine.
Source : INPES - OFDT, Baromètre santé 2010.

Jeux pratiqués le plus souvent par les joueurs actifs jouant sur internet

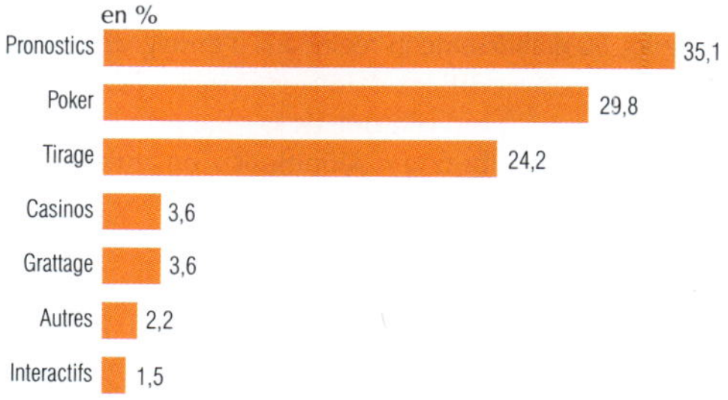

Champ : joueurs actifs, c'est-à-dire personnes ayant joué au moins 52 fois au cours de l'année.
Source : INPES - OFDT, Baromètre santé 2010.

10.1 Enseignement des 1er et 2nd degrés

À la rentrée 2011, l'ensemble du système éducatif public et privé compte 15,2 millions d'élèves, étudiants et apprentis. Par rapport à la rentrée précédente, 150 000 jeunes supplémentaires sont scolarisés, dont 85 000 consécutifs à l'intégration du nouveau département français de Mayotte. À champ comparable, c'est-à-dire hors Mayotte, cette hausse de 0,4 % confirme la tendance engagée à la rentrée 2009.

Avec 6,7 millions d'élèves, les effectifs de l'**enseignement du premier degré** sont, hors Mayotte, en très légère diminution par rapport à 2010-2011 (– 0,1 %). Le nombre moyen d'élèves par classe est stable dans le secteur public tandis qu'il augmente dans le **privé**. La taille des classes en préélémentaire est de 25,8 élèves dans le secteur public et de 27,2 élèves dans le privé. Elle est proche de 23 élèves par classe en élémentaire.

L'**enseignement du second degré** dans les établissements de l'Éducation nationale (5,4 millions d'élèves), gagne globalement des élèves : + 0,6 % hors Mayotte. Au sein du second degré, les évolutions sont contrastées. Le premier cycle continue de progresser (+ 1,3 %), tandis que dans le second cycle, la filière professionnelle perd des élèves (– 2 %). La voie générale et technologique en accueille un peu plus (+ 0,5 %). Dans le premier cycle, la taille moyenne des classes est de 24,6 élèves dans le public et 25,8 élèves dans le privé. Elle est inférieure à 20 élèves dans le second cycle professionnel. La taille moyenne des classes dans le second cycle général et technologique du secteur public est la plus élevée des trois cycles d'enseignement (29,1 élèves).

Lors de la session 2011, le taux de réussite au **diplôme national du brevet** s'établit à 83,4 %, y compris Mayotte. Pour la cinquième année consécutive, il dépasse la barre des 80 %. La **réforme de la voie professionnelle** vise à augmenter le nombre de diplômés de **niveau de formation** IV. En 2011, hors Mayotte, le nombre de diplômes professionnels de niveau V (cycle court) diminue de 2,3 %. Entre les sessions 2010 et 2011, le **brevet d'études professionnelles (BEP)** perd près de 32 000 diplômés. Sur la même période, les diplômes professionnels de niveau IV augmentent fortement.

Avec 569 400 admis, le taux de réussite au **baccalauréat** 2011 est de 85,7 %, y compris Mayotte. Par rapport à la session 2010, il augmente dans les voies générale (+ 1 point) et technologique (+ 0,7 point) alors qu'il est en recul dans la voie professionnelle (– 2,5 points).

Les enfants de cadres et professions intellectuelles supérieures ou d'agriculteurs exploitants ont de meilleurs taux de réussite au brevet ou au baccalauréat. Les filles réussissent aussi davantage que les garçons à obtenir ces deux diplômes, ainsi que les diplômes professionnels. ■

Définitions

Brevet d'études professionnelles (BEP) : diplôme de niveau V se préparant en deux ans après la troisième. En voie d'extinction suite à la réforme de la voie professionnelle, il est progressivement remplacé par le baccalauréat professionnel préparé en trois ans après la troisième.

Enseignement du premier degré : regroupe l'enseignement préélémentaire et élémentaire, y compris l'enseignement spécialisé sous tutelle du ministère de l'Éducation nationale.

Enseignement du second degré : enseignement secondaire faisant suite à l'enseignement préélémentaire et élémentaire (premier degré). Il est dispensé dans les collèges (premier cycle et enseignement adapté) et les lycées (second cycle). Par ailleurs, 80 établissements régionaux d'enseignement adapté (EREA) dispensent l'ensemble des formations secondaires.

Baccalauréat, certificat d'aptitude professionnelle (CAP), diplôme national du brevet, enseignement privé, niveaux de formation, réforme de la voie professionnelle, sections d'enseignement général et professionnel adapté (SEGPA) : voir rubrique « définitions » en annexes.

Pour en savoir plus

- « Repères et références statistiques 2012 », Depp, août 2012.
- « Key Data on Education in Europe 2012 », Eurostat, avril 2012.
- « Filles et garçons sur le chemin de l'égalité de l'école à l'enseignement supérieur », Depp, mars 2012.
- « Le CAP : disparition ou renaissance ? », *Bref* n° 295-1, Céreq, janvier 2012.

Retrouvez le TEF sur www.insee.fr, rubrique Publications et services\Collections nationales\Insee Références

Effectifs d'élèves et d'étudiants dans l'enseignement public et privé

en milliers

	1980-1981	1990-1991	2000-2001	2009-2010	2010-2011 (r)	2011-2012 (p)
Premier degré[1]						
Préélémentaire	2 456,5	2 644,2	2 540,3	2 532,8	2 539,1	2 561,8
Élémentaire	4 810,0	4 218,0	3 953,0	4 070,5	4 080,8	4 102,1
ASH[2]	129,8	91,2	58,7	43,8	44,3	46,8
Total du premier degré	**7 396,3**	**6 953,4**	**6 552,0**	**6 647,1**	**6 664,3**	**6 710,7**
Second degré Éducation nationale						
Premier cycle	3 261,9	3 253,5	3 290,9	3 107,2	3 126,4	3 185,2
Second cycle professionnel	807,9	750,0	705,4	694,3	705,5	694,7
Second cycle général et technologique	1 124,4	1 607,6	1 501,5	1 431,3	1 425,7	1 440,0
Enseignement adapté (SEGPA)	114,9	114,6	116,6	98,9	95,6	95,8
Total du second degré Éducation nationale	**5 309,2**	**5 725,8**	**5 614,4**	**5 331,7**	**5 353,2**	**5 415,6**
Second degré agricole	**117,1**	**116,2**	**151,3**	**151,9**	**149,9**	**153,6**
Centre de formation des apprentis	**244,1**	**226,9**	**376,1**	**432,1**	**433,5**	**443,1**
Scolarisation dans étab. de la Santé	**96,2**	**88,2**	**81,4**	**74,8**	**78,1**	**79,8**
Enseignement du supérieur	**1 184,1**	**1 717,1**	**2 160,3**	**2 314,1**	**2 319,6**	**2 347,8**
Total	**14 346,9**	**14 827,5**	**14 935,4**	**14 951,7**	**14 998,7**	**15 150,6**

1. Estimations à partir de 2000.
2. Adaptation scolaire et scolarisation des enfants handicapés (ex adaptation et intégration scolaires).
Champ : France (y compris Mayotte pour l'année 2011-2012).
Source : Depp.

Nombre moyen d'élèves par classe

	1999-00	2005-06	2010-11	2011-12
Premier degré				
Enseignement public				
Classes préélémentaires	25,5	26,1	25,7	25,8
Classes élémentaires	22,3	22,5	22,7	22,7
Enseignement privé				
Classes préélémentaires	25,9	27,6	27,0	27,2
Classes élémentaires	23,9	22,8	22,9	23,3
Second degré				
Enseignement public				
1er cycle[1]	24,2	24,0	24,2	24,6
2nd cycle professionnel	20,8	20,1	19,1	19,1
2nd cycle général et techno.	28,8	28,8	28,5	29,1
Enseignement privé				
1er cycle[1]	24,8	24,7	25,3	25,8
2nd cycle professionnel	19,7	19,2	18,6	18,2
2nd cycle général et techno.	24,7	25,0	25,1	25,6

1. Y compris le dispositif d'initiation aux métiers en alternance (DIMA) et les unités localisées pour l'inclusion scolaire (ULIS).
Champ : France (y compris Mayotte pour l'année 2011-2012).
Source : Depp.

Principaux diplômes du 2nd degré délivrés en 2011

	Nombre d'admis	Taux de réussite en %
Brevet	**637 640**	**83,4**
dont série collège	*584 389*	*84,5*
Certificat d'aptitude professionnelle	**179 564**	**82,8**
Brevet d'études professionnelles	**125 499**	**75,6**
Baccalauréat général	**283 821**	**88,3**
Littéraire (L)	45 535	85,7
Économique et social (ES)	92 856	87,7
Scientifique (S)	145 430	89,4
Baccalauréat technologique	**129 472**	**82,3**
dont : sciences et techno. de la gestion (STG)	*65 036*	*83,3*
sciences et technologies indust. (STI)	*28 217*	*80,4*
sc. et tech. de la santé et du social (ST2S)	*21 644*	*80,6*
sc. et tech. de laboratoire (STL)	*6 508*	*87,2*
Baccalauréat professionnel	**156 063**	**84,0**
Total des baccalauréats	**569 356**	**85,7**

Champ : France (y compris Mayotte).
Source : Depp.

Nombre moyen d'élèves par classe et d'étudiants par enseignant au sein de l'Union européenne en 2010

	Nombre moyen d'élèves par classe		Nombre d'étudiants par enseignant
	Premier degré	Second degré 1er cycle	Second degré 2nd cycle
Allemagne	21,5	24,7	13,2
Autriche	18,4	22,0	10,1
Belgique	…	…	10,1
Bulgarie	21,0	22,2	11,9
Chypre	17,5	21,1	10,1
Danemark	19,3	20,0	…
Espagne	21,2	24,3	9,6
Estonie	17,9	18,5	16,6
Finlande	19,4	20,3	17,1
France	**22,7**	**24,5**	**9.7**
Grèce[1]	17,1	22,1	7,3
Hongrie	20,8	21,4	12,5
Irlande[1]	24,1	20,3	14,4
Italie	18,8	21,3	12,1
Lettonie	15,9	16,8	12,1
Lituanie	15,3	20,4	…
Luxembourg	15,6	19,4	7,6
Malte	18,7	20,2	12,1
Pays-Bas	…	…	16,5
Pologne	18,6	22,9	12,1
Portugal	20,1	22,1	7,2
Rép. tchèque	19,9	21,4	14,0
Roumanie	18,4	20,3	14,9
Royaume-Uni	24,4	19,4	15,2
Slovaquie	17,8	20,5	14,6
Slovénie	18,4	19,6	14,3
Suède	…	…	13,1

1. Données 2007 pour le nombre d'élèves au second degré en Irlande et pour le nombre d'étudiants en Grèce.
Source : Eurostat.

10.2 Enseignement supérieur

À la rentrée 2011, 2 347 800 étudiants sont inscrits dans **l'enseignement supérieur**, soit une hausse de 1,2 % par rapport à 2010. Les effectifs inscrits dans l'enseignement supérieur augmentent ainsi pour la troisième année consécutive. Les étudiants n'ont jamais été aussi nombreux en France. La hausse du nombre d'étudiants étrangers ne représente qu'un dixième de la croissance du nombre total d'inscrits. Cette évolution diffère de celle constatée depuis dix ans.

Entre 2010 et 2011, le nombre d'étudiants dans les disciplines générales et de santé augmente de 0,9 % à champ constant, c'est-à-dire en excluant des inscriptions de l'année 2010 les effectifs de l'université de Lorraine, devenue désormais un **grand établissement**. Dans les **instituts universitaires de technologies (IUT)**, le nombre d'étudiants diminue légèrement, en particulier dans le secteur « production » mais nettement moins dans le secteur « services ». Le nombre d'étudiants progresse de 1,6 % en sections de techniciens supérieurs (STS) et de 0,7 % en classe préparatoires aux **grandes écoles** (CPGE). Entre 2010 et 2011, les inscriptions dans les formations d'ingénieurs augmentent de 3,9 %. Depuis les années quatre-vingt-dix, elles ont connu une progression importante (+ 127 % entre 1990 et 2011).

À la rentrée 2011, le nombre d'étudiants augmente fortement dans les écoles juridiques et administratives (+ 11,9 %), les établissements privés d'enseignement universitaire (+ 7,1 %) et les écoles de commerce, gestion, vente et comptabilité (+ 4,4 %). Comme les formations d'ingénieurs, les écoles de commerce et de gestion ont connu un essor important depuis les années quatre-vingt-dix (+ 174 % entre 1990 et 2011).

Au sein des universités, le nombre de nouveaux entrants en première année du cursus **licence** (y compris les disciplines de santé et les IUT) augmente en 2011-2012 (+ 1,5 %). Cette progression est liée à la hausse du nombre de bacheliers à la session 2011 (+ 6,7 %). Les inscriptions de bacheliers en IUT et dans les disciplines de santé sont en légère baisse alors qu'elles sont en hausse dans les disciplines générales.

À l'université, les effectifs sont globalement en hausse dans les disciplines générales (+ 0,7 %) mais baissent dans toutes les pluridisciplines. Les effectifs progressent dans les disciplines de santé de 2,1 % après une augmentation de 0,9 % en 2010-2011. Les disciplines médecine-odontologie et pharmacie sont à l'origine de cette hausse (respectivement + 3,0 % et + 2,2 %). En revanche, la PACES, première année commune aux études de santé (médecine, odontologie, pharmacie, maïeutique), mise en place à la rentrée 2010 ne contribue pas à cette augmentation : on dénombre ainsi 52 700 étudiants en PACES, soit une baisse de 0,2 % par rapport à la rentrée précédente. Les effectifs augmentent en cursus licence (+ 1,4 %), stagnent en cursus **master** (+ 0,1 %) et diminuent en cursus **doctorat** (– 1,2 %). ■

Définitions

Licence : diplôme universitaire préparé en six semestres. Deux filières sont possibles : la licence, qui est une formation générale, et la licence professionnelle, qui est une formation professionnelle.

Master : diplôme universitaire préparé en quatre semestres après la licence. Deux filières sont possibles : le master recherche, qui permet de suivre ensuite un doctorat, et le master professionnel, qui prépare à un métier précis et permet une entrée immédiate sur le marché du travail.

Brevet de technicien supérieur (BTS), diplôme universitaire de technologie (DUT), doctorat, enseignement supérieur, grande école, grands établissements, institut universitaire de technologie (IUT) : voir rubrique « définitions » en annexes.

Pour en savoir plus

- « Les étudiants inscrits dans les universités publiques françaises en 2010-2011 », *note d'information* n° 12.13, Sies, décembre 2012.
- « Repères et références statistiques 2012 », Depp, septembre 2012.
- « Les nouveaux bacheliers inscrits en licence à la rentrée 2011 », *note d'information* n° 12.07, Sies, juillet 2012.
- « Les parcours dans l'enseignement supérieur : devenir après le baccalauréat des élèves entrés en sixième en 1995 », *note d'information* n° 12.05, Sies, juin 2012.

Retrouvez le TEF sur www.insee.fr, rubrique Publications et services\Collections nationales\Insee Références

Étudiants inscrits dans l'enseignement supérieur public et privé

en milliers

	2010-11 (r)	2011-12
Universités (disc. générales et de santé)	1 320,6	1 289,9
Instituts universitaires de technologie (IUT)	116,5	110,5
Grands établissements[2]	34,0	87,5
Sections de techniciens supérieurs (STS)[3]	242,2	246,0
Classes prép. aux grandes écoles (CPGE)	79,9	80,4
Formations comptables non universitaires	9,0	8,7
Préparations intégrées	4,5	4,6
INP et universités de technologie (UT)	16,1	12,6
Formations d'ingénieurs[1]	87,9	91,3
Écoles de comm., gestion, vente et compt.	121,3	126,7
Étab. privés d'enseignement universitaire	26,6	28,5
Écoles normales supérieures	4,7	4,8
Écoles juridiques et administratives	8,1	9,1
Écoles supérieures artistiques et culturelles[4]	68,0	67,4
Écoles paramédicales et sociales[5]	137,4	137,4
Autres écoles et formations[6]	42,8	42,4
Total enseignement supérieur	**2 319,6**	**2 347,8**

1. Y compris les formations d'ingénieurs en partenariat et hors formations universitaires, des UT et des instituts nationaux polytechniques (INP). 2. En 2011, l'université de Lorraine, a obtenu le statut de grand établissement : cela se traduit, entre 2010 et 2011, par une diminution des effectifs en formations universitaires scientifiques et d'ingénieurs, en IUT production, en INP et en UT, et, mécaniquement par une augmentation des effectifs des grands établissements. 3. Y compris 275 étudiants à Mayotte pour 2011-2012. 4. Y compris écoles supérieures d'architecture, de journalisme et de communication. 5. Données provisoires en 2011-2012 pour les formations paramédicales et sociales (reconduction des données 2010-2011). 6. Groupe non homogène (écoles vétérinaires, autres écoles dépendant d'autres ministères...).
Source : Sies.

Principaux diplômes délivrés dans l'enseignement supérieur

en milliers

	1995	2000	2005	2010
BTS	77,3	94,2	102,5	113,5
DUT	37,4	47,5	45,8	47,3
DEUG, DEUST	132,4	124,7	47,7	1,4
Licence	127,2	135,0	59,2	///
Licence LMD	///	///	82,7	117,0
Licence professionnelle	///	///	23,9	44,2
Maîtrise	80,8	93,3	44,1	///
Master professionnel / DESS	21,1	32,6	(r) 39,9	60,1
Master recherche / DEA	25,4	23,4	(r)16,6	18,9
Master indifférencié	///	///	0,6	24,5
Diplôme d'ingénieur	21,9	24,6	27,6	28,9
Diplôme d'écoles de commerce	18,4	18,3	26,1	28,9
Doctorat (hors HDR[1])	9,0	10,0	9,3	11,1
Diplôme de docteur (santé)	7,7	6,7	6,8	3,7
Capacité en médecine	1,8	1,6	2,2	1,4
DES, DIS, DESC[2]	3,5	3,2	2,5	4,6

1. Habilitation à diriger des recherches.
2. DES, DESC : diplôme d'études spécialisées (complémentaires) ; DIS : diplôme interdisciplinaire de spécialisation.
Source : Sies.

Étudiants inscrits en université par discipline en 2011-2012

	Effectifs en milliers	*dont femmes en %*
Droit, sciences politiques	195,1	*64,1*
Sciences économiques, gestion	145,5	*52,4*
AES (filière adm. économique et sociale)	38,8	*60,3*
Pluri-droit, sciences économiques, AES	n.s.	*74,4*
Lettres, sciences du langage	93,3	*70,8*
Langues	102,6	*74,1*
Sciences humaines sociales	218,5	*68,1*
Pluri-lettres, langues, sciences humaines	8,3	*80,3*
Sciences fondamentales et applications	153,2	*28,2*
Sciences de la nature et de la vie	71,0	*60,0*
Sciences et tech. des activités phys. et sportives	39,1	*30,4*
Pluri-sciences	25,2	*46,9*
Médecine-odontologie	123,9	*62,0*
Pharmacie	22,5	*66,2*
Pluri-santé	52,7	*63,9*
IUT	110,5	*39,9*
Total	**1 400,4**	***57,2***
Cursus licence	845,2	*56,5*
Cursus master	493,0	*59,6*
Cursus doctorat	62,1	*48,0*

Source : Sies.

Origine sociale des étudiants français à l'université en 2011-2012

en %

	Université[1 2]	*dont*	
		lettres	*sciences*
Agriculteurs	1,8	*1,5*	*2,0*
Artisans, comm., chefs d'entrep.	7,4	*6,4*	*7,0*
Prof. libérales, cadres sup.	30,6	*25,5*	*30,7*
Professions intermédiaires	12,7	*13,4*	*14,1*
Employés	12,2	*13,3*	*12,9*
Ouvriers	10,4	*10,9*	*11,5*
Retraités, inactifs	13,2	*16,3*	*11,6*
Non renseigné	11,7	*12,6*	*10,0*
Effectifs en milliers	**1 187,8**	***356,9***	***234,6***

1. Y compris les IUT. 2. Hors université de Lorraine.
Source : Sies.

Population ayant un niveau d'études supérieures dans l'Union européenne en 2011

en % de la population

	25 à 64 ans		*dont 25 à 34 ans*	
	Hommes	Femmes	*Hommes*	*Femmes*
Allemagne	30,2	24,9	*25,7*	*29,7*
Autriche	21,5	17,2	*19,7*	*22,7*
Belgique	32,4	36,8	*36,5*	*48,4*
Bulgarie	18,4	28,3	*20,3*	*34,9*
Chypre	35,0	39,9	*42,6*	*58,1*
Danemark	29,7	37,8	*31,0*	*46,5*
Espagne	30,3	32,8	*34,4*	*44,1*
Estonie	27,8	44,8	*29,6*	*48,7*
Finlande	33,0	45,7	*30,8*	*48,4*
France	**28,0**	**31,4**	***38,7***	***47,2***
Grèce	25,2	25,6	*26,8*	*37,6*
Hongrie	18,7	23,5	*22,5*	*34,0*
Irlande	34,3	41,1	*40,2*	*53,9*
Italie	13,4	16,4	*16,4*	*25,6*
Lettonie	20,3	34,6	*23,3*	*46,1*
Lituanie	27,4	40,0	*39,3*	*57,3*
Luxembourg	39,5	34,5	*44,6*	*48,7*
Malte	16,1	14,6	*22,6*	*27,1*
Pays-Bas	33,5	30,7	*35,9*	*43,9*
Pologne	19,8	27,6	*31,2*	*47,4*
Portugal	14,5	19,9	*21,6*	*32,4*
République tchèque	18,4	18,1	*22,0*	*28,5*
Roumanie	14,6	15,1	*20,8*	*24,4*
Royaume-Uni	36,5	37,6	*41,4*	*46,3*
Slovaquie	17,0	20,5	*20,8*	*30,8*
Slovénie	20,3	30,1	*23,8*	*44,4*
Suède (p)	29,6	40,9	*35,8*	*50,6*
UE à 27	**25,8**	**27,8**	***29,8***	***38,7***

Source : Eurostat, EU-LFS.

10.3 Établissements - Enseignants

À la rentrée 2011, l'enseignement du premier degré compte 53 400 écoles en France y compris Mayotte. Leur nombre est en baisse dans le secteur public et dans le **secteur privé**. Les fermetures d'écoles maternelles publiques contribuent presque en totalité à cette diminution. Les écoles maternelles, peu représentées dans le secteur privé, voient également leur nombre orienté à la baisse. Le nombre d'écoles élémentaires se réduit encore, aussi bien dans le public que dans le privé.

La nature des écoles est très différente entre secteurs public et privé. En effet, plus de neuf écoles privées sur dix sont des écoles primaires contre trois sur dix dans le secteur public. Regroupant enseignement préélémentaire et élémentaire, ces écoles sont plus grandes dans le secteur privé et comportent six classes et plus pour plus de la moitié d'entre elles, tandis qu'elles restent de taille assez modeste dans le secteur public où plus des deux tiers ont cinq classes ou moins.

Dans le second degré, le système éducatif compte 11 400 établissements à la rentrée 2011. Ce chiffre varie peu depuis plus de dix ans. Depuis 1985, date de création du baccalauréat professionnel, le nombre de lycées du secteur public augmente pour accueillir les élèves plus nombreux dans le second cycle long. Le nombre de collèges suit la même tendance. Un tiers des établissements du second degré relève du secteur privé. Les lycées et les lycées professionnels y sont les mieux représentés : 40 % d'entre eux sont privés contre 25 % des collèges.

En 2011-2012, le système éducatif au titre du ministère de l'Éducation nationale et du ministère de l'Enseignement supérieur et de la Recherche compte 1 167 500 enseignants et personnels administratifs, techniques, d'encadrement, d'éducation. Les enseignants représentent près de 80 % des agents dans les secteurs public et privé, 76 % des agents dans le secteur public.

Les effectifs enseignants ont des évolutions très diverses selon le niveau d'enseignement et le secteur mais, globalement, ils décroissent de façon régulière. Les **enseignants du premier degré** public augmentent régulièrement, à l'inverse des **enseignants du second degré** public. En 2012, l'**enseignement supérieur**, quel que soit le statut de l'établissement, qu'il ait ou non acquis son autonomie dans le cadre de la **loi relative aux libertés et responsabilités des universités,** compte 70 300 enseignants titulaires. Il faut ajouter à cet effectif les 53 000 personnels relevant des fonctions administratives, techniques et d'encadrement.

En 2011, la **dépense intérieure d'éducation (DIE)** atteint 137,4 milliards d'euros, soit 6,9 % du produit intérieur brut (PIB), ce qui correspond à une dépense de 8 250 euros par élève ou étudiant. La croissance de la DIE s'explique moins par l'accroissement du nombre d'élèves que par celui du coût de chaque élève, qui, tous niveaux confondus, progresse de 1,8 % par an depuis 1980. ■

Définitions

Enseignants du premier degré : instituteurs, professeurs des écoles et autres enseignants chargés de classes du premier degré dans les écoles publiques et privées sous contrat avec le ministère de l'Éducation nationale.

Enseignants du second degré : titulaires et non-titulaires enseignant dans les établissements du second degré publics et privés sous contrat avec le ministère de l'Éducation nationale (collèges, lycées,...). Sont inclus les personnels de remplacement et de documentation.

Centre national d'enseignement à distance (Cned), dépense intérieure d'éducation (DIE), enseignants du supérieur, enseignement privé, enseignement supérieur, loi relative aux libertés et responsabilités des universités (loi LRU) : voir rubrique « définitions » en annexes.

Pour en savoir plus

- « Coût de l'éducation en 2011 : évaluation provisoire du compte », *note d'information* n° 12.17, Depp, novembre 2012.
- « L'état de l'école », n° 22, Depp, octobre 2012.
- « Repères et références statistiques 2012 », Depp, septembre 2012.
- « Les personnels enseignants de l'enseignement supérieur 2010-2011 », *note d'information* n° 12.08, Depp, juillet 2012.

Retrouvez le TEF sur www.insee.fr, rubrique Publications et services\Collections nationales\Insee Références

Personnel de l'Éducation nationale et de l'Enseignement supérieur

	1990	1995	2000	2005	2011	2012[1]
Enseignants dans le secteur public	756 260	807 135	841 140	860 198	789 819	782 944
Enseignants dans le secteur privé	126 380	134 940	139 155	144 940	138 639	137 022
Total des enseignants[2]	**882 640**	**942 075**	**980 295**	**1 005 138**	**928 458**	**919 966**
Personnel adm., technique, d'encad. et de surveillance[3]	288 660	297 750	303 320	293 507	179 759	178 702
Total	**1 171 300**	**1 239 825**	**1 283 615**	**1 298 645**	**1 108 217**	**1 098 668**
Aides éduc., assistants d'éduc. et assistants pédag.	///	///	61 470	51 287	68 321	68 821

1. Y compris Mayotte, sauf enseignants dans le secteur privé. 2. Enseignants titulaires, stagiaires et non-titulaires des 1er et 2nd degrés, du supérieur et des établissements de formation. Sont exclus les enseignants non permanents de l'enseignement supérieur. 3. En 2012, cet effectif est sans doute sous estimé en raison d'un probable défaut de couverture de Mayotte. Note : à partir de 2007, les personnes rémunérées sur des comptes d'avance de régularisation et les techniciens et ouvriers à la charge des collectivités territoriales ne sont plus comptabilisés.
Source : Depp.

Enseignants du public et du privé par corps en 2012

	Effectifs au 31 janvier	*dont femmes en %*
Premier degré public	325 441	*81,6*
dont : professeurs des écoles	*316 408*	*81,9*
instituteurs et suppléants	*8 212*	*68,8*
Second degré public	387 184	*57,8*
dont : agrégés et chaires supérieures	*48 548*	*50,3*
certifiés et assimilés	*239 788*	*61,9*
prof. de lycée professionnel	*57 833*	*48,5*
prof. d'ens. général de collège	*3 948*	*55,8*
Supérieur public[1]	70 319	*36,8*
Total secteur public[2]	**782 944**	***65,8***
Premier degré privé	43 824	*91,0*
dont : professeurs des écoles	*38 275*	*91,0*
instituteurs et suppléants	*5 542*	*91,2*
Second degré privé	93 198	*65,9*
dont : agrégés et chaires supérieures	*3 387*	*46,7*
certifiés et assimilés	*56 601*	*67,7*
prof. de lycée professionnel	*10 209*	*61,1*
prof. d'ens. général de collège	*5 056*	*67,4*
Total secteur privé	**137 022**	***73,9***

1. Y compris enseignants titulaires rémunérés par les universités ayant acquis leur autonomie ; non compris les enseignants non permaments.
2. Y compris les enseignants du Cned et les enseignants stagiaires comptabilisés dans chacun des deux niveaux en fonction de leur corps d'appartenance.
Source : Depp.

Dépense intérieure d'éducation

	1980 (r)	1990 (r)	2000 (r)	2011 (p)
Aux prix courants (en Mds d'euros)	28,5	68,0	104,9	137,4
Aux prix 2011 (en Mds d'euros)	73,4	95,3	128,1	137,4
En % du PIB	6,4	6,6	7,3	6,9
Par habitant aux prix 2011 (en euros)	1 360	1 640	2 110	2 110
Par élève aux prix 2011 (en euros)	4 540	5 640	7 570	8 250

Note : rupture de série en 2000. Le compte de l'éducation a fait l'objet d'une rénovation en 1999. La réévaluation de la DIE s'applique à l'ensemble de la période 1980-2009. Les dépenses moyennes par élève n'ont été recalculées qu'à partir de 1999, d'où une rupture dans la série correspondante.
Source : Depp.

Dépense moyenne par élève

en euros constants aux prix de 2011

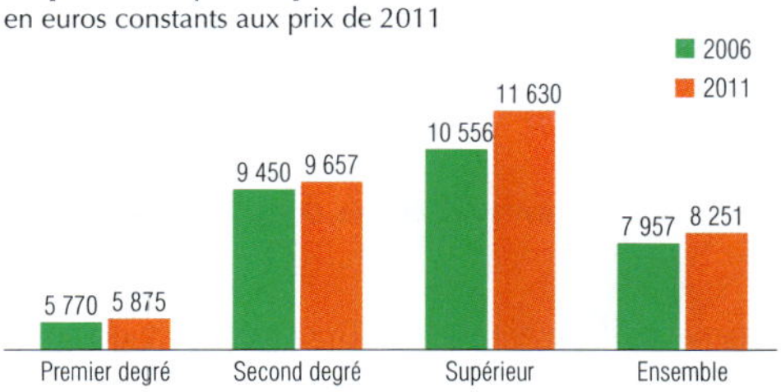

Source : Depp.

Établissements publics et privés du 1er et du 2nd degré

	2001-2002		2011-2012[1]	
	Public	Privé	Public	Privé
Écoles maternelles	18 448	245	15 686	129
Écoles élémentaires	34 279	5 395	32 453	5 150
Total premier degré	**52 727**	**5 640**	**48 139**	**5 279**
Collèges	5 139	1 802	5 270	1 776
Lycées professionnels	1 096	650	960	670
Lycées d'enseignement général et technologique	1 527	1 094	1 584	1 077
Établissements régionaux d'enseignement adapté	80	///	79	1
Total second degré	**7 842**	**3 546**	**7 893**	**3 524**

1. Y compris Mayotte.
Source : Depp.

Dépenses d'éducation dans l'UE en 2009

en % du PIB

	Dépenses publiques	Dépenses privées	Subventions publiques au secteur privé
Allemagne	5,06	0,80	0,55
Autriche	6,01	0,51	0,62
Belgique	6,57	0,38	0,32
Bulgarie	4,58	0,66	0,70
Chypre	7,98	1,53	1,14
Danemark	8,72	0,33	1,24
Espagne	5,01	0,72	0,18
Estonie	6,09	0,36	0,26
Finlande	6,81	0,16	0,50
France	**5,89**	**0,61**	**0,22**
Grèce	...	...	...
Hongrie	5,12	...	0,30
Irlande	6,50	0,37	0,55
Italie	4,70	0,45	0,29
Lettonie	5,64	0,58	0,29
Lituanie	5,64	0,66	0,26
Luxembourg[1]	3,15	...	0,07
Malte	5,46	1,36	...
Pays-Bas	5,94	1,01	0,76
Pologne	5,10	0,77	0,07
Portugal	5,79	0,38	0,34
Rép. tchèque	4,38	0,58	0,18
Roumanie	4,24	0,11	0,13
Royaume-Uni	5,67	1,87	1,51
Slovaquie	4,09	0,72	0,35
Slovénie	5,70	0,68	0,44
Suède	7,26	0,18	0,79
UE à 27 (e)	**5,41**	**0,79**	**0,53**

1. Données 2007.
Source : Eurostat.

10.4 Niveaux de formation

À la rentrée 2010, le **taux de scolarisation** des enfants de 2 ans recule pour la neuvième année consécutive. Il s'établit à 13,6 %, alors qu'un enfant sur trois âgé de 2 ans était encore scolarisé jusqu'au début des années 2000. La scolarisation des enfants dans le premier degré reste relativement stable. Le second degré comprend des élèves en moyenne plus jeunes : les élèves de plus de 18 ans sont en léger recul et les 11 ans plus nombreux. Dans l'enseignement supérieur, la scolarisation est en hausse chez les jeunes de 17 à 23 ans et plus particulièrement chez les 19 ans. Au sein de l'apprentissage, c'est chez les jeunes de 23 ans que la scolarisation progresse le plus, alors qu'elle recule chez les 18 ans et moins.

L'**espérance de scolarisation** est stable par rapport à l'année précédente. Les taux de scolarisation par âge, constatés pendant l'année scolaire 2010-2011, permettent d'espérer, pour un jeune âgé de 15 ans, une formation initiale de 6,2 années dont 2,6 années dans l'enseignement supérieur. Limiter les **sorties précoces du système éducatif** est une priorité des pouvoirs publics au niveau national et européen. Amener en dessous de 10 % la proportion de jeunes en situation de décrochage vis à vis du système d'éducation ou de formation constitue l'un des objectifs de la stratégie européenne Europe 2020. En 2011, 13,5 % des jeunes européens de 18 à 24 ans ont arrêté leurs études sans avoir obtenu au moins un diplôme de l'enseignement secondaire de second cycle. En France, l'objectif national est de passer de 12 % en 2011, à 9,5 % en 2020.

Depuis 1970, la **proportion de bacheliers dans une génération** a progressé de 50 points pour atteindre près de 72 % à la session 2011. Cette forte progression résulte essentiellement de la croissance du nombre de bacheliers généraux et de l'essor du baccalauréat professionnel depuis sa création au milieu des années 80.

Le nombre d'**apprentis** a doublé en 20 ans et atteint 426 300 en 2010-2011 (+ 0,4 % sur un an). Suite à la rénovation de la voie professionnelle déployée en 2009 dans l'apprentissage, le report des effectifs du **brevet d'études professionnelles (BEP)** s'est essentiellement fait au profit du baccalauréat professionnel en 3 ans. Ainsi, le **niveau de formation** V recule. Il accueille 191 900 apprentis. Bien qu'il domine encore, le **certificat d'aptitude professionnelle (CAP)** ne représente dorénavant que 43 % de l'ensemble des apprentis, contre 51 % il y a 10 ans. Le niveau IV accueille presque 30 % des apprentis et progresse encore cette année grâce au nombre accru d'apprentis en baccalauréat professionnel. L'apprentissage dans l'**enseignement supérieur** progresse de 8 % en un an. Le BTS y prédomine. Les autres formations du supérieur accueillent désormais plus de 14 % des apprentis contre moins de 3 % il y a 15 ans. ■

Définitions

Proportion de bacheliers dans une génération : proportion de bacheliers d'une génération fictive d'individus qui auraient, à chaque âge, les taux de candidature et de réussite observés l'année considérée. Ce nombre est obtenu en calculant, pour chaque âge, le rapport du nombre de lauréats à l'ensemble de la population de cet âge.

Sorties précoces du système éducatif : jeunes âgés de 18 à 24 ans qui n'étudient plus et n'ont pas terminé avec succès l'enseignement secondaire de second cycle (Classification internationale type de l'éducation-CITE 3). Ils sont classés comme sortants avec le niveau CITE 2. En France, il s'agit des 18-24 ans qui ne poursuivent ni études, ni formation et n'ont ni CAP, ni BEP, ni diplôme plus élevé.

Apprenti, brevet d'études professionnelles (BEP), certificat d'aptitude professionnelle (CAP), enseignement supérieur, espérance de scolarisation, formation professionnelle continue, niveaux de formation, taux de scolarisation : voir rubrique « définitions » en annexes.

Pour en savoir plus

- « Sortants sans diplôme et sortants précoces – Deux estimations du faible niveau d'études des jeunes », *note d'information* n° 11.08, Depp, septembre 2012.
- « Repères et références statistiques 2012 », Depp, août 2012.
- « La dépense nationale pour la formation professionnelle continue et l'apprentissage », *Document d'études* n° 168, Dares, janvier 2012.

Retrouvez le TEF sur www.insee.fr, rubrique Publications et services\Collections nationales\Insee Références

Apprentis selon le diplôme préparé

	2000-2001	2010-2011
CAP et autres diplômes niveau V	185 843	182 276
BEP	52 974	4 320
Mentions complémentaires	6 516	5 261
Brevet professionnel et autres diplômes niveau IV	35 951	55 998
Baccalauréat professionnel	33 404	67 020
Diplômes du supérieur	51 186	111 405
dont : BTS	*27 800*	*49 965*
licences	*692*	*11 943*
diplômes ingénieurs	*4 644*	*12 706*
Total des apprentis	**365 874**	**426 280**
Pré-apprentis[1]	10 184	7 243

1. Classe préparatoire à l'apprentissage (CPA), classe d'initiation préprofessionnelle par alternance (CLIPA), dispositif d'initiation aux métiers en alternance (DIMA).
Source : Depp.

Taux de scolarisation par âge

en %

	2000-2001	2005-2006	2009-2010	2010-2011
2 ans	34,6	24,5	15,2	13,6
3 ans	100,0	100,0	100,0	98,0
4 ans	100,0	100,0	100,0	99,5
5 ans à 8 ans	100,0	100,0	100,0	100,0
9 ans	100,0	100,0	100,0	99,4
10 ans	100,0	100,0	100,0	98,6
11 ans	100,0	100,0	100,0	99,2
12 ans	100,0	100,0	100,0	98,4
13 ans	100,0	100,0	98,4	98,4
14 ans	99,3	99,6	98,0	98,1
15 ans	98,4	97,5	97,7	97,4
16 ans	96,5	96,6	94,5	94,2
17 ans	91,6	92,0	90,1	90,2
18 ans	79,6	78,8	79,2	77,0
19 ans	65,7	65,0	65,1	64,5
20 ans	51,4	51,9	52,2	51,9
21 ans	40,5	40,6	41,7	41,3
22 ans	33,3	32,8	33,5	33,1
23 ans	24,7	23,5	24,6	24,3
24 ans	17,2	15,8	17,0	16,3
25 ans	11,4	11,1	11,1	10,5

Champ : public et privé, y compris scolarisation en apprentissage, en France (hors Mayotte).
Source : Depp.

Proportion de bacheliers dans une génération de 1980 à 2011

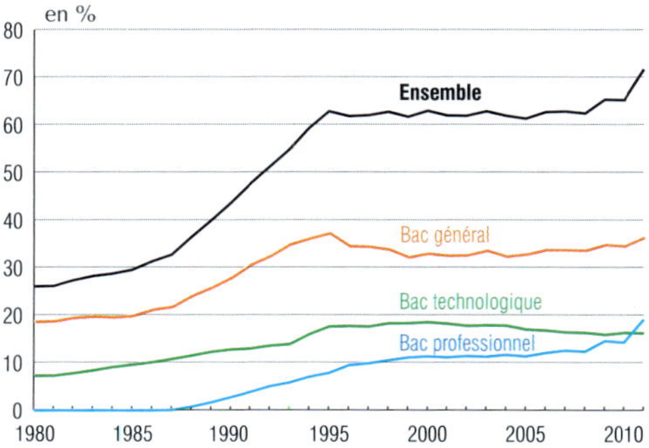

Note : indicateur calculé à partir des différents recensements de la population.
Champ : France métropolitaine jusqu'en 2000, puis France (hors Mayotte) à partir de 2001.
Source : Depp.

Niveau de diplôme selon l'âge en 2011

en %

	Ensemble	*dont*	
		25 à 49 ans	*65 ans ou plus*
Aucun diplôme, CEP	26,2	*14,8*	*57,5*
Brevet des collèges	6,8	*6,4*	*7,4*
CAP, BEP	20,3	*22,6*	*15,6*
Bac, brevet professionnel ou équivalent	14,2	*19,5*	*9,1*
Supérieur court	9,4	*15,2*	*3,5*
Supérieur long	12,5	*20,2*	*6,9*
En cours d'études initiales	10,6	*1,3*	*/// *
Total	**100,0**	***100,0***	***100,0***

Champ : personnes de 15 ans ou plus en France métropolitaine.
Source : Insee, enquêtes Emploi.

Dépense pour la formation continue

en milliards d'euros

Public bénéficiaire	2008 (r)	2009	2010	
				en %
Jeunes (moins de 26 ans en général)	7,3	7,9	8,2	25
Apprentissage	4,8	5,5	5,5	17
Alternance, professionnalisation	1,4	1,2	1,2	4
Formation et accomp. des jeunes	1,2	1,2	1,5	4
Demandeurs d'emploi	3,5	3,8	3,9	12
Agents du secteur public	5,8	6,2	6,1	20
Actifs occupés du secteur privé	12,9	13,3	12,9	42
Investissement	0,4	0,3	0,4	1
Total	**29,9**	**31,5**	**31,5**	**100**

Source : Dares.

Niveau d'éducation dans l'Union européenne en 2011

en %

	Jeunes ayant quitté prématurément l'école[1]			Population de 25 à 64 ans ayant terminé au moins le 2nd cycle du secondaire
	Filles	Garçons	Total	
Allemagne	10,6	12,4	11,5	86,3
Autriche	7,8	8,8	8,3	82,5
Belgique	9,7	14,9	12,3	71,3
Bulgarie	13,7	12,0	12,8	80,2
Chypre	8,1	15,1	11,2	75,0
Danemark	7,0	12,1	9,6	76,9
Espagne	21,9	31,0	26,5	53,8
Estonie	...	...	10,9	88,9
Finlande	8,4	11,2	9,8	83,7
France	**10,2**	**13,9**	**12,0**	**71,6**
Grèce	10,1	16,1	13,1	64,5
Hongrie	10,3	12,1	11,2	81,8
Irlande	8,7	12,5	10,6	73,4
Italie	15,2	21,0	18,2	56,0
Lettonie	7,7	15,9	11,8	87,7
Lituanie	...	10,6	7,9	92,9
Luxembourg	...	...	...	77,3
Malte	27,6	38,9	33,5	31,5
Pays-Bas	7,2	10,8	9,1	72,3
Pologne	3,8	7,4	5,6	89,1
Portugal	18,1	28,2	23,2	35,0
Rép. tchèque	4,4	5,4	4,9	92,3
Roumanie	16,6	18,5	17,5	74,9
Royaume-Uni	13,8	16,2	15,0	76,4
Slovaquie	4,6	5,4	5,0	91,3
Slovénie	...	...	...	84,5
Suède (p)	5,3	7,8	6,6	82,0
UE à 27	**11,6**	**15,3**	**13,5**	**73,4**

1. Personnes de 18 à 24 ans dont le niveau d'études ne dépasse pas le 1er cycle du secondaire et qui ne suivent aucune formation.
Source : Eurostat, EU-LFS.

Économie
Finances

Économie générale
Monnaie - Marchés financiers
Finances publiques
Échanges extérieurs

11.1 Principaux indicateurs économiques

Après un rebond marqué en 2010, l'activité ralentit en 2011 dans les économies avancées. Dès le début de l'année, la forte hausse du prix des matières premières, les conséquences du séisme japonais et le ralentissement de l'activité dans les économies émergentes ont freiné la dynamique de reprise. À partir de l'été 2011, les économies européennes ont pâti de la diffusion de la crise des dettes souveraines survenue en 2010. Son aggravation pendant l'été 2011 s'est traduite par un regain d'incertitude et un durcissement des conditions financières dans certains pays. L'activité s'est ainsi contractée en Europe en fin d'année.

En 2011, la croissance de l'économie française se maintient : le **produit intérieur brut** en euros constants progresse de 1,7 % en moyenne annuelle, au même rythme qu'en 2010. La croissance est soutenue par la demande des entreprises : leurs dépenses d'**investissement** accélèrent et après deux années de déstockage, la reconstitution des stocks contribue notablement à l'activité, à hauteur de 0,8 point de croissance du PIB. Ce relatif dynamisme masque cependant un ralentissement marqué à partir du printemps. Après un fort rebond en 2010, les échanges extérieurs décélèrent mais restent dynamiques en 2011 : + 5,3 % après + 9,6 % pour les exportations et + 4,9 % après + 8,9 % pour les importations. Les importations et exportations progressent sur des rythmes proches, si bien que les échanges extérieurs sont neutres sur la croissance.

Les dépenses des **administrations publiques** décélèrent de nouveau en 2011. Les **dépenses de consommation des ménages,** principal facteur de hausse de la demande en 2010, sont atones en 2011 (+ 0,3 % en euros constants après + 1,4 % en 2010). En particulier, les dépenses d'énergie ont fortement baissé en 2011 du fait de températures plus élevées en moyenne d'environ 1,8 °C. Les ménages ont également légèrement augmenté leur taux d'épargne. Si le **revenu disponible brut des ménages** accélère à + 2,6 % en valeur (après + 2,0 % l'année précédente), son **pouvoir d'achat** croît à un rythme ralenti : l'accélération des prix l'emporte sur celle des revenus d'activité.

Les rémunérations versées par les **sociétés non financières (SNF)** à leurs salariés augmentent de 4,4 % en 2011, soit un rythme plus soutenu que celui de leur **valeur ajoutée** (+ 2,8 %). Leur excédent brut d'exploitation se contracte (– 2,2 %), après avoir augmenté de 6,0 % en 2010. Leur **taux de marge** perd ainsi 1,5 point entre 2010 et 2011, pour s'établir à 28,6 %, son plus faible niveau depuis le milieu des années 80. Leur épargne baisse de 11,5 % et le besoin de financement passe de 1,8 % en 2010 à 6,5 % en 2011. L'investissement des sociétés non financières reste en revanche dynamique, de sorte que le **taux d'autofinancement** recule nettement (– 14,6 points, à 67,2 %). ■

Définitions

Pouvoir d'achat : le pouvoir d'achat du revenu est la quantité de biens et de services que l'on peut acheter avec le revenu disponible brut (RDB). Son évolution est liée à celles des prix et des revenus. Ainsi, si les prix augmentent quand les revenus sont constants, le pouvoir d'achat diminue, alors que si la hausse des revenus est supérieure à celle des prix, le pouvoir d'achat peut augmenter.

Taux de marge : rapport de l'excédent brut d'exploitation (EBE) à la valeur ajoutée.

Administrations publiques, dépenses de consommation finale des ménages, institutions sans but lucratif au service des ménages (ISBLSM), investissement ou formation brute de capital fixe (FBCF), produit intérieur brut (PIB), revenu disponible des ménages, sociétés non financières (SNF), taux d'autofinancement, taux d'investissement, valeur ajoutée : voir rubrique « définitions » en annexes.

Pour en savoir plus

- « Le PIB par habitant a varié dans les États membres de 45 % à 274 % de la moyenne de l'UE27 en 2011 », *communiqué de presse* n° 97, Eurostat, juin 2012.
- « L'économie française », *Insee Références*, édition 2012.
- « Les comptes de la Nation en 2011 – la croissance du PIB se maintient à 1,7 % », *Insee Première* n° 1401, mai 2012.
- « Fin 2011, le PIB progresse de 0,2 % tandis que le pouvoir d'achat des ménages stagne », *Informations Rapides* n° 78, mars 2012.

Retrouvez le TEF sur www.insee.fr, rubrique Publications et services\Collections nationales\Insee Références

Ressources et emplois de biens et services à prix courants

en milliards d'euros

Ressources	2010 (r)	2011	Emplois	2010 (r)	2011
Produit intérieur brut (PIB)	1 937,3	1 996,6	Consommation finale	1 606,2	1 640,6
Valeur ajoutée au prix de base	1 741,5	1 789,0	Ménages	1 084,6	1 110,1
Impôts sur les produits	210,9	222,6	Administrations publiques	481,8	489,3
Subventions sur les produits	– 15,1	– 15,0	ISBLSM	39,8	41,2
Importations	537,4	594,3	Formation Brute de Capital Fixe	376,7	401,2
			Acquisitions, nettes de cessions, d'objets de valeur	0,7	0,8
			Variation de stocks	– 4,2	10,1
Total des ressources et des emplois	**2 474,7**	**2 590,9**	Exportations	495,3	538,2

Source : Insee, comptes nationaux - base 2005.

Investissement par secteur institutionnel

	2011 en milliards d'euros	Évolution en valeur en %		Évolution en volume en %	
		10/09	11/10	10/09	11/10
Entreprises non financières	213,4	7,2	7,5	6,3	5,1
Entreprises financières	13,6	– 12,1	10,2	...	...
Administrations publiques	61,4	– 6,1	1,6	– 8,1	– 1,9
Ménages	108,9	1,3	7,1	– 0,4	3,1
ISBLSM	4,0	4,1	3,2	...	...
Total	**401,2**	**2,5**	**6,5**	**1,2**	**3,5**

Source : Insee, comptes nationaux - base 2005.

Capacité ou besoin de financement des secteurs institutionnels

en milliards d'euros

	2009 (r)	2010 (r)	2011
Sociétés non financières	– 15,8	– 17,1	– 64,9
Sociétés financières	31,2	27,6	28,7
Administrations publiques	– 142,6	– 137,4	– 103,9
Administrations centrales	– 121,7	– 112,7	– 90,2
État	– 117,1	– 121,8	– 87,5
ODAC	– 4,6	9,1	– 2,7
Administrations locales	– 5,9	– 1,4	– 0,9
Administrations de sécurité sociale	– 15,0	– 23,3	– 12,7
Ménages[1]	93,8	89,7	89,8
ISBLSM	0,5	0,0	– 0,7
Nation	– 32,9	– 37,1	– 51,0

1. Y compris entrepreneurs individuels.
Source : Insee, comptes nationaux - base 2005.

Taux de marge et taux d'investissement des sociétés non financières de 1950 à 2011

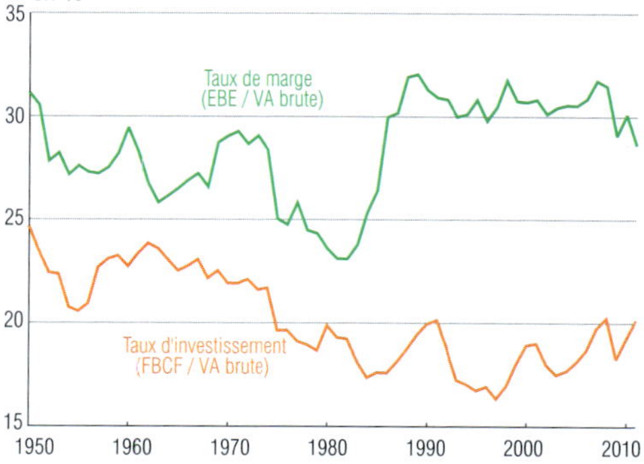

Champ : sociétés non financières hors entreprises individuelles.
Source : Insee, comptes nationaux - base 2005.

Évolution du PIB en France de 1950 à 2011

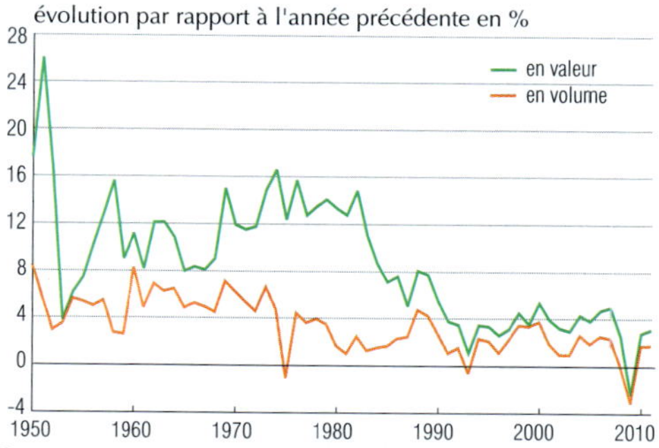

Source : Insee, comptes nationaux - base 2005.

Principaux agrégats de la comptabilité nationale par habitant

en euros courants par habitant

	2010 (r)	2011(p)
Produit intérieur brut	29 885	30 634
Revenu disponible brut des ménages	19 898	20 307
Dépense de consom. finale indiv. des ménages	16 731	17 032
Épargne brute des ménages	3 167	3 275
Capacité de financement des ménages	1 384	1 377

Source : Insee, comptes nationaux - base 2005.

PIB par habitant dans l'Union européenne

en indice base 100 pour l'UE à 27

	2010 (r)	2011 (p)		2010 (r)	2011 (p)
Allemagne	118	120	Lettonie[1]	55	58
Autriche	126	129	Lituanie	57	62
Belgique	119	118	Luxembourg	271	274
Bulgarie	44	45	Malte	82	83
Chypre	95	92	Pays-Bas	133	131
Danemark	127	125	Pologne	63	65
Espagne	100	99	Portugal	80	77
Estonie	64	67	Rép. tchèque	80	80
Finlande	115	116	Roumanie	47	49
France	**108**	**107**	Royaume-Uni	112	108
Grèce (p)	90	82	Slovaquie	73	73
Hongrie	65	66	Slovénie	85	84
Irlande	127	127	Suède	124	126
Italie	100	101	**UE à 27**	**100**	**100**

1. Ruptures de série en 2010.
Champ : les chiffres de base sont exprimés en standards de pouvoir d'achat (SPA), c'est-à-dire dans une monnaie commune qui élimine les différences de niveaux de prix entre les pays, permettant des comparaisons significatives. Cet indice est destiné aux comparaisons internationales plutôt qu'aux comparaisons temporelles.
Source : Eurostat.

11.2 Croissance - Productivité

Après le recul historique de 2009, l'activité en France progresse de 1,7 % en moyenne annuelle en 2011, au même rythme qu'en 2010. Elle est soutenue par la demande intérieure finale hors stocks, qui contribue à hauteur de + 0,9 point à la **croissance du produit intérieur brut (PIB)**, principalement grâce à l'investissement, notamment celui des entreprises non financières. L'année 2011 est également marquée par un fort mouvement de reconstitution des stocks des entreprises après un déstockage très marqué pendant la récession de 2009. Les échanges extérieurs augmentent nettement, mais à un rythme moindre qu'en 2010.

En 2011, l'**investissement** de l'ensemble de l'économie confirme son redressement. L'investissement des ménages progresse à nouveau (+ 3,1 %) : c'est la première fois depuis 2007. L'investissement en construction sort de l'ornière : + 2,7 % après – 5,0 % en 2010 pour les ménages. *A contrario*, l'investissement des **administrations publiques** continue de reculer (– 1,9 %), bien que moins fortement qu'en 2010 (– 8,1 %). Enfin, l'investissement des entreprises non financières se redresse très nettement depuis la fin de la récession (+ 5,1 % en 2011 après + 6,3 % en 2010 et – 13,7 % en 2009), mais il reste inférieur à son niveau d'avant crise. L'investissement des entreprises non financières en produits manufacturés a ainsi nettement accéléré en 2011, grâce à la hausse de l'investissement en biens d'équipement et en automobiles ainsi qu'à la forte progression de l'investissement en services marchands. La situation financière des **sociétés non financières** se dégrade en 2011. Leur **valeur ajoutée** progresse de 2,8 % en valeur, mais **l'excédent brut d'exploitation** recule de 2,2 %. Leur taux de marge baisse ainsi à 28,6 %.

La reprise est variable suivant les secteurs d'activité. La production manufacturière ralentit en 2011 après avoir nettement rebondi l'année précédente (+ 3,2 % après + 4,7 % en 2010). Au sein des **branches** manufacturières, la production de l'industrie des matériels de transport est dynamique. La production automobile progresse de 5,4 % bien qu'elle ait souffert en cours d'année de la fin de la prime à la casse et de la rupture de certaines chaînes d'approvisionnement suite au séisme japonais. Contrairement à l'industrie manufacturière, la production de services marchands dépasse en 2011 son niveau d'avant-crise. Le raffermissement de l'activité est marqué dans les activités de transport et de services aux entreprises. L'activité dans la construction, qui avait continué de baisser en 2010, se redresse en 2011 (+ 1,4 %).

Après avoir fortement reculé en 2009 et presque stagné en 2010, l'emploi progresse fortement en 2011, même s'il marque le pas au cours du second semestre. Avec la reprise de l'activité économique sur deux années, les gains de **productivité apparente du travail** retrouvent en 2011 leur régime de croisière des années précédant la crise à + 1,3 %. ■

Définitions

Contribution à la croissance du PIB : la contribution de chacune des composantes du PIB (dépenses de consommation des ménages et des administrations publiques, investissement, variations de stocks et solde commercial) à la croissance d'ensemble résulte de l'évolution de cette composante pondérée par son poids dans le PIB.

Valeur ajoutée : solde du compte de production. Elle est égale à la valeur de la production diminuée de la consommation intermédiaire.

Administrations publiques, branche d'activité, excédent brut d'exploitation (EBE), institutions sans but lucratif au service des ménages (ISBLSM), investissement ou formation brute de capital fixe (FBCF), productivité apparente du travail, produit intérieur brut (PIB), sociétés financières, sociétés non financières, solde du commerce extérieur : voir rubrique « définitions » en annexes.

Pour en savoir plus

- « L'économie française », *Insee Références*, édition 2012.
- « Les comptes de la Nation en 2011 – la croissance du PIB se maintient à 1,7 % », *Insee Première* n° 1401, mai 2012.
- « Le PIB de la zone euro et celui de l'UE27 en baisse de 0,3 % », c*ommuniqué de presse* n° 35, Eurostat, mars 2012.

Retrouvez le TEF sur www.insee.fr, rubrique Publications et services\Collections nationales\Insee Références

Contributions à la croissance du PIB

en %

	2009 (r)	2010 (r)	2011 (p)
Dépenses de consommation finale	0,7	1,3	0,2
Ménages	0,1	0,8	0,1
Administrations publiques	0,6	0,4	0,0
ISBLSM	0,1	0,1	0,0
Formation brute de capital fixe	– 2,3	0,2	0,7
Sociétés et entreprises indiv. non financières	– 1,5	0,6	0,5
Sociétés et entreprises indiv. financières	– 0,1	– 0,1	0,1
Administrations publiques	0,1	– 0,3	– 0,1
Ménages hors entrepreneurs individuels	– 0,7	0,0	0,2
ISBLSM	0,0	0,0	0,0
Solde extérieur des biens et services	– 0,5	0,0	0,0
Exportations	– 3,3	2,3	1,3
Importations	2,8	– 2,2	– 1,4
Acquisitions nettes de cessions d'objets de valeur	0,0	0,0	0,0
Variation de stocks	– 1,2	0,1	0,8
Produit intérieur brut	**– 3,1**	**1,7**	**1,7**

Source : Insee, comptes nationaux - base 2005.

Contributions à la croissance du PIB en volume

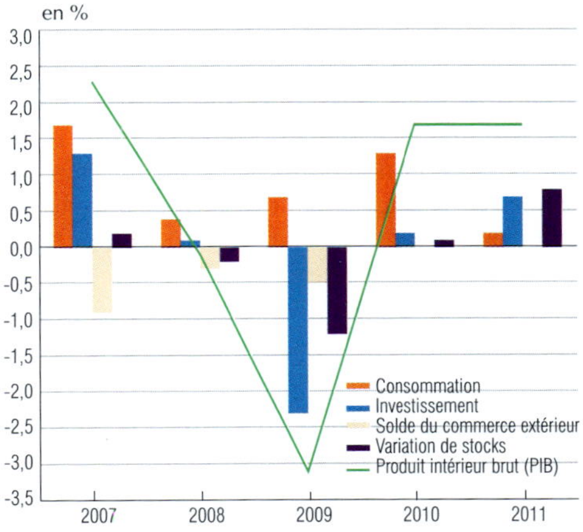

Source : Insee, comptes nationaux - base 2005.

Partage de la valeur ajoutée à prix courants

en %

	1990	2000	2010 (r)	2011
Rémunération des salariés	57,7	58,1	59,3	59,7
Salaires et traitements bruts	41,8	42,6	43,7	43,8
Cot. soc. à charge des employeurs	15,9	15,5	15,6	15,9
Impôts sur la production	3,8	4,7	4,7	4,9
Subventions d'exploitation	– 1,1	– 1,0	– 1,5	– 1,3
Excédent brut d'exploitation	30,0	30,4	30,7	30,0
Revenu mixte brut	9,6	7,8	6,8	6,8
Valeur ajoutée brute (en milliards d'euros)	**924,0**	**1 289,1**	**1 741,5**	**1 789,0**

Source : Insee, comptes nationaux - base 2005.

Évolution de la productivité horaire apparente du travail par branche

en %

	2008 (r)	2009 (r)	2010 (r)	2011 (p)
Agriculture, sylviculture et pêche	**9,7**	**9,7**	**– 7,7**	**6,0**
Ind. manufacturière, ind. extractives et autres	**– 3,6**	**– 1,2**	**5,4**	**1,3**
Ind. extractives, énergie, eau, gestion des déchets et dépollution	– 3,5	– 12,9	– 0,2	– 2,1
Fabr. de denrées alimentaires, de boissons et de produits à base de tabac	– 8,5	3,7	– 1,7	0,1
Cokéfaction et raffinage	– 43,8	– 25,1	30,0	1,3
Fabr. de machines et d'équip. électriques[1]	– 1,1	– 6,7	10,2	8,7
Fabrication de matériels de transport	– 4,3	– 13,8	22,9	– 15,8
Fabrication d'autres produits industriels	– 1,3	3,4	5,4	3,8
Construction	**– 4,6**	**– 4,5**	**– 3,5**	**0,6**
Services principalement marchands	**– 0,7**	**– 0,7**	**1,7**	**0,9**
Commerce, transports, héb. et restauration	– 0,4	– 3,6	2,8	1,9
Information et communication	0,0	– 1,9	2,2	0,9
Activités financières et d'assurance	– 3,8	3,2	– 2,6	2,4
Activités immobilières	– 1,5	9,4	2,4	0,7
Act. scient. et tech. ; serv. adm. et de soutien	0,5	– 2,5	2,3	0,3
Autres services	0,0	0,5	0,1	– 0,3
Services principalement non marchands[2]	**0,2**	**1,9**	**– 0,3**	**1,8**
Ensemble	**– 0,8**	**– 0,4**	**1,2**	**1,4**

1. Y compris fabrication d'équipements électroniques et informatiques.
2. Correspond au regroupement « Administration publique », « Enseignement », « Santé humaine et action sociale ».
Source : Insee, comptes nationaux - base 2005.

Taux de croissance du PIB en volume dans quelques pays du monde

en %

Pays	2009 (r)	2010 (r)	2011
Allemagne	– 5,1	3,7	3,0
Autriche	– 3,8	2,3	3,0
Belgique	– 2,8	2,2	1,9
Bulgarie	– 5,5	0,4	1,7
Chypre	– 1,9	1,1	0,5
Danemark	– 5,8	1,3	0,8
Espagne	– 3,7	– 0,1	0,7
Estonie	– 14,3	2,3	7,6
Finlande	– 8,4	3,7	2,9
France	**– 3,1**	**1,7**	**1,7**
Grèce (p)	– 3,3	– 3,5	– 6,9
Hongrie	– 6,8	1,3	1,6
Irlande	– 7,0	– 0,4	0,7
Italie	– 5,5	1,8	0,4
Lettonie	– 17,7	– 0,3	5,5
Lituanie	– 14,8	1,4	5,9
Luxembourg	– 5,3	2,7	1,6
Malte	– 2,6	2,5	2,1
Pays-Bas	– 3,5	1,7	1,2
Pologne	1,6	3,9	4,3
Portugal	– 2,9	1,4	– 1,6
République tchèque	– 4,7	2,7	1,7
Roumanie	– 6,6	– 1,6	2,5
Royaume-Uni	– 4,0	1,8	0,8
Slovaquie	– 4,9	4,2	3,3
Slovénie	– 8,0	1,4	– 0,2
Suède	– 5,0	6,2	3,9
UE à 27 pays	**– 4,3**	**2,0**	**1,5**
États-Unis	– 3,5	3,0	1,7
Japon	– 5,5	4,4	– 0,7
Suisse	– 1,9	3,0	2,1
Turquie	– 4,8	9,0	(e) 8,5

Source : Eurostat.

11.3 Production des branches

Après une croissance en valeur de + 2,4 % en 2010, la reprise de l'activité s'accentue en 2011 avec une progression de + 2,7 % de la **valeur ajoutée (VA)** de l'ensemble des **branches** de l'économie. La valeur ajoutée s'établit ainsi à 1 789 milliards d'euros en 2011. Corrigée de la hausse des prix, la valeur ajoutée progresse de + 1,8 % en volume, après + 1,5 % en 2010. La **production**, d'un montant de 3 647,4 milliards d'euros, enregistre une hausse de 1,9 % en volume par rapport à 2010.

En 2011, la production industrielle ralentit (+ 2,0 % après + 4,8 % l'année précédente), du fait principalement de la branche énergie-eau-déchets (– 3,9 %), en raison du climat particulièrement doux en 2011. Ayant particulièrement souffert de la crise, la production manufacturière décélère en 2011 (+ 3,2 %), après un net rebond de 2010 : elle reste encore nettement en deçà de son niveau d'avant-crise. Après une forte augmentation au premier trimestre 2011, l'activité de l'**industrie manufacturière** a cessé de progresser, affectée par la fin de la prime à la casse dans le secteur automobile et par la dégradation globale du climat conjoncturel à partir du printemps. En effet, la consommation des ménages en produits manufacturés fléchit, tout comme les investissements des entreprises et les exportations. Au sein des branches manufacturières, la production de l'industrie des matériels de transport est dynamique (+ 5,6 %) : d'une part, la production automobile progresse de 5,4 % sur l'ensemble de l'année et d'autre part, la production d'autres matériels de transport croît de 5,9 %. La production des branches de la cokéfaction et du raffinage se stabilise en 2011, mais demeure inférieure de plus de 20 % à son niveau de 2007.

L'activité des **services marchands** progresse nettement en 2011, à un rythme proche de celui de 2010 (+ 2,4 % après + 2,3 %), notamment grâce aux activités de services aux entreprises et aux activités de transport. *A contrario*, la production de services financiers augmente peu. L'activité des services marchands est très liée à la dynamique d'ensemble de l'économie : ainsi, la croissance de la production manufacturière soutient fortement la demande de services. L'investissement des entreprises non financières en services reste également dynamique. Par ailleurs, la production de **services non marchands** marque le pas : elle progresse de 0,2 % en 2011, après avoir soutenu l'activité en 2009 et en 2010 sous l'effet notamment d'un fort recul des consommations intermédiaires de l'État par contrecoup après d'importantes livraisons de matériel militaire en 2010 (la production non marchande est en effet évaluée comme la somme des coûts de production).

En 2011, le secteur de la construction est sorti de récession : l'activité augmente de 1,4 % alors que, contrairement à l'industrie et aux services, elle avait continué de reculer en 2010 (– 5,2 %). ■

Définitions

Branche d'activité : regroupe des unités de production homogènes, c'est-à-dire qui fabriquent des produits (ou rendent des services) qui appartiennent au même item de la nomenclature d'activité économique considérée. Au contraire, un secteur regroupe des entreprises classées selon leur activité principale.

Production (au sens de la comptabilité nationale) : activité exercée sous le contrôle et la responsabilité d'une unité institutionnelle qui combine des ressources en main-d'œuvre, capital et biens et services pour fabriquer des biens ou fournir des services, et résultat de cette activité. Les processus purement naturels sans intervention ou contrôle humain ne font pas partie de la production.

Contribution à l'évolution d'un agrégat, industrie manufacturière, services marchands, services non marchands, valeur ajoutée : voir rubrique « définitions » en annexes.

Pour en savoir plus

- « La production industrielle en baisse de 0,6 % dans la zone euro », *communiqué de presse* n° 118, Eurostat, août 2012.
- « Les services marchands en 2011 », *document de travail* n° E 2012/03, Insee, juillet 2012.
- « L'économie française », *Insee Références*, édition 2012.
- « La production industrielle française a de nouveau stagné au 4e trimestre 2011 », *Le 4 pages trimestriel de conjoncture industrielle*, Dgcis, mars 2012.

Retrouvez le TEF sur www.insee.fr, rubrique Publications et services\Les collections nationales\Insee Références

Valeur ajoutée brute par branche d'activité

	Valeur ajoutée en milliards d'euros courants								Évolution en volume aux prix de l'année précédente en %		
	1950	1960	1970	1980	1990	2000	2010 (r)	2011 (p)	2009 (r)	2010 (r)	2011 (p)
Agriculture, sylviculture et pêche	**2,5**	**5,1**	**8,6**	**17,0**	**34,4**	**31,8**	**31,8**	**32,8**	**0,0**	**– 5,7**	**3,9**
Ind. manufacturière, ind. extractives et autres	**3,7**	**11,3**	**27,4**	**94,4**	**190,2**	**229,7**	**222,9**	**224,6**	**– 7,5**	**3,3**	**0,5**
Ind. extractives, énergie, eau, gestion des déchets et dépollution	0,3	1,0	2,8	12,7	27,3	33,5	43,5	43,8	– 8,3	1,2	– 0,6
Fabr. de denrées alimentaires, de boissons et de produits à base de tabac	0,6	1,4	3,4	12,4	26,8	30,7	30,1	30,1	0,9	– 1,6	– 0,8
Cokéfaction et raffinage	0,1	0,3	0,5	2,4	1,6	2,2	2,5	3,5	– 32,0	27,7	– 0,3
Fabr. de machines et d'équip. électriques[1]	0,5	1,6	4,2	13,6	26,0	32,5	23,9	25,5	– 18,4	6,8	6,4
Fabrication de matériels de transport	0,2	0,7	1,9	6,7	13,9	19,1	17,5	13,8	– 22,7	19,4	– 15,6
Fabrication d'autres produits industriels	2,0	6,3	14,7	46,7	94,6	111,6	105,4	107,9	– 4,2	2,3	2,6
Construction	**0,7**	**2,7**	**8,8**	**30,2**	**59,8**	**64,5**	**106,4**	**110,1**	**– 6,0**	**– 4,8**	**0,0**
Services principalement marchands	**5,0**	**16,1**	**48,5**	**181,8**	**462,0**	**693,3**	**987,1**	**1 017,2**	**– 3,4**	**2,2**	**2,4**
Commerce, transports, héb. et restauration	2,8	8,3	21,0	73,3	172,9	234,1	320,3	332,0	– 5,3	3,0	3,0
Information et communication	0,3	1,0	3,4	15,0	40,7	63,5	86,5	86,1	– 4,3	3,1	2,5
Activités financières et d'assurance	0,3	1,2	4,1	15,7	43,7	57,7	83,7	83,3	5,0	– 0,9	3,4
Activités immobilières	0,5	2,2	8,8	31,8	90,9	150,9	229,1	236,7	0,9	1,3	1,1
Act. scient. et tech. ; serv. adm. et de soutien	0,6	2,3	8,6	36,1	90,6	146,0	208,1	218,8	– 7,9	3,4	3,5
Autres services	0,3	1,0	2,6	9,8	23,3	41,0	59,4	60,2	– 0,3	0,7	0,0
Services principalement non marchands[2]	**1,7**	**5,4**	**16,0**	**72,8**	**177,6**	**269,8**	**393,3**	**404,3**	**1,1**	**0,9**	**1,2**
Total des branches	**13,5**	**40,6**	**109,3**	**396,2**	**924,0**	**1 289,1**	**1 741,5**	**1 789,0**	**– 3,0**	**1,5**	**1,8**

1. Y compris fabrication d'équipements électroniques et informatiques. 2. Correspond au regroupement « Administration publique », « Enseignement », « Santé humaine et action sociale ».
Source : Insee, comptes nationaux - base 2005.

Production par branche d'activité

	Production en milliards d'euros courants								Évolution en volume aux prix de l'année précédente en %		
	1950	1960	1970	1980	1990	2000	2010 (r)	2011 (p)	2009 (r)	2010 (r)	2011 (p)
Agriculture, sylviculture et pêche	**4,3**	**9,1**	**15,3**	**39,4**	**71,9**	**75,9**	**80,3**	**85,7**	**0,4**	**– 2,2**	**2,2**
Ind. manufacturière, ind. extractives et autres	**14,3**	**38,5**	**87,6**	**307,0**	**569,9**	**772,5**	**871,9**	**929,6**	**– 10,0**	**4,8**	**2,0**
Ind. extractives, énergie, eau, gestion des déchets et dépollution	1,0	3,0	6,6	28,0	55,6	76,1	144,7	148,0	– 2,1	5,5	– 3,9
Fabr. de denrées alimentaires, de boissons et de produits à base de tabac	4,5	9,1	17,4	52,8	105,9	122,4	141,8	151,1	– 1,7	0,9	1,9
Cokéfaction et raffinage	0,4	1,2	3,2	23,6	19,5	34,5	40,8	50,6	– 14,9	– 7,9	0,0
Fabr. de machines et d'équip. électriques[1]	1,3	4,4	11,9	39,9	73,2	107,2	86,2	91,2	– 18,4	8,8	5,1
Fabrication de matériels de transport	0,8	2,9	7,2	27,5	65,3	110,2	117,5	127,0	– 16,9	11,9	5,6
Fabrication d'autres produits industriels	6,4	17,9	41,4	135,1	250,5	322,3	340,8	361,7	– 10,9	4,4	2,8
Construction	**1,8**	**7,0**	**22,2**	**73,6**	**142,2**	**169,2**	**256,2**	**269,8**	**– 6,8**	**– 5,2**	**1,4**
Services principalement marchands	**9,2**	**28,9**	**83,0**	**323,0**	**800,9**	**1 228,2**	**1 766,9**	**1 827,1**	**– 4,0**	**2,3**	**2,4**
Commerce, transports, héb. et restauration	5,2	15,3	37,3	133,4	305,2	442,2	611,7	640,4	– 5,9	2,9	2,8
Information et communication	0,7	2,0	6,0	26,3	69,5	123,3	179,3	181,0	– 2,0	3,4	2,4
Activités financières et d'assurance	0,6	2,3	8,5	39,1	107,9	133,5	187,8	186,2	1,2	– 0,8	0,3
Activités immobilières	0,6	2,5	10,6	41,0	115,9	186,3	282,9	289,5	– 0,9	1,3	1,2
Act. scient. et tech. ; serv. adm. et de soutien	1,5	5,0	16,4	67,4	165,8	279,9	410,7	433,3	– 7,2	3,1	4,0
Autres services	0,6	1,7	4,3	15,9	36,7	63,0	94,5	96,8	1,2	1,9	0,5
Services principalement non marchands[2]	**2,7**	**8,1**	**23,8**	**103,0**	**242,5**	**358,9**	**525,3**	**535,1**	**1,9**	**1,7**	**0,2**
Total des branches	**32,3**	**91,5**	**232,0**	**846,1**	**1 827,4**	**2 604,8**	**3 500,7**	**3 647,4**	**– 4,9**	**2,1**	**1,9**

1. Y compris fabrication d'équipements électroniques et informatiques. 2. Correspond au regroupement « Administration publique », « Enseignement », « Santé humaine et action sociale ».
Source : Insee, comptes nationaux - base 2005.

Contribution des principales branches d'activité à l'évolution de la valeur ajoutée

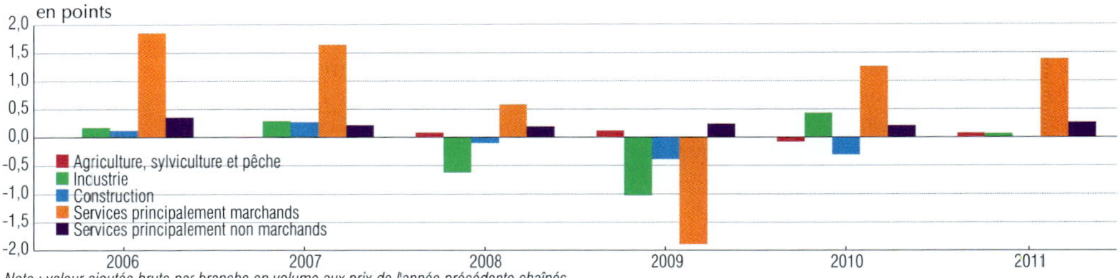

Note : valeur ajoutée brute par branche en volume aux prix de l'année précédente chaînés.
Source : Insee, comptes nationaux - base 2005.

11.4 Prix à la consommation

Entre fin 2010 et fin 2011, l'**inflation** a augmenté, franchissant la barre des 2,0 %. Elle atteint un taux de + 2,5 % fin 2011. L'inflation s'était déjà accrue en 2010 pour aboutir, en fin d'année, à un taux de + 1,8 %. Toujours portée par l'évolution des prix des services, la hausse de l'inflation de 2011 est liée à celle des prix de l'énergie et de l'alimentation. Dans le même temps, l'**inflation sous-jacente** a nettement progressé, retrouvant en 2011 un niveau équivalent à celui de la fin 2009 (+ 1,8 %, contre + 0,6 % en 2010).

En 2011, dans le sillage de la hausse des cours du pétrole brut, les prix des produits énergétiques ont continué d'augmenter (+ 9,3 % en 2011). C'est surtout le cas pour les prix des combustibles liquides (+ 17,4 %) et pour ceux des carburants (+ 10,4 %). L'année 2011 a également enregistré une hausse des prix de l'électricité (+ 6,1 %) et du gaz (+ 6,0 %). Dans l'alimentation, les prix croissent aussi : + 3,3 % en 2011. Cet accroissement résulte notamment de l'augmentation des cours des matières premières alimentaires qui se traduit par une hausse du prix des cafés (+ 16,1 %), des huiles et margarines (+ 11,3 %) et de la volaille (+ 7,3 %). Les prix des produits frais sont, pour leur part, en baisse (– 1,7 %), en raison de la baisse des prix des légumes frais (– 8,9 %), dans un contexte de concurrence accrue. Les prix des fruits frais sont, quant à eux, en hausse (+ 4,0 %).

Une partie de l'augmentation des prix des produits manufacturés, enregistrée fin 2011 (+ 1,0 %), est également liée à la hausse des cours des matières premières : les prix de l'horlogerie, de la bijouterie et de joaillerie continuent leur progression (+ 12,9 %). Dans le même temps, les prix de nombreux biens à forte composante technologique continuent de décroître. C'est le cas des prix des équipements photo et de cinéma, audio-visuels, de téléphone et de télécopie ou encore des matériels de traitement de l'information. En revanche, la baisse des prix des appareils ménagers est plus limitée cette année (– 1,6 % après – 2,7 % en 2010).

Enfin, les prix des services augmentent globalement de 1,8 % en 2011. Une des plus fortes hausses de prix concerne les services d'hébergement de vacances (+ 8,7 %). En revanche, la baisse des prix des services de télécommunications se confirme (– 2,8 %). Comme en 2010, l'année 2011 a également enregistré une forte augmentation du prix du tabac (+ 5,6 %).

En France, l'inflation mesurée à partir de l'**indice des prix à la consommation harmonisé (IPCH)** s'établit à + 2,7 % en 2011 (+ 2,0 % en 2010). Pour l'ensemble des pays membres de l'Union européenne, la hausse est de 3,0 % en 2011 (+ 2,7 % en 2010). ■

Définitions

Indice des prix à la consommation (IPC) : instrument de mesure de l'inflation. Il permet d'estimer, entre deux périodes données, la variation moyenne des prix des produits consommés par les ménages. C'est une mesure synthétique de l'évolution de prix des produits, à qualité constante. Il est publié chaque mois au *Journal Officiel*. L'indice des prix hors tabac sert à indexer de nombreux contrats privés, des pensions alimentaires, des rentes viagères et aussi à revaloriser le Smic. L'indice retenu pour le Smic est celui des « ménages urbains dont le chef est ouvrier ou employé, hors tabac ». L'indice des prix à la consommation n'est pas un indice du coût de la vie.

Indice des prix à la consommation harmonisé (IPCH), inflation, inflation sous-jacente : voir rubrique « définitions » en annexes.

Pour en savoir plus

- « L'inflation telle qu'elle est perçue par les ménages », *Insee Analyses* n° 5, Insee, juillet 2012.
- « Le taux d'inflation annuel de la zone euro stable à 2,4 % – l'UE en hausse à 2,6 % », *communiqué de presse* n° 107, Eurostat, juillet 2012.
- « Indice des prix à la consommation – moyennes annuelles 2010 et 2011 », *Informations rapides* n° 18, Insee, janvier 2012.
- « Harmonised indices of consumer prices – December 2011 », *Data in focus* n° 1 Economy and finance, Eurostat, janvier 2012.
- Indices et séries statistiques (www.insee.fr).

Retrouvez le TEF sur www.insee.fr, rubrique Publications et services\Collections nationales\Insee Références

Indice des prix à la consommation par fonction de consommation en 2011

en indice base 100 en 1998

Fonctions de consommation	Pondération 2011[1]	Évolution 2011/10 Moyenne annuelle en %[2]	Évolution 2011/10 Glissement déc. à déc. en %[3]
Ensemble (y compris tabac)	**10 000**	**2,1**	**2,5**
Ensemble (hors tabac)	**9 807**	**2,1**	**2,4**
Alimentation, boissons non alcoolisées	1 450	2,0	3,4
Produits alimentaires	1 322	1,7	3,0
Boissons non alcoolisées	128	4,5	7,5
Boissons alcoolisées et tabac	356	3,7	4,1
Boissons alcoolisées	163	1,1	2,3
Tabac	193	5,9	5,6
Habillement et chaussures	474	0,1	3,0
Habillement	373	– 0,2	3,2
Chaussures y compris réparation	101	1,1	2,2
Logement, chauffage, éclairage	1 406	4,4	3,9
Loyers d'habitation	631	1,3	1,3
Entretien et réparation courante du log.	149	2,3	3,2
Distribution d'eau et autres services	184	3,4	3,1
Chauffage, éclairage	442	10,3	8,2
Meubles, équip. ménager, entretien maison	566	1,1	2,5
Meubles, tapis, revêtements de sol	157	1,0	1,7
Articles de ménage en textile	42	2,4	7,1
Appareils ménagers	88	– 2,0	– 1,6
Verrerie, vaisselle, ustensiles de ménage	69	1,0	1,6
Outillage pour la maison et le jardin	51	1,0	1,6
Entretien courant de l'habitation	159	2,8	5,1
Santé	1 004	– 0,1	0,0
Médicaments et produits pharmaceutiques	475	– 1,4	– 1,2

Fonctions de consommation	Pondération 2011[1]	Évolution 2011/10 Moyenne annuelle en %[2]	Évolution 2011/10 Glissement déc. à déc. en %[3]
Médecine non hospitalière	529	1,1	1,0
Transport	1 596	4,7	4,1
Achats de véhicules	414	1,4	1,8
Utilisation de véhicules personnels	927	7,1	5,7
Services de transport	255	1,3	1,8
Communications	295	– 2,6	– 2,9
Loisirs et culture	915	– 1,1	– 0,5
Équipements audio-visuels, photo et informatiques	225	– 9,4	– 8,6
Autres biens durables (loisirs)	21	1,8	0,1
Autres articles et équip. de loisirs	219	0,4	1,3
Services récréatifs et culturels	263	2,6	3,1
Presse, livres et papeterie	159	1,3	1,9
Voyages touristiques tout compris	28	1,6	1,6
Éducation	24	1,6	1,9
Hôtellerie, cafés, restaurants	716	2,0	2,4
Restauration et cafés	585	1,7	2,1
Services d'hébergement	131	3,4	4,2
Autres biens et services	1 198	2,5	2,5
Soins personnels	282	1,2	1,9
Effets personnels (non définis ailleurs)	122	8,4	8,3
Protection sociale	381	2,4	2,1
Assurances	234	1,6	1,2
Services financiers	66	1,4	1,0
Autres services	113	2,4	2,7

1. Les pondérations de l'indice sont calculées chaque année à partir de la consommation des ménages au sens de la comptabilité nationale.
2. Évolution de l'indice moyen annuel (moyenne des douze indices mensuels).
3. Évolution de l'indice de décembre 2011 par rapport à l'indice de décembre 2010.
Champ : ensemble des ménages.
Source : Insee, indice des prix à la consommation.

Quelques hausses et baisses de prix entre décembre 2010 et décembre 2011

en %

Hausses	2011/10	Baisses	2011/10
Combustibles liquides	+ 17,4	Équipements photo et cinéma, instruments d'optique	– 16,0
Cafés	+ 16,1	Équipement de téléphone et de télécopie	– 13,2
Horlogerie, bijouterie, joaillerie	+ 12,9	Équipements audio-visuels	– 11,8
Huiles et margarines	+ 11,3	Légumes frais	– 8,9
Carburants	+ 10,4	Matériels de traitement de l'information	– 7,7
Hébergements de vacances	+ 8,7	Pneumatiques	– 6,7
Volaille	+ 7,3	Services de télécommunications	– 2,8
Fruits sugelés, appertisés ou secs	+ 6,3	Supports d'enregistrement du son et de l'image	– 2,4
Produits à base de sucre	+ 6,2	Appareils de lavage	– 2,2
Électricité	+ 6,1	Appareils de cuisson	– 2,1

Source : Insee, indice des prix à la consommation.

Variation annuelle de l'indice des prix à la consommation de 1950 à 2011

en % de l'indice moyen annuel

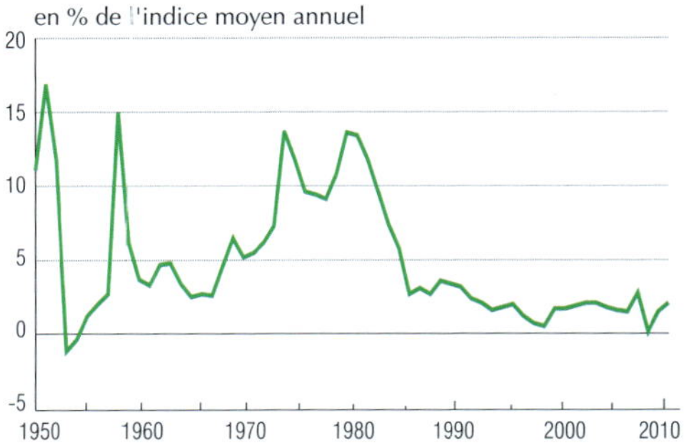

Source : Insee, indice des prix à la consommation.

Évolution des indices des prix à la consommation harmonisés au sein de la zone euro et de l'UE

en %

Taux de variation annuel en décembre 2011			
Allemagne	2,3	Italie	3,7
Autriche	3,4	Luxembourg	3,4
Belgique	3,2	Malte	1,3
Chypre	4,2	Pays-Bas	2,5
Espagne	2,4	Portugal	3,5
Estonie	4,1	Slovaquie	4,6
Finlande	2,6	Slovénie	2,1
France	**2,7**	**Zone euro à 17 pays**	**2,7**
Grèce	2,2	**UE à 27 pays**	**3,0**
Irlande	1,4		

Source : Eurostat.

12.1 Monnaie - Crédit

À la fin 2011, l'endettement des **agents non financiers (ANF) résidents** atteint 4 154,1 milliards d'euros, en hausse de 6 % par rapport à 2010. L'accélération de l'endettement des **administrations publiques** et des **sociétés non financières (SNF)** l'emporte sur le fléchissement de la croissance de la dette des ménages et des institutions sans but lucratif au service des ménages (ISBLSM).

L'accroissement des crédits consentis à l'ensemble des ANF ralentit sur un an (+ 3 % après + 4 % en 2009). La croissance reste vive pour les crédits aux ménages et aux ISBLSM (+ 5 %), du fait du dynamisme des prêts à l'habitat. Après une année en contraction et une autre en croissance très modérée, l'encours des prêts aux sociétés non financières est dynamique en 2011 (+ 3 %). Cette progression est tirée par la reconstitution des stocks amorcée en début d'année ainsi que la reprise de l'**investissement**. Toutefois il est en légère diminution, pour la seule catégorie des grandes entreprises, par les émissions de titres. À l'inverse, les autres entreprises voient leurs crédits bancaires augmenter plus fortement que la moyenne. L'encours de crédits au SNF représente plus de deux fois celui des émissions de titres de créance.

De leur côté, les administrations publiques procèdent à des remboursements nets d'une partie de leurs crédits bancaires en 2011 et intensifient leurs émissions de titres de créance dans un contexte de taux historiquement bas. Au total, la croissance de l'encours de titres de créance émis par les ANF résidents s'accélère et finance principalement les administrations publiques dont les émissions s'élèvent en 2011 à 1 471 milliards d'euros et représentent 78 % de l'ensemble de l'endettement de marché des ANF résidents.

Après avoir connu une phase de redressement durant la seconde moitié de l'année 2010 et au premier semestre 2011, le taux de croissance annuel de l'**agrégat monétaire** M3 de la zone euro revient fin 2011 à + 1,5 % retrouvant quasiment son niveau de fin 2010. La contribution française à l'agrégat européen croît de 3 % en 2011, en net ralentissement par rapport à sa forte reprise de l'année précédente. Les modifications intervenues dans les rémunérations des différents types de placements ont influencé les évolutions respectives des différentes composantes de M3, dans la zone euro comme en France. La hausse de la rémunération des dépôts à court terme inclus dans M2-M1 a relancé leur croissance. En France, les encours de livrets progressent vigoureusement à la suite des deux hausses du taux du livret A intervenues en février et en août, répercutées sur les livrets ordinaires. De leur côté, les SNF privilégient les **dépôts à terme**, mieux rémunérés que les **organismes de placement collectif en valeurs mobilières (OPCVM)** monétaires, pour placer leurs excédents de trésorerie. ■

Définitions

Agents non financiers (ANF) résidents : ensemble regroupant les ménages, les institutions sans but lucratif au service des ménages (ISBLSM), les sociétés non financières et les administrations publiques.

Agrégats monétaires (M1, M2, M3) : recensent les avoirs financiers les plus liquides des agents non financiers de la zone euro. L'agrégat M1 est composé des moyens de paiements (dépôts à vue et billets et pièces). M2 comprend, en plus de M1, les dépôts à court terme (comptes sur livrets). M3 inclut, outre M2, les instruments négociables détenus sur des institutions monétaires (notamment titres d'OPCVM monétaires et certificats de dépôts).

Dépôt à terme : dépôt de fonds sur une durée et avec un taux d'intérêt déterminés à l'avance.

Dépôt à vue : dépôt de fonds dont la disponibilité est immédiate. Il peut être rémunéré. Un compte courant est un dépôt à vue.

Administrations publiques, investissement ou formation brute de capital fixe (FBCF), organisme de placement collectif en valeurs mobilières (OPCVM), sociétés non financières (SNF) : voir rubrique « définitions » en annexes.

Pour en savoir plus

- « Les revenus et le patrimoine des ménages », *Insee Références*, édition 2012.
- « L'économie française », *Insee Références*, édition 2012.
- *Bulletin de la Banque de France*, n° 189, 3e trimestre 2012.
- *Bulletin de la Banque de France*, n° 187, 1er trimestre 2012.

Retrouvez le TEF sur www.insee.fr, rubrique Publications et services\Collections nationales\Insee Références

Endettement des agents non financiers en 2011

en fin de période en milliards d'euros

	Encours brut	11/10 en %
Endettement des agents non financiers	**4 154,1**	**5,9**
Ménages et ISBLSM[1]	1 117,1	4,8
Sociétés non financières	1 320,0	4,7
Administrations publiques[2]	1 717,0	7,7
Crédits auprès des Institutions financières[3]	**2 234,0**	**3,1**
Ménages et assimilés	1 117,1	4,8
Sociétés non financières	914,6	3,0
Administrations publiques	202,3	– 4,1
Dépôts au passif du Trésor[4]	**30,1**	**29,7**
Financements de marché	**2 003,7**	**9,1**
Sociétés non financières	405,4	8,6
Titres de créance à court terme	20,3	21,0
Titres de créance à long terme	385,1	8,0
Administrations publiques	1 471,2	9,2
Titres de créance à court terme	226,0	6,6
Titres de créance à long terme	1 245,2	9,7

1. Institutions sans but lucratif au service des ménages.
2. Dette publique au sens de Maastricht.
3. Institutions financières monétaires et les autres intermédiaires financiers (organismes de titrisation…).
4. Dépôts auprès du Trésor pour toutes les contreparties autres que les administrations publiques.
Sources : Banque de France ; Insee, comptes nationaux, base 2005.

Principaux indicateurs monétaires et financiers en France et dans la zone euro

glissement annuel de déc. à déc. en %

	2008	2009 (r)	2010 (r)	2011
M1				
Zone euro[1]	3,5	12,2	4,4	1,7
France (contribution)	0,2	6,5	7,2	3,8
M2				
Zone euro[1]	8,4	1,6	2,3	1,8
France (contribution)	8,1	0,0	7,4	3,5
M3				
Zone euro[1]	7,6	– 0,3	1,7	1,5
France (contribution)	5,3	– 4,1	6,6	3,0
Crédits au secteur privé				
Zone euro[1]	5,8	– 0,1	1,9	1,1
France[2]	7,0	– 0,6	5,0	2,4

1. Données corrigées des effets saisonniers et calendaires.
2. Crédits consentis par les institutions financières monétaires (IFM) résidant en France aux résidents de la zone euro hors IFM et hors administrations publiques.
Source : Banque de France.

Dépôts et dépôts à terme

encours fin de période en milliards d'euros

	2009	2010	2011
Dépôts à vue	**513,7**	**555,1**	**585,1**
dont : ménages	*262,4*	*278,4*	*284,4*
sociétés non financières	*167,0*	*182,5*	*203,3*
Comptes sur livret	**501,1**	**518,8**	**559,3**
dont : livrets A et bleus	*183,4*	*193,5*	*214,7*
livrets soumis à l'impôt	*146,5*	*159,8*	*179,7*
Dépôts à terme de 2 ans ou moins	**131,3**	**133,4**	**150,9**
Dépôts à terme de plus de 2 ans	**362,4**	**377,0**	**483,7**
dont ménages	*241,4*	*248,0*	*259,0*
dont plans d'épargne logement	*173,8*	*182,3*	*186,6*

Source : Banque de France.

Crédits des établissements de crédit implantés en France à des résidents français

encours fin de période en milliards d'euros

	2009 (r)	2010 (r)	2011
Crédits des institutions financières monétaires			
Secteur privé	1 827,5	1 930,6	2 016,3
Administrations publiques	196,1	214,8	195,1
Total	**2 023,6**	**2 145,4**	**2 211,4**
Évolution en %	**0,5**	**5,2**	**1,9**
Crédits aux sociétés non financières			
Investissement	500,1	525,0	547,1
Trésorerie	185,7	179,7	187,5
Autres objets	83,5	76,1	81,2
Total	**769,3**	**780,8**	**815,9**
Évolution en %	**– 1,2**	**1,2**	**4,4**
Crédits aux ménages			
Habitat	737,6	796,6	843,2
Trésorerie	152,9	154,7	149,3
Autres objets	84,2	87,1	90,5
Total	**974,7**	**1 038,4**	**1 083,1**
Évolution en %	**4,0**	**6,6**	**4,9**

Source : Banque de France.

Ratios de dette des agents non financiers de 2002 à 2011

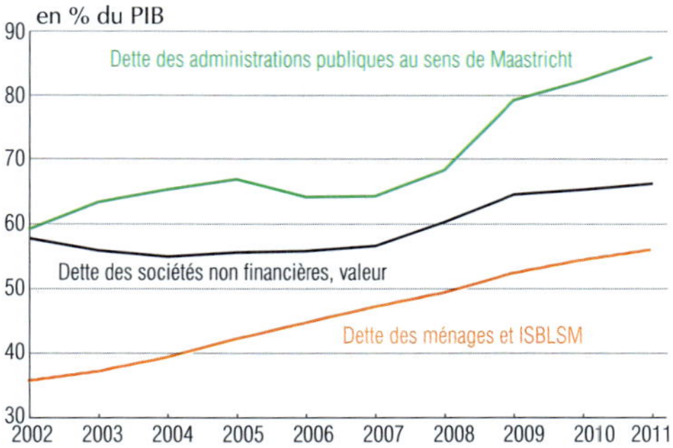

Sources: Banque de France ; Insee, comptes nationaux - base 2005.

Taux d'intérêt à court et à long terme par pays

taux moyen annuel en %

	1999	2010	2011
France			
Court terme	**2,93**	**0,75**	**1,38**
Long terme	**4,62**	**3,11**	**3,32**
Zone euro			
Court terme	**2,93**	**0,75**	**1,38**
Long terme	**4,66**	**3,79**	**4,31**
Royaume-Uni			
Court terme	5,46	0,78	0,94
Long terme	5,06	3,53	3,01
États-Unis			
Court terme	5,37	0,50	0,43
Long terme	5,73	3,22	2,79
Japon			
Court terme	0,24	0,30	0,35
Long terme	1,75	1,18	1,12

Note : les taux interbancaires à trois mois (taux à court terme) sont identiques pour les pays de la zone euro. Les taux à long terme sont les taux se référant au rendement des obligations d'État.
Sources : Banque centrale européenne ; Banque de France.

12.2 Épargne - Patrimoine

Le **patrimoine** économique **national** continue d'augmenter en 2011 et dépasse 13 600 milliards d'euros. Cette progression s'explique par la poursuite de la forte hausse des prix de l'immobilier dans tous les secteurs institutionnels résidents.

L'épargne et les comportements patrimoniaux des **ménages** conditionnent une large partie du financement de l'économie et sont affectés par les évolutions des marchés financiers et immobiliers, les innovations financières ou encore le vieillissement de la population. Pendant la crise, les ménages ont donné leur préférence aux placements sous forme de livrets et d'assurance-vie. En revanche, ils se sont détournés de l'épargne-logement et sont devenus moins nombreux à détenir des titres financiers.

En 2011, le patrimoine net des ménages progresse et atteint 10 411 milliards d'euros, en augmentation de 2 % par rapport à 2010. Leurs actifs se composent à 66 % d'actifs non financiers (principalement logements et terrains bâtis) et à 35 % d'actifs financiers. En négatif, les passifs financiers, constitués à plus de 70 % de crédits à long terme finançant les acquisitions de logement des ménages, représentent 13 % du patrimoine des ménages.

Le **taux d'épargne des ménages** progresse très légèrement (+ 0,2 point) pour s'établir à 16,1 % en 2011. La rémunération des placements des ménages en produits liquides (comptes courants et livrets) se redresse en 2011, soutenue par la remontée des taux d'intérêt. Les dividendes reçus par les ménages se redressent également, après le repli de 2010 du fait de la baisse des résultats des entreprises durant la récession. À l'inverse, les revenus de la propriété attribués aux assurés reculent : les contrats d'assurance-vie perdent de leur attractivité face aux autres produits de placement, dont les taux de rendement augmentent.

Le **taux d'autofinancement** des sociétés non financières est en fort repli (– 15 points). En plus du retrait de l'excédent brut d'exploitation, le solde des revenus financiers se dégrade. En effet, la détérioration des dividendes nets et dans une moindre mesure des intérêts nets l'emporte sur l'amélioration des bénéfices réinvestis perçus par les sociétés non financières qui ont des filiales à l'étranger. Dans le même temps, le patrimoine net des **administrations publiques** est toujours en repli, malgré la légère augmentation des actifs financiers et non financiers.

En 2010, 57,3 % des salariés du secteur marchand non agricole, soit 8,8 millions de salariés, ont eu accès à au moins un dispositif de participation, d'intéressement ou **d'épargne salariale**. Près de 7,2 millions d'entre eux ont effectivement reçu une prime au titre de la participation ou de l'intéressement ou bénéficié d'un abondement de l'employeur sur les sommes qu'ils ont versées sur un **plan d'épargne entreprise (PEE)** ou sur un **plan d'épargne retraite collectif (PERCO)**. ■

Définitions

Épargne salariale : ensemble de dispositifs dont l'objectif est d'associer les salariés aux résultats de leur entreprise et de favoriser l'épargne collective et le développement des investissements des entreprises.

Patrimoine national : se comprend comme le patrimoine des résidents sur le territoire national. Il repose sur la propriété d'actifs économiques susceptibles de faire l'objet de transactions. Il ne comprend pas les monuments historiques, par exemple.

Administrations publiques, épargne des ménages, ménage, organisme de placement collectif en valeurs mobilières (OPCVM), plan d'épargne entreprise (PEE), plan d'épargne pour la retraite collective (PERCO), société non financière (SNF), taux d'autofinancement, taux d'épargne des ménages, taux d'épargne financière, taux d'investissement en logement : voir rubrique « définitions » en annexes.

Pour en savoir plus

- « Participation, intéressement et épargne salariale en 2010 : une hausse de 14 % des montants distribués.», *Dares Analyses* n °55, septembre 2012.
- « Les revenus et le patrimoine des ménages », *Insee Références*, édition 2012.
- « L'économie française », *Insee Références*, édition 2012.
- « Les comportements patrimoniaux des ménages en France », *Bulletin de la banque de France* n °185, 3ème trimestre 2011.

Retrouvez le TEF sur www.insee.fr, rubrique Publications et services\Collections nationales\Insee Références

Patrimoine national des secteurs institutionnels fin 2011

en milliards d'euros

	Ménages[1]	Sociétés non financières	Sociétés financières	Administrations publiques	Ensemble de l'économie nationale
Actifs non financiers	**7 712**	**4 190**	**278**	**1 764**	**13 943**
Constructions et terrains	7 238	2 646	240	1 648	11 772
dont : logements	*3 563*	*607*	*55*	*57*	*4 282*
autres bâtiments et génie civil	*151*	*947*	*70*	*976*	*2 145*
terrains bâtis	*3 524*	*1 092*	*114*	*614*	*5 344*
Machines et équipements	49	483	12	26	570
Actifs financiers[2]	**4 036**	**4 724**	**11 421**	**919**	**21 100**
dont : numéraires et dépôts	*1 213*	*424*	*3 141*	*132*	*4 910*
titres hors actions hors produits dérivés	*60*	*71*	*2 911*	*69*	*3 111*
crédits	*27*	*765*	*2 788*	*65*	*3 646*
actions et titres d'OPCVM	*906*	*2 420*	*1 960*	*385*	*5 670*
provisions techniques d'assurance	*1 517*	*51*	*85*	*1*	*1 655*
Passifs financiers[2]	**1 337**	**6 838**	**11 080**	**2 177**	**21 432**
dont : numéraires et dépôts	*0*	*0*	*5 132*	*103*	*5 234*
titres hors actions hors produits dérivés	*0*	*426*	*1 591*	*1 598*	*3 615*
crédits	*1 132*	*1 644*	*436*	*236*	*3 448*
actions et titres d'OPCVM (passif en actions)	*7*	*3 740*	*1 740*	*0*	*5 487*
provisions techniques d'assurance	*0*	*0*	*1 682*	*0*	*1 682*
Patrimoine financier net	**2 699**	**– 2 113**	**348**	**– 1 256**	**– 323**
Patrimoine (ou valeur nette)	**10 411**	**2 076**	**626**	**507**	**13 620**

1. Y compris entrepreneurs individuels et institutions sans but lucratif au service des ménages.
2. Hors produits dérivés.
Source : Insee, comptes nationaux - base 2005.

Les dispositifs d'épargne salariale

	2000	2005	2010
Participation			
Montant brut distribué[1]	4 927	6 989	7 380
Nombre de bénéficiaires[2]	4 254	4 848	4 939
Montant moyen en euros	1 158	1 442	1 494
Intéressement			
Montant brut distribué[1]	3 799	5 708	7 185
Nombre de bénéficiaires[2]	3 283	4 119	4 646
Montant moyen en euros	1 157	1 386	1 546
Plan d'épargne entreprise (PEE)			
Montant brut distribué[1]	974	1 302	1 338
Nombre de bénéficiaires[2]	2 024	2 418	2 256
Montant moyen en euros	481	539	593

1. En millions d'euros.
2. En milliers.
Champ : entreprises de 10 salariés ou plus du secteur marchand non agricole, hors intérim et secteur domestique en France métropolitaine.
Source : Dares, enquêtes Acemo-Pipa.

Taux d'épargne des ménages de 1950 à 2011

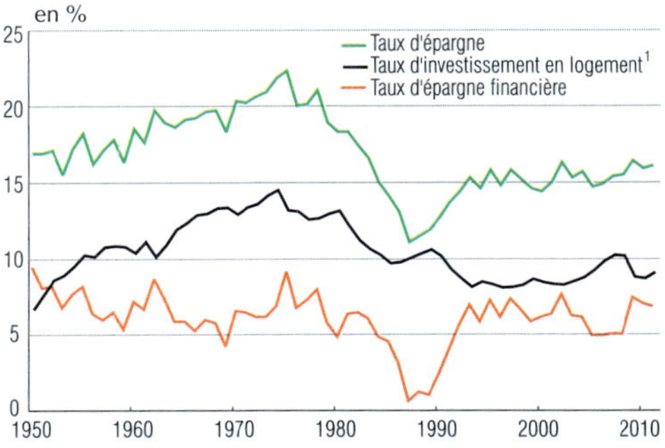

1. Rapport de la formation brute de capital fixe des ménages au revenu disponible brut.
Source : Insee, comptes nationaux - base 2005.

Taux de détention par grand type d'actifs

en %

	2010
Livrets d'épargne	84,8
Épargne-logement	30,9
Valeurs mobilières	18,9
Ensemble assurance-vie, épargne retraite	46,6
Patrimoine financier	92,0
Patrimoine immobilier	59,8

Champ : ménages ordinaires.
Source : Insee, enquêtes Patrimoine 2009-2010.

Actifs financiers des ménages dans l'UE en 2011

	Stocks		*dont en %*		
	en Mds d'euros	en % du PIB	*Monnaies et dépôts*	*Actions et autres titres*	*Provisions d'assurances*
Allemagne	4 715	182	*41*	*23*	*36*
Autriche	505	168	*46*	*33*	*19*
Belgique	942	255	*32*	*40*	*26*
Bulgarie	41	107	*41*	*41*	*7*
Danemark	632	264	*19*	*30*	*51*
Espagne	1 699	160	*50*	*30*	*16*
Estonie	17	107	*29*	*55*	*10*
Finlande	232	123	*38*	*41*	*18*
France	**4 028**	**202**	***30***	***24***	***38***
Grèce	244	113	*82*	*12*	*5*
Hongrie	88	99	*39*	*45*	*11*
Italie	3 464	219	*32*	*48*	*19*
Lettonie	12	58	*48*	*21*	*15*
Lituanie	23	74	*42*	*36*	*8*
Pays-Bas	1 832	304	*23*	*13*	*62*
Pologne	282	83	*46*	*25*	*26*
Portugal	384	225	*41*	*32*	*16*
Roumanie	85	64	*35*	*53*	*4*
Slovaquie	46	67	*65*	*8*	*21*
Slovénie	38	104	*53*	*28*	*11*
Suède	770	196	*19*	*37*	*42*

Source : Eurostat.

12.3 Bourse - Marchés financiers

Les émissions nettes de **titres de créance** et d'actions cotées des résidents français atteignent un total de 247 milliards d'euros en 2011. Ces émissions augmentent de 34 % par rapport à 2010, progression essentiellement due aux titres de créance. Les émissions nettes de titres de créance à long terme enregistrent une légère hausse par rapport à 2010, mais à un niveau inférieur à la hausse de 2009. De leur côté, les émissions d'actions cotées restent peu soutenues.

Les émissions nettes de titres de créance des institutions financières poursuivent la reprise entamée en 2010 et s'établissent à 94 milliards d'euros, mais ne retrouvent pas encore leur niveau d'avant 2009. Au sein des institutions financières, les établissements de crédit renforcent leurs émissions de titres de dette à long terme, principalement sous forme d'obligations sécurisées. Ce rebond est à nuancer compte tenu des remboursements des emprunts de la **Société de financement de l'économie française (SFEF)**, qui servent en réalité au financement des établissements de crédit. Les banques procèdent également à de fortes émissions sur le court terme, après de faibles émissions en 2010 et des remboursements nets en 2009. Les institutions financières non monétaires enregistrent globalement des émissions nettes étales en 2011 : les remboursements de la SFEF sont compensés par des émissions de fonds communs de titrisation (FCT) de même montant.

Les administrations publiques augmentent leurs émissions nettes de titres de créances. La progression sur le long terme est principalement le fait des administrations de sécurité sociale, dont le volume d'émissions nettes progresse de près de 24 milliards d'euros, pour s'établir à 27 milliards d'euros. Parallèlement, les émissions de long terme de l'État se sont réduites de 12 milliards d'euros par rapport à 2010. Sur le court terme, les administrations publiques procèdent de nouveau à des remboursements nets, mais d'une moindre ampleur qu'en 2010. Les remboursements de l'État se poursuivent, de même que ceux de la Société de prise de participation de l'État. Parallèlement, les émissions nettes des organismes de sécurité sociale restent positives mais se tassent quelque peu.

Les émissions de titres de créance des sociétés non financières approchent en 2011 des niveaux enregistrés en 2010. Les grandes entreprises maintiennent leurs émissions de titres de créance à moyen et long terme (obligations principalement) à un niveau assez élevé, bien qu'en léger repli par rapport à 2010. Dans le même temps les émissions des titres de créance à court terme (billet de trésorerie) redeviennent positives après deux années de remboursements nets. ■

Définitions

Titre de capital : titre émis par une société par actions représentant un droit sur la propriété de l'entreprise et permettant normalement à leur porteur de participer à la distribution des bénéfices et de l'actif net en cas de liquidation et aux décisions stratégiques (droits de vote). Ils comprennent les actions cotées et les actions non cotées.

Titre de créance : désigne les bons du Trésor (BTF et BTAN), les titres de créances négociables émis sur le marché français (billets de trésorerie, certificats de dépôt, bons à moyen terme négociables), le *commercial paper* émis à l'étranger et les *Euro medium term notes* (EMTN), et les obligations, dont les obligations assimilables du Trésor (OAT). Au sein des titres de créance, les titres à court terme sont les titres d'échéance initiale inférieure à un an et les titres à long terme ceux dont l'échéance à l'émission est supérieure à un an.

Capitalisation boursière, *Euro medium term notes (EMTN), indice boursier, organisme de placement collectif en valeurs mobilières (OPCVM),* société de financement de l'économie française (SFEF), valeur mobilière : voir rubrique « définitions » en annexes.

Pour en savoir plus

- « L'économie française », *Insee Références*, édition 2012.
- « Rapport annuel 2011 », Autorité des marchés financiers, juin 2012.
- « Les comptes de la Nation en 2011 – La croissance du PIB se maintient à 1,7 % », *Insee Première* n° 1401, mai 2012.
- « Les comptes des administrations publiques en 2011 », *Insee Première* n° 1400, mai 2012.

Retrouvez le TEF sur www.insee.fr, rubrique Publications et services\Collections nationales\Insee Références

Émissions de titres des agents résidents

en milliards d'euros

	2011	11/10 en %
Titres de créance (valeur nominale)	**233,7**	**33,3**
dont : par les sociétés non financières	*28,6*	*11,7*
dont : court terme	*3,5*	*284,5*
long terme	*25,1*	*– 8,9*
par les institutions financières[1]	*93,8*	*67,6*
dont : court terme	*41,4*	*687,1*
long terme	*52,4*	*3,4*
par les administrations publiques	*111,3*	*18,8*
dont : court terme	*– 6,4*	*46,5*
long terme	*117,6*	*11,4*
dont obligations assimilables du Trésor (OAT)	*70,0*	*– 25,7*
Actions cotées - émissions contre apport en espèces	**13,8**	**43,2**
dont : par les sociétés non financières	*10,4*	*36,9*
par les institutions financières[1]	*3,5*	*66,1*

1. Institutions financières monétaires et autres intermédiaires financiers.
Source : Banque de France.

Les 25 plus fortes capitalisations boursières en actions françaises d'Euronext Paris

Rang	Nom des valeurs	Capitalisation au 31 juillet 2012 en milliards d'euros	Évolution sur 7 mois[1] en %
1	Total	88,9	– 4,5
2	Sanofi	87,9	15,5
3	Schlumberger	84,4	12,2
4	LVMH	62,3	12,1
5	L'Oréal	58,9	21,4
6	GDF Suez	42,2	– 11,3
7	BNP Paribas	37,8	3,2
8	Danone	31,8	2,0
9	EDF	31,2	– 10,3
10	France Télécom	28,8	– 10,3
11	Air Liquide	28,4	4,6
12	Schneider Electric	25,5	14,1
13	EADS	24,1	21,8
14	Axa	23,5	– 0,9
15	Hermès	23,4	– 3,8
16	Pernod-Ricard	23,2	22,1
17	Christian Dior	20,5	22,9
18	Vivendi	20,1	– 4,7
19	Vinci	19,9	4,2
20	PPR	15,4	9,5
21	Unibail-Rodamco	14,4	12,6
22	Société Générale	14,1	5,2
23	Saint-Gobain	13,0	– 17,9
24	Carrefour	10,3	– 13,6
25	Crédit Agricole	8,7	– 19,9

1. Évolution du 1er janvier au 31 juillet 2012.
Source : Euronext Paris.

Indices boursiers de 1999 à septembre 2012

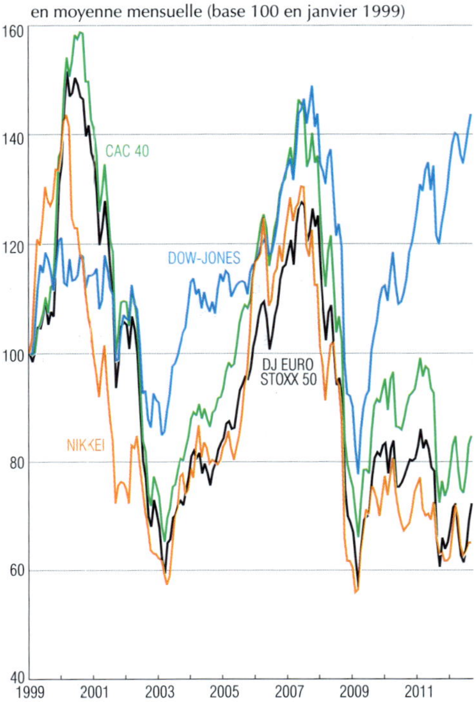

Source : Euronext Paris.

Capitalisation boursière des principales places financières dans le monde

en fin d'année en milliards de dollars

	2010 (r)	2011	11/10 en %
Nyse Euronext (US)	13 394,1	11 795,6	– 11,9
Nasdaq OMX	3 889,4	3 845,1	– 1,1
TMX Group	2 170,4	1 912,1	– 11,9
BM&FBOVESPA	1 545,6	1 228,9	– 20,5
Autres marchés	1 173,4	1 007,0	– 14,2
Amérique	**22 172,9**	**19 788,7**	**– 10,8**
Tokyo SE Group	3 827,8	3 325,4	– 13,1
Shanghai SE	2 716,5	2 357,4	– 13,2
Hong-Kong Exchanges	2 711,3	2 258,0	– 16,7
Bombay SE	1 631,8	1 007,2	– 38,3
Australian SE	1 454,5	1 198,2	– 17,6
Shenzhen SE	1 311,4	1 054,7	– 19,6
Korea Exchange	1 091,9	996,1	– 8,8
Autres marchés	2 757,9	2 519,3	– 8,6
Asie – Pacifique	**17 503,0**	**14 716,3**	**– 15,9**
Nyse Euronext (Europe)	2 930,1	2 446,8	– 16,5
London SE	3 613,1	3 266,4	– 9,6
BME Spanish Exchanges	1 171,6	1 031,0	– 12,0
Deutsche Börse	1 429,7	1 184,5	– 17,2
SIX Swiss Exchange	1 229,4	1 089,5	– 11,4
Nasdaq OMX Nordic Exchange	1 042,2	842,1	– 19,2
Johannesburg SE	925,0	789,0	– 14,7
MICEX	949,1	770,6	– 18,8
Autres marchés	1 964,7	1 522,3	– 22,5
Europe – Afrique – Moyen-Orient	**15 254,9**	**12 942,3**	**– 15,2**
Total des marchés mondiaux	**54 930,8**	**47 447,3**	**– 13,6**

Source : World Federation of Exchanges.

13.1 Dette et déficit publics

En 2011, le **déficit public** s'établit à 103,3 milliards d'euros, soit 5,2 % du PIB. Par rapport à 2010, il se réduit de 33,7 milliards d'euros, en raison à la fois du dynamisme des recettes et de la modération des dépenses. En part de PIB, les recettes publiques augmentent de 1,4 point et les dépenses publiques diminuent de 0,6 point. La réduction du déficit public est imputable pour deux tiers aux **administrations publiques** centrales et pour un tiers aux administrations de sécurité sociale. Le **besoin de financement** des administrations publiques centrales, État et **Odac**, continue de se réduire pour s'établir à 90,2 milliards d'euros en 2011. Celui des administrations publiques locales se réduit légèrement à 0,9 milliard après 1,4 milliard en 2010. Ces évolutions sont liées en grande partie à la réforme de la taxe professionnelle.

La **dette publique au sens de Maastricht** s'élève à 1 717,0 milliards d'euros fin 2011 contre 1 595,0 milliards un an plus tôt. Elle représente 86,0 % du PIB, contre 82,3 % fin 2010. La **dette publique nette** progresse moins rapidement : elle s'établit à 78,8 % du PIB, après 76,1 % en 2010, soit une hausse de 2,7 points. Cette moindre hausse s'explique pour l'essentiel par l'accroissement de la trésorerie des administrations publiques et plus particulièrement de la Sécurité Sociale.

La part de l'État dans la dette publique s'établit à 1 335,1 milliards d'euros, en hausse de 90,3 milliards. Cette augmentation dépasse légèrement son besoin de financement (87,5 milliards d'euros). Le surplus de dette résulte d'une augmentation de sa trésorerie, ainsi que des prêts accordés aux pays de la **zone euro**. La contribution des administrations publiques locales à la dette publique, constituée principalement de crédits à long terme, progresse de 5,2 milliards et atteint 166,3 milliards à la fin 2011. Cette hausse est également plus importante que leur besoin de financement (0,9 milliard d'euros), du fait principalement d'un accroissement de 3,5 milliards de leurs dépôts au Trésor. La contribution des organismes de sécurité sociale augmente de 30,2 milliards d'euros pour s'établir à 205,2 milliards à la fin 2011, une variation nettement supérieure à leur besoin de financement (12,7 milliards).

Le déficit public se réduit en 2011 par rapport à 2010, tant dans la zone euro que dans l'Union européenne à 27, tandis que la dette publique augmente. Le ratio du déficit public par rapport au PIB baisse en 2011 dans la zone euro, passant de 6,2 % en 2010 à 4,1 %, et dans l'Union européenne à 27, passant de 6,5 % à 4,4 %. Entre 2010 et 2011, le ratio des dépenses publiques recule dans les deux zones, pendant que celui des recettes publiques progresse. À la fin de 2011, les plus bas niveaux de dette publique par rapport au PIB sont relevés en Estonie, en Bulgarie et au Luxembourg. Quatorze États membres affichent un ratio de dette publique supérieur à 60 % du PIB. ■

Définitions

Déficit public notifié : correspond au « besoin de financement des administrations publiques » au sens de la comptabilité nationale modifié des flux d'intérêts liés aux opérations de *swaps* effectuées par les administrations publiques (celles-ci sont considérées comme des opérations financières par les comptables nationaux et non comme des intérêts). Ces opérations de *swaps* d'intérêts ont pour objectif de réduire la charge de la dette. Le déficit public est notifié à la Commission européenne deux fois par an (fin mars et fin septembre).

Dette publique nette : correspond à la dette publique notifiée diminuée des dépôts, des crédits et des titres de créance négociables (évalués à leur valeur nominale) détenus par les administrations publiques sur les autres secteurs.

Administrations publiques, capacité et besoin de financement, dette publique notifiée, Odac, Traité de Maastricht, zone euro : voir rubrique « définitions » en annexes.

Pour en savoir plus

- « Déficit public de la zone euro et de l'UE27 respectivement de 4,1 % et 4,4 % du PIB », *communiqué de presse* n° 149, Eurostat, octobre 2012.
- « L'économie française », *Insee Références*, édition 2012.
- « Les comptes des administrations publiques en 2011 », *Insee Première* n° 1400, mai 2012.

Retrouvez le TEF sur www.insee.fr, rubrique Publications et services\Collections nationales\Insee Références

Dette publique au sens de Maastricht

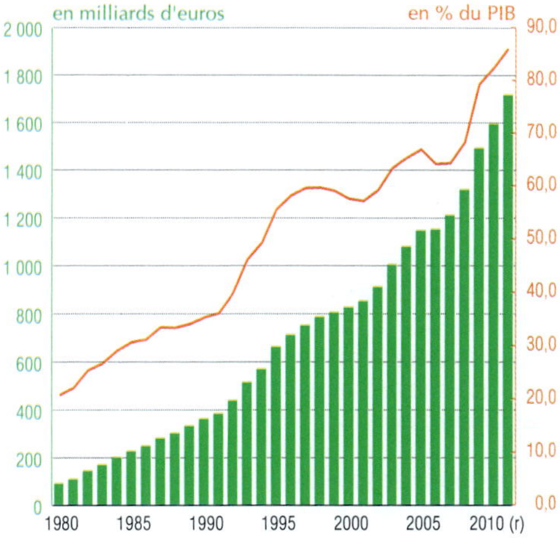

Champ : dette au 31 décembre, au sens du règlement 3605 de la Commission européenne.
Source : Insee, comptes nationaux - base 2005.

Principaux ratios de finances publiques

en % du PIB

	2008	2009 (r)	2010 (r)	2011
Déficit public notifié[1]	– 3,3	– 7,5	– 7,1	– 5,2
Dette publique notifiée[1]	68,2	79,2	82,3	86,0
Dette publique nette[2]	62,3	72,0	76,1	78,8
Recettes publiques	49,9	49,2	49,5	50,8
Dépenses publiques	53,3	56,8	56,6	56,0
Prélèvements obligatoires	43,2	42,1	42,5	43,9

1. Au sens du traité de Maastricht.
2. Dette publique notifiée diminuée de certains éléments d'actif.
Source : Insee, comptes nationaux - base 2005.

Capacité (+) ou besoin (–) de financement des administrations publiques

en milliards d'euros

	2008	2009 (r)	2010 (r)	2011
État	– 63,6	– 117,1	– 121,8	– 87,5
ODAC	– 5,1	– 4,6	9,1	– 2,7
Administrations publiques locales	– 9,4	– 5,9	– 1,4	– 0,9
Administrations de sécurité sociale	13,5	– 15,0	– 23,3	– 12,7
Total des adm. publiques	**– 64,6**	**– 142,6**	**– 137,4**	**– 103,9**
Déficit public notifié[1]	**– 64,3**	**– 142,2**	**– 137,0**	**– 103,3**

1. Au sens du traité de Maastricht.
Source : Insee, comptes nationaux - base 2005.

Variation de la dette au sens de Maastricht

en milliards d'euros

	2010 (r)	2011
Déficit des administrations publiques[1]	**137,0**	**103,3**
Acquisitions d'actifs nettes des cessions[2]	**– 22,3**	**18,3**
Numéraires et dépôts	– 17,5	15,7
Titres hors actions	2,1	– 0,8
Crédits	2,9	7,3
Actions et autres participations	– 9,8	– 3,9
Variation du passif financier[3]		
Intérêts courus non échus	8,9	1,5
Changements de volume		
Changement de classement[4]	0,5	3,1
Valorisation de la dette en devises	0,0	0,0
Solde des autres comptes à recevoir / à payer	**– 4,6**	**– 1,3**
Variation de la dette	**101,6**	**121,9**

1. Au sens du traité de Maastricht, y compris flux de *swap*.
2. Hors autres comptes à recevoir.
3. Hors dette de Maastricht et autres comptes à payer.
4. Y compris autres changements de volumes.
Source : Insee, comptes nationaux - base 2005.

Dette publique au sein de l'UE en 2011

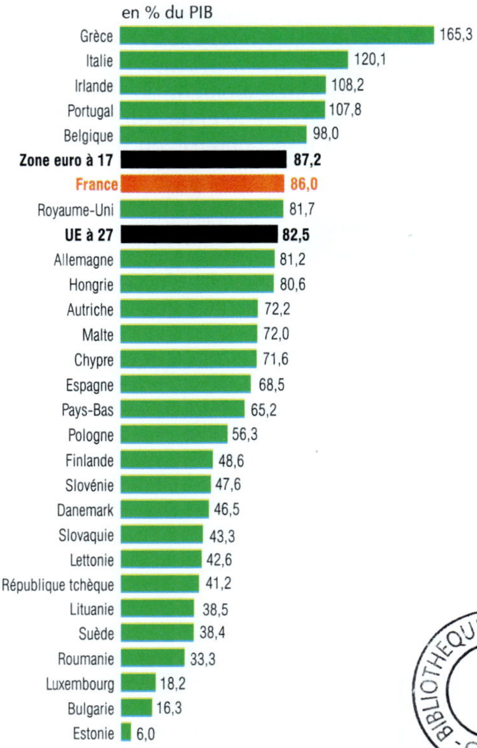

Champ : dette au sens du traité de Maastricht.
Source : Eurostat.

Dette publique notifiée

	2010 (r)		2011	
	en milliards d'euros	en % du PIB	en milliards d'euros	en % du PIB
État	1 244,8	64,3	1 335,1	66,9
ODAC	14,1	0,7	10,4	0,5
Administrations locales	161,1	8,3	166,3	8,3
Administrations de sécurité sociale	175,0	9,0	205,2	10,3
Total des administrations publiques	**1 595,0**	**82,3**	**1 717,0**	**86,0**

Champ : dette publique au sens du traité de Maastricht, au 31 décembre.
Source : Insee, comptes nationaux - base 2005.

BIBLIOTHEQUE UNIVERSITAIRE - CREIL -

13.2 Prélèvements obligatoires

En 2011, le taux de **prélèvements obligatoires** s'établit à 43,9 % du **produit intérieur brut (PIB)**, en hausse de 1,4 point par rapport à 2010. Cette remontée est due pour l'essentiel à la mise en œuvre de nouvelles mesures fiscales et sociales ou à l'arrêt d'anciennes mesures (+ 1,1 point). La non-reconduction des allègements fiscaux accordés dans le cadre du plan de relance et le passage en régime permanent de la réforme de la taxe professionnelle entraînent au total environ 6 milliards de recettes supplémentaires. Par ailleurs, les mesures votées dans la loi de finances initiale pour 2011 contribuent à accroître des recettes : il s'agit principalement de la **taxe sur la valeur ajoutée (TVA)** sur les abonnements ***triple play*** (+ 1,1 milliard de recettes), de l'annualisation des allègements généraux de cotisations sociales (+ 1,8 milliard), de la taxation au fil de l'eau des contrats d'assurance-vie (+ 1,6 milliard) et de la taxation de la réserve de capitalisation des sociétés d'assurance (+ 1,7 milliard). Enfin, les mesures annoncées au mois d'août 2011 et inscrites en loi de finances rectificative participent à la hausse des recettes, notamment celle de l'impôt sur les sociétés.

L'évolution spontanée des prélèvements obligatoires, *i.e.* à réglementation inchangée, explique le reste de la hausse (+ 0,3 point). Elle provient principalement du dynamisme de l'**impôt** sur le revenu et de celui des droits de mutation à titre onéreux, en lien avec la hausse du marché immobilier français. En l'absence de nouvelles mesures fiscales et sociales, les prélèvements obligatoires auraient crû de 3,6 %, soit un rythme légèrement supérieur à l'évolution du PIB en valeur.

En 2011, le taux de prélèvements de l'État diminue de 0,8 point et s'établit à 13 points de PIB. Cette diminution provient essentiellement de l'affectation aux collectivités locales des nouvelles **taxes** créées dans le cadre de la réforme de la taxe professionnelle et aux mesures de transferts aux administrations de sécurité sociale ainsi qu'aux **administrations publiques locales**.

Le taux de prélèvements des **administrations publiques** locales augmente de 1,4 point, pour s'établir à 5,9 points de PIB. Cette augmentation provient en grande partie des mesures fiscales, notamment de l'affectation à partir de 2011 des nouvelles taxes de remplacement de la taxe professionnelle. En ce qui concerne les administrations de Sécurité sociale, le taux augmente de 0,7 point, pour atteindre 23,9 % de PIB. Cette progression s'explique principalement par l'impact positif des mesures nouvelles (contribution de 0,4 point). Elles bénéficient, par ailleurs, de transferts supplémentaires de recettes fiscales de l'État : 1,3 milliard d'euros de TVA et 1,8 milliard d'euros de droits tabacs provisoirement affectés à l'État en 2010. ■

Définitions

Impôt : prélèvement obligatoire effectué par voie d'autorité par une administration (État, collectivités territoriales, etc.) sur les ressources des personnes vivant sur son territoire ou y possédant des intérêts pour être affecté aux services d'utilité générale.

Prélèvements obligatoires : impôts et cotisations sociales effectives reçues par les administrations publiques et les institutions européennes. Cotisations sociales et impôts sont comptabilisés pour leurs montants dus, mais les prélèvements obligatoires sont nets des montants dus non recouvrables. Le taux de prélèvements obligatoires est le rapport des prélèvements au PIB.

Administrations publiques, administrations publiques locales, contribution pour le remboursement de la dette sociale (CRDS), contribution sociale généralisée (CSG), impôts en capital, impôts sur la production et les importations, impôts sur les produits, impôts sur les revenus, produit intérieur brut (PIB), taxe, taxe sur la valeur ajoutée (TVA), *triple play* : voir rubrique « définitions » en annexes.

Pour en savoir plus

- « Projet de loi de finances pour 2013 – rapport sur les prélèvements obligatoires et leur évolution », ministère de l'Économie et des Finances.
- « L'économie française », *Insee Références*, édition 2012.
- « Les comptes des administrations publiques en 2011 », *Insee Première* n° 1400, mai 2012.

Retrouvez le TEF sur www.insee.fr, rubrique Publications et services\Collections nationales\Insee Références

Taux de prélèvements obligatoires

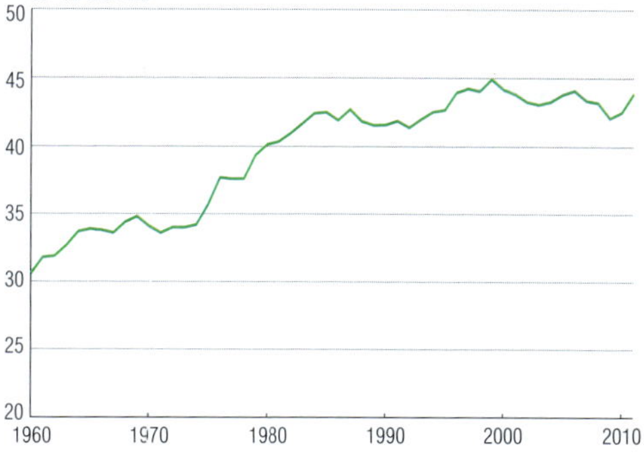

Source : Insee, comptes nationaux - base 2005.

Différents postes de recettes des administrations publiques

en milliards d'euros

	2010 (r)	2011
Prod. des branches marchandes et ventes résiduelles	57,3	59,1
Production pour emploi final propre	1,6	1,5
Paiements partiels des ménages	8,6	9,3
Autres subventions sur la production	3,5	3,0
Recettes de production	**71,0**	**72,9**
Intérêts	3,1	3,3
Revenus de la propriété (hors intérêts)	11,9	12,6
Revenus de la propriété	**15,0**	**15,9**
Impôts sur la production et les importations	288,4	305,1
Impôts courants sur le revenu et le patrimoine	204,7	225,2
Impôts en capital	7,7	10,3
Cotisations sociales	361,0	375,9
dont cotisations sociales imputées	*37,6*	*39,2*
Impôts et cotisations dus non recouvrables nets	– 4,7	– 5,9
Impôts et cotisations sociales	**857,1**	**910,6**
Transferts courants	13,4	13,8
Transferts en capital	1,8	1,6
Autres transferts	**15,1**	**15,5**
Total des recettes	**958,3**	**1 014,8**

Source : Insee, comptes nationaux - base 2005.

Prélèvements obligatoires des administrations publiques et des institutions européennes

	2010 (r)		2011	
	en Mds d'euros	en % du PIB	en Mds d'euros	en % du PIB
État	266,1	13,7	259,2	13,0
Impôts[1]	258,4	13,3	251,6	12,6
Cotisations sociales	7,7	0,4	7,6	0,4
ODAC	15,0	0,8	16,4	0,8
Administrations publiques locales	88,7	4,6	118,7	5,9
Administrations de sécurité sociale	449,7	23,2	477,1	23,9
Impôts	137,2	7,1	151,3	7,6
Cotisations sociales[2]	312,5	16,1	325,8	16,3
Institutions de l'Union européenne	4,4	0,2	5,0	0,2
Total	**823,9**	**42,5**	**876,3**	**43,9**

1. Après transferts de recettes fiscales et nets des impôts dûs non recouvrables.
2. Nettes des cotisations dues non recouvrables.
Source : Insee, comptes nationaux - base 2005.

Principaux impôts par catégorie

en milliards d'euros

	2010 (r)	2011
Impôts courants sur le revenu et le patrimoine	**183,1**	**202,4**
dont : contribution sociale généralisée (CSG)	*82,3*	*87,4*
impôt sur le revenu	*47,0*	*50,6*
impôts sur les sociétés	*33,1*	*41,9*
contribution au remb. de la dette sociale	*6,0*	*6,3*
Impôts de type TVA	**135,6**	**140,5**
Impôts sur les produits	**73,1**	**79,5**
dont : taxe intérieure sur les produits pétroliers	*23,6*	*23,9*
taxes sur les tabacs	*10,8*	*11,4*
Impôts divers sur la production	**54,4**	**59,1**
dont : taxe sur le foncier bâti et non bâti[1]	*26,1*	*27,4*
taxe professionnelle (TP)	*///	*///*
Impôts sur les salaires et la main d'œuvre	**27,5**	**28,4**
dont taxes sur les salaires	*11,4*	*11,7*
Autres impôts sur le revenu et le patrimoine	**21,6**	**22,8**
dont : taxe d'habitation	*15,3*	*16,0*
impôt de solidarité sur la fortune	*4,5*	*4,3*
Impôts en capital	**7,7**	**10,3**
dont mutation à titre gratuit	*7,7*	*8,5*
Impôts de type droits de douanes	**2,2**	**2,6**

1. Taxe payée par les entreprises.
Source : Insee, comptes nationaux - base 2005.

Poids des prélèvements obligatoires au sein de l'Union européenne en 2010

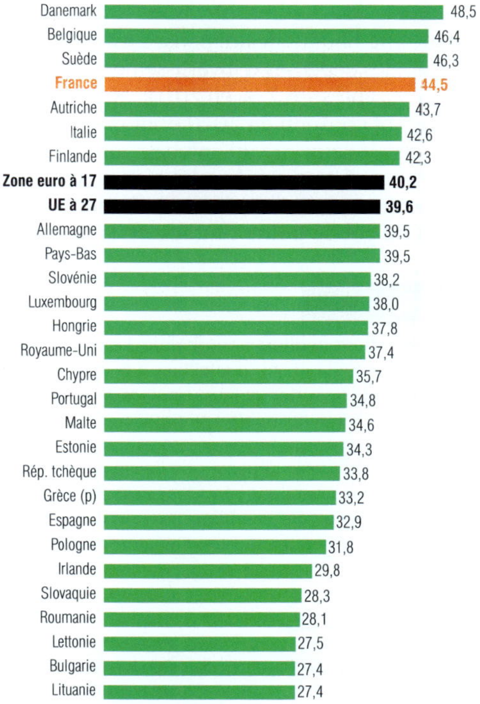

Note : prélèvements obligatoires y c. cotisations sociales imputées.
Champ : administrations publiques ; institutions de l'Union européenne
Source : Eurostat.

13.3 Dépense publique

En 2011, la part des **dépenses publiques** dans le PIB diminue de 0,6 point à 56,0 %. Le poids de la **dette publique au sens de Maastricht** dans le PIB progresse de 3,7 points pour s'établir à 86,0 %. Le **besoin de financement** des **administrations publiques** centrales et locales baisse à nouveau, tandis que celui des administrations de sécurité sociale se réduit significativement.

Les dépenses des administrations publiques centrales reculent de 5,7 % en 2011, en raison de moindres transferts de l'État aux collectivités locales liés à la réforme de la taxe professionnelle. Les **consommations intermédiaires** sont en forte baisse du fait des faibles livraisons de matériels militaires. Les rémunérations augmentent de 1,2 %, sous l'effet du non-remplacement d'un fonctionnaire sur deux partant à la retraite pour l'État et du gel du point d'indice de la fonction publique. Les **prestations sociales** augmentent quant à elles de + 3,1 %. En revanche, l'**investissement** est en baisse (– 8,5 % après – 9,8 % en 2010). Enfin, les intérêts versés progressent de 9 %, en raison de l'augmentation de la dette et de la hausse de l'inflation.

Pour les **administrations publiques locales**, la hausse des dépenses est liée à un rebond des dépenses d'investissement en 2011 (+ 2,3 %, après – 6,7 % en 2010), après l'effort important consenti en 2010 pour ramener les budgets locaux à un niveau proche de l'équilibre. En revanche, la masse salariale augmente moins vite, principalement sous l'effet du gel du point d'indice de la fonction publique et de la fin des transferts de personnel. Enfin, le rythme d'évolution des prestations sociales reste soutenu en 2011, bien que ralenti (+ 2,4 %, après + 9,9 % en 2010).

Les dépenses des administrations de sécurité sociale ralentissent légèrement (+ 3,2 %, après + 3,6 % en 2010). Ceci est dû notamment au repli des prestations d'assurance chômage (– 0,3 % après une hausse de + 7,6 % en 2010), en lien avec la situation du marché du travail. Les prestations vieillesse continuent en revanche d'augmenter à un rythme soutenu (+ 4,0 %) : la réforme des retraites de 2010 entraîne certes une diminution des départs en retraite à partir de juillet 2011, mais la revalorisation des **pensions** est nettement plus élevée en 2011 qu'en 2010. Par ailleurs, les prestations familiales et de logement évoluent de façon plus dynamique (+ 1,9 %), en raison de la revalorisation de la base mensuelle de calcul des allocations. Enfin, l'objectif de dépenses d'assurance maladie, construit sur la base d'une évolution des dépenses de 2,9 %, serait respecté en 2011 pour la deuxième année consécutive.

En 2011, les dépenses totales des administrations publiques au sein de l'Union européenne à 27 représentent 49,1 % du PIB. Dans trois États membres, le niveau des dépenses s'est établi à plus de 54 % du PIB (Danemark, France, Finlande), alors qu'il est inférieur ou égal à 40 % en Lettonie, en Estonie, en Slovaquie, en Roumanie, en Lituanie et en Bulgarie. ■

Définitions

Administrations publiques : ensemble des unités institutionnelles dont la fonction principale est de produire des services non marchands ou d'effectuer des opérations de redistribution du revenu et des richesses nationales. Elles tirent la majeure partie de leurs ressources de contributions obligatoires. Le secteur des administrations publiques comprend les administrations publiques centrales, les administrations publiques locales et les administrations de sécurité sociale.

Dépenses publiques : dépenses de l'ensemble des administrations publiques.

Administrations publiques locales, capacité et besoin de financement, consommation intermédiaire, dette publique notifiée (ou dette publique au sens de Maastricht), investissement ou formation brute de capital fixe (FBCF), pension de retraite, prestations sociales (ou transferts sociaux) : voir rubrique « définitions » en annexes.

Pour en savoir plus

- « Projet de loi de finances pour 2013 – rapport sur la dépense publique et son évolution », ministère de l'Économie et des Finances, octobre 2012.
- « Les comptes des administrations publiques en 2011 », *Insee Première* n° 1400, mai 2012.
- « L'économie française », *Insee Références*, édition 2012.

Retrouvez le TEF sur www.insee.fr, rubrique Publications et services\Collections nationales\Insee Références

Principales dépenses par administrations publiques en 2011

	Adm. publiques centrales (y compris État)		État		Adm. publiques locales		Adm. de sécurité sociale		Adm. publiques[2]	
	en Mds d'euros	2011/10 en %	en Mds d'euros	2011/10 en %	en Mds d'euros	2011/10 en %	en Mds d'euros	2011/10 en %	en Mds d'euros	2011/10 en %
Consommations intermédiaires	34,9	– 10,4	23,6	– 14,8	49,4	3,0	25,2	0,3	109,5	– 2,3
Rémunérations des salariés	133,7	1,2	116,2	0,1	70,3	2,4	59,6	1,7	263,7	1,6
Intérêts	44,8	9,0	45,1	9,3	3,4	25,0	5,1	40,3	52,6	12,0
Prestations sociales[1]	70,2	3,1	63,0	3,1	12,7	2,4	306,4	3,1	389,4	3,1
Formation brute de capital fixe	10,2	– 8,5	5,0	– 15,4	43,3	2,3	7,9	13,6	61,4	1,6
Ensemble des dépenses[1]	**446,7**	**– 5,7**	**414,3**	**– 8,8**	**234,4**	**2,3**	**531,8**	**3,2**	**1 118,7**	**2,1**

1. En espèces et en nature.
2. Les transferts au sein d'un même secteur sont consolidés. La somme des dépenses des secteurs est donc supérieure à celle de l'ensemble des administrations publiques.
Source : Insee, comptes nationaux - base 2005.

Différents postes de dépenses des administrations publiques

en milliards d'euros

	2010	2011
Consommations intermédiaires	112,0	109,5
Rémunération des salariés	259,4	263,7
dont cotisations sociales imputées	*37,6*	*39,2*
Impôts sur la production	9,3	9,5
Impôts courants sur le revenu et le patrimoine	0,1	0,1
Dépenses de fonctionnement	**381,0**	**382,9**
Intérêts	**47,0**	**52,6**
Prestations sociales[1]	377,7	389,4
Transferts sociaux en nature[2]	117,9	121,9
Subventions	32,3	29,6
Transferts courants	63,5	64,9
Transferts en capital	13,9	14,6
Prestations et autres transferts	**605,3**	**620,3**
Formation brute de capital fixe	60,4	61,4
Autres acquis. nettes d'actifs non financiers	2,0	1,6
Acquisitions nettes d'actifs non financiers	**62,4**	**63,0**
Total des dépenses	**1 095,6**	**1 118,7**

1. Autres que transferts sociaux en nature.
2. Transferts de biens et services marchands.
Source : Insee, comptes nationaux - base 2005.

Emplois ministériels autorisés en 2012

Ministères	Solde des créations et suppressions de postes[1]	Plafond des autorisations d'emplois[1]
Affaires étrangères et européennes	– 94	15 024
Alimentation, agriculture, pêche, ruralité[2]	– 551	31 812
Budget, comptes publics et réforme de l'État	– 2 973	139 495
Culture et communication	– 100	11 014
Défense et anciens combattants	– 7 821	293 198
Écologie, dév. durable, transports et logement	– 1 313	60 305
Économie, finances et industrie	– 259	14 005
Éducation nationale, jeunesse et vie associative	– 15 234	953 356
Enseignement supérieur et recherche	0	17 298
Intérieur, outre-mer, coll. territoriales et immigration	– 2 232	280 534
Justice et libertés	615	76 887
Travail, emploi et santé	– 441	21 184
Services du Premier ministre	52	9 224
Budget général	**– 30 351**	**1 923 336**
Contrôle et exploitation aériens	– 145	11 151
Publications officielles et information adm.	– 16	834
Budgets annexes	**– 161**	**11 985**
Total État	**– 30 512**	**1 935 321**

1. En équivalent-temps plein travaillé (ETPT).
2. Y compris aménagement du territoire.
Source : ministère du Budget, des Comptes publics et de la Réforme de l'État.

Dépenses des administrations publiques au sein de l'Union européenne en 2011

en % du PIB

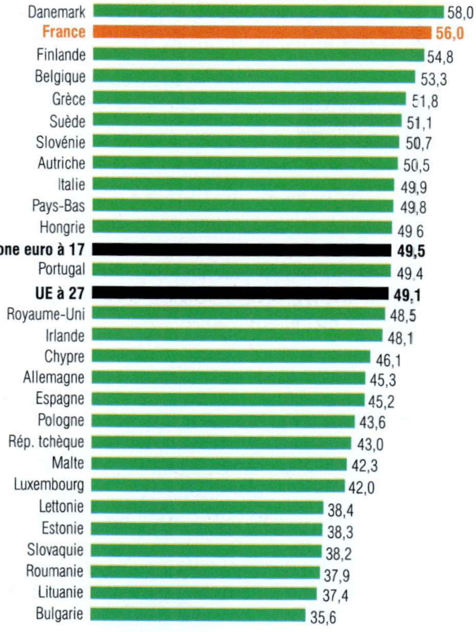

Source : Eurostat.

13.4 Finances publiques locales

En 2011, les recettes des **administrations publiques locales** augmentent de 2,5 %. Les recettes ayant été plus dynamiques que les dépenses, qui progressent de 2,3 %, leur besoin de financement est plus faible qu'en 2010. Les collectivités locales dégagent en 2011 des capacités d'**autofinancement** plus importantes que l'année précédente.

L'intercommunalité à fiscalité propre couvre, fin 2011, 96 % des communes et près de 90 % de la population française. Les **établissements publics de coopération intercommunale (EPCI)** à fiscalité propre rassemblent aujourd'hui 35 303 communes et 59,3 millions d'habitants. L'intégration fiscale se poursuit : hors reversements fiscaux, la part des **groupements de communes à fiscalité propre** dans les dépenses totales du secteur communal est de 23 %. En 2011, le bloc communal perçoit pour la première fois les nouveaux impôts économiques liés à la réforme de la **fiscalité locale** et bénéficie de la redistribution des produits des taxes ménages. Les communes, dont le schéma traditionnel de dépenses d'équipement lié au cycle électoral a été modifié par le plan de relance de 2009, accroissent sensiblement leur niveau d'investissement. En 2011, les **dépenses d'intervention** représentent environ 18 % des dépenses de fonctionnement pour le bloc communal.

Les départements bénéficient d'un environnement économique favorable en 2011, grâce au dynamisme du marché des transactions immobilières. Leurs recettes de fonctionnement augmentent de 4 %. Pour la deuxième année consécutive, ils accroissent leur capacité d'autofinancement, malgré des charges d'aide sociale toujours soutenues. Ceci leur permet de limiter l'augmentation de leur stock de dette et ils freinent par ailleurs leurs projets d'investissement : les dépenses d'équipement direct chutent à nouveau en 2011 (– 6 %) mais moins qu'en 2010.

Les budgets régionaux, après une nette baisse en 2010, progressent en 2011. Les dépenses d'intervention, qui représentent pour les régions comme pour les départements environ deux tiers des dépenses de fonctionnement, augmentent sensiblement. Les régions, qui ont intégré plus de 53 000 emplois transférés depuis 2005, maîtrisent la croissance de leurs frais de personnel. Si leurs recettes de fonctionnement augmentent moins vite que leurs dépenses, leur épargne brute reste en légère progression, dégageant ainsi des marges d'autofinancement. Elles optent également pour une reprise modérée de l'effort d'investissement après la chute de 2010. Le budget d'investissement se redresse de 3 %, la hausse portant sur les subventions tandis que les dépenses d'équipement reculent pour la deuxième année consécutive. Dans le même temps, les régions confirment leurs efforts de limitation de leur endettement : le montant des remboursements de dette est supérieur de 10 % à celui de 2010. ■

Définitions

Collectivités territoriales : structures administratives françaises, distinctes de l'administration de l'État, qui doivent prendre en charge les intérêts de la population d'un territoire précis. Sont définies comme collectivités territoriales : les communes, les départements et les départements d'outre-mer, les régions et les régions d'outre-mer, les collectivités à statut particulier et les collectivités d'outre-mer.

Administrations publiques locales, dépenses d'intervention des collectivités locales, établissement public de coopération intercommunale (EPCI), fiscalité locale, groupement de communes à fiscalité propre, taux d'autofinancement : voir rubrique « définitions » en annexes.

Pour en savoir plus

- « La fiscalité directe locale en 2012 : une progression différenciée des produits selon les taxes », *Bulletin d'informations statistiques* n° 92, DGCL, décembre 2012.
- « Les budgets primitifs des collectivités locales en 2012 », *Bulletin d'informations statistiques* n° 90, DGCL, septembre 2012.
- « Les finances des collectivités locales en 2012 », Observatoire des finances locales, juillet 2012.
- « Les comptes des administrations publiques en 2011 », *Insee Première* n° 1400, mai 2012.
- « Les collectivités locales en chiffres 2012 », DGCL, avril 2012.

Retrouvez le TEF sur www.insee.fr, rubrique Publications et services\Collections nationales\Insee Références

Volume budgétaire des collectivités locales en 2012

en milliards d'euros

Dépenses totales	Montants	12/11 en %
Communes	96,3	2,4
Départements	70,3	0,9
Régions	27,4	0,8
Total collectivités territoriales	**193,9**	**1,6**
Groupements de commune à fiscalité propre	39,6	3,8
Ensemble collectivités territoriales et groupements à fiscalité propre	**223,8**	**2,1**

Champ : montants hors gestion active de la dette, hors péréquation horizontale.
Source : DGCL, budgets primitifs 2011 et 2012.

Poids des investissements des administrations publiques locales de 1950 à 2011

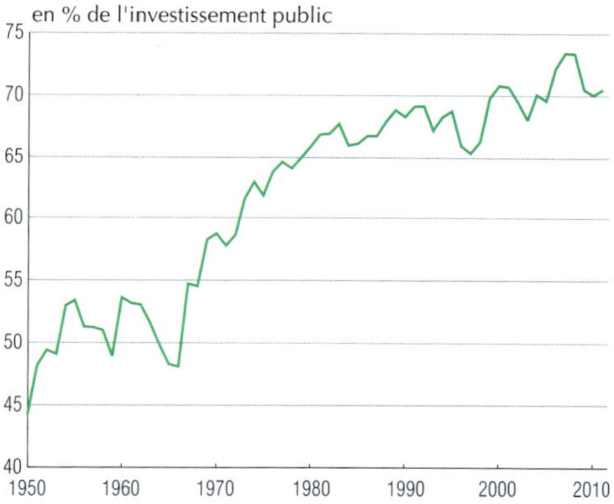

Source : Insee, comptes nationaux - base 2005.

Structure de la fiscalité locale en 2010

en milliards d'euros

Nature des impôts	Communes et groupements[1]	Départ.	Régions	Total
Taxe d'habitation	11,51	5,73	///	17,24
Taxe sur le foncier bâti	14,33	7,28	1,92	23,52
Taxe sur le foncier non bâti	0,83	0,06	0,01	0,90
Compensation relais de la taxe prof.	19,13	9,98	3,38	32,48
Produits votés des 3 taxes et compensation relais de la taxe prof.	**45,79**	**23,04**	**5,31**	**74,14**
Taxe d'enlèvement des ord. mén.	5,68	///	///	5,68
Droits de mutation à titre onéreux	1,99	7,07	///	9,06
Taxe intérieure sur les prod. pétroliers	///	6,19	3,88	10,07
Versement aux transp. en commun	6,08	///	///	6,08
Taxe spéc. sur les conv. d'assurance	///	3,21	///	3,21
Taxe sur les cartes grises	///	///	1,92	1,92
Taxe sur l'électricité	1,00	0,51	///	1,51
Impôts et taxes d'outre-mer	0,78	0,17	0,50	1,45
Autres taxes	1,44	0,38	1,00	2,82
Autres contributions[2]	**16,97**	**17,52**	**7,31**	**41,80**
Total des taxes	**62,77**	**40,56**	**12,61**	**115,94**

1. Y compris les syndicats.
2. Hors taxes liées à l'urbanisme.
Sources : DGFiP ; DGCL.

Finances des collectivités territoriales et groupements à fiscalité propre

en milliards d'euros

	2010 (r)	2011 (p)	11/10 en %
Dépenses de fonctionnement hors intérêts de dette	144,9	148,6	2,6
dont : achats et charges externes	*28,5*	*29,1*	*2,1*
frais de personnel	*51,7*	*53,0*	*2,4*
dépenses d'intervention	*60,0*	*61,7*	*2,9*
Recettes de fonctionnement	178,9	185,5	3,7
dont : impôts et taxes	*108,6*	*110,7*	*1,9*
concours de l'État	*49,4*	*52,5*	*6,3*
Épargne de gestion	**34,0**	**36,9**	**8,5**
Intérêts de dette	3,9	4,3	8,9
Épargne brute	**30,1**	**32,7**	**8,5**
Dépenses d'investissement hors rembours.	52,0	53,9	3,7
Recettes d'investissement hors emprunts	20,2	20,2	0,4
Dépenses totales hors rembours. de dette	**200,8**	**206,8**	**3,0**
Recettes totales hors emprunts	**199,0**	**205,8**	**3,4**
Besoin de financement	**– 1,8**	**– 1,0**	///
Remboursements de dette	12,0	12,4	3,5
Emprunts	16,1	15,8	– 1,3
Dette totale au 31 décembre	**124,3**	**127,8**	///

Note : les montants sont calculés hors gestion active de la dette.
Source : DGFiP.

Dépenses au titre des compétences transférées aux collectivités locales

en millions d'euros

	2010 (r)	2011 (r)	2012 (p)
Aux départements			
Aide sociale[1]	33 678	35 124	36 136
dont : RSA[2]	*8 603*	*9 208*	*9 450*
alloc. pers. d'autonomie (APA)	*5 372*	*5 491*	*5 618*
Collèges	4 304	4 385	4 353
Serv. dép. d'incendie et de secours	2 386	2 409	2 473
Aux régions			
Formation prof. continue et apprent.	5 052	5 049	5 061
Enseignement	6 326	6 264	6 288
Transport ferroviaire de voyageurs	3 195	3 087	3 295

1. Dépenses des fonctions prévention médico-sociale, action sociale (hors RMI et APA), RMI, APA et RSA.
2. Le RSA s'est substitué au RMI le 1er juin 2009.
Sources : DGCL ; DGFiP.

Concours financiers de l'État aux collectivités territoriales en 2012

en milliards d'euros

	Montants	Part en %
Dotation globale de fonctionnement DGF	41,4	67,8
Fonds de compensation de la TVA FCTVA	5,5	9,0
Compensations d'exonération	3,2	5,2
Dotation de compensation de la réforme de la taxe professionnelle	3,4	5,5
Autres prélèvements sur recettes	2,1	3,5
Prélèvements sur recettes	**55,6**	**91,0**
Mission Relations avec les collec. territoriales	2,6	4,2
Dotation gén. de décentr. formation prof.	1,7	2,8
Amendes	0,7	1,1
Financement national du développement et de modernisation de l'apprentissage	0,6	0,9
Total (hors prélèvements exceptionnels)	**61,1**	**100,0**

Source : DGCL.

13.5 Union monétaire européenne

L'année 2011 a été marquée par un environnement économique et financier très difficile. Dans la **zone euro**, la crise financière et économique s'est transformée en une crise de la dette souveraine avec de graves conséquences en termes de confiance. La crise a montré qu'assurer la solidité des finances publiques est une condition indispensable à la stabilité macroéconomique et financière globale et au bon fonctionnement de l'Union monétaire. Après s'être redressée en 2010, la croissance du **produit intérieur brut (PIB)** en volume a ralenti en 2011 (+ 1,5 % contre + 1,8 % en 2010). Bien que le ralentissement de la croissance au second semestre de 2011 ait concerné l'ensemble des composantes de la dépense, les ralentissements prononcés de l'investissement et des exportations ont eu l'incidence la plus forte sur le profil de la croissance.

La crise financière et la contraction de l'activité économique qui s'en est suivie ont eu une incidence majeure sur les marchés du travail de la zone euro, donnant lieu à un net recul de l'emploi et à de fortes hausses du chômage. Les taux d'utilisation de la main-d'œuvre restent encore assez éloignés de leurs niveaux d'avant la crise.

Mesurée par les variations de l'**indice des prix à la consommation harmonisé (IPCH)**, l'**inflation** en zone euro s'est élevée à 2,7 % en moyenne en 2011, alimentée pour l'essentiel par les hausses des prix de l'énergie et des produits alimentaires, en liaison avec les envolées des cours mondiaux des matières premières. Dans certaines économies de la zone euro, des relèvements de la fiscalité indirecte et des prix réglementés ont également engendré des taux d'inflation élevés.

En 2011, les mouvements du **taux de change** de l'euro ont largement reflété l'évolution des perceptions des intervenants de marché quant aux perspectives économiques de la zone euro et aux perspectives budgétaires de ses pays membres. Le **taux de change effectif nominal** de l'euro vis-à-vis des monnaies des vingt principaux partenaires commerciaux de la zone euro, s'est replié de 2,2 % en 2011.

Le **déficit** agrégé des administrations publiques de la zone euro a nettement diminué en 2011, passant de 6,2 % en 2010 à 4,1 % du PIB. Le recul du déficit budgétaire résulte principalement des mesures d'assainissement mises en œuvre (réduction des dépenses publiques, relèvement de la fiscalité). Fin 2011, les ratios de **dette publique** étaient supérieurs à la valeur de référence de 60 % du PIB dans douze des dix-sept pays de la zone. La plupart des pays de la zone euro, à l'exception de l'Allemagne, de l'Autriche, de l'Estonie, du Luxembourg, de Malte et de la Finlande ont enregistré, en 2011, un déficit supérieur à la valeur de référence de 3 % du PIB. ■

Définitions

Zone euro : zone monétaire qui regroupe les pays de l'Union européenne qui ont adopté l'euro comme monnaie unique. Les dix-sept États membres constituant la zone euro sont l'Allemagne, l'Autriche, la Belgique, Chypre, l'Espagne, l'Estonie, la Finlande, la France, la Grèce, l'Irlande, l'Italie, le Luxembourg, Malte, les Pays-Bas, le Portugal, la Slovaquie et la Slovénie. La zone a été créée en 1999 par onze pays, rejoints par la Grèce en 2001, la Slovénie en 2007, Chypre et Malte en 2008, la Slovaquie en 2009 et l'Estonie en 2011.

Critères de convergence du Traité de Maastricht, déficit public notifié, dette publique notifiée, indice des prix à la consommation harmonisé (IPCH), inflation, parité de pouvoir d'achat (PPA), produit intérieur brut (PIB), standard de pouvoir d'achat (SPA), taux de change, taux de change effectif nominal, taux d'intérêt : voir rubrique « définitions » en annexes.

Pour en savoir plus

- « Zone euro – Principaux indicateurs économiques et financiers », Banque de France, novembre 2012.
- « Déficit public de la zone euro et de l'UE27 respectivement de 4,1 % et 4,4 % du PIB », *communiqué de presse* n° 149, Eurostat, octobre 2012.
- « Rapport sur la convergence », Banque centrale européenne, mai 2012.
- « Rapport annuel 2011 », Banque centrale européenne, avril 2012.
- « Bulletin mensuel de la BCE », Banque centrale européenne.

Retrouvez le TEF sur www.insee.fr, rubrique Publications et services\Collections nationales\Insee Références

Taux de change de l'euro contre devises

pour un euro, en fin de période

	2010	2011	nov. 2012
Dollar	1,3362	1,2939	1,2986
Yen	108,65	100,20	107,37
Livre sterling	0,8608	0,8353	0,8108
Franc suisse	1,2504	1,2156	1,2054
Couronne danoise	7,4535	7,4342	7,4600
Couronne suédoise	8,9655	8,9120	8,6625
Couronne tchèque	25,061	25,787	25,262
Forint hongrois	277,95	314,58	281,03
Lats letton	0,7094	0,6995	0,6962
Leu roumain	4,2620	4,3233	4,5148
Lev bulgare	1,9558	1,9558	1,9558
Litas lituanien	3,4528	3,4528	3,4528
Zloty polonais	3,9750	4,4580	4,1052

Source : Banque centrale européenne.

Part des différents pays dans le PIB de la zone euro à 17 en 2011

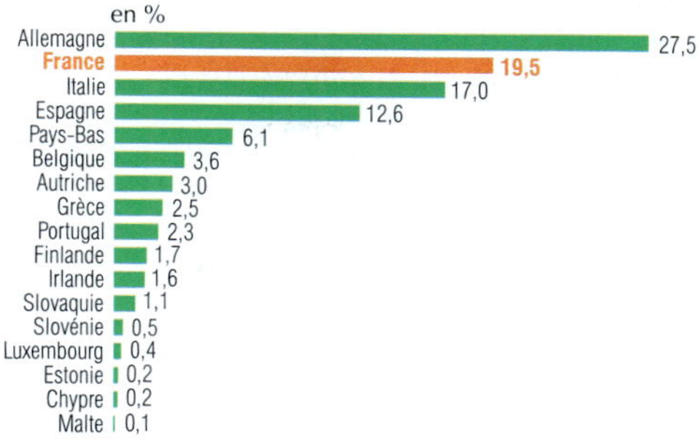

Note : PIB calculés en standard de pouvoir d'achat afin d'éliminer les différences de niveaux de prix nationaux.
Source : Eurostat.

Situation des pays de l'Union européenne à 27 au regard des critères de convergence

	Solde des finances publiques en % du PIB[1]			Dette publique en % du PIB[1 2]			Inflation en %[3]			Taux d'intérêt à long terme en %[4]		
	2009 (r)	2010 (r)	2011	2009 (r)	2010 (r)	2011	2009	2010	2011	2009	2010	2011
Allemagne	– 3,2	– 4,3	– 1,0	74,4	83,0	81,2	0,2	1,2	2,5	3,22	2,74	2,61
Autriche	– 4,1	– 4,5	– 2,6	69,5	71,9	72,2	0,4	1,7	3,6	3,94	3,23	3,32
Belgique	– 5,6	– 3,8	– 3,7	95,8	96,0	98,0	0,0	2,3	3,5	3,90	3,46	4,23
Bulgarie	– 4,3	– 3,1	– 2,1	14,6	16,3	16,3	2,5	3,0	3,4	7,22	6,01	5,36
Chypre	– 6,1	– 5,3	– 6,3	58,5	61,5	71,6	0,2	2,6	3,5	4,60	4,60	5,79
Danemark	– 2,7	– 2,5	– 1,8	40,6	42,9	46,5	1,1	2,2	2,7	3,59	2,93	2,73
Espagne	– 11,2	– 9,3	– 8,5	53,9	61,2	68,5	– 0,2	2,0	3,1	3,98	4,25	5,44
Estonie	– 2,0	0,2	1,0	7,2	6,7	6,0	0,2	2,7	5,1	…	…	…
Finlande	– 2,5	– 2,5	– 0,5	43,5	48,4	48,6	1,6	1,7	3,3	3,74	3,01	3,01
France	**– 7,5**	**– 7,1**	**– 5,2**	**79,2**	**82,3**	**86,0**	**0,1**	**1,7**	**2,3**	**3,65**	**3,12**	**3,32**
Grèce	– 15,6	– 10,3	– 9,1	129,4	145,0	165,3	1,3	4,7	3,1	5,17	9,09	15,75
Hongrie	– 4,6	– 4,2	4,3	79,8	81,4	80,6	4,0	4,7	3,9	9,12	7,28	7,64
Irlande	– 14,0	– 31,2	– 13,1	65,1	92,5	108,2	– 1,7	– 1,6	1,2	5,23	5,74	9,60
Italie	– 5,4	– 4,6	– 3,9	116,0	118,6	120,1	0,8	1,6	2,9	4,31	4,04	5,42
Lettonie	– 9,8	– 8,2	– 3,5	36,7	44,7	42,6	3,3	– 1,2	4,2	12,36	10,34	5,91
Lituanie	– 9,4	– 7,2	– 5,5	29,4	38,0	38,5	4,2	1,2	4,1	14,00	5,57	5,16
Luxembourg	– 0,8	– 0,9	– 0,6	14,8	19,1	18,2	0,0	2,8	3,7	4,23	3,17	2,92
Malte	– 3,8	– 3,7	– 2,7	68,1	69,4	72,0	1,8	2,0	2,5	4,54	4,19	4,49
Pays-Bas	– 5,6	– 5,1	– 4,7	60,8	62,9	65,2	1,0	0,9	2,5	3,69	2,99	2,99
Pologne	– 7,4	– 7,8	– 5,1	50,9	54,8	56,3	4,0	2,7	3,9	6,12	5,78	5,96
Portugal	– 10,2	– 9,8	– 4,2	83,1	93,3	107,8	– 0,9	1,4	3,6	4,21	5,40	10,24
République tchèque	– 5,8	– 4,8	– 3,1	34,4	38,1	41,2	0,6	1,2	2,1	4,84	3,88	3,71
Roumanie	– 9,0	– 6,8	– 5,2	23,6	30,5	33,3	5,6	6,1	5,8	9,69	7,34	7,29
Royaume-Uni	– 11,5	– 10,2	– 8,3	69,6	79,6	85,7	2,2	3,3	4,5	3,36	3,36	2,87
Slovaquie	– 8,0	– 7,7	– 4,8	35,6	41,1	43,3	0,9	0,7	4,1	4,71	3,87	4,45
Slovénie	– 6,1	– 6,0	– 6,4	35,3	38,8	47,6	0,9	2,1	2,1	4,38	3,83	4,97
Suède	– 0,7	0,3	0,3	42,6	39,4	38,4	1,9	1,9	1,4	3,25	2,89	2,61
Valeur de référence	**– 3,0**	**– 3,0**	**– 3,0**	**60,0**	**60,0**	**60,0**	**0,6**	**1,5**	**3,4**	**5,52**	**4,91**	**4,84**

1. Chiffres notifiés à la Commission européenne et vérifiés par Eurostat. 2. Dette au sens du Traité de Maastricht. 3. Indice des prix à la consommation harmonisés, en moyenne annuelle. 4. En moyenne annuelle.
Sources : Banque de France ; Commission européenne ; Eurostat.

Comparaison de la zone euro à 17 aux États-Unis et au Japon

	Zone euro	États-Unis	Japon
Population 2011 (en millions)	**332,4**	311,3	127,8
Taux de chômage 2011 (en %)[1]	**10,2**	9,0	4,6
PIB 2011 (en milliards d'euros PPA)[2]	**9 027,2**	11 456,7	3 347,3
PIB par habitant 2011 (en euros PPA)[2]	**27 160**	36 720	26 190
Croissance en volume du PIB 2011 (en %)[1]	**1,5**	1,8	– 0,7
Déficit public 2011 (en % du PIB)	**– 4,1**	– 9,7	– 9,5
Dette publique 2011 (en % du PIB)	**87,2**	102,7	205,5

	Zone euro	États-Unis	Japon
Évolution des prix à la consommation 2011 (en %)[1]	**2,7**	3,2	– 0,3
Évolution de la production industrielle 2011 (en %)[3]	**3,4**	4,3	– 2,3
Évolution des ventes au détail en volume 2011 (en %)[1]	**– 0,4**	4,1	– 1,2
Exportations 2011 (en % du PIB)[4]	**44,0**	14,0	15,2
Importations 2011 (en % du PIB)[4]	**42,6**	17,8	16,1
Solde des transactions courantes 2011 (en % du PIB)	**0,3**	– 3,3	2,0
Taux d'intérêt à long terme 2011[1]	**4,31**	2,79	1,12

1. En moyenne annuelle. 2. PPA : parité de pouvoir d'achat. 3. Hors bâtiment, en moyenne annuelle. 4. Biens et services.
Source : Banque de France.

14.1 Commerce extérieur

Après la vive reprise de 2010, les échanges ralentissent en 2011. Ils restent néanmoins dynamiques, de sorte qu'ils dépassent leur niveau d'avant crise. Entre 2010 et 2011, les échanges mondiaux de biens progressent de 5,6 % en moyenne annuelle. Ils ont été globalement soutenus par la bonne tenue de l'activité aux États-Unis et par le dynamisme des pays émergents. Les conséquences du séisme au Japon ont toutefois temporairement désorganisé les chaînes d'approvisionnement mondiales en milieu d'année et freiné en conséquence les échanges commerciaux.

En ligne avec le commerce mondial, les **exportations** françaises ralentissent en 2011. Soutenues par la bonne tenue des ventes agroalimentaires et de celles liées à l'industrie du luxe, elles progressent néanmoins de 5,3 % en volume, après + 9,6 %. Les exportations de services sont particulièrement dynamiques : + 9,0 % après 6,3 % en 2010. Les **importations** augmentent en volume de 4,9 %, après 8,9 % en 2010, tirées par la demande intérieure finale hors stocks, la reconstitution des stocks et le dynamisme des exportations *via* le contenu en importations des exportations. Au total, les volumes d'exportations et d'importations progressent sur des rythmes proches, si bien que la contribution du **solde du commerce extérieur** à la croissance du PIB en volume est nulle en 2011, comme en 2010. En valeur, dopées par le renchérissement du prix de l'énergie importée, les importations progressent plus vite que les exportations, contribuant à un net alourdissement de la facture énergétique. Au total, le déficit extérieur se creuse, atteignant 56 milliards d'euros en 2011, soit 2,8 % du PIB.

Dans un contexte d'incertitudes quant à la croissance mondiale, le nombre d'exportateurs diminue en 2011. Cette baisse concerne toutes les catégories d'entreprises, mais affecte plus particulièrement celles employant plus de 250 salariés. Elle concerne tant les entreprises tournées vers les pays de l'Union européenne (à l'exception de l'Allemagne), que celles orientées vers l'Afrique ou le Proche et Moyen-Orient. Le nombre d'importateurs baisse également en 2011 ; les entreprises importatrices employant plus de 250 salariés font exception.

Le déficit commercial de l'Union européenne à 27 dans le domaine de l'énergie augmente fortement, tout comme l'excédent pour les produits manufacturés. Les échanges de l'UE avec chacun de ses principaux partenaires augmentent en 2011 par rapport à 2010, à l'exception des importations en provenance de Corée du Sud. Les plus fortes hausses concernent les exportations vers la Russie, la Chine, la Turquie et l'Afrique du Sud et les importations en provenance de Russie, d'Inde, de Norvège, du Brésil et de l'Arabie Saoudite. L'excédent commercial de l'UE augmente notamment avec les États-Unis, la Suisse et la Turquie. Son déficit commercial se réduit avec la Chine, le Japon et la Corée du Sud, mais s'accroît avec la Russie et la Norvège. L'Allemagne affiche le plus fort excédent, suivie des Pays-Bas et de l'Irlande. Le Royaume-Uni accuse le plus fort déficit, suivi de la France et de l'Espagne. ■

Définitions

Toutes les données du commerce extérieur (produits, pays) sont **CAF-FAB.**

CAF (coût, assurance, fret) : mesure des importations en France valorisées avec les coûts d'acheminement (transport et assurance) jusqu'à la frontière française.

FAB (franco à bord) : mesure des exportations à partir de la France valorisées avec les coûts d'acheminement jusqu'à la frontière française.

Exportations de biens et de services : ensemble des biens et des services fournis par des résidents à des non-résidents, à titre onéreux ou gratuit.

Importations de biens et de services : ensemble des biens et des services fournis par des non-résidents à des résidents, à titre onéreux ou gratuit.

Correction territoriale, solde du commerce extérieur, taux de couverture : voir rubrique « définitions » en annexes.

Pour en savoir plus

- « L'économie française », *Insee Références*, édition 2012.
- « Les opérateurs du commerce extérieur – Année 2011 », Douanes, août 2012.
- « Déficit de 7,6 milliards d'euros du commerce extérieur de la zone euro, déficit de 23,8 milliards d 'euros pour l'UE27 », *communiqué de presse,* Eurostat, mars 2012.

Retrouvez le TEF sur www.insee.fr, rubrique Publications et services\Collections nationales\Insee Références

Concentration sectorielle des échanges de biens en 2011

en %

Secteurs d'activité	Exportateurs		Importateurs	
	Répartition des opérateurs	Répartition des flux	Répartition des opérateurs	Répartition des flux
Agriculture	10,3	0,6	1,3	0,1
Industries	27,3	62,9	24,0	45,9
Construction	1,9	0,4	3,5	0,6
Commerce	43,7	30,0	55,6	44,7
Services	14,7	4,8	14,2	8,1
Non précisé	2,1	1,4	1,4	0,7
Total	**100,0**	**100,0**	**100,0**	**100,0**

Champ : y compris le commerce intracommunautaire inférieur à 460 000 euros, données estimées.
Source : direction générale des Douanes et Droits indirects.

Solde des échanges extérieurs

en milliards d'euros courants

	2010 (r)	2011
Échanges de biens FAB	– 48,7	– 70,3
Échanges de services hors tourisme	0,5	5,4
Négoce international	5,8	8,6
Transports	– 4,2	– 5,5
Services d'information et communication	– 1,3	– 1,2
Assurance	– 1,3	– 0,3
Services financiers, y compris Sifim	2,8	3,9
Services aux entreprises	– 1,6	– 0,7
Services aux ménages et services de santé	0,4	0,7
Tourisme	6,1	8,8
Opérations de répartition	5,0	5,1
Rémunération des salariés	9,5	10,1
Impôts sur la production et les importations	– 4,4	– 5,0
Subventions	8,9	9,0
Intérêts	– 4,4	– 2,4
Dividendes	13,6	4,4
Autres revenus de la propriété	13,7	21,5
Impôts courants sur le revenu et le patrimoine	3,7	4,3
Cotisations et prestations sociales	– 8,8	– 8,9
Coopération internationale courante	– 7,6	– 7,5
Autres transferts courants	– 20,0	– 20,5
Transferts en capital	0,7	0,2
Acquisitions moins cessions d'actifs non financiers non produits	0,0	0,0
Capacité de financement de la Nation	**– 37,1**	**– 51,0**

Source : Insee, comptes nationaux - base 2005.

Exportations et importations par groupe de produits en 2011

en milliards d'euros

	Exportations FAB	Importations CAF
Agriculture, sylviculture et pêche	**16,2**	**11,6**
Indus. manufacturière, extract. et autres	**405,6**	**496,8**
Extr., énergie, eau, gest. des déchets et dépollution	11,8	60,9
Fab. alim., de boissons et de prod. à base de tabac	41,5	35,0
Cokéfaction et raffinage	15,2	28,4
Fab. éq. élec., électr., inf. et fab.de machines	82,2	103,4
Fabrication de matériels de transport	82,6	70,3
Fabrication d'autres produits industriels	172,3	198,9
Services principalement marchands	**76,8**	**72,0**
Commerce ; répar. d'automobiles et de motocycles	12,0	3,3
Transports et entreposage	21,2	26,7
Information et communication	7,4	8,6
Activités financières et d'assurance	8,9	5,4
Act. scient. et techn. ; services admin. et de soutien	25,3	26,0
Services principalement non marchands[1]	**0,9**	**0,3**
Correction territoriale	**38,7**	**29,9**
Correction CAF/FAB	**0,0**	**– 16,3**
Total des produits	**538,2**	**594,3**

1. Correspond au regroupement des items « Administration publique », « Enseignement », « Santé humaine et action sociale ».
Source : Insee, comptes nationaux - base 2005.

Taux de couverture à prix courants de l'ensemble des biens et services de 1950 à 2011

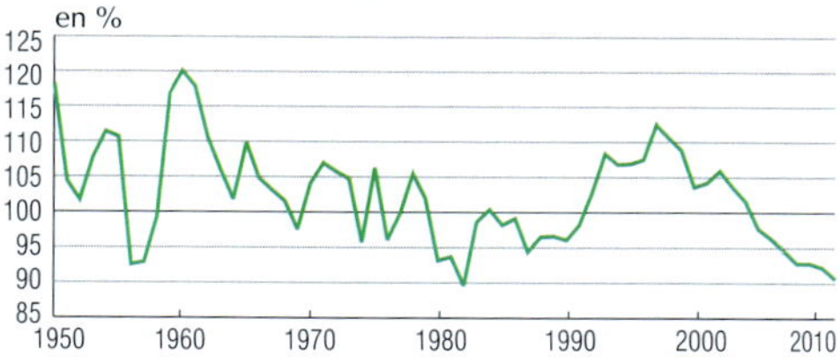

Source : Insee, comptes nationaux - base 2005.

Les opérateurs français du commerce extérieur

	2010 (e)	2011 (e)	11/10 en %
Ensemble des opérateurs[1]	**199 831**	**198 014**	**– 0,9**
Entreprises exportatrices	118 595	117 106	– 1,3
Entreprises importatrices	140 402	139 536	– 0,6

1. Entreprises françaises ayant réalisé des échanges internationaux de marchandises (exportations ou importations).
Champ : échanges de biens, y compris le commerce intracommunautaire inférieur à 460 000 euros.
Source : direction générale des Douanes et Droits indirects.

Commerce extérieur de l'UE à 27 avec ses 20 principaux partenaires à l'exportation en 2011

	Exportations		Importations		Balance comm.
	en Mds d'euros	Évol. 11/10 en %	en Mds d'euros	Évol. 11/10 en %	en Mds d'euros
1 États-Unis	260,8	7,6	190,5	10,1	70,3
2 Suisse	139,3	26,2	91,6	7,8	47,7
3 Chine[1]	136,2	20,3	292,3	3,5	– 156,0
4 Russie	108,4	25,9	199,8	24,4	– 91,3
5 Turquie	73,0	18,9	47,9	13,0	25,1
6 Japon	49,0	11,5	69,1	2,8	– 20,1
7 Norvège	46,6	11,1	93,6	17,8	– 47,0
8 Inde	40,5	16,2	39,4	18,3	1,1
9 Brésil	35,7	13,9	38,8	16,6	– 3,0
10 Corée du Sud	32,5	16,2	36,1	– 8,4	– 3,6
11 Hong-Kong	30,9	13,4	10,9	– 23,6	20,0
12 Australie	31,1	15,3	14,9	19,4	16,2
13 Canada	29,9	11,6	30,3	22,7	– 0,4
14 Singapour	27,2	11,3	19,0	1,0	8,2
15 Arabie Saoudite	26,4	13,9	28,1	72,7	– 1,7
16 Afrique du Sud	26,6	22,1	20,5	0,6	6,1
17 Mexique	23,8	11,6	16,7	21,4	7,1
18 Algérie	17,2	10,8	27,5	30,8	– 10,3
19 Taïwan	16,2	9,7	24,0	– 0,5	– 7,8
20 Libye	2,1	– 68,7	10,4	– 64,3	– 8,3
Autres pays	400,6	13,0	412,0	21,4	– 11,5
Total Monde	**1 553,9**	**14,5**	**1 713,5**	**11,9**	**– 159,6**

1. Non compris Hong-Kong. Champ : échanges internationaux de biens.
Source : Eurostat.

14.2 Balance commerciale

Après un fort rebond en 2010, les échanges extérieurs ralentissent mais restent dynamiques en 2011. Les volumes d'**exportations** et d'**importations** progressent sur des rythmes proches, si bien que la contribution comptable du **solde** des échanges extérieurs à la croissance du PIB est nulle en 2011. Les exportations progressent dans le sillage du commerce mondial, tandis que les importations sont tirées par la demande interne.

La progression des échanges concerne la plupart des biens, notamment les biens manufacturés (+ 4,2 % après – 11,4 % en 2010), qui représentent presque les trois quarts des ventes totales. En particulier, les exportations de biens d'équipement, de produits agro-alimentaires et d'autres produits industriels sont dynamiques. Trois postes restent excédentaires en 2011 : la hausse des prix des matières premières agricoles conduit à une amélioration de l'excédent des produits de l'agriculture, de la sylviculture et de la pêche (4,6 milliards d'euros en 2011) ; le solde des produits agroalimentaires s'améliore également à nouveau avec un excédent de 6,5 milliards d'euros en 2011 ; enfin le solde des matériels de transport est toujours largement excédentaire (+ 12,3 milliards d'euros), mais baisse de 4,5 milliards d'euros par rapport à 2010.

Après une croissance ininterrompue depuis dix ans, les ventes de produits pharmaceutiques se replient en 2011. Sous l'effet de la baisse des prix imputable en partie à la concurrence des génériques, les ventes de médicaments reculent de – 8,0 % et les ventes de vaccins chutent sensiblement (– 27,0 %) après avoir fortement augmenté en 2009 et 2010.

Le déficit extérieur des biens et services en valeur continue d'augmenter en 2011 pour s'établir à 56,1 milliards d'euros (soit 2,8 points de PIB, niveau le plus haut enregistré depuis 1949). Cette détérioration est due au déficit commercial, qui augmente de 21,5 milliards d'euros pour atteindre 70,3 milliards d'euros (mesuré **FAB-FAB**). Comme en 2010, la hausse du déficit commercial reflète en grande partie l'alourdissement de la facture énergétique : le solde déficitaire des produits des industries extractives (pétrole brut, gaz) se creuse de 11,1 milliards d'euros (à – 49,1 milliards d'euros) tandis que celui des produits raffinés se dégrade de 3,8 milliards d'euros (– 13,2 milliards d'euros). Après une nette détérioration en 2010, le déficit sur les biens d'équipements s'accroît en 2011, mais plus faiblement (+ 0,9 milliard d'euros), et s'établit à 21,2 milliards d'euros. Le déficit des autres produits industriels continue également de se détériorer en 2011 (+ 6,2 milliards d'euros) et atteint un total de 26,6 milliards d'euros. Le déficit s'aggrave encore pour les textiles, habillement et cuir tandis qu'il se réduit pour les produits informatiques et électroniques grand public, dont les importations fléchissent en 2011, notamment en ce qui concerne les téléviseurs et les ordinateurs. ■

Définitions

Toutes les données du commerce extérieur (produits, pays) sont **CAF-FAB**, sauf précision contraire.

CAF (coût, assurance, fret) : mesure des importations en France valorisées avec les coûts d'acheminement (transport et assurance) jusqu'à la frontière française.

FAB (franco à bord) : mesure des exportations à partir de la France valorisées avec les coûts d'acheminement jusqu'à la frontière française.

Exportations de biens et de services : ensemble des biens et des services fournis par des résidents à des non-résidents, à titre onéreux ou gratuit.

Importations de biens et de services : ensemble des biens et des services fournis par des non-résidents à des résidents, à titre onéreux ou gratuit.

Solde du commerce extérieur : différence entre la valeur des exportations et celle des importations. Le rapport entre les deux valeurs est appelé taux de couverture.

Balance commerciale, taux de couverture, termes de l'échange : voir rubrique « définitions » en annexes.

Pour en savoir plus

- « L'économie française », *Insee Références*, édition 2012.
- « Le chiffre du commerce extérieur – Année 2011 », Douanes, février 2012.
- « Déficit de 7,7 milliards d'euros du commerce extérieur de la zone euro, déficit de 152,8 milliards d'euros pour l'UE27 », *communiqué de presse*, Eurostat, février 2012.

Retrouvez le TEF sur www.insee.fr, rubrique Publications et services\Collections nationales\Insee Références

Balance commerciale par groupe de biens

en milliards d'euros courants FAB/CAF

	2008	2009	2010	2011
Agriculture, sylviculture et pêche				
Exportations	13,9	11,5	13,4	16,2
Importations	10,5	9,9	11,1	11,6
Solde	3,4	1,6	2,3	4,6
Industries extractives, énergie, eau[1]				
Exportations	11,0	6,4	8,8	11,8
Importations	64,0	40,1	46,8	60,9
Solde	– 53,0	– 33,7	– 38,0	– 49,1
Fabr. d'aliments, de boissons et de prod. à base de tabac				
Exportations	36,2	33,0	36,6	41,5
Importations	31,1	29,6	31,2	35,0
Solde	5,1	3,4	5,4	6,5
Cokéfaction et raffinage				
Exportations	16,9	10,2	12,2	15,2
Importations	21,7	15,5	21,5	28,4
Solde	– 4,8	– 5,3	– 9,3	– 13,2
Fabr. d'équip. électriques, électroniques, informatiques[2]				
Exportations	84,0	67,7	76,6	82,2
Importations	100,1	83,6	96,9	103,4
Solde	– 16,1	– 15,9	– 20,2	– 21,2
Fabrication de matériels de transport				
Exportations	83,8	70,3	81,5	82,6
Importations	69,0	59,7	64,7	70,3
Solde	14,8	10,6	16,8	12,3
Fabrication d'autres produits industriels				
Exportations	165,8	142,5	160,7	172,3
Importations	182,5	157,1	181,1	198,9
Solde	– 16,7	– 14,6	– 20,4	– 26,6
Ensemble				
Exportations de biens (FAB)	**411,6**	**341,7**	**389,8**	**421,8**
Importations de biens (CAF)	**478,9**	**395,6**	**453,3**	**508,4**
Importations de biens (FAB)	**464,4**	**383,0**	**438,5**	**492,1**
Solde (CAF-FAB)	**– 67,3**	**– 53,9**	**– 63,5**	**– 86,6**
Solde (FAB-FAB)	**– 52,8**	**– 41,3**	**– 48,7**	**– 70,3**
Taux de couverture en %[3]	**88,6**	**89,2**	**88,9**	**85,7**

1. Y compris gestion des déchets et dépollution.
2. Y compris fabrication de machines.
3. Le taux de couverture est le rapport entre les exportations et les importations FAB.
Source : Insee, comptes nationaux - base 2005.

Solde CAF-FAB de la balance commerciale de 1950 à 2011

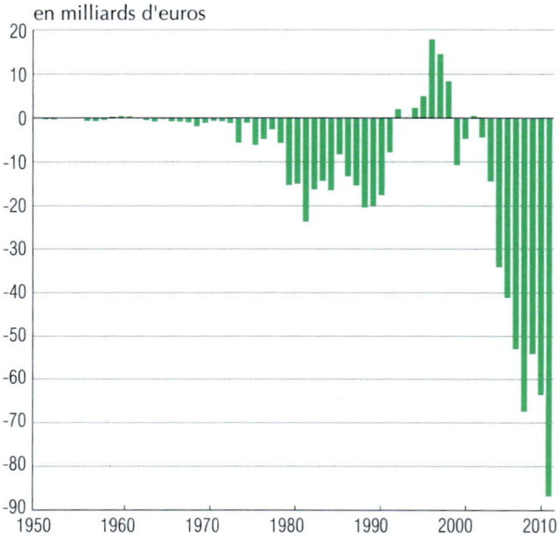

Source : Insee, comptes nationaux - base 2005.

Termes de l'échange par groupe de produits

indice base 100 en 2005

	2008 (r)	2009 (r)	2010 (r)	2011
Agriculture, sylviculture et pêche				
Prix des exportations	141,0	115,2	117,7	146,3
Prix des importations	101,8	93,1	102,0	103,1
Termes de l'échange	138,5	123,8	115,4	141,8
Industries extractives, énergie, eau[1]				
Prix des exportations	136,0	109,0	133,2	147,8
Prix des importations	154,5	110,2	132,2	170,2
Termes de l'échange	88,0	98,9	100,7	86,8
Fabr. d'aliments, de boissons et de prod. à base de tabac				
Prix des exportations	112,2	108,6	109,7	117,0
Prix des importations	114,3	113,5	117,6	126,1
Termes de l'échange	98,2	95,7	93,3	92,8
Cokéfaction et raffinage				
Prix des exportations	157,0	106,3	134,3	166,3
Prix des importations	135,4	93,8	121,9	155,2
Termes de l'échange	116,0	113,4	110,2	107,1
Fabr. d'équip. électriques, électroniques, informatiques[2]				
Prix des exportations	98,2	97,9	95,9	95,4
Prix des importations	92,5	89,8	88,5	86,9
Termes de l'échange	106,2	108,9	108,3	109,7
Fabrication de matériels de transport				
Prix des exportations	102,9	102,3	102,6	103,3
Prix des importations	101,0	100,6	100,9	102,4
Termes de l'échange	101,9	101,6	101,7	100,9
Fabrication d'autres produits industriels				
Prix des exportations	107,5	102,8	106,3	109,5
Prix des importations	107,6	103,5	107,4	111,7
Termes de l'échange	99,9	99,4	98,9	98,0
Ensemble de l'industrie				
Prix des exportations	**107,2**	**103,2**	**105,8**	**109,2**
Prix des importations	**108,3**	**101,4**	**105,3**	**111,0**
Termes de l'échange	**99,0**	**101,8**	**100,4**	**98,4**

1. Y compris gestion des déchets et dépollution.
2. Y compris fabrication de machines.
Source : Insee, comptes nationaux - base 2005.

Taux de couverture CAF-FAB en valeur par groupe de produits

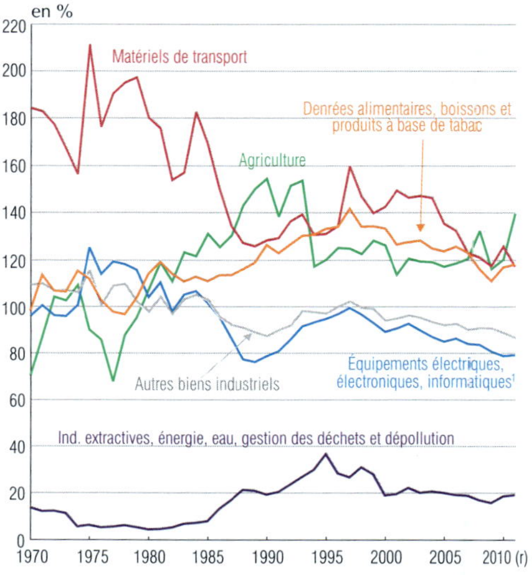

1. Y compris fabrication de machines.
Source : Insee, comptes nationaux - base 2005.

14.3 Échanges bilatéraux

En 2011, les exportations de biens ralentissent, tant vers les pays de l'Union européenne (+ 7,1 %, après + 11,5 %) que vers les pays tiers (+ 8,8 %, après + 18,6 %), en raison notamment de la baisse enregistrée en fin d'année, en lien avec une demande atone au sein de la zone euro. Outre Rhin, leur croissance reste néanmoins relativement vive, du fait d'une demande intérieure dynamique. La progression des ventes vers l'Allemagne est tirée par l'industrie automobile (véhicules et équipements), les biens intermédiaires et les machines industrielles. Par ailleurs, les exportations sont bien orientées vers l'Italie, les Pays-Bas, le Royaume-Uni, et l'Espagne. Les ventes aux nouveaux États membres progressent encore fortement, en raison du dynamisme persistant des livraisons de l'industrie automobile et d'une poussée de celles de la pharmacie. Les exportations sont toujours soutenues vers l'Europe hors Union européenne, particulièrement vers la Suisse et la Russie. L'excédent bilatéral pour le commerce de biens avec la Suisse augmente nettement pour s'établir à 1,6 milliard d'euros, en lien avec les exportations d'objets d'art et de joaillerie.

En 2011, les exportations décélèrent de moitié vers l'Asie, tout en conservant un rythme soutenu, grâce notamment aux ventes aéronautiques et de vin vers la Chine. Vers les États-Unis, les exportations de la France ralentissent ; elles évoluent en léger décalage avec le taux de change. C'est également le cas vers l'Afrique, du fait des événements politiques et sociaux du début d'année. Enfin les exportations vers le Proche et **Moyen-Orient** se replient, en raison du non-renouvellement des livraisons aéronautiques exceptionnelles intervenues en 2010, notamment vers l'Arabie Saoudite.

En ralentissement également en 2011, les importations de biens demeurent toutefois soutenues, tant depuis les pays de l'Union européenne (+ 8,8 %, après + 11,9 %) que depuis les pays tiers (+ 14,8 %, après + 17,5 %). La hausse des importations est marquée depuis les principaux fournisseurs de la France, plus particulièrement depuis l'Allemagne (+ 8,6 %, après + 10,9 %), pour les véhicules automobiles et la chimie. Le déficit bilatéral pour le commerce de biens avec l'Allemagne, deuxième déficit après la Chine, s'élargit à – 16,8 milliards. L'augmentation des achats est également vigoureuse depuis les nouveaux États membres, en ce qui concerne les véhicules et les machines industrielles.

S'agissant des pays tiers, les achats accélèrent vivement depuis les pays pétroliers d'Europe hors Union européenne et du Proche et Moyen-Orient, dans un contexte d'augmentation du cours du pétrole. En revanche, ils ralentissent en provenance d'Afrique, suite à l'arrêt des approvisionnements énergétiques auprès de la Libye. Les importations de biens restent par ailleurs très dynamiques depuis les États-Unis, soutenues par les acquisitions de *boeings*, alors qu'ils décélèrent nettement depuis l'Asie. ■

Définitions

Toutes les données du commerce extérieur (produits, pays) sont **CAF-FAB**.

CAF (coût, assurance, fret) : mesure des importations en France valorisées avec les coûts d'acheminement (transport et assurance) jusqu'à la frontière française.

FAB (franco à bord) : mesure des exportations à partir de la France valorisées avec les coûts d'acheminement jusqu'à la frontière française.

Pays du Moyen-Orient : Chypre, Liban, Syrie, Irak, Iran, Israël, Jordanie, Arabie Saoudite, Koweït, Qatar, Bahreïn, Émirats arabes Unis, Oman et Yémen.

Solde du commerce extérieur : différence entre la valeur des exportations et celle des importations entre deux pays (ou deux zones). Il peut être relatif à un produit ou à l'ensemble des échanges. Le rapport entre ces deux valeurs est appelé taux de couverture.

Pour en savoir plus

- « L'UE27 a enregistré un déficit des échanges courants de 4,1 milliards d'euros », *communiqué de presse*, Eurostat, juillet 2012.
- « Forte reprise des échanges commerciaux entre l'UE27 et la Russie en 2011 », *communiqué de presse*, Eurostat, juin 2012.
- « L'économie française », *Insee Références*, édition 2012.
- « Le chiffre du commerce extérieur – Année 2011 », Douanes, février 2012.

Retrouvez le TEF sur www.insee.fr, rubrique Publications et services\Collections nationales\Insee Références

Exportations et importations de biens de la France dans le monde en 2011

en milliards d'euros

Pays	Exportations[1]	Importations[2]	Solde
Allemagne	70,1	86,9	– 16,8
Autriche	3,8	4,7	– 0,9
Belgique	30,3	39,3	– 9,0
Bulgarie	0,6	0,9	– 0,2
Chypre	0,4	0,0	0,4
Danemark	2,5	2,8	– 0,3
Espagne	30,5	30,4	0,1
Estonie	0,2	0,2	0,1
Finlande	1,7	2,1	– 0,3
Grèce	2,6	0,7	1,9
Hongrie	2,9	3,4	– 0,5
Irlande	2,1	6,4	– 4,3
Italie	34,2	37,0	– 2,8
Lettonie	0,2	0,1	0,1
Lituanie	0,5	1,1	– 0,6
Luxembourg	2,0	1,6	0,3
Malte	0,4	0,3	0,1
Pays-Bas	18,0	21,8	– 3,9
Pologne	6,7	7,7	– 1,1
Portugal	4,0	4,8	– 0,8
République tchèque	2,9	3,2	– 0,3
Roumanie	27,8	22,2	5,6
Royaume-Uni	3,3	5,9	– 2,6
Slovaquie	2,0	3,1	– 1,1
Slovénie	1,0	1,3	– 0,3
Suède	5,6	6,0	– 0,4
UE à 27	**256,1**	**294,0**	**– 37,9**
Norvège	1,5	6,8	– 5,3
Russie	7,5	14,0	– 6,5
Suisse	13,2	11,6	1,6
Turquie	6,7	5,9	0,8
Autres pays d'Europe	3,5	10,3	– 6,8
Europe	**288,5**	**342,6**	**– 54,1**
Afrique	**28,2**	**26,8**	**1,4**
dont : Afrique du Sud	*2,3*	*1,0*	*1,3*
Algérie	*5,8*	*4,4*	*1,4*
Maroc	*4,3*	*3,1*	*1,2*
Tunisie	*3,6*	*4,0*	*– 0,4*
Amérique	**37,3**	**42,2**	**– 4,9**
dont : Argentine	*1,2*	*0,6*	*0,6*
Brésil	*4,0*	*4,1*	*– 0,1*
Canada	*2,9*	*3,0*	*– 0,2*
États-Unis	*23,4*	*29,2*	*– 5,8*
Mexique	*2,1*	*1,1*	*1,0*
Proche et Moyen-Orient	**14,4**	**11,6**	**2,8**
dont : Arabie saoudite	*3,1*	*4,6*	*– 1,4*
Émirats arabes unis	*3,7*	*1,2*	*2,4*
Iran	*1,7*	*1,8*	*– 0,1*
Israël	*1,3*	*1,0*	*0,3*
Asie	**49,2**	**79,0**	**– 29,8**
dont : Australie	*3,8*	*1,1*	*2,7*
Chine	*13,5*	*41,1*	*– 27,6*
Corée du Sud	*4,2*	*3,6*	*0,6*
Hong-Kong	*4,4*	*0,5*	*3,9*
Inde	*2,8*	*4,8*	*– 2,0*
Japon	*6,5*	*9,6*	*– 3,0*
Malaisie	*1,8*	*2,4*	*– 0,6*
Singapour	*5,1*	*3,9*	*1,2*
Taïwan	*1,9*	*2,5*	*– 0,6*
Total monde	**420,1**	**510,5**	**– 90,4**

1. Biens FAB. 2. Biens CAF.
Champ : hors commerce intracommunautaire inférieur à 460 000 euros.
Source : direction générale des Douanes et Droits indirects.

Principaux partenaires de la France à l'exportation et à l'importation en 2011

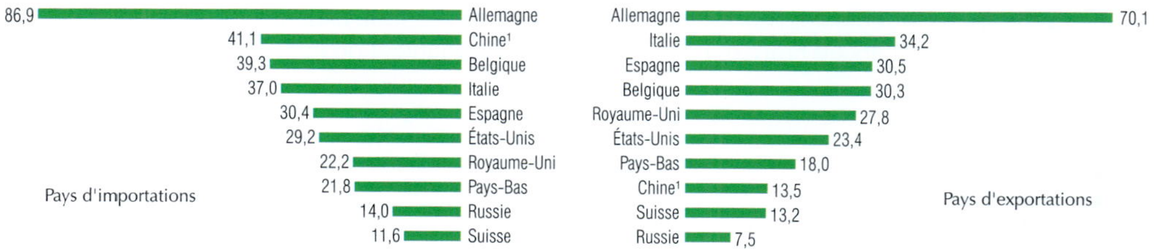

1. Non compris Hong-Kong.
Champ : échanges de biens, hors commerce intracommunautaire inférieur à 460 000 euros.
Source : direction générale des Douanes et Droits indirects.

Principaux excédents et déficits bilatéraux de la France en 2011

1. Non compris Hong-Kong.
Champ : échanges de biens, hors commerce intracommunautaire inférieur à 460 000 euros.
Source : direction générale des Douanes et Droits indirects.

14.4 Investissements internationaux

Calculés selon une méthode qui deviendra la norme pour la présentation des statistiques d'investissements directs à l'échelle européenne et mondiale à compter de 2014, les **investissements directs français à l'étranger (IDE)** s'établissent en 2011 à 62 milliards d'euros, en hausse de 12 milliards après trois années de recul. Les bénéfices réinvestis dans les filiales étrangères de groupes français en représentent une part importante : ils se montent à 27 milliards en 2011, dépassant leurs plus hauts niveaux antérieurs. Les principales destinations des investissements sont, au sein des pays industrialisés, le Royaume-Uni, l'Italie, la Belgique et les États-Unis. Parmi les pays émergents et en développement, la Russie se classe au premier rang devant le Brésil.

Atteignant 26 milliards en 2011, les investissements directs étrangers en France sont en hausse de 11 milliards par rapport à 2010. Le poste des autres opérations ou prêts intragroupe, retraités selon la règle du **principe directionnel étendu**, contribue de manière importante à cette progression (+ 9 milliards). Ce redressement des flux tient également, comme pour les investissements français à l'étranger, à une progression des bénéfices réinvestis (+ 2 milliards).

Comme les années précédentes, la Suisse, la Belgique, le Royaume-Uni et l'Allemagne sont les principaux acteurs des flux d'investissements directs étrangers en France. Le poids élevé des Pays-Bas s'explique par les investissements des nombreuses sociétés *holdings* et autres entités à vocation spéciale qui y sont implantées.

Après les fortes baisses de 2010, les flux d'IDE de l'Union européenne à 27 font plus que doubler en 2011. Les IDE de l'UE27 dans les pays tiers atteignent ainsi 370 milliards d'euros, après avoir chuté de 316 milliards en 2009 à 146 milliards en 2010. Les investissements de l'UE27 augmentent vers ses principaux partenaires en 2011, à l'exception de la Russie. Les principales destinations de ces investissements sont les États-Unis, les **centres financiers *offshore***, la Suisse, le Brésil, la Chine ainsi que le Canada et l'Inde.

Les IDE en provenance du reste du monde dans l'Union européenne s'établissent à 225 milliards en 2011, après avoir chuté de 234 milliards en 2009 à 104 milliards en 2010. Les États-Unis sont le principal pays de provenance des investissements entrants dans l'UE27 (115 milliards en 2011).

Comme les années précédentes, l'Union européenne est en 2011 un investisseur net dans le reste du monde, les flux sortants dépassant les flux entrants de 145 milliards d'euros. Le Royaume-Uni est le premier investisseur net en dehors de l'UE27, avec des investissements nets de 75 milliards, suivi du Luxembourg, de l'Allemagne et de la France. ■

Définitions

Principe directionnel étendu : l'application de la règle du « principe directionnel étendu » consiste à classer les prêts entre sociétés sœurs (*id est* sans lien direct en capital social entre elles ou avec une participation de l'une au capital de l'autre inférieure à 10 %) en investissements directs français à l'étranger ou en investissements directs étrangers en France en fonction du lieu de résidence de la tête de groupe, alors que dans les statistiques traditionnelles, les prêts et les emprunts entre sociétés sœurs d'un même groupe international sont enregistrés, à l'instar des autres flux financiers de balance des paiements, comme des créances et des engagements vis-à-vis des non-résidents. Cette méthode ne change pas le solde net des IDE mais fait diminuer significativement tant les IDE sortants que les IDE entrants. Les données de source française sont présentées selon cette méthode, celles d'Eurostat selon la méthode traditionnelle.

Centres financiers *offshore*, investissement direct étranger (IDE), première contrepartie, résidents : voir rubrique « définitions » en annexes.

Pour en savoir plus

- « L'économie française », *Insee Références*, édition 2012.
- « Balance des paiements et position extérieure de la France », *Rapport annuel,* Banque de France, juin 2012.
- « Reprise des flux d'investissements entre l'UE27 et le reste du monde en 2011 », *communiqué de presse*, Eurostat, juin 2012.

Retrouvez le TEF sur www.insee.fr, rubrique Publications et services\Collections nationales\Insee Références

Flux d'investissements directs étrangers en France selon le pays de première contrepartie

en milliards d'euros

	2010 (r)		2011	
	Flux	en %	Flux	en %
Union européenne à 27	**7,6**	**49,6**	**16,1**	**60,9**
Union économique et monétaire à 17	13,7	89,7	11,6	43,7
dont : Allemagne	*1,5*	*10,1*	*2,8*	*10,7*
Belgique	*– 1,6*	*– 10,2*	*4,4*	*16,6*
Espagne	*1,0*	*6,5*	*0,2*	*0,6*
Irlande	*– 0,8*	*– 5,4*	*– 3,1*	*– 11,6*
Italie	*– 1,2*	*– 7,6*	*– 0,2*	*– 0,7*
Luxembourg	*10,0*	*65,8*	*– 1,9*	*– 7,3*
Pays-Bas	*3,8*	*24,8*	*8,6*	*32,6*
Autres pays de l'Union européenne	**– 6,1**	**– 40,1**	**4,5**	**17,2**
dont : Pologne	*– 0,7*	*– 4,8*	*– 1,0*	*– 3,8*
République tchèque	*0,6*	*3,8*	*0,2*	*0,6*
Roumanie	*– 0,1*	*– 0,6*	*– 0,2*	*– 0,7*
Royaume-Uni	*– 4,5*	*– 29,7*	*3,9*	*14,8*
Suède	*– 1,7*	*– 11,0*	*1,3*	*4,8*
Autres pays industrialisés	**5,3**	**35,0**	**5,1**	**19,3**
dont : États-Unis	*4,2*	*27,6*	*0,5*	*1,9*
Japon	*0,1*	*0,7*	*0,5*	*1,7*
Suisse	*0,6*	*3,7*	*4,7*	*17,6*
Reste du monde	**2,3**	**15,4**	**5,2**	**19,8**
dont : Brésil	*0,1*	*0,6*	*0,0*	*0,1*
Chine	*0,0*	*– 0,3*	*0,1*	*0,3*
Inde	*0,0*	*0,2*	*0,0*	*– 0,1*
Total	**15,2**	**100,0**	**26,5**	**100,0**

Note : le signe moins indique un désinvestissement.
Source : Banque de France.

Flux d'investissements directs français à l'étranger selon le pays de première contrepartie

en milliards d'euros

	2010 (r)		2011	
	Flux	en %	Flux	en %
Union européenne à 27	**28,4**	**56,7**	**35,6**	**57,5**
Union économique et monétaire à 17	24,0	48,0	22,0	35,6
dont : Allemagne	*2,1*	*4,2*	*0,7*	*1,1*
Belgique	*12,8*	*25,6*	*8,6*	*13,9*
Espagne	*1,5*	*3,0*	*– 1,3*	*– 2,1*
Irlande	*1,2*	*2,5*	*0,7*	*1,2*
Italie	*– 0,3*	*– 0,7*	*11,9*	*19,2*
Luxembourg	*1,5*	*3,0*	*– 1,5*	*– 2,4*
Pays-Bas	*4,9*	*9,8*	*2,5*	*4,0*
Autres pays de l'Union européenne	**4,4**	**8,7**	**13,6**	**21,9**
dont : Pologne	*0,8*	*1,7*	*0,3*	*0,5*
République tchèque	*0,5*	*1,0*	*0,8*	*1,3*
Roumanie	*0,4*	*0,7*	*0,0*	*0,0*
Royaume-Uni	*5,1*	*10,2*	*12,1*	*19,6*
Suède	*– 2,6*	*– 5,1*	*0,4*	*0,6*
Autres pays industrialisés	**7,9**	**15,7**	**5,6**	**9,0**
dont : États-Unis	*0,2*	*0,4*	*4,5*	*7,2*
Japon	*– 0,8*	*– 1,5*	*0,5*	*0,7*
Suisse	*8,3*	*16,5*	*– 2,0*	*– 3,2*
Reste du monde	**13,8**	**27,6**	**20,7**	**33,5**
dont : Brésil	*3,7*	*7,3*	*3,4*	*5,4*
Chine	*1,4*	*2,9*	*1,6*	*2,6*
Inde	*0,8*	*1,7*	*0,7*	*1,1*
Total	**50,1**	**100,0**	**61,9**	**100,0**

Note : le signe moins indique un désinvestissement.
Source : Banque de France.

Stocks des investissements directs français à l'étranger et étrangers en France

au 31 décembre

	2008	2009 (r)	2010
Investissements français à l'étranger			
Stocks[1] (en milliards d'euros)	658,6	726,1	820,2
Investisseurs directs résidents[2]	1 336	1 409	1 452
Entreprises non résidentes investies[3]	5 152	5 568	5 941
Investissements étrangers en France			
Stocks[1] (en milliards d'euros)	395,3	408,4	422,9
Investisseurs directs non résidents[4]	13 218	17 828	17 942
Sociétés résidentes investies[4]	13 109	17 989	18 133

1. Capitaux propres en valeur comptable (y compris investissements immobiliers).
2. Investisseurs résidents dont le montant des immobilisations financières au bilan est supérieur à 10 millions d'euros.
3. Entreprises étrangères investies dont le montant des capitaux propres détenus par des investisseurs résidents est supérieur à 5 millions d'euros.
4. Exploitation de la base de données Esane de l'Insee pour l'élaboration des stocks d'investissements étrangers des années 2009 et 2010.
Source : Banque de France.

Flux d'investissements directs entre la France et l'étranger

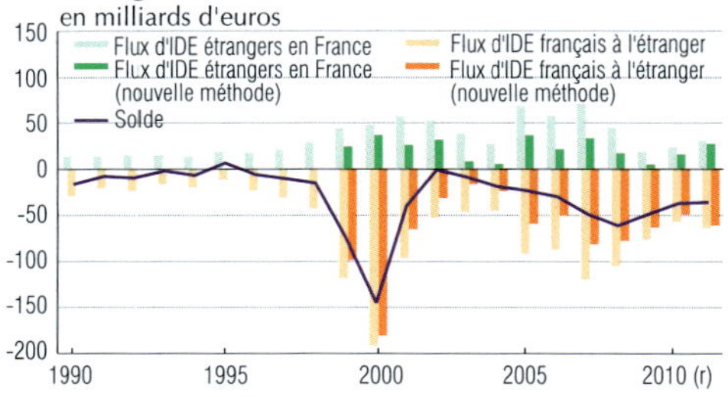

Source : Banque de France.

Flux d'investissements directs des pays de l'Union européenne en 2011

en milliards d'euros

	Flux sortants à destination de		Flux entrants en provenance de	
	l'UE à 27	Hors UE à 27	l'UE à 27	Hors UE à 27
Allemagne	5,5	33,6	18,6	10,5
Autriche	14,8	7,1	6,7	3,4
Belgique	35,1	15,7	57,5	8,8
Bulgarie	0,1	0,1	1,1	0,3
Chypre	– 2,2	0,9	0,2	0,0
Danemark	12,0	5,0	3,4	7,2
Espagne	6,7	18,8	3,8	15,2
Estonie	– 1,2	0,1	– 0,3	0,4
Finlande	3,2	0,7	0,2	– 0,2
France	**52,9**	**21,0**	**18,6**	**12,1**
Grèce	1,3	0,0	0,7	0,6
Hongrie	0,3	2,8	2,8	0,2
Irlande	8,5	– 10,1	15,4	– 6,0
Italie	30,6	11,9	17,7	5,6
Lettonie	0,0	0,1	0,8	0,3
Lituanie	0,1	0,0	0,4	0,4
Luxembourg	99,2	110,4	147,6	85,6
Malte	0,0	0,0	0,3	0,1
Pays-Bas	7,3	9,0	10,0	1,6
Pologne	4,1	– 0,3	10,2	0,2
Portugal	9,4	– 0,4	7,0	0,4
Rép. tchèque	0,6	0,2	2,9	0,9
Roumanie	0,0	0,1	2,1	– 0,2
Royaume-Uni	– 15,1	89,0	25,3	13,8
Slovaquie	0,5	– 0,1	1,0	0,6
Slovénie	0,0	0,1	0,7	0,1
Suède	8,2	12,1	– 6,8	15,6
UE à 27	**319,5**	**369,9**	**374,3**	**225,3**

Note : le signe moins indique un désinvestissement.
Source : Eurostat.

Système productif

Entreprises
Recherche - Innovation
Agriculture - Pêche
Industrie - Construction
Énergie
Commerce - Services

15.1 Démographie d'entreprises

Le terme entreprise auquel il est fait référence dans cette page renvoie à une **unité légale** exerçant une activité au sein du système productif marchand et non à une entreprise au sens du décret d'application (n° 2008-1354) de l'article 51 de la loi de modernisation de l'économie (LME).

En 2011, les **créations d'entreprise** se replient de 12 % par rapport à 2010. Si les créations de sociétés se maintiennent, le nombre de créations d'**entreprises individuelles** diminue, en lien avec la baisse importante des immatriculations d'**auto-entreprises** (– 19 %). Tous les secteurs d'activité sont concernés par la baisse des créations, à l'exception des secteurs des activités immobilières (+ 6,2 %) et des activités financières et d'assurances (+ 0,4 %).

L'engouement croissant, à la création d'une société, pour une forme juridique simplifiée ou unipersonnelle se confirme en 2011. Parmi les sociétés, la part des sociétés à responsabilité limitée (SARL) reste prépondérante, même si elle se réduit légèrement (79 % des créations de sociétés en 2011). Lorsqu'une entreprise est créée en tant que société, c'est de plus en plus souvent sous une des formes juridiques simplifiées ou unipersonnelles. Ainsi, la part des SARL unipersonnelles augmente (+ 30 % en un an).

La proportion des créations d'entreprise sans salarié est élevée, que l'on considère toutes les entreprises (94 %) ou uniquement celles ne relevant pas du régime de l'auto-entreprise (88 %). Dans les entreprises créées avec au moins un salarié en 2011, la moyenne est de 2,9 salariés, très proche de celle de 2010. L'industrie reste le secteur d'activité dans lequel le nombre moyen de salariés dans les entreprises créées est le plus élevé (4,2). À l'opposé, la proportion de créations sans salarié culmine dans le secteur de l'enseignement, de la santé et de l'action sociale (98 %).

Les créateurs d'entreprises individuelles ont en moyenne 38 ans. Les deux tiers sont des hommes, mais la part de créatrices varie beaucoup selon les secteurs d'activité. Elles sont en particulier très peu représentées dans l'information et la communication et dans la construction.

Le nouveau statut d'entrepreneur individuel à responsabilité limitée (EIRL), mis en place en 2011, a été choisi par 4 520 créateurs, soit moins de 1,5 % des nouveaux entrepreneurs individuels.

Le nombre de **défaillances** d'unités légales enregistrées en 2011 recule de 1,2 % par rapport à l'année 2010. Les évolutions apparaissent contrastées selon les secteurs d'activité. Le secteur du transport et de l'entreposage enregistre la baisse la plus forte (– 7 %). Le commerce, l'hébergement-restauration, le regroupement enseignement-santé-action sociale et les activités financières regroupent plus de la moitié du nombre total des défaillances. ■

Définitions

Entreprise : le décret de décembre 2008 pris en application de la loi n° 2008-776 de modernisation de l'économie du 4 août 2008 (dite « LME ») définit une entreprise comme la plus petite combinaison d'unités légales qui constitue une unité organisationnelle de production de biens et services jouissant d'une certaine autonomie de décision, notamment pour l'affectation de ses ressources courantes.

Entreprise individuelle : entreprise qui est la propriété exclusive d'une personne physique. L'entrepreneur exerce son activité sans avoir créé de personne juridique distincte. Les différentes formes d'entreprises individuelles sont : commerçant, artisan, profession libérale, agriculteur. Chaque entreprise individuelle (comme chaque société) est répertoriée dans le répertoire SIRENE.

Auto-entrepreneur, création d'entreprise, défaillance d'entreprise, taux de création d'entreprises, unité légale : voir rubrique « définitions » en annexes.

Pour en savoir plus

- « Trois auto-entrepreneurs sur quatre n'auraient pas créé d'entreprise sans ce régime », *Insee Première* n° 1388, Insee, février 2012.
- « Créations et créateurs d'entreprises – Première interrogation 2010, profil du créateur », *Insee Résultats Économie* n° 58, Insee, février 2012.
- « Moins de créations d'entreprises individuelles en 2011 », *Insee Première* n° 1387, janvier 2012.
- « Les défaillances d'entreprises », *Stat Info*, Banque de France, janvier 2012.

Retrouvez le TEF sur www.insee.fr, rubrique Publications et services\Collections nationales\Insee Références

Évolution des créations d'entreprises par secteur d'activité en 2011

en %

Secteur d'activité	2011	Évolution 11/10			
		Ensemble	Sociétés	EI[1] hors auto-entreprises	Auto-entreprises
Construction	14,9	– 11,5	9,6	– 16,7	– 20,9
Activités immobilières	3,4	6,2	8,3	8,3	– 5,2
Enseignement, santé, action sociale	9,9	– 2,7	6,8	8,6	– 10,6
Soutien aux entreprises	21,3	– 14,5	2,9	– 6,2	– 22,3
Industrie	4,9	– 14,9	– 28,7	– 19,7	– 2,4
Autres serv. aux ménages	11,0	– 21,0	4,2	– 19,8	– 24,1
Act. financ. et assur.	2,4	0,4	4,0	– 2,8	– 15,3
Commerce, transports, hébergement et restaur.	27,5	– 9,9	1,9	– 14,2	– 15,7
dont : commerce	*21,0*	*– 11,5*	*0,7*	*– 14,8*	*– 16,5*
transports	*1,7*	*– 1,7*	*6,7*	*– 8,1*	*– 8,8*
héberg. et restaur.	*4,7*	*– 5,6*	*3,5*	*– 14,3*	*– 11,3*
Information, communi.	4,8	– 13,0	4,5	– 8,3	– 20,1
Ensemble	**100,0**	**– 11,6**	**1,8**	**– 8,4**	**– 18,6**

1. Entreprise individuelle.
Champ : unités légales de l'ensemble des activités marchandes non agricoles.
Source : Insee, REE (Répertoire des entreprises et des établissements - Sirene).

Créations d'entreprises selon la forme juridique

en % du nombre d'unités légales

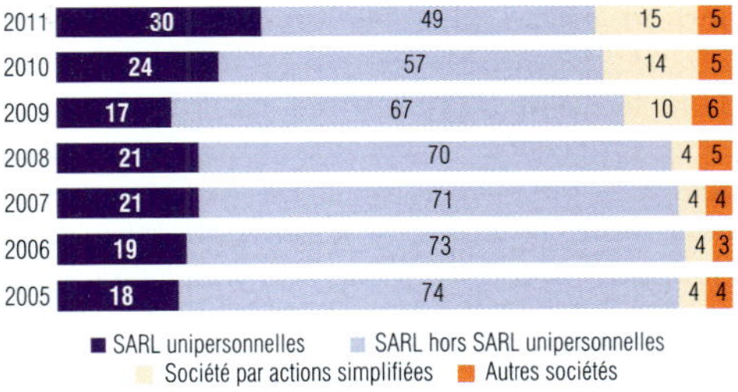

Source : Insee, REE (Répertoire des entreprises et des établissements - Sirene).

Défaillances

en nombre d'unités légales

	2010 (r)	2011	11/10 en %
Par secteur d'activité			
Agriculture, sylviculture et pêche	1 297	1 238	– 4,5
Industrie	4 853	4 627	– 4,7
Construction	16 330	15 541	– 4,8
Commerce ; réparation automobile	13 267	13 488	1,7
Transports et entreposage	1 953	1 816	– 7,0
Hébergement et restauration	6 703	6 885	2,7
Information et communication	1 600	1 559	– 2,6
Activités financières et d'assurance	1 066	1 157	8,5
Activités immobilières	1 967	1 904	– 3,2
Soutien aux entreprises[1]	6 416	6 344	– 1,1
Enseignement, santé, action soc. et services aux ménages	4 882	5 054	3,5
Ensemble[2]	**60 426**	**59 719**	**– 1,2**

1. Le regroupement « Soutien aux entreprises » couvre les activités spécialisées, scientifiques et techniques et les activités de services administratifs et de soutien.
2. La ligne « Ensemble » comprend des unités légales dont le secteur d'activité n'est pas connu.
Champ : unités légales défaillantes au cours de l'année en France métropolitaine.
Source : Banque de France, base Fiben.

Créations d'entreprises par secteur

	2010		2011	
	Créations totales	*dont hors auto-entrepreneurs*	Créations totales	*dont hors auto-entrepreneurs*
Par secteur (en %)				
Industrie	5,1	*6,2*	4,9	*4,7*
dont industrie manufacturière	*3,8*	*3,6*	*4,1*	*3,5*
Construction	14,8	*15,9*	14,9	*16,2*
Comm., transp., héberg. et restaurant	27,0	*32,1*	27,5	*31,4*
dont : commerce et répar.	*21,0*	*22,4*	*21,0*	*21,3*
transp. et entreposage	*1,6*	*2,6*	*1,7*	*2,7*
hébergt et restauration	*4,4*	*7,1*	*4,7*	*7,0*
Info. et communication	4,8	*3,6*	4,8	*3,8*
Activités financières et d'assurance	2,1	*4,2*	2,4	*4,4*
Activités immobilières	2,9	*5,7*	3,4	*6,3*
Act. spéc., scientifiques & tech.,services adm. & soutien	22,0	*18,0*	21,3	*18,4*
Ens., santé et action sociale	9,0	*8,8*	9,9	*9,8*
Autres activités de services	12,3	*5,5*	11,0	*5,2*
Ensemble (en nombre)	**622 036**	***263 448***	**549788**	***258 067***

Champ : unités légales des activités marchandes hors agriculture.
Source : Insee, REE (Répertoire des Entreprises et des Établissements - Sirene).

Créations d'entreprises par taille et catégorie juridique

	2010		2011	
	Créations totales	*dont hors auto-entrepreneurs*	Créations totales	*dont hors auto-entrepreneurs*
Selon la taille (en %)				
Sans salarié[1]	94,6	*87,4*	94,3	*87,9*
1 ou 2 salariés	3,9	*9,2*	4,2	*8,8*
3 à 9 salariés	1,0	*2,4*	1,1	*2,4*
10 salariés ou plus	0,4	*1,0*	0,4	*0,9*
Selon la catégorie juridique (en %)				
Personnes morales	26,3	*62,1*	30,3	*64,6*
Personnes physiques	73,7	*37,9*	69,7	*35,4*
Ensemble (en nombre)	**622 036**	***263 448***	**549 788**	***258 067***

1. Y compris les entreprises dont la taille est non déterminée.
Champ : unités légales des activités marchandes hors agriculture.
Source : Insee, REE (Répertoire des Entreprises et des Établissements - Sirene).

Créations d'entreprises au sein de l'UE en 2009

	Nombre	Taux en %		Nombre	Taux en %
Allemagne	297 391	8,3	Lettonie	19 093	19,2
Autriche	28 015	6,9	Lituanie	20 898	15,0
Belgique	26 516	4,5	Luxembourg	2 744	9,0
Bulgarie	65 739	17,5	Pays-Bas[1]	140 499	14,9
Chypre	2 318	3,4	Pologne	…	…
Espagne	267 546	7,4	Portugal	161 653	15,0
Estonie[1]	19 054	21,8	Rép. tchèque	115 117	11,0
Finlande	9 811	2,8	Roumanie	50 328	9,6
France	**565 503**	**15,6**	Royaume-Uni	238 765	9,9
Hongrie	60 533	9,1	Slovaquie	63 743	16,0
Irlande	…	…	Slovénie[1]	15 921	12,3
Italie	325 139	7,2	Suède	46 240	7,1

1. Données 2008.
Champ : entreprises dans l'industrie, la construction et les services, sauf les activités des sociétés *holding*.
Source : Eurostat.

15.2 Caractéristiques des entreprises

Le terme entreprise auquel il est fait référence dans cette page renvoie à une **unité légale** exerçant une activité au sein du système productif marchand et non à une entreprise au sens du décret d'application (n°2008-1354) de l'article 51 de la loi de modernisation de l'économie (LME).

Au 31 décembre 2010, plus de 3,5 millions d'**entreprises** sont actives en France. Seules 15 000 d'entre elles (0,4 %) emploient plus de 100 salariés. L'industrie manufacturière regroupe 30 % des entreprises de cette taille. Les entreprises de moins de 10 salariés représentent 94 % de l'ensemble des entreprises en 2010. La concentration de ces petites entreprises est particulièrement élevée dans les secteurs des activités immobilières, de l'enseignement, de la santé et de l'action sociale et dans celui des autres activités de services : leur poids y est de 98 %. Elle est plus faible dans l'industrie manufacturière (84 %). C'est dans le commerce que l'on dénombre le plus d'entreprises sans salarié. Ces entreprises sont surreprésentées dans les secteurs des activités immobilières et de l'enseignement, de la santé humaine et de l'action sociale. Sur les 500 entreprises de plus de 2 000 salariés dénombrées en France en 2010, 60 % environ se concentre dans l'industrie et le commerce.

En 2010, les entreprises des **secteurs d'activité** marchands hors agriculture et secteur financier qui exercent leur activité sur le territoire français dégagent un chiffre d'affaires hors taxes de 3 596 milliards d'euros, dont 44 % est réalisé dans le secteur du commerce, des transports, de l'hébergement et de la restauration. Le chiffre d'affaires du secteur industriel atteint 999 milliards, porté essentiellement par l'industrie manufacturière. Les frais de personnel augmentent par rapport à 2009 (+ 4,2 %). Ils se concentrent essentiellement dans le secteur commerce, transports, hébergement et restauration avec près de 208 milliards d'euros et dans l'industrie (167 milliards d'euros). La **valeur ajoutée** de ces entreprises atteint 1 033 milliards d'euros, en hausse de près de 7 % sur un an. L'industrie (253 milliards d'euros), le secteur du commerce et de la réparation automobile (195 milliards d'euros) et les activités de soutien aux entreprises (166 milliards d'euros) représentent 59 % de la valeur ajoutée des activités marchandes non agricoles et non financières.

Au sein de l'Union européenne, la France occupe une position intermédiaire pour la part des entreprises relevant du secteur des services marchands : 74 % des entreprises relèvent de ce secteur de l'économie en 2009. Cette proportion est la plus élevée au Luxembourg (85 %). Le poids du secteur de la construction dans le tissu d'entreprises est relativement élevé en France : il est proche de 18 % alors que la valeur médiane des pays européens se situe entre 15 et 16 %. Cette part est la plus élevée en Irlande (23 %). Enfin, la France fait partie en 2009 des pays de l'UE dans lesquels la part du nombre d'entreprises de l'industrie dans l'ensemble des entreprises est la plus faible (8,8 %). Cette part dépasse 17 % en Slovaquie et en République tchèque. ■

Définitions

Unité légale : l'unité légale est une entité juridique de droit public ou privé. Cette entité juridique peut être une personne morale, dont l'existence est reconnue par la loi indépendamment des personnes ou des institutions qui la possèdent ou qui en sont membres ou une personne physique, qui, en tant qu'indépendant, peut exercer une activité économique. Elle est obligatoirement déclarée aux administrations compétentes (Greffes des tribunaux, Chambres de commerce et d'industrie, Chambres de Métiers, Organismes de sécurité sociale, DGFiP, etc) pour exister. L'existence d'une telle unité peut ne dépendre que du choix des propriétaires ou de ses créateurs et n'exister que pour des raisons organisationnelles, juridiques ou fiscales. L'unité légale est l'unité principale enregistrée dans SIRENE et connue des différentes administrations. Cette définition de l'unité légale ne doit pas être confondue avec celle de l'entreprise, considérée comme unité statistique.

Entreprise, secteur d'activité, valeur ajoutée : voir rubrique « définitions » en annexes.

Entreprises selon le nombre de salariés et l'activité

en milliers

Secteur d'activité (NAF rév. 2)	2009 (r)	2010						
	Total	0	1 à 9	10 à 49	50 à 99	100 à 249	250 ou plus	Total
Industrie manufacturière, industries extractives et autres	235,4	120,9	85,0	29,1	4,0	2,9	1,8	243,6
dont industrie manufacturière	*215,0*	*99,8*	*81,2*	*27,4*	*3,7*	*2,7*	*1,7*	*216,5*
Construction	455,7	277,9	168,1	27,3	1,6	0,7	0,3	476,0
Commerce, transports, hébergement et restauration	1 033,3	612,3	375,4	60,9	6,1	3,1	1,6	1 059,4
dont : commerce, réparation d'automobiles et motocycles	*706,7*	*440,7*	*240,5*	*37,4*	*3,7*	*2,0*	*1,0*	*725,4*
transports et entreposage	*89,2*	*53,9*	*25,2*	*9,0*	*1,3*	*0,9*	*0,4*	*90,8*
hébergement et restauration	*237,3*	*117,6*	*109,7*	*14,5*	*1,1*	*0,2*	*0,1*	*243,2*
Information et communication	103,6	87,5	22,0	5,6	0,7	0,4	0,3	116,6
Activités financières et d'assurance	122,9	85,0	38,7	3,7	0,4	0,3	0,4	128,4
Activités immobilières	170,4	140,0	31,0	2,4	0,3	0,2	0,1	174,0
Act. spéc., scient. et tech. et act. de serv. adm. et de soutien	533,5	424,4	139,0	24,3	2,6	1,4	0,9	592,5
Enseignement, santé humaine et action sociale	424,3	383,3	60,4	7,9	1,9	0,6	0,2	454,3
Autres activités de services	239,9	194,9	66,6	4,6	0,4	0,2	0,1	266,8
Total	**3 319,0**	**2 326,1**	**986,1**	**165,8**	**17,9**	**9,8**	**5,7**	**3 511,5**

Champ : activités marchandes hors agriculture ; données au 31 décembre.
Source : Insee, REE (Répertoire des Entreprises et des Établissements - Sirene).

Principaux résultats des unités légales par secteur en 2010

montants en milliards d'euros

Secteur d'activité (NAF rév. 2)	Chiffre d'affaires hors taxes	Valeur ajoutée	Frais de personnel	Excédent brut d'exploitation	Résultat courant avant impôt	Résultat net comptable
Industrie	999,3	253,5	167,0	64,2	46,8	36,1
dont industrie manufacturière	*846,1*	*213,5*	*146,9*	*46,6*	*32,0*	*23,9*
Construction	256,9	88,6	68,7	16,8	15,3	12,8
Commerce, transports, hébergement et restauration	1 566,8	311,7	207,8	73,0	54,3	42,1
dont commerce, réparation d'automobiles et de motocycles	*1 294,3*	*195,2*	*122,7*	*46,5*	*42,8*	*32,0*
Information et communication	177,2	79,4	46,9	29,3	16,8	9,5
Activités financières et d'assurance	42,8	18,7	10,2	7,5	46,4	24,0
Activités immobilières	77,2	41,3	11,3	25,1	12,3	15,0
Act. spéc., scient. et tech. et act. de services adm. et de soutien	341,9	165,8	125,2	36,5	113,9	121,6
Enseignement, santé humaine et action sociale	83,5	55,8	27,8	25,2	23,0	22,3
Autres activités de services	50,8	18,3	14,4	3,7	1,9	1,9
Total	**3 596,4**	**1 033,0**	**679,4**	**281,2**	**330,8**	**285,4**

Champ : unités légales des secteurs marchands hors agriculture (y compris auto-entrepreneurs et sociétés *holding*).
Source : Insee, Esane.

Chiffre d'affaires des entreprises du secteur marchand non financier

en indice moyen annuel (base 100 en 2005)

	2005	2009	2010	2011
Industrie	99,9	102,2	108,4	116,8
dont industrie manufacturière	*99,8*	*98,9*	*104,9*	*113,4*
Construction	99,5	116,7	113,2	119,9
Comm., réparation d'auto. et de motos	100,0	96,5	98,5	101,7
Commerce de gros	100,0	103,4	108,7	117,7
Commerce de détail	100,0	108,0	112,2	115,3
Transports et entreposage	100,0	108,7	114,4	119,3
Hébergement et restauration	100,0	96,6	98,2	99,6
Information et communication	100,0	114,9	118,5	121,6
Activités immobilières	100,0	107,1	109,6	111,3
Soutien aux entreprises	100,0	115,3	117,1	124,4
Services aux ménages	100,0	96,7	97,0	97,9

Source : Insee.

Entreprises actives par grand secteur dans l'Union européenne en 2009

en %

	Industrie	Construction	Services[1]	Total en milliers
Allemagne	10,5	13,0	76,5	2 937,2
Autriche	9,7	10,2	80,0	334,1
Belgique	7,7	15,8	76,5	526,0
Bulgarie	10,8	7,4	81,8	327,6
Chypre	11,8	18,3	69,9	57,4
Danemark	...	...	...	...
Espagne	7,9	18,7	73,4	3 194,2
Estonie	10,9	13,4	75,6	72,7
Finlande	11,3	16,8	71,9	284,0
France	**8,8**	**17,6**	**73,6**	**2 901,1**
Grèce	...	...	...	...
Hongrie	9,8	12,1	78,1	559,4
Irlande	7,2	22,6	70,3	199,2
Italie	11,5	15,9	72,7	3 998,1
Lettonie	10,6	9,1	80,3	79,7
Lituanie	11,9	11,2	76,9	121,4
Luxembourg	3,7	11,3	85,0	26,7
Malte	...	...	...	...
Pays-Bas	6,9	16,0	77,0	808,7
Pologne	12,8	15,5	71,7	1 910,4
Portugal	10,2	14,1	75,7	761,6
Rép. tchèque	17,2	16,8	66,0	933,8
Roumanie	11,8	12,1	76,1	498,1
Royaume-Uni	7,5	16,1	76,4	2 109,6
Slovaquie	17,1	19,9	63,1	362,9
Slovénie	15,6	18,4	66,0	119,7
Suède	9,1	13,3	77,6	651,9

1. Services de l'industrie et des services marchands, sauf l'administration d'entreprises.
Champ : entreprises dans l'industrie et les services marchands, sauf les activités des sociétés *holding*.
Source : Eurostat.

15.3 Entreprises

Dans le langage courant, l'**entreprise** est une entité dans laquelle des individus utilisent des moyens de production pour produire des biens et des services destinés à être vendus. Jusqu'au décret d'application (n° 2008-1354) du 18 décembre 2008, portant sur l'article 51 de la loi de modernisation de l'économie (LME), l'entreprise n'avait pas de définition rigoureuse. Dans les textes législatifs comme dans les statistiques, l'entreprise était de fait associée à l'**unité légale**, qui constitue sa forme juridique.

Le décret du 18 décembre 2008 définit l'entreprise comme « la plus petite combinaison d'unités légales qui constitue une unité organisationnelle de production de biens et services jouissant d'une certaine autonomie de décision, notamment pour l'affectation de ses ressources courantes ». Cette définition permet de mieux appréhender l'organisation en **groupe**, quand l'assimilation de l'entreprise à l'unité légale rendait assez mal compte de la réalité.

L'entreprise est désormais définie à partir de critères économiques : ses contours peuvent dépasser ceux de l'unité légale et englober plusieurs unités, lorsque ces dernières sont liées entre elles au sein d'un groupe. En effet, nombre de filiales des groupes sont des unités sans autonomie ni même parfois consistance, constituées à la suite de rachats ou pour des besoins internes et des objectifs de pure gestion. Elles n'ont de sens qu'en complémentarité des autres sociétés du groupe. Cette définition des entreprises, qui s'appuie sur des critères économiques, permet de mieux décrire le tissu productif. Elle a pour conséquence de réaffecter aux entreprises industrielles leurs filiales tertiaires. Les répartitions sectorielles de la valeur ajoutée, des éléments de bilan ou des exportations sont ainsi modifiées au profit de l'industrie. Au total, la nouvelle définition des entreprises modifie moins les équilibres sectoriels que la concentration par taille.

Le décret du 18 décembre 2008 définit par ailleurs quatre nouvelles catégories de tailles d'entreprise : les **microentreprises (MIC)**, les **petites et moyennes entreprises (PME)** non microentreprises, les **entreprises de taille intermédiaire (ETI)** et les **grandes entreprises.**

Les modifications induites par la prise en compte de cette nouvelle définition de l'entreprise présentent un caractère structurel. Le recentrage sectoriel vers l'industrie et la construction, comme son impact très inégal sur les différentes variables, avaient déjà été établis sur les années 2004 et 2007 avec des ordres de grandeur analogues à ceux de 2009. De même, la part des différentes catégories d'entreprises dans l'économie ou leur composition sectorielle évoluent très peu au cours du temps. Le changement d'approche ne remet pas en cause les tendances structurelles, comme la tertiarisation de l'économie, ni les comparaisons entre pays. ■

Définitions

Entreprise : plus petite combinaison d'unités légales qui constitue une unité organisationnelle de production de biens et de services jouissant d'une certaine autonomie de décision, notamment pour l'affectation de ses ressources courantes.

Groupe : ensemble de sociétés liées entre elles par des participations au capital et contrôlées par une même société.

Petites et moyennes entreprises (PME) : la catégorie des petites et moyennes entreprises (PME) est constituée des entreprises qui occupent moins de 250 personnes, et qui ont un chiffre d'affaires annuel inférieur à 50 millions d'euros ou un total de bilan n'excédant pas 43 millions d'euros.

Entreprises de taille intermédiaire (ETI), grandes entreprises, microentreprises (MIC), unité légale : voir rubrique « définitions » en annexes.

Pour en savoir plus

- « Actes du 14e colloque de l'Association de comptabilité nationale », *Insee méthodes* n° 127, octobre 2012.
- « Actes du 13e colloque de l'Association de comptabilité nationale », *Insee méthodes* n° 125, septembre 2012.
- « Un tissu productif plus concentré qu'il ne semblait. Nouvelle définition et nouvelles catégories d'entreprises », *Insee première* n° 1399, mars 2012.

Retrouvez le TEF sur www.insee.fr, rubrique Publications et services\Collections nationales\Insee Références

Principales caractéristiques des entreprises par catégorie au sens du décret 2008-1354, en 2010

en milliers

	Grandes entreprises	Entreprises de taille intermédiaire (ETI)	Petites et moyennes entreprises (PME) hors microentreprises	Microentreprises (MIC)	Total	*dont ensemble PME et MIC*
Nombre d'entreprises	0,2	4,5	134,3	2 896,3	3 035,3	*3 030,6*
Nombre d'unités légales situées en France	18,3	43,4	198,1	2 906,2	3 166,0	*3 104,3*
Effectif salarié	3 481,8	2 836,4	3 539,9	2 508,4	12 366,3	*6 048,2*

Note de lecture : dans ce tableau, l'entreprise désigne « le groupe y compris ses filiales financières » ou « l'unité légale indépendante ». Ce concept nouveau se rapproche de celui d'« acteur économique ».
Champ : entreprises (y compris microentreprises et autoentrepreneurs) dont l'activité principale est non financière, non agricole et hors administrations publiques. Seules les entreprises ayant un chiffre d'affaires strictement positif dans l'année sont retenues (ce qui écarte environ 140 000 unités légales, comme les unités légales en cours de reprise ou de cessation ou autres cas éventuels qui portent environ 55 000 emplois).
Source : Insee, Esane, Clap, Lifi.

Principaux résultats par secteur des entreprises au sens du décret 2008-1354 en 2010

en millions d'euros

Secteur d'activité (NAF rév. 2)	Nombre d'entreprises (en milliers)	Chiffre d'affaires	Valeur ajoutée hors taxes	Excédent brut d'exploitation	Valeur ajoutée par salarié (en milliers d'euros)	Part d'entreprises exportatrices (en %)
Industrie manufacturière, industries extractives et autres	212,9	1 203 635	288 860	75 824	87,5	19,8
dont industrie manufacturière	*194,7*	*1 026 465*	*243 876*	*57 360*	*83,9*	*20,9*
Construction	435,5	272 158	97 306	22 290	70,3	10,4
Commerce, transports, hébergement et restauration	955,6	1 451 378	308 874	69 303	67,2	16,3
dont : commerce, réparation d'automobiles et motocycles	*645,3*	*1 135 224*	*193 364*	*48 110*	*72,4*	*18,5*
transports et entreposage	*81,4*	*229 970*	*77 352*	*12 404*	*65,5*	*16,3*
hébergement et restauration	*228,9*	*86 184*	*38 158*	*8 789*	*51,1*	*10,2*
Information et communication	95,8	164 491	72 475	25 301	114,7	23,5
Activités immobilières	124,5	59 181	30 923	17 706	171,4	16,6
Act. spéc., scient. et tech. et act. de serv. adm. et de soutien	509,1	268 859	136 130	32 232	89,6	13,7
Enseignement, santé humaine et action sociale	442,1	79 948	54 014	25 024	195,0	1,9
Autres activités de services	189,5	24 816	11 228	2 729	52,4	6,8
Total	**3 035,3**	**3 549 836**	**1 005 887**	**271 641**	**81,3**	**12,6**

Note de lecture : dans ce tableau, l'entreprise désigne « le groupe y compris ses filiales financières » ou « l'unité légale indépendante ». Ce concept nouveau se rapproche de celui d'« acteur économique ».
Champ : entreprises dont l'activité principale est non financière, non agricole et hors administrations publiques, y compris les microentreprises. Seules les entreprises ayant un chiffre d'affaires strictement positif dans l'année sont retenues (ce qui écarte environ 140 000 unités légales, comme les unités légales en cours de reprise ou de cessation ou autres cas éventuels qui portent environ 55 000 emplois).
Source : Insee Lifi, Clap et Esane.

Effectifs salariés par secteur et catégorie d'entreprises au sens du décret 2008-1354, en 2010

en milliers

Secteur d'activité (NAF rév. 2)	Catégorie d'entreprises				Total
	Grandes entreprises	Entreprises de taille intermédiaire	Petites et moyennes entreprises	Micro-entreprises	
Industrie manufacturière, industries extractives et autres	1 128,0	1 062,5	828,7	281,6	3 300,8
dont industrie manufacturière	814,9	1 029,9	794,5	269,0	2 908,4
Construction	277,7	112,8	505,8	488,2	1 384,4
Commerce, transports, hébergement et restauration	1 438,1	905,3	1 237,8	1 015,9	4 597,0
dont : commerce, réparation d'automobiles et motocycles	616,7	629,2	793,6	630,0	2 669,5
transports et entreposage	687,3	189,7	226,8	76,4	1 180,2
hébergement et restauration	134,1	86,4	217,4	309,5	747,3
Information et communication	247,3	183,4	143,0	57,9	631,7
Activités immobilières	0,0	65,7	55,4	59,3	180,4
Act. spéc., scient. et tech. et act. de serv. adm. et de soutien	289,6	364,2	524,1	341,9	1 519,8
Enseignement, santé humaine et action sociale	64,6	99,9	167,1	115,4	447,0
Autres activités de services[1]	...	41,9	46,8	125,4	214,2
Total	**3 481,8**	**2 836,4**	**3 539,9**	**2 508,4**	**12 366,3**

1. Pour des raisons de secret statistique, les grandes entreprises (GE) et entreprises de taille intermédiaire (ETI) ont été regroupées.
Note de lecture : dans ce tableau, l'entreprise désigne « le groupe y compris ses filiales financières » ou « l'unité légale indépendante ». Ce concept nouveau se rapproche de celui d'« acteur économique ».
Champ : entreprises dont l'activité principale est non financière, non agricole et hors administrations publiques, y compris les microentreprises.Seules les entreprises ayant un chiffre d'affaires strictement positif dans l'année sont retenues (ce qui écarte environ 140 000 unités légales, comme les unités légales en cours de reprise ou de cessation ou autres cas éventuels qui portent environ 55 000 emplois).
Source : Insee Lifi, Clap et Esane.

15.4 Entreprises publiques

Le secteur public est considéré comme l'ensemble des sociétés directement détenues majoritairement par l'État ou appartenant à des groupes dont la tête est détenue majoritairement par l'État.

Fin 2011, l'État contrôle en France majoritairement, directement ou indirectement, 1 498 sociétés, en détenant plus de la moitié de leur capital. Par rapport à 2010, le nombre de sociétés contrôlées par l'État progresse fortement (+ 270 unités), tandis que le nombre d'emploi de ces sociétés diminue de 2,3 %. Les deux tiers de cette baisse concernent des sociétés pérennes, qui étaient dans le secteur public en 2010 et 2011. Les sociétés du secteur public emploient 784 500 salariés. L'État contrôle directement 87 entreprises, dites de premier rang, en détenant plus de la moitié de leur capital. L'État est également présent de façon minoritaire dans le capital d'environ 540 autres sociétés. Les prises de participation et de nombreux échanges de sociétés entre secteurs privé et public marquent l'année 2011, sans qu'il y ait de **privatisation**.

Les effectifs des **entreprises publiques** restent fortement concentrés. En effet, les dix premières sociétés, en termes d'effectifs, rassemblent, à elles seules, plus des trois quarts de l'ensemble des salariés. Les trois plus importantes demeurent La Poste, la SNCF et EDF. Ces trois sociétés et leurs 1 000 filiales représentent à elles seules plus de trois quarts des effectifs des sociétés contrôlées par l'État.

La répartition par grands secteurs des sociétés publiques en 2011 est similaire à celle de 2010. Le secteur tertiaire concentre toujours 80 % des effectifs de l'ensemble des sociétés publiques. Dans ce secteur, la présence de l'État reste forte, par l'intermédiaire de grands groupes dans les transports et les activités scientifiques et techniques. Fin 2011, les sociétés publiques du secteur des transports et de l'entreposage emploient près de 495 000 salariés, dont la quasi-totalité dépend des groupes La Poste, SNCF et, dans une moindre mesure, de la RATP ou d'Aéroport de Paris. Loin derrière les transports, les secteurs des activités scientifiques et techniques et des services administratifs et de soutien emploient plus de 62 000 salariés. Parmi eux, près de 50 % sont employés dans le secteur de la recherche et du développement scientifique, dont plus de la moitié dépend du Commissariat à l'énergie atomique (CEA).

Comme depuis quelques années, le secteur public reste peu présent dans l'industrie. Au total, ce secteur représente 18,5 % des effectifs des sociétés publiques. Fin 2011, dans les secteurs des industries extractives, de l'énergie, de l'eau, de la gestion des déchets et de la dépollution, le nombre de sociétés présentes est multiplié par trois par rapport à fin 2010. EDF et le CEA demeurent les deux groupes importants de ce secteur. Ils y emploient 107 500 salariés. ■

Définitions

Nationalisation, privatisation : ces termes traduisent les mouvements des entreprises entre le secteur public et le secteur privé. Lorsque l'État prend le contrôle direct d'une entreprise, lorsqu'il détient plus de 50 % de son capital, on parle de nationalisation. Lorsque l'État perd le contrôle direct d'une entreprise au profit du secteur privé, on parle de privatisation.

Répertoire des entreprises contrôlées majoritairement par l'État (RECME) : créé par un décret du 22 octobre 1984, il est géré par l'Insee. Une entreprise est inscrite au répertoire dès lors que l'État détient, directement ou par l'intermédiaire d'autres entreprises contrôlées, la majorité du capital ou des droits de vote dans les instances délibérantes.

Entreprise publique, Nomenclature agrégée (NA) : voir rubrique « définitions » en annexes.

Pour en savoir plus

- « Répertoire des entreprises contrôlées majoritairement par l'État au 31 décembre 2011 », *Insee Résultats Économie* n° 63, décembre 2012.
- « L'État actionnaire », *rapport 2012*, Agence des participations de l'État, octobre 2012.
- « Les comptes des administrations publiques en 2011 », *Insee Première* n° 1400, mai 2012.

Retrouvez le TEF sur www.insee.fr, rubrique Publications et services\Collections nationales\Insee Références

Entreprises publiques selon l'activité économique fin 2011

Activité économique (nomenclature agrégée - NA 2008)	Nombre de sociétés (p)	Effectifs salariés en milliers (p)	Principaux groupes présents dans le secteur
Agriculture	**n.s.**	**9,6**	Office national des forêts
Industrie	**386**	**145,4**	
dont : fabrication de machines et d'équipements électriques[1]	*3*	*1,2*	*CEA*
fabrication de matériels de transport	*7*	*14,2*	*DCNS*
fabrication d'autres produits industriels	*43*	*22,3*	*CEA, LFB*
ind. extractives, énergie, eau, gestion des déchets et dépollution	*333*	*107,7*	*EDF, CEA*
Construction	**35**	**1,9**	EDF
Tertiaire	**1 070**	**627,7**	
Commerce, réparation d'automobiles et motocycles	18	2,1	
Transports et entreposage	400	495,3	La Poste, SNCF, RATP, Aéroports de Paris
Hébergement et restauration	2	2,5	Adoma
Information et communication	69	23,6	
Activités financières et d'assurance	143	20,1	Banque de France
Activités immobilières	131	2,9	SNCF
Act. spéc., scient. et tech. et act. de serv. adm. et de soutien	255	62,1	CEA, SNCF
Adm. publique, enseignement, santé humaine et action sociale	20	11,6	
Autres activités de services	32	7,5	
Total	**1 498**	**784,5**	

1. Y compris fabrication d'équipements électroniques et informatiques.
Source : Insee, Recme.

Mouvements des entreprises publiques en 2011

	Nombre d'entreprises	Effectifs salariés
Entreprises présentes fin 2010 (r)	**1 230**	**802 600**
Entreprises pérennes	1 112	– 12 100
+ Entreprises entrantes en 2011	386	3 200
– Entreprises sortantes en 2011	– 118	– 9 200
Entreprises présentes fin 2011 (p)	**1 498**	**784 500**

Source : Insee, Recme.

Principales entreprises publiques selon le chiffre d'affaires en 2011

		Chiffre d'affaires en millions d'euros	Résultat net[1] en millions d'euros	Effectifs[2] en milliers
1	GDF Suez	90 673	5 420	236,5
2	EDF	65 307	3 246	151,8
3	EADS[3]	49 128	1 037	133,1
4	France Télécom	45 277	3 828	165,5
5	Renault[3]	42 628	2 139	128,3
6	SNCF[3]	32 645	150	245,1
7	Air France - KLM	24 363	– 805	102,0
8	Groupe La Poste	21 341	467	268,8
9	Thales[3]	13 028	512	68,3
10	Safran	11 658	644	59,8
11	Areva[3]	8 872	– 2 567	47,5
12	RATP[3]	4 983	339	54,4
13	Réseau Ferré de France[3]	4 981	222	1,4
14	France Télévisions	3 108	6	10,9
15	DCNS	2 624	179	12,7
16	Aéroports de Paris	2 502	347	9,1
17	La Française des Jeux	1 361	89	1,4
18	GIAT Industries	846	164	2,9
19	FSI[4]	744	608	0,1
20	Radio France	633	7	4,2

1. Compte consolidé.
2. En moyenne annuelle.
3. Effectifs au 31 décembre.
4. Fonds stratégique d'investissement.
Source : Agence des participations de l'État.

Poids du secteur public dans l'économie

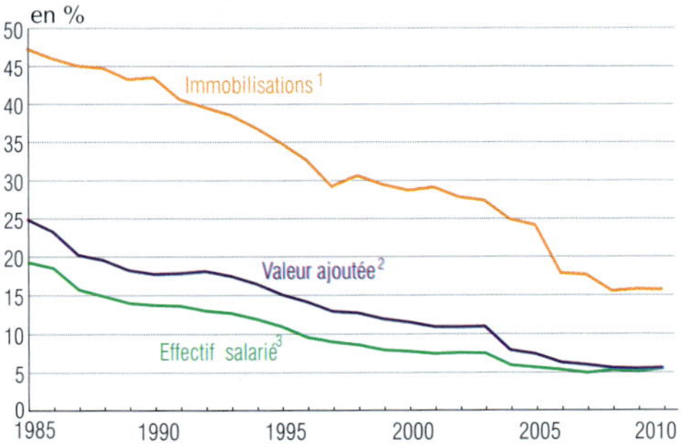

Note : Depuis 2008, le secteur public est considéré comme l'ensemble des entreprises (au sens du décret LME, c'est-à-dire le groupe dans son ensemble ou l'unité légale indépendante) dont la tête est détenue par l'État.
1. Essentiellement les bâtiments et les machines.
2. Valeur ajoutée brute au coût des facteurs en 2008, hors taxes en 2009/2010.
3. Au 31/12.
Champ : ensemble de l'économie marchande hors secteurs agricoles et financiers.
Source : Insee, Esane, Clap, Lifi (enquête « Liaisons financières ») 2010.

Sociétés contrôlées majoritairement par l'État

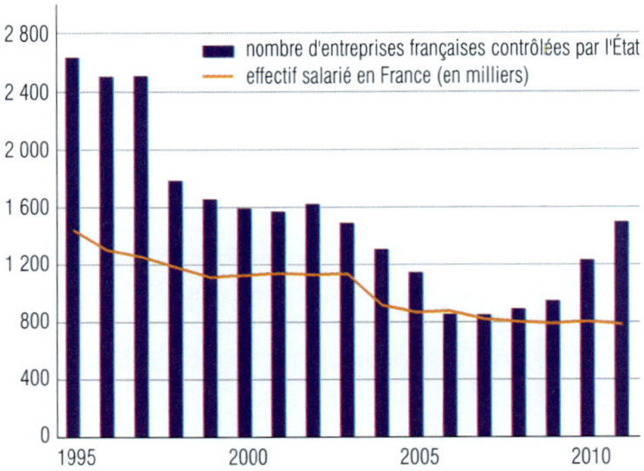

Source : Insee, Recme.

15.5 Artisanat

Le terme entreprise auquel il est fait référence dans cette page renvoie à une **unité légale** exerçant une activité au sein du système productif marchand et non à une entreprise au sens du décret d'application (n° 2008-1354) de l'article 51 de la loi de modernisation de l'économie (LME).

Les **entreprises artisanales** se caractérisent par leur taille et la nature de leur activité. Elles emploient, dans leur majorité, moins de 10 salariés et doivent exercer une activité de production, de transformation, de réparation ou de prestation de service répertoriée dans le répertoire des métiers. L'artisanat rassemble plus de 500 activités différentes et occupe ainsi une place privilégiée dans l'économie française. Qualifiés dans leur métier, les artisans sont dépositaires de nombreux savoir-faire transmis essentiellement par le biais de l'apprentissage. Un chef d'entreprise artisanale sur deux en est issu ; 200 000 **apprentis** sont formés par les entreprises artisanales chaque année, huit sur dix ont un emploi à l'issue de leur formation.

Au 1er janvier 2011, l'artisanat français compte presque 1 093 000 entreprises, (+ 2 % en un an). Quatre entreprises artisanales sur dix, soit près de 430 000 entreprises, relèvent du secteur de la construction ; suit ensuite le secteur de l'industrie (16 %). En 2011, les entreprises individuelles représentent plus de la moitié des entreprises artisanales. Parmi les 584 000 entreprises individuelles artisanales françaises, 23 % sont dirigées par des femmes, dont la majorité exerce dans le secteur des activités de services aux ménages.

Plus de la moitié des entreprises artisanales n'emploient aucun salarié et près de 90 % d'entre elles ont cinq salariés ou moins, essentiellement dans les autres activités de service et le secteur des transports et entreposage.

Les entreprises artisanales sont présentes de façon relativement homogène sur l'ensemble du territoire. Elles forment un tissu dense d'activités au service de la population, des entreprises et de l'économie locale. L'artisanat est un vecteur de l'équilibre des agglomérations et des villes moyennes. Il est un élément essentiel de dynamisation économique du territoire rural et assure un rôle de service de proximité avec une majorité d'entreprises (41 %) implantées dans les unités urbaines de moins de 200 000 habitants et plus d'un tiers des entreprises installées en communes rurales. Dans les départements d'outre-mer, l'artisanat est le moteur essentiel de l'activité économique.

En 2011, près de 170 300 entreprises artisanales ont été créées dont 98 000 avec le statut d'auto-entrepreneur. C'est dans la construction que les **créations d'entreprises** sont les plus nombreuses : elles représentent près de 44 % de l'ensemble des créations d'entreprises artisanales. Au 2ème rang figurent les autres activités de services (18 %), suivies par le secteur du commerce, transports, hébergement et restauration, (14 %). ■

Définitions

Apprenti : jeune âgé de 16 à 25 ans préparant un diplôme de l'enseignement professionnel ou technologique dans le cadre d'un contrat de travail de type particulier associant une formation en entreprise (sous la responsabilité d'un maître de stage) et des enseignements dispensés dans un centre de formation d'apprentis (CFA).

Entreprise artisanale (artisanat) : dans le Répertoire des Entreprises et Établissements (REE, Sirene), une entreprise est considérée comme artisanale si l'entreprise est inscrite à la Chambre des Métiers.

Auto-entrepreneur, création d'entreprise, nomenclature d'activités française (NAF), unité légale : voir rubrique « définitions » en annexes.

Pour en savoir plus

- « En août 2012, le climat conjoncturel est dégradé dans le bâtiment », *Informations rapides* n° 212, Insee, août 2012.
- « Les entreprises artisanales exportent ! », assemblée permanente des chambres des métiers et de l 'artisanat, juin 2012.
- « Trois auto-entrepreneurs sur quatre n'auraient pas créé d'entreprise sans ce régime », *Insee Première* n° 1388, février 2012.
- « Semaine nationale de l'artisanat : du 9 au 16 mars 2012 », assemblée permanente des chambres des métiers et de l'artisanat, février 2012.

Retrouvez le TEF sur www.insee.fr, rubrique Publications et services\Collections nationales\Insee Références

Caractéristiques des entreprises artisanales au 1er janvier 2011

Secteur d'activité (NAF rév. 2)	Nombre total d'entreprises artisanales	Entreprises individuelles			
				dont femmes	
		en nombre	en %	*en nombre*	*en %*
Industrie	175 093	83 070	47,4	*20 507*	*24,7*
dont : fabr. de denrées alim., de boissons et de produits à base de tabac	*49 590*	*26 482*	*53,4*	*3 624*	*13,7*
fabr. de textiles, ind. de l'habillement, ind. du cuir et de la chaussure	*14 034*	*8 397*	*59,8*	*6 270*	*74,7*
travail du bois, industries du papier et imprimerie	*19 478*	*8 318*	*42,7*	*1 758*	*21,1*
fabrication de produits en caoutchouc et en plastique[1]	*9 880*	*4 345*	*44,0*	*1 408*	*32,4*
métallurgie et fabrication de produits métalliques[2]	*15 850*	*3 857*	*24,3*	*167*	*4,3*
fabrication de machines et équipements n.c.a.	*4 606*	*961*	*20,9*	*27*	*2,8*
autres ind. manuf., réparation et installation de machines et d'équip.	*49 637*	*27 705*	*55,8*	*6 860*	*24,8*
Construction	428 107	224 987	52,6	*4 638*	*2,1*
Commerce, réparation d'automobiles et de motocycles	151 033	60 144	39,8	*14 474*	*24,1*
Transports et entreposage	36 931	29 572	80,1	*2 712*	*9,2*
Hébergement et restauration	41 473	18 256	44,0	*5 630*	*30,8*
Information et communication	7 205	3 613	50,1	*385*	*10,7*
Activités financières et d'assurance	1 507	152	10,1	*36*	*23,7*
Activités immobilières	6 295	3 752	59,6	*589*	*15,7*
Activités spécialisées, scientifiques et techniques	26 418	12 127	45,9	*3 717*	*30,7*
Activités de services administratifs et de soutien	51 746	31 080	60,1	*6 758*	*21,7*
Enseignement	1 863	1 412	75,8	*377*	*26,7*
Santé humaine et action sociale	6 709	1 452	21,6	*600*	*41,3*
Arts, spectacles et activités récréatives	6 538	5 377	82,2	*2 265*	*42,1*
Autres activités de services	151 648	108 726	71,7	*73 324*	*67,4*
Total	**1 092 566**	**583 720**	**53,4**	***136 012***	***23,3***

1. Y compris fabrication d'autres produits minéraux non métalliques.
2. À l'exception des machines et des équipements.
Champ : activités marchandes hors agriculture, unités inscrites à la Chambre des Métiers.
Source : Insee, REE (Répertoire des Entreprises et des Établissements - Sirene).

Entreprises artisanales selon l'effectif

en %

Secteur d'activité (NAF rév.2)	0 salarié	1 à 5 salariés	6 à 19 salariés	20 salariés ou plus
Industrie	48,4	33,0	15,8	2,8
Construction	58,0	31,4	9,3	1,3
Commerce - réparation d'automobiles et de motocycles	43,4	42,4	12,8	1,5
Transports et entreposage	77,4	16,4	5,0	1,3
Hébergement et restauration	48,2	41,4	9,5	0,9
Act.spé.,scient. et tech. et act. de serv. adm. et de soutien	66,9	24,1	7,1	2,0
Adm. pub, ens., santé humaine, action soc.	35,9	24,3	32,0	7,8
Autres activités de services	66,4	29,7	3,7	0,3

Champ : activités marchandes hors agriculture.
Source : Insee, REE (Répertoire des Entreprises et des Établissements - Sirene).

Entreprises artisanales selon le nombre de salariés au 1er janvier 2011

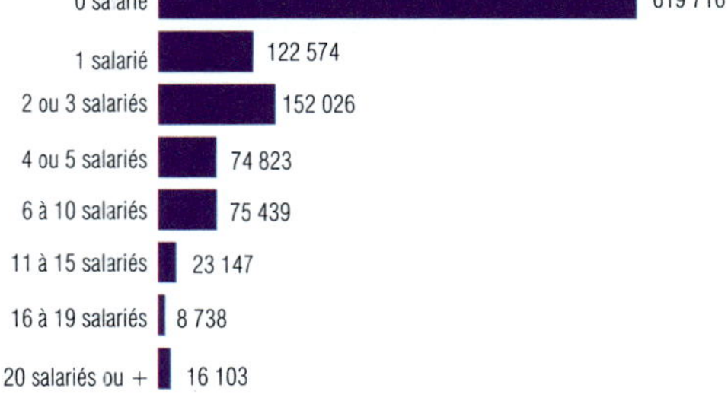

Champ : activités marchandes hors agriculture, unités inscrites à la Chambre des Métiers.
Source : Insee, REE (Répertoire des Entreprises et des Établissements - Sirene).

Créations d'entreprises artisanales selon l'activité économique en 2011

Secteur d'activité (NAF rév. 2)	Créations totales	*dont hors auto-entre-preneurs*
Industrie	19 948	*7 888*
dont industrie manufacturière	*18 928*	*7 555*
Construction	74 230	*35 655*
Commerce, transports, hébergement et restauration	23 224	*14 248*
dont : commerce, réparation	*13 088*	*7 505*
hébergement et restauration	*7 129*	*4 382*
Information et communication	1 520	*360*
Activités financières et d'assurance	112	*103*
Activités immobilières	422	*323*
Activités spécialisées, scientifiques et techniques	6 170	*1 731*
Activités de services administratifs et de soutien	13 452	*4 224*
Adm. publique, ens., santé humaine et action sociale	1 388	*382*
Autres activités de services	29 815	*7 340*
Total	**170 281**	***72 254***

Champ : activités marchandes hors agriculture, unités inscrites à la Chambre des Métiers.
Source : Insee, REE (Répertoire des Entreprises et des Établissements - Sirene).

Statut juridique des entreprises artisanales

en %

	2000	2010 (r)	2011
Personne physique	63,9	52,9	53,4
Société à responsabilité limitée (SARL)	32,4	44,2	43,5
Société anonyme à conseil d'administration	2,8	0,5	0,4
Société anonyme à directoire	0,0	0,0	0,0
Société par actions simplifiées	0,0	1,7	1,9
Autres	0,9	0,7	0,7
Total	**100,0**	**100,0**	**100,0**

Champ : activités marchandes hors agriculture, unités inscrites à la Chambre des Métiers.
Source : Insee, REE (Répertoire des Entreprises et des Établissements - Sirene).

16.1 Recherche & Développement

En 2010, la **dépense intérieure de recherche et développement (DIRD)** s'établit à 43,4 milliards d'euros, en hausse de 2,8 % en volume par rapport à 2009. L'augmentation de la DIRD résulte d'une progression soutenue des dépenses de recherche et développement (R&D) des entreprises. Ces dernières ont contribué à hauteur de 1,65 point de pourcentage à l'évolution de la DIRD. La contribution des administrations s'établit à 1,15 point. L'**effort de recherche** atteint 2,24 %. En 2011, l'évolution de la DIRD devrait ralentir (+ 2,2 % en volume) du fait d'une croissance plus faible des dépenses des administrations. La **dépense nationale de R&D (DNRD)**, représentant le financement des travaux de recherche réalisés en France ou à l'étranger, progresse de 1,2 milliards d'euros entre 2009 et 2010 pour atteindre 44,6 milliards d'euros.

En 2010, la dépense intérieure de recherche et développement des entreprises (DIRDE) implantées en France s'établit à 27,4 milliards d'euros, soit 63 % de la DIRD. Les dépenses de recherche sont très concentrées, à la fois dans les grandes entreprises et dans quelques **branches de recherche**. Les grandes entreprises réalisent 70 % de la DIRDE. Les branches industrielles concentrent 82 % de la DIRDE en 2010. Parmi elles, les industries automobile et pharmaceutique ainsi que la construction aéronautique et spatiale totalisent ensemble 38 % des dépenses. L'industrie automobile, avec 15 % du montant de la DIRDE, est la première branche de recherche.

En 2010, la dépense intérieure de recherche et développement des administrations (DIRDA) progresse et s'élève à 16 milliards d'euros. Les universités, les établissements publics à caractère scientifique et technologique (EPST) et les établissements publics à caractère industriel et commercial (EPIC) engagent 91 % des dépenses de R&D des administrations.

En 2010, les **effectifs de Recherche et Développement** progressent plus fortement dans les entreprises que dans les administrations. Les activités de R&D en France mobilisent 393 000 personnes en **équivalent-temps plein (ETP)**, dont 44 % dans les branches industrielles, 14 % dans les branches de services et 41 % dans les administrations. La part des chercheurs parmi eux avoisine les 60 %. La part des femmes parmi les chercheurs est plus élevée d'environ 15 points dans la recherche publique que dans les entreprises. Dans les EPST et les établissements d'enseignement supérieur, 35 % des chercheurs sont des femmes.

En 2010, au sein de l'Union européenne, quatre pays, l'Allemagne, la France, le Royaume-Uni et l'Italie, effectuent 66 % de la DIRD. L'Allemagne réalise davantage de recherche et développement que ne le fait la France. Cet écart relève pour partie d'un effort de recherche supérieur en Allemagne ; les dépenses consacrées à la R&D s'y élèvent à 2,8 % du PIB, contre 2,2 % en France. ■

Définitions

Dépense intérieure de recherche et de développement (DIRD) : correspond aux travaux de R&D exécutés sur le territoire national quelle que soit l'origine des fonds. Une partie est exécutée par les administrations (DIRDA), l'autre par les entreprises (DIRDE). Elle comprend les dépenses courantes (masse salariale des personnels de R&D et dépenses de fonctionnement) et les dépenses en capital (achats d'équipements nécessaires à la réalisation des travaux internes à la R&D et opérations immobilières réalisées dans l'année).

Branche de recherche, dépense nationale de recherche et de développement (DNRD), effectifs de Recherche et Développement, effort de recherche, emploi en équivalent-temps plein, Recherche et Développement (R&D) : voir rubrique « définitions » en annexes.

Pour en savoir plus

- « Repères et références statistiques 2012 », Depp, septembre 2012.
- « Dépenses de recherche et développement en France en 2010 », *note d'information ESR* n° 12.11, MESR DGESIP/DGRI SIES, août 2012.
- « Un déficit d'effort de recherche des entreprises françaises ? Comparaison France-Allemagne », *note d'information ESR* n° 12.09, MESR DGESIP/DGRI SIES, juillet 2012.
- « Bien qu'élevé dans chaque secteur, l'effort de R&D des entreprises françaises pâtit d'une spécialité productive peu favorable », *le 4 pages* n° 21, DGCIS, juillet 2012.

Retrouvez le TEF sur www.insee.fr, rubrique Publications et services\Collections nationales\Insee Références

Financement de la DNRD et exécution de la DIRD

en millions d'euros

	1995	2000[1]	2005	2009[1]	2010 (p)	10/09 en %
Dépense nationale de recherche et développement (DNRD)	**27 563**	**31 438**	**36 654**	**43 411**	**44 628**	**2,8**
Financement par les administrations[2]	13 647	14 272	16 921	18 850	19 162	1,7
Financement par les entreprises	13 916	17 166	19 733	24 561	25 465	3,7
Part des entreprises dans la DNRD (en %)	50,5	54,6	53,8	56,6	57,1	0,9
Part de la DNRD dans le PIB (en %)	**2,30**	**2,18**	**2,13**	**2,30**	**2,30**	**0,1**
Dépense intérieure de recherche et développement (DIRD)	**27 302**	**30 954**	**36 228**	**41 758**	**43 387**	**3,9**
Exécution par les administrations[2]	10 653	11 605	13 725	15 332	15 984	4,3
Exécution par les entreprises	16 649	19 348	22 503	26 426	27 403	3,7
Part des entreprises dans la DIRD (en %)	61,0	62,5	62,1	63,3	63,2	− 0,2
Part de la DIRD dans le PIB (en %)	**2,28**	**2,15**	**2,11**	**2,21**	**2,24**	**1,1**

1. Changements méthodologiques.
2. Le secteur des administrations comprend : les ministères et services ministériels, l'enseignement supérieur, les institutions sans but lucratif.
Source : MESR-SIES Pôle Recherche.

DIRD des entreprises par branche

en millions d'euros

Branches de recherche	2009 (r)	2010 (p)
Industrie automobile	4 279	4 202
Industrie pharmaceutique	3 391	3 269
Construction aéronautique et spatiale	2 546	2 959
Industrie chimique	1 451	1 463
Composants, cartes électron., ordinateurs[1]	1 421	1 486
Fab. d'instruments et d'appareils de mesure[2]	1 430	1 387
Fab. d'équipements de communication	987	904
Fab. d'autres machines et équipements	916	930
Fabrication d'équipements électriques	869	863
Fab. de prod. en caoutchouc et en plastique	662	690
Autres branches industrielles	**4 246**	**4 310**
Act. informatiques et services d'information	1 455	1 633
Télécommunications	801	793
Activités spécialisées, scient. et techniques	935	1 337
Édition, audiovisuel et diffusion	744	817
Autres branches de services	**293**	**358**
Total des branches	**26 426**	**27 403**

1. Y compris équipements périphériques.
2. Y compris essai, navigation et horlogerie.
Source : MESR-SIES Pôle Recherche.

Effectifs de chercheurs

en milliers d'équivalent-temps plein

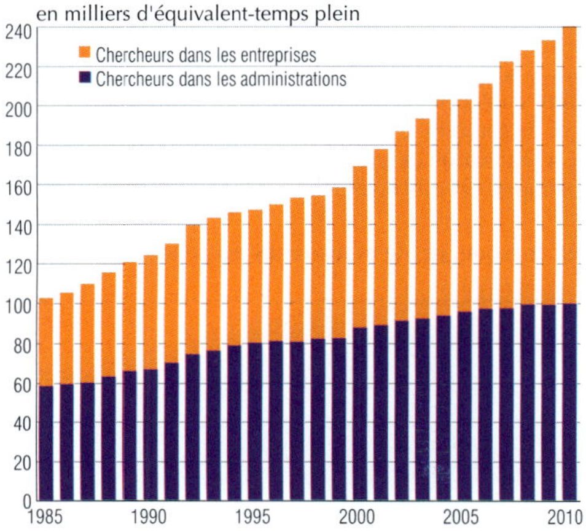

Champ : chercheurs hors Défense ; changements méthodologiques en 2000, 2001, 2004 et 2006.
Source : MESR-SIES Pôle Recherche.

DIRD publique par secteur institutionnel

en millions d'euros

Secteurs institutionnels	2006	2010 (p)	2011 (e)
Établissements publics et services ministériels (hors CNRS)	6 254	6 061	6 341
Enseignement supérieur (y c. CNRS)	7 279	9 371	9 528
Institutions sans but lucratif	461	551	556
Total	**13 994**	**15 984**	**16 425**

Note : rupture de série en 2009.
Source : MESR-SIES Pôle Recherche.

Dépense intérieure et personnel de R&D au sein de l'UE en 2010

	Dépense intérieure de R&D		Personnel de R&D[1]	
	en millions d'euros	en % du PIB	Total	*dont chercheurs*
Allemagne	69 948	2,8	548 526	*327 953*
Autriche	7 984	2,8	58 992	*36 233*
Belgique	7 140	2,0	58 896	*38 320*
Bulgarie	216	0,6	16 574	*10 979*
Chypre	86	0,5	1 302	*905*
Danemark	7 257	3,1	57 310	*37 601*
Espagne	14 588	1,4	222 022	*134 653*
Estonie	233	1,6	5 277	*4 077*
Finlande	6 971	3,9	55 897	*41 425*
France	**43 387**	**2,2**	**392 875**	***239 613***
Grèce[2]	1 342	0,6	35 531	*21 013*
Hongrie	1 126	1,2	31 480	*21 342*
Irlande	2 673	1,7	19 721	*14 175*
Italie	19 625	1,3	225 632	*103 424*
Lettonie	109	0,6	5 563	*3 896*
Lituanie	220	0,8	12 316	*8 600*
Luxembourg	592	1,5	4 988	*2 636*
Malte	42	0,7	1 121	*599*
Pays-Bas	10 892	1,9	100 544	*53 703*
Pologne	2 608	0,7	81 843	*64 511*
Portugal	2 749	1,6	52 348	*46 256*
Rép. tchèque	2 335	1,6	52 290	*29 228*
Roumanie	573	0,5	26 171	*19 780*
Royaume-Uni	30 732	1,8	350 766	*256 585*
Slovaquie	416	0,6	18 188	*15 183*
Slovénie	746	2,1	12 940	*7 703*
Suède	11 870	3,4	77 418	*49 312*
UE à 27	**246 452**	**2,0**	**2 525 576**	***1 589 140***

1. En équivalent-temps plein.
2. Données 2007.
Source : Eurostat.

16.2 Innovation

En 2011, la reprise de l'activité du **capital-investissement** français observé en 2010 se poursuit. Toutefois les inquiétudes concernant les levées de fonds demeurent. Près de 1 700 entreprises, un record historique, bénéficient de fonds en provenance des acteurs français du capital-investissement en 2011. Les montants investis atteignent 9,7 milliards d'euros, en hausse de plus de 48 % par rapport à 2010. Parmi ces entreprises, 44 % sont des entreprises nouvellement investies concentrant 59 % des montants (5,7 milliards d'euros). Le **capital-risque,** qui finance la création d'entreprise et l'**innovation**, est en réel danger d'asphyxie. Son poids dans le capital-investissement se contracte par rapport à 2010 (6,1 % soit – 3 points). En 2011, le nombre d'entreprises soutenues par le capital-risque se réduit en effet fortement (– 19 %).

Après une baisse en 2008 et en 2009 en lien avec la crise économique, les **dépôts de brevets** repartent à la hausse. Ils passent ainsi de 16 580 à 16 757 entre 2010 et 2011. Les demandes par la voie nationale des personnes morales, qu'elles soient françaises ou étrangères, augmentent en 2011. En particulier, les demandes étrangères progressent très fortement (+ 15 %) ; elles demeurent cependant en-deçà de leur niveau de 2007. Les **petites et moyennes entreprises (PME)** sont à l'origine de 2 334 demandes de brevets publiées en 2011, issues de dépôts par la voie nationale. En 2011, 75 % des dépôts de brevets résultent de dépôts électroniques.

L'année 2011 est marquée par de grands changements dans le classement des principaux déposants de brevets, notamment au sein du trio de tête. Si le groupe PSA Peugeot Citroën conserve sa première place, il est désormais suivi par le groupe Safran (qui remplace Renault à cette place) et le Commissariat à l'Énergie Atomique et aux Énergies Alternatives (qui remplace l'Oréal). Les premiers déposants restent les entreprises du secteur automobile. Outre les principaux groupes industriels français, la présence du CEA, du CNRS et de l'Institut français du pétrole (IFP) illustre la progression des organismes de recherche dans ce classement.

Après une année 2010 de forte croissance, le dépôt de **marques** est quasiment stable en 2011. Le nombre de demandes d'enregistrement s'établit à 91 214, soit 0,8 % de moins qu'en 2010. Les deux-tiers des demandes de marques résultent de dépôts électroniques.

Entre 2008 et 2010, dans un contexte de crise, environ la moitié des sociétés de 10 salariés ou plus ont innové, pour maintenir ou augmenter leurs parts de marché, notamment en améliorant leurs produits. Les sociétés exportatrices innovent davantage, en particulier pour créer de nouveaux produits. Le coût est le premier facteur freinant les innovations technologiques (innovations ou activités d'innovation en produits ou en procédés). Davantage de sociétés ont innové entre 2008 et 2010 qu'au cours des trois années précédentes, mais l'innovation technologique a diminué. Les innovations d'organisation restent les plus fréquentes. ■

Définitions

Innovation : la dernière version du manuel d'Oslo définit quatre catégories d'innovation. L'innovation de produit est la création ou l'amélioration d'un produit (bien ou prestation de service). L'innovation de procédé est la mise en œuvre de nouvelles techniques pour la production de biens ou la réalisation de prestations de services. Il existe aussi l'innovation d'organisation (les cercles de qualité en sont un exemple) et celle de marketing (par exemple la mise en franchise ou la promotion sur internet).

Brevet, capital-investissement, capital-risque, dépôt de brevet, marque, petite et moyenne entreprise (PME), propriété industrielle : voir rubrique « définitions » en annexes.

Pour en savoir plus

- « Innover pour résister à la crise ou se développer à l'export », *Insee Première* n° 1420, octobre 2012.
- « Les PME et ETI déposantes de brevets », *les dossiers de l'Observatoire de la Propriété Intellectuelle*, Inpi, septembre 2012.
- « Activité des acteurs français du capital investissement, année 2011 », Association française des investisseurs en capital, mars 2012.

Retrouvez le TEF sur www.insee.fr, rubrique Publications et services\Collections nationales\Insee Références

Évolution de l'investissement français en capital-risque

	2006	2007	2008	2009	2010	2011	2011/10[1]
Montants des fonds investis (en millions d'euros)	536	677	758	587	605	597	– 1,3
Poids dans le capital-investissement (en %)	5,3	5,4	7,6	14,3	9,2	6,1	– 3,0
Entreprises soutenues par le capital-risque (en nombre)	335	416	428	401	458	371	– 19,0
Poids dans l'ensemble des entreprises soutenues par le capital-investissement (en %)	24,3	26,7	26,8	27,3	27,2	21,9	– 5,3

1. Évolution en pourcentage pour les montants et les entreprises soutenues, en points pour les évolutions de poids.
Source : AFIC.

Dépôts de brevets, de marques, de dessins et modèles par la voie nationale

	2009	2010	2011
Personnes morales	13 224	13 940	14 375
Personnes physiques	2 882	2 640	2 382
Dépôts de brevets	**16 106**	**16 580**	**16 757**
Premiers dépôts de marques	**81 127**	**91 928**	**91 214**
Renouvellements de marques	**33 220**	**32 182**	**29 096**
Procédure normale	16 980	16 653	15 146
Procédure simplifiée	63 604	63 699	65 840
Dessins et modèles déposés	**80 584**	**80 352**	**80 986**

Source : Inpi, Observatoire de la propriété intellectuelle.

Principaux déposants de brevets publiés par la voie nationale en 2011

		Brevets publiés
1	PSA Peugeot Citroën	1 237
2	Groupe Safran	573
3	CEA[1]	545
4	Groupe L'Oréal SA	482
5	EADS (incluant Airbus)	405
6	CNRS	383
7	Thales	341
8	Groupe Valeo	320
9	Robert Bosch	277
10	Groupe Renault	245

Note : les demandes de brevets publiées en 2011 ont été déposées entre le 1er juillet 2009 et le 30 juin 2010.
1 : Commissariat à l'énergie atomique et aux énergies alternatives.
Source : Inpi.

Dépôts de brevets par la voie nationale

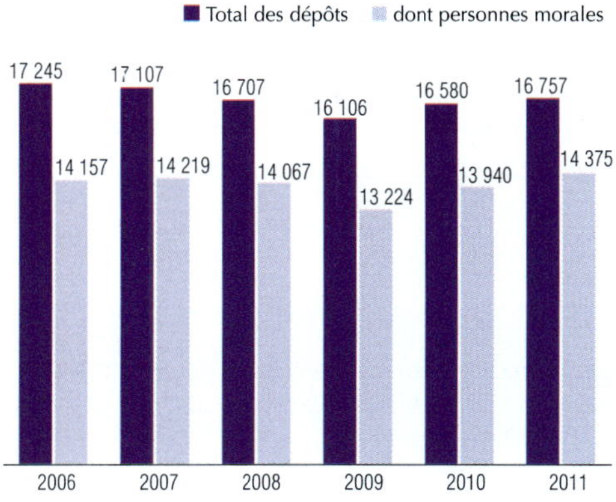

Source : Inpi, Observatoire de la propriété intellectuelle.

Montant des fonds investis dans le capital-risque

en millions d'euros

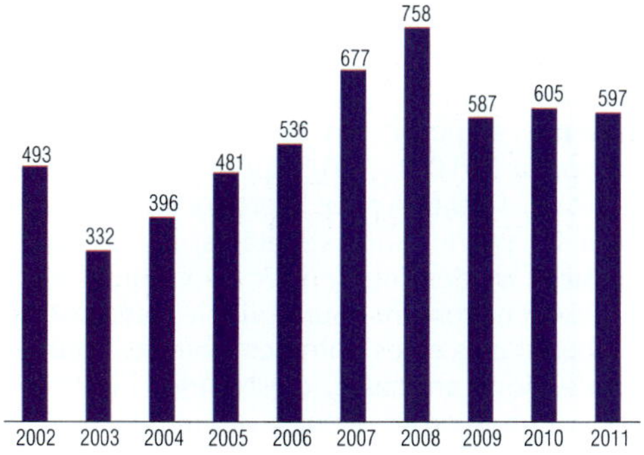

Source : AFIC.

Demandes de brevets déposées dans l'UE auprès de l'Office européen des brevets en 2008

	Ensemble des brevets		Brevets de haute technologie	
	Nombre	Par million d'habitants	Nombre	Par million d'habitants
Allemagne	22 655	276	3 078	37
Autriche	1 589	191	177	21
Belgique	1 450	136	301	28
Bulgarie	18	2	4	1
Chypre	11	14	1	1
Danemark	1 251	228	225	41
Espagne	1 408	31	246	5
Estonie	34	26	16	12
Finlande	1 233	233	422	80
France	**8 578**	**134**	**1 914**	**30**
Grèce	90	8	13	1
Hongrie	178	18	44	4
Irlande	321	73	90	20
Italie	4 648	78	437	7
Lettonie	23	10	3	1
Lituanie	16	5	4	1
Luxembourg	92	189	5	11
Malte	6	13	2	5
Pays-Bas	3 361	205	781	48
Pologne	229	6	30	1
Portugal	112	11	27	3
République tchèque	207	20	23	2
Roumanie	33	2	15	1
Royaume-Uni	5 119	84	1 080	18
Slovaquie	34	6	8	2
Slovénie	140	70	15	7
Suède	2 696	294	722	79
UE à 27	**55 530**	**112**	**9 681**	**19**

Source : Eurostat.

17.1 Revenus et productions agricoles

En 2011, en France comme dans l'Union européenne à 27, la valeur de la production agricole s'accroît en raison principalement de la hausse des prix, notamment des produits animaux et des vins. Même si le prix des **consommations intermédiaires** augmente de façon un peu plus prononcée, les revenus agricoles restent en hausse, après une année 2010 qui rattrapait deux années de net recul.

En 2011, le **résultat agricole net** par actif augmente à nouveau en France, après un redressement qui faisait suite à deux années très difficiles. La valeur de la production (hors **subventions** sur les produits) de la **branche agricole** s'accroît en effet de 6,7 % par rapport à 2010 : + 5,0 % pour la production végétale, + 10,6 % pour la production animale. Pour les productions végétales, les prix augmentent modérément, mais les volumes s'accroissent nettement pour le vin, les oléagineux, les betteraves et les pommes de terre. Pour les productions animales, c'est plutôt l'inverse : les volumes progressent modérément à l'exception du lait, mais les prix renchérissent pour tous les produits.

La production végétale se redresse en volume en 2011 : + 3,3 %. Les récoltes d'oléagineux bénéficient de la progression conjuguée des surfaces et des rendements. Les pluies d'été et les semis précoces ont favorisé le rendement des cultures de maïs. Les tonnages de betteraves récoltés atteignent également des niveaux records. La récolte de pommes de terre est supérieure à celle de 2010 qui était faible ; celle de fruits et légumes s'accroît aussi. La production de vins est en forte hausse, surtout pour le champagne et les vins de table et de pays, après quatre années de récolte peu abondante. En revanche, les rendements des céréales à paille et des protéagineux ont été perturbés par la sécheresse printanière. De plus, les surfaces de protéagineux se réduisent nettement, suite au plafonnement des aides.

La production animale s'accroît de 1,9 % en volume. Cette progression concerne les bovins et les volailles, comme en 2010. Les abattages de gros bovins augmentent, et plus particulièrement ceux de vaches. Les exportations de poulets sont très dynamiques. La collecte de lait continue à se redresser, soutenue par le niveau attractif du prix du lait payé au producteur. En revanche, la production d'ovins décroît pour la septième année consécutive et celle de porcins recule après une stabilité en 2010.

Dans l'Union européenne à 27, la valeur de la production agricole hors subventions augmente en 2011 de 7,3 % en **termes réels**, en raison d'une hausse conjuguée des volumes et des prix. La production végétale augmente en valeur, tirée par les prix à la production des céréales, des oléagineux, des betteraves et des vins. La hausse de la production animale en valeur est un peu plus prononcée et tous les prix de production augmentent. ■

Définitions

Branche agricole : regroupe toutes les unités d'activités économiques suivantes : culture de végétaux (y compris maraîchage et horticulture), élevage d'animaux, activités de travaux agricoles à façon, chasse et activités annexes. Outre les exploitations agricoles, les unités caractéristiques de la branche comprennent les groupements de producteurs (coopératives) produisant du vin et de l'huile d'olive et les unités spécialisées qui fournissent des machines, du matériel et du personnel pour l'exécution de travaux agricoles à façon.

Appellation d'origine protégée (AOP), consommation de capital fixe, consommations intermédiaires, évolution mesurée en termes réels, indication géographique protégée (IGP), résultat agricole net, subventions à l'agriculture : voir rubrique « définitions » en annexes.

Pour en savoir plus

- « Graph'agri », Agreste, édition 2012.
- « L'agriculture en 2011 en France et en Europe – La progression des résultats se poursuit », *Insee Première* n° 1406, juillet 2012.
- « Les exportations, un débouché majeur pour les céréales », *Agreste Primeur* n° 286, juillet 2012.
- « Cours des oléagineux très hauts en fin de campagne 2011/2012 », *Agreste Conjoncture* n° 2012/182, juillet 2012.
- « L'agriculture en 2011, rapport sur les comptes », *Documents de travail* n° E2012/04, juillet 2012.

Retrouvez le TEF sur www.insee.fr, rubrique Publications et services\Collections nationales\Insee Références

Volume de production végétale et effectifs d'animaux

	1990	2000	2008	2010 (r)	2011 (p)
Production végétale (en millions de tonnes)					
Céréales	55,1	65,7	70,3	65,4	63,7
dont : blé tendre	*31,4*	*35,7*	*36,9*	35,5	*34,0*
blé dur	*2,0*	*1,7*	*2,1*	*2,5*	*2,0*
maïs (grain et semence)	*9,4*	*16,0*	*16,0*	*14,1*	*15,9*
Oléagineux	4,6	5,5	6,4	6,6	7,4
Protéagineux	3,7	2,1	0,8	1,6	1,0
Pommes de terre	4,7	6,4	6,8	6,7	7,4
Effectifs animaux (en millions de têtes)					
Bovins	21,4	20,3	20,0	19,5	19,1
Porcins	12,3	14,9	14,9	14,3	14,0
Ovins	11,4	9,6	8,2	7,9	7,6
Caprins	1,2	1,2	1,3	1,4	1,4
Ensemble Gallus[1]	198,4	206,0	186,5	222,4	222,2

1. Ensemble Gallus : poules pondeuses d'œufs à couver et d'œufs de consommation, poulettes, poulets de chair.
Champ : France métropolitaine pour les années 1990 et 2000.
Source : Agreste.

Production de vin, jus et moûts

	2010 (r)	2011 (p)	11/10 en %
Superficie de production (en miliers d'hectares)			
Récolte AOP[1]	459,7	445,5	– 3,1
dont : AOP hors VDN[2]	*446,6*	*434,1*	*– 2,8*
VDN en AOP	*13,1*	*11,3*	*– 13,2*
Vin pour eaux-de-vie AOP	73,0	74,6	2,2
Vin IGP[3]	196,4	188,2	– 4,2
Autres vins	42,5	50,2	18,2
Total vins	**771,5**	**758,4**	**– 1,7**
Production de vin (en millions d'hectolitres)			
Récolte AOP[1]	22,0	23,6	7,4
dont : AOP hors VDN[2]	*21,7*	*23,3*	*7,4*
VDN en AOP	*0,2*	*0,3*	*9,5*
Vin pour eaux-de-vie AOP	7,8	8,8	12,6
Vin IGP[3]	12,5	14,1	13,0
Autres vins	3,1	4,6	50,7
Total vins	**45,3**	**51,1**	**12,8**

1. Appellation d'origine protégée.
2. Vins doux naturels ; vins de liqueur remplissant certaines conditions particulières.
3. Indication géographique protégée.
Source : Agreste.

Résultat agricole net par actif en termes réels

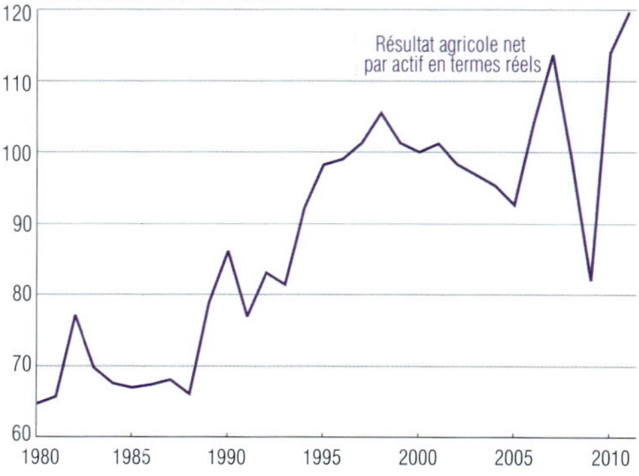

Source : Insee, compte provisoire de l'agriculture - base 2005.

Production et valeur ajoutée de l'agriculture

	2011	2011/2010 en %		
	en Mds d'euros	Volume	Prix	Valeur
Produits végétaux	**42,2**	**3,3**	**1,6**	**5,0**
Céréales	11,8	– 2,5	2,9	0,4
Oléagineux, protéagineux	3,3	7,0	3,6	10,9
Betteraves industrielles	1,0	15,2	5,6	21,6
Autres plantes industrielles[1]	0,4	– 8,8	– 6,6	– 14,8
Fruits, légumes, pommes de terre	7,1	5,5	– 13,0	– 8,2
Vins	10,9	11,3	4,2	16,0
Fourrages, plantes, fleurs	7,7	– 2,2	11,7	9,2
Produits animaux	**25,4**	**1,9**	**8,5**	**10,6**
Bétail (bovins, porcins, ovins, caprins, équidés)	10,9	0,3	8,0	8,3
Volailles, œufs	4,6	0,3	12,0	12,3
Lait et autres produits de l'élevage	9,9	4,6	7,5	12,5
Services[2]	**3,8**	**0,0**	**1,4**	**1,4**
Production hors subventions	**71,4**	**2,7**	**4,0**	**6,7**
Subventions sur les produits	1,1	– 4,9	– 1,7	– 6,5
Production au prix de base	**72,5**	**2,5**	**3,9**	**6,5**
Consommations intermédiaires	**43,7**	**0,3**	**8,2**	**8,5**
dont achats	*37,1*	*1,5*	*7,5*	*9,1*
Valeur ajoutée brute	**28,8**	**5,8**	**– 2,1**	**3,6**
Consommation de capital fixe	10,6	– 0,3	1,1	0,8
Valeur ajoutée nette	**18,2**	**9,4**	**– 3,8**	**5,2**

1. Tabac, lin textile, houblon, canne à sucre, etc.
2. Production des entreprises de travaux agricoles, des coopératives d'ut lisation de matériel agricole, services entre agriculteurs, agri-tourisme...
Source : Insee, compte provisoire de l'agriculture - base 2005.

Production agricole de l'Union européenne

en millions d'euros

	Production végétale			Production animale		
	2000 (r)	2010 (r)	2011 (e)	2000 (r)	2010 (r)	2011 (e)
Allemagne	18 425	22 813	26 850	19 344	21 298	23 449
Autriche	2 152	2 901	3 442	2 515	2 840	3 181
Belgique	2 931	3 501	3 110	3 841	3 976	4 316
Bulgarie	1 305	2 118	2 539	1 448	1 037	1 099
Chypre	...	324	336	nd	330	330
Danemark	2 603	3 237	3 568	4 767	5 614	6 012
Espagne	19 539	24 420	23 979	11 692	13 353	14 930
Estonie	142	274	342	182	317	373
Finlande	1 054	1 345	1 569	1 688	1 958	2 022
France	**30 334**	**37 668**	**38 839**	**22 265**	**22 452**	**24 720**
Grèce	6 542	6 466	6 695	2 499	2 809	2 842
Hongrie	2 343	3 467	4 789	2 073	2 111	2 404
Irlande	1 229	1 478	1 707	3 655	3 852	4 537
Italie	24 234	25 442	27 151	13 438	14 430	15 894
Lettonie	192	473	531	220	374	416
Lituanie	626	924	1 311	481	801	912
Luxembourg	76	134	143	148	166	179
Malte	48	45	50	77	68	69
Pays-Bas	9 480	12 209	11 907	8 548	9 296	10 289
Pologne	5 992	8 782	11 075	5 886	9 115	10 129
Portugal	3 220	3 334	3 148	2 270	2 402	2 503
Rép. tchèque	1 396	2 250	2 797	1 399	1 573	1 689
Roumanie	4 887	10 311	13 085	2 984	3 592	4 018
Royaume-Uni	7 859	8 791	10 056	11 243	12 845	13 990
Slovaquie	459	868	1 252	742	744	742
Slovénie	444	596	633	493	484	526
Suède	1 809	2 274	2 425	2 303	2 289	2 486
UE à 27	**149 321**	**186 445**	**203 330**	**126 201**	**140 124**	**154 057**

Note : production au prix du producteur (hors subventions).
Source : Eurostat.

17.2 Exploitations agricoles

La France compte 515 000 **exploitations agricoles**. En 20 ans, leur nombre a baissé de plus de la moitié. Les petites et moyennes structures sont le plus touchées alors que le nombre de grandes reste supérieur à celui de 1988. Les secteurs laitiers, de la polyculture et du polyélevage subissent les plus fortes baisses. Les exploitations spécialisées en grandes cultures, soit près d'une exploitation sur quatre, sont celles qui résistent le mieux. Les petites exploitations restent les plus nombreuses mais leur part s'est réduite de 10 points en 20 ans. La disparition d'exploitations permet l'agrandissement de celles qui se maintiennent. Ainsi, un tiers des exploitations sont aujourd'hui des grandes structures, qui devancent désormais les exploitations moyennes.

Une exploitation individuelle sur deux est une petite exploitation. Leur nombre représente plus des deux tiers des exploitations. Elles sont majoritaires dans les différentes orientations agricoles en dehors du secteur laitier. Le nombre des exploitations sous forme sociétaire, dont trois sur quatre sont des grandes structures, progresse sous l'effet de la forte augmentation des **exploitations agricoles à responsabilité limitée (EARL)**. Celles-ci, représentent plus de la moitié des formes sociétaires. Un quart des formes sociétaires concerne les **groupements agricoles d'exploitation en commun (Gaec)** qui après avoir progressé entre 1990 et 2000, ont diminué ces dernières années pour retrouver le niveau d'il y a vingt ans.

En deux décennies, la **superficie agricole utilisée (SAU)** des exploitations a perdu près de 1,7 millions d'hectares. À l'inverse des petites et moyennes exploitations, l'ensemble de la SAU des grandes exploitations a fortement augmenté. Leur surface moyenne dépasse aujourd'hui 100 hectares. Les petites exploitations n'utilisent que 7 % de la SAU et leur surface moyenne est de 11 hectares. Le fermage est le **mode de faire-valoir** le plus répandu. Il représente plus des trois quarts de la surface agricole utilisée. Cependant, dans les petites exploitations, le fermage est minoritaire. Sa part augmente avec la dimension économique des exploitations.

En vingt ans, le nombre de travailleurs permanents a baissé de moitié dans les exploitations agricoles. Cette diminution est équivalente à celle du nombre d'exploitations. Les trois quarts de ces actifs permanents travaillent dans les moyennes et grandes exploitations, en qualité d'exploitants ou de coexploitants, d'aide familial ou de **salarié permanent non familial**. Les dix dernières années ont été marquées par un recul sensible de l'aide familiale. Une partie de cette baisse s'explique par le développement de la coexploitation avec l'accès au statut de conjoint coexploitant du chef d'exploitation.

En 2010, l'Union européenne à 27 compte environ 12 millions d'exploitations agricoles pour une superficie agricole utilisée de 171 millions d'hectares. La tendance à la baisse du nombre d'exploitations et à l'augmentation de surface de celles-ci est générale, sauf à Malte et en Suède. Sept États membres totalisent les trois quarts de la superficie agricole utilisée : France, Espagne, Allemagne, Royaume-Uni, Pologne, Roumanie et Italie. ■

Définitions

Salarié permanent non familial : selon la statistique agricole, personne étrangère à la famille du chef d'exploitation ou des coexploitants, qui effectue un travail agricole régulier tout au long de l'année, à temps plein ou partiel.
Superficie agricole utilisée (SAU) : comprend les terres arables, la superficie toujours en herbe (STH) et les cultures permanentes.
Exploitation agricole, exploitation agricole à responsabilité limitée (EARL), groupement agricole d'exploitation en commun (Gaec), mode de faire-valoir, orientation technico-économique, unité de travail annuel (UTA) : voir rubrique « définitions » en annexes.

Pour en savoir plus

- « Graph'agri », Agreste, édition 2012.
- « Des grandes cultures dans deux tiers des exploitations », *Agreste Primeur* n° 293, novembre 2012.
- « Un agriculteur sur cinq a moins de 40 ans », *Agreste Primeur* n° 283, juin 2012.
- « Un million d'actifs permanents », *Agreste Primeur* n° 276, janvier 2012.

Retrouvez le TEF sur www.insee.fr, rubrique Publications et services\Collections nationales\Insee Références

Exploitations agricoles selon la surface agricole utilisée en 2010

	Exploitations		SAU	
	en milliers	en %	en milliers d'hectares	en %
SAU de moins de 20 ha	235,4	45,7	1 317	4,9
SAU de 20 à moins 50 ha	88,4	17,2	3 000	11,1
SAU de 50 à moins 100 ha	97,6	19,0	7 048	26,0
SAU de 100 à moins 200 ha	72,7	14,1	9 977	36,8
SAU de 200 ha ou plus	20,6	4,0	5 747	21,2
Total des exploitations agricoles	**514,7**	**100,0**	**27 088**	**100,0**

Source : Agreste, recensement agricole 2010.

Moyennes et grandes exploitations agricoles selon l'orientation technico-économique

en milliers

	2000	2010 (r)
Céréales et oléprotéagineux	49,5	51,4
Bovins lait	70,7	48,2
Viticulture	55,4	46,9
Polyculture, polyélevage, autres	54,4	40,8
Bovins viande	36,6	33,5
Cultures générales	24,4	21,7
Ovins et caprins	16,9	14,1
Élevages avicoles	14,7	12,8
Bovins mixte	16,1	9,4
Fruits et autres cultures permanentes	10,5	10,0
Fleurs et horticulture diverse	9,0	7,1
Autres herbivores	6,0	6,2
Autres élevages hors sol	9,3	6,1
Élevages porcins	7,6	6,1
Légumes et champignons	5,2	5,0

Champ : France métropolitaine.
Source : Agreste, recensements agricoles.

Statut des actifs permanents

en milliers

	Ensemble des exploitations		Moyennes et grandes exploitations	
	2000	2010	2000	2010
Actifs familiaux	1 155	811	762	568
dont chefs d'exploitation et coexploitants	*764*	*604*	*484*	*423*
Salariés permanents non familiaux	164	155	157	149

Champ : France métropolitaine.
Source : Agreste, recensements agricoles.

Travail sur les exploitations agricoles en 2010

en % des unités de travail annuel (UTA)

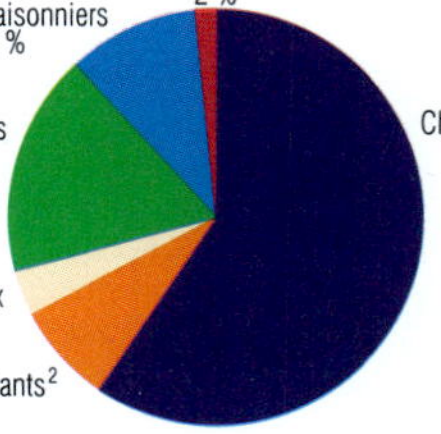

1. Y compris conjoints de chef d'exploitation ou de coexploitant, eux-mêmes coexploitants.
2. Conjoints non coexploitants de chef d'exploitation ou de coexploitant.
3. Entreprise de travaux agricoles et coop. d'utilisation du matériel agricole.
Champ : France métropolitaine.
Source : Agreste , recensement agricole 2010.

Statut des exploitations agricoles

en milliers

	1988	2000	2010
Exploitants individuels	**946,1**	**537,6**	**339,9**
Total des formes sociétaires et diverses	**65,5**	**123,7**	**146,6**
dont : Gaec	*37,7*	*41,5*	*37,2*
EARL	*1,5*	*55,9*	*78,6*
Autres statuts[1]	**5,1**	**2,6**	**3,5**
Part des exploitations sous forme sociétaires et diverses (en %)	6,4	18,6	29,9

1. Autre personne physique ou morale.
Champ : France métropolitaine.
Source : Agreste, recensements agricoles.

Mode de faire-valoir des moyennes et grandes exploitations

en milliers d'hectares

	2010
Faire-valoir direct	**6 360**
Fermage	**20 728**
Terres prises en location auprès de tiers	16 462
Terres prises en location auprès des associés	4 035
Autres locations[1]	231
Total de la surface SAU	**27 088**

1. Métayage, locations provisoires, etc.
Source : Agreste, recensement agricole 2010.

Exploitations et superficie agricole utilisée dans l'Union européenne en 2010

	Nombre d'exploitations (r)		Superficie agricole utilisée (r)	
	en milliers	en % du total de l'UE27	en milliers d'hectares	en % du total de l'UE27
Allemagne	298	2,5	16 704	9,7
Autriche	149	1,3	2 878	1,7
Belgique[1]	43	0,4	1 358	0,8
Bulgarie	357	3,1	4 476	2,6
Chypre	38	0,3	118	0,1
Danemark	41	0,3	2 647	1,5
Espagne	967	8,3	23 753	13,9
Estonie	19	0,2	941	0,5
Finlande	63	0,5	2 291	1,3
France	**507**	**4,3**	**27 837**	**16,2**
Grèce	669	5,7	3 302	1,9
Hongrie	534	4,6	4 686	2,7
Irlande	140	1,2	4 991	2,9
Italie	1 616	13,8	12 856	7,5
Lettonie	83	0,7	1 796	1,0
Lituanie	200	1,7	2 743	1,6
Luxembourg[1]	2	0,0	131	0,1
Malte	12	0,1	11	0,0
Pays-Bas	71	0,6	1 872	1,1
Pologne	1 499	12,8	14 447	8,4
Portugal	304	2,6	3 668	2,1
Rép. tchèque	23	0,2	3 484	2,0
Roumanie	3 724	31,8	13 306	7,8
Royaume-Uni	183	1,6	15 686	9,2
Slovaquie	24	0,2	1 896	1,1
Slovénie	74	0,6	483	0,3
Suède	70	0,6	3 066	1,8
UE27[2]	**11 709**	**100,0**	**171 428**	**100,0**

1. Données 2007.
2. Données 2007 pour la Belgique et le Luxembourg.
Source : Eurostat.

17.3 Pêche - Aquaculture

Avec un littoral de 5 500 km de côtes, le secteur des **pêches** maritimes et de l'**aquaculture** figure au 4e rang des pays de l'Union européenne avec environ 10 % des **captures**. La pêche française génère un milliard d'euros de chiffre d'affaires en 2010 et représente près de 93 000 emplois directs et induits. Grâce à l'étendue et à la dispersion de ses territoires marins, la **zone économique exclusive (ZEE)** française s'étend sur 11 millions de km². La France est ainsi le 2e domaine maritime mondial après les États-Unis.

Après une année 2009 difficile, la filière pêche et aquaculture résiste en 2010. La production compte 22 500 **emplois en équivalent-temps plein** dont 2 900 dans les DOM. La petite pêche est toujours le secteur qui réunit le plus d'emplois, suivi de la pêche au large et de la pêche côtière. La grande pêche ne représente que 6 % des emplois. La petite pêche constitue une activité très majoritaire en Méditerranée et outre mer.

La production de la pêche française est restée globalement stable en 2010. Une meilleure tenue des prix au débarquement et des économies d'énergie peinent à compenser une forte hausse du prix du gazole. La production conchylicole a fortement baissé en 2010 dépassant à peine les 150 000 tonnes de coquillages (contre 186 000 en 2009), essentiellement des moules et des huîtres. La surmortalité des naissains d'huîtres depuis 2007 affecte néanmoins durablement la filière et réduit les quantités disponibles. D'autre part, la tempête Xynthia, en février 2010, a occasionné de lourds dégâts aux exploitations installées sur la façade centre-atlantique.

Les importations françaises n'évoluent pratiquement pas en 2010, malgré le dynamisme des importations de saumon, de cabillaud et de bar. La diminution des flux entrants en provenance des pays tiers s'explique par une augmentation des prix, mais aussi par l'entrée en vigueur de la nouvelle législation communautaire sur les pêches dites illégales et illicites. Les exportations poursuivent le ralentissement amorcé en 2007. Elles sont soutenues par les ventes de seiche et de baudroie. Les demandes espagnoles et italiennes diminuent en 2010.

L'Union européenne occupe la 3e place mondiale après la Chine et le Pérou en termes de production pour la pêche et l'aquaculture. Six États membres (l'Espagne, la France, le Royaume-Uni, le Danemark, l'Irlande et les Pays-Bas) réalisent 65 % des captures de l'UE 27 en 2010. La flotte de pêche communautaire, qui compte encore 83 800 navires en 2010, se réduit progressivement. La production de l'aquaculture semble avoir atteint un plafond, même si la production de nouvelles espèces peut se développer. Malgré sa production, l'Union européenne est un importateur net de produits de la pêche. L'UE 27 est, avec le Japon et les États-Unis, l'un des trois principaux importateurs mondiaux de produits de la pêche et de l'aquaculture. ■

Définitions

Aquaculture : activité regroupant la pisciculture (élevage de poisson) marine et continentale, la conchyliculture (élevage de coquillages marins tels qu'huîtres, moules, palourdes, etc.) ainsi que l'élevage de crustacés.

Pêche : on distingue deux grands types de pêche professionnelle. La pêche maritime est pratiquée en mer ou en estuaire. Selon la transformation réalisée à bord des navires, on distingue ensuite pêche fraîche et pêche congelée (ou transformée). La pêche continentale est pratiquée en eau douce (étang, rivière), elle est peu développée en France.

Captures, emploi en équivalent-temps plein, pisciculture, production des pêches maritimes, production halieutique, types de pêches, zone économique exclusive (ZEE) : voir rubrique « définitions » en annexes.

Pour en savoir plus

- « Commerce extérieur des produits de la pêche et aquaculture », *Données statistiques 2011*, FranceAgrimer 2012.
- « La politique commune de la pêche en chiffres », *Données statistiques de base*, Commission européenne, édition 2012.
- « Les produits de la pêche et de la pisciculture en France », *communiqué de presse*, FranceAgrimer, 9 août 2012.
- « Les filières pêche et aquaculture en France », *les cahiers de FranceAgrimer*, avril 2012.
- « Les filières animales terrestres et aquatiques », *Bilan 2011 – perspectives 2012*, FranceAgrimer, mars 2012.

Retrouvez le TEF sur www.insee.fr, rubrique Publications et services\Collections nationales\Insee Références

Production des pêches et de l'aquaculture

	Volume des ventes		Valeur des ventes	
	2010 en milliers de tonnes[1]	10/09 en %	2010 en millions d'euros	10/09 en %
Poissons	203	1,5	544	0,1
Crustacés	16	5,9	82	0,6
Coquillages et assimilés	48	29,4	84	10,9
Céphalopodes	19	7,4	57	– 5,6
Algues[2]	23	71,8	3	4,3
Pêche fraîche	**310**	**9,5**	**772**	**1,0**
Pêche congelée ou transformée	**130**	**– 15,6**	**121**	**– 27,1**
dont thon tropical	*81*	*– 3,6*	*89*	*– 28,2*
Total pêche maritime	**440**	**0,7**	**893**	**– 4,0**

1. Équivalent poids vif.
2. Poids sec.
Source : DPMA.

Marins pêcheurs embarqués sur les navires français

en nombre d'emplois

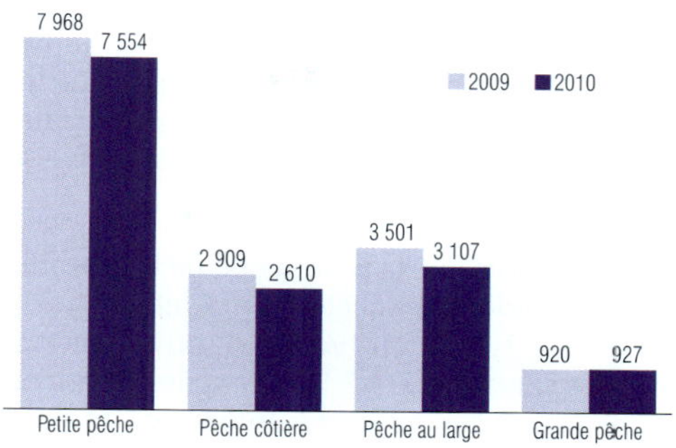

Champ : France métropolitaine ; marins de toutes nationalités hors navires de cultures marines - petite pêche.
Source : SDSIM.

Commerce extérieur des produits aquatiques en 2011

	Exportations	Importations	Solde
Volume (en milliers de tonnes)			
Poissons de mer[1]	173,9	574,7	– 400,8
Poissons amphibiotiques[2] et d'eau douce	26,2	191,6	– 165,4
Crustacés	18,4	144,3	– 125,9
Coquillages et céphalopodes	43,1	146,2	– 103,1
Autres	49,6	76,8	– 27,2
Total	**311,3**	**1 133,7**	**– 822,4**
Valeur (en millions d'euros)			
Poissons de mer[1]	637,2	2 095,4	– 1 458,2
Poissons amphibiotiques[2] et d'eau douce	189,8	976,2	– 786,4
Crustacés	150,0	981,3	– 831,2
Coquillages et céphalopodes	223,9	608,1	– 384,2
Autres	107,0	128,4	– 21,4
Total	**1 307,9**	**4 789,4**	**– 3 481,5**

1. Y compris foies, œufs et laitances.
2. Y compris salmonidés.
Source : FranceAgriMer.

Flotte de pêche

en nombre de navires actifs

Longueur	1995	2000	2005	2011
Moins de 12 mètres	4 878	4 380	4 034	3 747
De 12 à moins de 24 mètres	1 434	1 233	1 057	721
24 mètres ou plus	281	270	269	207
Total	**6 593**	**5 883**	**5 360**	**4 675**

Champ : France métropolitaine.
Source : SDSIM.

Pêche et aquaculture dans l'Union européenne

	Flotte de pêche en navires 2010	Pêche de capture en milliers de tonnes 2010	Aquaculture[1] en milliers de tonnes 2010
Allemagne	1 680	229,9	40,7
Autriche	...	0,4	2,2
Belgique[2]	89	22,4	0,6
Bulgarie	2 340	10,8	7,9
Chypre	1 006	1,4	4,1
Danemark	2 826	828,0	32,3
Espagne	10 847	738,9	253,8
Estonie	935	95,3	0,6
Finlande	3 365	151,4	11,8
France[2]	**7 242**	**442,5**	**(r) 236,4**
Grèce	17 168	71,0	121,0
Hongrie	...	6,2	8,3
Irlande	2 148	318,9	46,2
Italie	13 515	233,9	153,5
Lettonie	786	164,8	0,5
Lituanie[2]	171	139,6	3,4
Luxembourg	...	...	...
Malte	1 093	1,8	6,9
Pays-Bas	849	285,4	66,8
Pologne	793	148,9	30,8
Portugal	8 492	222,6	8,0
Rép. tchèque	...	4,0	20,4
Roumanie	475	2,7	4,5
Royaume-Uni	6 422	608,5	201,4
Slovaquie[2]	...	1,6	0,8
Slovénie	185	0,9	0,8
Suède	1 369	212,0	10,6
UE à 27[2]	**83 796**	**4 943,8**	**(r) 1 301,9**

1. À l'exception des écloseries et nurseries.
2. Données 2009 pour l'aquaculture.
Source : Eurostat.

Production halieutique dans le monde en 2010

en millions de tonnes

	Capture	Aquaculture	Total[1]	Plantes aquatiques
Chine[2]	15,4	36,7	52,2	11,3
Inde	4,7	4,6	9,3	0,0
Pérou	4,3	n.s.	4,4	0,0
Indonésie	5,4	2,3	7,7	3,9
Europe	**13,8**	**2,5**	**16,3**	**0,0**
dont France	***0,4***	***0,2***	***0,7***	***0,0***
Viet Nam	2,4	2,7	5,1	0,0
États-Unis	4,4	0,5	4,9	0,0
Japon	4,0	0,7	4,8	0,5
Chili	2,7	0,7	3,4	0,4
Autres pays	31,5	9,1	40,6	3,8
Total monde	**88,6**	**59,9**	**148,5**	**19,9**

Note : données estimées.
1. Poissons, crustacés, mollusques,etc.
2. Les données de la Chine ne comprennent pas Hong-Kong, Macao et Taïwan.
Source : FAO.

18.1 Industrie agroalimentaire

Avec 512 000 salariés en **équivalent-temps plein** en 2010, les entreprises agroalimentaires françaises constituent un des secteurs les plus importants de l'industrie. Elles ont confirmé leur aptitude à mieux résister aux crises que les autres activités manufacturières, principalement en raison de l'inertie de la consommation alimentaire des ménages.

Ainsi, alors que la production de l'ensemble de l'industrie manufacturière avait chuté en 2009 (– 11,3 % en volume) puis rebondi l'année suivante (+ 4,7 %) avant de ralentir en 2011 (+ 3,2 %), celle des **industries agroalimentaire (IAA)** n'avait que peu baissé en 2009 (– 1,7 %) et la reprise (+ 0,9 %) apparue en 2010 se confirme en 2011 (+ 1,9 %). Cette croissance est supportée par toutes les **branches d'activité**. Elle s'appuie fortement sur l'industrie alimentaire qui contribue pour + 1,6 point à l'évolution d'ensemble, en raison de son poids important sur le marché (125,4 milliards d'euros) et d'une croissance de près de 1,7 %. Les boissons-tabacs (19 milliards) contribuent également à la croissance par leur dynamisme (3,6 %).

Le volume des branches de l'industrie alimentaire évolue de façon variée. Deux se développent fortement : la fabrication d'autres produits alimentaires comme le sucre, le thé et le café et les plats préparés, et la conservation et transformation des fruits et légumes. Leur production augmente respectivement de 8,2 % et de 9,1 % en un an. Cependant, seule la fabrication d'autres produits alimentaires apporte à l'évolution de l'ensemble des industries agroalimentaires une contribution substantielle, établie à 1,3 point. La fabrication des huiles ainsi que les produits de la boulangerie-pâtisserie reculent (respectivement – 2,8 % et – 1,6 %).

La consommation des ménages est la principale utilisation des produits agroalimentaires (54 %). Le reste se répartit entre les consommations intermédiaires (32 %) et l'exportation (14 %). La **consommation effective des ménages** en produits alimentaires et boissons non alcoolisées poursuit sa croissance en 2011 (+ 1,0 % en volume), de façon sensiblement égale à 2010 (+ 1,1 %). Quant aux consommations intermédiaires, fournissant principalement l'industrie agroalimentaire, elles progressent comme en 2010. Les exportations de produits agroalimentaires progressent de 11,6 % en 2011, plus vite que les importations (+ 8,1 %). Ainsi, alors que le déficit commercial de l'ensemble de l'industrie se creuse à nouveau en valeur en 2011, l'industrie agroalimentaire continue de dégager un excédent toujours en hausse depuis 2009. Cet excédent commercial est soutenu essentiellement par les exportations de boissons et des produits laitiers (respectivement + 9,4 et + 3 milliards). Toutes deux progressant fortement dans les échanges hors Union européenne. ■

Définitions

Industries agricoles et alimentaires (IAA) : les industries agricoles et alimentaires (ou agro-alimentaires) correspondent au code EB de la NES, nomenclature de synthèse qui a disparu avec le passage à la nomenclature d'activités française (NAF Rév. 2) : industrie des viandes ; industrie du lait ; industrie des boissons ; travail du grain, fabrication d'aliments pour animaux ; industries alimentaires diverses ; industrie du tabac. À partir de 2008, ces industries sont regroupées dans le poste C1 du niveau A17 de la nomenclature agrégée (NA) : fabrication de denrées alimentaires, de boissons et de produits à base de tabac.

Branche d'activité, consommation effective des ménages, dispositif Esane (Élaboration des statistiques annuelles d'entreprise), emplois en équivalent-temps plein, unité légale : voir rubrique « définitions » en annexes.

Pour en savoir plus

- « Productions commercialisées des industries agroalimentaires en 2011 : les exportations et les prix dopent les ventes », *Agreste primeur* n° 287, septembre 2012.
- « L'agriculture en 2011 en France et en Europe : la progression des résultats se poursuit », *Insee Première* n° 1406, juillet 2012.
- « Prix des céréales et ventes de produits transformés tirent l'excédent commercial agroalimentaire », *Agreste conjoncture* n° 174, mars 2012.

Retrouvez le TEF sur www.insee.fr, rubrique Publications et services\Collections nationales\Insee Références

Principaux résultats des unités légales des industries alimentaires, de boissons et du tabac en 2010

montants en millions d'euros

Secteur d'activité en NAF rév.2	Nombre d'unités légales	Chiffre d'affaires HT	Valeur ajoutée	Excédent brut d'exploitation	Bénéfice ou perte
Transform. & conserv. viande & préparation prod. à base de viande	7 854	32 699	6 156	1 045	420
Transform. & conserv. poisson, crustacés & mollusques	310	3 134	600	128	54
Transformation et conservation de fruits et légumes	1 259	7 410	1 555	459	171
Fabrication d'huiles et graisses végétales et animales	214	3 381	432	215	102
Fabrication de produits laitiers	1 290	25 318	3 594	929	296
Travail des grains ; fabrication de produits amylacés	465	6 380	1 399	507	415
Fabrication produits boulangerie-pâtisserie & pâtes alimentaires	41 572	20 780	8 160	2 075	1 247
Fabrication d'autres produits alimentaires	3 675	24 400	5 859	2 039	1 530
Fabrication d'aliments pour animaux	425	10 907	1 517	516	573
Fabrication de boissons	2 653	23 570	6 071	2 884	1 567
Fabrication de produits à base de tabac	5	1 228	682	339	362
Total	**59 722**	**159 207**	**36 025**	**11 134**	**6 736**

Champ : unités légales des secteurs marchands hors agriculture (y compris auto-entrepreneurs et sociétés holding).
Source : Insee, Esane.

Évolution de la production des industries alimentaires, de boissons et du tabac

Secteur d'activité en NAF rév.2	Production en valeur en millons d'euros		Évolution 2011/10 en %		
	2010 (r)	2011	Indice valeur	Indice volume	Indice prix
Transform. & conserv. viande & préparation prod. à base de viande	30 129	30 346	6,4	0,7	5,7
Transform. & conserv. poisson, crustacés & mollusques	2 783	2 851	6,3	2,4	3,8
Transformation et conservation de fruits et légumes	6 075	6 628	12,0	9,1	2,6
Fabrication d'huiles et graisses végétales et animales	2 979	2 896	11,5	– 2,8	14,8
Fabrication de produits laitiers	23 981	23 769	4,6	– 0,9	5,6
Travail des grains ; fabrication de produits amylacés	5 641	5 747	10,1	1,9	8,1
Fabrication produits boulangerie-pâtisserie & pâtes alimentaires	20 027	19 704	1,0	– 1,6	2,4
Fabrication d'autres produits alimentaires	21 745	23 527	13,2	8,2	4,7
Fabrication d'aliments pour animaux	10 042	9 975	6,5	– 0,7	7,3
Fabrication de boissons	17 078	17 712	3,2	3,7	– 0,5
Fabrication de produits à base de tabac	1 352	1 382	11,2	2,2	3,8
Total	**141 832**	**144 537**	**6,6**	**1,9**	**3,5**

Source : Insee, comptes nationaux - base 2005.

Effectif salarié des industries alimentaires, de boissons et du tabac en 2010

en milliers

Secteur d'activité en NAF rév.2	ETP[1]	Au 31 déc.
Transf. & conserv. viande & prép. viande	118,9	134,5
Transf. & conserv. poisson, crust., etc.	11,3	12,7
Transf. et conserv. de fruits et légumes	23,4	26,1
Fab. huile et graisse végétale & animale	2,8	3,1
Fabrication de produits laitiers	51,8	56,5
Travail des grains ; fab. prod. amylacé	13,1	14,7
Fab. prod. boulangerie-pâtis. & pâtes	161,5	201,6
Fabrication autres produits alimentaires	70,1	80,5
Fabrication d'aliments pour animaux	17,0	18,6
Fabrication de boissons	40,0	48,8
Fabrication de produits à base de tabac	1,9	1,8
Total	**512,0**	**598,9**

1. Équivalent temps-plein.
Champ : unités légales des secteurs marchands hors agriculture (y compris auto-entrepreneurs et sociétés holding).
Source : Insee, Esane.

Commerce extérieur des produits agroalimentaires

en milliards d'euros

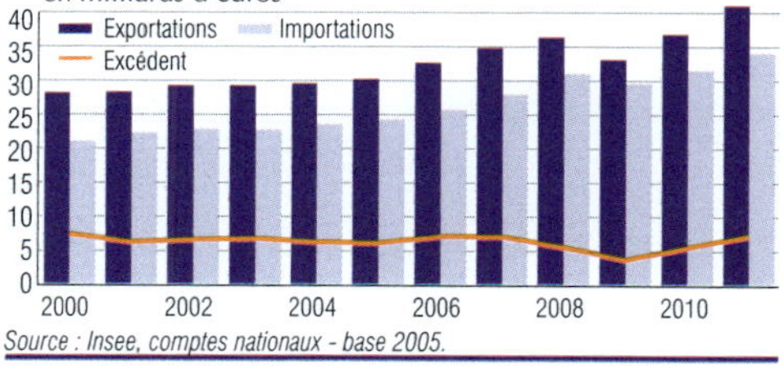

Source : Insee, comptes nationaux - base 2005.

Solde du commerce extérieur des produits agroalimentaires en 2011

en millions d'euros

Secteurs d'activité en NAF rév. 2	Union européenne	Hors Union européenne	Total
Transform. & conserv. viande & prép. viande	– 948	673	– 275
dont exportations	*3 578*	*1 260*	*4 838*
Transform. & conserv. poisson, crust., etc.	– 632	– 2 037	– 2 669
dont exportations	*519*	*198*	*716*
Transf. et conserv. de fruits et légumes	– 1 246	– 790	– 2 036
dont exportations	*1 533*	*368*	*1 901*
Fab. huile et graisse végétale & animale	– 251	– 1 584	– 1 836
dont exportations	*1 492*	*173*	*1 665*
Fabrication de produits laitiers	1 751	1 397	3 148
dont exportations	*4 649*	*1 542*	*6 191*
Travail des grains ; fab. prod. amylacés	1 002	272	1 274
dont exportations	*2 182*	*536*	*2 719*
Fab. prod. boulangerie-pâtis. & pâtes	– 568	140	– 429
dont exportations	*1 111*	*240*	*1 351*
Fabric. autres produits alimentaires	362	551	914
dont exportations	*4 758*	*2 169*	*6 927*
Fabrication d'aliments pour animaux	614	352	965
dont exportations	*1 298*	*424*	*1 722*
Fabrication de boissons	3 198	6 242	9 439
dont exportations	*5 590*	*6 744*	*12 334*
Fabrication de produits à base de tabac	– 1 599	107	– 1 492
dont exportations	*255*	*204*	*459*
Total IAA			
Exportations	**26 965**	**13 858**	**40 823**
Importations	**25 284**	**8 536**	**33 820**
Solde	**1 681**	**5 322**	**7 003**

Source : Insee, comptes nationaux - base 2005.

18.2 Production industrielle

La production de l'**industrie manufacturière**, qui a particulièrement souffert de la crise, ralentit en 2011 (+ 3,2 %), après le net rebond de 2010. Elle reste nettement inférieure à son niveau d'avant-crise. Son ralentissement a également été patent en cours d'année : après une forte augmentation au premier trimestre 2011 (+ 3,1 %), elle a cessé de progresser, affectée par la fin de la prime à la casse dans le secteur automobile et par la dégradation globale du climat conjoncturel, à partir du printemps 2011.

En effet, la demande en produits manufacturés a perdu en dynamisme, notamment en raison du ralentissement de la consommation des ménages en produits manufacturés. Il en va de même pour les investissements des entreprises et les exportations. En revanche, les entreprises ont reconstitué leurs stocks, après les fortes baisses de 2009 et 2010. Au sein des branches manufacturières, la production de l'industrie des matériels de transports est dynamique (+ 5,6 %). D'une part, la production automobile progresse de plus de 5 %, bien qu'elle ait souffert en cours d'année de la fin de la prime à la casse et de la rupture de certaines chaînes d'approvisionnement suite au séisme japonais. D'autre part, la production d'autres matériels de transports est restée dynamique.

Après un net rebond en 2010, la **valeur ajoutée** dans l'industrie ne progresse que de 0,5 % en volume en 2011. Le recul de la valeur ajoutée dans la branche fabrication de matériels de transport (– 15,6 % après + 19,4 % en 2010) explique presque la totalité de ce tassement de l'activité industrielle. L'activité est restée en revanche assez bien orientée dans les biens d'équipements (fabrication de produits informatiques, d'équipements électriques ou de machines) dont la valeur ajoutée progresse de 6,4 %, et dans les « autres branches industrielles » (industries textile, du bois, de la pharmacie ou encore de la métallurgie) dont la valeur ajoutée progresse de 2,6 %.

Le repli de l'**emploi** s'atténue nettement en 2011 dans les branches industrielles : les pertes d'emplois se limitent à 19 000 **équivalents-temps plein** (– 0,6 %) contre 107 000 en 2010. Les activités de cokéfaction et raffinage, dont le poids de l'emploi dans l'économie est marginal, et les « autres branches industrielles » (industries textile, du bois, de la pharmacie, de la métallurgie), qui représentent plus de la moitié de l'emploi industriel, pèsent encore fortement sur la progression de l'emploi industriel.

Le déficit de la **balance commerciale** sur les biens d'équipement (21,2 milliards d'euros) et les « autres produits industriels » (26,6 milliards d'euros) continue de se détériorer en 2011. Toutefois, le solde des produits agroalimentaires s'améliore à nouveau en 2011 avec un excédent de 6,5 milliards d'euros. Enfin, le solde des matériels de transport reste largement excédentaire (+ 12,3 milliards d'euros), mais baisse de 4,5 milliards d'euros par rapport à 2010. ■

Définitions

Chiffre d'affaires hors taxes : montant des affaires (hors taxes) réalisées par l'entreprise avec les tiers dans l'exercice de son activité professionnelle normale et courante. Il correspond à la somme des ventes de marchandises, de produits fabriqués, des prestations de services et des produits des activités annexes.

Industrie manufacturière : l'industrie manufacturière regroupe toutes les industries de transformation de biens. À ce titre, elle représente la majeure partie des industries : n'en sont exclues que les industries extractives, la production et la distribution de l'énergie et de l'eau, la gestion des déchets et la dépollution.

Balance commerciale, CAF (coût, assurance, fret), emploi en équivalents-temps plein, excédent brut d'exploitation (EBE), FAB (franco à bord), unité légale, valeur ajoutée : voir rubrique « définitions » en annexes.

Pour en savoir plus

- « L'économie française », *Insee Références*, édition 2012.
- « Les ETI gardent en partie leur confiance en l'avenir mais font face à un contexte difficile en Europe », *Le 4 pages*, n° 20, DGCIS, juin 2012.
- « La production industrielle française a encore stagné au 1er trimestre 2012 », *Le 4 pages trimestriel de conjoncture industrielle*, DGCIS, juin 2012.

Retrouvez le TEF sur www.insee.fr, rubrique Publications et services\Collections nationales\Insee Références

Principaux agrégats de l'industrie en 2011

Branche d'activité (NAF Rév.2)	Production en valeur en milliards d'euros	Évolution 2011/2010 en volume en %				
		Production	Valeur ajoutée	Exportations[1]	Importations[1]	Dépense de consommation des ménages
Extr., énerg., eau, gestn déch. & dépol.	148,0	– 3,9	– 0,6	21,0	1,2	– 9,0
dont : prdn & distr. élec. gaz vap. & air cond.	*105,8*	*– 5,9*	*– 1,5*	*30,7*	*– 56,3*	*– 12,0*
gestion eau, déchets & dépollution	*36,3*	*1,5*	*1,4*	*14,1*	*19,0*	*– 1,3*
Fab. éq. élec., électr., inf. & machines	91,2	5,1	6,4	7,8	8,7	6,8
dont fab. prod. informat., électroniq. & opt.	*22,8*	*5,7*	*9,9*	*9,0*	*5,9*	*9,1*
Fabrication de matériels de transport	127,0	5,6	– 15,6	0,6	6,9	0,2
Fabrication d'autres produits industriels	361,7	2,8	2,6	4,1	5,6	1,0
dont : fab. textiles, ind. hab., cuir & chauss.	*16,6*	*– 2,3*	*– 1,2*	*7,5*	*3,4*	*– 1,4*
industrie chimique	*66,1*	*4,8*	*– 11,3*	*3,2*	*6,3*	*5,0*
industrie pharmaceutique	*25,3*	*– 1,6*	*1,9*	*1,4*	*5,4*	*2,9*
métallurgie & fab. ps mét. sauf machines	*98,6*	*2,8*	*9,4*	*6,2*	*8,3*	*0,3*
Total	**727,9**	**2,3**	**1,1**	**4,5**	**6,3**	**0,5**

1. Exportations valorisées FAB (franco à bord) et importations valorisées CAF (coûts de l'assurance et du fret inclus) par produit.
Source : Insee, comptes nationaux - base 2005.

Principales caractéristiques des unités légales industrielles par secteur d'activité en 2010

Secteur d'activité (NAF Rév.2)	Nombre d'unités légales	Effectif salarié en ETP[1]	Effectif salarié au 31 déc.	Chiffre d'affaires HT	Valeur ajoutée	Excédent brut d'exploitation	Résultat net comptable
	en milliers			en milliards d'euros			
Fabric. denrées alimentaires, boissons et prdts à base de tabac	59,7	512,0	598,9	159,2	36,0	11,1	6,7
Cokéfaction et raffinage	0,1	14,9	15,1	61,2	11,2	1,5	0,5
Fabric. équipmnts élec., électroniq., informatiq. ; fab. machines	10,8	408,5	441,5	107,0	31,6	5,1	3,1
Fabrication de matériels de transport	3,0	328,7	348,7	137,9	26,1	4,1	0,3
Fabrication d'autres produits industriels	137,8	1 447,9	1 605,4	380,8	108,6	24,7	13,2
Industrie manufacturière	**211,4**	**2 712,0**	**3 009,6**	**846,1**	**213,5**	**46,6**	**23,9**
Industries extractives	1,8	23,1	26,1	7,6	2,4	0,9	7,1
Production et distr. d'électricité, de gaz, de vapeur et d'air conditionné	14,3	162,7	169,6	109,6	26,1	12,8	3,0
Production et distr. d'eau ; assainiss., gestion des déchets et dépollution	12,2	135,4	150,9	36,0	11,4	3,8	2,1
Industries extractives, énergie, eau, gestion des déchets et dépollution	**28,3**	**321,2**	**346,6**	**153,3**	**39,9**	**17,6**	**12,3**
Total de l'industrie	**239,7**	**3 033,2**	**3 356,2**	**999,3**	**253,5**	**64,2**	**36,1**

1. Équivalent-temps plein.
Champ : unités légales des secteurs marchands hors agriculture (y compris auto-entrepreneurs et sociétés holding).
Source : Insee, Esane.

Emploi intérieur dans l'industrie manufacturière

	Évolution en moyenne annuelle en %						Effectifs en 2011	
	2006 (r)	2007 (r)	2008 (r)	2009 (r)	2010 (r)	2011	en milliers	en % de l'emploi total
Fabrication de denrées alimentaires, de boissons et de produits à base de tabac	0,9	– 0,6	– 0,6	– 2,0	– 0,6	– 0,5	581,9	2,3
Cokéfaction et raffinage	– 0,6	– 0,9	– 1,0	– 8,4	– 2,1	– 4,2	7,1	0,0
Fabric. équipmnts. élec., électroniq., informatiq. ; fab. machines	– 1,7	– 0,4	– 0,5	– 9,9	– 5,1	– 1,6	366,1	1,4
Fabrication de matériels de transport	– 2,2	– 2,1	– 2,6	– 6,1	– 5,1	– 0,0	251,1	1,0
Fabrication d'autres branches industrielles	– 2,4	– 1,5	– 1,6	– 4,7	– 4,4	– 1,0	1 579,9	6,2

Lecture : en 2011, l'emploi des branches cokéfaction-raffinage recule de – 4,2 %, pour s'établir à 7 100 équivalents temps-plein.
Source : Insee, comptes nationaux - base 2005.

Évolution en volume de la production de l'industrie manufacturière dans l'Union européenne

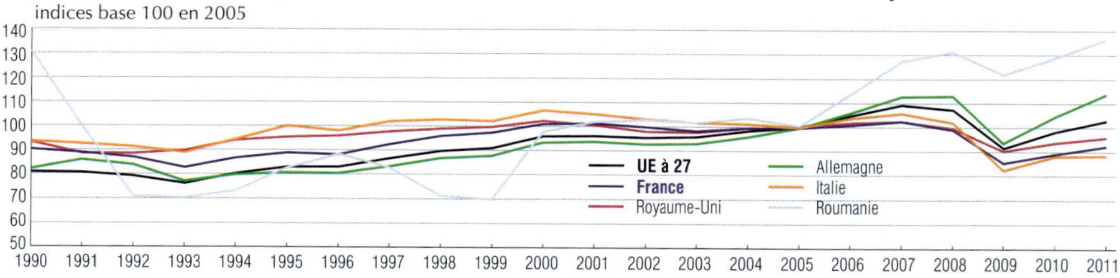

Champ : industrie manufacturière y compris l'industrie agroalimentaire, données corrigées des jours ouvrables.
Source : Eurostat.

18.3 Industrie automobile

En 2011, la production mondiale de véhicules a progressé de 3 % soit un niveau record avec plus de 80 millions de véhicules. Cette hausse représente en volume 2,4 millions de véhicules. Cependant les pays « historiques » de l'**industrie automobile** restent à des niveaux inférieurs à ceux d'avant crise alors que les nouveaux pays comme la Chine, l'Inde, la Russie ou l'Amérique latine produisent des volumes jamais atteints par le passé. En 2011, 47 % de la production mondiale est réalisée dans les pays émergents.

En France, la production de l'industrie des matériels de transports est dynamique en 2011 (+ 5,6 %). La production automobile progresse de 5,4 %, bien qu'elle ait souffert en cours d'année de la fin de la prime à la casse et de la rupture de certaines chaînes d'approvisionnement suite au séisme japonais. Peugeot-Citroën et Renault-Dacia-Samsung représentent 8 % de la production mondiale en 2011, tous véhicules confondus.

L'industrie automobile n'a pas retrouvé en 2011 son niveau d'exportation de 2008. En effet, les ventes des produits de l'automobile, qui représentent 10 % des exportations françaises, ont été très durement touchées par la crise en 2009 (– 26,5 % en valeur en un an). Malgré des taux de croissance annuels élevés en 2010 (+ 16,9 %) et dans une moindre mesure en 2011 (+ 6,3 %), elles sont encore inférieures de 10 % à leur niveau de 2008. En 2011, en raison d'une croissance des importations supérieure à celle des exportations, le déficit commercial de la France dans l'automobile continue de se creuser pour atteindre 5,3 milliards d'euros, après 3,8 milliards en 2010.

Pour la deuxième année consécutive, les **immatriculations** de **voitures particulières** neuves baissent. Elles demeurent cependant à un niveau très élevé, avec 2,2 millions d'immatriculations. La part des véhicules diesel se redresse légèrement. Ils représentent en 2011 72,4 % des immatriculations de voitures particulières neuves. La part des véhicules de marque française recule (56,2 % des immatriculations de voitures neuves). Les petites cylindrées, dont le marché est en net repli, représentent toujours la majorité des immatriculations de voitures neuves (52,4 %). À l'opposé, les cylindrées moyennes se redressent significativement après trois années consécutives de baisse. Les puissances supérieures enregistrent une augmentation de leurs immatriculations encore plus importante (+ 17 %). La part des motorisations électriques et hybrides continue de progresser, passant de 0,4 % des immatriculations de voitures particulières neuves en 2010 à 0,7 % en 2011.

Avec 13,1 millions de voitures neuves immatriculées dans l'Union européenne en 2011, le marché baisse de 1,7 % par rapport à 2010. Les évolutions par pays sont contrastées. Le marché allemand rebondit de 9 % après une forte chute en 2010. En France, la sortie progressive de la prime à la casse s'est traduite par une baisse des ventes moins brutale (– 2 %). Le marché français est, comme en 2009 et 2010, le deuxième marché européen devant le Royaume-Uni et l'Italie.■

Définitions

Industrie automobile : l'industrie automobile concerne aussi bien les constructeurs de voitures particulières, de véhicules de loisir, de véhicules utilitaires que les équipementiers spécialisés, les carrossiers, les assembleurs ou les prestataires de services d'aménagement de véhicules automobiles. Cette activité intègre donc la filière complète, y compris moteurs et organes mécaniques en amont, dès lors qu'ils sont principalement destinés à des véhicules automobiles (à l'exception des parties de moteurs).

Voiture particulière : véhicule à moteur ayant au moins quatre roues, servant uniquement au transport de personnes et comportant, outre le siège du conducteur, huit places assises au maximum.

Immatriculation, véhicule industriel, véhicule utilitaire léger : voir rubrique « définitions » en annexes.

Pour en savoir plus

- « L'industrie automobile française », *Analyse et statistiques*, édition 2012, CCFA, septembre 2012.
- « L'économie française », *Insee Références*, juillet 2012.
- « Tableau de bord automobile », n° 29, CCFA, décembre 2011.

Retrouvez le TEF sur www.insee.fr, rubrique Publications et services\Collections nationales\Insee Références

Production des constructeurs français

en milliers

	2011	11/10 en %	*dont production en France*
Voitures particulières	5 604,6	– 0,1	*1 678,3*
PSA Peugeot Citroën	3 161,5	– 1,6	*1 233,5*
Renault-Dacia-Samsung	2 443,1	2,0	*444,9*
Véhicules utilitaires légers (– de 5 tonnes)	802,4	12,8	*292,1*
PSA Peugeot Citroën	420,5	7,6	*90,7*
Renault-Dacia	382,0	19,2	*201,5*
Véhicules industriels (+ de 5 tonnes)	41,2	29,2	*36,6*
Total	**6 448,2**	**1,5**	***2 007,1***

Source : CCFA.

Immatriculations de voitures particulières neuves en France selon le constructeur

en milliers

	2010	2011	
			en %
Voitures de marques françaises	**1 331,3**	**1 238,3**	**56,2**
dont : PSA	*728,8*	692,8	*31,4*
Peugeot	*400,7*	369,8	*16,8*
Citroën	*328,1*	323,1	*14,7*
Renault	*497,8*	*455,7*	*20,7*
Voitures de marques étrangères	**920,3**	**966,0**	**43,8**
Total des immatriculations	**2 251,7**	**2 204,2**	**100,0**

Champ : France métropolitaine.
Source : CCFA.

Immatriculations de voitures particulières neuves par type d'énergie

en milliers

	2010	2011	
			en %
Diesel	1 593,2	1 596,2	72,4
Essence	567,9	573,5	26,0
Bicarburation (essence ; GPL)	75,6	11,9	0,5
Hybride (électricité ; essence)	9,7	13,3	0,6
Autres[1]	5,4	9,4	0,4
Total	**2 251,7**	**2 204,2**	**100,0**

1. Superéthanol, gaz naturel pour véhicule (GNV), bicarburation (essence ; GNV), électricité, GPL.
Champ : France métropolitaine.
Source : CCFA.

Marché mondial de l'automobile en 2011

en milliers

	Total	*dont voitures particulières*	11/10 en %
Europe occidentale	14 674	*12 802*	– 0,1
Europe centrale et orientale	5 262	*4 343*	24,6
Afrique	1 401	*976*	5,5
Amérique	21 470	*11 925*	9,7
dont : États-Unis	*13 041*	*6 089*	*10,8*
Amérique du sud	*5 874*	*4 568*	*9,3*
Asie, Océanie	35 668	*28 028*	0,9
dont : Chine	*18 765*	*14 927*	*2,6*
Corée du Sud	*1 567*	*1 316*	*0,7*
Japon	*4 210*	*3 509*	*– 15,1*
Total	**78 475**	**58 074**	**4,4**

Source : CCFA.

Production des principaux constructeurs de véhicules dans le monde en 2011

	Tous véhicules en milliers	*dont en %*	
		voitures particulières	*véhicules utilitaires légers*
General Motors[1]	9 081	*74,2*	*25,8*
Groupe Volkswagen (Scania inclus)	8 472	*94,0*	*6,0*
Toyota-Daihatsu-Hino	8 050	*84,4*	*15,6*
Hyundai-Kia	6 617	*92,5*	*7,5*
Ford	5 030	*44,5*	*55,5*
Nissan	4 632	*77,3*	*22,7*
PSA Peugeot Citroën	**3 582**	***88,3***	***11,7***
Honda	2 909	*99,2*	*0,8*
Renault-Dacia-Samsung	**2 825**	***86,5***	***13,5***
Suzuki-Maruti	2 726	*85,7*	*14,3*
Fiat-Iveco-Irisbus	2 400	*75,2*	*24,8*
Daimler (Evobus et Fuso inclus)	2 173	*66,4*	*33,6*
Total	**58 497**	***81,2***	***18,8***
Production mondiale	**80 108**	**...**	**...**

1. Opel-Vauxhall-GM Daewoo-GM Chine.
Source : CCFA.

Production mondiale des constructeurs français de 1950 à 2011

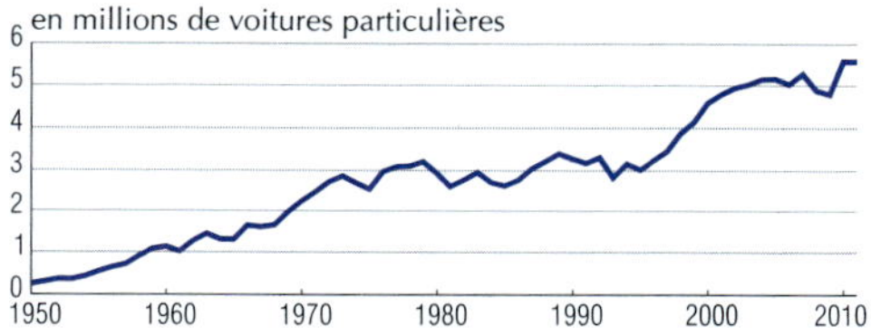

Source : CCFA.

Immatriculations de voitures particulières neuves dans l'Union européenne

	2011		11/10	Part du diesel
	en milliers	en %	en %	en %
Allemagne	3 173,6	24,1	8,8	47,1
Autriche	356,1	2,7	8,4	54,6
Belgique	572,2	4,4	4,5	75,3
Bulgarie	18,6	0,1	6,9	...
Danemark	169,7	1,3	11,3	48,0
Espagne	808,1	6,1	– 17,7	70,3
Estonie	17,1	0,1	65,8	...
Finlande	121,2	0,9	12,9	42,0
France	**2 204,2**	**16,8**	**– 2,1**	**72,4**
Grèce	97,7	0,7	– 31,0	10,0
Hongrie	45,1	0,3	3,7	...
Irlande	89,9	0,7	1,7	70,0
Italie	1 749,1	13,3	– 10,7	55,2
Lettonie	11,0	0,1	72,5	...
Lituanie	13,2	0,1	66,0	...
Luxembourg	49,9	0,4	0,3	76,6
Pays-Bas	555,8	4,2	14,8	28,2
Pologne	297,9	2,3	– 10,7	...
Portugal	153,4	1,2	– 31,4	69,6
Rép. tchèque	173,6	1,3	3,6	...
Roumanie	94,6	0,7	– 11,0	...
Royaume-Uni	1 941,3	14,8	– 4,4	50,6
Slovaquie	68,3	0,5	6,7	...
Slovénie	60,2	0,5	– 1,6	...
Suède	305,0	2,3	5,4	61,5
UE à 27	**13 146,8**	**100,0**	**– 1,7**	**...**

Note : données non disponibles pour Chypre et Malte.
Source : Association des constructeurs européens d'automobiles.

18.4 Construction

L'activité dans la **construction** se stabilise en 2011. En particulier, la valeur ajoutée des activités de construction de bâtiments et de promotion immobilière stagne (+ 0,1 %), après avoir baissé de 5,2 % en 2010.

L'activité reprend dans le bâtiment comme dans le génie civil, soutenue par un rebond de l'investissement des ménages en construction (+ 2,7 %), qui s'inscrivait en fort recul depuis 2008. De même, l'investissement des entreprises en construction se redresse alors que l'investissement public continue de reculer. Malgré la stabilisation de l'activité, l'**emploi** dans la construction continue de s'ajuster à la baisse en 2011 (– 11 000 **équivalent-temps plein**, soit – 0,6 %), conséquence de trois années consécutives de recul de l'activité, de 2008 à 2010.

En 2011, les **autorisations de construire** progressent pour la deuxième année consécutive (+ 12 %). Les **mises en chantier**, dont l'évolution suit celle des autorisations avec un léger décalage, augmentent de façon plus marquée qu'en 2010 (+ 10 %). Le nombre de logements terminés diminue pour la troisième année consécutive. La **construction collective** achevée recule encore fortement (– 19 %). Cet affaissement tient au recul, d'une part, des résidences, et d'autre part à la baisse des opérations de grande taille (plus de 50 logements), qui correspondent au quart des logements terminés en 2011. En revanche, la **construction individuelle** achevée se relève (+ 13 %) après trois années de repli.

En 2011, 123 315 **logements** neufs (collectifs et individuels groupés) sont mis sur le marché, soit 11,6 % de plus qu'en 2010. Fin 2011, l'encours de logements proposés à la vente est supérieur de 22,7 % à celui de fin décembre 2010 : il atteint 72 879 logements. En un an, le délai moyen d'écoulement passe de 6 mois à 7 mois pour le collectif, et de 8 mois et demi à 9 mois et demi pour l'individuel. Le prix moyen au mètre carré des logements augmente : pour les appartements, il atteint 3 773 euros (+ 6 %). Le prix moyen des maisons progresse de plus de 3 % et s'élève à 247 500 euros. Le nombre de ventes s'élève à 103 300 en 2011, soit 10,5 % de moins qu'en 2010. Ces ventes concernent 93 300 logements en immeuble collectif (– 9,1 %) et 10 000 maisons (– 21,5 %).

En 2010, les mises en chantier de bâtiments non résidentiels reculent encore : les mètres carrés mis en chantier diminuent de 11,2 % après avoir baissé de 31 % en 2009. Les exploitations agricoles et forestières (– 47 % après – 52 %), les bâtiments industriels et les entrepôts (– 20 % après – 40 %) et les bureaux (– 9 % après – 34 %) enregistrent les reculs les plus prononcés.

Entre 2010 et 2011, l'indice moyen de la production dans le secteur de la construction augmente de 0,7 % dans l'UE 27 et baisse de 1,1 % dans la zone euro. ■

Définitions

Autorisations de construire (ou logement autorisé) : décision administrative prise par une autorité publique compétente à cet égard, et ayant pour objet d'autoriser la construction d'un logement ou d'un local non résidentiel.

Construction : l'activité de construction comprend l'édification, l'extension, la démolition, la restructuration, l'entretien et la rénovation de bâtiments à usage résidentiel ou à usage non-résidentiel. Le périmètre de la construction est élargi à la promotion immobilière (auparavant classée dans les services immobiliers) depuis le passage en nouvelle nomenclature NAF rév.2.

Mise en chantier : une construction est considérée comme mise en chantier (ou commencée) après réception de la déclaration d'ouverture de chantier (DOC) envoyée par le pétitionnaire (ou maître d'ouvrage).

Consommation intermédiaire, construction individuelle ou collective, emploi en équivalent-temps plein, emploi intérieur, logement, permis de construire, Sit@del2 : voir rubrique « définitions » en annexes.

Pour en savoir plus

- « La production dans le secteur de la construction en hausse de 0,1 % dans la zone euro », *communiqué de presse* n° 109, Eurostat, juillet 2012.
- « Commercialisation des logements neufs », *Chiffres & statistiques*, SOeS, n° 296, février 2012.
- « Le compte du logement, édition 2012 », SOeS, janvier 2012.

Retrouvez le TEF sur www.insee.fr, rubrique Publications et services\Collections nationales\Insee Références

Production de la construction

	2010 (r)	Évolution 2011/10		2011
	en Mds d'euros	en volume en %	en prix en %	en Mds d'euros
Production au prix de base	256,7	1,5	3,8	270,4
TVA	20,2	0,9	3,8	21,1
Autres impôts sur production	1,1	2,2	9,2	1,2
Total	**278,0**	**1,4**	**3,8**	**292,7**
Investissement	199,8	1,2	4,0	210,4
dont : sociétés non financières	*62,1*	*1,7*	*4,2*	*65,8*
adm. publiques	*49,7*	*– 1,6*	*4,2*	*50,9*
ménages	*80,4*	*2,5*	*3,8*	*85,5*
Consommation finale	12,6	1,3	2,3	13,1
Consommations intermédiaires	66,2	1,1	3,5	69,2
Variations de stock	– 0,6	n.s.	n.s.	0,0

Note : en base 2005, la construction comprend la promotion immobilière (services immobiliers en base 2000).
Source : Insee, comptes de la construction.

Investissement en construction

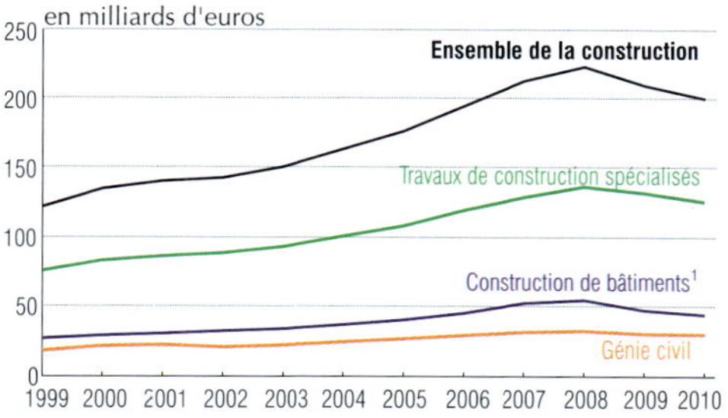

1. Y compris la promotion immobilière.
Source : Insee, comptes nationaux - base 2005.

Emploi intérieur total dans la construction

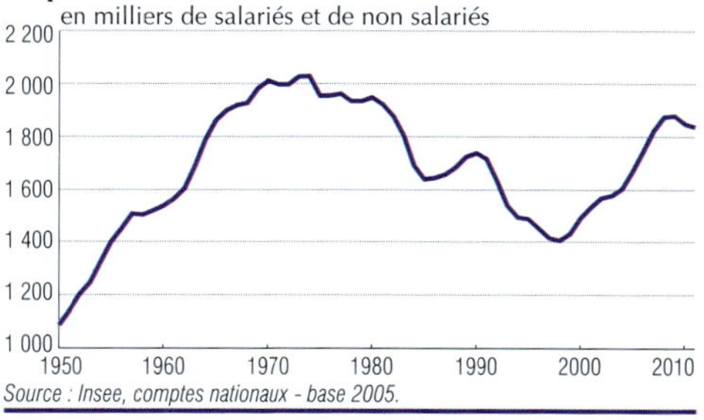

Source : Insee, comptes nationaux - base 2005.

Mises en chantier de bâtiments non résidentiels

en millions de m²

	2000 (r)	2005	2010	10/09 en %
Hébergement hôtelier	0,4	0,5	0,7	38,7
Bureaux	4,0	3,8	2,8	– 9,4
Commerces et artisanat	4,1	5,1	4,6	11,7
Industrie et entrepôts	13,4	11,1	6,0	– 19,8
Expl. agricoles ou forestières	11,8	9,3	1,4	– 47,1
Serv. public ou d'intérêt collectif[1]	6,8	7,7	5,9	– 4,9
Total	**40,5**	**37,5**	**21,2**	**– 11,2**

1. Transport, enseignement-recherche, action sociale, ouvrage spécial, santé, culture-loisirs.
Champ : données en date réelle.
Source : SOeS, Sit@del2.

Logements mis en chantier

en milliers

	2000 (r)	2005 (r)	2010	10/09 en %
Logements individuels	207,1	247,0	179,0	16,0
Logements collectifs[1]	122,4	205,1	168,6	11,7
Total	**329,5**	**452,1**	**347,6**	**13,9**

1. Y compris les logements en résidence (résidence pour personnes âgées, pour étudiants, pour touristes, etc.).
Champ : données en date réelle.
Source : SOeS, Sit@del2.

Prix moyens des appartements et maisons neufs

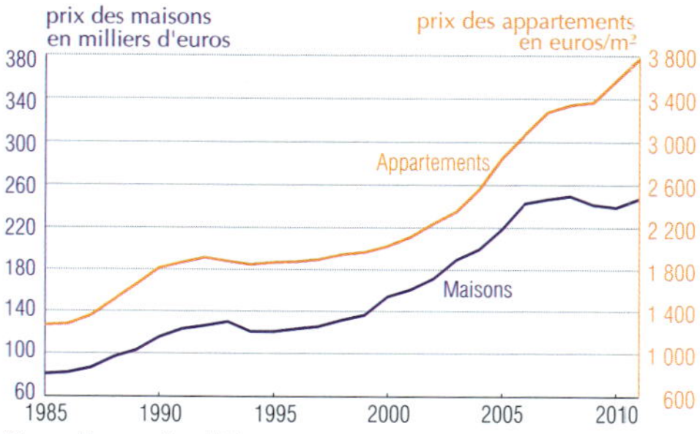

Champ : France métropolitaine.
Sources : Insee ; SOeS.

Permis de construire de bâtiments résidentiels dans l'Union européenne

indice base 100 en 2005

	2000 (r)	2009 (r)	2010 (r)	2011
Allemagne	144,4	72,3	76,9	93,4
Autriche	89,2	105,9	109,1	119,6
Belgique	71,5	76,2	85,0	76,6
Bulgarie	15,3	61,2	39,0	33,4
Chypre	32,4	88,7	76,1	47,0
Danemark	47,0	20,9	40,3	33,7
Espagne	72,8	21,7	15,2	12,9
Estonie	11,7	22,8	28,2	30,9
Finlande	97,6	69,8	88,1	89,8
France	**72,9**	**71,9**	**83,0**	**97,8**
Grèce	42,2	28,2	23,6	12,9
Hongrie	82,8	56,7	34,8	23,6
Irlande	91,9	40,7	18,6	11,7
Italie	...	...	...	...
Lettonie	...	32,5	27,8	26,3
Lituanie	32,3	64,4	71,1	32,3
Luxembourg	71,7	78,8	78,9	93,9
Malte	43,6	58,2	49,0	43,5
Pays-Bas	94,3	87,3	73,4	67,0
Pologne	125,4	145,4	142,6	151,3
Portugal	163,3	37,1	33,9	23,8
Rép. tchèque	74,8	92,1	70,5	69,7
Roumanie	72,4	112,2	97,1	90,7
Royaume-Uni	83,2	47,2	57,6	53,9
Slovaquie	...	103,5	82,7	66,6
Slovénie	69,6	82,9	67,4	51,8
Suède	52,0	68,6	88,4	84,3
UE à 27	**83,0**	**54,1**	**55,6**	**55,9**

Note : données brutes estimées.
Champ : bâtiments résidentiels, sauf bâtiments pour collectivités.
Source : Eurostat.

19.1 Bilan énergétique

L'année 2011 est marquée par la poursuite de la hausse des prix de l'énergie. Elle alourdit la **facture énergétique** de la France, pèse sur l'activité des entreprises et le budget des ménages. La **consommation d'énergie** primaire**, corrigée des variations climatiques,** augmente légèrement. La consommation finale d'énergie est stable, résultat d'évolutions contrastées. La production nationale d'énergie primaire augmente, établissant un nouveau record. Elle bénéficie de la bonne production électrique nucléaire et éolienne. En revanche, plusieurs productions renouvelables clés (hydraulique, bois-énergie, biocarburants) sont orientées à la baisse.

Les prix à la consommation de l'énergie domestique (électricité, gaz et autres combustibles) augmentent de près de 10 %, ceux des carburants et lubrifiants de 14 %. L'impact de la hausse des prix aurait pu être bien plus fort, si 2011 n'avait pas été l'année la plus chaude enregistrée depuis 1900. La dépense moyenne énergétique par ménage dépasse les 3 000 euros, dont la moitié sont désormais imputables aux carburants.

La consommation primaire d'énergie augmente à un rythme ralenti en 2011. Corrigée des variations climatiques, elle s'élève à 266 millions de **tonnes-équivalent pétrole** (Mtep), alors qu'elle oscillait entre 270 et 275 Mtep au début des années 2000.

La consommation d'**énergie finale** à fin énergétique reste stable. Malgré la hausse du prix des carburants, la consommation énergétique des transports augmente pour atteindre 50 Mtep, presque autant que la consommation d'énergie résidentielle, dont la croissance a été plus limitée. Dans le secteur tertiaire, la tendance est aussi à la hausse. À l'inverse, dans les secteurs agricole et industriel (y compris construction et travaux publics), la tendance est à la baisse alors que la production augmente dans ces secteurs.

La production nationale d'**énergie primaire** augmente légèrement. Elle atteint près de 139 Mtep. Cette hausse est presque entièrement due à l'électricité nucléaire. En effet, hormis la production pétrolière, très faible en France, les autres productions primaires fléchissent. C'est le cas des **énergies renouvelables**, entraînées par la forte baisse des énergies thermiques, comme de la production hydraulique renouvelable tributaire des précipitations très faibles au printemps et à l'automne. La progression maintenue de la production éolienne et du photovoltaïque électrique, qui fait plus que tripler mais reste marginal, ne peuvent compenser sa chute. La production nucléaire poursuit sa hausse entamée en 2010, grâce à une plus grande disponibilité du parc et assure ainsi 79 % de la production française d'électricité.

Le **taux d'indépendance énergétique** se redresse pour la deuxième année consécutive, atteignant 53,5 %. Il bénéficie de la bonne production électrique nucléaire et éolienne.

La facture énergétique de la France s'alourdit de près d'un tiers, pour atteindre 61,4 milliards d'euros. Elle dépasse ainsi le record précédemment établi en 2008 et concentre 88 % du déficit commercial de la France. ■

Définitions

Énergie primaire : énergie contenue dans les produits énergétiques tirés de la nature. Cette énergie est utilisée telle quelle ou transformée à des fins non énergétiques, par l'utilisateur final, ou transformée en une autre forme d'énergie (l'électricité par exemple), ou consommée dans le processus de transformation ou d'acheminement vers l'utilisateur.

Facture énergétique : différence entre la valeur des exportations et celle des importations de produits énergétiques (pétrole, gaz, électricité).

Consommation d'énergie corrigée des variations climatiques, électricité primaire, énergie finale, énergie renouvelable, énergie renouvelable thermique (ENRt), taux d'indépendance énergétique, tonne-équivalent pétrole (tep) : voir rubrique « définitions » en annexes.

Pour en savoir plus

- « Chiffres clés de l'énergie », *Repères*, SOeS, décembre 2012.
- « Les Français et l'énergie », *Le point sur* n° 139, SOeS, août 2012.
- « Bilan énergétique de la France pour 2011 », *Références*, SOeS, juillet 2012.
- « Bilan énergétique de la France pour 2011 », *Le Point sur n° 130*, SOeS, juillet 2012.

Retrouvez le TEF sur www.insee.fr, rubrique Publications et services\Collections nationales\Insee Références

Bilan énergétique de la France

en millions de tep

	2009 (r)	2010 (r)	2011 (p)					
	Total	Total	Charbon	Pétrole	Gaz	Électricité	ENRt[1]	Total
Approvisionnement								
Production d'énergie primaire	130,8	138,2	0,1	1,9	0,5	120,9	15,6	138,9
Importations	163,9	160,8	9,8	104,8	41,4	0,8	0,5	157,4
Exportations	– 32,0	– 30,3	– 0,1	– 23,3	– 3,4	– 5,7	– 0,2	– 32,5
Variation de stocks (+ déstockage, – stockage)	0,3	2,7	0,0	0,4	– 1,7	///	///	– 1,4
Soutes maritimes internationales (–)	– 2,5	– 2,4	///	– 2,6	///	///	///	– 2,6
Total des disponibilités	**260,5**	**269,0**	**9,8**	**81,2**	**36,9**	**116,0**	**16,0**	**259,8**
Taux d'indépendance énergétique (en %)	**50,2**	**51,4**	**0,6**	**2,4**	**1,4**	**104,2**	**97,7**	**53,5**
Emplois								
Consommation de la branche énergie	93,7	96,9	4,2	4,9	6,7	79,7	2,8	98,3
Consommation finale énergétique[2]	155,6	155,5	5,6	66,5	32,0	37,1	14,4	155,6
Agriculture, industrie et sidérurgie	37,5	38,2	5,3	8,5	10,0	11,1	2,2	37,0
Résidentiel, tertiaire	69,0	68,0	0,3	11,6	21,9	25,0	9,7	68,6
Transports[3]	49,2	49,3	///	46,5	0,1	1,1	2,4	50,0
Consommation finale non énergétique	12,1	12,0	0,1	11,1	1,4	///	///	12,6
Consommation totale d'énergie primaire[2]	**261,4**	**264,4**	**9,9**	**82,6**	**40,1**	**116,8**	**17,1**	**266,4**
dont corrections climatiques	*0,9*	*– 4,6*	*0,0*	*1,4*	*3,2*	*0,8*	*1,2*	*6,6*

1. Énergies renouvelables thermiques (bois, déchets de bois, solaire thermique,...) y compris les pompes à chaleur et les déchets.
2. Corrigée des variations climatiques.
3. Hors soutes maritimes internationales.
Champ : France métropolitaine pour la consommation d'énergie.
Source : SOeS.

Structure de la consommation d'énergie primaire

en %

	1973	1980	1990	2002	2011
Électricité primaire[1]	4,3	11,7	36,4	41,7	43,8
Pétrole	67,6	56,4	38,7	34,6	31,0
Gaz	7,4	11,1	11,5	14,7	15,0
ENRt et déchets[2]	5,2	4,4	5,0	4,3	6,4
Charbon	15,5	16,4	8,4	4,7	3,7
Total	**100,0**	**100,0**	**100,0**	**100,0**	**100,0**

1. Nucléaire, hydraulique, éolien et photovoltaïque.
2. ENRt (bois, déchets de bois, solaire thermique, biogaz, biocarburants,...), y compris les pompes à chaleur et les déchets.
Champ : énergie primaire corrigée du climat, en France métropolitaine.
Source : SOeS.

Part des filières dans la production d'énergie primaire renouvelable en 2011

en %

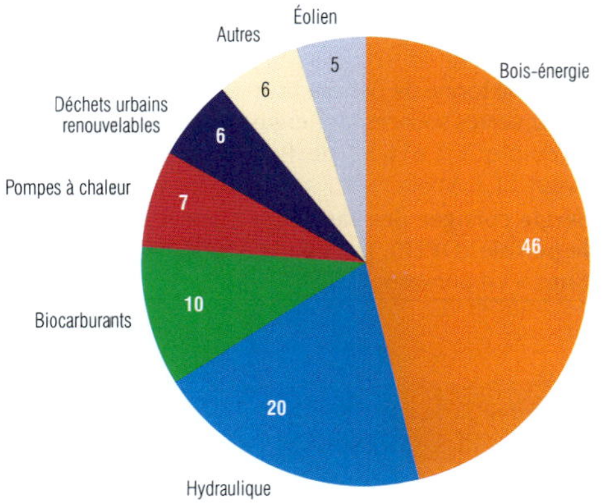

Source : SOeS.

Production et consommation d'énergie primaire dans l'Union européenne en 2010

en millions de tep

	Production	Consommation intérieure brute	Taux d'indépendance énergétique[1] en %
Allemagne	131,5	336,1	39,1
Autriche	11,8	34,6	34,0
Belgique	15,1	61,5	24,5
Bulgarie	10,4	17,8	58,2
Chypre	0,1	2,7	3,1
Danemark	23,3	19,3	120,7
Espagne	34,1	130,2	26,2
Estonie	4,9	6,1	80,8
Finlande	17,0	37,0	45,9
France	**134,4**	**268,6**	**50,0**
Grèce	9,5	28,8	32,8
Hongrie	11,0	26,0	42,3
Irlande	2,0	15,1	13,1
Italie	30,2	175,5	17,2
Lettonie	2,1	4,5	46,6
Lituanie	1,3	6,9	19,1
Luxembourg	0,1	4,7	2,8
Malte	0,0	0,9	0,0
Pays-Bas	69,9	86,9	80,4
Pologne	67,1	101,7	66,0
Portugal	5,6	24,4	22,9
Rép. tchèque	31,5	44,8	70,4
Roumanie	27,7	35,7	77,5
Royaume-Uni	147,6	212,6	69,4
Slovaquie	6,0	17,9	33,3
Slovénie	3,7	7,3	51,3
Suède	33,1	51,4	64,4
UE à 27	**830,9**	**1 759,0**	**47,2**

1. Calculé comme le rapport de la production primaire à la consommation primaire.
Sources : Eurostat ; SOeS.

19.2 Pétrole - Charbon

En 2011, les risques géopolitiques sont un facteur déterminant dans la hausse des prix du **pétrole**, notamment en début d'année du fait de l'instabilité de la situation en Afrique du Nord et au Moyen-Orient. Cette instabilité se déplace en fin d'année vers d'autres pays (Iran, Syrie, Soudan, Yémen) et contribue fortement au maintien d'un prix élevé. En moyenne sur 2011, le prix du baril de *Brent* augmente ainsi sensiblement, de 40 %, à 111 dollars.

La production de pétrole brut en France ne représente qu'une part marginale de la consommation nationale. Les quantités de pétrole brut importées pour le raffinage sont restées quasiment stables en 2011. Le raffinage français, comme celui de ses voisins européens, est confronté à des surcapacités liées à une baisse durable de la demande et à la concurrence des pays émergents. De plus, la forte diésélisation du parc automobile national conduit à une inadéquation entre la demande du marché intérieur et la structure de production.

Depuis deux ans, les importations de produits finis avaient donc augmenté alors que les exportations reculaient. En 2011, malgré la diminution des capacités de production, la situation se stabilise avec un déficit des échanges de 17,4 Mt, dû pour l'essentiel au gazole/fioul domestique qui représente plus de 50 % des importations.

La **consommation primaire** de pétrole et produits pétroliers, **corrigée des variations climatiques**, est de 82,6 millions de **tonnes-équivalent pétrole** (Mtep) en 2011, en légère augmentation (+ 2 %). La **consommation finale énergétique de produits pétroliers** progresse elle aussi faiblement. La consommation de fioul domestique pour le chauffage diminue régulièrement depuis les années 80 et disparaît de la construction neuve. La consommation des transports, qui représente un peu plus de 70 % de la consommation finale de produits pétroliers, contre 8 % pour l'industrie et 11 % pour le résidentiel, progresse légèrement en 2011.

Les prix du **charbon** se stabilisent au cours des trois premiers trimestres de 2011, en dépit de la forte demande en Asie. À partir d'octobre, ils entament une baisse en lien avec les surcapacités dues aux investissements dans les infrastructures. L'extraction de charbon s'est arrêtée en France en avril 2004 ; seuls les produits de récupération continuent d'être exploités pour être utilisés dans les centrales thermiques. Les importations de **combustibles minéraux solides** sont au plus bas niveau en 2011, en baisse de 17 % par rapport à 2010. La houille représente 91 % des combustibles solides importés.

La consommation primaire de charbon corrigée des variations climatiques recule nettement en 2011. Le charbon représente désormais moins de 4 % de la consommation totale d'énergie primaire, contre 31 % pour le pétrole. La consommation finale énergétique, avec 5,6 Mtep, recule légèrement. Son évolution est liée à la demande de la sidérurgie qui se replie après un rebond en 2010. ■

Définitions

Consommation primaire d'énergie : se décompose en consommation interne de la branche énergie et en consommation finale totale. Cette dernière se décompose, elle-même, en consommation finale énergétique et en consommation non énergétique.

Tonne-équivalent pétrole (tep) : quantité d'énergie contenue dans une tonne de pétrole brut. Cette unité est utilisée pour exprimer dans une unité commune la valeur énergétique des diverses sources d'énergie. Selon les conventions internationales, une tonne-équivalent pétrole équivaut par exemple à 1 616 kg de houille, 1 069 m^3 de gaz d'Algérie ou 954 kg d'essence moteur. Pour l'électricité, 1 tep vaut 11,6 MWh.

Charbon, combustibles minéraux solides, consommation d'énergie corrigée des variations climatiques, consommation finale d'énergie, organisation des pays exportateurs de pétrole (OPEP), pays de la Mer du Nord, pétrole, produits pétroliers, réserves prouvées : voir rubrique « définitions » en annexes.

Pour en savoir plus

- « Chiffes clés de l'énergie – édition 2012 », *Repères,* SoeS, décembre 2012.
- « Rapport sur l'industrie pétrolière et gazière en 2011 », direction de l'Énergie, août 2012.
- « Les Français et l'énergie », *Le point sur n°* 139, SoeS, août 2012.
- « Bilan énergétique de la France pour 2011 », *Références,* SoeS, juillet 2012.

Retrouvez le TEF sur www.insee.fr, rubrique Publications et services\Collections nationales\Insee Références

Consommation de produits pétroliers

en millions de tonnes

	1973	1985	2011	11/10 en %
Gazole	6,5	10,9	34,1	1,5
Fioul domestique[1]	37,2	20,7	10,2	///
Supercarburants	15,8	18,0	7,8	– 5,0
Bases pétrochimie[2]	5,4	7,1	8,0	– 1,2
Carburéacteurs	1,8	2,6	6,4	4,0
Fiouls lourds	34,1	8,2	1,6	– 22,9
Gaz (GPL)	2,7	2,9	2,1	– 12,8
Autres produits[1]	8,3	4,7	7,2	n.s
Consommation intérieure[2]	**111,8**	**75,1**	**77,3**	**– 2,2**

1. Rupture de série en 2011.
2. Données estimées en 2011.
Source : Comité professionnel du pétrole.

Consommation de pétrole dans le monde

en millions de tonnes

	1973	1985	2011	2011 en %
États-Unis	818	720	834	20,5
Chine	54	90	462	11,4
Japon	269	206	201	5,0
Inde	…	43	162	4,0
Ex-URSS	326	417	191	4,7
Allemagne[1]	150	126	112	2,7
Canada	84	69	103	2,5
France	**127**	**84**	**83**	**2,0**
Italie	104	84	71	1,8
Royaume-Uni	113	77	72	1,8
Reste du monde	754	885	1 769	43,6
Total monde	**2 798**	**2 803**	**4 059**	**100,0**
dont Europe	*738*	*580*	*898*	*22,1*

1. Ex-RFA pour 1973.
Sources : Comité professionnel du pétrole ; BP Statistical Rewiew of World Energy.

Production et réserves de pétrole brut dans le monde

en millions de tonnes

	Production en 2011		Réserves prouvées au 1er janvier 2012	
		en %		en %
Amérique du Nord	**463,2**	**11,8**	**26 508**	**12,8**
Canada	108,0	2,8	23 687	11,4
États-Unis	355,1	9,1	2 822	1,4
Amérique latine	**507,5**	**13,0**	**33 967**	**16,3**
dont : Mexique	*137,8*	*3,5*	*1 386*	*0,7*
Venezuela	*139,6*	*3,6*	*28 809*	*13,9*
Afrique	**419,5**	**10,7**	**16 945**	**8,2**
dont : Algérie	*74,3*	*1,9*	*1 664*	*0,8*
Libye	*22,4*	*0,6*	*6 426*	*3,1*
Nigeria	*117,4*	*3,0*	*5 075*	*2,4*
Europe	**837,7**	**21,4**	**15 111**	**7,3**
dont : Norvège	*92,1*	*2,4*	*726*	*0,3*
Royaume-Uni	*52,0*	*1,3*	*386*	*0,2*
CEI	*660,4*	*16,9*	*13 489*	*6,5*
dont Russie	*514,1*	*13,1*	*8 186*	*3,9*
Proche-Orient	**1 300,9**	**33,2**	**109 087**	**52,5**
dont : Arabie saoudite	*525,8*	*13,4*	*36 428*	*17,5*
Irak	*136,9*	*3,5*	*19 523*	*9,4*
Iran	*205,8*	*5,3*	*20 623*	*9,9*
Koweït	*140,0*	*3,6*	*14 188*	*6,8*
Extrême-Orient et Océanie	**384,5**	**9,8**	**6 188**	**3,0**
dont Chine	*203,6*	*5,2*	*2 776*	*1,3*
Total monde	**3 913,2**	**100,0**	**207 807**	**100,0**
dont OPEP	*1 695,7*	*43,3*	*151 821*	*73,1*

Sources : Comité professionnel du pétrole ; Oil and Gas Journal.

Prix moyens des énergies importées

en euros courants CAF par tonne

	1973	1985	2000	2011
Charbon[1]	22	80	49	141
Pétrole brut	18	281	228	597
Produits pétroliers raffinés	31	295	278	635

1. Houille, lignite, coke et agglomérés.
Sources : SOeS ; DGDDI.

Provenances du pétrole brut importé en France

en %

	1973	1985	2010	2011
Afrique	24,6	30,7	32,1	29,2
dont Libye	*4,8*	*4,2*	*16,0*	*4,9*
Ex-URSS	2,5	5,5	32,8	36,3
Moyen-Orient	71,4	29,9	17,4	18,9
dont Arabie saoudite	*22,4*	*8,1*	*9,3*	*10,4*
Mer du Nord	0,1	26,0	16,6	14,1
Autres provenances	1,3	7,8	1,1	1,5
Total	**100,0**	**100,0**	**100,0**	**100,0**
Ensemble des importations (en millions de tonnes)	**134,9**	**73,9**	**64,1**	**64,4**

Source : SOeS.

Consommation de charbon par secteur

en millions de tep

	1973	1990	2002	2011	11/10 en %
Branche énergie	**10,0**	**8,7**	**6,1**	**4,2**	**– 26,8**
Consommation finale	**17,7**	**10,2**	**6,5**	**5,6**	**– 1,5**
Sidérurgie	9,5	5,5	4,8	3,8	– 4,7
Industrie (hors sidérurgie)	2,6	2,9	1,2	1,5	8,5
Résidentiel-tertiaire	5,6	1,8	0,5	0,3	– 3,5
Non énergétique	0,2	0,2	0,1	0,1	– 13,2
Total consommation primaire	**27,8**	**19,2**	**12,8**	**9,8**	**– 14,2**

Note : données corrigées des variations climatiques.
Source : SOeS.

Provenance des importations de charbon en 2011

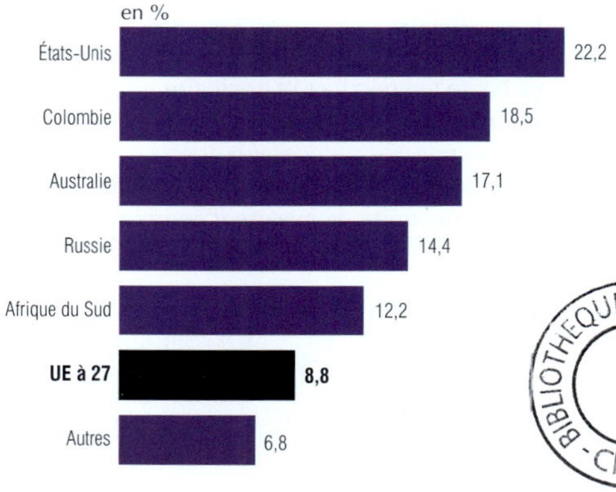

Sources : SOeS ; DGDDI.

BIBLIOTHÈQUE UNIVERSITAIRE - CREIL -

19.3 Électricité - Gaz naturel

En 2011, la **production brute d'électricité** atteint 563 TWh, en légère baisse par rapport à 2010. La production française d'électricité est assurée à 79 % par le nucléaire, à 10 % par les centrales thermiques classiques, à 9 % par l'hydraulique et à 2,2 % par l'éolien. Le photovoltaïque reste encore très marginal (0,4 %). La production nucléaire poursuit la hausse observée en 2010, après quatre années consécutives de baisse. La production d'origine renouvelable régresse de 17 %. Les hausses des productions éolienne, photovoltaïque et biomasse n'ont pu compenser la baisse sans précédent de la production hydraulique renouvelable.

La **consommation finale d'électricité**, mesurée en données réelles, recule de 5,9 % en 2011, en lien avec la douceur exceptionnelle du climat. En données corrigées du climat, la consommation finale diminue moins fortement (– 2,4 %). Cette baisse est exceptionnelle : l'augmentation annuelle moyenne est de 1,8 % depuis 1990. Le repli est porté par tous les secteurs d'activité, à l'exception de la sidérurgique (+ 5,3 %). Le résidentiel-tertiaire qui représente plus des deux tiers de la consommation totale joue un rôle essentiel dans les évolutions d'ensemble de la consommation finale.

Le solde des échanges extérieurs physiques d'électricité augmente de 84 % en 2011. Les échanges sont facilités par la fluidité des interconnexions qui relient la France aux pays frontaliers. L'amélioration du solde en 2011 provient d'une augmentation des exportations (+ 31 %) couplée à une forte baisse des importations (– 51 %). Les importations tombent à 9,5 TWh, niveau proche de la moyenne des importations annuelles sur les 20 dernières années. La France a ainsi importé l'équivalent de 2 % de sa **consommation intérieure d'électricité** et exporté 12,3 % de sa production totale nette.

La production nationale de gaz naturel continue de baisser (– 20 % par rapport à 2010) et n'est plus que de 6,5 TWh en 2011. Tandis que les contrats de moyen et long terme fléchissent en 2011 (– 14 % en un an), les approvisionnements associés à des **contrats d'importation à court terme** augmentent très fortement (+ 110 %). La Norvège consolide sa place de principal fournisseur de la France devant les Pays-Bas avec plus du tiers des importations totales. Les importations diminuent en provenance de Russie et d'Algérie. Le Qatar devient le 5ème fournisseur de la France, devant le Nigéria.

La **consommation primaire** brute de gaz naturel chute de 13 % en 2011, après un bond de 11 % en 2010. Cette évolution contrastée est principalement liée aux conditions climatiques de ces deux dernières années. Corrigée du climat, elle diminue de 0,3 % pour s'établir à 40 millions de tonnes-équivalent pétrole. La consommation dans l'industrie hors sidérurgie replonge en 2011 (– 9 %). Celle de la sidérurgie serait en progression (+ 1,1 %). Dans le résidentiel-tertiaire, la consommation repart à la hausse (+ 2,3 %). ■

Définitions

Consommation primaire d'énergie : se décompose en consommation interne de la branche énergie et en consommation finale totale. Cette dernière se décompose, elle-même, en consommation finale énergétique et en consommation non énergétique.

Électricité primaire : électricité tirée de la nature directement sous forme d'électricité, et non par transformation d'une autre énergie. L'électricité primaire comprend l'électricité hydraulique, éolienne, photovoltaïque, géothermique à haute température et nucléaire.

Production brute d'électricité : production mesurée aux bornes des groupes de centrales. Elle inclut par conséquent la consommation des services auxiliaires et les pertes dans les transformateurs des centrales.

Consommation finale d'énergie, consommation intérieure d'électricité, contrat d'importation à court terme, pouvoir calorifique, unité de mesure d'énergie : voir la rubrique « définitions » en annexes.

Pour en savoir plus

- « Chiffres clés de l'énergie », *Repères,* SOeS, décembre 2012.
- « Les Français et l'énergie », *le point sur* n° 139, SOeS, août 2012.
- « Bilan énergétique de la France pour 2011 », *Références,* SOeS, juillet 2012.
- « Enquête annuelle sur le marché du gaz naturel : résultats 2010 », *Chiffres et statistiques* n° 270, SoeS, décembre 2011.

Retrouvez le TEF sur www.insee.fr, rubrique Publications et services\Collections nationales\Insee Références

Production brute et consommation d'électricité

en TWh

	1973	1985	2000	2011	11/10 en %
Hydraulique, éolien et photovoltaïque	48	64	72	65	– 16,9
Thermique nucléaire	15	224	415	442	3,2
Thermique classique	119	56	53	55	– 12,2
Production nationale	**182**	**344**	**540**	**563**	**– 1,2**
Importations	5	6	4	10	– 51,2
Exportations	– 8	– 29	– 73	– 66	31,3
Solde des échanges	**– 3**	**– 23**	**– 69**	**– 56**	**83,6**
Pompages	0	– 2	– 7	– 7	4,9
Consommation des auxiliaires	– 8	– 16	– 24	– 27	5,7
Consommation intérieure	**171**	**303**	**441**	**472**	**– 6,8**

Champ : France métropolitaine.
Source : SOeS.

Production et consommation de gaz naturel

en TWh PCS[1]

	1973	1985	2000	2011	11/10 en %
Production totale (en TWh)	**81,3**	**58,6**	**19,4**	**6,5**	**– 20,7**
Branche énergie	44,0	14,0	22,0	73,5	5,1
Sidérurgie	9,0	9,0	8,0	7,0	1,1
Industrie	43,0	97,0	160,0	124,7	– 8,9
Résidentiel-tertiaire	55,0	145,0	260,0	284,5	2,3
Agriculture, transports et divers	1,0	1,0	4,0	4,2	1,0
Total usage énergétique	**151,0**	**266,0**	**455,0**	**493,9**	**– 0,4**
Usage non énergétique	19,0	30,0	30,0	17,8	3,0
Consommation	**171,0**	**296,0**	**485,0**	**511,7**	**– 0,3**

1. En milliards de kWh pouvoir calorifique supérieur.
Champ : France métropolitaine ; consommation finale corrigée du climat.
Source : SOeS.

Consommation finale d'électricité par secteur

en TWh

	1973	1985	2000	2011 (p)	11/10 en %
Résidentiel-tertiaire	57	141	237	291	– 3,6
Industrie	72	87	127	110	– 0,1
Transports[1]	6	7	10	12	– 0,4
Sidérurgie	12	10	11	11	5,3
Agriculture	3	4	6	7	– 1,8
Total	**151**	**248**	**391**	**432**	**– 2,4**

1. Urbains et ferroviaires.
Champ : France métropolitaine ; consommation finale corrigée du climat.
Source : SOeS.

Importations de gaz naturel par origine

en TWh PCS[1]

	1973	1985	2000	2011	11/10 en %
Norvège	0	27	140	183	8,2
Pays-Bas	81	77	56	93	25,0
Russie	0	71	134	73	– 6,9
Algérie	18	88	113	63	– 11,5
Nigeria	0	0	0	26	– 1,8
Égypte	0	0	0	9	21,9
Qatar	0	0	0	31	155,0
Autres[2]	0	0	20	18	– 75,0

1. En milliards de kWh pouvoir calorifique supérieur.
2. Inclut les importations d'origine indéterminée (e.g. contrats à court terme).
Champ : France métropolitaine.
Source : SOeS.

Production et consommation d'électricité dans quelques pays du monde en 2011

en TWh

	Production nette			Consommation intérieure
	Totale	*dont nucléaire*	*dont hydraulique*	
Allemagne	576,3	*102,2*	*23,2*	572,5
Australie	223,4	*/ / /*	*14,9*	223,4
Autriche	63,4	*/ / /*	*36,0*	71,6
Belgique	85,8	*45,9*	*1,4*	88,3
Canada	617,3	*85,8*	*372,8*	579,9
Danemark	33,4	*/ / /*	*/ / /*	34,7
Espagne	281,3	*55,1*	*32,3*	275,2
États-Unis	4 131,4	*790,3*	*348,1*	4 168,7
Finlande	70,6	*22,3*	*12,3*	84,4
France	**537,4**	***421,1***	***49,7***	**481,0**
Grèce	49,2	*/ / /*	*4,1*	52,5
Irlande	26,4	*/ / /*	*0,7*	26,9
Italie	289,3	*/ / /*	*47,7*	334,9
Japon	1 006,4	*155,1*	*88,8*	1 006,4
Luxembourg	3,7	*/ / /*	*1,1*	8,2
Mexique	260,0	*9,7*	*35,5*	259,3
Norvège	127,4	*/ / /*	*121,4*	124,3
Pays-Bas	108,5	*3,9*	*0,1*	117,6
Portugal	47,8	*/ / /*	*12,0*	50,6
Royaume-Uni	349,5	*62,7*	*8,6*	355,7
Suède	149,3	*57,7*	*65,9*	142,1
Suisse	62,6	*25,3*	*33,8*	65,2

Note : données provisoires ou estimées.
Source : Agence Internationale de l'énergie.

Production et consommation de gaz naturel dans quelques pays du monde

en milliards de m^3

	Production		Consommation	
	2010 (r)	2011	2010 (r)	2011
Allemagne	12,7	11,9	88,9	79,0
Australie	45,1	70,5	26,4	53,1
Autriche	1,8	1,8	9,6	9,0
Belgique	/ / /	/ / /	19,5	20,7
Canada	159,8	159,6	94,4	102,2
Danemark	8,2	7,1	4,9	4,2
Espagne	n.s.	n.s.	35,8	33,6
États-Unis	605,5	652,6	672,8	688,2
Finlande	/ / /	/ / /	4,8	4,1
France	**0,7**	**0,6**	**49,8**	**41,5**
Grèce	n.s.	/ / /	3,8	4,7
Irlande	0,4	0,3	5,7	5,0
Italie	8,3	8,4	83,0	77,8
Japon	3,4	3,3	100,3	112,6
Luxembourg	/ / /	/ / /	1,4	1,2
Mexique	59,1	55,1	62,4	59,2
Norvège	107,1	102,4	6,6	3,9
Pays-Bas	85,2	81,1	53,2	49,1
Portugal	/ / /	/ / /	5,1	5,2
Royaume-Uni	59,7	47,4	98,3	82,2
Suède	/ / /	/ / /	1,6	1,3
Suisse	/ / /	/ / /	3,6	3,2

Source : Agence internationale de l'énergie.

20.1 Commerce

Le redémarrage de l'activité commerciale, amorcé en 2010, se confirme en 2011. La reprise est la plus nette dans le **commerce de gros** (hors intermédiaires), où les ventes augmentent de 4,3 % en volume, retrouvant leur niveau d'avant la crise.

Les ventes en gros de biens domestiques poursuivent leur progression en volume, grâce au dynamisme des échanges mondiaux ; celles des équipements relevant des technologies de l'information et de la communication augmentent également mais à un rythme nettement plus faible qu'en 2010, en raison des perturbations sur le marché mondial des composants électroniques. En revanche, les ventes des autres équipements industriels continuent de se redresser après le repli de 2009, grâce à la reprise de l'investissement des entreprises. Enfin, le rebond est plus modéré pour le commerce de gros de produits agricoles bruts.

Dans le **commerce de détail** et **l'artisanat commercial** la progression des ventes, freinée par l'atonie de la consommation des ménages, est plus modérée (+ 1,3 %). L'activité dans le commerce de détail reste tirée par le secteur non alimentaire alors qu'elle se stabilise dans le commerce alimentaire, après trois ans de recul.

Les ventes des magasins d'alimentation spécialisée et d'artisanat commercial (boulangeries, pâtisseries, charcuteries) et celles des grandes surfaces d'alimentation générale cessent de diminuer. La demande des ménages pour les équipements de l'information et de la communication continue à progresser et les ventes de ce secteur connaissent une croissance rapide des volumes. Dans les autres formes de vente au détail du commerce non alimentaire spécialisé, la croissance est moins vigoureuse qu'en 2010 sauf dans le secteur des biens culturels et de loisirs.

Le bilan du **commerce et** de la **réparation automobiles** est plutôt positif en 2011. Les ventes de l'ensemble du secteur augmentent de 1 % en volume, malgré la disparition du dispositif de prime à la casse. Le commerce de véhicules automobiles progresse de manière plus soutenue qu'en 2010 (+ 2,2 % en volume après + 1,2 %). Il bénéficie de la poursuite du redressement du marché de l'occasion et d'une montée en gamme des ventes de véhicules neufs.

Un peu plus de trois millions de salariés travaillent dans le commerce hors artisanat commercial en 2011, soit près d'un salarié des secteurs marchands sur cinq. Dans un contexte de reprise des ventes, l'emploi salarié augmente légèrement entre 2010 et 2011 (+ 0,7 %). La progression est plus forte que pour l'ensemble des secteurs principalement marchands, mais ne permet pas de retrouver le niveau de 2008, antérieur à la crise. Toutefois, dans le commerce de détail, les effectifs atteignent un niveau élevé, jamais atteint. Dans le commerce de gros, le redressement est lent après trois années de baisse, de 2008 à 2010. La baisse des effectifs persiste dans le secteur du commerce et de la réparation automobiles. ■

Définitions

Artisanat commercial : regroupe les entreprises ayant pour activité la charcuterie, la boulangerie, la boulangerie-pâtisserie, la pâtisserie, la cuisson de produits de boulangerie.

Commerce de détail : comprend les entreprises ou établissements dont l'activité principale consiste à vendre des marchandises, dans l'état où elles sont achetées, généralement à une clientèle de particuliers, quelles que soient les quantités vendues.

Commerce de gros : comprend les entreprises ou établissements dont l'activité principale consiste à acheter et à entreposer des marchandises et à les vendre généralement à des détaillants, à des utilisateurs professionnels ou à des collectivités, voire à d'autres grossistes ou intermédiaires, et ce quelles que soient les quantités vendues.

Commerce, commerce et réparation automobiles, grand magasin, hypermarché, supermarché : voir rubrique « définitions » en annexes.

Pour en savoir plus

- « Le commerce en France », *Insee Références web*, édition 2011.
- « Le commerce en 2011 : les ventes ont continué de se redresser », *Insee Première* n° 1407, juillet 2012.
- « Grandes surfaces et réseaux d'enseignes dominent le commerce de détail », *Insee Première* n° 1404, juin 2012.

Retrouvez le TEF sur www.insee.fr, rubrique Publications et services\Collections nationales\Insee Références

Parts de marché du commerce de détail selon la forme de vente

en % de la valeur TTC

Formes de vente[1]	Produits alimentaires (hors tabac)		Produits non alimentaires	
	2010 (p)	2011(p)	2010 (p)	2011(p)
Alimentation spécialisée[2]	17,8	17,8	0,8	0,6
Boulangeries-pâtisseries	6,5	6,5		
Boucheries-charcuteries	4,6	4,6		
Autres magasins d'alim. spécialisée	6,5	6,5		
Petites surfaces d'alim. générale et magasins de produits surgelés	6,6	6,7		
Grandes surfaces d'alim. générale	65,8	64,5	17,1	17,7
dont : supermarchés	*30,4*	*29,7*	*6,4*	*7,1*
hypermarchés	*34,0*	*33,4*	*10,4*	*10,4*
Grands magasins et autres magasins non alim. non spécialisés	0,1	0,1	1,9	1,9
Magasins non alimentaires spécialisés (y c. pharmacies)	1,0	1,2	55,8	55,8
Carburant	0,4	0,5	4,0	4,3
Pharmacies[3]	0,3	0,3	11,2	11,1
Autres	0,7	0,7	40,6	40,4
Commerce hors magasin	5,5	5,9	5,0	4,8
Éventaire et marché	2,9	3,0	0,7	0,7
Vente à distance	1,2	1,5	3,6	3,5
Autres formes	1,4	1,4	0,7	0,7
Com. de détail et artisanat com.	**96,8**	**96,3**	**80,7**	**80,9**
Ventes au détail du com. automobile[4]	0,0	0,0	10,8	10,7
Autres ventes au détail[5]	3,2	3,7	8,6	8,4
Ensemble des ventes au détail	**100,0**	**100,0**	**100,0**	**100,0**

1. L'activité de certaines grandes entreprises peut relever de plusieurs formes de vente : hypermarchés, supermarchés et petites surfaces d'alimentation.
2. Y compris artisanat commercial.
3. Pharmacies et commerce d'articles médicaux et orthopédiques.
4. Ne comprend pas les ventes et réparations automobiles, inclut seulement les ventes et réparations de motocycles et les ventes de produits liés à l'automobile.
5. Commerce de gros, prestataires de services et ventes directes des producteurs.
Source : Insee, comptes du commerce.

Emploi salarié dans le commerce

en milliers

	2000 (r)	2010 (r)	2011 (p)
Commerce et réparation automobiles	380,8	380,0	378,4
Commerce de gros	984,5	960,0	967,3
Commerce de détail	1 490,9	1 664,3	1 680,0
Total	**2 856,2**	**3 004,3**	**3 025,7**

Champ : emploi (hors artisanat commercial) en France métropolitaine ; données CVS, en NAF rév.2, au 31 décembre ; les activités de réparations sont exclues du commerce de détail.
Source : Insee, estimations d'emploi.

Activité commerciale selon la forme de vente en 2011

Formes de vente	Valeur en milliards d'euros	Évolution des ventes en volume en %	
	2011 (p)	10/09 (r)	11/10 (p)
Alimentation spéc. et artisanat comm.	41,2	– 1,1	0,1
Petites surf. d'alim. gén. et mag. de prod. surg.	13,4	0,9	0,3
Grandes surfaces d'alim. générale	178,7	– 0,4	0,0
Grands mag. et autres mag. non alim. non spéc.	7,4	7,3	2,2
Magasins non alim. spécialisés (y c. pharmacie)	210,1	3,2	2,4
Carburants	16,7	1,0	– 0,7
Technologie de l'info. et de la comm.	8,1	8,6	10,2
Equipement du foyer	54,9	3,7	2,6
Culture, loisirs	19,1	1,1	1,4
Autres comm. de détail en magasin spéc.	111,2	3,2	2,3
Habillement-chaussures	34,3	4,2	0,5
Autres équip. de la personne	17,4	4,8	4,4
Pharmacies, articles médicaux et orthop.	41,1	3,6	3,4
Autres magasins spécialisés	18,3	– 0,9	1,2
Commerce hors magasin	28,1	1,9	2,6
Commerce de détail[1 2]	**478,7**	**1,4**	**1,3**
Comm. de véhicules automobiles	83,5	1,2	2,2
Entretien et réparation automobile	26,8	– 0,2	– 2,4
Comm. de gros d'équip. automobiles	1,2	5,2	7,2
Comm. de détail d'équip. automobiles	8,3	2,6	– 0,5
Comm. et réparation de motocycles	2,8	– 0,7	1,2
Comm. et réparation automobiles[1]	**122,6**	**0,9**	**1,0**
Produits agricoles bruts	70,9	– 3,8	3,5
Produits alim., de boissons et de tabac	123,1	3,0	5,5
Biens domestiques	133,8	5,9	6,9
Equipements de l'info. et de la comm.	40,9	12,3	2,8
Autres équipements industriels	79,2	2,4	8,0
Autres commerces de gros spécialisés	153,3	2,4	– 0,1
Commerce de gros non spécialisé	14,2	4,5	0,8
Commerce de gros[3]	**615,4**	**3,5**	**4,3**
Intermédiaires du commerce	**112,4**	**– 1,8**	**1,2**

1. Ventes de marchandises TTC.
2. Ventes de marchandises au détail aux ménages y compris ventes de l'artisanat commercial : boulangeries, pâtisseries, charcuteries.
3. Ventes de marchandises HT ; y compris secteurs du commerce de gros de produits divers.
Source : Insee, comptes du commerce.

Chiffre d'affaires du commerce selon le secteur d'activité au sein de l'Union européenne en 2010

en milliards d'euros

Pays	Commerce automobile	Commerce de gros	Commerce de détail	Total	Pays	Commerce automobile	Commerce de gros	Commerce de détail	Total
Allemagne (r)	182,1	1 014,1	474,4	1 670,5	Lettonie	1,1	11,4	5,4	17,9
Autriche	26,5	135,5	54,9	216,8	Lituanie	1,9	11,9	7,3	21,1
Belgique	68,1	224,5	83,4	376,0	Malte (p)[1]	0,3	2,7	1,5	4,5
Bulgarie	2,3	29,3	9,7	41,2	Luxembourg	3,4	54,3	16,4	74,1
Chypre	1,0	5,5	5,6	12,1	Pays-Bas	57,8	378,6	100,4	536,8
Danemark	33,7	99,1	40,4	173,2	Pologne	26,9	176,9	96,7	300,4
Espagne	70,4	366,6	221,4	658,3	Portugal	19,1	66,7	47,2	133,0
Estonie	1,4	9,3	4,5	15,2	Rép. tchèque	13,5	80,1	35,5	129,1
Finlande	15,4	65,1	35,5	116,0	Roumanie	7,5	50,0	27,3	84,7
France	**154,6**	**718,2**	**419,3**	**1 292,1**	Royaume-Uni	154,1	881,9	385,9	1 421,9
Grèce (p)	10,2	80,2	57,8	148,2	Slovaquie	4,2	27,1	16,2	47,5
Hongrie	7,9	42,5	24,7	75,1	Slovénie	3,7	12,4	11,2	27,3
Irlande	8,5	59,8	33,3	101,6	Suède[1]	23,7	111,2	56,4	191,3
Italie	115,2	506,0	295,7	917,0					

1. Données 2009. Champ : données selon la Nace rév. 2.
Source : Eurostat.

20.2 Services marchands

En 2011, la valeur ajoutée des **services marchands** croît de 2,2 % en volume, quasiment au même rythme qu'en 2010. L'emploi global augmente de 2,3 %, soit 156 000 **emplois** supplémentaires **en équivalents-temps plein**. Cette accélération permet aux services principalement marchands de dépasser leur niveau d'emploi de 2008. La demande des entreprises et des administrations, en hausse de 3,2 %, contribue en premier lieu à cette croissance. Les activités administratives et de soutien, les services juridiques, comptables, d'ingénierie et de recherche sont les plus dynamiques, en termes de **valeur ajoutée** comme de **production**. La progression de l'**investissement** des sociétés non financières, essentiellement en informatique, architecture et ingénierie, se maintient à un rythme élevé (+ 5,6 % en volume). En revanche, sous l'effet du ralentissement de leur pouvoir d'achat (+ 0,5 % en 2011 après + 0,9 % en 2010), les **dépenses de consommation finale des ménages** en services marchands ralentissent fortement en volume : + 0,5 % en 2011, après + 1,3 % ; les activités culturelles en sont le plus affectées. Le **solde du commerce extérieur** de services marchands se redresse nettement, mais reste déficitaire (– 1,8 milliard d'euros).

En termes de production, les branches de services marchands les plus dynamiques sont celles qui s'adressent en premier lieu aux entreprises. Les services administratifs et de soutien, d'une part, et les activités juridiques, comptables, de gestion, d'architecture et d'ingénierie d'autre part, sont les premiers contributeurs à la croissance des services marchands. Soutenus par la reprise de l'investissement des entreprises, les services d'ingénierie sont particulièrement bien orientés (+ 6,5 %), tout comme les services de location de machines et d'équipement et ceux liés aux redevances sur les brevets et aux franchises. La production de services de télécommunications, tournée à la fois vers les entreprises et les ménages, progresse quant à elle de 3,5 % : elle bénéficie d'une demande des entreprises en hausse de 5,4 %. En revanche, les services informatiques ralentissent en 2011 (+ 1,9 % après + 4,8 % en 2010). Ils subissent une croissance plus modérée des investissements de la part des entreprises et des administrations.

Le ralentissement du **pouvoir d'achat** des ménages en 2011 freine la reprise des services qui leur sont principalement destinés. Après un redressement particulièrement dynamique en 2010 (+ 10 %), les activités des marchands de biens et les **activités immobilières** pour compte de tiers progressent modérément en 2011 (+ 1,5 % en volume). La croissance de la production des hôtels et restaurants fléchit légèrement alors que l'activité des terrains de camping et parcs pour caravanes ou véhicules de loisirs continue d'accélérer. Le repli est plus prononcé pour les activités créatives, artistiques et de spectacle marchandes (– 2,4 %). ■

Définitions

Activités immobilières : marchands de biens immobiliers, location et exploitation de biens immobiliers propres ou loués, agences immobilières et administrateurs d'immeubles.

Services marchands : services vendus, par une unité, à des prix économiquement significatifs (en grande partie ou en totalité). En toute rigueur, il faudrait parler de services principalement marchands car pour certaines activités coexistent des parties marchandes et non-marchandes ; certains services sont considérés comme toujours marchands (les transports par exemple), d'autres comme toujours non marchands (l'administration générale par exemple).

Dépenses de consommation finale des ménages, dispositif Esane (Élaboration des statistiques annuelles d'entreprise), emploi en équivalents-temps plein, investissement ou formation brute de capital fixe (FBCF), pouvoir d'achat, production, secteur d'activité, solde du commerce extérieur, valeur ajoutée : voir rubrique « définitions » en annexes.

Pour en savoir plus

- « Les services marchands en 2011 : croissance maintenue », *Insee Première* n° 1405, juillet 2012.
- « Les comptes de la Nation en 2011 : la croissance du PIB se maintient à 1,7 % », *Insee Première* n° 1401, mai 2012.
- « Les services en France », *Insee Références*, édition 2012.

Retrouvez le TEF sur www.insee.fr, rubrique Publications et services\Collections nationales\Insee Références

Équilibre ressources-emplois des services marchands

	Valeur en milliards d'euros			Évolution en volume en %			Évolution du prix en %		
	2009 (r)	2010 (r)	2011 (p)	2009 (r)	2010 (r)	2011 (p)	2009 (r)	2010 (r)	2011 (p)
Production de la branche	952,7	984,9	1 019,9	– 4,2	2,5	2,5	1,3	0,8	1,0
Transferts[1]	24,3	25,1	25,7	1,8	2,3	0,7	1,6	0,9	1,5
Impôts moins subventions	12,4	15,2	17,0	– 14,3	16,9	8,1	– 4,7	4,8	3,5
Importations	34,3	35,6	36,6	– 1,7	3,8	2,0	0,8	0,0	0,8
Total des ressources	**1 023,7**	**1 060,9**	**1 099,2**	**– 4,1**	**2,7**	**2,5**	**1,2**	**0,9**	**1,1**
Consommations intermédiaires[2]	548,3	565,3	588,7	– 5,1	2,7	3,1	0,8	0,4	1,0
Consommation finale	372,4	382,5	389,6	– 0,6	1,2	0,9	2,2	1,5	1,0
Investissement	71,8	80,6	86,1	– 12,8	11,0	4,4	– 0,8	1,2	2,3
Exportations	31,3	32,4	34,8	– 5,3	3,2	6,4	0,7	0,4	0,8
Total des emplois	**1 023,7**	**1 060,9**	**1 099,2**	**– 4,1**	**2,7**	**2,5**	**1,2**	**0,9**	**1,1**

1. Y compris productions marchandes des branches non marchandes.
2. Y compris les variations de stocks.
Source : Insee, comptes des services - base 2005.

Principales caractéristiques des services marchands en 2010

Secteur d'activité (NAF rév. 2)	Nombre d'entreprises	Effectif salarié		Chiffre d'affaires HT en millions d'euros	Valeur ajoutée en millions d'euros
		en ETP[1]	moyen		
Hébergement et restauration	239 608	696 516	889 859	80 323	36 051
Information et communication	108 640	662 128	731 119	177 051	79 350
Activités immobilières	149 894	214 803	247 395	77 192	41 346
Activités spécialisées scientifiques et techniques	408 550	929 078	1 104 493	209 374	95 397
Activités de services administratifs et de soutien	166 105	865 560	1 759 861	132 386	70 440
Autres activités de services	271 526	303 712	367 030	47 675	17 359
Total	**1 344 322**	**3 671 796**	**5 099 756**	**724 001**	**339 943**

1. En équivalent-temps plein.
Champ : France métropolitaine ; services marchands hors activités financières et d'assurances.
Source : Insee, Esane.

Production des services marchands en 2011
taux de variation en volume (en %)

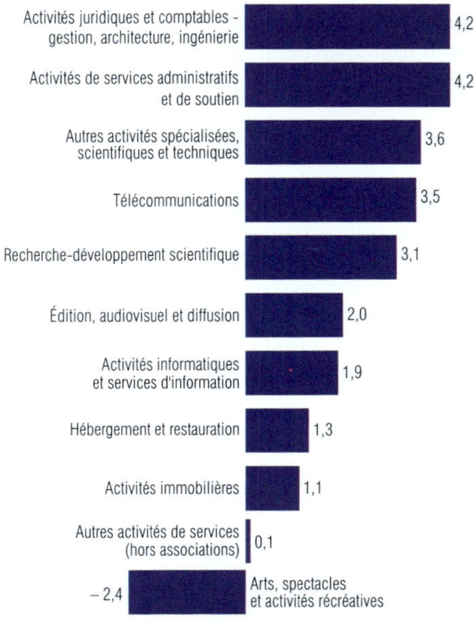

Source : Insee, comptes des services - base 2005.

Évolution de la production des services marchands
en indice de volume base 100 en 1999

	2000	2005	2010 (r)	2011
Information et communication	111,8	141,4	164,3	168,4
Activités immobilières	102,9	112,3	117,2	118,5
Activités spécialisées, scientifiques et techniques	106,5	124,6	134,9	140,3
Activités de services administratifs et de soutien	110,7	123,6	125,6	130,9
Ensemble des services marchands	**107,1**	**122,4**	**130,2**	**133,4**
Ensemble de l'économie	**105,5**	**115,0**	**118,6**	**120,8**

Source : Insee, comptes des services - base 2005.

Échanges extérieurs des services marchands
en millions d'euros

	2008	2009	2010	2011
Exportations	32 830	31 289	32 416	34 773
Importations	34 591	34 300	35 590	36 600
Solde	– 1 761	– 3 011	– 3 174	– 1 827

Source : Insee, comptes des services - base 2005.

20.3 Banques - Assurances

En 2011, les établissements de crédit et les organismes d'assurance ont été affectés par la conjoncture économique et financière particulièrement difficile et incertaine. Le nombre des **établissements de crédit** agréés en France a connu une nouvelle et sensible diminution (657 contre 683 à la fin 2010). Cette baisse a principalement concerné les **sociétés financières**, les banques mais également les banques mutualistes ou coopératives. En revanche, les populations respectives des **caisses de crédit municipal** et des institutions financières spécialisées sont restées inchangées.

Le système bancaire et financier français se caractérise par la diversité de son actionnariat et par sa large ouverture internationale, qui s'observe à la fois dans l'importance de la présence des établissements étrangers en France et dans celle des établissements de crédit français à l'étranger. Ainsi, à la fin de 2011, sur les 657 établissements de crédit actifs en France, 461 (70 %) sont détenus par des capitaux français et 195 (30 %) par des capitaux étrangers.

Les banques ont recruté plus de 30 000 personnes en 2010, soit un taux d'embauche en progression de 8,3 %. L'effectif global reste stable à fin 2010 : plus de 370 000 personnes travaillent dans l'ensemble du secteur bancaire. Le recrutement demeure en majorité jeune et qualifié : les deux tiers des nouveaux embauchés ont moins de 30 ans et les cadres représentent 44 % des postes pourvus.

Chaque jour, 51,3 millions d'opérations de paiement sont réalisées par les clients des banques françaises. La carte bancaire reste ainsi le mode de paiement le plus utilisé avec chaque jour près de 23 millions de paiements et 2,4 millions de retraits. Le nombre de chèques émis (2,97 milliards en 2011) est en baisse sur un an, mais représente encore plus de neuf millions d'opérations quotidiennes.

La dégradation de l'environnement financier a également impacté les organismes du secteur des assurances. Après une hausse modérée en 2010, les cotisations en assurance de personnes connaissent une baisse de 12 % en 2011, pour s'établir à 142,1 milliards d'euros en affaires directes France. Ce résultat est la conséquence d'un repli des cotisations en assurance-vie et capitalisation, sous l'effet d'une concurrence accrue de placements plus liquides, tels que le livret A, et d'une hausse des demandes de rachats de contrats. Dans le même temps, au titre des dommages corporels (maladie et accidents), la progression de 1 % en 2011, traduit un net ralentissement par rapport à 2010 (+ 4 %).

Les cotisations des assurances de biens et de responsabilité, toutes branches confondues, s'élèvent à 47,9 milliards en 2011. Elles progressent de 4 %, en lien avec les effets conjugués d'un développement de la matière assurable, de l'apparition de nouvelles garanties et de hausses tarifaires. Cette croissance, la plus élevée depuis 2004, permet aux principales branches un retour vers les équilibres techniques mis à mal ces dernières années, principalement par des événements climatiques d'envergure. ■

Définitions

Caisse de crédit municipal : établissement public communal de crédit et d'aide sociale, qui a notamment pour mission de combattre l'usure pour l'octroi de prêts sur gages corporels dont elle a le monopole. Elle peut réaliser toutes opérations avec les établissements de crédit, recevoir des fonds des personnes physiques et des personnes morales, mettre à la disposition de ces personnes des moyens de paiement et réaliser avec elles des opérations connexes.

Sociétés financières : ensemble des sociétés et quasi-sociétés dont la fonction principale consiste à fournir des services d'intermédiation financière (banque et assurance) et/ou à exercer des activités financières auxiliaires.

Établissement de crédit, réassurance : voir rubrique « définitions » en annexes.

Pour en savoir plus

- « La situation d'ensemble du système bancaire français en 2011 », *Bulletin de la Banque de France* n° 189, septembre 2012.
- « Rapport annuel 2011 », Fédération française des sociétés d'assurances, juin 2012.
- « Rapport d'activité 2011 », Groupement des cartes bancaires, juin 2012.
- « Rapport annuel 2011 », Autorité de contrôle prudentiel, Banque de France, mai 2012 .

Retrouvez le TEF sur www.insee.fr, rubrique Publications et services\Collections nationales\Insee Références

Cotisations des assurances de personnes, de biens et de responsabilité

en milliards d'euros

	2000	2005	2010 (r)	2011
Vie	81,8	108,5	122,9	107,9
Contrats à adhésion individuelle	76,2	102,4	116,9	102,5
Contrats collectifs	5,6	6,1	6,0	5,3
Bons de capitalisation	2,9	4,9	11,0	6,4
Vie et bons de capitalisation	**84,7**	**113,4**	**133,9**	**114,3**
Décès	5,6	7,2	10,0	10,2
Contrats à adhésion individuelle[1]	1,7	2,2	3,4	3,6
Contrats collectifs	3,9	5,1	6,5	6,6
Maladie ou accident corporel[2]	9,4	13,4	17,4	17,6
Contrats à adhésion individuelle	4,6	6,8	9,3	9,6
Contrats collectifs	4,8	6,6	8,1	8,0
Décès, maladie ou accidents	**15,0**	**20,6**	**27,4**	**27,8**
Assurances de personnes	**99,6**	**134,0**	**161,2**	**142,1**
Part du marché (en %)	75,9	76,2	77,8	74,8
Automobile	14,6	17,9	18,3	19,0
Biens	9,4	12,7	14,8	15,5
Particuliers	4,7	6,1	7,9	8,4
Professionnels	3,9	5,7	5,9	6,0
Agricoles	0,8	0,9	1,0	1,1
Transports	1,2	1,2	1,0	1,0
Responsabilité civile générale	1,8	3,1	3,4	3,5
Construction	1,1	2,0	2,3	2,4
Catastrophes naturelles	1,0	1,3	1,4	1,4
Divers[3]	2,6	3,7	4,8	5,1
Assurances de biens et de resp.	**31,7**	**41,9**	**46,0**	**47,9**
Part du marché (en %)	24,1	23,8	22,2	25,2
Total des cotisations	**131,3**	**175,9**	**207,2**	**190,0**

1. Y compris la garantie décès des contrats individuels d'assurance emprunteur depuis 2007.
2. Y compris les garanties complémentaires annexées aux contrats vie ; hors accidents corporels automobiles.
3. Crédits, protection juridique, assistance.
Champ : affaires directes sur le marché français.
Source : FFSA.

Chiffre d'affaires mondial de l'assurance française

en milliards d'euros

	2000	2011	11/10 en %
Sociétés vie, de capitalisation et mixtes	96,9	144,5	– 13,1
Sociétés dommages	43,5	71,7	4,7
Ensemble des sociétés agréées	140,4	216,2	– 7,9
Filiales d'assurance à l'étranger	54,8	87,6	– 8,2
Sociétés de réassurance et filiales	10,5	15,7	14,6
Chiffre d'affaires mondial	**205,7**	**319,5**	**– 7,1**

Source : FFSA.

Cartes bancaires CB et paiement moyen par transaction de 1990 à 2011

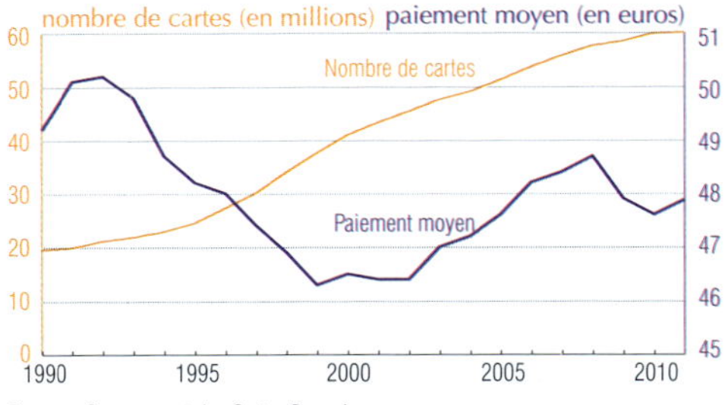

Source : Groupement des Cartes Bancaires.

Établissements de crédit agréés en France

	2010	2011
Banques	206	198
Banques mutualistes ou coopératives	101	95
Caisses de crédit municipal	18	18
Banques[1]	**325**	**311**
Sociétés financières	287	277
Institutions financières spécialisées	3	3
Succursales d'établissements[2]	68	66
Total	**683**	**657**

1. Établissements habilités à traiter toutes opérations de banque.
2. Établissements de crédit de l'Espace économique européen relevant du libre établissement.
Source : Banque de France.

Moyens de paiement de masse en 2011

	Opérations quotidiennes en milliers	Montants quotidiens en millions d'euros
Chèques	9 112	5 478
Virements	7 549	9 646
LCR et BOR[1]	303	1 142
Débits directs[2]	8 920	3 411
Paiements par cartes[3]	22 969	1 085
Retraits par cartes[3]	2 422	145
Total	**51 275**	**20 907**

1. Lettre de change relevé et billet à ordre relevé.
2. Prélèvements, TIP et télérèglements.
3. Y compris les paiements et les retraits effectués en France et à l'étranger avec des cartes interbancaires et privatives émises en France.
Source : Banque de France.

Paiements par carte bancaire et par chèque au sein de l'UE en 2011

	Transactions annuelles par habitant		Montant moyen en euros	
	Carte bancaire	Chèque	Carte bancaire	Chèque
Allemagne	36,1	0,5	63,6	6 239,4
Autriche	53,0	0,2	62,6	6 450,0
Belgique	105,2	0,6	54,8	7 169,5
Bulgarie	3,8	...	39,9	...
Chypre	45,2	23,3	84,7	1 927,6
Danemark	215,6	1,0	44,9	2 738,4
Espagne	51,7	2,1	45,0	4 882,5
Estonie	147,3	0,0	16,0	636,0
Finlande	202,7	0,1	33,1	33 434,3
France	**121,4**	**45,6**	**49,8**	**601,6**
Grèce	6,6	1,7	87,4	16 727,8
Hongrie	23,2	0,0	27,7	...
Irlande	75,5	18,8	69,5	4 492,5
Italie	25,8	4,8	78,2	2 720,4
Lettonie	55,5	0,0	20,5	871,2
Lituanie	33,2	0,1	18,3	2 382,7
Luxembourg	137,7	0,4	79,4	...
Malte	33,0	23,3	62,5	1 294,8
Pays-Bas	146,4	...	39,4	...
Pologne	26,9	0,0	24,9	4 413,2
Portugal	116,2	10,0	45,0	2 132,2
Rép. tchèque	25,5	0,1	37,6	2 419,0
Roumanie	6,1	0,3	37,0	2 447,3
Royaume-Uni	157,8	15,5	58,4	1 143,7
Slovaquie	28,1	0,0	50,6	593,8
Slovénie	58,9	0,1	37,6	418,1
Suède	206,7	0,0	43,5	8 278,1
UE à 27	**73,9**	**9,2**	**51,5**	**1 186,8**

Source : Banque centrale européenne.

20.4 Communication

Le chiffre d'affaires du marché français des communications électroniques se contracte légèrement en 2011, en lien avec la hausse de la TVA, que les opérateurs mobiles n'ont pas répercutée. Il s'établit à 44 milliards d'euros. La demande reste cependant forte, en particulier pour l'internet mobile dont le trafic a quadruplé en deux ans. Par ailleurs, les opérateurs maintiennent un très haut niveau d'investissements (7,9 milliards d'euros), l'un des plus élevés de ces 15 dernières années.

Principal vecteur de croissance du marché des communications électroniques, le revenu des services d'accès au **haut débit** progresse toujours (+ 6 %) et atteint près de 10 milliards d'euros. Il ne compense pas cependant la perte de revenu des services bas débit, due à la baisse rapide du nombre d'abonnements. Ainsi, près de six lignes fixes sur dix, soit 22,8 millions d'abonnements, sont désormais connectées à internet par un accès à haut ou très haut débit.

L'année 2011 est marquée par l'extension aux communications fixes vers les mobiles des forfaits multi-services haut débit incluant des communications en abondance. Dès la mise en place de ces offres, le trafic fixe vers les mobiles a fortement augmenté (+ 54 % en un an) alors qu'il était stable, autour de 11 milliards de minutes, depuis huit années. Pour la deuxième année consécutive, le volume de communications au départ des mobiles augmente de près de 3 %. En parallèle, l'utilisation des autres services mobiles continue de se généraliser : en un an, le volume de *shorts messages services (SMS)* envoyés progresse de 42 % et le volume de données consommées a doublé.

En 2011, le marché des activités postales adressées s'élève à 13,8 milliards d'euros. L'année 2011 est marquée par une légère augmentation du revenu global de l'activité, grâce à la progression du revenu des **colis** mais aussi à une moindre baisse en valeur des **envois** de correspondance. Le nombre d'objets adressés diminue de 3 % en un an. Le marché du colis dépasse 4 milliards d'euros en 2011 et représente ainsi près de 30 % du revenu total des activités postales. Le revenu provenant des objets distribués à l'export se stabilise, en particulier grâce à la progression des recettes liées à l'envoi de colis à l'étranger. Après plusieurs années de repli, la distribution de la presse par voie postale (abonnements de journaux et de magazines) connaît une augmentation de revenu de 1,5 % en 2011, due en partie à l'augmentation des tarifs d'acheminement.

Le chiffre d'affaires global de l'ensemble de la **presse écrite** diminue de 2 % entre 2010 et 2011, recul sans commune mesure avec celui observé en 2009 (– 8 %). La vente au numéro est le compartiment qui enregistre la baisse la plus sensible, alors que les produits de la vente par abonnement n'enregistrent qu'un très léger recul. La crise affecte les recettes publicitaires et les recettes d'annonce, qui connaissent une baisse plus marquée que les recettes d'abonnements. ■

Définitions

Envoi postal : objet destiné à être remis à l'adresse indiquée par l'expéditeur sur l'objet lui-même ou sur son conditionnement et présenté dans la forme définitive dans laquelle il doit être acheminé. Outre tous les envois de correspondance, sont notamment considérés comme des envois postaux les livres, les journaux, les périodiques et les colis postaux contenant de la marchandise, avec ou sans valeur commerciale. Les colis envoyés en express, la presse portée et la publicité non adressée ne sont pas des envois postaux.

Tirage (d'un support de presse) : nombre total d'exemplaires d'un support de presse qui est imprimé.

Catégories de presse, colis, haut-débit, presse écrite, services de communications, technologies de l'information et de la communication (TIC), transport express : voir rubrique « définitions » en annexes.

Pour en savoir plus

- « Observatoire annuel des activités postales – Année 2011 », *Les actes de l'Arcep*, octobre 2012.
- « Remplir des formulaires administratifs en ligne, une pratique courante pour les sociétés », *Insee Première* n° 1413, septembre 2012.
- « Rapport public d'activité 2011 », Arcep, juin 2012.
- « Les chiffres clés des communications électroniques en France – chiffres 2011 », Arcep, juin 2012.

Retrouvez le TEF sur www.insee.fr, rubrique Publications et services\Collections nationales\Insee Références

Activités postales et marchés connexes de distribution en 2011

	Objets envoyés en millions	Revenus en millions d'euros H.T.
Envois de correspondance	14 328	7 482
Remis contre signature	249	1 075
Colis	780	4 260
Colis hors express[1]	410	1 860
Express colis légers[1]	370	2 400
Distribution de la presse aux abonnés[2]	2 557	462
Objets adressés distribués en France	**17 913**	**13 279**
Objets adressés Export	**405**	**540**
Publicité non adressée	**21 453**	**708**

1. Estimations.
2. Le portage de presse est compris dans les volumes distribués mais exclu dans les revenus générés.
Champ : l'import est inclus dans l'ensemble des envois de correspondance, objets remis contre signature, colis, presse et publicité non adressée.
Source : Arcep.

Chiffre d'affaires et tirage de la presse

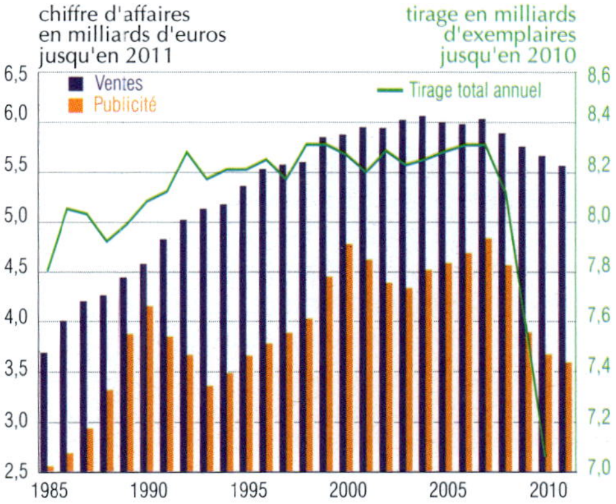

Champ : République française y compris Nouvelle-Calédonie.
Source : DGMIC.

Marché mondial des services de télécommunications

en milliards d'euros

	2010 (r)	2011	2011/10 en %
Europe	304	301	– 1,2
dont : Allemagne	*49*	*49*	*– 1,5*
Espagne	*25*	*23*	*– 5,7*
France	***42***	***41***	***– 2,2***
Italie	*29*	*29*	*– 0,6*
Royaume-Uni	*38*	*38*	*– 1,5*
Amérique du Nord	253	257	1,9
dont États-Unis	*226*	*230*	*1,8*
Amérique latine	108	114	4,8
dont Brésil	*47*	*49*	*3,8*
Asie-Pacifique	312	332	6,3
dont : Chine	*89*	*97*	*8,3*
Inde	*18*	*21*	*15,9*
Japon	*111*	*110*	*– 1,1*
Afrique et Moyen-Orient	73	80	9,9
Total	**1 051**	**1 084**	**3,0**

Champ : téléphonie fixe et mobile, transmission de données et d'images ; France y compris Mayotte pour les données de 2011.
Source : Idate.

Marché des communications électroniques

en milliards d'euros

	2010 (r)	2011 (p)
Services haut et très haut débit	9,2	9,7
Services bas débit	8,2	7,1
Services de capacité[1]	3,7	3,7
Services sur réseaux fixes	**21,0**	**20,5**
Services de voix	15,0	13,8
Services de données (SMS et data)	4,5	5,2
Services à valeur ajoutée et renseign.	1,3	1,3
Services sur réseaux mobiles	**20,7**	**20,3**
Autres services	3,2	3,3
Revenus des opérateurs sur marché final	**45,0**	**44,1**

1. Liaisons louées et transport de données.
Source : Arcep.

Chiffres d'affaires par grande catégorie de presse

	Nombre de titres en 2010	Chiffres d'affaires	
		2011 (p) en milliards d'euros	11/10 en %
Presse nationale d'information générale et politique	88	1,3	1,9
Presse locale d'information générale et politique	451	3,0	– 0,3
Journaux gratuits d'information	138	0,4	11,8
Presse spécialisée grand public	2 019	3,4	– 2,9
Presse spécialisée technique et professionnelle	1 364	0,8	1,0
Presse gratuite	470	0,2	– 36,8
Total	**4 530**	**9,2**	**– 1,9**

Source : DGMIC.

Dépenses consacrées aux technologies d'information et aux communications au sein de l'UE en 2010

	Technologies d'information		Communication	
	en milliards d'euros	en % du PIB	en milliards d'euros	en % du PIB
Allemagne	65,4	2,6	63,6	2,6
Autriche	5,8	2,0	5,9	2,1
Belgique	8,5	2,4	8,9	2,5
Bulgarie	0,6	1,7	1,9	5,3
Danemark	6,7	2,9	5,4	2,3
Espagne	18,9	1,8	31,9	3,0
Estonie	0,2	1,4	0,8	5,5
Finlande	5,9	3,3	3,9	2,2
France	**49,5**	**2,6**	**56,1**	**2,9**
Grèce (p)	2,7	1,2	6,9	3,0
Hongrie	1,8	1,8	4,0	4,1
Irlande	4,3	2,8	4,4	2,8
Italie	24,3	1,6	40,5	2,6
Lettonie	0,2	1,1	0,8	4,6
Lituanie	0,3	1,2	0,8	2,8
Luxembourg	0,6	1,4	0,5	1,2
Pays-Bas	16,4	2,8	14,6	2,5
Pologne	6,2	1,7	10,0	2,8
Portugal	3,6	2,1	7,4	4,3
Rép. tchèque	3,2	2,2	4,4	3,0
Roumanie	1,5	1,2	4,4	3,6
Royaume-Uni	63,8	3,8	52,7	3,1
Slovaquie	1,2	1,9	2,5	3,8
Slovénie	0,7	2,0	1,2	3,3
Suède	10,1	2,9	6,6	1,9
UE à 27	**302,4**	**2,5**	**340,1**	**2,8**

Note : données pour Chypre et Malte non disponibles.
Source : Eurostat.

20.5 Audiovisuel

L'année 2011 est exceptionnelle pour le cinéma français. La fréquentation des salles de cinéma atteint un niveau record depuis 45 ans, avec 217 millions de spectateurs. L'attractivité des salles obscures bénéficie toujours du déploiement des écrans et projecteurs numériques. Quatre multiplexes ont ouvert en 2011, portant le nombre total de multiplexes actifs à 176. Ils concentrent à eux seuls près de 60 % de la fréquentation. L'exploitation de films diffusés en relief progresse encore en 2011 (43 films contre 23 films en 2010). Le succès du format 3D semble néanmoins s'éroder et pourrait expliquer la stabilité de la recette moyenne par entrée à 6,33 euros. Les films français génèrent 88,6 millions d'entrées, soit une part de marché de 41 % (+ 5 points en un an). Un film français, *Intouchables*, occupe la première place au *box-office* avec 16,6 millions d'entrées à la fin 2011 et devient ainsi le 5ème plus grand succès en salles depuis 1945.

Le rythme de croissance des activités de programmation de télévision et télédiffusion s'essouffle en 2011. La production en volume n'augmente plus que de 0,3 %, après 2,3 % en 2010. Pourtant, selon Médiamétrie, le poste de télévision classique ne se serait jamais aussi bien porté qu'en 2011 : il est regardé 3h47 par personne et par jour.

Le chiffre d'affaires de la **vidéo à la demande (VàD)** est estimé en 2011 à 219,5 millions d'euros (+ 44 % en un an). D'importants efforts ont été réalisés par les plates-formes de vidéo à la demande pour développer une offre légale plus nourrie. Ainsi, en 2011, plus de 9 000 films sont disponibles en VàD, soit une offre aussi large que celle de la vidéo physique. La progression du marché de la VàD ne parvient pas à compenser le recul du marché de la vidéo physique, à son plus bas niveau depuis 2001. Si le chiffre d'affaires du DVD diminue de 13,5 % à 1 048 millions d'euros, celui du ***Blu-ray*** progresse de 20 % à 209 millions d'euros, avec près de 13 millions de disques vendus au cours de l'année.

Le déploiement des services de **télévision de rattrapage (TVR)** se poursuit en 2011. Différents terminaux accueillent les offres de TVR des chaînes (ordinateur, téléviseur, *smartphone* et tablette). L'offre de programmes des chaînes nationales gratuites disponibles sur **internet** est constituée de plus de 31 900 vidéos par mois en moyenne. La consommation de télévision en ligne, qui inclut la TVR ainsi que les bonus et la consommation des chaînes en direct sur les autres supports que la télévision, totalise 2,1 milliards de vidéos visionnées en 2011.

Le marché physique de la musique enregistrée s'élève à 413 millions d'euros en 2011 (– 11,5 % en un an). Les ventes numériques représentent 21 % du chiffre d'affaires des éditeurs phonographiques (+ 5 points en un an). Elles connaissent chaque année des taux de croissance significatifs et s'établissent à plus de 110 millions d'euros en 2011. Les ventes d'albums et de DVD sont en repli alors que le nombre de *singles* vendus progresse de 9 millions d'unités, en raison de la progression des titres téléchargés. En 2011, le téléchargement par internet représente la moitié des revenus numériques, devant les modèles de ***streaming***, dont les revenus sont en forte croissance, notamment par abonnements. ■

Définitions

Disque *Blu-ray* : format de disque numérique permettant de stocker et restituer des vidéogrammes en haute définition. Sa dénomination provient du type de rayon laser qu'il exploite, de couleur spectrale proche du bleu.

Vidéo à la demande (VàD) : technique de diffusion de contenus vidéo numériques offerts ou vendus par les réseaux câblés, comme internet ou les réseaux non câblés, comme la téléphonie 3G. La vidéo à la demande se développe depuis le début des années 2000 suite à l'explosion des accès très haut débit proposés aux particuliers.

Chiffre d'affaires des éditeurs vidéo, internet, *streaming*, télévision de rattrapage (TVR) : voir rubrique « définitions » en annexes.

Pour en savoir plus

- « L'économie de la production musicale », Snep, édition 2012.
- « Bilan 2011 », Centre national du cinéma et de l'image animée, mai 2012.
- « La production audiovisuelle aidée en 2011 », Centre national du cinéma et de l'image animée, avril 2012.

Retrouvez le TEF sur www.insee.fr, rubrique Publications et services\Collections nationales\Insee Références

Production audiovisuelle aidée

	Volume		Devis	
	2011 (p) en heures	2011/10 en %	2011 (p) en millions d'euros	2011/10 en %
Animation	355	10,9	210,6	19,0
Documentaire	2 649	7,7	387,3	– 2,0
Fiction	773	5,7	752,3	11,0
Magazine	435	15,4	35,4	15,0
Spectacle vivant	619	17,1	92,1	8,9
Total	**4 830**	**9,4**	**1 477,6**	**8,2**

Source : Centre national du cinéma et de l'image animée.

Parts de marché selon la nationalité des films en 2011

en %

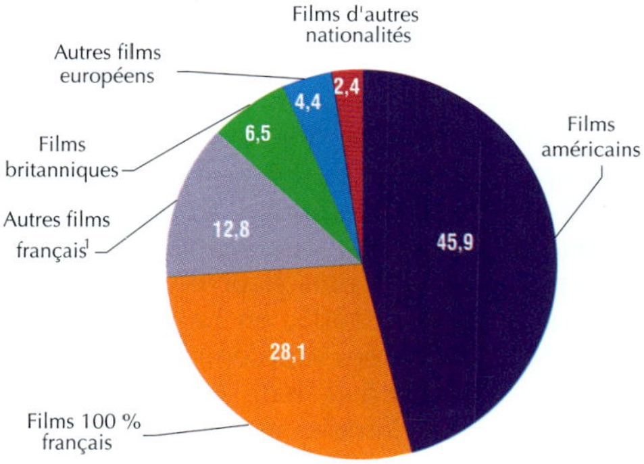

1. Films majoritaires ou minoritaires français.
Source : Centre national du cinéma et de l'image animée.

Marché de la musique

	2009	2010 (r)	2011
Ventes au détail (en millions d'unités)[1]			
Albums	56,5	52,7	50,4
Singles	30,6	35,0	43,9
Vidéo	3,6	3,2	2,5
Total	**90,7**	**90,9**	**96,8**
Marché physique (en millions d'euros)[2]			
Albums	464,4	417,9	380,7
Singles	6,9	3,9	2,5
DVD	40,2	43,8	28,9
Total	**512,1**	**466,4**	**412,6**
Marché numérique (en millions d'euros)			
Téléchargement internet	39,6	47,6	56,4
Sonneries, téléphonie mobile	19,5	17,4	14,4
Streaming et abonnements	18,1	22,9	39,8
Total	**77,2**	**88,0**	**110,6**
Diffusions musicales en radio			
Diffusions musicales (en milliers)	3 682,4	3 760,8	3 676,4
Titres francophones[3] (en %)	34,0	30,0	33,0
Nouveaux talents francophones[3] (en %)	25,0	18,0	26,0
Titres entrés en programmation (en milliers)	2 987,0	2 690,0	2 602,0

1. Y compris les ventes sur les plateformes de téléchargement.
2. Ventes en gros H.T. nettes de remises.
3. Parmi les cent plus importantes diffusions.
Source : Syndicat national de l'édition phonographique.

Chiffre d'affaires des éditeurs vidéo

en millions d'euros

	Vidéo à la demande[1]	Vente		
		Total	*dont DVD*	*dont Blu-ray*
2006	...	1 659,2	*1 654,7*	*///*
2007	(r) 28,9	1 494,1	*1 479,9*	*14,3*
2008	(r) 53,2	1 382,4	*1 331,0*	*51,5*
2009	97,0	1 384,4	*1 277,1*	*107,3*
2010 (r)	152,0	1 385,4	*1 211,7*	*173,7*
2011	219,5	1 257,5	*1 048,4*	*209,1*

1. Sur les plates-formes généralistes.
Source : Centre national du cinéma et de l'image animée.

Production et exploitation cinématographiques

	2004	2006	2008	2009	2010 (r)	2011 (p)
Production						
Nombre de films agréés par le CNC	203	203	240	230	261	272
dont films d'initiative française	*167*	*164*	*196*	*182*	*203*	*207*
Investissements totaux (en millions d'euros)	1 049	1 148	1 490	1 099	1 439	1 389
dont investissements français	*820*	*834*	*1 224*	*892*	*1 090*	*1 063*
Coût médian des films d'initiative française (en millions d'euros)	3,9	2,8	3,4	3,1	4,0	3,7
Exploitation						
Nombre d'établissements	2 100	2 063	2 068	2 065	2 047	2 030
Nombre d'écrans actifs	5 276	5 283	5 389	5 469	5 465	5 464
Entrées (en millions)	196	189	190	202	207	217
Recettes totales guichets (en millions d'euros)	1 139	1 121	1 142	1 236	1 309	1 371
Part de marché des films français (en % des recettes)	38,4	44,6	45,4	36,8	35,8	40,9

Source : Centre national du cinéma et de l'image animée.

Panorama du cinéma dans quelques pays du monde en 2011

	Allemagne	Australie	Espagne (p)	États-Unis	Italie (p)	Japon	Royaume-Uni
Longs métrages produits[1]	132	31	199	817	155	441	237
Nombre d'écrans	4 640	1 991	4 040	39 641	3 873	3 339	3 767
Recettes guichet (en millions d'euros)[2]	958,1	1 093,8	612,8	10 200,0	695,4	181,2	1 040,0
Part du cinéma national (en % des recettes)[3]	21,8	3,9	15,7	...	37,5	54,9	36,2

1. Films nationaux sortis en Allemagne et au Japon ; y compris les films étrangers tournés dans le pays pour l'Australie et les films entièrement financés et tournés par des sociétés américaines au Royaume-Uni.
2. En millions de livres sterling au Royaume-Uni, de dollars australiens en Australie, de dollars aux États-Unis (y compris Canada) et en milliards de yens au Japon.
3. En termes d'entrées en Allemagne et en Italie ; y compris les films produits à l'aide d'investissements américains pour le Royaume-Uni.
Source : Centre national du cinéma et de l'image animée.

20.6 Tourisme

La demande touristique internationale a poursuivi sa progression en 2011. Le nombre d'arrivées de **touristes internationaux** s'est accru de 5 % pour atteindre 985 millions dans le monde. L'Europe, qui absorbe plus de la moitié des touristes reçus, est la région qui a affiché la plus forte croissance, à la fois en termes relatifs (+ 6 % avec l'Asie et le Pacifique) et dans l'absolu (+ 29 millions de **visiteurs**). Le Moyen-Orient et l'Afrique du Nord sont les seules régions a avoir enregistré une baisse de la **fréquentation**, due au Printemps arabe et aux bouleversements politiques locaux.

Selon l'organisation mondiale du tourisme (OMT), les recettes du tourisme international ont atteint le chiffre record de 1 032 milliards de dollars, en progression de 4 % en valeur réelle, malgré les problèmes économiques de nombreux marchés émetteurs. En 2011, l'Europe est la région la plus dynamique, avec un nombre de **séjours** de touristes internationaux en hausse de 6 %. De ce fait, elle absorbe la plus grande part des recettes du tourisme international, soit 463 milliards de dollars. La France figure toujours au premier rang pour le nombre de séjours de touristes internationaux, et se classe troisième pour les recettes. Les États-Unis occupent le premier rang au titre des recettes et le deuxième rang pour les séjours.

La fréquentation des **hôtels** et des **campings** est en nette hausse en 2011, confirmant la progression amorcée en 2010. Le nombre de **nuitées** progresse ainsi de 3 % dans les hôtels pour atteindre environ 200 millions de nuitées, niveau très proche du point haut de 2007. Dans les campings, la progression est proche de 3 % également, avec 106 millions de nuitées, soit le plus haut niveau historique. Dans les hôtels, la hausse de la fréquentation s'explique à part quasiment égale par la progression des nuitées d'affaires (+ 3,5 %) et des nuitées personnelles (+ 3 %). La croissance enregistrée en 2011 est très majoritairement le fait de la clientèle française, dont la fréquentation augmente de 3,5 % dans les hôtels et de 4 % dans les campings. Pour la première fois, la fréquentation de la clientèle française franchit ainsi les 70 millions de nuitées dans les campings et les 130 millions dans les hôtels. Inversement, la hausse de fréquentation des clientèles étrangères ralentit. La fréquentation des clientèles européennes progresse à peine par rapport à 2010 (+ 0,4 % dans les hôtels comme dans les campings). Les clientèles lointaines (25 % de la clientèle étrangère des hôtels) sont à leur plus haut niveau de fréquentation depuis 2005, en hausse de 8 %. Avec 10 % de nuitées supplémentaires, l'Asie contribue le plus à la hausse des clientèles lointaines. Les Chinois sont beaucoup plus présents (+ 25 %) et les clientèles proche et moyen-orientales sont également en progression (+ 5 %). Suite à l'accident nucléaire de Fukushima, la fréquentation japonaise est en recul (– 3 %). ■

Définitions

Nuitées : nombre total de nuits passées par les clients dans un établissement ; deux personnes séjournant trois nuits dans un hôtel comptent ainsi pour six nuitées.

Séjours : les voyages se décomposent en séjours, définis par le fait d'avoir passé au moins une nuit en lieu fixe. La durée des séjours est comptabilisée en nuitées.

Visiteur : tous les voyageurs intéressant le tourisme sont appelés visiteurs. La durée du séjour permet de distinguer deux catégories de visiteurs : les touristes qui passent au moins une nuit (et au plus un an) hors de leur environnement habituel, et les excursionnistes, qui n'en passent aucune.

Fréquentation touristique, hébergement touristique, hôtellerie homologuée, hôtellerie de plein air (camping), tourisme, touriste international : voir rubrique « définitions » en annexes.

Pour en savoir plus

- « Le tourisme en France – Bilan 2011 », DGCIS, juillet 2012.
- « L'adéquation de l'offre touristique française à la demande étrangère » », *Le 4 pages* n° 19, DGCIS, mai 2012.
- « Nette hausse de la clientèle française dans les hôtels et les campings en 2011», *Le 4 pages* n° 17, DGCIS, mars 2012.
- « UNWTO – Faits saillants », OMT du tourisme, édition 2012.

Retrouvez le TEF sur www.insee.fr, rubrique Publications et services\Collections nationales\Insee Références

Capacité d'hébergement au 1er janvier 2012

	Lits	
	en milliers	en %
Hôtels de tourisme	1 229,4	6,1
Résidences de tourisme et hébergements assimilés	664,6	3,3
Campings	2 716,6	13,4
Villages de vacances et maisons familiales	271,2	1,3
Meublés classés de tourisme	728,2	3,6
Chambres d'hôtes	73,6	0,4
Auberges de jeunesse, centres internationaux de séjour, centres sportifs	35,6	0,2
Hébergement marchand	**5 719,3**	**28,3**
Résidences secondaires	14 514,6	71,7
Total	**20 233,8**	**100,0**

Champ : France métropolitaine.
Sources : Insee ; DGCIS ; partenaires régionaux ; fédérations professionnelles.

Visiteurs internationaux en France en 2011

	Arrivées de touristes	Nuitées de touristes	Arrivées d'excursionnistes
Total (en millions)	**81,4**	**581,3**	**118,8**
Pays de résidence (en %)			
UE à 27	**74,6**	**70,1**	**75,7**
dont : Allemagne	*14,3*	*14,1*	*19,1*
Belgique, Luxembourg	*13,2*	*10,5*	*29,0*
Espagne	*6,7*	*5,0*	*10,8*
Italie	*9,8*	*8,0*	*8,1*
Pays-Bas	*8,0*	*8,8*	*2,8*
Royaume-Uni	*15,2*	*14,4*	*4,0*
Autres pays européens	**8,6**	**7,1**	**20,8**
dont Suisse	*7,0*	*5,2*	*20,5*
Amérique	**8,1**	**10,4**	**2,1**
dont : Canada	*1,1*	*1,7*	*0,4*
États-Unis	*4,1*	*5,3*	*1,0*
Asie, Océanie	**6,1**	**7,1**	**0,9**
dont : Chine	*1,4*	*1,4*	*0,3*
Proche et Moyen-Orient	*1,0*	*1,4*	*0,1*
Afrique	**2,5**	**5,3**	**0,6**

Sources : DGCIS ; Banque de France, enquête EVE.

Arrivées de touristes aux frontières

en millions

Rang	Pays	1990	2000	2011 (p)	Évolution annuelle moyenne en % entre 1990 et 2011
1	**France**	**52,5**	**77,2**	**81,4**	**2,1**
2	États-Unis	39,4	51,2	62,3	2,2
3	Chine [1]	10,5	31,2	57,6	8,5
4	Espagne	34,1	46,4	56,7	2,5
5	Italie	26,7	41,2	46,1	2,6
6	Turquie	4,8	9,6	29,3	9,0
7	Royaume-Uni	18,0	23,2	29,2	2,3
8	Allemagne	17,0	19,0	28,4	2,5
9	Malaisie	7,4	10,2	24,7	5,9
10	Mexique	17,2	20,6	23,4	1,5
11	Autriche	19,0	18,0	23,0	0,9
12	Russie	7,2	19,2	22,7	5,6
13	Hong-Kong	6,6	8,8	22,3	6,0
14	Ukraine	...	6,4	21,4	...
15	Thaïlande	5,3	9,6	19,1	6,3
16	Arabie saoudite	...	6,6	17,5	...
17	Grèce	8,9	13,1	16,4	3,0
18	Canada	15,2	19,6	16,0	0,2
19	Pologne	3,4	17,4	13,4	6,7
20	Macao	...	5,2	12,9	...
	Total Monde	**436,1**	**673,6**	**984,9**	**4,0**

1. Hors Hong-Kong et Macao.
Source : Organisation mondiale du Tourisme.

Palmarès des sites culturels et récréatifs en 2011

en millions de visiteurs

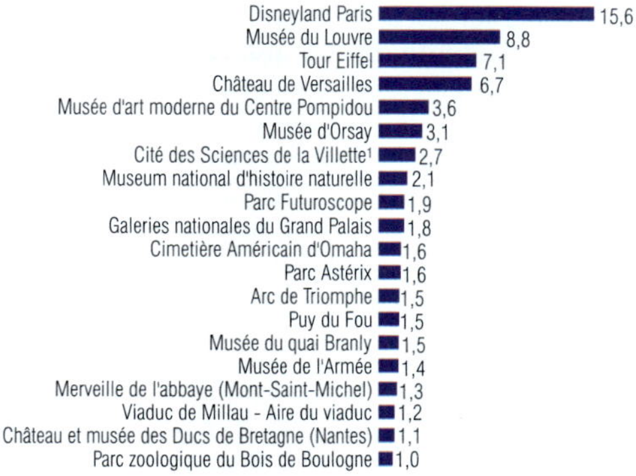

1. Hors fréquentation de la Géode.
Champ : France métropolitaine.
Sources : direction générale des Patrimoines ; Deps.

Entreprises du tourisme en 2010

	Nombre d'entreprises	Effectif salarié[1]	Chiffre d'affaires en millions d'euros
Hôtels et hébergements similaires	18 884	119 023	15 821
Autres hébergements touristiques	17 259	31 604	5 501
Restaurants	147 099	407 892	42 612
Débits de boissons	48 223	41 300	6 823
Agences de voyages et voyagistes	3 752	27 464	11 529
Autres activités de réservation	2 217	6 024	2 003
Total	**237 434**	**633 307**	**84 289**

1. Salariés en équivalent-temps plein.
Note : le terme entreprise auquel il est fait référence renvoie à une unité légale exerçant une activité au sein du système productif marchand.
Source : Insee, Esane 2010.

Recettes du tourisme international

en milliards de dollars US

Rang	Pays	1990	2000	2011 (p)	Évolution annuelle moyenne en % entre 1990 et 2011
1	États-Unis	43,0	82,9	116,1	4,8
2	Espagne	18,5	30,0	59,9	5,8
3	**France**	**20,2**	**33,0**	**54,5**	**4,8**
4	Chine [1]	2,2	16,2	48,5	15,8
5	Italie	16,5	27,5	43,0	4,7
6	Allemagne	14,2	18,7	38,8	4,9
7	Royaume-Uni	15,4	21,9	35,1	4,0
8	Australie	4,2	9,3	31,4	10,0
9	Macao	1,5	3,2	...	...
10	Hong-Kong	5,0	5,9	27,7	8,5
11	Thaïlande	4,3	7,5	26,3	9,0
12	Turquie	3,2	7,6	23,0	9,8
13	Autriche	13,4	9,8	19,9	1,9
14	Malaisie	1,7	5,0	19,6	12,5
15	Singapour	...	5,1	18,0	...
16	Suisse	7,4	6,6	17,6	4,2
17	Inde	...	3,5	17,5	...
18	Canada	6,3	10,8	16,7	4,7
19	Grèce	2,6	9,2	14,6	8,6
20	Pays-Bas	4,2	7,2	14,4	6,1
	Total Monde	**270,2**	**475,5**	**1 031,9**	**6,6**

1. Hors Hong-Kong et Macao.
Champ : transport exclu.
Source : Organisation mondiale du Tourisme.

20.7 Transports de voyageurs

En 2011, les **transports** intérieurs **de voyageurs**, mesurés en **voyageurs-kilomètres**, continuent d'augmenter (+ 0,7 % après + 0,9 %), à un rythme toutefois plus faible que les années antérieures à la récession. Les parts des modes de transports intérieurs de voyageurs évoluent légèrement en faveur du transport collectif. Les véhicules particuliers représentent 83 % du transport intérieur de voyageurs en 2011. La part de la route est de 88 %. Celles du ferré (11 %) et de l'aérien (1,4 %) augmentent légèrement.

La croissance de la circulation routière diminue par rapport à 2010. Cette évolution s'explique en partie par l'augmentation du prix des carburants, qui pèse pour un point environ sur la circulation des ménages. Le renouvellement du parc, que le dispositif de bonus-malus écologique et la prime à la casse ont favorisé, joue en sens contraire. Au total, la circulation des véhicules particuliers ralentit fortement en 2011 (+ 0,2 % après + 1 %).

Après une légère reprise en 2010, le transport collectif de voyageurs augmente à un rythme plus soutenu (+ 3,3 % après + 0,8 %). Cette accélération est portée par les transports collectifs non routiers. Les transports ferrés (dont le métro) augmentent et le transport aérien rebondit fortement après trois années consécutives de baisse. Les transports collectifs routiers poursuivent leur progression, à un rythme proche de celui de l'année précédente.

Le **transport ferroviaire de voyageurs** renoue avec la croissance en 2011 (+ 3,4 %) après deux années d'inertie en lien avec la crise économique, les grèves et les fortes intempéries neigeuses de la fin 2010. Tous les types de réseaux sont concernés par la hausse. Le TER enregistre la plus forte croissance ; la reprise entamée en 2010 pour le réseau TGV se renforce en 2011. Les grandes lignes hors TGV rompent un cycle de dix années de décroissance. Le Transilien progresse après deux années atones.

Le transport aérien de voyageurs croît fortement en 2011. Ce résultat doit cependant être relativisé par le fait que le transport aérien a été fortement affecté par les effets de la crise financière et économique en 2009 et par un ensemble d'événements ayant fortement ralenti la reprise en 2010 (notamment l'éruption du volcan Eyjafjöll et les chutes de neige très intenses de décembre 2010). Le nombre total de passagers augmente. Cette forte croissance est autant portée par l'international que par le transport intra-métropolitain, contrairement aux années précédentes.

Sur les liaisons trans-Manche, le nombre total de passagers augmente de 2,1 % soit une progression du même ordre qu'en 2010. Pour la huitième année consécutive, Eurostar (23 % des passagers) poursuit sa progression (+ 1,6 % en un an). Sur la façade méditerranéenne, le **transport maritime de voyageurs** marque le pas. Parmi les cinq plus grands ports français, seuls Marseille et Toulon enregistrent une croissance. ■

Définitions

Transport de voyageurs : comprend tout mouvement de voyageurs à bord d'un mode de transport quel qu'il soit (ferroviaire, routier, maritime, aérien...). Il se mesure en voyageurs-kilomètres ou, sur un trajet donné, en nombre de voyageurs.

Transport ferroviaire de voyageurs : comprend le transport de voyageurs du Transilien (réseau de trains de banlieue en Île-de-France dont les titres de transport sont propres à la zone du syndicat des transports d'Île-de-France) et le transport de voyageurs du réseau principal, composé du transport « grandes lignes », y compris Eurostar et les ID-TGV, et des services ferroviaires régionaux hors Île-de-France.

Voyageur-kilomètre : unité de mesure correspondant au transport d'un voyageur sur une distance d'un kilomètre.

Transport maritime de voyageurs, voyageur transporté : voir rubrique « définitions » en annexes.

Pour en savoir plus

- « Les comptes des transports en 2011 », rapport de la commission des Comptes des transports de la Nation, SOeS, juillet 2012.
- « Le transport collectif routier de voyageurs en 2011 : en progression depuis deux ans », *Chiffres & Statistiques* n° 324, SOeS, juin 2012.
- « Les transports intérieurs en 2011 : reprise concentrée sur le transport ferroviaire en début d'année », l*e point sur* n° 128, mai 2012.

Retrouvez le TEF sur www.insee.fr, rubrique Publications et services\Collections nationales\Insee Références

Transports intérieurs de voyageurs par mode

en milliards de voyageurs-kilomètres

	1990	2000	2011	11/10 en %
Voitures particulières[1]	617,3	754,4	812,7	0,2
Autobus, cars	40,7	42,0	51,1	2,4
dont RATP[2]	*2,2*	*2,5*	*3,1*	*2,3*
Transports ferroviaires	73,9	80,7	104,0	3,4
dont : SNCF	*63,7*	*69,1*	*89,0*	*3,6*
dont TGV	*14,9*	*34,5*	*54,9*	*4,0*
RATP[3]	*9,7*	*10,2*	*12,6*	*1,8*
Transports aériens	11,4	15,1	13,5	5,9
Total	**743,3**	**892,2**	**981,2**	**0,7**

1. Rebasement du bilan de la circulation (base 2007), série rétropolée jusqu'en 1990. Les voitures particulières incluent les véhicules immatriculés à l'étranger et les deux-roues motorisées. 2. Y compris tramways. 3. Métro et RER.
Source : SOeS, comptes des transports.

Passagers trans-Manche passant par la France

en milliers de passagers

	1995	2005	2011	11/10 en %
Passagers Eurotunnel	**7 758**	**17 027**	**18 996**	**3,7**
Passagers Eurostar	2 920	7 454	9 680	1,6
Navettes tourisme	4 394	8 094	7 878	4,4
Véhicules navettes fret	444	1 478	1 438	16,0
Passagers ferries[1]	**25 807**	**17 533**	**16 205**	**– 2,6**
dont Calais[1]	*17 056*	*11 695*	*10 063*	*– 1,7*
Passagers aériens	**3 315**	**7 523**	**6 643**	**10,4**
Paris-Londres[2]	3 315	2 391	1 788	9,0
Régions-Londres	...	5 132	4 855	11,0
Total	**36 880**	**42 083**	**41 844**	**2,1**

1. Y compris liaisons avec l'Irlande et les îles anglo-normandes.
2. Aéroports d'Orly et Roissy - Charles de Gaulle.
Source : SOeS, comptes des transports.

Fréquentation des lignes aériennes de voyageurs

en milliers de passagers

	1990	2000	2011	11/10 en %
Métropole - International	**36 959**	**66 972**	**101 911**	**6,9**
dont : métropole - Europe	*22 954*	*41 666*	*65 097*	11,1
métropole - Afrique	*7 126*	*10 170*	*15 794*	– 5,9
métropole - Amérique	*4 384*	*9 663*	*11 748*	5,4
Métropole - Intérieur	**22 640**	**30 747**	**26 880**	**6,5**
Paris - régions	17 281	21 165	16 694	7,4
Régions - régions	3 574	5 829	6 451	4,3
Métropole - outre-mer	1 785	3 754	3 735	6,9
Total métropole	**59 598**	**97 719**	**128 791**	**6,8**
Outre-mer - International	1 458	1 912	2 215	5,5
Outre-mer - outre-mer	1 312	2 063	2 164	– 0,6
Total	**62 368**	**101 694**	**133 170**	**6,7**

Source : SOeS, comptes des transports.

Fréquentation des principaux aéroports européens

en millions de passagers

	2011	2011/10 en %
1 Londres / Heathrow (UK)	69,5	5,2
2 Paris / Charles-de-Gaulle (FR)	**60,9**	**3,2**
3 Francfort-sur-le-Main (DE)	56,6	6,2
4 Amsterdam / Schiphol (NL)	49,8	10,1
5 Madrid / Barajas (ES)	49,6	– 0,5
6 Rome / Fiumicino (IT)	37,9	3,2
7 Munich (DE)	37,9	8,8
8 Barcelone (ES)	34,3	17,6
9 Londres / Gatwick (UK)	33,7	7,3
10 Paris / Orly (FR)	**27,1**	**6,0**

Source : Eurostat.

Évolution des volumes de transports intérieurs de voyageurs de 1990 à 2011

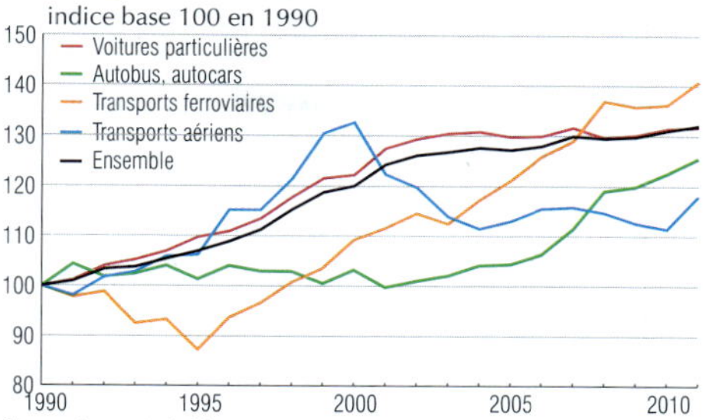

Champ : transports intérieurs en voyageurs-kilomètres.
Source : SOeS, comptes des transports

Voitures particulières

	1990	2000	2011
Parc moyen (en millions de voitures)	23,3	27,8	31,4
Parcours moyen (en milliers de km/véhicule)	13,4	13,5	12,7
dont : véhicules essence	*11,9*	*10,7*	*8,5*
véhicules diesel	*21,3*	*18,8*	*15,6*

Note : l'ensemble des séries constitutives du bilan de la circulation a été rebasé en 2011.
Champ : véhicules immatriculés en France métropolitaine.
Source : SOeS, comptes des transports.

Trafic maritime des principaux ports européens

en millions de passagers

	2000	2005	2009	2010	10/09 en %
Douvres (UK)	16,2	13,5	13,3	13,4	0,7
Paloukia & Perama (GR)[1]	...	11,7	12,8	12,7	– 0,9
Messine (IT)	11,9	9,8	10,4	10,8	3,1
Calais (FR)	**15,1**	**11,7**	**10,2**	**10,2**	**0,8**
Reggio de Calabre (IT)	11,8	9,6	11,0	9,9	– 10,5
Helsinki (FI)	9,3	8,9	9,1	9,8	8,4
Le Pirée (GR)	7,3	11,1	10,4	9,6	– 8,1
Stockholm (SE)	7,7	8,2	9,1	9,1	0,6
Helsingborg (SE)[2]	13,5	11,1	9,4	8,5	– 9,3
Helsingor (DK)[2]	13,3	11,0	9,4	8,5	– 9,4

1. Paloukia & Perama assurent la liaison par ferry entre la Grèce et l'île de Salamine.
2. Les deux ports sont éloignés de 4 km et reliés par la même ligne de ferry.
Champ : passagers embarqués et débarqués.
Source : Eurostat.

Transport aérien de passagers dans quelques pays européens

en millions de passagers

	2008 (r)	2009 (r)	2010 (r)	2011
Allemagne	167,8	160,6	168,8	177,1
Autriche	24,1	22,0	23,7	25,3
Belgique	22,3	21,7	23,0	25,4
Danemark	24,5	22,4	24,5	25,9
Espagne	162,2	149,0	153,9	165,7
France	**122,7**	**117,6**	**126,3**	**132,8**
Grèce	35,1	33,4	32,6	33,8
Irlande	30,2	26,4	23,2	23,4
Italie	106,5	103,3	110,7	117,5
Pays-Bas	50,7	46,7	48,9	54,2
Portugal	24,8	23,8	25,4	27,2
Royaume-Uni	214,9	199,2	193,5	202,0
Suède	28,1	25,4	26,9	29,9
Finlande	14,8	13,8	14,3	16,4
UE à 27	**804,0**	**757,5**	**786,6**	**827,6**

Source : Eurostat.

20.8 Transports de marchandises

En 2011, le **transport intérieur terrestre de marchandises** croît à un rythme ralenti (+ 2,4 %). L'ampleur de la baisse des années 2008 et 2009 a été telle qu'en dépit de ce redressement le transport intérieur terrestre de marchandises se situe à son niveau d'il y a dix ans.

La croissance du transport intérieur routier de marchandises ralentit. La hausse est portée par le transport national tandis que le **transport international** marque le pas du fait du recul du **pavillon** français. L'international sous pavillon étranger continue à augmenter légèrement. Le transport intérieur routier réalisé par les poids lourds augmente plus fortement pour le pavillon français que pour les pavillons étrangers. Le transit sous pavillon étranger recule en effet en lien avec la dégradation de la situation économique en Espagne et en Italie. Par ailleurs, le **cabotage**, déjà stable en 2010, continue de marquer le pas. Les biens d'équipement, les matériaux de construction et minéraux ainsi que les **conteneurs** contribuent à la hausse du transport de marchandises tandis que le transport de produits énergétiques et l'agroalimentaire reculent.

Après deux années de forte baisse, le transport ferroviaire se redresse (+ 14 % en **tonnes-kilomètres** intérieures). Environ la moitié de cette augmentation provient du rattrapage en janvier 2011 des perturbations de fin 2010 (enneigement et grèves à la SNCF). Le transport national, stable en 2010, croît fortement et se rapproche ainsi du niveau qui prévalait avant crise. L'international, en échange ou en transit, augmente plus fortement en 2011 (+ 19 %) sans retrouver le niveau d'avant crise.

Le transport fluvial diminue en 2011 après une année 2010 de hausse. Ce recul résulte de la forte baisse des produits agricoles, après la situation exceptionnelle de 2010. Elle résulte également de la baisse des combustibles minéraux du fait de conditions climatiques clémentes en hiver.

Le transport par oléoducs augmente en 2011 pour la première fois depuis cinq ans (+ 2 % après – 4 % en 2010).

En 2011, les tonnages de marchandises traités dans les ports français reculent de nouveau après avoir connu un léger redressement en 2010. Cette baisse est liée à celle des **vracs** solides. Par contre, face aux difficultés que connaît le secteur du raffinage, les vracs liquides résistent plutôt bien après deux années de baisse. Le volume de conteneurs traités, mesuré en tonnes, diminue dans les principaux ports français. Cette baisse, au profit semble-t-il d'autres ports européens comme Rotterdam ou Anvers, pourrait expliquer la croissance du transport routier de conteneurs (les conteneurs arrivant dans ces ports étant par la suite davantage transportés par route). Au total, les tonnages de marchandises traités dans les ports français se situent au niveau d'il y a dix ans. ■

Définitions

Tonne-kilomètre : unité de mesure sommable correspondant au transport d'une tonne sur une distance d'un kilomètre. Par rapport aux tonnes, les tonnes-kilomètres ont l'avantage d'être « additives » : un déplacement de 10 tonnes sur 100 kilomètres suivi d'un déplacement de 10 tonnes sur 50 kilomètres donnent au total 1 500 tonnes-kilomètres, alors que l'addition des poids transportés n'a pas de sens.

Transport de marchandises : comprend tout mouvement de marchandises à bord d'un mode de transport quel qu'il soit : ferroviaire, routier, fluvial, maritime, aérien... Il se mesure en tonnes-kilomètres ou, sur un trajet donné, en tonnes.

Cabotage, conteneur, fret, pavillon, transports intérieurs, transports internationaux, vracs : voir rubrique « définitions » en annexes.

Pour en savoir plus

- « 4,7 millions de poids lourds en transit à travers la France en 2010, moins nombreux qu 'en 2004 mais plus performants notamment au plan environnemental », *Le point sur* n° 136, SOeS, août 2012.
- « Les comptes des transports en 2011 », les rapports à la Commission des Comptes des transports de la Nation, SOeS, juillet 2012.
- « Le transport ferroviaire de marchandises en 2011 », *Chiffres & Statistiques* n° 337, SOeS, juillet 2012.
- « Les transports intérieurs en 2011 : reprise concentrée sur le transport ferroviaire en début d 'année », *Le point sur* n° 128, SOeS, mai 2012.

Retrouvez le TEF sur www.insee.fr, rubrique Publications et services\Collections nationales\Insee Références

Transports intérieurs terrestres de marchandises par mode

en milliards de tonnes-kilomètres

	1990	2000	2011	11/10 en %
Transport routier	**193,9**	**282,5**	**315,9**	**1,4**
Pavillon français	155,8	203,0	200,5	2,1
National	137,7	181,8	190,8	2,4
International	16,8	20,7	9,6	– 3,0
Transit	1,3	0,5	0,1	0,0
Pavillon étranger	38,0	79,5	115,4	0,2
Cabotage	...	2,2	6,3	1,0
International	17,2	37,7	55,7	1,0
Transit	20,8	39,5	53,5	– 0,8
Transport ferroviaire	**52,2**	**57,7**	**34,2**	**14,1**
National	31,5	29,9	25,4	12,4
International	15,0	18,5	6,6	16,6
Transit	5,7	9,3	2,2	28,4
Transport fluvial	**7,2**	**7,3**	**7,9**	**– 2,4**
National	4,3	4,1	5,0	– 0,2
International	2,9	3,1	2,9	– 4,7
Oléoducs	**19,6**	**21,7**	**18,1**	**2,1**
Transports terrestres	**272,9**	**369,2**	**376,0**	**2,4**
National	173,5	218,1	227,4	3,3
International	71,6	101,6	92,9	1,6
Transit	27,8	49,4	55,8	0,1

Source : SOeS, compte des transports.

Transport intérieur de marchandises par mode de 1985 à 2011

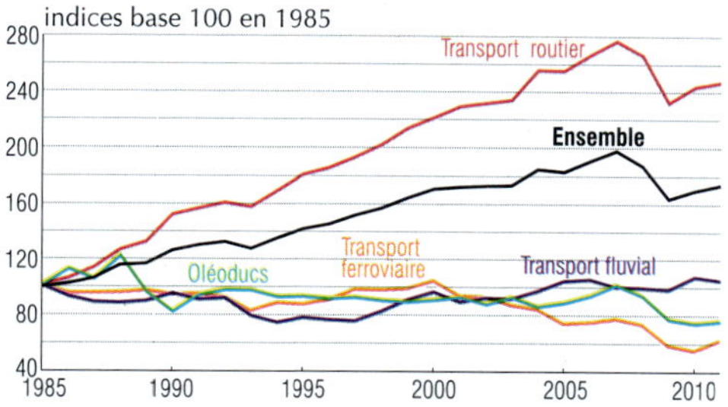

Champ : transport intérieur en tonnes-kilomètres, y compris transit. Transport fluvial hors transit.
Source : SOeS, compte des transports.

Transport ferroviaire de marchandises au sein de l'Union européenne

en milliards de tonnes-kilomètres

	2009	2010	
			en %
Allemagne	95,8	107,3	27,5
Pologne	43,4	48,7	12,5
France	**32,1**	**30,0**	**7,7**
Suède	20,4	23,5	6,0
Royaume-Uni	19,2	18,6	4,8
Lettonie	18,7	17,2	4,4
Italie	17,8	18,6	4,8
Autriche	17,8	19,8	5,1
République tchèque	12,8	13,8	3,5
Lituanie	11,9	13,4	3,4
Autres pays	71,1	79,1	20,3
UE à 27	**361,0**	**390,0**	**100,0**

Source : Eurostat.

Transport intérieur terrrestre de marchandises selon le mode de transport

en % de tonnes-kilomètres

	1990	2000	2005 (r)	2011
Transport ferroviaire	19,1	15,6	10,3	9,1
Transport routier	71,0	76,5	82,4	84,0
Navigation fluviale	2,6	2,0	2,0	2,1
Oléoducs	7,2	5,9	5,4	4,8
Total (en Mds de tonnes-km)	**272,9**	**369,2**	**396,0**	**376,0**

Champ : transport y compris transit.
Source : SOeS, compte des transports.

Salariés dans le transport routier de fret et par conduite

	Effectifs en milliers[1]			2011/10
	1998 (r)	2010 (r)	2011	en %
Transport routier de fret et par conduite	**296**	**339**	**349**	**2,9**
dont transport routier de fret	*292*	*335*	*345*	*2,8*
dont : interurbains	*172*	*176*	*179*	*1,7*
de proximité	*88*	*128*	*134*	*4,5*

1. Effectifs au 31 décembre.
Source : SOeS, comptes des transports.

Activité des principaux ports maritimes européens

en millions de tonnes

	2000	2005	2009	2010
1 Rotterdam (NL)	302,5	345,8	(r) 353,9	395,8
2 Anvers (BE)	116,0	145,8	142,1	160,0
3 Hambourg (DE)	77,0	108,3	94,8	104,5
4 Marseille (FR)	**91,3**	**93,3**	**79,8**	**82,4**
5 Amsterdam (NL)	42,0	47,1	(r) 72,8	72,7
6 Le Havre (FR)	**63,9**	**70,8**	**69,2**	**65,8**
7 Algésiras (ES)	...	55,2	55,8	58,6
8 Grimsby & Immingham (UK)	52,5	60,7	54,7	54,0
9 Valence (ES)	22,0	35,0	48,3	53,1
10 Bergen (NO)	...	73,9	56,0	49,8
11 Londres (UK)	47,9	53,8	45,4	48,1
12 Bremerhaven (DE)	24,8	33,7	42,7	45,9
13 Goteborg (SE)	33,3	36,5	38,9	42,9
14 Milford Haven (UK)	33,8	37,5	39,3	42,8
15 Gênes (IT)	43,8	42,6	42,7	41,4

Note : poids brut de marchandises.
Source : Eurostat.

Principaux aéroports européens selon le volume de fret et de courrier traité

en milliers de tonnes

	2010	2011
1 Francfort-sur-le-Main (DE)	2 339,0	2 287,7
2 Londres/Heathrow (UK)	1 551,3	1 569,3
3 Amsterdam/Schiphol (NL)	1 538,0	1 549,5
4 Paris/Charles-de-Gaulle (FR)	**(r) 1 292,4**	**1 256,7**
5 Leipzig/Halle (DE)	687,1	776,8
6 Cologne/Bonn (DE)	666,5	759,7
7 Liège/Bierset (BE)	638,9	673,6
8 Luxembourg (LU)	694,8	668,4
9 Milan/Malpensa (IT)	432,7	450,4
10 Bruxelles/National (BE)	419,8	431,1
11 Madrid/Barajas (ES)	400,2	421,6
12 Francfort/Hahn (DE)	287,1	348,1

Source : Eurostat.

Annexes

Définitions
Adresses utiles
Index alphabétique

Définitions

A

Accident corporel de la circulation : accident impliquant au moins un véhicule routier en mouvement, survenant sur une voie ouverte à la circulation publique, et dans lequel au moins une personne est blessée ou tuée. Sont exclus les actes volontaires (homicides volontaires, suicides) et les catastrophes naturelles. Sont comptées comme « tuées » les victimes d'accidents décédées sur le coup ou dans les trente jours qui suivent l'accident. Avant le 1er janvier 2005, le délai retenu n'était que de six jours. Sont comptées comme « blessées » les victimes d'accidents ayant subi un traumatisme nécessitant un traitement médical (avec ou sans hospitalisation). Le coefficient de passage estimant le nombre de tués à trente jours à partir du nombre de tués à six jours est de 1,057. Il est valable depuis 1993.

Accident du travail : accident survenu par le fait ou à l'occasion du travail à toute personne salariée ou travaillant, à quelque titre ou en quelque lieu que ce soit, pour un ou plusieurs employeurs ou chefs d'entreprise.

Activités immobilières : marchands de biens immobiliers, location et exploitation de biens immobiliers propres ou loués, agences immobilières et administrateurs d'immeubles.

Addiction : relation de dépendance plus ou moins aliénante pour l'individu, et plus ou moins acceptée et parfois totalement rejetée par l'environnement social de ce dernier, à l'égard d'un produit (drogue, tabac, alcool, médicaments...), d'une pratique (jeu, achat, sexe, internet...).

Administrations publiques : ensemble des unités institutionnelles dont la fonction principale est de produire des services non marchands ou d'effectuer des opérations de redistribution du revenu et des richesses nationales. Elles tirent la majeure partie de leurs ressources de contributions obligatoires. Le secteur des administrations publiques comprend les administrations publiques centrales, les administrations publiques locales et les administrations de sécurité sociale.

Administrations publiques locales : comprennent les collectivités locales et les organismes divers d'administration locale (ODAL). Les collectivités locales regroupent les collectivités territoriales à compétence générale (communes, départements et régions), les groupements de communes à fiscalité propre (métropoles, communautés urbaines, communautés d'agglomération et communautés de communes, syndicats d'agglomération nouvelle) et certaines activités des syndicats de communes. Les ODAL regroupent principalement des établissements publics locaux (centres communaux d'action sociale, caisses des écoles, services départementaux d'incendie et de secours,...), les établissements publics locaux d'enseignement (collèges, lycées d'enseignement général et professionnel), les associations récréatives et culturelles financées majoritairement par les collectivités territoriales et les chambres consulaires (commerce et industrie, agriculture et métiers).

***ADSL* :** technologie d'accès à Internet qui tire parti des hautes fréquences de la ligne téléphonique pour transmettre des données numériques à très haute vitesse. Le sigle anglais *ADSL* signifie *Asymmetric Digital Subscriber Line.*

Affection de longue durée (ALD) : maladie qui nécessite des soins prolongés et des traitements particulièrement coûteux. Elle donne droit à exonération du ticket modérateur pour tous les actes en rapport avec elle (prise en charge à 100 % des dépenses liées à ces soins et traitements).

Âge : l'âge est la durée écoulée depuis la naissance. Il peut être calculé selon deux définitions, soit l'âge par génération ou âge atteint dans l'année, soit l'âge en années révolues. L'âge généralement utilisé est l'âge atteint dans l'année. Il correspond à la différence entre l'année de l'événement et l'année de naissance de l'individu. L'âge en années révolues est l'âge au dernier anniversaire. Aussi, à la date de l'événement, dans une même génération, l'âge en années révolues n'est pas le même pour toutes les personnes.

Agents non financiers (ANF) résidents : ensemble regroupant les ménages, les institutions sans but lucratif au service des ménages (ISBLSM), les sociétés non financières et les administrations publiques.

Agrégats monétaires (M1, M2, M3) : recensent les avoirs financiers les plus liquides des agents non financiers de la zone euro. L'agrégat M1 est composé des moyens de paiements (dépôts à vue et billets et pièces). M2 comprend, en plus de M1, les dépôts à court terme (comptes sur livrets). M3 inclut, outre M2, les instruments négociables détenus sur des institutions monétaires (notamment titres d'OPCVM monétaires et certificats de dépôts).

Aides au logement : les aides au logement (ou allocations logement) sont des prestations sociales dont la finalité est de réduire les dépenses de logement des familles (loyer, mensualités d'emprunt). Elles sont accordées sous condition de ressources, permettant donc aux bénéficiaires de parvenir au niveau du minimum concerné. Elles sont calculées en tenant compte également de la situation familiale, de la nature du logement et du lieu de résidence du bénéficiaire.

Aide sociale : destinée aux personnes dont les ressources sont trop faibles pour faire face aux besoins liés au handicap, à la maladie, à la vieillesse ou à des difficultés sociales ou économiques, elle dispense des prestations et des services répartis en trois secteurs principaux : l'aide aux personnes âgées, l'aide aux personnes handicapées et l'aide sociale à l'enfance. Depuis le 1er janvier 1984, la quasi-totalité de l'aide sociale a été transférée aux départements. La gestion de l'allocation du Revenu minimum d'insertion (RMI) puis du Revenu de solidarité active (RSA) socle l'a été au 1er janvier 2004.

Aide sociale à l'enfance (ASE) : elle recouvre trois prestations principales. Il s'agit des actions éducatives (à domicile ou en milieu ouvert), les mesures de placement et des aides financières. Ces prestations sont accordées lorsque la santé de l'enfant, sa sécurité, son entretien ou son éducation l'exigent. Elles concernent les jeunes de moins de 21 ans.

Aide sociale départementale (ASD) : les compétences des départements en matière d'aide sociale recouvrent l'aide sociale aux personnes âgées, aux personnes handicapées, à l'enfance et les dépenses au titre de l'insertion.

Aire urbaine : le zonage en aires urbaines 2010 distingue trois types d'aires :
– les « grandes aires urbaines », ensemble de communes, d'un seul tenant et sans enclave, constitué par un pôle urbain (unité urbaine) de plus de 10 000 emplois, et par des communes rurales ou unités urbaines (couronne périurbaine) dont au moins 40 % de la population résidente ayant un emploi travaille dans le pôle ou dans des communes attirées par celui-ci.
– les « moyennes aires », ensemble de communes, d'un seul tenant et sans enclave, constitué par un pôle (unité urbaine) de 5 000 à 10 000 emplois, et par des communes rurales ou unités urbaines dont au moins 40 % de la population résidente ayant un emploi travaille dans le pôle ou dans des communes attirées par celui-ci.
– les « petites aires », ensemble de communes, d'un seul tenant et sans enclave, constitué par un pôle (unité urbaine) de 1 500 à 5 000 emplois, et par des communes rurales ou unités urbaines dont au moins 40 % de la population résidente ayant un emploi travaille dans le pôle ou dans des communes attirées par celui-ci.

Alcool : substance liquide d'origine naturelle (alcool éthylique) obtenue par fermentation de végétaux riches en sucre ou par distillation, l'alcool est consommé pour ses effets euphorisants et désinhibants. Sa consommation peut entraîner une forte dépendance psychique et physique avec syndrome de manque en cas de sevrage, pouvant aller jusqu'à des délires hallucinatoires (*delirium tremens*). Les effets toxiques sont multiples : cirrhose du foie, cancer du foie, maladies cardiovasculaires, cancer des voies aérodigestives supérieures, etc.

Allocation aux adultes handicapés (AAH) : permet de garantir un revenu minimum aux personnes handicapées. Ce droit est ouvert dès lors que la personne handicapée ne peut prétendre à un avantage vieillesse, invalidité ou rente d'accident du travail d'un montant au moins égal à celui de l'AAH. Pour pouvoir bénéficier de l'AAH, la personne handicapée doit remplir un certain nombre de conditions d'âge, d'incapacité, de résidence et de nationalité ainsi que de ressources.

Allocation compensatrice pour tierce personne (ACTP) : prestation versée par le conseil général et destinée aux personnes handicapées dont le taux d'incapacité, reconnu par la commission des droits et de l'autonomie des personnes handicapées (CDAPH), est au moins de 80 % et qui ont besoin de l'aide d'une autre personne pour les actes essentiels de la vie (par exemple : se laver, marcher, s'habiller).

Allocation de solidarité aux personnes âgées (ASPA) : allocation différentielle versée aux personnes âgées (65 ans ou plus ou 60 ans en cas d'inaptitude) disposant de faibles ressources, quel que soit le nombre de trimestres validés auprès de régimes de retraite. Elle remplace depuis le 1er janvier 2007 les anciennes prestations du minimum vieillesse (premier et second étage).

Allocation supplémentaire du minimum vieillesse (ASV) : allocation du deuxième étage du minimum vieillesse, géré par le Fonds de solidarité vieillesse. L'ASV est une allocation différentielle qui permet d'atteindre le seuil du minimum vieillesse. Elle est encore versée aux bénéficiaires des anciennes allocations du minimum vieillesse, qui ont choisi de ne pas recevoir l'ASPA.

Amende forfaitaire : procédure simplifiée qui permet à un contrevenant d'éviter des poursuites pénales par le paiement d'une somme forfaitaire.

Autorisations de construire (ou logement autorisé) : décision administrative prise par une autorité publique compétente à cet égard, et ayant pour objet d'autoriser la construction d'un logement ou d'un local non résidentiel.

Appellation d'origine protégée (AOP) : correspond à l'appellation d'origine contrôlée au niveau européen. C'est le nom d'une région, d'un lieu déterminé ou, dans des cas exceptionnels, d'un pays, qui sert à désigner un produit agricole ou une denrée alimentaire originaire de cette région, de ce lieu déterminé ou de ce pays, dont la qualité ou les caractères sont dus essentiellement ou exclusivement au milieu géographique comprenant les facteurs naturels et humains et dont la production, la transformation et l'élaboration ont lieu dans l'aire géographique délimitée.

Apprenti : jeune âgé de 16 à 25 ans préparant un diplôme de l'enseignement professionnel ou technologique dans le cadre d'un contrat de travail de type particulier associant une formation en entreprise (sous la responsabilité d'un maître de stage) et des enseignements dispensés dans un centre de formation d'apprentis (CFA).

Aquaculture : activité regroupant la pisciculture (élevage de poisson) marine et continentale, la conchyliculture (élevage de coquillages marins tels qu'huîtres, moules, palourdes, etc.) ainsi que l'élevage de crustacés.

Artisanat commercial : regroupe les entreprises ayant pour activité la charcuterie, la boulangerie, la boulangerie-pâtisserie, la pâtisserie, la cuisson de produits de boulangerie.

Auto-entrepreneur : le régime de l'« auto-entrepreneur » s'applique depuis le 1er janvier 2009 aux personnes physiques qui créent ou possèdent déjà une entreprise individuelle pour exercer une activité commerciale, artisanale ou libérale (hormis certaines activités exclues), à titre principal ou complémentaire, et dont l'entreprise individuelle remplit les conditions du régime fiscal de la micro-entreprise et qui opte pour exercer en franchise de TVA. Il offre des formalités de création d'entreprises allégées ainsi qu'un mode de calcul et de paiement simplifié des cotisations sociales et de l'impôt sur le revenu. L'auto-entrepreneur bénéficie d'un régime microsocial simplifié, d'une dispense d'immatriculation au registre du commerce et des sociétés (RCS) pour les commerçants, ou au répertoire des métiers (RM) pour les artisans (toutefois, l'auto-entrepreneur qui crée une activité artisanale à titre principal, doit s'inscrire au RM), une exonération de TVA et, sur option, d'un régime micro-fiscal simplifié (versement libératoire de l'impôt sur le revenu) et d'une exonération de la cotisation foncière des entreprises pendant 3 ans à compter de la date de création. Les professions libérales relevant de la Caisse interprofessionnelle de prévoyance et d'assurance vieillesse (CIPAV) et les créateurs d'activité à compter du 1er janvier 2009 peuvent également bénéficier du statut d'auto-entrepreneur. Depuis janvier 2011, l'auto-entrepreneur peut bénéficier du statut de l'EIRL (entrepreneur individuel à responsabilité limitée) en affectant à son activité professionnelle un patrimoine spécifique séparé de son patrimoine personnel. Il conserve toutefois le régime fiscal et social forfaitaire lié au régime de l'auto-entreprise.

B

Baccalauréat : le baccalauréat général sanctionne une formation générale à dominante scientifique (S), économique et sociale (ES) ou littéraire (L) organisée autour d'un noyau cohérent de disciplines dominantes dans le cadre d'une formation générale. Le baccalauréat technologique associe une formation générale à une formation couvrant un champ technologique d'ensemble. Le baccalauréat professionnel, créé en 1985, sanctionne une formation plus concrète débouchant sur un métier permettant l'entrée dans la vie active, même si, comme tout baccalauréat, il donne le droit de poursuivre des études supérieures.

Balance commerciale : compte qui retrace la valeur des biens exportés et la valeur des biens importés. Pour calculer la balance commerciale, la comptabilité nationale procède à l'évaluation des importations et des exportations de biens à partir des statistiques douanières de marchandises. Des correctifs sont apportés à celles-ci : d'une part, les échanges se rapportant à la récupération sont déduits des flux douaniers, d'autre part, on y ajoute ceux de matériel militaire ainsi que l'avitaillement des navires et des avions. Si la valeur des exportations dépasse celle des importations, on dit qu'il y a excédent commercial ou que la balance commerciale est excédentaire; si les importations sont supérieures aux exportations, le pays a un déficit commercial ou sa balance commerciale est déficitaire. En France la balance commerciale ne couvre que les biens. Les services sont pris en compte dans la balance des biens et des services, contrairement à d'autres pays où la balance commerciale couvre les biens et les services.

Bien durable : bien de consommation dont l'utilisation s'étend sur une longue période et dont la valeur diminue lentement avec le temps, voire s'apprécie dans certains cas. Une conséquence de ce phénomène est qu'un produit durable conserve une valeur après usage et qu'il peut exister un marché de l'occasion. Les véhicules, les meubles et l'équipement ménager ou de loisir sont des biens durables.

Biodiversité : définie par la Convention sur la diversité biologique comme la variabilité des êtres vivants de toute origine y compris, entre autres, les écosystèmes aquatiques et les complexes écologiques dont ils font partie. Cela comprend la diversité au sein des espèces ainsi que celle des écosystèmes. Le concept de biodiversité concerne donc toutes les composantes et les variations du monde vivant. Les scientifiques distinguent trois niveaux d'organisation : la diversité écologique (les écosystèmes), la diversité spécifique (les espèces) et la diversité génétique (les gènes). Une autre composante essentielle et constitutive de la biodiversité sont les interactions au sein et entre chacun de ces trois niveaux.

Biomasse : ensemble des matières organiques pouvant devenir des sources d'énergie. Elles peuvent être utilisées soit directement (bois énergie) soit après une méthanisation de la matière organique (biogaz) ou de nouvelles transformations chimiques (biocarburant). Elles peuvent aussi être utilisées pour le compostage.

Branche agricole : regroupe toutes les unités d'activités économiques suivantes : culture de végétaux (y compris maraîchage et horticulture), élevage d'animaux, activités de travaux agricoles à façon, chasse et activités annexes. Outre les exploitations agricoles, les unités caractéristiques de la branche comprennent les groupements de producteurs (coopératives) produisant du vin et de l'huile d'olive et les unités spécialisées qui fournissent des machines, du matériel et du personnel pour l'exécution de travaux agricoles à façon.

Branche d'activité : regroupe des unités de production homogènes, c'est-à-dire qui fabriquent des produits (ou rendent des services) qui appartiennent au même item de la nomenclature d'activité économique considérée. Au contraire, un secteur regroupe des entreprises classées selon leur activité principale.

Branche de recherche : branche d'activité économique bénéficiaire des travaux de R&D. Il existe trente et une branches de recherche définies à partir de la nomenclature d'activités française (NAF rév. 2).

Brevet : le brevet protège une innovation technique, c'est-à-dire un produit ou un procédé qui apporte une solution technique à un problème technique donné. L'invention pour laquelle un brevet pourra être obtenu, en France, auprès de l'Institut national de la propriété industrielle (Inpi) doit également être nouvelle, impliquer une activité inventive et être susceptible d'application industrielle. De nombreuses innovations peuvent faire l'objet d'un dépôt de brevet, à condition de répondre aux critères de brevetabilité et de ne pas être expressément exclues de la protection par la loi. Certaines inventions ne sont pas brevetables mais peuvent faire l'objet d'autres types de protection, comme le dépôt de dessins et modèles ou le droit d'auteur.

Brevet de technicien supérieur (BTS) : brevet obtenu après deux ans d'études en section de technicien supérieur (STS) dans un lycée.

Brevet d'études professionnelles (BEP) : diplôme de niveau V se préparant en deux ans après la troisième. En voie d'extinction suite à la réforme de la voie professionnelle, il est progressivement remplacé par le baccalauréat professionnel préparé en trois ans après la troisième.

Bureau international du travail (BIT) : organisme rattaché à l'ONU et chargé des questions générales liées au travail dans le monde, il réside à Genève. Il harmonise les concepts et définitions relatives au travail et à l'emploi, en particulier celles relatives à la population active occupée et aux chômeurs.

C

Cabotage : modalité de transport national (origine et destination dans le même pays). Le cabotage maritime concerne le transport maritime de courte distance effectué par un pavillon national ou étranger ; le cabotage routier, le transport routier de marchandises effectué par un véhicule d'un pavillon étranger.

CAF (coût, assurance, fret) : mesure des importations en France valorisées avec les coûts d'acheminement (transport et assurance) jusqu'à la frontière française.

Caisse de crédit municipal : établissement public communal de crédit et d'aide sociale, qui a notamment pour mission de combattre l'usure pour l'octroi de prêts sur gages corporels dont elle a le monopole. Elle peut réaliser toutes opérations avec les établissements de crédit, recevoir des fonds des personnes physiques et des personnes morales, mettre à la disposition de ces personnes des moyens de paiement et réaliser avec elles des opérations connexes.

Caisse nationale d'assurance vieillesse (Cnav) : organisme qui gère la retraite du régime général de la Sécurité sociale, c'est-à-dire la retraite de base des salariés du commerce, de l'industrie et des services.

Catégories d'emploi de la fonction publique : catégories statutaires qui recouvrent en partie les catégories socioprofessionnelles. La catégorie A – fonctions d'études générales, de conception et de direction – est comparable aux cadres. La catégorie B – fonctions d'application – est comparable aux professions intermédiaires et la catégorie C – fonctions d'exécution – est comparable aux ouvriers et employés.

Camping : voir Hôtellerie de plein air.

Cannabis : plante herbacée classée comme stupéfiant. Elle est utilisée pour la production de marijuana (herbe), de résine (haschisch) et d'huile de cannabis. La teneur en principe psychoactif de ces différentes formes varie selon les zones et les modes de production, les parties de la plante utilisées et les procédés de fabrication. Elle est le plus souvent fumée sous forme de cigarette.

Capacité d'accueil des établissements de santé : il s'agit du nombre de lits (dont les berceaux et couveuses agréés) pour l'hospitalisation complète et du nombre de places pour l'hospitalisation partielle. Le nombre de places est égal au nombre de patients pouvant être accueillis en même temps.

Capacité et besoin de financement : la capacité de financement est le montant net dont dispose une unité ou un secteur pour financer, directement ou indirectement, d'autres unités ou d'autres secteurs. Dans le cadre de la comptabilité nationale, la capacité et le besoin de financement sont définis comme le solde du compte de capital. Ce solde est égal à l'épargne brute augmentée des transferts nets en capital et diminuée des dépenses faites à des fins d'accumulation du capital non financier : formation brute de capital fixe (FBCF), variations de stocks, acquisitions nettes d'objets de valeur et d'actifs non financiers non produits (terrains, actifs incorporels, etc). On parle de capacité de financement si le solde est positif et de besoin de financement s'il est négatif. Pour les finances publiques, ce solde au sens de la comptabilité nationale diffère légèrement de l'excédent ou du déficit public au sens du traité de Maastricht (déficit public notifié). L'écart provient d'un traitement différent des flux nets d'intérêts liés aux contrats d'échange de taux et de devises (opérations de *swaps*) effectués par les administrations publiques.

Capacité et besoin de financement de la protection sociale : la capacité ou le besoin de financement de la protection sociale désigne la différence entre le montant des emplois et le montant des ressources de la protection sociale. Cette définition diffère de celle utilisée dans le cadre de la comptabilité nationale.

Capital-investissement : prise de participation en capital dans des entreprises généralement non cotées en bourse. Le capital-investissement est un soutien fondamental de l'entreprise non cotée tout au long de son existence. Il finance le démarrage (capital-risque), le développement (capital-développement), la transmission ou l'acquisition (LBO/capital-retournement) de cette entreprise.

Capitalisation boursière : valeur, au prix du marché, de l'ensemble des titres représentatifs d'une entreprise. Elle est égale au nombre de titres en circulation multiplié par le cours de l'action.

Capital-risque : financement destiné au premier développement d'un produit et à sa première commercialisation lorsqu'une entreprise est en phase de création ou au début de son activité. Selon la maturité du projet à financer, le capital-risque se subdivise en plusieurs phases. L'amorçage est la première phase du financement de la création d'entreprise, les fonds propres sont alloués à la recherche, l'évaluation et le développement d'un concept initial avant la phase de création. Cette phase concerne principalement les entreprises à fort contenu technologique. Ensuite, à la création, l'entreprise est au tout début de son activité. Le financement est destiné au démarrage de l'activité commerciale et industrielle. Enfin la post-création correspond à un stade de croissance de l'activité commerciale et industrielle de l'entreprise précédant l'atteinte de la rentabilité.

Captures de pêche : ensemble des débarquements des produits de la pêche (poissons, crustacés, coquillages et autres produits de la mer) exprimés en poids vif ; en sont exclus les rejets en mer.

Catégories de presse : il existe six grandes catégories de presse. La presse nationale d'information générale et politique regroupe les publications qui apportent, de façon permanente, les informations et commentaires sur l'actualité politique et nationale (quotidiens nationaux et grands hebdomadaires d'information notamment). La presse locale d'information générale et politique comprend les publications répondant aux mêmes critères mais avec des pages d'information traitant de l'actualité dans un cadre local (quotidiens régionaux et départementaux, hebdomadaires locaux notamment). La presse spécialisée grand public est composée des publications traitant d'un thème principal plus ou moins spécialisé (le cyclisme ou le sport en général, la mode...) et dont le contenu est accessible à tous publics. La presse spécialisée technique et professionnelle regroupe les publications à thème principal et dont la teneur des articles est trop technique pour susciter l'intérêt au-delà des professions correspondant au sujets traités. La presse gratuite d'annonces et la presse gratuite d'information sont composées des publications d'annonces et d'information distribuées gratuitement auprès des particuliers.

Cause de décès : les statistiques sont élaborées à partir de la confrontation des certificats médicaux de décès adressés à l'Inserm par les Directions de la cohésion sociale et de la protection des populations, avec les données sociodémographiques, transmises par l'Insee. Toute déclaration de décès est en principe accompagnée par la déclaration de la cause de décès dressée sur bulletin anonyme. Celle-ci est codée selon les règles de classification internationale des maladies. L'importance de certaines maladies, qui peuvent être « impliquées » dans le décès sans être considérées comme la cause immédiate de celui-ci, est sous-estimée : c'est le cas des maladies circulatoires, de l'alcoolisme et du tabagisme.

Centre national d'enseignement à distance (CNED) : établissement, dépendant du ministère de l'Éducation nationale, principalement chargé d'assurer un enseignement par correspondance à tous les niveaux de l'enseignement scolaire et qui s'étend aux formations universitaires ainsi qu'à la présentation des concours administratifs. Ces formations intéressent non seulement des personnes en situation de formation initiale mais également un grand nombre de personnes engagées dans la vie active.

Centres financiers *offshore* : agrégat utilisé dans les données des investissements directs étrangers d'Eurostat qui inclut 38 pays. Il intègre par exemple des centres financiers européens comme le Liechtenstein, des centres financiers d'Amérique centrale comme le Panama, ainsi que des centres financiers Asiatiques comme Hong Kong.

Certificat d'aptitude professionnelle (CAP) : diplôme de niveau V se préparant en deux ans après la troisième, exceptionnellement en un ou trois ans.

Charbon : terme recouvrant la houille, le lignite, le coke, les agglomérés et les produits de récupération. La houille est plus riche en carbone et a une teneur en eau et en matières volatiles plus faible que le lignite. Le coke de houille est obtenu par carbonisation de la houille.

Chiffre d'affaires des éditeurs vidéo : les dépenses des ménages en vidéo sont évaluées par l'institut GFK à partir des ventes réalisées dans les grandes surfaces alimentaires, les grandes surfaces spécialisées, la vente par correspondance et les ventes sur internet. Ces chiffres n'incluent pas les ventes en kiosques et dans les stations-services. Ils excluent également le segment de la location.

Chiffre d'affaires hors taxes : montant des affaires (hors taxes) réalisées par l'entreprise avec les tiers dans l'exercice de son activité professionnelle normale et courante. Il correspond à la somme des ventes de marchandises, de produits fabriqués, des prestations de services et des produits des activités annexes.

Chômage au sens du BIT : en application de la définition internationale adoptée en 1982 par le Bureau international du travail (BIT), un chômeur est une personne en âge de travailler (15 ans ou plus) qui répond simultanément à trois conditions :
– être sans emploi, c'est-à-dire ne pas avoir travaillé, ne serait-ce qu'une heure, durant une semaine de référence ;
– être disponible pour prendre un emploi dans les 15 jours ;
– avoir cherché activement un emploi dans le mois précédent ou en avoir trouvé un qui commence dans moins de trois mois.
Un chômeur au sens du BIT n'est pas forcément inscrit à Pôle Emploi (et inversement).

Chômeur de longue durée : actif au chômage depuis plus d'un an.

Cocaïne : obtenue à partir de la feuille de coca, elle est consommée pour ses propriétés stimulantes physiques et psychiques. Classée comme stupéfiant, elle induit une dépendance psychique importante et elle est neurotoxique. Sa consommation chronique peut induire des troubles particuliers : accidents vasculaires cérébraux, infarctus, troubles psychiatriques. La cocaïne (blanche) correspond au sel acide (chlorhydrate). Elle se présente sous la forme d'une fine poudre blanche. Sa consommation est observée aujourd'hui aussi bien dans les milieux sociaux favorisés que marginalisés. Elle provoque une stimulation intellectuelle et physique puissante et immédiate mais n'engendre pas de dépendance physique. La dépendance psychique peut être extrêmement forte. Le *crack* (ou *free-base*) correspond au sel basique, obtenu après adjonction de bicarbonate ou d'ammoniaque à la cocaïne. Il se présente généralement sous forme de petits « cailloux » ou de « galettes » qui se consomment le plus souvent fumés (voie pulmonaire), tandis que la cocaïne est généralement vendue sous forme de poudre et se consomme le plus souvent en *sniff* (voie nasale). La consommation de *crack* induit une dépendance et une neuro-toxicité plus rapide que celle de la cocaïne. Associés à l'alcool, ils entraînent la formation par l'organisme de coca éthylène, produit neurotoxique et hépatotoxique.

Colis : envoi contenant des marchandises, expédié par un service ordinaire (pas en service de livraison express) et transportés par les prestataires de services postaux (30 kilos maximum).

Collectivités territoriales : structures administratives françaises, distinctes de l'administration de l'État, qui doivent prendre en charge les intérêts de la population d'un territoire précis. Sont définies comme collectivités territoriales : les communes, les départements et les départements d'outre-mer, les régions et les régions d'outre-mer, les collectivités à statut particulier et les collectivités d'outre-mer.

Combustible fossile : produit que l'on brûle pour obtenir de l'énergie et qui est le résultat de l'accumulation et transformation de matière végétale pendant des millions d'années de changements géologiques. Ses formes principales sont le gaz, le pétrole, et le charbon. Ce sont des sources d'énergie non renouvelables, leur reconstitution naturelle demandant des millions d'années.

Combustibles minéraux solides : comprennent le charbon à l'état brut et les produits solides issus de sa transformation. Le charbon est un terme générique qui recouvre en fait trois produits : la tourbe (elle n'est pas utilisée en France), le lignite et la houille, dont l'anthracite est une variété de qualité supérieure. Les produits transformés à partir du charbon sont le coke et les agglomérés y compris les briquettes.

Commerce : regroupe les entreprises ou établissements dont l'activité principale est l'achat de produits à des tiers pour la revente en état, sans transformation. Les intermédiaires du commerce qui mettent en rapport les acheteurs et les vendeurs, sans être propriétaires des produits concernés, font partie du commerce.

Commerce de détail : comprend les entreprises ou établissements dont l'activité principale consiste à vendre des marchandises, dans l'état où elles sont achetées, généralement à une clientèle de particuliers, quelles que soient les quantités vendues.

Commerce de gros : comprend les entreprises ou établissements dont l'activité principale consiste à acheter et à entreposer des marchandises et à les vendre généralement à des détaillants, à des utilisateurs professionnels ou à des collectivités, voire à d'autres grossistes ou intermédiaires, et ce quelles que soient les quantités vendues.

Commerce et réparation automobiles : comprend les entreprises ou établissements de commerce de gros ou de détail, sous toutes leurs formes, en neuf comme en occasion, de véhicules automobiles (y compris véhicules utilitaires et motos), de leurs pièces, ainsi que les services de réparation et de maintenance de ces véhicules.

Commune rurale : la qualification de « rural » est définie par l'Insee en opposition à celle d'« urbain ». Une commune rurale est donc une commune qui n'appartient à aucune unité urbaine.

Commune urbaine : commune appartenant à une unité urbaine. Les autres communes sont dites rurales.

Comptes nationaux de la santé : retracent la production, la consommation et le financement de la fonction santé, entendue selon la Comptabilité nationale comme l'ensemble des actions qui concourent à la prévention et au traitement d'une perturbation provisoire de l'état de santé.

Condamnation : décision rendue à l'encontre d'une personne physique par une juridiction. Cette décision ou condamnation, peut comporter plusieurs peines et sanctionner plusieurs infractions. Dans ce cas, on détermine une infraction dite principale, qui correspond à l'infraction unique ou à celle citée en premier dans la catégorie la plus grave en cas de pluralité d'infractions, et une peine dite principale, qui est la peine la plus grave prononcée pour les infractions de la catégorie la plus grave. Les autres peines sont considérées comme associées. Cette unité de compte « condamnation » ne permet que partiellement de mesurer l'activité des juridictions répressives, puisque les condamnations n'y sont inscrites que lorsqu'elles ont acquis un caractère définitif. Les condamnations frappées d'appel, les relaxes et les acquittements n'y figurent donc pas. Les compositions pénales ne sont pas des condamnations mais des mesures alternatives. Elles comportent une peine et sont inscrites au casier judiciaire.

Consommation de capital fixe : mesure la dépréciation annuelle liée à l'usure du capital et à son obsolescence. Elle est évaluée pour l'ensemble des biens de capital fixe de la branche agricole (plantations, matériels et bâtiments) à l'exception des animaux.

Consommation de soins et biens médicaux (CSBM) : agrégat central des Comptes de la santé, représente la valeur totale des soins, des biens et services médicaux consommés sur le territoire national (y compris dans les DOM) par les assurés sociaux français et les personnes prises en charge au titre de l'Aide médicale d'État ou pour des soins urgents, pour la satisfaction de leurs besoins de santé individuels et qui concourent au traitement d'une perturbation provisoire de l'état de santé ; les soins de longue durée aux personnes âgées ou handicapées en établissement et les SSAD en sont exclus. La CSBM regroupe les consommations de soins des hôpitaux publics et privés, les consommations de soins de ville, les consommations de transports de malades et les consommations de médicaments et autres biens médicaux (optique, prothèses, véhicules pour handicapés physiques, petits matériels et pansements). En base 2005, les consultations externes des médecins sont intégrées aux soins hospitaliers, ce qui modifie la frontière entre les soins de ville et les soins hospitaliers.

Consommation effective des ménages : elle inclut tous les biens et les services acquis par les ménages résidents pour la satisfaction de leurs besoins, que ces acquisitions aient fait, ou non, l'objet d'une dépense de leur part. La consommation effective des ménages comprend donc, en plus des biens et des services acquis par leurs propres dépenses de consommation finale, les biens et les services qui, ayant fait l'objet de dépenses de consommation individuelle des administrations publiques ou des ISBLSM, donnent lieu à des transferts sociaux en nature de leur part vers les ménages.

Consommation d'énergie corrigée des variations climatiques : la consommation d'énergie pour le chauffage est plus forte quand l'hiver est plus rigoureux. C'est une évidence qui ne présente pas un grand intérêt pour l'analyse dans la mesure où elle ne traduit pas un changement des comportements. Pour mieux analyser les évolutions, on calcule des consommations « corrigées des variations climatiques » (primaire et finale). C'est-à-dire qu'on essaie d'évaluer ce qu'aurait été la consommation si les températures avaient été « normales ». On obtient un résultat théorique, qui dépend de la méthode utilisée, et qui complète la consommation « réelle », celle qui est observée.

Consommation finale d'énergie : quantité d'énergie disponible pour l'utilisateur final. C'est la consommation primaire d'énergie, moins la consommation de la branche énergie (combustible des centrales classiques et des raffineries, pertes des centrales et des réseaux, pompages, etc.). À l'intérieur de la consommation finale totale, on distingue la consommation finale non énergétique et la consommation finale énergétique, que l'on répartit entre les secteurs consommateurs (transports, sidérurgie, industrie, agriculture et résidentiel-tertiaire).

Consommation intérieure brute d'énergie : quantité d'énergie nécessaire pour satisfaire les besoins de l'entité géographique considérée. Elle décrit l'ensemble des besoins en énergie d'un pays (ou d'une entité) et couvre la consommation du secteur de l'énergie lui-même, la distribution, les pertes dues à la transformation, ainsi que la consommation d'énergie par les consommateurs finaux et les écarts statistiques.

Consommation intérieure d'électricité : quantité d'énergie électrique mise à disposition de la consommation française. Cette énergie est soit consommée par les usagers, soit perdue dans les réseaux de transport et de distribution. Elle est également désignée par l'expression « énergie électrique appelée » et correspond à l'électricité qu'on injecte dans le réseau. Elle diffère légèrement de la consommation intérieure brute qui comprend les pompages et la consommation des auxiliaires.

Consommation intérieure de matières : correspond à l'ensemble des matières physiquement consommées par la population présente sur le territoire.

Consommation intermédiaire : valeur des biens et services transformés ou entièrement consommés au cours du processus de production. L'usure des actifs fixes mis en œuvre n'est pas prise en compte ; elle est enregistrée dans la consommation de capital fixe.

Consommation primaire d'énergie : se décompose en consommation interne de la branche énergie et en consommation finale totale. Cette dernière se décompose, elle-même, en consommation finale énergétique et en consommation non énergétique.

Construction : activité de mise en œuvre ou d'installation sur le chantier du client et qui concerne aussi bien les travaux neufs que la rénovation, la réparation ou la maintenance. Le périmètre de la construction est élargi à la promotion immobilière (auparavant classée dans les services immobiliers) depuis le passage en nouvelle nomenclature NAF rév.2.

Construction individuelle ou collective : on distingue une construction selon son caractère individuel (maison) ou collectif. La maison correspond à un bâtiment ne comportant qu'un seul logement et disposant d'une entrée particulière. On distingue deux types de maisons : individuel pur (maison individuelle résultant d'une opération de construction ne comportant qu'un seul logement) ; individuel groupé (maison individuelle résultant d'une opération de construction comportant plusieurs logements individuels ou un seul logement individuel avec des locaux). Le terme « collectif » est défini par l'exclusion des deux premiers concepts. Il s'agit de logements faisant partie d'un bâtiment de deux logements ou plus.

Conteneur : caisson métallique, en forme de parallélépipède, conçu pour le transport de marchandises par différents modes de transport. Ses dimensions ont été normalisées au niveau international. Le conteneur permet l'intermodalité, dont le développement a été affirmé comme enjeu dans le Grenelle de l'environnement.

Contrat aidé ou emploi aidé : un contrat aidé est un contrat de travail dérogatoire au droit commun, pour lequel l'employeur bénéficie d'aides, qui peuvent prendre la forme de subventions à l'embauche, d'exonérations de certaines cotisations sociales, d'aides à la formation. Le principe général est de diminuer, par des aides directes ou indirectes, les coûts d'embauche et/ou de formation pour l'employeur. Ces emplois aidés sont, en général, accessibles prioritairement à des « publics cibles », tels les personnes « en difficulté sur le marché du travail » ou les jeunes. Ils relèvent du secteur marchand (c'est le cas par exemple du contrat unique d'insertion marchand CUI-CIE) ou du secteur non marchand (par exemple le contrat unique d'insertion non marchand CUI-CAE). Dans le second cas, ils sont le plus souvent conclus par des associations, des collectivités territoriales ou des entreprises publiques.

Contrat d'accompagnement dans l'emploi (CAE) : ce contrat est destiné à faciliter l'insertion professionnelle des personnes sans emploi rencontrant des difficultés sociales et professionnelles particulières d'accès à l'emploi. Les publics sont définis plus précisément au niveau régional. Les contrats prennent la forme d'un contrat à durée déterminée (ou indéterminée dans le cadre du contrat unique d'insertion) de 6 mois minimum (sauf cas particuliers) renouvelable dans la limite de 24 mois. L'emploi peut être à temps partiel ou à temps complet ; s'il est à temps partiel, la durée hebdomadaire de travail doit être d'au moins 20 heures (sauf dispositions dérogatoires dans le cadre du contrat unique d'insertion). Ce contrat s'adresse aux employeurs du secteur non marchand (collectivités territoriales, associations loi 1901,...). Les structures d'insertion par l'activité économique, notamment les ateliers et chantiers d'insertion peuvent également conclure des CAE. L'employeur perçoit une aide mensuelle de l'État fixée par arrêté du préfet de région, dans la limite de 95 % du Smic. De plus, l'employeur est exonéré des cotisations patronales de sécurité sociale dans la limite du Smic, de la taxe sur les salaires, de la taxe d'apprentissage ainsi que de la taxe due au titre de l'effort de construction. Depuis le 1er janvier 2010 (1er janvier 2011 dans les DOM et les collectivités de Saint-Barthélemy, Saint-Martin et Saint-Pierre-et-Miquelon), le nouveau « contrat unique d'insertion » est entré en vigueur et prend la forme du CAE dans le secteur non marchand (CUI-CAE).

Contrat d'avenir (CAV) : contrat qui s'adresse aux allocataires de minima sociaux, bénéficiaires du Revenu de Solidarité active (RSA) (en métropole, depuis le 1er juin 2009, dans les DOM et les collectivités de Saint-Barthélemy, Saint-Martin et Saint-Pierre-et-Miquelon, depuis le 1er janvier 2011, le RSA s'est substitué au RMI et à l'API), de l'allocation de solidarité spécifique (ASS), ou de l'allocation aux adultes handicapés (AAH). Il s'agit d'un contrat de travail à durée déterminée et à temps partiel (26 heures de travail hebdomadaire). Le contrat d'avenir est conclu, en principe, pour une durée de 2 ans. Il peut être renouvelé dans la limite de 12 mois, soit un total de 36 mois (pour les bénéficiaires âgés de plus de 50 ans et les personnes reconnues travailleur handicapé, la limite de renouvellement peut être de 36 mois, portant à 5 ans la durée totale).
Ce contrat s'adresse aux employeurs du secteur non marchand (collectivités territoriales, associations, établissements publics, structures d'insertion par l'activité économique, notamment ateliers et chantiers d'insertion,...). L'employeur bénéficie de différentes aides : une aide forfaitaire mensuelle versée par l'État ou le conseil général (selon la nature du minimum social perçu par la personne embauchée) qui correspond au montant de l'allocation de RSA garanti à une personne isolée ; une aide mensuelle versée par l'État, visant à prendre en charge une partie du coût du salaire supporté par l'employeur ; une exonération de cotisations sociales, dans la limite du Smic. Ce dispositif a été abrogé le 1er janvier 2010 (1er janvier 2011 dans les DOM et collectivités territoriales mentionnées ci-dessus), date d'entrée en vigueur du nouveau « contrat unique d'insertion » (CUI).

Contrat d'importation à court terme : historiquement les contrats d'importation de gaz naturel sont des contrats à long terme (7 à 25 ans) dont les prix sont indexés sur celui du pétrole. Il existe également des marchés de court terme, notamment situés en Belgique (Zeebrugge) et au Royaume-Uni (NBP), dont les prix sont établis en fonction de l'offre et de la demande.

Contrat en alternance : contrat d'apprentissage qui permet à des 16-25 ans de travailler et de suivre un enseignement en alternance conduisant à l'obtention d'un diplôme ou d'un titre à finalité professionnelle ; contrat de professionnalisation qui vise à permettre l'acquisition, par les 16-25 ans et les demandeurs d'emploi de 26 ans ou plus, d'une qualification professionnelle en relation avec les besoins identifiés par les branches professionnelles.

Contrat initiative emploi (CIE) : ce contrat s'adresse à des personnes sans emploi, inscrites ou non sur la liste des demandeurs d'emploi, rencontrant des difficultés sociales et professionnelles d'accès à l'emploi. Les publics éligibles sont définis plus précisément au niveau régional. Les contrats prennent la forme d'un contrat à durée indéterminée ou à durée déterminée de 24 mois maximum. L'emploi peut être à temps partiel ou à temps complet ; s'il est à temps partiel, la durée hebdomadaire de travail doit être d'au moins 20 heures sauf cas particuliers. Ce contrat est destiné aux employeurs du secteur marchand et plus précisément, à l'ensemble des employeurs affiliés à l'assurance chômage. L'employeur reçoit une aide mensuelle de l'État fixée par arrêté du préfet de région, dans la limite de 47 % du Smic. Cette aide est cumulable avec certains dispositifs d'allégement ou d'exonération de cotisations patronales de sécurité sociale. Depuis le 1er janvier 2010, le nouveau « contrat unique d'insertion » est entré en vigueur et prend la forme du CIE dans le secteur marchand (CUI-CIE).

Contrat insertion – revenu minimum d'activité (CI-RMA) : contrat destiné aux allocataires de minima sociaux, bénéficiaires du Revenu de Solidarité active (avant l'entrée en vigueur du RSA, soit le 1er juin 2009 en métropole et le 1er janvier 2011 dans les DOM et les collectivités de Saint-Barthélemy, Saint-Martin et Saint-Pierre-et-Miquelon, le CI-RMA pouvait également être conclu par les bénéficiaires du RMI et de l'API), de l'allocation de solidarité spécifique (ASS) et de l'allocation aux adultes handicapés (AAH). Ce contrat est conclu à durée indéterminée ou déterminée. Le cas échéant, la durée minimale du contrat est de six mois minimum (sauf cas particuliers), ce contrat étant renouvelable deux fois dans la limite de 18 mois. L'emploi peut être à temps partiel ou à temps complet ; s'il est à temps partiel, la durée hebdomadaire de travail doit être d'au moins 20 heures sauf cas particuliers. Tous les employeurs affiliés au régime d'assurance chômage peuvent conclure des CI-RMA. Ils perçoivent alors une aide forfaitaire égale au montant du RSA garanti à une personne isolée. Cette aide est cumulable avec certains dispositifs d'allégement ou d'exonération de cotisations sociales. Ce dispositif a été abrogé le 1er janvier 2010 (1er janvier 2011 dans les DOM et collectivités territoriales mentionnées ci-dessus), date d'entrée en vigueur du nouveau « contrat unique d'insertion » (CUI).

Contrats relevant des articles 39, 82 et 83 du Code général des impôts : les contrats relevant de l'article 39 sont à prestations définies, bénéficiant de l'exonération de la CSG et de la CRDS. Ils sont souscrits par les entreprises et ne peuvent être individualisés. La rente viagère du salarié est soumise à l'impôt sur le revenu. Pour les contrats de type article 39, les données incluent les préretraites pour les sociétés d'assurance. Les contrats relevant de l'article 82 sont à cotisations définies, abondés exclusivement par l'employeur. Ils permettent de garantir aux salariés le versement d'une rente ou d'un capital. Les cotisations sont imposables au titre de l'impôt sur le revenu car étant considérées comme un « sursalaire ». Les contrats relevant de l'article 83 sont à cotisations définies. Les cotisations versées ne sont pas soumises à l'impôt sur le revenu ni aux charges sociales. La sortie ne s'effectue que sous forme de rente viagère. Cette rente est en partie soumise à l'impôt sur le revenu.

Contrat unique d'insertion (CUI) : le contrat unique d'insertion est entré en vigueur au 1er janvier 2010 en France métropolitaine et au 1er janvier 2011 dans les départements d'outre-mer. Il a pour objet de faciliter l'insertion professionnelle des personnes sans emploi rencontrant des difficultés sociales et professionnelles d'accès à l'emploi et se décline sous deux formes : le CUI-Contrat Initiative Emploi (CUI-CIE) qui s'adresse aux employeurs du secteur marchand et ouvre droit à une aide financière sans exonération spécifique de cotisations sociales et le CUI-Contrat d'Accompagnement dans l'Emploi (CUI-CAE) qui s'adresse aux employeurs du secteur non marchand et ouvre droit à une aide financière et à une exonération spécifique de cotisations sociales. Le CUI succède au Contrat d'Accompagnement dans l'Emploi (CAE) dans le non-marchand et au Contrat Initiative Emploi (CIE) dans le marchand.

Contribution à l'évolution d'un agrégat : l'évolution d'un agrégat (PIB ou valeur ajoutée par exemple) peut être décomposée en la somme des contributions de ses différentes composantes. Dans les cas simples (agrégats en valeur notamment) la contribution d'une composante à l'évolution de l'agrégat est égale au produit du taux de croissance de cette composante par son poids dans l'agrégat à la période précédente.

Contribution pour le remboursement de la dette sociale (CRDS) : impôt créé en 1996 pour résorber l'endettement de la Sécurité sociale. Les personnes physiques domiciliées en France pour l'impôt sur le revenu sont redevables de la CRDS. La CRDS s'applique à une assiette de revenu plus large que celle de la CSG. La CRDS est un prélèvement à la source sur les revenus d'activité, revenus de remplacement (indemnités de chômage, etc.), revenus du patrimoine et revenus de placements. Un taux unique est appliqué sur le revenu brut, quel que soit le revenu concerné. Initialement prévue pour être prélevée à titre temporaire jusqu'au 31 janvier 2014, elle continuera à être perçue jusqu'à l'apurement de la dette sociale (disposition instituée par la loi du 13 août 2004 relative à l'assurance maladie).

Contribution sociale généralisée (CSG) : impôt, créé en 1991, dû par les personnes physiques domiciliées en France pour l'impôt sur le revenu. C'est un prélèvement à la source sur la plupart des revenus, son taux variant selon le type de revenu et la situation de l'intéressé. La CSG sert à financer une partie des dépenses de Sécurité sociale relevant des prestations familiales, des prestations liées à la dépendance, de l'assurance maladie et des prestations non contributives des régimes de base de l'assurance vieillesse.

Convention de Ramsar : la Convention sur les zones humides, signée à Ramsar, en Iran, en 1971, est un traité intergouvernemental qui sert de cadre à l'action nationale et à la coopération internationale pour la conservation et l'utilisation rationnelle des zones humides et de leurs ressources.

Correction territoriale : dépenses des résidents à l'étranger moins les dépenses des non-résidents en France.

Cotisations sociales : les Comptes de la protection sociale distinguent deux grandes catégories de cotisations sociales :

– Les cotisations sociales effectives comprennent tous les versements que les personnes assurées ou leurs employeurs font à des institutions octroyant des prestations sociales afin d'acquérir et de maintenir le droit à ces prestations. Elles sont partagées entre cotisations à la charge des employeurs, cotisations à la charge des salariés, cotisations à la charge des travailleurs indépendants, cotisations sur prestations et autres cotisations (cotisations volontaires etc.).

– Les cotisations imputées mesurent la contribution des employeurs au financement du régime d'assurance sociale qu'ils organisent eux-mêmes pour leurs propres salariés ou ayants droits. Elles sont la contrepartie des prestations sociales versées par l'employeur.

Couple : dans l'analyse ménages-familles, couple marié ou non, formé de deux personnes de sexe différent qui cohabitent dans la même résidence principale.

Couronne d'une aire urbaine : recouvre l'ensemble des communes d'une aire urbaine, à l'exclusion de son pôle.

Coût de la main d'œuvre : comprend l'ensemble des dépenses directement liées à l'emploi de salariés. Il s'agit en premier lieu de la rémunération assimilable à du salaire (le salaire brut, les primes, les avantages en nature) : une partie rémunère des heures effectivement travaillées, l'autre des congés. S'y ajoute l'épargne salariale (participation, intéressement, abondement de l'employeur au plan d'épargne entreprise ou au Perco). Les autres composantes du coût du travail sont principalement les cotisations – obligatoires, conventionnelles ou facultatives – de protection sociale à la charge de l'employeur (sécurité sociale, chômage, retraite, prévoyance, mais aussi indemnités de départ), et les autres charges assises sur les salaires et l'emploi salarié (participation à la formation professionnelle continue, à l'effort de construction, taxe sur les salaires, etc.), taxes nettes de subventions et d'allègements. Le coût horaire moyen de la main-d'œuvre dans un établissement est le rapport entre l'ensemble des dépenses liées à l'emploi de salariés et le total des heures effectivement travaillées par les salariés de cet établissement. Les effectifs retenus sont constitués des salariés ayant eu un contrat de travail durant l'année, permanent, occasionnel ou saisonnier, à temps partiel ou à temps complet, y compris les apprentis. Les effectifs salariés sont comptés en équivalent-temps plein (EQTP) sur l'année, c'est-à-dire au prorata de leur durée d'emploi dans l'année et de leur quotité d'emploi lorsqu'ils sont à temps partiel : un salarié ayant travaillé 6 mois à mi-temps compte ainsi pour 1/4 dans les effectifs.

Création d'entreprise : la statistique des créations d'entreprises est constituée à partir des informations du répertoire national des entreprises et des établissements (Sirene). Depuis le 1er janvier 2007, la notion de création d'entreprise s'appuie sur un concept harmonisé au niveau européen pour faciliter les comparaisons : une création d'entreprise correspond à la mise en œuvre de nouveaux moyens de production. Par rapport aux immatriculations dans Sirene, on retient comme création pour satisfaire au concept harmonisé :
– les créations d'entreprise correspondant à la création de nouveaux moyens de production (il y a nouvelle immatriculation dans Sirene) ;
– les cas où l'entrepreneur (il s'agit en général d'un entrepreneur individuel) reprend une activité après une interruption de plus d'un an (il n'y a pas de nouvelle immatriculation dans Sirene mais reprise de l'ancien numéro Siren) ;
– les reprises par une entreprise nouvelle de tout ou partie des activités et moyens de production d'une autre entreprise (il y a nouvelle immatriculation dans Sirene) lorsqu'il n'y a pas continuité de l'entreprise reprise.
On considère qu'il n'y a pas continuité de l'entreprise si, parmi les trois éléments suivants concernant le siège de l'entreprise, au moins deux sont modifiés lors de la reprise : l'unité légale contrôlant l'entreprise, l'activité économique et la localisation. Depuis les données relatives à janvier 2009, les statistiques de créations d'entreprises incluent les demandes d'immatriculation avec le statut d'auto-entrepreneur enregistrées dans Sirene. Ce dénombrement n'inclut pas les entrepreneurs déjà en activité avant le 1er janvier 2009 qui demandent, à titre dérogatoire au plus tard le 31 mars 2009, à bénéficier du régime microsocial et du versement fiscal libératoire en 2009. La statistique de créations d'entreprises couvre l'ensemble des activités marchandes hors agriculture.

Crime : infraction la plus grave, pour laquelle les peines d'emprisonnement encourues, qualifiées de « réclusion criminelle », sont supérieures à 10 ans. Ils regroupent notamment les homicides, les viols, certaines formes de violence ou de vols aggravés, et le trafic d'armes et de stupéfiants.

Critères de convergence du Traité de Maastricht : critères fondés sur des indicateurs économiques que doivent respecter les pays membres de l'Union européenne candidats à l'entrée dans la zone euro. Ces critères furent établis lors du traité de Maastricht, signés par les membres de l'Union européenne le 7 février 1992. Les cinq critères sont définis dans l'article 121 du traité instituant la Communauté européenne. Ils imposent la maîtrise de l'inflation, de la dette publique et du déficit public, la stabilité du taux de change et la convergence des taux d'intérêt.
Concernant la stabilité des prix, le taux d'inflation d'un État membre donné ne doit pas dépasser de plus de 1,5 % celui des trois États membres présentant les meilleurs résultats en matière de stabilité des prix. Sur la situation des finances publiques, il est interdit d'avoir un déficit public annuel supérieur à 3 % du PIB et d'avoir une dette publique supérieure à 60 % du PIB. Concernant le taux de change, il est interdit de dévaluer sa monnaie (ceci fut rendu obsolète avec le passage à l'euro pour les pays de la zone euro). En outre, l'État membre doit avoir participé au mécanisme de taux de change du système monétaire européen (SME) sans discontinuer pendant les deux années précédant l'examen de sa situation, sans connaître de tensions graves. Quant aux taux d'intérêt à long terme, ils ne doivent pas excéder de plus de 2 % ceux des trois États membres présentant les meilleurs résultats en matière de stabilité des prix.
L'appréciation du non-respect de ces critères a été assouplie en mars 2005, sous l'impulsion de l'Allemagne et de la France, sous la justification de tenir compte de la situation économique et des réformes structurelles engagées.

D

Déchet : la définition juridique du déchet admise dans le cadre européen est très large. Il est définit comme « tout résidu d'un processus de production, de transformation ou d'utilisation, toute substance, matériau, produit abandonné ou que son détenteur destine à l'abandon ».

Déciles et rapports interdéciles : si l'on ordonne une distribution de salaires, de revenus, de chiffre d'affaires..., les déciles sont les valeurs qui partagent cette distribution en dix parties égales. Ainsi, pour une distribution de salaires :
- le premier décile (noté généralement D1) est le salaire au-dessous duquel se situent les 10 % des salariés disposant des salaires les plus faibles ;
- le neuvième décile (noté généralement D9) est le salaire au-dessus duquel se situent les 10 % des salariés disposant des salaires les plus élevés.

Le premier décile est, de manière équivalente, le salaire au-dessus duquel se situent 90 % des salariés disposant des salaires les plus élevés ; le neuvième décile est le salaire au-dessous duquel se situent 90 % des salariés disposant des salaires les plus faibles. Les déciles d'une distribution permettent de calculer des rapports interdéciles :
- le rapport D9/D1 met en évidence l'écart entre le haut et le bas de la distribution ; c'est une des mesures de l'inégalité de cette distribution ;
- le rapport D9/D5 compare le haut de la distribution à la valeur médiane ;
- le rapport D5/D1 compare la médiane au bas de la distribution.

Déclaration annuelle de données sociales (DADS) : formalité déclarative que doit accomplir toute entreprise employant des salariés, en application de l'article R243-14 du code de la Sécurité sociale (Décret du 24 mars 1972) et des articles 87.240 et 241 de la loi 51-711 du 7 juin 1951 du code Général des Impôts.

Dans ce document commun aux administrations fiscales et sociales, les employeurs, y compris les administrations et les établissements publics, fournissent annuellement et pour chaque établissement, la masse des traitements qu'ils ont versés, les effectifs employés et une liste nominative de leurs salariés indiquant pour chacun, le montant des rémunérations salariales perçues.

Le champ des DADS couvre l'ensemble des employeurs et leurs salariés, à l'exception des agents des ministères, titulaires ou non, des services domestiques (division 97-98 de la NAF rév. 2) et des activités extra-territoriales (division 99 de la NAF rév. 2).

Décomposition de l'évolution du salaire moyen : l'évolution du salaire moyen peut être décomposée en un effet de structure et une évolution à structure constante. L'évolution à structure constante est obtenue en calculant l'évolution du salaire moyen sans modification des effectifs des groupes homogènes qui ont été distingués, selon les variables sexe, tranche d'âge, catégorie socioprofessionnelle et secteur d'activité. L'effet de structure est la résultante de deux facteurs, les changements de groupe des personnes présentes les deux années (le plus souvent suite à des promotions) et les mouvements d'entrées et de sorties (embauches ou départs).

Défaillance d'entreprise : une unité légale est qualifiée de défaillante dès lors qu'est ouverte en son nom une procédure judiciaire telle que prévue par le livre VI du Code de Commerce et précisée par la loi du 26 juillet 2005 dite « loi de sauvegarde des entreprises ». Une ordonnance du 18 décembre 2008, complétée par un décret d'application du 12 février 2009, en modifie quelques dispositions. Il y a trois cas possibles de « procédure collective » :
- le redressement judiciaire prévoit, pour une unité légale qui n'arrive plus à régler ses dettes, le moyen d'apurer son passif (Article L.631-1 alinéa 2) – apurement rarement intégral ;
- la liquidation judiciaire met fin à l'activité de l'unité légale ou organise une cession – globale ou partielle (Article L640-1 alinéa 2) ;
- la procédure de sauvegarde, instituée par la loi de sauvegarde des entreprises, permet à une unité légale d'anticiper sur ses difficultés et de se réorganiser afin d'éviter la cessation des paiements (Article L.620-1 Code de commerce).

Le champ d'application du droit des entreprises en difficulté a été étendu par la loi du 26 juillet 2005. Les procédures collectives concernent les personnes morales de droit privé, les commerçants, les artisans, les agriculteurs, mais également les personnes exerçant une activité professionnelle indépendante, « y compris une profession libérale soumise à un statut législatif ou réglementaire ou dont le titre est protégé ». Elle est également appliquée par des tribunaux civils à des associations. L'ouverture d'une procédure collective s'opère par un jugement, du Tribunal de commerce ou du Tribunal de grande instance selon la qualité du débiteur. L'information est recueillie soit automatiquement auprès des tribunaux de commerce soit via le Bulletin officiel d'annonces civiles et commerciales (Bodacc). Les dénombrements présentés couvrent les redressements et liquidations judiciaires, en date de jugement. Lorsqu'un plan de continuation ou un plan de cession intervient entre un redressement judiciaire et une liquidation judiciaire ou un nouveau redressement, il clôture la procédure initiale de redressement. On comptabilise donc la liquidation ou le second redressement comme une ouverture de procédure, c'est-à-dire comme une nouvelle défaillance de l'unité légale.

Déficit public notifié : correspond au « besoin de financement des administrations publiques » au sens de la comptabilité nationale modifié des flux d'intérêts liés aux opérations de *swaps* effectuées par les administrations publiques. Ces opérations de *swaps* d'intérêts ont pour objectif de réduire la charge de la dette. Le déficit public est notifié à la Commission européenne deux fois par an (fin mars et fin septembre).

Déflateur : de manière générale, un déflateur implicite mesure les variations de prix dans un domaine de l'économie en divisant la grandeur en valeur par cette même grandeur en volume. Les déflateurs implicites sont nommés d'après l'agrégat utilisé. Les déflateurs du PIB, de la dépense de consommation finale, de la formation de capital brute, des exportations et des importations mesurent les variations de prix dans leur domaine respectif de l'économie. Ils sont utilisés pour corriger les agrégats des effets de l'inflation.

Délit : infraction jugée par le tribunal correctionnel, passible d'une peine d'emprisonnement (qui ne peut dépasser dix ans), d'une amende, d'une peine de jour-amende, d'un stage de citoyenneté, d'une peine de travail d'intérêt général, d'une peine privative ou restrictive de libertés (suspension ou annulation du permis de conduire ou du permis de chasser, confiscation, interdiction d'émettre des chèques, interdiction d'exercer certaines activités professionnelles...) ou d'une peine complémentaire. Lorsqu'un délit est puni de l'emprisonnement, celui-ci peut être remplacé par une peine alternative.

Département : création de la Révolution (loi du 22 décembre 1789), le département devient collectivité locale autonome, avec un organe délibérant et un exécutif élus, par la loi du 10 août 1871. Il est géré par un conseil général élu pour 6 ans au suffrage universel, qui élit à son tour un président, exécutif du département qui prépare et exécute les délibérations du conseil général, gère le budget et dirige le personnel. Le département a de larges compétences : action sociale, construction et entretien des collèges, remembrement rural, organisation des transports scolaires,...
Un département appartient à une région et une seule. Chaque région d'outre-mer n'est formée que d'un seul département.

Dépenses courantes de logement : dépenses que les ménages consacrent à l'usage courant de leur logement. Il s'agit, en premier lieu, des loyers que doivent acquitter les locataires et des loyers que les propriétaires occupants auraient à acquitter s'ils étaient locataires de leur logement. Elles prennent en compte également les dépenses d'énergie, les charges locatives, les travaux d'entretien courant, les impôts et taxes.

Dépenses courantes de santé : mesure l'effort consacré au titre de la santé par l'ensemble des financeurs du système de soins. Elle regroupe l'ensemble des paiements intervenus au cours d'une année au titre de la santé. Elle couvre un champ plus large que la consommation de soins et de biens médicaux (CSBM) puisqu'elle intègre les soins de longue durée (aux personnes âgées et aux personnes handicapées en établissement), les indemnités journalières, les subventions reçues par le système de santé, les dépenses de prévention, de recherche et de formation médicales ainsi que les coûts de gestion de la santé. Les dépenses courantes de santé constituent l'un des principaux agrégats des Comptes nationaux de la santé.

Dépenses de consommation finale des ménages : elles comprennent les dépenses effectivement réalisées par les ménages résidents pour acquérir des biens et des services destinés à la satisfaction de leurs besoins. Les produits correspondants ne sont pas stockés, mais considérés comme consommés au moment de leur achat, même s'ils sont durables (voitures, électroménagers, meubles, etc.). Les dépenses de consommation finale des ménages incluent la part des dépenses de santé, d'éducation, de logement, restant à leur charge, après remboursements éventuels. Elles incluent également les loyers imputés qui sont représentatifs des services de logement produits par les propriétaires qui occupent leur propre logement (retracés via un loyer qu'ils se versent fictivement à eux-mêmes).

Dépenses de consommation individualisables des administrations publiques : les dépenses dites individualisables ou dépenses de consommation individuelle des administrations publiques recouvrent les dépenses dont le consommateur effectif est identifiable et dont le bénéfice ultime revient aux ménages : dépenses d'éducation et de santé pour l'essentiel, mais aussi de culture, d'aides au logement, etc. Elles sont un des deux volets de la dépense de consommation finale des administrations publiques.

Dépenses de consommation des ménages en logement : incluent les loyers versés par les locataires (aides au logement déduites) mais également les loyers imputés, que les propriétaires auraient à payer s'ils étaient locataires du logement qu'ils habitent.

Dépenses de gestion des ressources naturelles : effort financier que consacrent les différents agents à l'adduction en eau potable et en récupération.

Dépenses de prévention : dans le cadre des Comptes nationaux de la santé, le champ des dépenses de prévention est restreint aux dépenses affectées à des programmes ou des institutions spécifiques. Une part non négligeable de la prévention échappe à cette estimation : les actes réalisés en pratique quotidienne par les professionnels de santé (examens systématiques, frottis de dépistage...) et les actions de prévention organisées en dehors du système de santé (prévention routière, protection de l'environnement...).

Dépenses de protection de l'environnement : effort financier que consacrent les différents agents à la prévention, la réduction ou la suppression des dégradations de l'environnement. Elle comprend la protection de l'air ambiant et du climat, la gestion des eaux usées, la collecte et le traitement des déchets (y compris les déchets radioactifs de faible activité, le compostage, le nettoyage et le balayage de la voirie), la protection et l'assainissement du sol, des eaux souterraines et des eaux de surface, la lutte contre le bruit et les vibrations (à l'exclusion de la protection des lieux de travail), la protection de la biodiversité et des paysages, la protection contre les radiations (à l'exclusion de la sécurité extérieure), la recherche et développement en environnement, ainsi que les autres activités de protection de l'environnement, dont l'administration et la gestion générales. Les activités de gestion et d'utilisation des ressources ne sont pas incluses dans cette dépense. De même, les mesures en faveur de la maîtrise de l'énergie ou du développement des énergies renouvelables, les activités de récupération, recyclage ne sont par exemple pas prises en compte dans la dépense de protection de l'environnement.

Dépenses de services culturels et récréatifs : comprennent les dépenses de spectacles (cinéma, télévision, théâtre, music-hall, manèges forains, cirque, corrida, parcs d'attractions, bals et discothèques), les entrées dans les musées et monuments, les services de bibliothèques et de location de cassettes vidéos et de DVD, les dépenses liées aux sports (entrées dans les piscines, les terrains de golf..., abonnements à des clubs sportifs et leçons assurées par des professeurs indépendants) et les jeux de hasard et d'argent (y compris les casinos). Les achats de livres, de journaux, de DVD et de cassettes vidéo préenregistrées ne sont pas pris en compte. Ce sont des dépenses de biens culturels et non de services culturels.

Dépenses d'intervention des collectivités locales : dépenses effectuées par les collectivités locales au titre des compétences qui leur ont été transférées par l'État. Les régions mettent l'accent sur le développement économique et la formation professionnelle. Les départements consacrent une part importante de ces dépenses à l'aide sociale (allocation personnalisée d'autonomie et RSA principalement). Les communes prennent en charge les actions de proximité (entretien des voiries, actions éducatives, culturelles et sportives). L'intercommunalité, enfin, agit entre autres au niveau de l'assainissement et du développement économique.

Dépenses en énergies renouvelables : agrégat mesurant l'effort financier que l'ensemble des agents résidents (ménages, entreprises et administrations publiques) consacre pour la production et l'utilisation de ce type d'énergie.

Dépenses intérieures d'éducation (DIE) : représente toutes les dépenses effectuées, sur le territoire national, par l'ensemble des agents économiques, administrations publiques centrales et locales, entreprises et ménages, pour les activités d'éducation : activités d'enseignement scolaire et extra-scolaire de tous niveaux, activités visant à organiser le système éducatif (administration générale, orientation, documentation pédagogique et recherche sur l'éducation), activités destinées à favoriser la fréquentation scolaire (cantines et internats, médecine scolaire, transports) et les dépenses demandées par les institutions (fournitures, livres, habillement).

Dépenses intérieures de recherche et de développement (DIRD) : correspond aux travaux de R&D exécutés sur le territoire national quelle que soit l'origine des fonds. Une partie est exécutée par les administrations (DIRDA), l'autre par les entreprises (DIRDE). Elle comprend les dépenses courantes (masse salariale des personnels de R&D et dépenses de fonctionnement) et les dépenses en capital (achats d'équipements nécessaires à la réalisation des travaux internes à la R&D et opérations immobilières réalisées dans l'année).

Dépenses nationales de recherche et de développement (DNRD) : mesure, sans double compte, l'effort financier des acteurs économiques nationaux quelle que soit la destination des financements. L'écart entre le montant de la dépense intérieure de recherche et développement (DIRD) et celui de la DNRD représente le solde des échanges en matière de recherche et développement entre la France et l'étranger, y compris les organisations internationales.

Dépenses pour les politiques du marché du travail : les dépenses pour les politiques du marché du travail (PMT) sont établies à partir d'une nomenclature créée par Eurostat, permettant ainsi des comparaisons européennes et alimentant les indicateurs de suivi de la Stratégie européenne pour l'emploi. Le champ des politiques du marché du travail regroupe trois familles d'interventions publiques :
– les services relatifs au marché du travail (catégorie 1), constitués des frais de structure du Service public de l'emploi, avec une tentative – pas totalement aboutie – de distinguer en leur sein les dépenses relatives à l'accompagnement personnalisé des demandeurs d'emploi ;
– les mesures « actives » de politique d'emploi (catégories 2 à 7). Il s'agit de la formation professionnelle des demandeurs d'emploi (2), des contrats aidés dans les secteurs marchand (4) ou non marchand (6), des aides à l'emploi des travailleurs handicapés (5) et des aides à la création d'entreprise par les chômeurs (7) ;
– les soutiens en cas d'absence d'emploi (catégories 8 et 9). Il s'agit des allocations d'indemnisation du chômage, total ou partiel (8), ou de préretraite (9).
Le champ des dépenses PMT ne retient que les dépenses « ciblées » en faveur des demandeurs d'emploi, ou des personnes dont l'emploi est menacé ou qui doivent être aidées pour rentrer sur le marché du travail.

Dépenses « pré-engagées » : ensemble des dépenses des ménages réalisées dans le cadre d'un contrat difficilement renégociable à court terme. Elles sont définies comme suit : dépenses liées au logement (y compris, dans le cas de la comptabilité nationale, les loyers imputés), ainsi que celles relatives à l'eau, au gaz, à l'électricité et aux autres combustibles utilisés dans les habitations ; services de télécommunications ; frais de cantine ; services de télévision (redevance télévisuelle, abonnements à des chaînes payantes) ; assurances (hors assurance-vie) ; services financiers (y compris, dans le cas de la comptabilité nationale, les services d'intermédiation financière indirectement mesurés).

Dépenses publiques : dépenses de l'ensemble des administrations publiques.

Dépôt à terme : dépôt de fonds sur une durée et avec un taux d'intérêt déterminés à l'avance.

Dépôt à vue : dépôt de fonds dont la disponibilité est immédiate. Il peut être rémunéré. Un compte courant est un dépôt à vue.

Dépôt de brevet : le dépôt d'un brevet permet d'obtenir un monopole d'exploitation, pour une durée maximale de 20 ans en cas de dépôt en France à l'Institut national de la propriété industrielle (Inpi). Le déposant est ainsi le seul à pouvoir utiliser le brevet et peut interdire toute utilisation, fabrication, importation, etc., de l'invention effectuée sans son autorisation. Il peut poursuivre les contrefacteurs devant les tribunaux. Le brevet se révèle aussi être un moyen de dissuasion. L'obtention d'un brevet nécessite l'accomplissement de formalités de dépôt. Il existe plusieurs voies de demande de protection par brevet. Trois voies sont possibles pour déposer un brevet : la demande de brevet français à l'Inpi (le brevet permet une protection de vingt ans sur le territoire national, à partir de la date de dépôt), la demande de brevet européen à l'Office européen des brevets ou OEB (une fois délivré, le brevet se divise en autant de brevets nationaux que les pays désignés lors du dépôt, permettant une protection de vingt ans à compter du dépôt) ou la demande de brevet international, dite PCT (*Patent Cooperation Treaty*), à l'Organisation mondiale de la propriété intellectuelle (elle permet de déposer une demande de brevet dans les pays signataires du PCT, 145 à ce jour, grâce à une procédure unique et centralisée).

Dette publique nette : correspond à la dette publique notifiée diminuée des dépôts, des crédits et des titres de créance négociables (évalués à leur valeur nominale) détenus par les administrations publiques sur les autres secteurs.

Dette publique notifiée (ou dette publique au sens de Maastricht) : la dette publique notifiée est évaluée à partir du tableau des opérations financières de la comptabilité nationale mais ne correspond pas directement à cette présentation. Elle exclut certains types de dettes (essentiellement les crédits commerciaux et les décalages comptables). Elle est évaluée en valeur brute : on ne déduit pas de la dette les créances des administrations publiques sur des organismes ne faisant pas partie des administrations publiques, dont, par exemple les liquidités du Trésor sous forme de dépôts à la Banque de France ou de pensions, les placements du fonds de réserve des retraites (FRR)... Elle est consolidée : on déduit les dettes détenues par certaines administrations publiques envers d'autres administrations publiques, notamment les dépôts des collectivités locales au Trésor public. Enfin, elle est évaluée en valeur nominale, c'est-à-dire à la valeur faciale de la dette et non à la valeur de marché comme cela est fait dans les comptes nationaux.

Diplôme national du brevet : diplôme national sanctionnant la formation secondaire au terme des classes de troisième, et attestant de la maîtrise des sept compétences du socle commun de connaissances et de compétences, depuis la session 2011. Il est attribué sur la base des notes obtenues à un examen et des résultats issus du contrôle continu en classe de troisième. Il comporte trois séries : la série collège, accessible aux élèves des classes de troisième des collèges ; les séries technologique et professionnelle, accessibles notamment aux élèves des lycées professionnels et aux candidats relevant de l'enseignement agricole.

Diplôme universitaire de technologie (DUT) : diplôme délivré après deux années d'études dans un institut universitaire de technologie (IUT) à l'université.

Dispositif Esane (Élaboration des statistiques annuelles d'entreprise) : dispositif qui combine des données administratives (obtenues à partir des déclarations annuelles de bénéfices que font les entreprises à l'administration fiscale et à partir des données annuelles de données sociales qui fournissent des informations sur les salariés) et des données obtenues à partir d'un échantillon d'entreprises enquêtées par un questionnaire spécifique pour produire les statistiques structurelles d'entreprises. Il remplace donc le précédent système, composé de deux dispositifs avec les enquêtes annuelles d'entreprise (EAE) et le système unifié de statistique d'entreprise s'appuyant sur les déclarations fiscales (SUSE), en les unifiant.
Le changement de dispositif génère des ruptures au niveau des résultats produits par rapport à ceux provenant du système précédent, pour trois raisons principales. Le questionnaire des enquêtes du dispositif ESANE a été rénové, ce qui a pu induire certaines modifications du comportement de réponse des entreprises. La prise en compte conjointe des données d'enquête et des données administratives, et en particulier la confrontation des informations disponibles dans les deux sources sur la ventilation du chiffre d'affaires selon les activités principales, a nécessité la mise en place de méthodes d'estimations statistiques rénovées. Les données sont publiées selon la nomenclature d'activités révisée NAF rév.2, alors que les précédents résultats l'étaient en NAF rév.1.

Disque *Blu-ray* : format de disque numérique permettant de stocker et restituer des vidéogrammes en haute définition. Sa dénomination provient du type de rayon laser qu'il exploite, de couleur spectrale proche du bleu.

Divorce : rupture légale du mariage. Il existe plusieurs formes de divorce (loi du 26 mai 2004, entrée en vigueur le 1er janvier 2005) : par consentement mutuel (sur requête conjointe ou demande acceptée), par acceptation du principe de la rupture du mariage, pour altération définitive du lien conjugal (après 2 ans de séparation) ou pour faute.
Trois types de jugements entérinant la séparation d'un couple marié peuvent être prononcés :
– un jugement de séparation de corps. Ce jugement doit être mentionné en marge de l'acte de mariage, mais ne rompt pas le mariage. Il est révocable sur simple accord des époux en cas de reprise de la vie commune ;

– une conversion de séparation de corps. Elle transforme une séparation de corps en divorce et permet le remariage ;
– un divorce sur demande directe accueillie. Ce jugement doit être mentionné en marge de l'acte de mariage. Il est irrévocable et permet le remariage.

Doctorat : diplôme universitaire préparé en six semestres après le master. Ce troisième niveau est consacré à un travail de recherche. Le diplôme de doctorat est obtenu après soutenance d'une thèse.

Durée annuelle du travail des salariés : temps de travail réellement effectué par les salariés. Elle est calculée au niveau de la branche. Elle tient compte de la durée hebdomadaire théorique d'un temps complet, du nombre de semaines dans l'année et des corrections suivantes : travail à temps partiel, congés, chômage partiel, arrêts maladie, maternité et accidents du travail, grèves et heures supplémentaires dès lors que celles-ci sont déclarées et payées par l'employeur.

Durée collective hebdomadaire du travail : mesure l'horaire collectif de travail, commun à un groupe de salariés tel qu'il est affiché sur leur lieu de travail. Mesurée par enquête auprès des entreprises, elle ne s'applique qu'aux salariés à temps complet, la durée du travail des salariés à temps partiel étant fixée par le contrat de travail.

Durée du travail : fixée à 35 heures hebdomadaires ou 1 607 heures annuelles depuis le 1er janvier 2002 pour toutes les entreprises, quelle que soit leur taille, la durée légale du travail effectif est une durée de référence, un seuil à partir duquel sont calculées les heures supplémentaires. Il ne s'agit ni d'une durée minimale (les salariés peuvent être employés à temps partiel), ni d'un maximum : des heures supplémentaires peuvent être accomplies dans le respect des durées maximales au-delà desquelles aucun travail ne peut-être demandé. La durée hebdomadaire moyenne s'applique à une semaine normale sans événement exceptionnel (jour férié, congé, etc.) : elle inclut donc toutes les heures habituellement effectuées y compris les heures supplémentaires régulières, rémunérées ou non. La durée annuelle rémunérée des salariés cumule durée collective, heures supplémentaires rémunérées et congés payés.

E

Éco-activités : ensemble des activités qui produisent des biens et services concourant à la protection de l'environnement, à la gestion des ressources naturelles et des espaces verts. Ce périmètre est plus large que celui des dépenses liées à l'environnement car il comprend également l'agriculture biologique (protection des sols), l'isolation des bâtiments (efficacité énergétique) et les énergies renouvelables.

Effectifs de Recherche et Développement : ensemble des personnels (chercheurs et personnels de soutien technique ou administratif) qui effectuent des travaux de recherche et développement en équivalent temps plein recherche (ETP).

Effet de structure : lorsqu'une population est répartie en sous-populations, il peut arriver qu'une grandeur évolue dans un sens sur chaque sous-population et dans le sens contraire sur l'ensemble de la population. Ce paradoxe s'explique parce que les effectifs de certaines sous-populations augmentent alors que d'autres régressent : c'est l'effet de structure. Par exemple, le salaire de chaque profession peut stagner (ou augmenter faiblement) alors que le salaire moyen augmente fortement ; cela arrive si les professions très qualifiées, les mieux payées, sont de plus en plus nombreuses et, réciproquement, les emplois non qualifiés, les moins payés, de plus en plus rares. *A contrario*, la variation à structure constante se calcule comme une moyenne pondérée des variations des moyennes de chaque sous-population, les pondérations étant les masses de la grandeur pour chaque sous-population.

Effort de recherche : rapport entre les dépenses intérieures de R&D et le produit intérieur brut (PIB).

Électricité primaire : électricité tirée de la nature directement sous forme d'électricité, et non par transformation d'une autre énergie. L'électricité primaire comprend l'électricité hydraulique, éolienne, photovoltaïque, géothermique à haute température et nucléaire.

Emploi au sens du BIT : les personnes employées au sens du BIT sont celles ayant travaillé, ne serait-ce qu'une heure, au cours d'une semaine dite de référence. Cette notion diffère de celle issue du recensement de la population qui concerne les personnes déclarant avoir un emploi. L'un des objectifs de l'enquête Emploi est précisément d'effectuer la mesure de l'emploi au sens du BIT, à partir de questions précises. Pour l'analyse conjoncturelle et la comptabilité nationale, la mesure de l'emploi est effectuée à l'aide des estimations d'emploi. Elles reposent sur l'exploitation de données administratives des personnes en emploi durant la dernière semaine du trimestre ou de l'année prise comme semaine de référence. Cette mesure vise à s'approcher le plus possible du concept BIT à partir de données administratives exhaustives sur l'emploi.

Emploi en équivalent-temps plein : nombre total d'heures travaillées dans l'activité considérée divisé par la moyenne annuelle des heures travaillées dans des emplois à plein temps.

Emploi intérieur : personnes physiques travaillant sur le territoire français, sans y résider nécessairement, quel que soit leur statut (salarié, indépendant, aide familial,...).

Empreinte carbone : l'empreinte carbone est un indicateur destiné à caractériser la pression exercée par une population en termes d'émissions de gaz à effet de serre. Elle couvre à la fois les émissions directes de cette population et les émissions indirectes, liées à la production et au transport des biens et services qu'elle consomme, que ceux-ci soient produits en France ou à l'étranger.

Emprisonnement correctionnel : la durée de l'emprisonnement correctionnel ne peut excéder dix ans (sauf cas de récidive). Il s'accompagne le cas échéant de peines complémentaires, tantôt facultatives tantôt obligatoires (interdiction de séjour, de certains droits civils, civiques et de famille, interdiction d'exercer une profession). Le tribunal correctionnel qui prononce une condamnation à l'emprisonnement peut ordonner qu'il sera sursis à l'exécution de cette peine. Le sursis peut être simple ou assorti du placement du condamné sous le régime de mise à l'épreuve ; le sursis implique la suspension totale ou partielle de l'exécution de la peine. Le sursis est révocable, en cas de nouvelle condamnation à une peine criminelle ou correctionnelle sans sursis, pour crime ou délit de droit commun.

Encours (ou provisions mathématiques) : montants des engagements des sociétés d'assurances à l'égard de l'ensemble des assurés. Ce sont les réserves constituées par l'assureur afin de garantir le paiement des prestations. Ces provisions sont calculées à l'aide de formules mathématiques qui prennent en compte les tables de mortalité et un taux d'intérêt technique.

Énergie finale : énergie livrée pour être consommée telle quelle (essence à la pompe, électricité au foyer ou à l'usine,...), ou encore utilisée à des fins non énergétiques, comme dans la fabrication de plastique à partir du pétrole.

Énergie primaire : énergie contenue dans les produits énergétiques tirés de la nature. Cette énergie est utilisée telle quelle ou transformée à des fins non énergétiques, par l'utilisateur final, ou transformée en une autre forme d'énergie (l'électricité par exemple), ou consommée dans le processus de transformation ou d'acheminement vers l'utilisateur.

Énergie renouvelable : énergie produite à partir de sources non fossiles renouvelables. Cela comprend les énergies éolienne, solaire, aérothermique, géothermique, hydrothermique, marine et hydroélectrique, la biomasse, les gaz de décharge, les gaz des stations d'épuration d'eaux usées et le biogaz.

Énergie renouvelable thermique (ENRt) : agrégat statistique qui regroupe l'ensemble des énergies renouvelables non électriques. Sont donc exclues les sources d'électricité hydrauliques, éoliennes, photovoltaïques et géothermiques (haute température) qui, dans les bilans de l'énergie, sont comptabilisées à la rubrique électricité. Les ENRt comprennent le bois de chauffage, commercialisé ou non, les déchets urbains et industriels renouvelables, la géothermie valorisée sous forme de chaleur, le solaire thermique, les résidus de bois et de récoltes, le biogaz, les biocarburants et les pompes à chaleur.

Enquête Cadre de vie et sécurité : enquête annuelle réalisée par l'Insee en partenariat avec l'Observatoire national de la délinquance et des réponses pénales et le ministère de la Justice et des Libertés. Cette enquête est entièrement dédiée à la « victimation » : les personnes enquêtées sont interrogées sur les atteintes qu'elles ont pu subir récemment et leur opinion en matière de sécurité et de justice.

Enquête Emploi : réalisée par l'Insee, depuis 1950, l'enquête Emploi est la source statistique qui permet de mesurer le chômage au sens du Bureau international du travail (BIT). Elle fournit aussi des données sur les professions, l'activité des femmes ou des jeunes, la durée du travail, les emplois précaires. Elle permet de mieux cerner la situation des chômeurs et les changements de situation vis-à-vis du travail.

Enquête Logement : elle est une des principales enquêtes de l'Insee par son ancienneté (1955) et la taille de son échantillon (43 000 logements répondants en 2006). C'est la source statistique majeure pour décrire le parc de logements et les conditions d'occupation par les ménages de leur résidence principale. Elle permet également de mesurer le coût du logement que supportent les différents types de ménages. Le champ de l'enquête est constitué des logements ordinaires.

Enquête Revenus fiscaux et sociaux (ERFS) : pour les revenus perçus en 2010, elle s'appuie sur un échantillon représentatif de 54 000 ménages issus de l'enquête Emploi de l'Insee pour lesquels sont rassemblées les déclarations fiscales et les prestations sociales versées par la Caisse nationale des allocations familiales (Cnaf), la Caisse nationale assurance vieillesse (Cnav) et la Caisse centrale de la mutualité sociale agricole (CCMSA). Le champ retenu est celui des personnes vivant en France métropolitaine et appartenant à des ménages ordinaires dont la personne de référence n'est pas étudiante et dont le revenu déclaré est positif ou nul. Il exclut donc les personnes en institution, ainsi que les personnes sans domicile.

Enseignants du premier degré : instituteurs, professeurs des écoles et autres enseignants chargés de classes du premier degré dans les écoles publiques et privées sous contrat avec le ministère de l'Éducation nationale.

Enseignants du second degré : titulaires et non-titulaires enseignant dans les établissements du second degré publics et privés sous contrat avec le ministère de l'Éducation nationale (collèges, lycées,...). Sont inclus les personnels de remplacement et de documentation.

Enseignants du supérieur : enseignants titulaires dans les établissements d'enseignement supérieur publics sous tutelle du ministère de l'Enseignement supérieur et de la Recherche.

Enseignement du premier degré : regroupe l'enseignement préélémentaire et élémentaire, y compris l'enseignement spécialisé sous tutelle du ministère de l'Éducation nationale.

Enseignement privé : les écoles privées sont soit sous contrat simple (personnel rémunéré par l'État) ou sous contrat d'association (prise en charge par l'État des dépenses de personnel et de fonctionnement de l'externat), soit hors contrat.

Enseignement du second degré : enseignement secondaire faisant suite à l'enseignement préélémentaire et élémentaire (premier degré). Il est dispensé dans les collèges (premier cycle et enseignement adapté) et les lycées (second cycle). Par ailleurs, 80 établissements régionaux d'enseignement adapté (EREA) dispensent l'ensemble des formations secondaires.

Enseignement supérieur : regroupe l'enseignement dispensé dans les universités, les instituts universitaires de technologie (IUT), les instituts universitaires de formation des maîtres (IUFM), les sections de techniciens supérieurs (STS), les classes préparatoires aux grandes écoles (CPGE), les écoles d'ingénieurs, les écoles de commerce, gestion, vente et comptabilité, les écoles paramédicales et sociales, etc.

Entreprise : le décret de décembre 2008 pris en application de la loi n° 2008-776 de modernisation de l'économie du 4 août 2008 (dite LME) définit une entreprise comme la plus petite combinaison d'unités légales qui constitue une unité organisationnelle de production de biens et services jouissant d'une certaine autonomie de décision, notamment pour l'affectation de ses ressources courantes.

Entreprise artisanale (artisanat) : dans le Répertoire des Entreprises et Établissements (REE, Sirene), une entreprise est considérée comme artisanale si l'entreprise est inscrite à la Chambre des Métiers.

Entreprise individuelle : entreprise qui est la propriété exclusive d'une personne physique. L'entrepreneur exerce son activité sans avoir créé de personne juridique distincte. Les différentes formes d'entreprises individuelles sont : commerçant, artisan, profession libérale, agriculteur. Chaque entreprise individuelle (comme chaque société) est répertoriée dans le répertoire SIRENE.

Entreprise publique : entreprise sur laquelle l'État peut exercer directement ou indirectement une influence dominante du fait de la propriété ou de la participation financière, en disposant soit de la majorité du capital, soit de la majorité des voix attachées aux parts émises.

Entreprises de taille intermédiaire (ETI) : entreprise qui a entre 250 et 4999 salariés, et soit un chiffre d'affaires n'excédant pas 1,5 milliards d'euros soit un total de bilan n'excédant pas 2 milliards d'euros. Une entreprise qui a moins de 250 salariés, mais plus de 50 millions d'euros de chiffre d'affaires et plus de 43 millions d'euros de total de bilan est aussi considérée comme une ETI. Les ETI constituent une catégorie d'entreprises intermédiaire entre les PME et les grandes entreprises. Il s'agit de l'une des quatre catégories d'entreprises définies par la loi (article 51 de la loi de modernisation de l'économie) pour les besoins de l'analyse statistique et économique.

Envoi postal : objet destiné à être remis à l'adresse indiquée par l'expéditeur sur l'objet lui-même ou sur son conditionnement et présenté dans la forme définitive dans laquelle il doit être acheminé. Outre tous les envois de correspondance, sont notamment considérés comme des envois postaux les livres, les journaux, les périodiques et les colis postaux contenant de la marchandise, avec ou sans valeur commerciale. Les colis envoyés en express, la presse portée et la publicité non adressée ne sont pas des envois postaux.

Espérance de scolarisation : nombre d'années pendant lesquelles un enfant entrant en maternelle peut espérer être scolarisé en fonction des taux de scolarisation du moment. Cette espérance est calculée sur les jeunes âgés de moins de 30 ans.

Espérance de vie à la naissance : l'espérance de vie à la naissance ou espérance de vie, représente la durée de vie moyenne – autrement dit l'âge moyen au décès – d'une génération fictive soumise aux conditions de mortalité de l'année. Elle caractérise la mortalité indépendamment de la structure par âge.

Espérance de vie à l'âge x : représente, pour une année donnée, l'âge moyen au décès des individus d'une génération fictive d'âge x qui auraient, à chaque âge, la probabilité de décéder observée cette année-là au même âge. Autrement dit, elle est le nombre moyen d'années restant à vivre au-delà de cet âge x (ou durée de survie moyenne à l'âge x), dans les conditions de mortalité par âge de l'année considérée.

Établissement de crédit : établissement agréé par l'Autorité de Contrôle Prudentiel (ACP) et habilité à exercer certaines activités bancaires et financières. Certains établissements bénéficient d'un agrément de plein exercice (les banques), d'autres disposent d'un agrément restreint (sociétés financières et institutions financières spécialisées).

Établissement de santé : les établissements de santé publics et privés assurent principalement des soins en hospitalisation complète. Mais les évolutions récentes des technologies et des pratiques médicales conduisent les hôpitaux à s'orienter vers de nouvelles prises en charge des malades (hospitalisation de jour, de nuit, à domicile).

Établissement pénitentiaire : maison d'arrêt, centre de détention, maison centrale, centre pénitentiaire ou centre de semi-liberté.

Établissement public de coopération intercommunale (EPCI) : regroupement de communes ayant pour objet l'élaboration de « projets communs de développement au sein de périmètres de solidarité ». Il est soumis à des règles communes, homogènes et comparables à celles de collectivités locales.

État 4001 : nom donné à la statistique institutionnelle qui repose sur une nomenclature correspondant à des natures d'infractions permettant de comptabiliser non seulement le nombre de faits constatés et portés pour la première fois à la connaissance de la police ou de la gendarmerie nationales, dès lors qu'il s'agit de crimes ou de délits, commis ou tentés, à l'exclusion de la plupart des contraventions, des infractions prévues par le code de la route, et constatées par une autre institution (services des douanes, services fiscaux, inspection du travail,...), mais également les faits élucidés, les gardes à vue et les mis en cause. La direction centrale de la police judiciaire assure la collecte et la classification des résultats statistiques.

État civil : depuis la Révolution, un cadre législatif régit l'enregistrement des naissances, mariages, décès, de même que les autres faits relatifs à l'état des personnes (divorces, reconnaissances, légitimations, adoptions). C'est sur cette base que s'est élaboré le recueil de données pour l'établissement des statistiques de l'état civil.

État matrimonial légal : situation conjugale d'une personne au regard de la loi (célibataire, mariée, veuve, divorcée). Au recensement de la population, l'état matrimonial légal correspond à ce que les personnes ont déclaré et peut donc parfois différer de leur situation légale. L'union libre ou la liaison par un pacs ne constituent pas un état matrimonial légal.

Étranger : personne qui réside en France et ne possède pas la nationalité française, soit qu'elle possède une autre nationalité (à titre exclusif), soit qu'elle n'en ait aucune (c'est le cas des personnes apatrides). Les personnes de nationalité française possédant une autre nationalité (ou plusieurs) sont considérées en France comme françaises. Un étranger n'est pas forcément immigré, il peut être né en France (les mineurs notamment). À la différence de celle d'immigré, la qualité d'étranger ne perdure pas toujours tout au long de la vie : on peut, sous réserve que la législation en vigueur le permette, devenir français par acquisition.

Euro medium term note (EMTN) **:** valeur mobilière matérialisant un titre de créance émis sur le marché international.

Évolution mesurée en termes réels : évolution à prix courants déflatée par l'indice de prix du produit intérieur brut.

Excédent brut d'exploitation (EBE) : solde du compte d'exploitation, pour les sociétés. Il est égal à la valeur ajoutée, diminuée de la rémunération des salariés, des autres impôts sur la production et augmentée des subventions d'exploitation. Pour les entreprises individuelles, le solde du compte d'exploitation est le revenu mixte. L'excédent d'exploitation peut être calculé net, si l'on retranche la consommation de capital fixe.

Exploitation agricole : est une unité économique qui participe à la production agricole et qui répond à certains critères :
– elle a une activité agricole soit de production, soit de maintien des terres dans de bonnes conditions agricoles et environnementales ce qui lui permet de recevoir des aides découplées de l'outil de production (DPU), soit de mise à disposition de superficies en pacage collectif qui lui permet de déposer un dossier de demande de prime herbagère agro-environnementale (PHAE).
– elle atteint une certaine dimension, soit 1 hectare de surface agricole utilisée, soit 20 ares de cultures spécialisées, soit une production supérieure à un seuil (1 vache ou 6 brebis mères...)
– sa gestion courante est indépendante de toute autre unité. L'existence d'une immatriculation au répertoire des entreprises et des établissements Sirene ou d'un identifiant de demande d'aide de la Politique agricole commune présume de l'indépendance de gestion.

Exploitation agricole à responsabilité limitée (EARL) : forme de société civile spécifique à l'agriculture, régie par le code rural et plus souple que le GAEC. La société unipersonnelle ou entre époux est admise, la participation de tous les associés aux travaux n'est pas obligatoire. En revanche, les associés ne bénéficient pas de la transparence juridique. La responsabilité financière des associés est limitée.

Exportations de biens et de services : ensemble des biens et des services fournis par des résidents à des non-résidents, à titre onéreux ou gratuit.

Extraction intérieure de matières : ensemble des matières solides, liquides ou gazeuses extraites du sol et du sous-sol du territoire et des eaux continentales et marines.

F

FAB (franco à bord) : mesure des exportations à partir de la France valorisées avec les coûts d'acheminement jusqu'à la frontière française.

Facture énergétique : différence entre la valeur des exportations et celle des importations de produits énergétiques (pétrole, gaz, électricité).

Fait constaté : crime ou délit, commis ou tenté, consigné dans une procédure qui sera transmise à l'autorité judiciaire. Une procédure peut faire état de plusieurs faits constatés par les forces de l'ordre. La qualification des faits peut être modifiée par l'autorité judiciaire. Sont exclus des statistiques de la criminalité constatée l'ensemble des contraventions ainsi que les délits relatifs à la circulation routière, les actes de police administrative et les infractions relevées par d'autres administrations (douanes, services fiscaux et répression des fraudes, inspection du travail...).

Famille : partie d'un ménage comprenant au moins deux personnes et constituée soit d'un couple, marié ou non, avec ou sans enfant(s), soit d'un adulte avec un ou plusieurs enfants. Les seuls enfants pris en compte dans les familles sont les personnes célibataires n'ayant elles-mêmes pas d'enfant et vivant avec au moins un de leurs parents, sans limite d'âge.

Famille monoparentale : famille comprenant un parent résidant sans conjoint et un ou plusieurs enfants.

Fédérations françaises handisport et du sport adapté : il existe deux fédérations sportives agréées en France correspondant aux différents types de handicaps. Elles sont toutes deux multisports. La Fédération française du sport adapté (FFSA) a reçu délégation du ministère des Sports pour organiser, développer, coordonner et contrôler la pratique des activités physiques et sportives des personnes en situation de handicap mental, intellectuel ou psychique. La fédération française handisport a connu une importante évolution depuis 1954, date de création de l'Association des Mutilés de France. L'objectif principal de cette fédération est de rendre accessible au plus grand nombre le sport pour les personnes handicapées (handicap moteur, visuel et auditif).

Fiscalité locale : comprend la fiscalité directe (taxe foncière sur les propriétés bâties, taxe foncière sur les propriétés non bâties, taxe d'habitation, la taxe professionnelle jusqu'en 2009 et depuis la cotisation foncière des entreprises, la cotisation sur la valeur ajoutée des entreprises, les impositions forfaitaires sur les entreprises de réseau, la taxe d'enlèvement des ordures ménagères) et la fiscalité indirecte (droits de mutation, carte grise, ...).

Flux de matières apparents : le suivi des flux de matières liés au fonctionnement de l'économie est important pour une gestion et une utilisation durables des ressources. Les comptes macroéconomiques de flux de matières recensent ainsi annuellement l'ensemble des flux apparents entrant dans l'économie (les matières extraites du territoire, les produits importés qu'ils soient bruts ou finis), stockés dans la « technosphère » sous forme d'infrastructures ou de biens durables, sortant de l'économie sous forme d'exportations ou rejetés dans les milieux naturels (émissions dans l'air, rejets dans l'eau, pollution des sols, déchets mis en décharge dans le sous-sol...). Dans ces comptes de flux de matières, le principe de conservation de la masse s'applique : des éléments d'équilibrage sont donc conventionnellement introduits, ils couvrent d'une part ce qui rentre dans le système (l'économie) et, d'autre part, ce qui y est stocké ou qui en sort. Ces flux sont exprimés en tonnes, quelle que soit la matière considérée et sa spécificité (dangerosité, matière brute ou produit fini...). Les flux d'air et d'eau ne sont pas inclus car ils sont d'un ordre de grandeur supérieur aux autres flux de matières. Les matières d'origine intérieure recyclées ne sont donc pas comptabilisées comme matières entrantes. Elle impactent néanmoins les flux entrants : plus le recyclage progresse, moins l'économie demande de matières premières en entrée.

Flux de matières totaux estimés : à chacun des flux apparents de matériaux ou de produits, extraits, importés, stockés ou exportés, sont associés des flux dits « cachés ». Les flux de matières totaux estimés résultent de la somme des flux apparents et des flux cachés. Les flux cachés correspondent d'une part à des quantités de matières extraites mais qui ne sont pas utilisées (excavation de matière dans les activités extractives et de construction, érosion des sols liée à l'agriculture). D'autre part, dans le cas des importations/exportations, les flux cachés incluent également des flux indirects associés (utilisation de combustibles ou d'autres produits qui ne franchissent pas la frontière avec les matériaux/produits concernés). La mobilisation de ces flux cachés par l'économie peut avoir d'importants impacts sur l'environnement, tels que l'érosion des sols, l'atteinte aux habitats naturels et à la survie d'espèces endémiques, l'atteinte aux milieux aquatiques, la perte de sols provoquée par l'érosion, la dégradation des paysages...

Fonction publique : on distingue trois fonctions publiques. Il y a la fonction publique d'État (FPE), la fonction publique territoriale (FPT) et la fonction publique hospitalière (FPH). Au sens strict, un agent de la fonction publique travaille dans un organisme dans lequel le recrutement se fait sur la base du droit public. Néanmoins, certaines missions de service public sont assurées, hors de ce périmètre, par des agents travaillant dans d'autres types d'organismes publics, par des organismes privés ou par des entreprises publiques ou privées. Ces personnes travaillent dans les services civils et militaires de l'État (administrations centrales et services déconcentrés), dans les collectivités territoriales (régions, départements, communes) et dans les établissements publics à caractère administratif nationaux ou locaux, tels que CNRS, universités, hôpitaux publics, centres de gestion de la fonction publique territoriale, caisses des écoles... Il existe deux définitions de l'emploi public qui renvoient à chacune des approches, juridique ou économique, choisies pour le mesurer. L'approche au sens de l'Observatoire de l'emploi public repose sur des critères juridiques combinant statut de l'employeur et statut de l'agent. Ainsi relève de la fonction publique tout agent qui travaille dans un organisme à caractère administratif recrutant des agents de droit public. L'approche économique est celle de la comptabilité nationale qui comptabilise l'ensemble des personnels des services publics financés majoritairement par prélèvements obligatoires.

Fonds de pension des élus locaux (FONPEL) : régime de retraite par rente pour les élus locaux conformément aux dispositions de la loi n° 92-108 du 3 février 1992 relative aux conditions d'exercice des mandats locaux.

Formation professionnelle continue : obligation légale depuis 1971, elle a pour but d'assurer aux salariés, employés ou demandeurs d'emploi, une formation destinée à conforter, améliorer ou acquérir des connaissances professionnelles. Elle se répartit en deux grands secteurs distincts. Les actions financées par les entreprises, qui ont l'obligation de consacrer 1,6 % de la masse salariale (entreprises de dix salariés et plus) ou 0,55 %

(entreprises de moins de dix salariés) à la formation continue et les actions financées par les fonds publics, essentiellement consacrées aux demandeurs d'emploi et à la promotion sociale.

Fréquentation touristique : pour évaluer la fréquentation touristique, d'une région, d'un type d'hébergement ou d'un pays on retient deux unités de compte. Il s'agit des arrivées et des nuitées. Toutefois ce concept, couramment utilisé pour les statistiques internationales, lorsqu'il existe des contrôles aux frontières, est sensiblement différent de celui de touriste. Ainsi, deux régions d'un même pays comptabiliseront chacune une arrivée pour un même touriste visitant ces deux régions au cours d'un même séjour. En revanche, pour le niveau national ce même touriste ne sera à l'origine que d'une seule arrivée en France. Ainsi il est difficile d'agréger les arrivées locales, au sein d'un même pays, sans risque de doubles-comptes et ce risque augmente proportionnellement à la taille du pays. Les nuitées présentent l'avantage de ne pas induire de doubles-comptes et constituent un indicateur statistiquement plus aisé à utiliser mais plus éloigné de la notion de touriste. En effet les durées de séjours sont très variables selon l'origine des touristes ou leurs motivations.

Fret : marchandises transportées par un véhicule.

G

Gaz à effet de serre : les principaux gaz responsables de l'effet de serre (GES), dont les émissions sont encadrées par le protocole de Kyoto, sont le dioxyde de carbone (CO_2), le méthane (CH_4), l'oxyde nitreux (N_2O) et les gaz fluorés (HFC, PFC et SF_6). Les émissions de ces six gaz sont pondérées par leurs potentiels de réchauffement global (PRG) et exprimées en équivalents CO_2 pour donner un total d'émissions en équivalents CO_2.

Génération : ensemble des personnes nées la même année civile. Exemple : « la génération 1946 ».

Grande école : établissement d'enseignement supérieur qui assure des formations de haut niveau. La tutelle d'une grande école est assurée par un ministère qui n'est pas obligatoirement l'Éducation nationale (exemple : l'École polytechnique sous la tutelle du ministère de la Défense).

Grande entreprise : entreprise qui a au moins 5000 salariés. Une entreprise qui a moins de 5000 salariés mais plus de 1,5 milliard d'euros de chiffre d'affaires et plus de 2 milliards d'euros de total de bilan est aussi considérée comme une grande entreprise. Il s'agit de l'une des quatre catégories d'entreprises définies par la loi (article 51 de la loi de modernisation de l'économie) pour les besoins de l'analyse statistique et économique.

Grands établissements (enseignement) : dénomination regroupant l'Institut d'études politiques de Paris, l'École nationale des chartes, l'École pratique des hautes études, l'École des hautes études en sciences sociales, l'Institut national des langues et civilisations orientales, l'Observatoire de Paris, l'Institut de physique du Globe, l'École nationale supérieure des sciences de l'information et des bibliothèques, Paris IX, l'INP de Grenoble, l'INP de Bordeaux, l'université de Lorraine (depuis 2011).

Grand magasin : établissement de vente au détail qui réalise moins du tiers de ses ventes en alimentation et dont la surface de vente est supérieure ou égale à 2 500 m^2.

Grenelle Environnement : souvent appelé Grenelle de l'environnement, le Grenelle Environnement est un ensemble de rencontres politiques organisées en France en septembre et octobre 2007, visant à prendre des décisions à long terme en matière d'environnement et de développement durable. Ces décisions visent en particulier à restaurer la biodiversité par la mise en place d'une trame verte et bleue et de schémas régionaux de cohérence écologique, tout en diminuant les émissions de gaz à effet de serre et en améliorant l'efficience énergétique. Les engagements pris dans le cadre du Grenelle Environnement ont été formalisés en 2009 par la loi Grenelle 1, puis complétés en 2010 par la loi Grenelle 2.

Groupe : ensemble de sociétés liées entre elles par des participations au capital et contrôlées par une même société.

Groupement agricole d'exploitation en commun (Gaec) : forme de société spécifique à l'agriculture, régie par le code rural. Le Gaec se caractérise principalement par la participation de tous les associés aux travaux, une responsabilité financière limitée et le principe de transparence. Les associés conservent sur le plan économique, social et fiscal leur statut de chef d'exploitation.

Groupement de communes à fiscalité propre : structure intercommunale ayant la possibilité de lever l'impôt (impôts sur les ménages ou sur les entreprises). Il s'agit des communautés de communes, des communautés d'agglomération, des communautés urbaines, des métropoles et des syndicats d'agglomération nouvelle.

G20 (groupe des 20) : forum économique créé en 1999 dont le but est de favoriser la stabilité financière internationale et de créer des possibilités de dialogues entre pays industrialisés et pays émergents. Il rassemble les 19 États que sont l'Afrique du Sud, l'Allemagne, l'Arabie saoudite, l'Argentine, l'Australie, le Brésil, le Canada, la Chine, la Corée du Sud, la France, les États-Unis, l'Inde, l'Indonésie, l'Italie, le Japon, le Mexique, le Royaume-Uni, la Russie, la Turquie ainsi que l'Union européenne.

H

Haut débit ou large bande : caractérise une liaison permettant de transmettre de grandes quantités de données. Toute connexion dont le débit est de 128 kilo-octets au minimum est considérée comme du haut-débit.

Hébergement touristique : installation qui, régulièrement ou occasionnellement, pourvoit à l'hébergement de touristes comme les hôtels, campings, hébergement en meublés de courte durée, résidences de tourisme, centres de villégiatures, centres de vacances pour enfants et adolescents, auberges de jeunesse et refuges.

Héroïne : dérivé de la morphine, elle-même dérivée de l'opium. L'héroïne, classée comme stupéfiant, se présente sous forme de poudre blanche (sel acide) ou marron (sel basique). Elle est consommée pour ses propriétés euphorisantes, relaxantes, « planantes ». Elle peut être injectée en intraveineuse, fumée ou sniffée. Provoquant un effet de dépression respiratoire, il existe un risque de coma voire de mort par arrêt cardio-respiratoire majeur en cas d'absorption importante (« surdose »), majoré en cas d'association avec de l'alcool ou des benzodiazépines. Son utilisation induit une très forte dépendance physique et psychique avec état de manque. Par ailleurs la pratique de l'injection est une cause majeure d'infections (en particulier SIDA et hépatites) du fait des pratiques de partage du matériel d'injection.

Hôtellerie homologuée : les hôtels sont classés ou homologués tourisme par arrêté préfectoral après délibération de la commission départementale d'action touristique. Ils sont classés en six catégories, de 0 à 5 étoiles. Les conditions requises portent sur le nombre de chambres, les locaux communs, l'équipement de l'hôtel, la surface et le confort des chambres, le niveau de service rendu par le personnel de l'hôtel. Pour être qualifié d'« hôtel de tourisme », un établissement hôtelier doit comporter au moins 5 chambres.

Hôtellerie de plein air (camping) : les campings-caravanings sont homologués par arrêté préfectoral. Ils sont classés de 1 à 4 étoiles, mention « loisir » ou « tourisme », dès lors qu'ils comportent un emplacement loué au passage. Les conditions requises portent sur les équipements communs, les équipements sanitaires et l'accessibilité aux personnes handicapées. Un emplacement de passage est un emplacement destiné à une clientèle touristique n'y élisant pas domicile. Un emplacement loué à l'année est un emplacement réservé à la location résidentielle, c'est à-dire à un seul client pour l'ensemble de la période d'ouverture du camping.

Hypermarché : établissement de vente au détail en libre-service qui réalise plus du tiers de ses ventes en alimentation et dont la surface de vente est supérieure ou égale à 2 500 m^2.

I

Immatriculation : mouvement de mutation d'un véhicule avec émission d'une nouvelle carte grise. Ces mouvements incluent les immatriculations de véhicules neufs (c'est-à-dire dont le propriétaire est le premier depuis la mise en circulation du véhicule), ainsi que les immatriculations de véhicules d'occasion (nouveau propriétaire depuis la 1ère mise en circulation). Les immatriculations ne comprennent pas les mouvements de rectification des informations sur les véhicules avec ou sans émission de carte grise. À compter d'avril 2009, les véhicules bénéficient d'une immatriculation à vie. Cela n'affecte pas la définition statistique de l'immatriculation d'occasion ; les immatriculations concernent les véhicules neufs ou les ventes de véhicules d'occasion bien que ces derniers ne changent pas de numéro. Ces mouvements sont relatifs à la série dite normale, c'est à dire hors transit temporaire, immatriculation temporaire, militaire, corps diplomatique.

Immigré : selon la définition adoptée par le Haut Conseil à l'Intégration, un immigré est une personne née étrangère à l'étranger et résidant en France. Les personnes nées françaises à l'étranger et vivant en France ne sont donc pas comptabilisées. À l'inverse, certains immigrés ont pu devenir français, les autres restant étrangers. Les populations étrangère et immigrée ne se confondent pas totalement : un immigré n'est pas nécessairement étranger et réciproquement, certains étrangers sont nés en France (essentiellement des mineurs). La qualité d'immigré est permanente : un individu continue à appartenir à la population immigrée même s'il devient français par acquisition. C'est le pays de naissance, et non la nationalité à la naissance, qui définit l'origine géographique d'un immigré.

Importations de biens et de services : ensemble des biens et des services fournis par des non-résidents à des résidents, à titre onéreux ou gratuit.

Impôt : prélèvement obligatoire effectué par voie d'autorité par une administration (État, collectivités territoriales, etc.) sur les ressources des personnes vivant sur son territoire ou y possédant des intérêts pour être affecté aux services d'utilité générale.

Impôts en capital : impôts recouvrant principalement les droits de succession et de donation.

Impôts sur la production et les importations : versements obligatoires sans contrepartie, en espèces ou en nature, prélevés par les administrations publiques ou par les institutions de l'Union européenne et qui frappent la production et l'importation de biens et de services, l'emploi de main d'œuvre et la propriété ou l'utilisation de terrains, bâtiments et autres actifs utilisés à des fins de production. Ces impôts sont dus indépendamment de la réalisation de bénéfices d'exploitation. Ils comprennent les impôts sur les produits et les autres impôts sur la production.

Impôts sur les produits : impôts constitués essentiellement de la taxe sur la valeur ajoutée (TVA), de la taxe intérieure de consommation sur les produits énergétiques (TICPE), des droits de mutation à titre onéreux et des droits sur les alcools et les tabacs.

Impôts sur les revenus : pour les ménages, ces impôts désignent essentiellement l'impôt sur le revenu, la contribution sociale généralisée (CSG) et la contribution pour le remboursement de la dette sociale (CRDS). Pour les entreprises, il s'agit principalement de l'impôt sur les sociétés.

Indicateur conjoncturel de fécondité (ICF) : mesure le nombre d'enfants qu'aurait une femme tout au long de sa vie, si les taux de fécondité observés l'année considérée à chaque âge demeuraient inchangés.

Indication géographique protégée (IGP) : régie par le règlement européen, l'indication géographique protégée (IGP) distingue un produit dont toutes les phases d'élaboration ne sont pas nécessairement issues de la zone géographique éponyme mais qui bénéficie d'un lien à un territoire et d'une notoriété.

Indice boursier : fondés sur la moyenne de cours d'échantillons de valeurs mobilières retenues en fonction de leur représentativité. Ils fournissent une tendance générale de l'évolution des marchés et facilitent la comparaison entre les différentes places boursières. Chaque place boursière est dotée de plusieurs indices boursiers. Le CAC 40 est le principal indice boursier sur la place de Paris. Il est déterminé à partir des cours de 40 actions cotées en continu sur le Premier Marché. Ces valeurs, représentatives des différentes branches d'activités, reflètent en principe la tendance globale de l'économie des grandes entreprises françaises et leur liste est revue régulièrement pour maintenir cette représentativité. La place de Paris dispose d'autres indices boursiers comme, par exemple, les indices SBF 120 et SBF 250 qui portent respectivement sur des échantillons de 120 et 250 entreprises cotées sur le marché réglementé. Les principaux indices bousiers à l'étranger sont le Dow Jones, indice le plus ancien et le plus suivi de la bourse de New York qui repose sur 30 valeurs industrielles parmi les plus importantes, le SP 500 calculé par *Standard and Poors* sur la base de 500 valeurs les plus importantes des trois marchés de New York (NYSE, Nasdaq et AMEX), le Nasdaq Composite qui mesure toutes les valeurs américaines et étrangères cotées au Nasdaq de New York, l'indice japonais NIKKEI 225 établi d'après les cours de clôture des 225 valeurs cotées à Tokyo, le FTST 100 (ou FOOTSIE) de la bourse de Londres créé en 1984 et qui comprend 100 sociétés et le DAX 30 des 30 actions les plus importantes de la bourse de Francfort. Par ailleurs, plusieurs indices européens ont été créés lors du passage à l'euro des bourses de la zone euro. Le plus utilisé est l'Euro Stoxx 50 : il regroupe 50 valeurs parmi les plus significatives cotées sur différentes places boursières de la zone euro.

Indice de Gini : partant de la distribution d'une variable numérique prenant des valeurs positives ou nulles (les salaires, les revenus, les niveaux de vie), l'indice de Gini est un indicateur synthétique d'inégalités au sein de cette distribution (de salaires, de revenus, de niveaux de vie...). Il varie entre 0 et 1. Il est égal à 0 dans une situation d'égalité parfaite où tous les salaires, les revenus, les niveaux de vie... seraient égaux. À l'autre extrême, il est égal à 1 dans une situation la plus inégalitaire possible, celle où tous les salaires (les revenus, les niveaux de vie...) sauf un seraient nuls. Entre 0 et 1, l'inégalité est d'autant plus forte que l'indice de Gini est élevé.

Indice des prix à la consommation (IPC) : instrument de mesure de l'inflation. Il permet d'estimer, entre deux périodes données, la variation moyenne des prix des produits consommés par les ménages. C'est une mesure synthétique de l'évolution des prix des produits, à qualité constante. Il est publié chaque mois au *Journal Officiel*. L'indice des prix hors tabac sert à indexer de nombreux contrats privés, des pensions alimentaires, des rentes viagères et aussi à revaloriser le Smic. L'indice retenu pour le Smic est celui des « ménages urbains dont le chef est ouvrier ou employé, hors tabac ». L'indice des prix à la consommation n'est pas un indice du coût de la vie.

Indice des prix à la consommation harmonisé (IPCH) : indicateur permettant d'apprécier le respect du critère de convergence portant sur la stabilité des prix, dans le cadre du traité de l'Union européenne (UE), traité de Maastricht. Pour la France, le territoire national économique comprend la France métropolitaine et les départements d'outre-mer (DOM), à l'exclusion des collectivités d'outre-mer (COM). Cet indice est conçu expressément à des fins de comparaison internationale. Les méthodes utilisées par les États membres de l'Union européenne pour calculer leur indice de prix national sont en effet sensiblement différentes. Elles ne permettent donc pas, de comparer correctement la hausse des prix de ces pays. C'est pourquoi, les indices de prix à la consommation harmonisés sont calculés avec des méthodes et un contenu assurant une meilleure comparabilité. La différence essentielle avec l'indice des prix à la consommation national tient dans le traitement de la protection sociale et de l'enseignement. En effet, dans l'IPCH, seule la part à la charge du consommateur (après remboursement) est prise en compte, alors que dans l'IPC français, les prix mesurés sont les prix bruts.

Industrie automobile : l'industrie automobile concerne aussi bien les constructeurs de voitures particulières, de véhicules de loisir, de véhicules utilitaires que les équipementiers spécialisés, les carrossiers, les assembleurs ou les prestataires de services d'aménagement de véhicules automobiles. Cette activité intègre donc la filière complète, y compris moteurs et organes mécaniques en amont, dès lors qu'ils sont principalement destinés à des véhicules automobiles (à l'exception des parties de moteurs).

Industrie manufacturière : l'industrie manufacturière regroupe toutes les industries de transformation de biens. À ce titre, elle représente la majeure partie des industries : n'en sont exclues que les industries extractives, la production d'énergie, la production et la distribution de l'eau.

Industries agricoles et alimentaires (IAA) : les industries agricoles et alimentaires (ou agro-alimentaires) correspondent au code CA de la nomenclature d'activités française (NAF Rév. 2) : industrie des viandes ; industrie du lait ; industrie des boissons ; travail du grain, fabrication d'aliments pour animaux ; industries alimentaires diverses ; industrie du tabac. À partir de 2008, ces industries sont regroupées dans le poste C1 du niveau A17 de la nomenclature agrégée (NA) : fabrication de denrées alimentaires, de boissons et de produits à base de tabac.

Inflation : perte du pouvoir d'achat de la monnaie. Elle doit être distinguée de l'augmentation du coût de la vie. Pour évaluer le taux d'inflation, on utilise l'indice des prix à la consommation (IPC). Cette mesure n'est pas complète, le phénomène inflationniste couvrant un champ plus large que celui de la consommation des ménages.

Inflation sous-jacente : cet indice de prix désaisonnalisé permet de dégager une tendance de fond de l'évolution des prix à la consommation. Il traduit l'évolution profonde des coûts de production et la confrontation de l'offre et de la demande. Il est fondé sur une sous-partie du champ de la consommation, excluant les prix soumis à l'intervention de l'État (électricité, gaz, tabac...) et les produits à prix volatils (produits pétroliers, produits frais, produits laitiers, viandes, fleurs et plantes...) qui subissent des mouvements très variables dus à des facteurs climatiques ou à des tensions sur les marchés mondiaux. L'indice d'inflation sous-jacente est corrigé des mesures fiscales (hausse ou baisse de la TVA, mesures spécifiques sur les produits...) de façon à neutraliser les effets sur l'indice des prix de la variation de la fiscalité indirecte ou des mesures gouvernementales affectant directement les prix à la consommation. L'inflation sous-jacente est ainsi plus adaptée à une analyse des tensions inflationnistes, car moins perturbée par des phénomènes exogènes.

Infraction : violation d'une loi de l'État. En France, les infractions sont distinguées en trois catégories : les crimes, les délits et les contraventions. Les contraventions sont des infractions passibles d'une amende. Les délits sont des infractions passibles d'une peine d'emprisonnement et regroupent de nombreux types d'infractions comme les vols simples, les cambriolages, les destructions et dégradations, certaines formes de violences volontaires, les escroqueries et infractions économiques et financières, etc. Les crimes constituent la catégorie d'infractions la plus grave, pour lesquelles les peines d'emprisonnement encourues, qualifiées de « réclusion criminelle », sont supérieures à 10 ans. Ils regroupent notamment les homicides, les viols, certaines formes de violence ou de vols aggravés, et le trafic d'armes et de stupéfiants.

Innovation : la dernière version du manuel d'Oslo définit quatre catégories d'innovation. L'innovation de produit est la création ou l'amélioration d'un produit (bien ou prestation de service). L'innovation de procédé est la mise en œuvre de nouvelles techniques pour la production de biens ou la réalisation de prestations de services. Il existe aussi l'innovation d'organisation (les cercles de qualité en sont un exemple) et celle de marketing (par exemple la mise en franchise ou la promotion sur internet).

Inserm : l'Institut national de la santé et de la recherche médicale (Inserm) est le seul organisme public français entièrement dédié à la recherche biologique, médicale et sur la santé des populations. Ses chercheurs ont pour vocation l'étude de toutes les maladies humaines des plus fréquentes aux plus rares.

Institutions sans but lucratif au service des ménages (ISBLSM) : ensemble des unités privées dotées de la personnalité juridique qui produisent des biens et services non marchands au profit des ménages. Leurs ressources principales proviennent de contributions volontaires en espèces ou en nature effectuées par les ménages en leur qualité de consommateurs, de versements provenant des administrations publiques, ainsi que de revenus de la propriété.

Institut universitaire de technologie (IUT) : les instituts universitaires de technologie, rattachés aux universités, ont été créés en 1965. Les IUT préparent aux diplômes universitaires de technologie (DUT), aux diplômes post-DUT et aux licences professionnelles.

Intensité énergétique de l'économie : consommation intérieure brute d'énergie primaire divisée par le produit intérieur brut (PIB).

Intérim : l'opération de « travail intérimaire » (ou « intérim » ou « travail temporaire ») consiste à mettre à disposition provisoire d'entreprises clientes, des salariés qui, en fonction d'une rémunération convenue, sont embauchés et rémunérés à cet effet par l'entreprise de travail intérimaire (ou entreprise de travail temporaire). Elle se caractérise donc par une relation triangulaire entre l'entreprise de travail temporaire, l'entreprise cliente et le salarié, et implique la conclusion de deux contrats : un contrat de mise à disposition (entre l'entreprise de travail temporaire et l'entreprise cliente) et un contrat de mission (entre l'entreprise de travail temporaire et le salarié). Les salariés qui travaillent en intérim sont qualifiés d'intérimaires.

Internaute : individu accédant à Internet quel que soit son lieu de connexion. Dans l'enquête annuelle sur les technologies de l'information et de la communication (ou enquête TIC), réalisée par l'Insee, un internaute est un individu de 15 ans et plus qui déclare, le jour de l'enquête, avoir utilisé internet au cours des trois derniers mois.

Internet : ensemble de réseaux mondiaux interconnectés qui permet à des ordinateurs et à des serveurs de communiquer efficacement au moyen d'un protocole de communication commun (IP). Ses principaux services sont le Web, le FTP, la messagerie et les groupes de discussion.

Internet mobile : accès à internet « sans fil » *via* des moyens de communications comme un téléphone portable, un ordinateur de poche ou un ordinateur portable grâce à une clé 3G ou un relais *wifi*.

Investissement direct étranger (IDE) : investissement qu'une unité institutionnelle résidente d'une économie effectue dans le but d'acquérir un intérêt durable dans une unité institutionnelle résidente d'une autre économie et d'exercer, dans le cadre d'une relation à long terme, une influence significative sur sa gestion. Par convention, une relation d'investissement direct est établie dès lors qu'un investisseur acquiert au moins 10 % du capital social de l'entreprise investie. Les investissements directs comprennent non seulement l'opération initiale qui établit la relation entre les deux unités mais également toutes les opérations financières ultérieures entre elles et entre les unités institutionnelles apparentées, qu'elles soient ou non constituées en sociétés.

Investissement ou formation brute de capital fixe (FBCF) : acquisitions moins cessions d'actifs fixes réalisées par les producteurs résidents. Les actifs fixes sont les actifs corporels ou incorporels issus de processus de production et utilisés de façon répétée ou continue dans d'autres processus de production pendant au moins un an.

J

Juridiction : ce terme désigne un tribunal ou une cour. Les juridictions de l'ordre administratif sont chargées de juger les affaires opposant des personnes privées à l'administration. Les juridictions de l'ordre judiciaire sont chargées de juger les litiges entre les personnes privées et les personnes poursuivies pour infraction à la loi pénale. Chaque type de juridiction peut comprendre des juridictions de droit commun et des juridictions d'exception. Les juridictions de droit commun ont compétence générale pour statuer sur tous types de litiges, dans toutes matières, sauf lorsqu'une compétence spéciale est expressément attribuée à une autre juridiction. Au premier degré, la juridiction civile de droit commun est le tribunal de grande instance. Les juridictions pénales de droit commun sont le tribunal de police, le tribunal correctionnel et la cour d'assises. Au second degré, la cour d'appel est la juridiction de droit commun.

L

Licence : diplôme universitaire préparé en six semestres. Deux filières sont possibles : la licence, qui est une formation générale, et la licence professionnelle, qui est une formation professionnelle.

Licence sportive : acte unilatéral de la fédération sportive qui permet la pratique sportive et la participation aux compétitions, et le cas échéant (selon les statuts de la fédération) la participation au fonctionnement de la fédération. Toute autre forme d'adhésion est considérée comme un « autre titre de participation » (ATP). Le nombre de licences sportives délivrées ainsi que le nombre de clubs affiliés est connu grâce à un recensement dénommé « recensement des licences et des clubs auprès des fédérations sportives agréées ». Ces données recensent les seules licences (un licencié pouvant en détenir plusieurs).

Logement : local utilisé pour l'habitation. Les logements sont répartis en quatre catégories : résidences principales, résidences secondaires, logements occasionnels, logements vacants. Il existe des logements ayant des caractéristiques particulières, mais qui font tout de même partie des logements au sens de l'Insee : les logements-foyers pour personnes âgées, les chambres meublées, les habitations précaires ou de fortune (caravanes, mobile home, etc.).

Logement ordinaire : logement défini par opposition à un logement en résidence offrant des services spécifiques (résidences pour personnes âgées, pour étudiants, de tourisme, à vocation sociale, pour personnes handicapées...). Les habitations mobiles ne sont pas non plus incluses.

Logement vacant : un logement vacant est un logement inoccupé. Il peut s'agir d'un logement proposé à la vente ou à la location, d'un logement déjà attribué à un acheteur ou un locataire et en attente d'occupation, d'un logement en attente de règlement de succession, d'un logement conservé par un employeur pour un usage futur au profit d'un de ses employés ou encore d'un logement gardé vacant et sans affectation précise par le propriétaire.

Loi de finances initiale : loi prévoyant et autorisant pour chaque année civile l'ensemble des ressources et des charges de l'État.

Loi relative aux libertés et responsabilités des universités (loi LRU) : loi du 10 août 2007, prévoyant principalement que, d'ici 2013, toutes les universités accèdent à l'autonomie dans les domaines budgétaire et de gestion de leurs ressources humaines et qu'elles puissent devenir propriétaires de leurs biens immobiliers. Elle s'inscrit dans une série de mesures visant à revaloriser certaines universités françaises.

Loyer : somme versée par un locataire en contrepartie de la jouissance d'un logement. Le loyer ne comprend pas les charges locatives, qui sont destinées à couvrir un certain nombre de dépenses dues par le locataire et liées à la consommation d'eau et d'énergie, l'utilisation de l'ascenseur, le chauffage collectif le cas échéant, une partie des dépenses d'entretien ou de réparation des parties communes, les taxes d'enlèvement des ordures ménagères, etc.

M

Marque : au sens de la propriété industrielle, la marque est un « signe » permettant de distinguer précisément les produits ou prestations de services d'une entreprise de ceux de ses concurrents. Le signe peut être un mot, un nom, un slogan, un logo, un dessin, etc. ou la combinaison de ces différents éléments. En déposant sa marque à l'Institut national de la propriété industrielle (Inpi), le déposant obtient un monopole d'exploitation sur le territoire français pour 10 ans, renouvelable indéfiniment. Il est ainsi le seul à pouvoir l'utiliser et peut se défendre en poursuivant en justice toute personne qui, notamment, imiterait ou utiliserait aussi sa marque.

Master : diplôme universitaire préparé en quatre semestres après la licence. Deux filières sont possibles : le master recherche, qui permet de suivre ensuite un doctorat, et le master professionnel, qui prépare à un métier précis et permet une entrée immédiate sur le marché du travail.

Médecin conventionné de secteur 2 : médecin autorisé à pratiquer des dépassements d'honoraires avec tact et mesure. Le montant du dépassement n'est pas remboursé par l'Assurance maladie.

Médecin mixte : médecin ayant une activité libérale et une activité salariée en parallèle (hospitalière ou non).

Médiane : valeur qui partage une distribution de données statistiques, rangée en ordre croissant ou décroissant, en deux parties égales. Ainsi, pour une distribution de salaires, la médiane est le salaire au-dessous duquel se situent 50 % des salaires. C'est de manière équivalente le salaire au-dessus duquel se situent 50 % des salariés.

Ménage : ensemble des occupants d'un même logement sans que ces personnes soient nécessairement unies par des liens de parenté (en cas de cohabitation, par exemple). Un ménage peut ne comprendre qu'une seule personne. Au sens du recensement de la population, les personnes vivant dans des habitations mobiles, les mariniers, les sans-abris, et les personnes vivant en communauté (foyers de travailleurs, maisons de retraite, résidences universitaires, maisons de détention...) sont considérées comme vivant hors ménage. Il y a égalité entre le nombre de ménages et le nombre de résidences principales. Dans les enquêtes auprès des ménages réalisées par l'Insee, depuis 2005, est considéré comme un ménage l'ensemble des personnes (apparentées ou non) qui partagent de manière habituelle un même logement (que celui-ci soit ou non leur résidence principale) et qui ont un budget en commun. La résidence habituelle est le logement dans lequel on a l'habitude de vivre. Font donc partie du même ménage des personnes qui ont un budget commun, c'est-à-dire qui apportent des ressources servant à des dépenses faites pour la vie du ménage ou qui bénéficient simplement de ces dépenses. Dans la définition du budget commun, on ne tient pas compte des dépenses faites pour le logement et la participation occasionnelle à des dépenses communes ne suffit pas à former un budget commun. Le fait d'avoir plusieurs comptes en banque différents dans un ménage ne signifie pas faire budget à part. Depuis 2005, dans le cadre des enquêtes auprès des ménages, un logement peut donc comporter plusieurs ménages appelés encore « unités de vie ».

Ménage complexe : ménage où coexistent au moins deux des configurations suivantes : personne isolée, couple avec ou sans enfant(s), famille monoparentale.

Ménage locataire : ménage dont la personne de référence est locataire en titre d'un logement loué vide, locataire d'un meublé ou sous locataire.

Mesures de retrait d'activité : recouvrent l'Allocation spéciale du Fonds National de l'Emploi, l'Allocation de remplacement pour l'emploi, la Cessation anticipée d'activité pour certains travailleurs salariés et la Dispense de recherche d'emploi.

Microentreprise (MIC) : entreprise occupant moins de 10 personnes, et qui a un chiffre d'affaires annuel ou un total de bilan n'excédant pas 2 millions d'euros. Cette notion, utilisée à des fins d'analyse statistique et économique, diffère de celle du régime fiscal de la micro-entreprise et ne s'apparente pas non plus au statut d'auto-entrepreneur. Il s'agit de l'une des quatre catégories d'entreprises définies par la loi (article 51 de la loi de modernisation de l'économie) pour les besoins de l'analyse statistique et économique.

Milieu fermé : ensemble des établissements pénitentiaires.

Milieu ouvert : en opposition au milieu fermé, le milieu ouvert regroupe l'ensemble des mesures alternatives à l'incarcération qui répondent à une démarche de responsabilisation du condamné. Les personnes faisant l'objet de ces mesures sont placées sous contrôle du juge de l'application des peines et suivies à sa demande par des services pénitentiaires d'insertion et de probation, dès le jugement (contrôle judiciaire), lors du jugement (sursis avec mise à l'épreuve) ou suite aux modalités d'exécution de la peine d'emprisonnement (semi-liberté).

Minimum mensuel garanti dans la fonction publique : il correspond au traitement afférent à l'indice majoré 308 depuis le 1er juillet 2012. Le minimum de rémunération mensuelle joue, dans la fonction publique, un rôle analogue à celui du Smic dans le secteur privé.

Minimum vieillesse : Le « minimum vieillesse » recouvre un ensemble d'allocations qui permettent aux personnes âgées de 65 ans au moins (60 ans en cas d'inaptitude au travail ou d'invalidité) disposant de faibles revenus d'atteindre un seuil minimal de ressources. Depuis 2007, pour les nouveaux bénéficiaires, le système d'allocations à deux étages est remplacé par une allocation unique : l'allocation de solidarité aux personnes âgées (ASPA).

Minima sociaux : prestations sociales visant à assurer un revenu minimal à une personne (ou à sa famille) en situation de précarité, ce sont des prestations sociales non contributives, c'est-à-dire qu'elles sont versées sans contrepartie de cotisations. Le système français de minima sociaux comporte divers dispositifs, dont un spécifique aux départements d'outre-mer (DOM). Le RSA, qui vise à lutter contre les exclusions, est un des plus connus. Les autres allocations visent des publics spécifiques confrontés à un risque de grande pauvreté, par exemple, les chômeurs de très longue durée, avec l'allocation de solidarité spécifique (ASS) pour ceux ayant épuisé leurs droits à l'assurance chômage, les personnes handicapées (allocation aux adultes handicapés – AAH), les personnes âgées (minimum vieillesse). Ce type de prestations est versé sous conditions de ressources, permettant donc aux bénéficiaires de parvenir au niveau du minimum concerné.

Mise en chantier : une construction est considérée comme mise en chantier (ou commencée) après réception de la déclaration d'ouverture de chantier (DOC) envoyée par le pétitionnaire (ou maître d'ouvrage).

Mode de faire-valoir : type de relations existant entre le propriétaire des terres agricoles et l'exploitant. Lorsque le propriétaire exploite lui-même ses terres, on parle de faire-valoir direct. Lorsque l'exploitant prend la terre en location, moyennant un loyer d'un montant fixe, on parle de fermage. Dans le cas du métayage, l'exploitant cède un pourcentage de sa production au propriétaire. Le métayage est devenu si marginal depuis quinze ans qu'il a été regroupé, dans cet ouvrage, avec la catégorie « fermage ».

Mortalité prématurée : ensemble des décès survenus avant l'âge de 65 ans.

Musée national : les musées nationaux sont les musées dont les collections appartiennent à l'État et qui sont placés sous la tutelle de la Direction générale des patrimoines du ministère de la Culture et de la Communication. Ce sont soit des établissements publics, soit des services à compétence nationale. Ils font partie des musées de France.

N

Naissance : toute naissance survenue sur le territoire français fait l'objet d'une déclaration à l'état civil. Cette déclaration doit être faite dans les trois jours suivant l'accouchement, le jour de l'accouchement n'étant pas compté dans ce délai. En outre, si le dernier jour du délai est férié, celui-ci sera prorogé jusqu'au premier jour ouvrable qui suit le jour férié. Depuis mars 1993, l'officier de l'état civil enregistre un acte de naissance si l'enfant a respiré. Dans le cas contraire, il enregistre un acte d'enfant sans vie. Les renseignements sont demandés au déclarant, et chaque fois qu'il est possible, contrôlés d'après le livret de famille.

Nationalisation, privatisation : ces termes traduisent les mouvements des entreprises entre le secteur public et le secteur privé. Lorsque l'État prend le contrôle direct d'une entreprise, lorsqu'il détient plus de 50 % de son capital, on parle de nationalisation. Lorsque l'État perd le contrôle direct d'une entreprise au profit du secteur privé, on parle de privatisation.

Nationalité : lien juridique qui relie un individu à un État déterminé. De ce lien découlent des obligations à la charge des personnes qui possèdent la qualité de Français, en contrepartie desquelles sont conférés des droits politiques, civils et professionnels, ainsi que le bénéfice des libertés publiques. La nationalité française peut résulter soit d'une attribution par filiation (droit du sang) ou par la naissance en France (droit du sol) soit d'une acquisition à la suite d'évènements personnels (mariage avec un Français, par exemple) ou d'une décision des autorités françaises (naturalisation). La nationalité française est attribuée de plein droit à la naissance à l'enfant, légitime ou naturel, dont l'un des parents au moins est français (droit du sol) ou à l'enfant, légitime ou naturel, né en France lorsque l'un de ses parents au moins y est lui-même né (double droit du sol).

Naturalisation : le fait de naturaliser français un étranger consiste à lui accorder la condition de citoyen français à part entière. Une naturalisation, par décision de l'autorité publique, ne peut être accordée qu'à l'étranger justifiant d'une résidence habituelle en France pendant les cinq années qui précèdent le dépôt de sa demande (sauf cas de réduction ou de suppression du stage de cinq ans prévus par le code civil).

Niveau de vie : le niveau de vie est égal au revenu disponible du ménage divisé par le nombre d'unités de consommation (UC), appelées aussi « équivalent-adulte », qui permettent de tenir compte de la taille du ménage et des économies d'échelle réalisées en son sein. Le niveau de vie est donc le même pour tous les individus d'un même ménage. Les unités de consommation sont généralement calculées selon l'échelle d'équivalence dite de l'OCDE modifiée qui attribue 1 UC au premier adulte du ménage, 0,5 UC aux autres personnes de 14 ans ou plus et 0,3 UC aux enfants de moins de 14 ans.

Niveaux de formation : la nomenclature nationale des niveaux de formation (fixée en 1969 par la Commission statistique nationale) sert à répartir les élèves selon leur niveau de formation et à repérer le niveau atteint au terme de leur formation initiale. Le niveau VI correspond aux années intermédiaires du premier cycle de l'enseignement secondaire (6e, 5e, 4e) et aux formations préprofessionnelles en un an. Le niveau V bis correspond à l'année terminale du premier cycle (troisième) et aux années intermédiaires du second cycle professionnel court (CAP et BEP). Le niveau V correspond aux années terminales du second cycle court (CAP/BEP) ainsi qu'aux années intermédiaires du second cycle long (secondes et premières générales, technologiques et professionnelles ainsi que la première année de préparation des brevets professionnels). Le niveau IV correspond aux années terminales des seconds cycles longs et aux sorties de l'enseignement supérieur sans diplôme. Le niveau III correspond aux diplômes sanctionnant les deux premières années d'études supérieures (DUT, BTS, DEUG, écoles de formations sanitaires ou sociales, etc.). Le niveau II correspond aux diplômes de l'enseignement supérieur obtenus trois ans ou quatre ans après le baccalauréat (licence, licence professionnelle, maîtrise). Le niveau I correspond aux diplômes obtenus cinq ans ou plus après le baccalauréat (master, DEA, DESS, doctorat) et aux diplômes de grande école.

Nomenclature agrégée (NA) : avec le passage à la NAF rév. 2 (nomenclature d'activités française révisée au 1er janvier 2008), la nomenclature économique de synthèse (NES) associée à la NAF rév. 1 disparaît en tant que telle. En effet, cette nomenclature strictement française ne permettait pas de comparaisons internationales car elle ne s'emboîtait pas dans l'arborescence de la CITI et de la NACE. La NAF rév. 2 contient deux niveaux agrégés « standard » : les sections et divisions en, respectivement, 21 et 88 postes. Ces niveaux sont communs à la nomenclature internationale d'activités CITI rév. 4, à la nomenclature européenne d'activités NACE rév. 2 et à la NAF rév. 2. Il était toutefois nécessaire de disposer de niveaux de regroupements supplémentaires pour répondre aux besoins de l'analyse économique et de la diffusion en matière de données de synthèse. Sept niveaux d'agrégation sont ainsi associés à la NAF rév. 2, qui constituent la nomenclature agrégée (NA) :
– A 10 : niveau international, regroupement de sections ;
– A 17 : niveau français intermédiaire entre les niveaux A 10 et A 38.
Au niveau des sections (A 21), l'industrie manufacturière est détaillée en cinq postes et, inversement, certaines activités de services sont regroupées.
– A 21 : sections, niveau standard de l'arborescence de la NAF rév. 2 ;
– A 38 : niveau international, intermédiaire entre sections et divisions ;
– A 64 : niveau européen, intermédiaire entre les niveaux A 38 et divisions (A 88), provisoire ;
– A 88 : divisions, niveau standard de l'arborescence de la NAF rév. 2 ;
– A 129 : niveau français intermédiaire entre les niveaux divisions (A 88) et groupes.

Nomenclature d'activités française (NAF) : la nomenclature des activités économiques en vigueur en France depuis le 1er janvier 2008 est la nomenclature d'activités française (NAF rév. 2). La NAF a la même structure que de la nomenclature d'activités de la Communauté européenne (NACE rév. 2) mais elle comporte un niveau supplémentaire, spécifique à la France, celui des sous-classes.
La NAF rév. 2 comporte cinq niveaux comprenant respectivement 21, 88, 272, 615 et 732 postes. La NAF rév. 2 s'est substituée à la NAF rév. 1 datant de 2003 (entrée en vigueur au 1er janvier 2003).

Non-résidents : pour les personnes physiques, il s'agit des personnes ayant leur domicile principal à l'étranger, quelle que soit leur nationalité (française ou étrangère), ainsi que des fonctionnaires et militaires étrangers en poste en France. Il s'agit aussi des personnes morales (françaises ou étrangères) pour leurs seuls établissements situés à l'étranger, à l'exception, pour les françaises, des ambassades, missions diplomatiques et consulats étrangers en France ainsi que des unités de l'armée étrangère stationnant en France et des organismes internationaux de caractère intergouvernemental installés en France.

Nuitées : nombre total de nuits passées par les clients dans un établissement ; deux personnes séjournant trois nuits dans un hôtel comptent ainsi pour six nuitées de même que six personnes ne séjournant qu'une nuit.

O

Obligation d'emploi des personnes handicapées (OETH) : parmi les différentes reconnaissances du handicap d'une personne, certaines ouvrent droit à l'obligation d'emploi de travailleurs handicapés. Cette obligation impose aux établissements de 20 salariés ou plus d'employer dans la proportion de 6 % de leur effectif des personnes ayant une des reconnaissances suivantes :
– la reconnaissance en qualité de travailleur handicapé (RQTH) obtenue auprès d'une maison départementale des personnes handicapées ;
– la rente des victimes d'accidents du travail ou de maladies professionnelles (AT-MP) ayant entraîné une incapacité permanente au moins égale à 10 %;
– la pension d'invalidité, à condition que l'invalidité réduise au moins des deux tiers la capacité de travail de la personne ;
– la carte d'invalidité ;
– l'allocation aux adultes handicapés ;
– l'invalidité de guerre et situations assimilées.

Omnipraticien : il s'agit d'un médecin généraliste. La médecine générale est la branche de la médecine prenant en charge le suivi durable et les soins médicaux généraux de la population, sans se limiter à des groupes de maladies relevant d'un organe, d'un âge, ou d'un sexe particulier. Le médecin généraliste est donc le spécialiste de la santé assurant le suivi, la prévention, les soins et le traitement des malades, dans une vision à long terme de la santé et du bien-être de ceux qui le consultent.

Organisation des Nations unies (ONU) : l'Organisation internationale des Nations unies a été fondée en 1945, après la Seconde Guerre mondiale, par 51 pays déterminés à maintenir la paix et la sécurité internationales, à développer des relations amicales entre les nations, à promouvoir le progrès social, à instaurer de meilleures conditions de vie et à accroître le respect des droits de l'homme.

De par son statut unique à l'échelon international et les pouvoirs que lui confère sa Charte fondatrice, l'Organisation peut prendre des mesures pour résoudre un grand nombre de problèmes. En outre, elle constitue un forum où ses 192 États Membres expriment leur opinion par l'intermédiaire de l'Assemblée générale, du Conseil de sécurité, du Conseil économique et social, des autres organes et comités.
L'activité des Nations unies couvre toutes les parties du globe. Si les opérations de maintien et de consolidation de la paix, de prévention des conflits et d'assistance humanitaire sont bien connues, l'influence des Nations unies et de son système (institutions spécialisées, fonds et programmes) se manifeste également de multiples façons dans notre quotidien et contribue à créer un monde meilleur.
L'Organisation se consacre à un grand nombre de questions fondamentales, comme le développement durable, la protection de l'environnement et des réfugiés, les secours en cas de catastrophe, la lutte contre le terrorisme, le désarmement et la non-prolifération, la promotion de la démocratie, les droits de l'homme, la gouvernance, le développement économique et social, la santé publique, le déminage et l'augmentation de la production alimentaire et bien plus encore.
Ce faisant, elle s'attache à atteindre les objectifs fixés et à coordonner les efforts afin de créer un monde plus sûr pour les générations présentes et futures.

Organisation des pays exportateurs de pétrole (OPEP) : créée en 1960 (Conférence de Bagdad), l'organisation siège à Vienne et regroupe douze pays (Algérie, Angola, Arabie saoudite, Émirats arabes unis, Équateur, Irak, Iran, Koweït, Libye, Nigeria, Qatar et Venezuela). Elle se fixe pour objectif de coordonner les politiques pétrolières des États membres, à la fois pour rentabiliser les investissements des producteurs et assurer l'approvisionnement des consommateurs.

Organismes d'assurance maladie complémentaires : mutuelles, sociétés d'assurances et institutions de prévoyance.

Organisme de placement collectif en valeurs mobilières (OPCVM) : intermédiaire financier qui donne à ses souscripteurs la possibilité de diversifier leurs investissements en particulier sur des marchés financiers auxquels ils n'auraient que difficilement accès autrement. L'activité principale des OPCVM consiste à collecter des fonds en émettant des titres financiers auprès de divers agents (particuliers, entreprises, etc.) en vue d'acquérir certains actifs financiers. On distingue traditionnellement deux grandes catégories d'OPCVM selon leur mode d'organisation : d'une part, les sociétés d'investissement à capital variable (SICAV) qui sont des sociétés avec conseil d'administration et, d'autre part, les fonds communs de placement (FCP) ainsi que leurs déclinaisons (fonds commun de placement en entreprises, etc.) qui n'ont pas de personnalité juridique et qui sont créés à l'instigation d'une société de gestion et d'une banque dépositaire.

Organismes divers d'administration centrale (Odac) : organismes auxquels l'État a donné une compétence fonctionnelle spécialisée au niveau national. Contrôlés et financés majoritairement par l'État, ces organismes ont une activité principalement non marchande. Le Centre national de la recherche scientifique (CNRS), le Commissariat à l'énergie atomique (CEA), Météo France ou encore le Fonds national d'aide au logement (FNAL), l'Institut national de la santé et de la recherche médicale (Inserm) sont des ODAC. Le plus souvent, les ODAC sont des opérateurs de l'État.

Orientation technico-économique : classement des exploitations selon leur spécialisation, en fonction la contribution de chaque surface ou cheptel à la production brute standard.

P

Pacte civil de solidarité (Pacs) : contrat entre deux personnes majeures, de sexe différent ou de même sexe, pour organiser leur vie commune. Il a été promulgué par la loi du 15 novembre 1999. Il établit des droits et des obligations entre les deux contractants, en terme de soutien matériel, de logement, de patrimoine, d'impôts et de droits sociaux. En revanche, il est sans effet sur les règles de filiation et de l'autorité parentale si l'un des contractants est déjà parent.
Le pacs peut être dissous par la volonté de l'un ou des deux contractants en adressant une déclaration au tribunal d'instance. Il est automatiquement rompu par le mariage ou par le décès de l'un ou des deux contractants.

Parc locatif social : les logements du parc locatif social (au sens du Répertoire du parc locatif social) sont les logements appartenant à des organismes de HLM (Habitation à loyer modéré), qu'ils soient ou non soumis à la législation HLM pour la fixation de leur loyer, ainsi que les logements des autres bailleurs de logements sociaux non HLM (sociétés immobilières d'économie mixte, État, collectivités locales et établissements publics) et non soumis à la loi de 1948. Les logements-foyers, les résidences pour personnes âgées ou handicapées ne font pas partie des logements du secteur social.

Parc national : territoire classé en Conseil d'État, sur lequel la conservation de la faune, de la flore, du sol, du sous-sol, de l'atmosphère, des eaux et en général d'un milieu naturel présente un intérêt spécial. Il importe de le préserver contre toute dégradation et de le soustraire à toute intervention artificielle susceptible d'en altérer l'aspect, la composition et l'évolution.

La nouvelle loi d'avril 2006 introduit les notions de « cœur » et d'« aire d'adhésion », nouvelles appellations respectivement pour la zone centrale et la zone périphérique. Cette loi prévoit pour chaque parc la mise en place d'une charte, plan de préservation et d'aménagement conçu comme un projet de territoire (description des mesures de protection stricte dans le cœur et des aménagements autorisés dans l'aire d'adhésion).

Parc naturel régional : territoire classé en Conseil d'État pour protéger et mettre en valeur de grands espaces ruraux habités. Peut être classé parc naturel régional un territoire à dominante rurale dont les paysages, les milieux naturels et le patrimoine culturel sont de grande qualité mais dont l'équilibre est fragile. Un parc naturel régional s'organise autour d'un projet concerté de développement durable, fondé sur la protection et la valorisation de son patrimoine naturel et culturel.

Parité de pouvoir d'achat (PPA) : taux de conversion monétaire qui permet d'exprimer dans une unité commune les pouvoirs d'achat des différentes monnaies, ou bien d'une même monnaie dans différents pays (cas de l'euro). Ce taux exprime le rapport entre la quantité d'unités monétaires nécessaire dans des pays différents pour se procurer le même « panier » de biens et de services. Ce taux de conversion peut être différent du « taux de change » ; en effet, le taux de change d'une monnaie par rapport à une autre reflète leurs valeurs réciproques sur les marchés financiers internationaux et non leurs valeurs intrinsèques pour un consommateur.

Pauvreté monétaire et seuil de pauvreté : un individu (ou un ménage) est considéré comme pauvre lorsqu'il vit dans un ménage dont le niveau de vie est inférieur au seuil de pauvreté. L'Insee, comme Eurostat et les autres pays européens, mesure la pauvreté monétaire de manière relative alors que d'autres pays (comme les États-Unis ou l'Australie) ont une approche absolue. Dans l'approche en termes relatifs, le seuil est déterminé par rapport à la distribution des niveaux de vie de l'ensemble de la population. Eurostat et les pays européens utilisent un seuil à 60 % de la médiane des niveaux de vie. La France privilégie également ce seuil, mais publie des taux de pauvreté selon d'autres seuils (40 %, 50 % ou 70 %) conformément aux recommandations du Cnis en matière de mesure des inégalités.

Pavillon : le pavillon d'un véhicule est généralement défini par son pays d'immatriculation. Le terme de pavillon recouvre par extension l'ensemble des véhicules de transport d'un pays donné. Dans le cas du transport routier, le pavillon permet de distinguer des catégories spécifiques de transport : le transport bilatéral au sein du transport d'échange (pays d'origine et de destination différents) qui peut être réalisé soit par un véhicule immatriculé dans l'un de ces deux pays, soit par un transporteur de pavillon tiers (immatriculé dans un pays autre que celui d'origine ou de destination) ; et enfin le cabotage où l'origine et la destination sont réalisées dans un même pays mais où le pavillon du transporteur est celui d'un pays tiers.

Pays de la Mer du Nord : les pays de la mer du nord producteurs de pétrole ou de gaz sont le Royaume-Uni, la Norvège, les Pays-Bas et le Danemark.

Pays du Moyen-Orient : Chypre, Liban, Syrie, Irak, Iran, Israël, Jordanie, Arabie Saoudite, Koweït, Qatar, Bahreïn, Émirats arabes Unis, Oman et Yémen.

Pêche : on distingue deux grands types de pêche professionnelle. La pêche maritime est pratiquée en mer ou en estuaire. Selon la transformation réalisée à bord des navires, on distingue ensuite pêche fraîche et pêche congelée (ou transformée). La pêche continentale est pratiquée en eau douce (étang, rivière), elle est peu développée en France.

Pension de retraite : somme versée à un assuré en contrepartie de ses cotisations après l'arrêt, au moins partiel, de son activité professionnelle. Par souci de simplification, le mot retraite remplace souvent celui de pension de retraite. La pension de retraite peut être composée de plusieurs éléments distincts, régis par des règles d'attribution différentes. Le premier élément est l'avantage principal de droit direct. Il est acquis en contrepartie de l'activité professionnelle et donc des cotisations versées (et des validations de trimestres acquis) qui y sont liées. Cet avantage peut être transféré au conjoint survivant lors du décès du bénéficiaire. On parle alors davantage de droit dérivé, souvent appelé pension de réversion, qui peut être cumulé à un avantage principal de droit direct. À ces deux éléments peuvent s'ajouter, selon les régimes et les situations individuelles, d'autres éléments qualifiés d'avantages accessoires. Le plus répandu est la « bonification pour trois enfants ou plus ». Elle est servie par presque tous les régimes aux retraités ayant élevé au moins trois enfants. Enfin, si les ressources du couple auquel appartient le retraité sont inférieures au montant du minimum vieillesse, celui-ci peut demander à bénéficier de ce dispositif.

Permis de construire : formulaire établi lors d'une opération de construction de logements ou de locaux non résidentiels. Un unique permis de construire peut s'appliquer à un seul logement (ou à un local non résidentiel) ou à plusieurs selon le type de la construction.

Personne mise en cause : personne ayant été entendue par procès verbal et à l'encontre de laquelle sont réunis dans la procédure transmise au parquet des indices ou éléments graves attestant qu'elle a commis ou tenté de commettre une ou plusieurs infractions qui entrent dans le champ de la statistique de la criminalité, c'est-à-dire un délit ou un crime.

Petites et moyennes entreprises (PME) : la catégorie des petites et moyennes entreprises (PME) est constituée des entreprises qui occupent moins de 250 personnes, et qui ont un chiffre d'affaires annuel inférieur à 50 millions d'euros ou un total de bilan n'excédant pas 43 millions d'euros. Il s'agit de l'une des quatre catégories d'entreprises définies par la loi (article 51 de la loi de modernisation de l'économie) pour les besoins de l'analyse statistique et économique.

Pétrole, produits pétroliers : huile minérale naturelle, mélange complexe d'hydrocarbures liquides (éléments chimiques contenant de l'hydrogène de carbone), qui se forme naturellement dans des nappes souterraines présentes dans les roches sédimentaires. Les formes primaires comprennent le pétrole brut, les liquides du gaz naturel et les autres hydrocarbures. Elles sont transformées par distillation en raffinerie. Il en résulte toute une gamme de produits pétroliers, propane, butane, naphta, essence, kérosène, fioul, bitume... La pétrochimie élabore les dérivés du pétrole pour les usages non énergétiques.

Pisciculture : élevage de poissons. On distingue pisciculture marine ou continentale. Parfois, par extension, la pisciculture désigne également l'élevage des crustacés.

Plan d'épargne pour la retraite collective (PERCO) : ce dispositif d'épargne salariale, qui peut être mis en place par accord collectif dans chaque entreprise qui le souhaite, permet à tous les salariés de l'entreprise de se constituer un complément de retraite. L'entreprise abonde généralement les versements des salariés.

Plan d'épargne retraite d'entreprise (PERE) : régime de retraite supplémentaire, où l'entreprise et les salariés cotisent selon la répartition prévue dans l'accord d'entreprise et qui offre en plus la possibilité aux salariés d'effectuer librement des versements individuels.

Plan d'épargne retraite populaire (PERP) : contrat d'assurance, souscrit de façon individuelle et facultative, accessible à tous. Il permet de constituer un complément de revenu pour la retraite, en effectuant des versements tout au long de la période d'activité. L'épargne est reversée à partir de la date du départ en retraite sous forme de rente ou depuis 2011 en capital, pour 20 % au maximum du capital accumulé.

Pôle urbain : unité urbaine offrant au moins 10 000 emplois et qui n'est pas située dans la couronne d'un autre pôle urbain. On distingue également des moyens pôles (unités urbaines de 5 000 à 10 000 emplois et les petits pôles (unités urbaines de 1 500 à moins de 5 000 emplois).

Population active au sens du BIT : elle regroupe la population active occupée au sens du BIT (« personnes ayant un emploi ») et les chômeurs au sens du BIT.

Population active occupée au sens du BIT : elle comprend les personnes (âgées de 15 ans ou plus) ayant travaillé (ne serait-ce qu'une heure) au cours d'une semaine de référence, qu'elles soient salariées, à leur compte, employeurs ou aides dans l'entreprise ou l'exploitation familiale. Elle comprend aussi les personnes pourvues d'un emploi mais qui en sont temporairement absentes pour un motif tel qu'une maladie (moins d'un an), des congés payés, un congé de maternité, un conflit du travail, une formation, une intempérie,... Les militaires du contingent, les apprentis et les stagiaires rémunérés font partie de la population active occupée.

Population handicapée : le handicap peut être reconnu par différents organismes et donner droit à des pensions versées sous forme de rente ou de capital, des allocations ou des cartes prioritaires. La reconnaissance peut également se décliner sous la forme d'une orientation professionnelle vers le milieu ordinaire de travail ou le milieu protégé et adapté. Parmi les différentes reconnaissances du handicap d'une personne, certaines ouvrent en outre droit à l'obligation d'emploi de travailleurs handicapés (OETH). Dans l'enquête Handicap et santé ménages (HSM) de 2008, les différentes catégories de reconnaissance font l'objet d'un grand nombre de questions permettant de repérer de façon précise si la personne est concernée par l'une ou plusieurs d'entre elles. Selon cette enquête, 2,5 millions de personnes déclarent avoir une reconnaissance administrative de leur handicap appartenant à la liste des reconnaissances du handicap et donnant droit au bénéfice de l'OETH. Cette estimation est nettement supérieure à celle issue de la dernière enquête complémentaire à l'enquête Emploi de 2007, qui appréciait cette population à 1,8 million de personnes. L'écart entre les deux enquêtes peut s'expliquer par deux principaux facteurs. Le champ de l'enquête de 2007 était tout d'abord plus étroit : seules les personnes ayant déclaré une maladie ou un accident du travail au cours des douze derniers mois étaient interrogées sur l'obtention d'une reconnaissance du handicap, alors que ces questions sont posées quel que soit l'état de santé dans l'enquête HSM de 2008. La reconnaissance du handicap était par ailleurs approchée de façon moins précise dans l'enquête de 2007 où une même question recouvrait des types très variés de reconnaissances (allocations, cartes, orientations professionnelles, etc.) sans précision et distinction de l'organisme qui les attribue. Or les enquêtés ne connaissent pas toujours avec précision le type de reconnaissances dont ils disposent. Dans l'enquête HSM, les questions sont distinctes selon la nature de la reconnaissance et l'organisme qui la délivre. Enfin, des questions sur les démarches nécessaires pour obtenir les reconnaissances sont également posées (par exemple, l'enquête comporte des questions sur le dépôt des dossiers de demande à la maison départementale des personnes handicapées). Cette multiplicité de questions très précises permet sans doute de collecter une information plus fiable.

Population mondiale (estimations et projections) : estimations de population fondées sur de récents recensements, des données nationales officielles ou des projections des Nations unies. Les effets de mouvements de réfugiés, du grand nombre de travailleurs étrangers et des changements de population attribuables à la conjoncture politique sont, autant que faire se peut, pris en considération. Les projections sont fondées sur des hypothèses raisonnables quant à l'évolution de la fécondité, de la mortalité et de la migration, elles proviennent des projections officielles des pays ou des séries publiées par l'ONU. À court terme, c'est-à-dire à 20 ou 30 ans, les projections démographiques relatives à la population mondiale sont relativement sûres.

La plupart des hommes qui vivront alors sont en effet déjà nés, on connaît leur nombre et on peut estimer sans trop d'erreur ceux qui seront encore en vie. Concernant les nouveau-nés, leur nombre peut également être estimé car les femmes qui mettront au monde des enfants dans les 20 prochaines années sont déjà nées, on connaît leur effectif et on peut faire une hypothèse sur leur fécondité.

Population municipale : le concept de population municipale est défini par le décret n°2003-485 publié au Journal officiel du 8 juin 2003, relatif au recensement de la population. La population municipale comprend les personnes ayant leur résidence habituelle (au sens du décret) sur le territoire de la commune, dans un logement ou une communauté, les personnes détenues dans les établissements pénitentiaires de la commune, les personnes sans-abri recensées sur le territoire de la commune et les personnes résidant habituellement dans une habitation mobile recensée sur le territoire de la commune. La population municipale d'un ensemble de communes est égale à la somme des populations municipales des communes qui le composent. Le concept de population municipale correspond désormais à la notion de population utilisée usuellement en statistique. En effet, elle ne comporte pas de doubles comptes : chaque personne vivant en France est comptée une fois et une seule. En 1999, c'était le concept de population sans doubles comptes qui correspondait à la notion de population statistique. La population municipale se distingue du concept de « populations légales ».

Populations légales : le terme générique de « populations légales » regroupe pour chaque commune sa population municipale, sa population comptée à part et sa population totale qui est la somme des deux précédentes. Les populations légales sont définies par le décret n° 2003-485 publié au Journal officiel du 8 juin 2003, relatif au recensement de la population. Désormais, elles sont actualisées et authentifiées par un décret chaque année. Environ 350 textes législatifs ou réglementaires font référence à ces populations. La population municipale est celle qui est utilisée à des fins statistiques ; la population totale est la plus souvent utilisée pour l'application de dispositions législatives ou réglementaires.

Pouvoir calorifique : quantité de chaleur dégagée par la combustion complète d'une unité de combustible. Le pouvoir calorifique supérieur (PCS) donne le dégagement maximal théorique de la chaleur lors de la combustion, y compris la chaleur de condensation de la vapeur d'eau. Le pouvoir calorifique inférieur (PCI) n'inclut pas la chaleur de condensation de l'eau supposée restée à l'état de vapeur à l'issue de la combustion. En pratique, le rapport PCS/PCI est de l'ordre de 90 % pour le gaz naturel, de 91 % pour le gaz de pétrole liquéfié, de 92-93 % pour les autres produits pétroliers et de 95 % à 98 % pour les combustibles solides.

Pouvoir d'achat : le pouvoir d'achat du revenu est la quantité de biens et de services que l'on peut acheter avec le revenu disponible brut (RDB). Son évolution est liée à celles des prix et des revenus. Ainsi, si les prix augmentent quand les revenus sont constants, le pouvoir d'achat diminue, alors que si la hausse des revenus est supérieure à celle des prix, le pouvoir d'achat peut augmenter.

Pouvoir de réchauffement global d'un gaz (PRG) : rapport entre l'énergie renvoyée vers le sol en 100 ans par kg de gaz et celle que renverrait 1 kg de CO2. Ce rapport dépend de la concentration et des durées de vie des gaz. Par exemple, 1 kg de CH4 et 21 kg de CO2 auront réchauffé de la même manière l'atmosphère au cours du siècle qui suit leur émission. Le PRG est donc de 21 pour le CH4, de 310 pour le N2O, variables de 140 à 11 700 selon les molécules considérées pour le HFC, variables de 6 500 à 9 200 selon les molécules considérées pour le PFC et 23 900 pour le SF6.

PREFON : créé en 1967, ce contrat permet aux fonctionnaires de compléter leurs revenus au moment de leur retraite.

Prélèvements d'eau par usage : les volumes sont estimés à partir des déclarations des usagers auprès des Agences de l'eau pour tous les usages sauf l'irrigation. Pour l'irrigation, les volumes « forfaitaires » des Agences de l'eau ont été réévalués entre 2000 et 2004 à partir du recensement agricole de 2000 et de la partie des volumes connue par des relevés de compteurs. Au-delà de 2004, la part forfaitaire diminuant, le redressement n'est plus nécessaire.

Prélèvements obligatoires : impôts et cotisations sociales effectives reçues par les administrations publiques et les institutions européennes. Cotisations sociales et impôts sont comptabilisés pour leurs montants dus, mais les prélèvements obligatoires sont nets des montants dus non recouvrables. Le taux de prélèvements obligatoires est le rapport des prélèvements au PIB.

Première contrepartie : principe préconisé par le FMI pour établir les statistiques relatives aux investissements directs étrangers, selon lequel la ventilation géographique de ces investissements est effectuée en fonction du pays de provenance ou de destination immédiate des flux.

Presse écrite : ensemble des moyens de diffusion de l'information écrite. Cela englobe notamment les journaux quotidiens, les publications périodiques et les organismes professionnels liés à la diffusion de l'information. Cette expression différencie la presse par rapport aux autres médias tels que la radio et la télévision.

Prestation de compensation du handicap (PCH) : mise en place en 2006, elle est versée par les conseils généraux aux personnes handicapées, qu'elles vivent à leur domicile ou qu'elles résident en établissement. C'est une aide personnalisée, visant à financer les besoins de compensation des personnes au regard de leur projet de vie. Elle concerne les aides humaines, les aides techniques et matérielles (par exemple : aménagement du logement et du véhicule), les aides animalières. Peuvent en bénéficier les personnes reconnues éligibles par les commissions des droits et de l'autonomie des personnes handicapées (CDAPH).

Prestations sociales (ou transferts sociaux) : transferts effectifs attribués personnellement à des ménages sans contrepartie équivalente ou simultanée. Les prestations sociales sont ventilées en six risques : vieillesse-survie (pensions de retraite et de réversion, etc.), santé (prise en charge totale ou partielle de frais liés à la maladie, à l'invalidité, aux accidents du travail et aux maladies professionnelles), maternité-famille (prestations liées à la maternité, allocations familiales, aides pour la garde d'enfants, etc.), emploi (indemnisation du chômage, prestations d'insertion ou de réinsertion professionnelle, etc.), logement (aides au logement) ainsi que pauvreté-exclusion sociale (revenu de solidarité active – RSA, etc.).

Prévalence : mesure de l'état de santé d'une population à un instant donné. Pour une affection donnée, elle est calculée en rapportant à la population totale, le nombre de cas de maladies présents à un moment donné dans une population (que le diagnostic ait été porté anciennement ou récemment). La prévalence est une proportion qui s'exprime généralement en pourcentage.

Principe directionnel étendu : l'application de la règle du « principe directionnel étendu » consiste à classer les prêts entre sociétés sœurs (*id est* sans lien direct en capital social entre elles ou avec une participation de l'une au capital de l'autre inférieure à 10 %) en investissements directs français à l'étranger ou en investissements directs étrangers en France en fonction du lieu de résidence de la tête de groupe, alors que dans les statistiques traditionnelles, les prêts et les emprunts entre sociétés sœurs d'un même groupe international sont enregistrés, à l'instar des autres flux financiers de balance des paiements, comme des créances et des engagements vis-à-vis des non-résidents. Cette méthode ne change pas le solde net des IDE mais fait diminuer significativement tant les IDE sortants que les IDE entrants. Les données de source française sont présentées selon cette méthode, celles d'Eurostat selon la méthode traditionnelle.

Privatisation : voir Nationalisation.

Prix courants et prix constants : les prix courants sont les prix tels qu'ils sont indiqués à une période donnée, ils sont dits en valeur nominale. Les prix constants sont les prix en valeur réelle c'est-à-dire corrigés de la hausse des prix par rapport à une donnée de base ou de référence. On utilise de la même façon les termes euros constants et euros courants.

Production (au sens de la comptabilité nationale) : activité exercée sous le contrôle et la responsabilité d'une unité institutionnelle qui combine des ressources en main-d'œuvre, capital et biens et services pour fabriquer des biens ou fournir des services, et résultat de cette activité. Les processus purement naturels sans intervention ou contrôle humain ne font pas partie de la production.

Production brute d'électricité : production mesurée aux bornes des groupes de centrales. Elle inclut par conséquent la consommation des services auxiliaires et les pertes dans les transformateurs des centrales.

Production des pêches maritimes : les captures sont les quantités de poissons, crustacés, mollusques et algues pêchées par les navires et conservées à bord. Elles sont exprimées en poids vif. Certains navires stockent leurs captures en l'état, d'autres transforment à bord les produits pêchés (éviscération ou congélation par exemple). Lorsqu'ils reviennent au port, les navires débarquent leur cargaison. Les quantités mises à terre sont appelées débarquements. Les débarquements sont exprimés en poids présenté ou en équivalent poids vif. La plus grande partie des débarquements est vendue (soit à la criée, soit de gré à gré à des mareyeurs, des restaurateurs, des transformateurs,...). Ces ventes sont exprimées en poids présenté, en équivalent poids vif ou en euros. Une partie des débarquements peut être retirée du marché (pour être détruite ou transformée en farine, par exemple), notamment en cas de chute des prix : ce sont les retraits.

Production halieutique : exploitation des ressources vivantes aquatiques. Elle regroupe les différents modes d'exploitation et de gestion (pêche, aquaculture) des espèces vivantes (végétales ou animales) exercés dans tous les milieux aquatiques (mer et eau douce).

Productivité apparente du travail : elle ne tient compte que du seul facteur travail comme ressource mise en œuvre. Le terme « apparente » rappelle que la productivité dépend de l'ensemble des facteurs de production (capital et travail) et de la façon dont ils sont combinés. La productivité apparente du travail est usuellement mesurée en rapportant la richesse créée au facteur travail. La richesse créée est mesurée par la valeur ajoutée (évaluée en volume) et seul le volume de travail mis en œuvre dans le processus de production est pris en compte. Il peut être quantifié de plusieurs manières :
- si le volume de travail est mesuré par le nombre d'heures travaillées, on parle de « productivité horaire apparente du travail » ;
- si le volume de travail est mesuré par le nombre de personnes en emploi (personnes physiques), on parle de « productivité par tête ».

Produit intérieur brut (PIB) : agrégat représentant le résultat final de l'activité de production des unités productrices résidentes. Il peut se définir de trois manières : la somme des valeurs ajoutées brutes des différents secteurs institutionnels ou des différentes branches d'activité, augmentée des impôts moins les subventions sur les produits (lesquels ne sont pas affectés aux secteurs et aux branches d'activité) ; la somme des emplois finals intérieurs de biens et de services (consommation finale effective, formation brute de capital fixe, variations de stocks), plus les exportations, moins les importations ; la somme des emplois des comptes d'exploitation des secteurs institutionnels (rémunération des salariés, impôts sur la production et les importations moins les subventions, excédent brut d'exploitation et revenu mixte).

Projections de population : une projection de population fournit une image de ce que pourrait être la population à venir, à partir de la connaissance du passé et en prenant, pour le futur, des hypothèses sur trois composantes : la fécondité, la mortalité et les migrations. Les projections démographiques sont réalisées par l'Insee à partir des résultats du recensement de la population. Elles peuvent être réalisées sur l'ensemble du territoire ou sur toute zone composée de plusieurs communes et ayant au total plus de 50 000 habitants. Les comportements individuels ainsi que certaines actions de politiques publiques voire même des chocs imprévus tels que la canicule de l'été 2003 peuvent sensiblement influencer ces évolutions tendancielles. Les projections ont l'avantage de servir de base à la réflexion, notamment en termes d'aménagements collectifs mais ne constituent en aucun cas des prévisions pour l'avenir.

Projections de population active : elles visent à appréhender l'évolution future des ressources en main-d'œuvre (nombre d'actifs), au sens du BIT, disponible pour contribuer à la production. Ces projections sont réalisées selon divers scénarios d'évolution de la démographie et des comportements d'activité. Sur une période relativement longue, on dispose ainsi des effectifs d'actifs, par sexe et tranche d'âge quinquennale ainsi que leurs taux d'activité moyens sur l'année.

Proportion de bacheliers dans une génération : proportion de bacheliers d'une génération fictive d'individus qui auraient, à chaque âge, les taux de candidature et de réussite observés l'année considérée. Ce nombre est obtenu en calculant, pour chaque âge, le rapport du nombre de lauréats à l'ensemble de la population de cet âge.

Propriétaires accédants : ce sont les propriétaires qui ont un ou plusieurs prêts immobiliers en cours pour l'achat de leur résidence principale. Les propriétaires non accédants sont eux dégagés des charges de remboursements d'emprunts liés à leur résidence principale.

Propriété industrielle : elle a pour objet la protection et la valorisation des inventions, des innovations et des créations. Les droits de propriété industrielle s'acquièrent en principe par un dépôt (dépôt d'un brevet, d'un dessin ou modèle ou d'une marque). Les droits de propriété industrielle donnent un monopole d'exploitation (sanctionné par l'action en contrefaçon) et constituent à la fois une « arme » défensive et offensive pour les entreprises détentrices de ces droits.

Protection sociale : recouvre, selon les concepts retenus au niveau européen de comptabilité nationale, tous les mécanismes institutionnels, publics ou privés, prenant la forme d'un système de prévoyance collective ou mettant en œuvre un principe de solidarité sociale, et qui couvrent les charges résultant pour les individus ou les ménages de l'apparition ou de l'existence de certains risques sociaux identifiés (santé, vieillesse-survie, maternité-famille, emploi, logement, pauvreté-exclusion sociale). Elle implique le versement de prestations aux individus ou aux ménages confrontés à la réalisation de ces risques. Ces mécanismes compensent tout ou partie de la diminution de ressources ou de l'augmentation de charges, sans qu'il n'y ait contrepartie simultanée et équivalente des bénéficiaires. Ce dernier terme implique en particulier que le bénéficiaire n'est pas soumis, contrairement au cas des assurances classiques, au versement de primes ou de cotisations établies en fonction des risques spécifiques qu'il présente (âge, morbidité antérieure, antécédents familiaux...). Conformément à cette définition, la protection sociale recouvre non seulement les régimes obligatoires tels que le régime général de la Sécurité sociale, les institutions chargées de l'indemnisation du chômage ou les régimes de retraite complémentaires, mais aussi les assurances collectives telles que les contrats gérés par les institutions de retraite supplémentaire ou de prévoyance, alors que les assurances individuelles en sont exclues. Les prestations versées par les mutuelles régies par le Code de la mutualité, à adhésion individuelle, entrent également dans le champ de la protection.

Protocole de Kyoto : afin de lutter contre le changement climatique, deux accords majeurs ont été adoptés au niveau international. Il s'agit de la convention-cadre des Nations unies sur les changements climatiques (CCNUCC), adoptée en 1992 à Rio, et le protocole de Kyoto, adopté en 1997. La CCNUCC, lors du Sommet de la Terre à Rio, prévoyait une conférence des parties chaque année. Elle a pour but de stabiliser la concentration des gaz à effet de serre (GES) dans l'atmosphère à un niveau empêchant toute perturbation dangereuse du système climatique pour l'homme. Pour les pays industrialisés, l'objectif était de stabiliser, avant l'an 2000, les émissions de GES à leur niveau de 1990. La 3e conférence des parties à Kyoto a débouché sur l'adoption du protocole dit « Protocole de Kyoto ». Il est entré en vigueur le 16 février 2005. Certains pays signataires se sont fixés des objectifs quantitatifs. Ainsi, les pays industrialisés se sont engagés, pour la période 2008-2012, à réduire de 5,2 % leurs émissions des principaux GES par rapport à leur niveau de 1990. Le protocole de Kyoto a été ratifié en 2002 par l'Union européenne. Cette dernière a un objectif collectif de réduction de 8 % des GES.

Pyramide des âges : répartition par sexe et âge de la population à un instant donné. Elle est constituée de deux histogrammes, un pour chaque sexe (par convention, les hommes à gauche et les femmes à droite), où les effectifs sont portés horizontalement et les âges verticalement. Les effectifs par sexe et âge dépendent des interactions passées de la fécondité, de la mortalité et des migrations. Mais la forme de la pyramide et les variations de celles-ci avec les années sont avant tout tributaires des variations de la fécondité.

R

Réassurance : technique permettant aux sociétés d'assurances d'assurer auprès des sociétés de réassurance une partie des risques pour lesquels elles sont engagées auprès de leurs assurés. Les engagements entre la société d'assurances dénommée « assureur direct » et le réassureur sont matérialisés par un traité. L'assureur direct et le réassureur se répartissent les risques garantis.

Recensement de la population : le recensement de la population a pour objectifs le dénombrement des logements et de la population résidant en France, ainsi que la connaissance de leurs principales caractéristiques (sexe, âge, activité, professions exercées, caractéristiques des ménages, taille et type de logement, modes de transport, déplacements quotidiens). Institué en 1801, le recensement s'est déroulé tous les 5 ans jusqu'en 1936. De 1946 à 1999, les intervalles intercensitaires ont varié de 6 à 9 ans. Les informations recueillies intéressent les collectivités territoriales, les services de l'État, mais aussi les entreprises, sociologues, urbanistes... Elles sont une aide pour définir, au niveau national, les politiques sociales et les infrastructures à mettre en place et, au niveau local, les politiques urbaines, les politiques de transport, de logement, d'équipements culturels et sportifs, les infrastructures scolaires et la mise en place de structures d'accueil pour les jeunes enfants et les personnes âgées. Pour les acteurs privés, le recensement sert aux projets d'implantation d'entreprises, de commerces et de services. La loi du 27 février 2002, relative à la démocratie de proximité, a modifié en profondeur les méthodes de recensement. Depuis janvier 2004, le comptage traditionnel est remplacé par des enquêtes de recensement annuelles. Les communes de moins de 10 000 habitants continuent d'être recensées exhaustivement, comme lors des précédents recensements, mais elles le sont une fois tous les 5 ans au lieu de tous les 8 ou 9 ans. Les communes de 10 000 habitants ou plus font désormais l'objet d'une enquête annuelle auprès d'un échantillon de 8 % de la population, dispersé sur l'ensemble de leur territoire. Au bout de 5 ans, tout le territoire de ces communes est pris en compte et les résultats du recensement sont calculés à partir de l'échantillon de 40 % de leur population ainsi constitué. À la fin de l'année 2008, à l'issue des cinq premières enquêtes de recensement, l'Insee a publié, pour la première fois selon la nouvelle méthode, la population légale de chaque commune, puis à partir de 2009, les résultats statistiques complets sur les habitants et leurs logements.

Recherche et Développement (R&D) : les travaux de recherche et développement ont été définis et codifiés par l'Organisation de Coopération et de Développement économiques (OCDE), chargée d'assurer la comparabilité des informations entre les pays membres de l'organisation (Manuel de Frascati, 2002). Ils englobent les travaux de création entrepris de façon systématique en vue d'accroître la somme des connaissances, y compris la connaissance de l'homme, de la culture et de la société, ainsi que l'utilisation de cette somme de connaissances pour de nouvelles applications. Ils regroupent de façon exclusive les activités suivantes : la recherche fondamentale (ces travaux sont entrepris soit par pur intérêt scientifique, recherche fondamentale libre, soit pour apporter une contribution théorique à la résolution de problèmes techniques, recherche fondamentale orientée), la recherche appliquée (qui vise à discerner les applications possibles des résultats d'une recherche fondamentale ou à trouver des solutions nouvelles permettant d'atteindre un objectif déterminé choisi à l'avance) et le développement expérimental (fondé sur des connaissances obtenues par la recherche ou l'expérience pratique est effectué, au moyen de prototype ou d'installations pilotes, en vue de lancer de nouveaux produits, d'établir de nouveaux procédés ou d'améliorer substantiellement ceux qui existent déjà).

Réclusion : peine criminelle de droit commun, privative de liberté, d'une durée comprise entre dix ans et la perpétuité.

Reconnaissance de la qualité de travailleur handicapé (RQTH) : est considérée comme travailleur handicapé au sens de la présente section, toute personne dont les possibilités d'obtenir ou de conserver un emploi sont effectivement réduites par suite de l'altération d'une ou plusieurs fonctions physique, sensorielle, mentale ou psychique. Cette reconnaissance peut être attribuée à toute personne, âgée de 16 ans ou plus, exerçant ou souhaitant exercer une activité professionnelle, et dont les capacités physiques ou mentales sont diminuées par un handicap. La personne doit résider en France métropolitaine, être de nationalité française ou ressortissant de l'espace économique européen, ou disposer d'un titre de séjour régulier pour les personnes de nationalité étrangère.

Récupération : opération qui consiste à collecter et/ou trier des déchets en vue d'une valorisation des biens et matières les constituant.

Recyclage : retraitement de matériaux ou de substances contenus dans des déchets au moyen d'un procédé de production, de telle sorte qu'ils donnent naissance ou sont incorporés à de nouveaux produits, matériaux ou substances aux fins de leur fonction initiale ou à d'autres fins. Cela inclut le retraitement des matières organiques, mais n'inclut pas, notamment, la valorisation énergétique, la conversion pour l'utilisation comme combustible, les procédés comportant une combustion ou une utilisation comme source d'énergie, y compris l'énergie chimique ou les opérations de remblayage.

Réforme de la voie professionnelle : entamée en 2008, elle a été généralisée en 2009 avec pour objectif de conduire davantage de jeunes à une qualification de niveau IV (niveau baccalauréat). Cela s'est traduit par la mise en place du baccalauréat en trois ans, directement après la classe de troisième, en remplacement du cursus en quatre ans « BEP + baccalauréat professionnel en deux ans ».

Région : structure la plus récente de l'administration locale française, la région est devenue collectivité territoriale à la suite des lois de décentralisation, le 16 mars 1986, date de la première élection des conseillers régionaux élus au suffrage universel; son existence a été consacrée par la révision constitutionnelle du 28 mars 2003. Les conseillers régionaux élisent le président du conseil régional qui gère le budget, dirige le personnel et conduit la politique de la région. Les compétences propres de la région concernent principalement l'aménagement du territoire, le développement économique, la formation professionnelle, la construction ou l'entretien des lycées, les transports ferroviaires de voyageurs. La collectivité territoriale de Corse est le plus souvent assimilée à une région.

Répertoire des entreprises contrôlées majoritairement par l'État (RECME) : créé par un décret du 22 octobre 1984, il est géré par l'Insee. Une entreprise est inscrite au répertoire dès lors que l'État détient, directement ou par l'intermédiaire d'autres entreprises contrôlées, la majorité du capital ou des droits de vote dans les instances délibérantes.

Répertoire du parc locatif social (RPLS) : permet de connaître chaque année la composition du parc social ainsi que les mouvements l'ayant affecté (nouvelles constructions, réhabilitation, ventes, etc). Il a succédé en 2011 à l'enquête sur le parc locatif social (EPLS). Les bailleurs sociaux inclus dans son champ sont les organismes d'habitations à loyer modéré visés à l'article L.411-2 du Code de la construction et de l'habitation (CCH), les sociétés d'économie mixte visées à l'article L.481-1 du CCH, l'établissement public de gestion immobilière du Nord-Pas-de-Calais et la société anonyme Sainte-Barbe, l'Association Foncière Logement mentionnée à l'article L.313-34 du CCH et les sociétés civiles immobilières dont les parts sont détenues pour au moins 99 % par cette association, ainsi que les organismes bénéficiant de l'agrément prévu à l'article L.365-2 du CCH.

Réseau Natura 2000 : les deux textes de l'Union les plus importants sont les directives « Oiseaux » (1979) et « Habitats faune flore » (1992). Elles établissent la base réglementaire du grand réseau écologique européen. Les sites désignés au titre de ces deux directives forment le réseau Natura 2000. La directive « Oiseaux » propose la conservation à long terme des espèces d'oiseaux sauvages de l'Union européenne en ciblant 181 espèces et sous-espèces menacées qui nécessitent une attention particulière. Plus de 3 000 sites ont été classés par les États de l'Union en tant que Zones de Protection spéciales (ZSP). La directive « Habitats faune flore » établit un cadre pour les actions communautaires de conservation d'espèces de faune et de flore sauvages ainsi que de leur habitat. Cette directive répertorie plus de 200 types d'habitats naturels, 200 espèces animales et 500 espèces végétales présentant un intérêt communautaire et nécessitant une protection. Les Zones Spéciales de Conservation (ZSC), actuellement plus de 20 000 pour 12 % du territoire européen, permettent une protection de ces habitats et espèces menacées.

Réserve naturelle : partie du territoire classé où la conservation de la faune, de la flore, du sol, des eaux, des gisements de minéraux et de fossiles et, en général, du milieu naturel présente une importance particulière. Il convient de soustraire ce territoire à toute intervention artificielle susceptible de le dégrader.
On distingue les réserves naturelles nationales (RNN), les réserves naturelles de la collectivité territoriale de Corse (RNC) et les réserves naturelles régionales (RNR). Leur gestion est confiée à des associations de protection de la nature dont les conservatoires d'espaces naturels, à des établissements publics (parcs nationaux, Office national des forêts...) et à des collectivités locales (communes, groupements de communes, syndicats mixtes...). Un plan de gestion, rédigé par l'organisme gestionnaire de la réserve pour cinq ans, prévoit les objectifs et les moyens à mettre en œuvre sur le terrain afin d'entretenir ou de restaurer les milieux. Les RNR, créées à l'initiative des régions, remplacent les anciennes réserves naturelles volontaires (RNV).

Réserves prouvées : quantités d'hydrocarbures, de charbon qui, selon les informations géologiques et techniques disponibles, ont une forte probabilité (supérieure à 90 %) d'être récupérées dans le futur, à partir des gisements connus et dans les conditions technico-économiques existantes. Cette estimation est donc continuellement réévaluée en fonction des nouvelles découvertes et de l'amélioration de la récupération sur les champs existants.

Résidence principale : logement occupé de façon habituelle et à titre principal par une ou plusieurs personnes qui constituent un ménage. Depuis 2005, les enquêtes permettent d'identifier les cas où plusieurs ménages cohabitent au sein d'une même résidence principale.

Résidence secondaire : logement utilisé pour les week-ends, les loisirs ou les vacances. Les logements meublés loués (ou à louer) pour des séjours touristiques sont également classés en résidences secondaires. La distinction entre logements occasionnels et résidences secondaires est parfois difficile à établir, c'est pourquoi les deux catégories sont souvent regroupées.

Résidents : personnes physiques ayant leur domicile principal en France, quelle que soit leur nationalité (française ou étrangère), à l'exception des fonctionnaires et militaires étrangers en poste en France qui sont non-résidents quelle que soit la durée de leur mission. Sont également considérés comme résidents, les fonctionnaires et militaires français en poste à l'étranger et les fonctionnaires français mis à la disposition d'une organisation internationale ou de tout autre employeur non-résident. Enfin, les résidents désignent aussi des personnes morales (françaises ou étrangères) pour leurs seuls établissements situés en France. Les ambassades, missions diplomatiques, consulats français à l'étranger et les unités de l'armée française stationnées à l'étranger sont considérés comme des résidents.

Ressources matérielles : matières ou substances utilisables produites à partir de ressources naturelles. Elles comprennent les vecteurs énergétiques, les minerais métalliques et les métaux, les minéraux de construction et autres, les sols et la biomasse. Cette définition exclut l'eau en tant que ressource.

Résultat agricole net : valeur ajoutée nette à laquelle sont ajoutées les subventions d'exploitation et retranchés les « autres impôts sur la production » (dont les impôts fonciers constituent la plus grande part). Son évolution peut être rapportée à celle du nombre d'unités de travail annuel total (ou équivalent-temps plein). On obtient ainsi l'évolution du résultat agricole net par actif.

Revenu arbitrable : obtenu après déduction des dépenses pré-engagées du revenu disponible.

Revenu de solidarité active (RSA) : le revenu de Solidarité active (RSA), entré en vigueur le 1er juin 2009 en France métropolitaine et à partir du 1er janvier 2011 dans les DOM, se substitue au revenu minimum d'insertion (RMI créé en 1988) et à l'allocation parent isolé (API). Depuis le 1er septembre 2010, le champ du RSA s'est élargi aux moins de 25 ans (sous conditions de travail). Le revenu de solidarité active est une allocation qui complète les ressources initiales du foyer pour qu'elles atteignent le niveau d'un revenu garanti. Le revenu garanti est calculé comme la somme : d'un montant forfaitaire, dont le montant varie en fonction de la composition du foyer et du nombre d'enfant(s) à charge, et d'une fraction des revenus professionnels des membres du foyer, fixée par décret à 62 %. Si les ressources initiales du foyer sont inférieures au montant forfaitaire, la différence s'appelle le RSA socle. Le complément de revenu d'activité éventuel, égal à 62 % des revenus d'activité, s'appelle le RSA activité. Selon le niveau de ressources du foyer par rapport au montant forfaitaire et la présence ou non de revenus d'activité, un foyer peut percevoir une seule composante du RSA ou les deux.

Revenu disponible des ménages : au sens de la comptabilité nationale, revenu résultant de la répartition de la valeur ajoutée, de la distribution des revenus de la propriété et des opérations de redistribution. Plus concrètement, le revenu disponible brut (RDB) est la part de revenu qui reste à disposition des ménages pour la consommation et l'épargne une fois déduits les prélèvements sociaux et fiscaux. Le RDB comprend les revenus d'activités (salaires et traitements bruts des ménages, augmentés des bénéfices des entrepreneurs individuels), les revenus du patrimoine hors plus values latentes ou réalisées (dividendes, intérêts et loyers), les transferts (notamment les indemnités d'assurance nettes des primes) et les prestations sociales (allocations familiales, minima sociaux, pensions de retraite, indemnités de chômage…). Le RDB est diminué des impôts directs (impôts sur le revenu, taxe d'habitation, CSG, CRDS…) et des cotisations sociales versées. En revanche, les droits de succession ne figurent pas dans ce décompte.
Dans l'Enquête revenus fiscaux et sociaux (ERFS), le revenu disponible comprend les revenus déclarés au fisc (revenus d'activité, retraites et pensions, indemnités de chômage et certains revenus du patrimoine), les revenus financiers non déclarés et imputés (produits d'assurance-vie, livrets exonérés, PEA, PEP, CEL, PEL) et la plupart des prestations sociales (hors certains régimes employeurs). Tous ces revenus sont nets d'impôts directs. Il est proche du concept de RDB au sens de la comptabilité nationale, mais son champ est un peu moins étendu, aussi bien au niveau des composantes du revenu (loyers imputés aux propriétaires occupants en particulier) que de la population couverte (personnes vivant en collectivités).

Revenu primaire des ménages : revenu directement lié à une participation des ménages au processus de production. La majeure partie des revenus primaires des ménages est constituée de la rémunération des salariés, laquelle comprend les salaires et les cotisations sociales. Ces revenus comprennent aussi des revenus de la propriété résultant du prêt ou de la location d'actifs financiers ou de terrains (intérêts, dividendes, revenus fonciers…).

Revenu salarial : somme de tous les salaires perçus par un individu au cours d'une année donnée, nets de toutes cotisations sociales, y compris contribution sociale généralisée (CSG) et contribution au remboursement de la dette sociale (CRDS). Plus précisément, on passe du salaire horaire au salaire journalier en prenant en compte la quotité de temps de travail, puis au revenu salarial annuel en multipliant ce salaire journalier par le nombre de jours rémunérés dans l'année. Par définition, le revenu salarial n'intègre pas les revenus des activités non salariées, dont un salarié peut éventuellement bénéficier (par exemple le cas d'un médecin exerçant à la fois comme salarié à l'hôpital et dans un cabinet privé), ni les revenus de transfert, même ceux déterminés par l'activité (comme la prime pour l'emploi) ou assurantiels (comme les allocations de chômage). Pour passer du revenu salarial d'un individu au revenu disponible d'un ménage, il faut agréger l'ensemble des revenus des différents membres du ménage (y compris les revenus d'une éventuelle activité non salariée, et les revenus du patrimoine) et prendre en compte l'ensemble des transferts sociaux (minima sociaux, prestations familiales, aides au logement) nets des prélèvements (comme l'impôt sur le revenu).

S

Salaire brut ou net : le salaire est le paiement du travail convenu entre un salarié et son employeur. Le salaire brut correspond à l'intégralité des sommes perçues par le salarié au titre de son contrat de travail, avant toute déduction de cotisations obligatoires. Il intègre les participations. Dans la fonction publique, le salaire brut s'obtient en ajoutant au traitement indiciaire brut toutes les primes et indemnités diverses. Le salaire net (de prélèvements sociaux) est le salaire que perçoit effectivement le salarié. Calculé dans les secteurs privé et semi-public à partir du salaire net fiscal disponible dans les DADS, il est net de toutes cotisations sociales, y compris CSG (contribution sociale généralisée) et CRDS (contribution au remboursement de la dette sociale). Il ne comprend pas les participations (qui ne sont pas imposables). Dans la fonction publique d'État, le salaire est calculé à partir du Système d'information sur les agents des services publics (SIASP).

Salaire horaire de base ouvrier : il s'agit du salaire horaire brut de base, avant déduction des cotisations sociales et avant versement de prestations sociales dont les salariés pourraient bénéficier, pour la seule population des ouvriers. Le salaire horaire de base ouvrier (SHBO) ne comprend donc ni les primes (sauf, le cas échéant, la prime liée à la réduction du temps de travail), ni les heures supplémentaires.

Salaire minimum dans l'Union européenne : un salaire minimum légal national s'applique dans 20 des 27 États membres de l'Union européenne. Il s'agit des Pays-Bas depuis 1969, de la France depuis 1970, du Luxembourg depuis 1973, du Portugal et de Malte depuis 1974, de la Belgique depuis 1975, de l'Espagne depuis 1980, de la Hongrie depuis 1988, de la Bulgarie, de la Pologne et de la Roumanie depuis 1990, de l'Estonie, de la Grèce, de la Lettonie, de la Lituanie, de la République tchèque et de la Slovaquie depuis 1991, de la Slovénie depuis 1995, du Royaume-Uni depuis 1999 et de l'Irlande depuis 2000.

Salaire minimum interprofessionnel de croissance (Smic) : salaire horaire minimum légal en France métropolitaine ainsi que dans les départements d'outre-mer (DOM) et dans la collectivité territoriale de Saint-Pierre-et-Miquelon. Il a été institué par une loi du 2 janvier 1970 et il a pris, avec le minimum garanti, la succession du SMIG (salaire minimum interprofessionnel garanti), créé en 1950.
Le Smic est revalorisé, au 1er juillet de chaque année jusqu'en 2009 puis au 1er janvier de chaque année à partir de 2010, en fonction de l'évolution de l'indice des prix à la consommation (IPC) , indice pour les « ménages urbains dont le chef est ouvrier ou employé, hors tabac », à laquelle on ajoute la moitié de la croissance du pouvoir d'achat du salaire, salaire mesuré par le salaire horaire de base ouvrier (SHBO). Il est également revalorisé à chaque hausse d'au moins 2 % de l'indice des prix (hors tabac). Le gouvernement peut aussi ajouter « un coup de pouce » à ces augmentations.

Salaire moyen en équivalent-temps plein (EQTP) : le salaire moyen en équivalent-temps plein est calculé en prenant en compte tous les postes de travail des salariés (y compris les postes à temps partiel). Chaque poste de travail est pris en compte au prorata de son volume horaire de travail rapporté à celui d'un poste à temps complet. Par exemple, un poste à mi-temps durant 12 mois pour un salaire total de 10 000 euros compte pour 0,5 « année– travail » rémunérée 5 000 euros. Le même poste d'une durée de 6 mois aura un poids de 0,25 rémunéré 2 500 euros.

Salarié permanent non familial : selon le SSP, personne étrangère à la famille du chef d'exploitation ou des coexploitants, qui effectue un travail agricole régulier tout au long de l'année, à temps plein ou partiel.

Scolarisation des jeunes en situation de handicap : la scolarisation des enfants et adolescents en situation de handicap peut être collective ou individuelle. La scolarisation collective concerne la scolarisation dans une classe spécialisée de type classe d'intégration scolaire (CLIS) ou de type unité pédagogique d'intégration (UPI). Ces classes accueillent des élèves présentant un handicap mental, auditif, visuel ou moteur, mais pouvant tirer profit, dans une école, d'une scolarité adaptée à leur âge, à leurs capacités, à la nature et à l'importance de leur handicap. La scolarisation individuelle concerne la scolarisation d'un jeune handicapé dans une classe ordinaire.

Secteur d'activité : regroupe des entreprises qui ont la même activité principale (au regard de la nomenclature d'activité économique considérée). L'activité d'un secteur n'est donc pas tout à fait homogène et comprend des productions secondaires qui relèveraient d'autres codes de la nomenclature que celui du secteur considéré. Au contraire, une branche regroupe des unités de production homogènes.

Secteur tertiaire : recouvre un vaste champ d'activités qui va du commerce à l'administration, en passant par les transports, les activités financières et immobilières, les services aux entreprises et services aux particuliers, l'éducation, la santé et l'action sociale. Le périmètre du secteur tertiaire est de fait défini par complémentarité avec les activités agricoles et industrielles (secteurs primaire et secondaire).

Sections d'enseignement général et professionnel adapté (SEGPA) : depuis la circulaire du 20 juin 1996 relative à l'organisation de la formation au collège, ces sections accueillent essentiellement des élèves en grande difficulté scolaire ou sociale. Elles sont implantées dans les collèges et dans les EREA.

Séjour : les voyages se décomposent en séjours définis par le fait d'avoir passé au moins une nuit en lieu fixe. La durée des séjours est comptabilisée en nuitées.

Services de communications : activités permettant la transmission d'informations à distance. Ce poste comprend la téléphonie fixe, la téléphonie mobile, les services avancés (numéros gratuits ou à coûts partagés, audiotel à revenus partagés…), les liaisons louées (location de capacités de transmission entre deux points, réservé à un client par un opérateur, à partir de réseaux terrestres, satellitaires ou sous-marins), le transport de données y compris les SMS (acheminement de données à la carte), l'interconnexion (services offerts ou achetés à d'autres opérateurs résultant d'accords d'interconnexion entre opérateurs titulaires d'une licence ou prestataires spécialisés), les services d'accès au réseau Internet, les services de diffusion d'émissions de télévision et de radio et d'autres services (gestion de réseau privé intégré, services mobiles privés de radio, services de location, vidéoconférence).

Services marchands : services vendus par une unité à des prix économiquement significatifs (en grande partie ou en totalité). En toute rigueur, il faudrait parler de services principalement marchands car pour certaines activités coexistent des parties marchandes et non marchandes ; certains services sont considérés comme toujours marchands (les transports par exemple), d'autres comme toujours non marchands (l'administration générale par exemple).

Services non marchands : services fournis par une unité, gratuitement ou à des prix qui ne sont pas économiquement significatifs.

Seuil de renouvellement des générations : le renouvellement des générations est assuré à la naissance si le nombre de filles dans la génération des enfants est égal au nombre de femmes dans la génération des parents. En l'absence de mortalité, 2,05 enfants par femme seraient suffisants pour assurer le remplacement d'une génération (2,05 et non 2 car il naît 105 garçons pour 100 filles).

Sit@del2 : base de données du système statistique public relative à la construction neuve de logements et de locaux non résidentiels. Cette base est alimentée par les informations des permis de construire, permis d'aménager, permis de démolir et déclarations préalables. Ces données sont transmises chaque mois par les centres instructeurs des directions départementales de l'équipement et par les communes (ou groupements de communes) autonomes. Sit@del2 est la continuité de Sitadel, prenant en compte les nouvelles variables des formulaires mis en place lors de réforme du droit des sols en octobre 2007.

Société de financement de l'économie française (SFEF) : société créée en octobre 2008 dans le cadre du plan de soutien des pouvoirs publics au financement de l'économie française. Elle est classée, suite à la décision d'Eurostat du 15 juillet 2009 sur le traitement comptable des interventions publiques en faveur du secteur financier, dans le secteur des institutions financières.

Sociétés financières : ensemble des sociétés et quasi-sociétés dont la fonction principale consiste à fournir des services d'intermédiation financière (banque et assurance) et/ou à exercer des activités financières auxiliaires.

Sociétés non financières (SNF) : ensemble des unités institutionnelles qui sont des producteurs marchands dont la fonction principale consiste à produire des biens et des services non financiers, et dont les opérations de répartition et les opérations financières sont séparées de celles de leurs propriétaires.

Soins de ville : effectués en cabinet de ville ou en centre de santé, ils sont composés des soins dispensés au titre de l'activité libérale par les médecins, les chirurgiens-dentistes et les auxiliaires médicaux (infirmiers, kinésithérapeutes, orthophonistes, orthoptistes), des actes d'analyse effectués en laboratoire et des soins de cures thermales reconnus par la Sécurité sociale (soins de médecins et d'auxiliaires médicaux et hors hébergement).

Solde apparent : différence entre la variation totale de la population au cours de la période considérée et le solde naturel. Il diffère du solde migratoire en raison de l'aléa de sondage et des erreurs de mesures liées au recensement de la population. La différence entre le solde apparent et le solde migratoire est appelée « ajustement ».

Solde du commerce extérieur : différence entre la valeur des exportations et celle des importations entre deux pays (ou deux zones). Il peut être relatif à un produit ou à l'ensemble des échanges. Le rapport entre ces deux valeurs est appelé taux de couverture.

Solde migratoire : différence entre le nombre de personnes qui sont entrées sur le territoire et le nombre de personnes qui en sont sorties au cours de l'année. Ce concept est indépendant de la nationalité. Le solde migratoire est estimé de manière différente selon l'année. Jusqu'en 2005, il était évalué à partir d'une combinaison entre données administratives de l'année (pour la mesure des entrées des ressortissants des pays hors Union européenne) et report des tendances passées, appréciées à partir des recensements. À partir de 2006, il est calculé par différence entre l'évolution de la population mesurée à deux recensements successifs et le solde naturel de l'année déduit de l'état civil : on parle alors de solde apparent. Les évolutions de ce solde apparent peuvent refléter des fluctuations des entrées et des sorties, mais également l'aléa de sondage du recensement (autrement appelé « ajustement »). Les soldes migratoires de 2008, 2009 et 2010 sont provisoires et estimés par la méthode utilisée jusqu'en 2005.

Solde naturel : différence entre le nombre de naissances et le nombre de décès enregistrés au cours d'une période. Les mots « excédent » ou « accroissement » sont justifiés par le fait qu'en général le nombre de naissances est supérieur à celui des décès. Mais l'inverse peut se produire, et le solde naturel est alors négatif.

Sorties précoces du système éducatif : jeunes âgés de 18 à 24 ans qui n'étudient plus et n'ont pas terminé avec succès l'enseignement secondaire de second cycle (Classification internationale type de l'éducation-CITE 3). Ils sont classés comme sortants avec le niveau CITE 2. En France, il s'agit des 18-24 ans qui ne poursuivent ni études, ni formation et n'ont ni CAP, ni BEP, ni diplôme plus élevé.

Sous-emploi : comprend les personnes actives occupées au sens du BIT qui remplissent l'une des conditions suivantes : soit elles travaillent à temps partiel, souhaitent travailler davantage pendant la période de référence utilisée pour définir l'emploi, et sont disponibles pour le faire, qu'elles recherchent activement un emploi ou non ; soit elles travaillent à temps partiel (et sont dans une situation autre que celle décrite ci-dessus) ou à temps complet, mais ont travaillé moins que d'habitude pendant une semaine de référence en raison de chômage partiel, ralentissement des affaires, réduction saisonnière d'activité ou mauvais temps. Le sous-emploi se mesure à l'aide de l'enquête Emploi.

Standard de pouvoir d'achat (SPA) : unité monétaire artificielle qui élimine les différences de niveaux de prix entre les pays. Ainsi, un SPA permet d'acheter le même volume de biens et de services dans tous les pays. Cette unité permet des comparaisons en volume significatives des indicateurs économiques entre les pays. Les agrégats exprimés en SPA sont calculés en divisant les agrégats à prix courants et en monnaie nationale par les parités de pouvoir d'achat (PPA) respectives. Le niveau d'incertitude caractérisant les prix et les données de comptabilité nationale de base ainsi que les méthodes utilisées pour calculer les PPA impliquent que les différences entre des pays ayant des indices d'une valeur proche ne doivent pas être sur-interprétées.

***Streaming* :** technologie utilisée sur internet et permettant la lecture d'un flux audio ou vidéo à mesure qu'il est diffusé. Elle s'oppose à la diffusion par téléchargement qui nécessite d'avoir récupéré l'ensemble des données de l'extrait pour pouvoir le lire.

Subventions à l'agriculture : subventions sur les produits (aides associées à certains types de production), qui ont pour la plupart disparu en 2010, et les subventions d'exploitation, telles que le paiement unique, les aides pour calamités agricoles, les contrats d'agriculture durable...

Superficie agricole utilisée (SAU) : comprend les terres arables, la superficie toujours en herbe (STH) et les cultures permanentes.

Supermarché : établissement de vente au détail en libre-service réalisant plus des deux tiers de son chiffre d'affaires en alimentation et dont la surface de vente est comprise entre 400 et 2 500 m^2.

Surface artificialisée : surface retirée de son état naturel (friche, prairie naturelle, zone humide etc.), forestier ou agricole, qu'elle soit bâtie ou non et qu'elle soit revêtue (exemple : parking) ou non (exemple : jardin de maison pavillonnaire). Les surfaces artificialisées incluent donc également les espaces artificialisés non bâtis (espaces verts urbains, équipements sportifs et de loisirs etc.) et peuvent se situer hors des aires urbaines, à la périphérie de villes de moindre importance voire de villages, à proximité des dessertes du réseau d'infrastructures ou encore en pleine campagne (phénomène d'urbanisme diffus).

Surpeuplement : le caractère surpeuplé d'un logement est déterminé en fonction de critères dépendant de la composition du ménage, du nombre de pièces et de la surface. Le nombre de pièces nécessaires au ménage est décompté de la manière suivante : une pièce de séjour pour le ménage, une pièce pour chaque couple, une pièce pour les célibataires de 19 ans ou plus et, pour les célibataires de moins de 19 ans, une pièce pour deux enfants s'ils sont de même sexe ou s'ils ont moins de sept ans sinon une pièce par enfant. La superficie nécessaire au ménage est de 25 m2 pour une personne seule vivant dans un logement d'une pièce et de 18 m2 par personne pour les autres ménages.

T

Tabac : produit d'origine naturelle dont le principe actif est la nicotine. Le tabac est un stimulant psychique et physique dont le mode de consommation le plus répandu est l'inhalation par combustion des feuilles séchées (« fumer »), mais qui peut être aussi ingéré par voie orale (« chiquer ») ou nasale (« priser »). Sa consommation entraîne une forte dépendance psychologique. Les effets toxiques sont multiples à long terme : bronchite chronique, maladies cardiovasculaires, cancer des poumons et des voies aérodigestives supérieures...

Taux d'accroissement naturel (ou taux d'excédent naturel) : taux de croissance démographique imputable au mouvement naturel de la population, c'est-à-dire, celui qui ne résulte que des naissances et des décès. Il se calcule comme le rapport du solde naturel pendant une période à la population moyenne de cette période. Il est aussi égal à la différence entre le taux de natalité et le taux de mortalité.

Taux d'activité : rapport entre le nombre d'actifs (actifs occupés et chômeurs) et l'ensemble de la population correspondante.

Taux d'autofinancement : rapport de l'épargne brute à la formation brute de capital fixe (FBCF).

Taux de change : cours d'une monnaie (ou devise) par rapport à une autre. Le taux de change est nominal, si le rapport entre les devises est mesuré sans prendre en compte les différences de pouvoirs d'achat entre les pays ou zones monétaires auxquelles ces devises se rapportent. Le taux de change est réel, s'il tient compte de ces différences de pouvoir d'achat.

Taux de change effectif nominal : taux de change d'une zone monétaire, mesuré comme une somme pondérée des taux de change avec les différents partenaires commerciaux et concurrents. On mesure le taux de change effectif nominal avec les parités nominales (sans prendre donc en compte les différences de pouvoir d'achat entre les deux devises), et le taux de change effectif réel, avec la prise en compte pour ce dernier des indices de prix et de leurs évolutions.

Taux de chômage : pourcentage de chômeurs dans la population active (actifs occupés et chômeurs). On peut calculer un taux de chômage par âge en mettant en rapport les chômeurs d'une classe d'âge avec les actifs de cette classe d'âge. De la même manière se calculent des taux de chômage par sexe, par catégorie socioprofessionnelle, par région, par nationalité, par niveau de diplôme, etc.

Taux de couverture : rapport entre la valeur des exportations et celle des importations entre deux pays (ou deux zones). Il peut être relatif à un produit ou à l'ensemble des échanges. La différence entre les deux valeurs est appelée solde du commerce extérieur.

Taux de création d'entreprises : rapport du nombre des créations d'entreprises d'une année au stock d'entreprises au 1er janvier de cette même année.

Taux de départ (séjour) : mesure la part, dans chaque catégorie de population, des individus qui ont effectué au moins un séjour d'un type considéré (par exemple, le pourcentage de Français qui sont partis en hiver).

Taux de divorce : rapport du nombre de divorces prononcés dans l'année à la population totale moyenne de l'année.

Taux de fécondité : le taux de fécondité à un âge donné (ou pour une tranche d'âges) est le nombre d'enfants nés vivants des femmes de cet âge au cours de l'année, rapporté à la population moyenne de l'année des femmes de même âge. Par extension, le taux de fécondité est le rapport du nombre de naissances vivantes de l'année à l'ensemble de la population féminine en âge de procréer (nombre moyen des femmes de 15 à 50 ans sur l'année). À la différence de l'indicateur conjoncturel de fécondité, son évolution dépend en partie de l'évolution de la structure par âge des femmes âgées de 15 à 50 ans.

Taux d'effort (des ménages) : rapport entre la dépense en logement d'un ménage et son revenu. La dépense en logement peut inclure ou non les charges (charge financière simple ou totale). Le taux d'effort est dit « net » si l'aide au logement perçue par le ménage est défalquée de la dépense de logement et « brut » dans le cas contraire. Cet indicateur permet de mesurer le poids de la dépense liée à l'occupation du logement sur le budget des ménages et le pouvoir « solvabilisateur » des aides.

Taux de marge : rapport de l'excédent brut d'exploitation (EBE) à la valeur ajoutée.

Taux de mortalité : rapport du nombre de décès de l'année à la population totale moyenne de l'année.

Taux de mortalité infantile : rapport entre le nombre d'enfants décédés à moins d'un an et l'ensemble des enfants nés vivants.

Taux de motorisation : pourcentage de ménages disposant au moins d'une voiture. À partir de deux véhicules, le ménage est dit multi motorisé.

Taux d'emploi : rapport entre le nombre d'individus de la classe ayant un emploi et le nombre total d'individus dans la classe. Il peut être calculé sur l'ensemble de la population d'un pays, mais on se limite le plus souvent à la population en âge de travailler (généralement définie, en comparaison internationale, comme les personnes âgées de 15 à 64 ans), ou à une sous-catégorie de la population en âge de travailler (femmes de 25 à 29 ans par exemple).

Taux d'emploi sous-jacent (ou standardisé) : permet de gommer les poids démographiques inégaux des tranches d'âge inclus dans le taux d'emploi. Il est égal à la moyenne arithmétique des taux d'emploi par âge détaillé. Ainsi par exemple, le taux d'emploi sous-jacent permet d'avoir un taux d'emploi des seniors qui ne tient pas compte du fait que les générations du baby-boom arrivent progressivement à l'âge de la retraite et gonflent le poids des classes d'âges élevés. Il est calculé par l'Insee à partir de l'enquête Emploi et le concept retenu est donc celui de l'emploi BIT.

Taux de natalité : rapport du nombre de naissances vivantes de l'année à la population totale moyenne de l'année.

Taux de nuptialité : rapport du nombre de mariages de l'année à la population totale moyenne de l'année.

Taux de pauvreté : correspond à la proportion d'individus (ou de ménages) dont le niveau de vie est inférieur pour une année donnée à un seuil exprimé en euros, dénommé seuil de pauvreté (voir définition de la pauvreté monétaire).

Taux de pénétration du téléphone mobile ou d'Internet : rapport entre le nombre d'abonnés à un service de téléphonie mobile ou d'utilisation d'Internet et la population totale. Ce taux peut être supérieur à 100 % puisqu'une personne peut posséder plusieurs abonnements.

Taux de scolarisation : pourcentage de jeunes d'un âge donné qui sont scolarisés par rapport à la population totale du même âge.

Taux d'indépendance énergétique : rapport entre la production nationale d'énergie primaire (charbon, pétrole, gaz naturel, nucléaire, hydraulique, énergies renouvelables) et la consommation nationale d'énergie primaire, une année donnée. Ce taux peut se calculer pour chacun des grands types d'énergie ou globalement toutes énergies confondues. Un taux supérieur à 100 % (cas de l'électricité) traduit un excédent de la production nationale par rapport à la demande intérieure et donc un solde exportateur.

Taux d'intérêt : indique le prix à payer par un emprunteur pour disposer d'une somme d'argent. Par rapport au taux d'intérêt nominal, le taux d'intérêt réel tient compte des fluctuations de valeur de la monnaie. Les taux d'intérêt à court terme sont en général associés au bons du Trésor ou à des instruments comparables ayant une échéance à trois mois. Ils sont fixés par l'autorité monétaire (e.g. la Banque centrale européenne pour la zone euro). Les taux d'intérêt à longs terme sont souvent associés aux obligations à 10 ans (des instruments dont l'échéance est à 5 ans ou 30 ans peuvent également entrer dans cette catégorie). L'Union européenne retient comme référence les bons du Trésor à 10 ans pour déterminer le taux d'intérêt à long terme. Le niveau des taux d'intérêt à long terme est déterminé par des mécanismes de marchés.

Taux d'investissement : rapport de l'investissement à la valeur ajoutée.

Taxe : prélèvement obligatoire perçu d'autorité, à l'occasion d'une opération, mais qui ne constitue pas la contre-partie monétaire de ce service. Il diffère de l'impôt par son assiette (il est payé à l'occasion d'une opération) et par son redevable (l'usager). Il diffère de la redevance, qui est la contre-partie monétaire d'un service rendu. Toutefois, le législateur a nommé, à tort, « taxe » des prélèvements obligatoires qui sont, en réalité, des impôts ou des redevances. La taxe d'habitation ou la taxe sur la valeur ajoutée sont en réalité des impôts car ils ne donnent lieu à aucune contre-partie.

Taxe sur la valeur ajoutée (TVA) : impôt sur les produits collecté par les entreprises (et reversé à l'État, déduction faite de la TVA qu'elles ont elles-mêmes payée lors de l'achat du produit ou des matières premières) et intégralement supporté par l'acheteur final en dernier ressort. Le taux standard est fixé à 19,6 %. Un taux réduit (selon les cas 5,5 % ou 7 % depuis le 1/1/2012) est appliqué aux produits de première nécessité, de consommation courante ou pour favoriser certains secteurs. Un taux « super-réduit » de 2,1 % est appliqué à certaines catégories de produits comme les médicaments remboursables. La Corse et les Dom bénéficient de régimes spécifiques en regard de la TVA.

Technologies de l'information et de la communication (TIC) : selon l'OCDE, on qualifie de secteurs des technologies de l'information et de la communication (TIC) trois types de secteurs. Il s'agit des secteurs producteurs de TIC (fabrication d'ordinateurs et de matériel informatique, de TV, radios, téléphone,...), des secteurs distributeurs de TIC (commerce de gros de matériel informatique,...) et des secteurs des services de TIC (télécommunications, services informatiques, services audiovisuels,...). Par complémentarité, on peut parler de secteurs « non-TIC » pour toutes les autres activités. Dans la nouvelle base de comptabilité nationale, on parle de produits de l'économie de l'information, champ un peu plus large que l'ancien champ des TIC.

Télévision de rattrapage (TVR) : consiste à proposer aux téléspectateurs équipés et reliés, la rediffusion d'un programme peu de temps après sa première diffusion et généralement pendant une période de quelques jours.

Temps partiel : temps de travail inférieur à la durée légale du travail ou à la durée conventionnelle si celle-ci est inférieure. Il doit obligatoirement faire l'objet d'un contrat de travail écrit. Le travail à temps partiel peut-être mis en place sur l'initiative de l'employeur ou du salarié.

Temps passé devant la télévision : la mesure du temps passé devant la télévision est ici celle effectuée par la société Médiamétrie à partir du dispositif Médiamat. Le Médiamat est un panel de 4 300 foyers, soit environ 10 500 individus âgés de 4 ans et plus, équipés d'un ou plusieurs téléviseurs dans leur résidence principale. Médiamétrie installe dans chaque foyer faisant partie du panel, un ou plusieurs audimètres munis de télécommande à touches individuelles qui enregistrent en permanence toutes les utilisations du ou des téléviseur(s) du ménage, la marche et l'arrêt du téléviseur, l'écoute des différentes chaînes, etc. Chaque membre du foyer dispose de sa propre touche individuelle qu'il enclenche pour signaler sa présence dans la pièce où le téléviseur est allumé. Les invités du foyer déclarent également leur présence. L'indicateur comptabilise ainsi le temps passé dans une pièce où la télé est allumée et non le temps effectivement consacré à regarder la télévision.

Termes de l'échange : rapport, pour un produit donné, entre l'indice du prix des exportations et celui des importations. Les indices sont exprimés selon une même année de base. Une amélioration des termes de l'échange de 1 % signifie que la croissance du prix des exportations est 1 % plus forte que celle du prix des importations. Elle signifie aussi une détérioration de la compétitivité-prix française. Inversement une baisse des termes de l'échange signifie une amélioration de la compétitivité-prix. Ce rapport peut être calculé par produit, pour un ensemble de produits ou globalement.

Tirage (d'un support de presse) : nombre total d'exemplaires d'un support de presse qui est imprimé.

Titre de capital : titre émis par une société par actions représentant un droit sur la propriété de l'entreprise et permettant normalement à leur porteur de participer à la distribution des bénéfices et de l'actif net en cas de liquidation et aux décisions stratégiques (droits de vote). Ils comprennent les actions cotées et les actions non cotées.

Titre de créance : désignent les bons du Trésor (BTF et BTAN), les titres de créances négociables émis sur le marché français (billets de trésorerie, certificats de dépôt, bons à moyen terme négociables), le *commercial paper* émis à l'étranger et les *Euro medium term notes (EMTN)* et les obligations, dont les obligations assimilables du Trésor (OAT). Au sein des titres de créance, les titres à court terme sont les titres d'échéance initiale inférieure à un an et les titres à long terme ceux dont l 'échéance à l'émission est supérieure à un an.

Titulaires, non-titulaires : la fonction publique emploie des personnels titulaires et des personnels non-titulaires. Les titulaires sont fonctionnaires civils, militaires ou magistrats. Ils appartiennent à des corps regroupés en catégories d'après leur niveau de concours de recrutement. Les agents de catégorie A assurent des fonctions d'études générales, de conception et de direction, ceux de catégorie B sont chargés des fonctions d'application et les agents de catégorie C assurent des tâches d'exécution. Les non-titulaires sont essentiellement les personnels de l'enseignement sous contrat payés par l'État, les contractuels, auxiliaires, vacataires, collaborateurs extérieurs ou encore les emplois aidés.

Tonne-équivalent pétrole (tep) : quantité d'énergie contenue dans une tonne de pétrole brut. Cette unité est utilisée pour exprimer dans une unité commune la valeur énergétique des diverses sources d'énergie. Selon les conventions internationales, une tonne-équivalent pétrole équivaut par exemple à 1 616 kg de houille, 1 069 m^3 de gaz d'Algérie ou 954 kg d'essence moteur. Pour l'électricité, 1 tep vaut 11,6 MWh.

Tonne-kilomètre : unité de mesure sommable correspondant au transport d'une tonne sur une distance d'un kilomètre. Par rapport aux tonnes, les tonnes-kilomètres ont l'avantage d'être « additives » : un déplacement de 10 tonnes sur 100 kilomètres suivi d'un déplacement de 10 tonnes sur 50 kilomètres donnent au total 1 500 tonnes-kilomètres, alors que l'addition des poids transportés n'a pas de sens.

Tourisme : activités déployées par les personnes au cours de leurs voyages et séjours dans des lieux situés en dehors de leur environnement habituel pour une période consécutive qui ne dépasse pas une année, à des fins de loisirs, pour affaires et autres motifs non liés à l'exercice d'une activité rémunérée dans le lieu visité.

Touriste international : personne qui passe au moins une nuit dans un pays, autre que son pays de résidence habituelle, sans y exercer une activité rémunérée localement. L'unité retenue par l'organisation mondiale du tourisme (OMT) pour la mesure du tourisme international est l'arrivée de touriste international. Une arrivée de touriste international correspond à une visite d'un touriste dans un pays autre que son pays de résidence habituelle, indépendamment de sa nationalité. Ainsi les statistiques internationales de l'OMT dénombrent des visites et pas des individus. Par exemple une même personne, un même touriste donc, venant en France consécutivement pour cinq séjours différents, d'au moins une nuit, sera à l'origine de cinq arrivées dans les statistiques.

Traité de Maastricht : traité constitutif de l'Union européenne qui affirme les objectifs de l'Union. Il a été signé par les douze États membres de la Communauté économique européenne à Maastricht (Pays-Bas) le 7 février 1992. Il impose aux États membres de satisfaire simultanément à cinq critères de convergence pour participer à la monnaie unique : stabilité des prix, maîtrise des déficits publics, stabilité des changes et caractère durable de la convergence mesuré par le niveau du taux d'intérêt nominal à long terme.

Traitement indiciaire brut : il s'obtient en multipliant l'indice majoré par la valeur du point de la fonction publique. C'est le traitement avant compléments et retenues.

Traitements pour l'arrêt du tabac : les ventes brutes des médicaments pour l'arrêt du tabac sont traduites en nombre de mois de traitement. La durée moyenne de traitement est estimée à un mois (compte tenu des échecs précoces), soit 60 comprimés pour les traitements pharmacologiques, 30 timbres transdermiques ou 300 substituts sous forme orale.

Transport de marchandises : comprend tout mouvement de marchandises à bord d'un mode de transport quel qu'il soit : ferroviaire, routier, fluvial, maritime, aérien... Il se mesure en tonnes-kilomètres ou en tonnes, sur un trajet donné.

Transport de voyageurs : comprend tout mouvement de voyageurs à bord d'un mode de transport quel qu'il soit (ferroviaire, routier, maritime, aérien...). Il se mesure en voyageurs-kilomètres ou, sur un trajet donné, en nombre de voyageurs.

Transport express : livraison d'objets dans des délais garantis et à une distribution point à point, du seuil de la porte de l'expéditeur jusqu'à celui du destinataire. Les expressistes font bénéficier leurs clients d'un suivi informatisé et d'une preuve de livraison de leurs objets. La distinction avec le transport de marchandises est basée sur les limites supérieures de poids fixées pour les colis (30 kilos maximum).

Transport ferroviaire de voyageurs : comprend le transport de voyageurs du Transilien (réseau de trains de banlieue en Île-de-France dont les titres de transport sont propres à la zone du syndicat des transports d'Île-de-France) et le transport de voyageurs du réseau principal, composé du transport « grandes lignes », y compris Eurostar et les ID-TGV, et des services ferroviaires régionaux hors Île-de-France.

Transports intérieurs : transports ou portion des transports réalisés sur le territoire d'un État donné, indépendamment de la nationalité du véhicule et de l'origine ou de la destination de la marchandise et du véhicule. Ainsi, en France, outre les transports nationaux, les transports intérieurs comptabilisent la seule partie des transports internationaux réalisée sur le territoire français (Paris-Mulhouse pour un transport d'échange Paris-Berlin, Vintimille-Portbou pour un transport de transit Turin-Barcelone).

Transports internationaux : transports de marchandises pour lesquels le pays d'origine et le pays de destination sont différents. Il peut s'agir de marchandises entrant ou sortant du territoire français ou en transit. Les statistiques relatives aux transports internationaux ne concernent ici que la portion réalisée sur le territoire français.

Transport maritime de voyageurs : somme des passagers embarqués et des passagers débarqués (y compris transport international de voyageurs et cabotage national et services côtiers non compris).

***Triple play* :** offre commerciale dans laquelle un opérateur propose à ses abonnés un ensemble de trois services dans le cadre d'un contrat unique : l'accès à l'Internet à haut débit, la téléphonie fixe et la télévision (par ADSL ou par câble) avec parfois des services de vidéo à la demande.

Types de pêches : la navigation à la pêche est subdivisée en quatre types de pêches :

– petite pêche : absence du port inférieure ou égale à 24 h.

– pêche côtière : absence du port supérieure comprise entre 24 et 96 h.

– pêche au large : absence supérieure à 96 h, lorsque cette navigation ne répond pas à la définition de la grande pêche.

– grande pêche ; elle comprend les navires de plus de 1 000 tonneaux de jauge brute (tjb), les navires de plus de 150 tonneaux s'absentant habituellement plus de 20 jours de son port d'exploitation ou de ravitaillement et les navires de plus de 150 tonneaux dont le port d'armement est éloigné de plus de 20 jours du port d'exploitation ou de ravitaillement.

U

Union européenne (UE) : créée le 1er janvier 1993 par l'application du Traité de Maastricht, l'Union européenne prend le relais, dans la construction européenne, de la CEE (Communauté économique européenne). L'UE est une union intergouvernementale mais n'est pas un État destiné à se substituer aux États membres existants. Elle est une entité juridique indépendante des États qui la composent et dispose de compétences propres (politique agricole commune, pêche, politique commerciale, etc.), ainsi que des compétences qu'elle partage avec ses États membres. Elle est reconnue comme étant une organisation internationale. Sur le plan économique, elle dispose d'une union douanière, ainsi que pour seize de ses États membres, d'une monnaie unique, l'euro. L'Union est donc une structure supranationale hybride empreinte à la fois de fédéralisme et d'inter-gouvernementalisme. Aujourd'hui, les pays de l'Union européenne sont au nombre de 27.

Unité de consommation : système de pondération attribuant un coefficient à chaque membre du ménage et permettant de comparer les niveaux de vie de ménages de tailles ou de compositions différentes. Avec cette pondération, le nombre de personnes est ramené à un nombre d'unités de consommation (UC). L'échelle actuellement la plus utilisée (dite de l'OCDE) retient la pondération suivante : 1 UC pour le premier adulte du ménage, 0,5 UC pour les autres personnes de 14 ans ou plus et 0,3 UC pour les enfants de moins de 14 ans.

Unité de mesure d'énergie : les statistiques de production et de consommation d'énergie sont généralement exprimées en kilowatt-heure (1 kWh ou 10^3 Wh), en mégawatt-heure (1 MWh ou 10^3 kWh), en gigawatt-heure (1 GWh ou 10^6 kWh), en térawatt-heure (1 TWh ou 10^9 kWh).

Unité de travail annuel (UTA) : mesure du travail fourni par la main-d'œuvre. Une UTA correspond au travail d'une personne à plein temps pendant une année entière. Le travail fourni sur une exploitation agricole provient, d'une part de l'activité des personnes de la famille (chef compris), d'autre part de l'activité de la main-d'œuvre salariée, à savoir les permanents, saisonniers, salariés des entreprises de travaux agricoles (ETA) et coopératives d'utilisation de matériel agricole (CUMA).

Unité légale : l'unité légale est une entité juridique de droit public ou privé. Cette entité juridique peut être une personne morale, dont l'existence est reconnue par la loi indépendamment des personnes ou des institutions qui la possèdent ou qui en sont membres ou une personne physique, qui, en tant qu'indépendant, peut exercer une activité économique. Elle est obligatoirement déclarée aux administrations compétentes (Greffes des tribunaux, Chambres de commerce et d'industrie, Chambres de Métiers, Organismes de sécurité sociale, DGFiP, etc) pour exister. L'existence d'une telle unité peut ne dépendre que du choix des propriétaires ou de ses créateurs et n'exister que pour des raisons organisationnelles, juridiques ou fiscales. L'unité légale est l'unité principale enregistrée dans SIRENE et connue des différentes administrations. Cette définition de l'unité légale ne doit pas être confondue avec celle de l'entreprise, considérée comme unité statistique.

Unité urbaine : la notion d'unité urbaine repose sur la continuité de l'habitat : est considérée comme telle un ensemble d'une ou plusieurs communes présentant une continuité du tissu bâti (pas de coupure de plus de 200 mètres entre deux constructions) et comptant au moins 2 000 habitants. La condition est que chaque commune de l'unité urbaine possède plus de la moitié de sa population dans cette zone bâtie. Les unités urbaines sont redéfinies à l'occasion de chaque recensement de la population. Elles peuvent s'étendre sur plusieurs départements. Si la zone bâtie se situe sur une seule commune, on parlera de ville isolée. Dans le cas contraire, on a une agglomération multicommunale.

V

Vacances : selon l'Organisation mondiale du tourisme (OMT), on appelle vacances, depuis 1995, l'ensemble des déplacements d'agrément comportant au moins quatre nuits consécutives hors du domicile. Sont exclus des vacances, les déplacements professionnels, les voyages d'études, les séjours motivés par la maladie ou le décès d'un proche, les séjours de santé dans des établissements spécialisés et les courts séjours d'agrément (deux ou trois nuitées) et les week-ends réguliers.

Vaccins : seuls les vaccins financés par les collectivités locales et le fonds national de prévention d'éducation et d'information sanitaires (FNPEIS) font partie de la prévention au sens des Comptes de la santé ; le solde, financé par l'assurance maladie et les ménages, est inclus dans la consommation de soins et de biens médicaux (CSBM).

Valeur ajoutée : un des soldes du compte de production. Elle est égale à la valeur de la production diminuée de la consommation intermédiaire.

Valeur mobilière : une valeur mobilière (ou titre financier) est un titre de propriété (action) ou de créance (obligation) aux caractéristiques et droits standardisés (chacune pour une émission donnée ayant le même montant nominal, le droit au même coupon ou dividende, cotée sur la même ligne en bourse, etc.).

Véhicule industriel : véhicule affecté au transport de marchandises ayant un poids total autorisé en charge supérieur à cinq tonnes. Cette catégorie comprend les tracteurs routiers conçus pour être attelés à une semi-remorque.

Véhicule utilitaire léger : véhicule servant en principe au transport des marchandises et ayant un poids total autorisé en charge jusqu'à cinq tonnes. Les minibus (jusqu'à cinq tonnes) sont compris dans cette catégorie.

Victime : personne considérée comme telle par la procédure.

Vidéo à la demande (VàD) : technique de diffusion de contenus vidéo numériques offerts ou vendus par les réseaux câblés, comme internet ou les réseaux non câblés, comme la téléphonie 3G. La vidéo à la demande se développe depuis le début des années 2000 suite à l'explosion des accès très haut débit proposés aux particuliers.

Violences physiques crapuleuses ou non crapuleuses : les violences physiques violences avec un autre objet que le vol sont classées non crapuleuses ; il s'agit des : violences intrafamiliales, dans le cadre de l'exercice d'une profession ou dans diverses situations de la vie quotidienne. Les violences physiques commises avec pour objet le vol sont classées crapuleuses ; il s'agit des vols avec violence, homicides ou tentatives d'homicides pour voler, prises d'otages à l'occasion de vol, règlements de compte entre malfaiteurs.

Visiteur : tous les voyageurs intéressant le tourisme sont appelés visiteurs. La durée du séjour permet de distinguer deux catégories de visiteurs : les touristes qui passent au moins une nuit (et au plus un an) hors de leur environnement habituel, et les excursionnistes, qui n'en passent aucune.

Voiture particulière : véhicule à moteur ayant au moins quatre roues, servant uniquement au transport de personnes et comportant, outre le siège du conducteur, huit places assises au maximum.

Voyage : il est défini comme tout départ du domicile, avec retour à celui-ci et au moins une nuit passée en dehors. Le motif ou la raison du déplacement peuvent être personnels ou professionnels. Cette notion est principalement utilisée dans le cadre de l'enquête réalisée conjointement par l'Insee, la DGCIS et la Sofres sur le Suivi de la Demande Touristique (SDT).

Voyageur-kilomètre : unité de mesure correspondant au transport d'un voyageur sur une distance d'un kilomètre.

Voyageur transporté : personne physique transportée sur tout ou partie d'un trajet. Le personnel affecté au service du mode de transport utilisé n'est pas assimilé à des voyageurs.

Vracs : dans le transport maritime, les vracs désignent des marchandises transportées directement dans la cale des navires ou dans des emplacements prévus à cet effet. Les vracs solides correspondent à des matières telles que le charbon, les minerais ferreux et non ferreux, les engrais, le ciment, etc. Les vracs liquides concernent les hydrocarbures (pétrole et produits pétroliers), les produits chimiques et certains produits alimentaires (vins et huiles).

Z

Zone économique exclusive (ZEE) : en droit de la mer, espace maritime sur lequel un État côtier exerce des droits souverains en matière d'exploration et d'usage des ressources. La ZEE s'étend à partir de la limite extérieure de la mer territoriale de l'État jusqu'à 200 milles marins (environ 370 km) de ses côtes au maximum.

Zone euro : zone monétaire qui regroupe les pays de l'Union européenne qui ont adopté l'euro comme monnaie unique. Les dix-sept États membres constituant la zone euro sont l'Allemagne, l'Autriche, la Belgique, Chypre, l'Espagne, l'Estonie, la Finlande, la France, la Grèce, l'Irlande, l'Italie, le Luxembourg, Malte, les Pays-Bas, le Portugal, la Slovaquie et la Slovénie. La zone a été créée en 1999 par onze pays, rejoints par la Grèce en 2001, par la Slovénie en 2007, par Chypre et Malte en 2008, par la Slovaquie en 2009 et par l'Estonie depuis le 1er janvier 2011.

Adresses utiles

	Agences de l'eau @ www.lesagencesdeleau.fr
	Altadis @ www.altadis.com
Ademe	**Agence de l'environnement et de la maîtrise de l'énergie** @ www.ademe.fr
ACEA	**Association des constructeurs européens d'automobiles** @ www.acea.be
AEE	**Agence européenne pour l'environnement** @ www.eea.europa.eu/fr
Afic	**Association française des investisseurs pour la croissance** @ www.afic.asso.fr
ANSM	**Agence nationale de sécurité du médicament et des produits de santé** @ www.ansm.santé.fr
Agreste/SSP	**Service de la statistique et de la prospective** Ministère de l'Agriculture, de l'Agroalimentaire et de la Forêt @ www.agreste.agriculture.gouv.fr
AIE	**Agence internationale de l'énergie** @ www.iea.org
AMF	**Autorité des marchés financiers** @ www.amf-france.org
APCMA	**Assemblée permanente des chambres de métiers et de l'artisanat** @ www.artisanat.fr
APE	**Agence des participations de l'État** @ www.ape.minefi.gouv.fr
Arcep	**Autorité de régulation des communications électroniques et des postes** @ www.arcep.fr
ASP	**Agence de services et de paiement (ex-CNASEA)** @ www.asp-public.fr
BCE	**Banque centrale européenne** @ www.ecb.int
BDF	**Banque de France** @ www.banque-france.fr
BIT	**Bureau international du travail** @ www.ilo.org
	Commission européenne @ http://ec.europa.eu/index_fr.htm
	Conseil d'orientation des retraites @ www.cor-retraites.fr
Capeb	**Confédération de l'artisanat et des petites entreprises du bâtiment** @ www.capeb.fr

CAS	**Centre d'analyse stratégique** @ www.strategie.gouv.fr
CCFA	**Comité des constructeurs français d'automobiles** @ www.ccfa.fr
CCMSA	**Caisse centrale de la mutualité sociale agricole** @ www.msa.fr
CEP	**Centre d'études et de prospective** **Ministère de l'Agriculture, de l'Agroalimentaire et de la Forêt** @ http://agriculture.gouv.fr/prospective-evaluation
CépiDC	**Centre d'épidémiologie sur les causes médicales de décès** **Inserm** @ www.cepidc.vesinet.inserm.fr
CEPII	**Centre d'études prospectives et d'informations internationales** @ www.cepii.fr
Céreq	**Centre d'études et de recherches sur les qualifications** @ www.cereq.fr
CES	**Conseil économique, social et environnemental** @ www.lecese.fr
CGDD	**Commissariat général au Développement durable** **Ministère de l'Écologie, du Développement durable et de l'Énergie** @ www.developpement-durable.gouv.fr
Citépa	**Centre interprofessionnel technique d'études de la pollution atmosphérique** @ www.citepa.org
Cnaf	**Caisse nationale des allocations familiales** @ www.caf.fr
CNAMTS	**Caisse nationale d'assurance maladie des travailleurs salariés** @ www.ameli.fr
Cnav	**Caisse nationale d'assurance vieillesse** @ www.lassuranceretraite.fr
CNC	**Centre national du cinéma et de l'image animée** @ www.cnc.fr
CPDP	**Comité professionnel du pétrole** @ www.cpdp.org
Crédoc	**Centre de recherche pour l'étude et l'observation des conditions de vie** @ www.credoc.fr
DAP	**Direction de l'administration pénitentiaire** **Ministère de la Justice** @ www.justice.gouv.fr
Dares	**Direction de l'animation de la recherche, des études et des statistiques** **Ministère du Travail, de l'Emploi de la Formation professionnelle et du Dialogue social** @ www.travail-emploi.gouv.fr
DATAR	**Observatoire des territoires** **Premier ministre** @ www.datar.gouv.fr

DCPJ	**Direction centrale de la police judiciaire** Ministère de l'Intérieur @ www.police-nationale.interieur.gouv.fr
Depp	**Direction de l'évaluation, de la prospective et de la performance** Ministère de l'Éducation Nationale @ www.education.gouv.fr
Deps	**Département des études, de la prospective et des statistiques** Ministère de la Culture et de la Communication @ www.culture.gouv.fr
DGAFP	**Direction générale de l'administration et de la fonction publique** Ministère de la Réforme de l'État, de la Décentralisation et de la Fonction publique @ www.fonction-publique.gouv.fr
DGCIS	**Direction générale de la compétitivité, de l'industrie et des services** Ministère du Redressement Productif Ministère de l'Artisanat du Commerce et du Tourisme @ www.dgcis.redressement-productif.gouv.fr
DGCL	**Direction générale des collectivités locales** Ministère de l'Intérieur @ www.dgcl interieur.gouv.fr
DGDDI	**Direction générale des douanes et droits indirects** Ministère de l'Économie et des Finances Ministère du Commerce Extérieur @ www.douane.gouv.fr @ http://lekiosque.finances.gouv.fr
DGEFP	**Délégation générale à l'emploi et à la formation professionnelle** Ministère du Travail, de l'Emploi de la Formation professionnelle et du Dialogue social @ www.travail-emploi.gouv.fr
DGFiP	**Direction générale des finances publiques** Ministère de l'Économie et des Finances @ www.economie.gouv.fr/dgfip/
DGMIC	**Direction générale des médias et des industries culturelles** Ministère de la Culture et de la Communication @ www.ddm.gouv.fr
DGP	**Direction générale des patrimoines** Ministère de la Culture et de la Communication @ www.culturecommunication.gouv.fr
DGOS	**Direction générale de l'offre de soins** Ministère des Affaires sociales et de la Santé @ www.sante.gouv.fr
DPMA	**Direction des Pêches maritimes et de l'Aquaculture** Ministère de l'Agriculture, de l'Agroalimentaire et de la Forêt @ www.agriculture.gouv.fr/peche-aquaculture
Drees	**Direction de la recherche, des études, de l'évaluation et des statistiques** Ministère des Affaires sociales et de la Santé @ www.drees.sante.gouv.fr

DSCR	**Délégation à la Sécurité et à la Circulation routières** Ministère de l'Intérieur @ www.securite-routiere.gouv.fr
	La documentation française @ www.ladocumentationfrancaise.fr
NYSE - Euronext	**New York Stock exchange - Euronext - Marchés financiers** @ www.europeanquities.hyx.com
Eurostat	**Eurostat - Office statistique des communautés européennes** @ epp.eurostat.ec.europa.eu
FAO	**Organisation des Nations unies pour l'alimentation et l'agriculture** @ www.fao.org/index_fr.htm
FFB	**Fédération bancaire française** @ www.fbf.fr
FFSA	**Fédération française des sociétés d'assurances** @ www.ffsa.fr
FranceAgriMer	**Établissement national des produits de l'agriculture et de la mer (fusion des ex-OFIMER, ONIGC, ONIPPAM et VINIFLHOR)** @ www.franceagrimer.fr
	Groupement des Cartes Bancaires « CB » @ www.cartes-bancaires.com
Idate	**Observatoire de l'économie numérique** @ www.idate.org
IFPEN	**Institut français du pétrole Énergies nouvelles** @ www.ifpenergiesnouvelles.fr
Ined	**Institut national d'études démographiques** @ www.ined.fr
Inpes	**Institut national de prévention et d'éducation pour la santé** @ www.inpes.sante.fr
Inpi	**Institut de la propriété intellectuelle** @ www.inpi.f r
Inrets	**Institut national de recherche sur les transports et leur sécurité** @ www.inrets.fr
Inserm	**Institut national de la santé et de la recherche médicale** @ www.inserm.fr
Institut GfK	**Institut GfK (growth from knowledge)** @ www.gfk.fr
ITU	**International Telecommunication Union** **Union internationale des télécommunications** @ www.itu.int/fr
	Ministère de l'Intérieur @ www.immigration.gouv.fr
	Ministère du Travail, de l'Emploi, de la Formation professionnelle et du Dialogue social @ www.travail-emploi.gouv.fr
Médiamétrie	**Mesure de l'audience médias, télévision, radio, cinéma, internet** @ www.mediametrie.fr

MEOS	**Mission des études, de l'observation et des statistiques** Ministère des Sports, de la Jeunesse, de l'Éducation populaire et de la Vie associative @ www.sports.gouv.fr
	Observatoire de la musique @ http://observatoire.cite-musique.fr/observatoire/
	Observatoire de la parité entre les femmes et les hommes Premier Ministre @ www.observatoire-parite.gouv.fr
	Ordre national des pharmaciens @ www.ordre.pharmacien.fr
OCDE	**Organisation de coopération et de développement économiques** @ www.oecd.org
OFCE	**Observatoire français des conjonctures économiques** @ www.ofce.sciences-po.fr
OFDT	**Observatoire français des drogues et des toxicomanies** @ www.ofdt.fr
OGJ	**Oil and Gas Journal** @ www.ogj.com
OMT	**Organisation mondiale du tourisme** @ www2.unwto.org.fr
ONDRP INHESJ	**Observatoire national de la délinquance et des réponses pénales** **Institut national des hautes études de sécurité et de la justice** Premier Ministre @ www.inhesj.f r
ONPES	**Observatoire national de la pauvreté et de l'exclusion sociale** @ www.onpes.gouv.fr
ONU	**Organisation des Nations unies** @ www.un.org
	Pôle Emploi (fusion Anpe et Assédic) @ www.pole-emploi.org
PRB	**Population reference bureau** @ www.prb.org
SDSE	**Sous-direction de la statistique et des études** Ministère de la Justice @ www.justice.gouv.fr
SEVN	**Syndicat de l'édition vidéo numérique** @ www.sev-video.org
SDSIM	**Sous-direction des systèmes d'informations maritimes** Ministère de l'Écologie, du Développement Durable et de l'Énergie @ www.mer.gouv.fr
Sies	**Systèmes d'information et études statistiques** Ministère de l'Enseignement supérieur et de la Recherche @ www.enseignementsup-recherche.gouv.fr
SNE	**Syndicat national de l'édition** @ www.sne.fr

SNEP	**Syndicat national de l'édition phonographique** @ www.snepmusique.com
SoeS - CGDD	**Service de l'observation et des statistiques** **Commissariat général au développement durable** **Ministère de l'Écologie, du Développement Durable et de l'Énergie** @ www.statistiques.developpement-durable.gouv.f r
TNS Sofres	**TNS Sofres** @ www.tns-sofres.com
	Union interparlementaire @ www.ipu.org
Unédic	**Union nationale interprofessionnelle pour l'emploi dans l'industrie et le commerce** @ www.unedic.org
WFE	**World federation of exchanges** @ www.world-exchanges.org

Index alphabétique

D

E

R

BIBLIOTHEQUE UNIVERSITAIRE - CREIL -

Dans la même collection

Parus

L'économie française, édition 2012

Immigrés et descendants d'immigrés en France, édition 2012

Les services en France, *Insee Références Web*, édition 2012

France, portrait social, édition 2012

À paraître

Emploi et salaires, édition 2013

Les revenus et le patrimoine des ménages, édition 2013

L'économie française, édition 2013

Les entreprises en France, édition 2013

Imprimerie JOUVE – 1, rue du Docteur Sauvé – 53100 Mayenne

Dépôt légal : février 2013